DROIT DES GENS

MODERNE

DE L'EUROPE.

SAINT-DENIS. — TYPOGRAPHIE DE A. MOULIN

DROIT DES GENS

MODERNE

DE L'EUROPE

AVEC UN SUPPLÉMENT

CONTENANT UNE BIBLIOTHÈQUE CHOISIE DU DROIT DES GENS

PAR

J.-L. KLÜBER

NOUVELLE ÉDITION REVUE, ANNOTÉE ET COMPLÉTÉE

PAR

M. A. OTT

PARIS

LIBRAIRIE DE GUILLAUMIN ET Cⁱᵉ

Éditeurs du Journal des Économistes, de la Collection des principaux Économistes
du Dictionnaire de l'Économie politique, du Dictionnaire universel du Commerce et de la Navigation, etc.

RUE RICHELIEU, 14

AUGUSTE DURAND, ÉDITEUR

RUE DES GRÈS, 14

1861

AVIS DE L'ÉDITEUR.

L'ouvrage dont nous offrons une nouvelle édition au public est assez connu pour qu'il soit superflu d'en faire valoir les mérites. Sous une forme élémentaire qui le rend propre à servir de guide dans l'étude du droit des gens, il approfondit suffisamment les questions pour être consulté avec fruit par les diplomates et les jurisconsultes. Les doctrines qui y sont développées jouissent d'une autorité légitime et sont citées avec honneur à côté de celles de Vattel, de Burlamaqui, de Martens. Enfin, il rachète la concision du texte par la richesse des indications littéraires et des éclaircissements contenus dans les notes, et il est peu de livres qui, sous un volume aussi restreint présentent autant de notions substantielles et de renseignements précieux.

Le *Droit des Gens moderne de l'Europe* a été publié d'abord par l'auteur en langue française, à Stuttgart,

en 1819. Klüber en a donné lui-même, deux ans
après, une édition allemande, notablement modifiée
et augmentée en beaucoup de points (Stuttg. 1821).

Dans les réimpressions françaises qui ont été faites
depuis de cet ouvrage, notamment dans celle de
Paris, 1831, il n'a été tenu aucun compte de ces
changements.

Klüber avait préparé une seconde édition de sa
traduction allemande. Mais la mort l'a surpris avant
qu'il ait pu la publier et personne n'a fait usage des
matériaux qu'il avait réunis dans ce but. L'édition
allemande de 1821 a été réimprimée sous le titre de
*Deuxième édition, revue avec soin, commentée et com-
plétée par le professeur docteur Ch.-Ed. Morstadt,*
Stuttg. 1847, et Schaffh., 1851, in-8°. Mais cette édition ne fait que reproduire le texte de Klüber, et le
commentaire se réduit à quelques notes insignifiantes
et à des mentions bibliographiques.

La présente édition n'est pas accompagnée d'un
commentaire. Klüber a exprimé ses opinions assez
clairement pour qu'elles puissent se passer d'explications, et, vraies ou fausses, ces opinions auront toujours
une plus grande valeur par elles-mêmes que celle
qu'elles pourraient tirer de l'approbation ou de la désap-
probation d'un commentateur. Cependant il n'était pas
possible, après trente ans d'intervalle, de reproduire
sans changement les éditions de 1819 et de 1821, et
voici en effet les améliorations dont elles ont paru
susceptibles :

Il était nécessaire avant tout de donner le texte le plus récent de l'auteur. L'édition française de 1819 a donc été soigneusement revue sur la traduction allemande de 1821, et toutes les modifications et additions dont cette dernière a été l'objet y ont été introduites. Il est résulté de là que pour répondre à la plus grande précision du texte allemand, la rédaction française de Klüber a dû souvent être remaniée. Est-il besoin d'ajouter que ces corrections de style, loin d'altérer la pensée de l'auteur, n'ont eu pour but que de la rendre plus fidèlement? .

Il fallait, en second lieu, mettre l'ouvrage au courant des changements si nombreux survenus depuis l'époque où Klüber a écrit, soit dans l'état politique de l'Europe, soit dans les usages et les doctrines mêmes du droit des gens. La division de l'Europe n'est plus la même qu'à cette époque ; les développements de la civilisation ont créé entre les nations des relations nouvelles ; le progrès des idées a résolu spontanément de grandes questions longtemps controversées et en a soulevé d'autres que la science devra élucider à leur tour. Enfin, beaucoup d'ouvrages, et des travaux très-importants, ont été publiés sur diverses matières du droit des gens. Il était impossible de ne pas tenir compte de cette marche des événements et de la science.

Le traité de Klüber se compose d'un texte divisé en paragraphes et de notes nombreuses. Sauf les corrections nécessaires pour rendre l'ouvrage conforme à l'édition allemande, je n'ai rien changé au texte proprement dit, mais j'ai cherché à le compléter et le rectifier au besoin, dans une série de notes spéciales, imprimées en caractère particulier et signées de mes initiales.

J'ai été moins scrupuleux à l'égard des notes jointes au texte par l'auteur et les ai modifiées en quelques points pour les mettre au courant des faits survenus depuis. J'y ai fait plusieurs additions, distinguées seulement par des parenthèses; enfin j'en ai élagué des indications bibliographiques vieillies que j'ai remplacées par de nouvelles. Ces suppressions n'ont porté d'ailleurs sur aucun ouvrage concernant le droit des gens même, mais sur des livres historiques, des brochures politiques ou d'autres publications appartenant à des sciences accessoires et qui ont perdu toute valeur aujourd'hui. J'ai opéré des modifications analogues dans la bibliographie qui forme le supplément de l'ouvrage. Cette bibliographie a été mise complétement au courant.

J'ose espérer que ces changements n'auront diminué en rien la valeur du livre de Klüber, et qu'ils contribueront au contraire à donner à cet excellent manuel une utilité plus pratique et plus générale.

A. OTT.

NOTICE

SUR LA VIE ET LES ÉCRITS DE KLÜBER

Klüber n'est guère connu en France que par son
Droit des Gens moderne de l'Europe, bien qu'au moment de la publication de cet ouvrage, il se fût acquis
déjà une grande réputation dans son pays par ses
travaux sur le droit public allemand, et que pendant
les vingt dernières années de sa vie, il n'y eut en
Allemagne d'autorité égale à la sienne dans cette
branche de la science.

Né le 20 novembre 1762, à Thann, près de Fulde,
Jean-Louis Klüber débuta, en 1785, par plusieurs
dissertations moitié historiques, moitié juridiques,
relatives surtout au droit public allemand [1], qui
lui valurent une chaire de professeur de droit à
l'université d'Erlangen. Ses premiers essais indi-
quèrent le caractère général de ses travaux futurs.
Doué de l'esprit positif du jurisconsulte, mais peu
porté vers les questions ardues du droit privé, alliant

---

[1] De Arimannia. Comm. duo. Erl. 1785. in-4°. — Versuch uber die
Geschichte der Gerichtslehen, mit einigen Urkunden. Erl 1785 in-8° —
De jure nobilium feuda militaria constituendi Erl. 1786. in-8°. — De
pictura contumeliosa. Erl. 1787. in-8°

au contraire aux études juridiques le goût des
sciences administratives, des investigations historiques et de l'érudition, peu apte d'ailleurs aux hautes
spéculations de la philosophie, Klüber, qui avait consacré ses premiers travaux aux institutions politiques
de l'Allemagne, allait suivre ces institutions dans toutes leurs transformations successives pour les expliquer
et les commenter. Il devait se placer ainsi, dans cette
partie de la science, au premier rang de ces savants
estimables, de tout temps si nombreux en Allemagne, qui, par d'excellents traités destinés à l'enseignement, des monographies consciencieuses, de
précieuses collections de pièces rendent des services
si utiles au progrès des connaissances humaines.

Tout en continuant à Erlangen à s'occuper de
questions relatives au droit public de l'empire germanique [1], Klüber manifestait son goût pour les
recherches historiques et les travaux d'érudition
d'abord par la traduction de l'ouvrage de la Curne
Sainte-Palaye sur la chevalerie [2], qu'il enrichit de
nombreuses notes et observations, en second lieu par
la publication périodique de notices littéraires sur
les livres de droit nouveaux [3], et bientôt par une

[1] A ces études se rattachent les écrits suivants : De nobilitate codicillari
Argumentum juris germanici tam publici quam privati. Erl. 1788. in-4°.
— Isagoge in elementa juris publici quo utuntur Nobiles Immediati in imperio R. G Erl. 1793. in-8° — Einleitung zu einem neuen Lehrbegriff
des deutschen Staatsrechts Erl 1802. in-8°.

[2] Das Ritterwesen des Mittelalters nach seiner politischen und militarischen Verfassung. Aus den Französischen des Herrn La Curne de Ste Palaye, mit Anmerkungen, Zusätzen und Vorreden. Nurnb 1786-91. 3 vol.
in-8°. — Plus tard Kluber a publié en langue française : Essai sur l'ordre
de Malte ou de St-Jean. Bâle, 1806. in-8°.

[3] Kleine juristische Bibliothek oder ausführliche Nachrichten von
neuen kleineren juristischen, vornämlich akademischen Schriften mit un-

continuation de la *Bibliographie du Droit public alle-mand* de Pütter [1]. La constitution du saint-empire romain, dont Klüber était le dernier jurisconsulte, se trouvait alors fortement ébranlée, et le professeur d'Erlangen voyait s'accomplir sous ses yeux tous les événements qui devaient amener la ruine du vieil édifice. Le congrès de Rastatt de 1798 et les changements opérés en Allemagne après la paix de Lunéville lui fournirent le sujet de plusieurs bro-chures politiques et juridiques [2]. Bientôt la destruc-tion de l'empire d'Allemagne et la création de la confédération du Rhin, transformèrent complète-ment le droit public allemand. Klüber, sans être grand partisan du nouvel état de choses, crut néan-moins que la forme politique que l'Allemagne venait de se donner valait la peine d'être traitée dans un écrit spécial. Il publia donc en 1808 son *Droit public de la Confédération du Rhin*, qui est resté le princi-pal ouvrage sur cette matière [3].

Dès 1807, il avait quitté Erlangen. Appelé comme professeur à l'Université de Heidelberg, il ne tarda pas à renoncer à l'enseignement pour accepter, en 1808, les fonctions de conseiller d'État et de cabinet du grand-duc de Bade. Mais ses occupations admi-nistratives ne préjudicièrent pas à ses travaux lit-téraires. Il étendit au contraire ses recherches à

partheischer Prufung derselben Erl. 1786-93 7 vol. in-8°.

[1] Literatur des deutschen Staatsrechts von PÜTTER, fortgesetzt und ergantz von J.-L KLÜBER Bd IV. Erl. 1791. in-8°.

[2] Das neue Licht oder Rastatter Friedenscongress-Aussichten. Rast 1798 in-8°. — Ueber Einführung, Rang, Erzamter, Titel u s w. der neuen Kurfursten Erl. 1803 in-8°. — Das Occupationsrecht des landes-herrlichen Fiscus Erl. 1804.

[3] Staatsrecht des Rheinbundes. Lehrbegriff. Tub. 1808. in-8°.

une foule de questions nouvelles, et ce fut pendant
son séjour dans le grand-duché de Bade qu'il publia
ses ouvrages sur l'art de chiffrer [1] sur les rapports
administratifs [2], sur les postes allemandes [3], et qu'il
se complut même à décrire Bade et ses environs, et
l'observatoire astronomique de Mannheim [4]. Ces derniers écrits ne sont pas les seuls du reste qui sortent complétement de la spécialité de leur auteur
et quelques opuscules relatifs à des matières de
technologie [5], prouvent que son attention se portait aux sujets les plus variés.

La chute de Napoléon, le congrès de Vienne, la
nouvelle organisation donnée à l'Allemage lui ou-
vrirent un nouveau champ d'activité. Autorisé par
son gouvernement à séjourner à Vienne pendant la
durée du congrès, et se trouvant, grâce à sa position
littéraire et politique, en relation avec un grand
nombre de diplomates réunis alors dans la capitale
de l'Autriche, Klüber suivit toutes les négociations
du congrès et parvint à se procurer par voie particulière et sans user, comme il le dit lui-même,
d'aucun moyen réprouvé par la morale, la plupart
des documents patents et secrets qui marquèrent
l'histoire de cette célèbre assemblée. Ces pièces

[1] Kryptographik, Lehrbuch der Geheimschreibekunst (Chiffrir und
Dechiffrirkunst) in Staats-und Privatgeschaften. Tub. 1809. in-8°
[2] Anleitung zur Referirkunst. Tub. 1809. in-8°.
[3] Das Postwesen in Deutschland, wie es war, ist und sein konnte.
Erl. 1811.
[4] Beschreibung von Baden bey Rastatt. Tub. 1807, in-8°, et 1810,
2 vol. in-8°. — Die Sternwarte in Mannheim, beschrieben von ihrem
Curator. Mannh. 1811, in-4°.
[5] Anweisung zur Erbauung... russischer Stubenöfen. Stuttg. 1819. in-8°.
— Neue Erfindung metallne Abgusse... zu machen. Aus dem Franzos.
Stuttg. 1806.

formèrent la base de sa *Collection des Actes du Congrès de Vienne* [1] collection qui laisse peu de chose à désirer tant pour le choix des matériaux que pour leur arrangement, et qui suffirait à elle seule, dit M. Rob. de Mohl [2], pour transmettre le nom de Klüber à la postérité. Dans son *Aperçu des négociations du Congrès* [3], il retraça, en outre, avec une grande précision l'histoire des questions diplomatiques qui furent agitées au sein de cette assemblée européenne et de la solution qui leur fut donnée.

Klüber venait d'assister à l'enfantement de la nouvelle constitution de l'Allemagne. Nul n'était plus apte que lui à en faire connaître l'esprit et à en élaborer la théorie. Aussi publia-t-il, dès 1817, la première édition de son *Droit public de la Confédération germanique* [4] qui a formé le fondement le plus solide de sa renommée.

Enfin, le congrès de Vienne avait été pour l'ancien professeur une école de diplomatie. Ce fut là, sans doute, que Klüber acquit les connaissances pratiques et l'expérience des affaires nécessaires pour composer son *Droit des Gens moderne de l'Europe*, qu'il publia en français, en 1818, et qui étendit rapidement sa réputation au delà des limites de sa patrie.

Depuis longtemps le gouvernement prussien, et

---

[1] Akten des Wiener Congresses in den Jahren 1814 und 1815. Erl 1815-30. 9 vol. in-8°.

[2] Gesch. und Liter. der Staatswiss. t. II. Zwolf deutsche Rechtsgelehrte. Kluber.

[3] Uebersicht der diplomatischen Verhaltnisse des Wiener Congresses überhaupt und besonders uber wichtige Angelegenheiten des deutschen Bundes. Francf. 1816. in-8°.

[4] Oeffentliches Recht des deutschen Bundes und der Bundesstaaten. Francf. 1817. in-8°.

notamment le chancelier de Hardenberg, avec lequel
Klüber était lié d'amitié, désiraient attacher au service
de la Prusse l'éminent publiciste dont les ouvrages faisaient autorité en Allemagne. En 1817 il entra comme
conseiller de légation au ministère des affaires étrangères de Prusse. Mais les velléités libérales qui, après
les événements de 1815, avaient momentanément
animé la cour de Berlin, n'avaient pas tardé à
céder aux tendances contraires, et marchant sur les
traces de l'Autriche, le gouvernement prussien, le
prince de Hardenberg en tête, s'était jeté aveugle-
ment dans les bras de la réaction. Quand Klüber
publia, en 1822, la 2ᵉ édition de son *Droit public de
la Confédération Germanique*, la fermeté avec laquelle
il maintenait les principes du pacte fédéral, même
dans les points qui contrariaient les intentions des
princes allemands, le rendit suspect et l'exposa aux
accusations les plus malveillantes ; et, après la mort
de son protecteur, le prince de Hardenberg, il fut
même l'objet d'une instruction judiciaire, qui cependant n'eut pas de suite. Mais Klüber, révolté de la
servilité qu'on exigeait des fonctionnaires, quitta le
service de la Prusse et se retira à Francfort où il
demeura jusqu'à la fin de sa vie.

Cependant en quittant les fonctions publiques, il n'a-
vait pas renoncé à ses travaux scientifiques. Il publia,
en 1831, une nouvelle édition de son ouvrage sur le
droit public de la Confédération germanique et en pré-
para une quatrième, qui ne parut qu'en 1840, après sa
mort. Il s'attacha constamment à améliorer cet ouvrage
et y déploya toutes les richesses de son érudition qui
était devenue prodigieuse. Des publications périodi-

ques concernant le droit public allemand et des
collections de pièces sur la même matière [1], deux
écrits sur des questions juridiques, dont un sur
l'Église de Prusse, et l'autre sur l'indépendance du
juge [2], un ouvrage sur les monnaies [3] occupèrent
ses loisirs pendant cette période de sa vie. Klüber
s'était vivement intéressé à l'émancipation de la Grèce,
et son dernier ouvrage fut une histoire de cette
grande révolution [4]. Il mourut le 16 février 1836.

Bien qu'il ait toujours montré beaucoup de réserve en matière de doctrines politiques, Klüber, on
ne saurait en douter, était partisan de la monarchie constitutionnelle et voulait une liberté limitée
seulement par la loi. Honnête et consciencieux dans
ses actions comme dans ses écrits, il a prouvé, en renonçant au service de la Prusse, qu'il savait préférer
ses convictions aux faveurs des gouvernements. Sans
être un homme de génie ni s'être signalé par aucune
découverte scientifique, il a rempli utilement une vie
laborieuse et laissé une mémoire justement honorée.

[1] Staatsarchiv des deutschen Bundes Erl. 1816-18. 6 livr. — Abhandlungen für Geschichtskunde, Staats-und Rechtswissenschaften. Francf.
1830-31. 2 vol. in-8°. — Quellen-Sammlung zu dem öffentlichen Recht
des deutschen Bundes, mit historischen Einleitungen. 3 Aufl. Erl. 1830.
in-8°. Fortsetzung. Erl. 1833. in-8°.
[2] Neueste Einrichtung des katholischen Kirchenwesens in den preussischen Staaten. Francf. 1822. in-8°. — Die Selbstandigkeit des Richter-
amts. Francf. 1832, in-8°.
[3] Das Munzwesen in seinem jetzigen Zustande mit Grundzugen zu einem
Munzverein der deutschen Bundesstaaten. Stuttg. et Tub. 1828. in-8°.
[4] Pragmatische Geschichte der nationalen und politischen Wiedergeburt
Griechenlands bis zu dem Regierungsantritte des Konigs Otto. Francf.
1835. in-8°.

PRÉFACE

En entreprenant le présent ouvrage, je pouvais espérer de montrer peut-être sous un nouveau jour
quelques parties de la science du droit des gens moderne de l'Europe, d'en simplifier le système, de l'enrichir de quelques notices et remarques échappées à
la sagacité de mes prédécesseurs, et d'y ajouter ce
que l'expérience et les circonstances ont pu fournir
après eux; mais j'avais un motif plus recommandable
encore et plus urgent. J'ai pensé qu'en fait de diplomatie je pourrais ajouter aux titres acquis en cette
nature par plusieurs de mes compatriotes, en tâchant
d'encourager de nouveau à l'étude du droit des gens
positif, ceux de mes contemporains surtout qui sont
dans le cas de se vouer un jour aux affaires publiques. Du moins ne m'a-t-il pas paru superflu, dans
le moment actuel, de faire sentir la nécessité de cette

branche de l'enseignement aux jurisconsultes aussi
bien qu'aux politiques.

Embrasser autant que possible l'ensemble de la
science, développer ses principes avec clarté et précision, l'éclaircir par des notices tant historiques que
littéraires, utiles surtout à ceux qui désirent se livrer
à une étude plus approfondie, tel est le plan de mon
ouvrage.

Le droit des gens naturel y doit entrer pour beaucoup. Devant servir de base à un système du droit
établi entre les nations par des conventions expresses ou tacites, il y vient en considération sous un
double rapport. D'abord il remplit les lacunes qui ne
se présentent que trop souvent dans un système du
droit des gens positif, et sous ce rapport il est d'un
usage essentiel ; ensuite il sert de ciment à ce même
système, en classant et liant les principes.

En se vouant à l'étude du droit des gens moderne
de l'Europe, on ne doit point s'attendre à voir toujours reconnue, par chacune des nations qui habitent
cette partie du globe, chaque thèse, soit de droit, soit
de fait, que la théorie ne saurait se dispenser d'établir
ou de conserver. L'auteur d'un ouvrage pareil à celui-ci est souvent obligé de s'en tenir uniquement
aux abstractions que peut lui fournir une considération attentive et impartiale du droit des gens naturel
et de quelques conventions et coutumes adoptées
sinon par tous les États de l'Europe, du moins par la
plupart d'entre eux. La théorie générale qui résulte
d'une telle comparaison, ne peut donc être appliquée

dans un cas particulier qu'autant qu'elle se concilie
avec les circonstances qui s'y rencontrent. Cette théorie n'étant jamais suffisamment autorisée pour déroger aux rapports spéciaux qui s'appuient sur des faits
ou règlements particuliers, en chaque cas qui se présente, l'homme d'État doit avoir égard, avant tout,
aux relations particulières qui subsistent entre les
puissances respectives. Mais malgré cette vérité fondamentale, les principes généraux sont de la plus
grande importance, et ils ne devraient être négligés
par aucun de ceux qui suivent la carrière diplomatique.

Certainement il ne peut s'agir ici que de ce qu
doit s'observer entre les nations, d'après les préceptes du droit. On ne saurait se dissimuler qu'il est des
cas où la prépondérance d'un ou de plusieurs États,
où des événements extraordinaires, ont impérieusement favorisé des mesures dont on chercherait en vain
une raison suffisante dans les principes du droit des
gens. Mais il n'en est pas moins important de connaître les *droits* des nations ; car ce qui est vraiment
juste, sera assurément reconnu un jour pour tel, et
d'ailleurs aucune puissance ne peut entièrement déroger à la dignité du droit des gens par une marche
arbitraire. Rendre hommage à l'injustice, vouloir,
quel qu'en soit le motif, ériger en principes les maximes subversives d'une telle puissance, comme on
n'en a vu que trop souvent des exemples, surtout dans
les auteurs modernes, ce serait se rendre coupable
envers l'humanité.

Les agitations qu'ont éprouvées les États de l'Europe pendant vingt-cinq ans ne manqueront pas d'apporter quelques changements ou modifications aux principes du droit des gens positif, qu'on a en vain espéré de voir déjà sanctionnées par le congrès de Vienne ; mais il y a tout lieu de croire que ces changements ne seront ni assez nombreux ni assez prochains pour devoir retarder la publication de ce livre. Puisse-t-il contribuer à hâter l'époque de leur avénement, qui ne sera jamais aussi proche que l'intérêt de l'humanité et des États le commande. Je m'abuse peut-être, mais je voudrais pouvoir espérer que cet ouvrage pût servir d'introduction à cet effet. Aussi est-ce particulièrement sous ce point de vue que j'ai tâché de donner au droit maritime, surtout à celui des neutres, un développement et une attention proportionnée à son importance actuelle.

Si l'on me trouve irréprochable, comme je le désire, sous le rapport de la véracité , il en est peut-être qui me voudraient des couleurs plus fortes, un ton moins didactique. J'avoue que je désespère d'obtenir grâce devant ces derniers, à moins que la concision si nécessaire à un ouvrage élémentaire, la multitude des objets à traiter en aussi peu de mots et à développer en aussi peu d'espace que possible, ne me rendent excusable à leurs yeux.

La considération seule d'une utilité plus générale a pu m'engager à choisir une langue qui n'est ni la mienne ni celle de ma patrie, et qui ne doit jamais l'être. Je me sers de cette langue, moins parce qu'elle est celle des Français, que parce qu'elle est familière non-seulement à mes compatriotes lettrés, mais aussi à la plupart des diplomates des autres nations de l'Europe également liées par le droit des gens. Cet aveu, cette intention m'excuseront et me donneront quelque droit à l'indulgence de ceux qui possèdent cette langue mieux que moi.

J'ai ajouté un grand nombre de notices littéraires, et indiqué beaucoup de controverses agitées entre les publicistes. Quelque peine que j'aie éprouvée à m'y déterminer, j'ai cru ne pouvoir m'en dispenser dans un ouvrage destiné aussi à servir de base à l'enseignement d'une science dans laquelle il importe essentiellement de connaître les différentes opinions et les livres où l'on trouve de quoi enrichir son savoir. Malgré cette intime conviction, j'avoue que je me serais passé du moins de la plus grande partie de ces notes et citations, si je n'avais eu en vue que des lecteurs français d'origine.

J'ai cru devoir ajouter en outre, comme supplément, une bibliothèque choisie du droit des gens, pour subvenir, de la manière la plus prompte et la plus commode possible, aux besoins bibliographiques tant des commerçants que des autres ; la table alphabétique des auteurs, placée à la fin de ce livre, en facilitera l'usage.

PRÉFACE

DE L'ÉDITION ALLEMANDE DE 1821.

On ne dit pas sur le titre de cet ouvrage que c'est une traduction, bien qu'il ait paru d'abord en langue française sous le titre suivant : *Droit des Gens moderne de l'Europe, par Jean-Louis Klüber*. Tome I et Tome II, *avec un Supplément contenant une Bibliothèque choisie du Droit des Gens*, à Stuttgard, 1819, gr. in-8° ; les deux volumes ensemble 624 pages.

Un écrivain ne se traduit pas lorsqu'il publie les mêmes idées en langues différentes. Les causes pour lesquelles cet ouvrage a paru dans la langue en question sont exposées dans la préface de l'édition française. L'auteur ne se doutait pas alors qu'une édition allemande deviendrait nécessaire. Diverses universités allemandes lui ont appris le contraire. Il fait donc paraître aussi son livre en langue allemande, d'autant

plus volontiers, que, par devoir et par inclination, il appartient avant tout à la noble nation allemande et veut
lui appartenir toujours. Il le publie lui-même, puisque
tout autre n'aurait pu en donner qu'une traduction.
Il n'est pas besoin de dire ici que plusieurs choses
nouvelles y ont été ajoutées.

TABLE GÉNÉRALE DES MATIÈRES.

DROIT DES GENS

MODERNE

DE L'EUROPE.

PRINCIPES GÉNÉRAUX

ET PRÉLIMINAIRES.

CHAPITRE PREMIER.

DÉFINITION, PARTIES, SOURCES DU DROIT DES GENS, SCIENCES
CONNEXES ET SUBSIDIAIRES, MÉTHODE.

§ I. — Définition et parties du droit des gens.

On appelle *Gens* ou *Nations* libres les États indépendants, considérés dans leurs rapports mutuels comme personnes morales (a). L'ensemble de leurs droits réciproques
et parfaits, du droit des États entre eux, forme le *Droit des
Gens* ou *Droit des Nations* (*jus gentium, jus civitatum inter
se*). Ce droit est *naturel*, en tant qu'il dérive de la nature
même des relations qui subsistent entre les États, *positif*

(a) Le mot *nation* a trois significations différentes; il est considéré
sous le rapport de la métapolitique, du droit intérieur (ou droit public
proprement dit), et du droit des gens ou droit public extérieur. Conférez
J Th Rotu's Archiv für das Volkerrecht, Heft I, p. 1-12.

(*b*), lorsqu'il est fondé sur des conventions expresses ou tacites (*c*). On peut considérer scientifiquement, soit le droit des gens positif d'un seul État, soit celui de plusieurs ensemble, nommément de ceux de l'Europe (*d*). Quoiqu'on ne puisse pas regarder toutes les nations comme formant un État universel du monde (§ 15, 34 et 35), ni celles de l'Europe comme composant une république de nations, il est néanmoins constant que ces dernières s'accordent mutuellement un certain ensemble de droits, et que, sous ce rap-

(*b*) Quelques-uns l'appellent droit politique, d'autres droit des gens arbitraire ou volontaire, *jus gentium voluntarium, usus gentium.*

(*c*) Les publicistes sont partagés sur les différentes branches du droit des gens. Les uns en admettent quatre, celles du droit des gens naturel (*jus gentium naturale*), de l'arbitraire ou volontaire (*voluntarium*), du conventionnel (*pactitium*), et du coutumier (*consuetudinarium*). Mais ce dernier ne peut être réputé véritable droit des gens qu'en tant qu'il est fondé sur des conventions tacites, et non pas sur un simple usage. Il manque à la seconde branche le caractère essentiel de force de loi. — D'autres distinguent le droit des gens simplement naturel, naturel modifié (fondé sur le consentement présumé des nations civilisées), coutumier, et conventionnel Voyez D. H. L. Frhrn. von Ompteda's Literatur des Völkerrechts, Th. I, S. 8 ff.; C. A. v. Kamptz neue Literatur des Völkerrechts, S. 28 f. — Enfin il y a des auteurs qui se bornent à séparer le droit des gens naturel du positif, mais en subdivisant le naturel en celui qui est de nécessité ou primitif (*necessarium s. primarium*), et celui qui est purement arbitraire (*voluntarium s. secundarium*). C. G. Günther's europäisches Völkerrecht in Friedenszeiten, Th. I, S. 4. — Il y a encore d'autres divisions. Voyez Günther, même ouvrage, I. 22.

(On consultera avec fruit sur ces distinctions et d'autres plus récentes les notes de Pinheiro Ferreira et de M. Vergé sur le Précis du droit des gens de Martens, Ed Vergé. 1858, in 8°, t. I, p. 38 et suiv.).

(*d*) Le droit des gens positif de l'Europe est appelé par quelques-uns *jus gentium europæarum practicum.* — La Porte ottomane ne l'admet pas toujours; mais il a été reconnu, hors de l'Europe, par une déclaration expresse des États Unis d'Amérique, et par le régent du Brésil Günther, I. 27. 31. De Martens, Recueil des principaux Traités, t. IV, p. 196, 197.

(Le droit des gens de l'Europe est admis également par les divers États qui se sont constitués successivement dans les deux Amériques, à mesure que les colonies espagnoles se sont rendues indépendantes. V. § 29.)

port, il existe entre elles une communauté de droits. On ne peut donc douter ni de l'existence du droit des gens de l'Europe, ni de la nécessité et de l'utilité d'en faire l'objet d'une science (e).

§ 2. — Des rapports entre le droit des gens et le droit public proprement dit, la morale des nations, la convenance, la politique et l'usage des gens.

Toute relation obligatoire qui existe entre des États entre eux, ou entre un État, comme tel, et ses citoyens, est qualifiée de *publique*. Le *droit public*, dans l'acception générale du mot, se compose de toutes ces relations obligatoires ; il embrasse par conséquent en entier le droit des gens, y compris le droit des gens naturel (a). Ce dernier particulièrement, n'étant presque autre chose que le droit de l'homme dans l'état de la nature (b), convenablement appliqué aux rapports réciproques des nations, appartient au droit public universel ou naturel. Les relations obligatoires qui existent entre l'État, comme tel, et ses citoyens, sont régies par le *droit public intérieur* ou droit public proprement dit ; celles entre l'État et les simples particuliers qui ne sont point ses sujets, le sont par le *droit privé* (c)

(e) Voyez les écrits indiqués par M. de KAMPTZ, dans son livre ci-dessus allégué, p. 29 et suiv. G. F. v MARTENS von der Existenz eines positiven europäischen Volkerrechts und dem Nutzen dieser Wissenschaft. Gott 1787. — (V. aussi HEFFTER, le Droit international public de l'Europe, tr. en franç. par J. Bergson. 1857, in-8°. § 2.)

(a) Le *droit public* se divise en droit des gens ou droit public extérieur, et en droit public proprement dit ; ou, selon d'autres, en droit public extérieur, et en droit constitutionnel de l'État.

(b) C'est ce qui a fait donner au droit des gens la dénomination quelquefois usitée de droit des gens *privé*. (Sur ce qu'on appelle aujourd'hui *Droit international privé*, v § 55.)

(c) Il y a des auteurs qui ont fait entrer dans le domaine du droit des gens jusqu'à ces relations entre l'État et des particuliers étrangers. Mais voyez, à cet égard, Literatur des Volkerrechts, par M. d'OMPTEDA, t. I, p 6, note b.

(*jus privatum*). Le droit des gens proprement dit n'a pour objet que des droits parfaits, c'est-à-dire des droits que l'on peut faire valoir de force. Il ne s'occupe que de ce qui est légal ; la morale, la convenance, la prudence, les simples usages sans nécessité de droit, lui sont étrangers. Il est évident par là que le droit des gens diffère essentiellement, d'abord de la *morale* ou du droit interne *des nations* (*d*), qui ne les oblige que vis-à-vis elles-mêmes, puis des règles de *convenance* (*decorum gentium*), de la *politique* (*e*) et du *simple usage* des gens (*usus gentium*).

§ 3. — Sources du droit des gens en Europe. — 1° Conventions.

Il y a différentes *sources* dans lesquelles sont puisés les principes du droit des gens européen. D'abord les *Conventions* ou traités des nations, expresses (*a*) ou tacites (*b*). Ces

(*d*) Voyez les écrits sur les rapports entre la morale et la politique, dans v. KAMPTZ neuer Lit. des VR., S. 95 f.

(*e*) Ce qu'on appelle prudence par rapport aux particuliers fait la *politique* dans le commerce des États. Il faut se garder de confondre cette saine politique avec l'habileté frauduleuse, par laquelle on poursuit ses avantages aux dépens de la justice et de l'équité ; c'est alors ce qui s'appelle *astuce* ou *finesse*, une manière de procéder non moins condamnable chez les souverains que chez les particuliers. Il n'existe qu'une seule véritable politique ; c'est celle qui ne s'écarte point des lois éternelles de la justice, qui respecte l'indépendance, la propriété et les droits d'autrui, et qui observe scrupuleusement les formes tutélaires et préservatrices. C'est elle dont l'application est consacrée par la *Sainte-Alliance* conclue à Paris e 26 septembre 1815 personnellement entre les monarques de l'Autriche, de la Russie et de la Prusse, et à laquelle presque tous les États chrétiens de l'Europe ont accédé. Voyez ci-dessous § 146 et 329.

(*a*) Voyez les *Recueils* des traités conclus par les différentes puissances de l'Europe ; ils sont indiqués dans le Supplément placé à la fin de cet ouvrage. Dans la plupart des États européens l'usage s'est établi d'imprimer les traités séparément et sous forme officielle, ainsi que de les publier dans les feuilles du gouvernement.

(*b*) Huld. ab EYBEN diss. de jure inter et intra gentes scripto et non scripto. Giess., 1661, et dans ses Operibus, I. 13. sqq. J. W. HOFFMANN diss. de observantia gentium. Viteb. 1736. rec. Francof. ad Viadr. 1758.

dernières prennent leur origine dans les actions concluantes
ou dans les observances des États (*c*). Elles forment, ensemble avec les conventions expresses, le droit des gens
conventionnel. Pour ce qui est des conventions expresses, il
n'y en a point de communes à toutes les nations de l'Europe ;
mais il importe souvent d'observer tantôt l'identité, tantôt
l'analogie des principes sur lesquels sont fondées les stipulations de leurs traités. Encore n'est-ce que depuis peu
seulement que quelques traités ont été reconnus comme
obligatoires par le plus grand nombre des États européens (*d*). La partie du droit des gens conventionnel qui est
fondée sur des coutumes ou conventions tacites (*Rechtsge-
wohnheiten*) s'appelle droit des gens *coutumier* (*jus gentium
consuetudinarium*). Elle diffère essentiellement du *simple
usage* des gens (§ 31 et suiv.), en ce que celui-ci n'a pas par
lui-même force de loi (*f*), pas plus que la conjecture ou
présomption (*d*), jugement fondé seulement sur des apparen-

4. A. F. REINHARDT von den Wirkungen der stillschweigenden Einwil-
ligung zwischen freien Volkern ; dans sa Sammlung jurist. philosoph. u.
kritischer Aufsatze (1775), St. V., p. 307 et suiv. v. KAMPTZ l. c. § 240
et suiv.—Sur la preuve, les caractères et l'effet du droit coutumier, voyez
mon Oeffentliches Recht des teutschen Bundes, § 58 et suiv. — Dans nombre de traités des puissances de l'Europe, les stipulations s'accordent au
point qu'il n'est guère douteux que l'un n'ait servi de modèle à l'autre, et
que par conséquent il ne puisse quelquefois servir à l'expliquer.   ·

(*c*) Sur les caractères essentiels de ces conventions tacites, et du droit
coutumier, voyez GUNTHER dans l'ouvrage allégué, I. 15, 28 et suiv. Principes ou éléments du droit politique, par M. J. J. BURLAMAQUI (à Lausanne, 1784. 8.), P. 1. ch. 1, § 11, 12.

(*d*) L'Acte final du congrès de Vienne et la Sainte-Alliance.

(*e*) Il est de simple usage de faire des présents aux agents diplomatiques à la fin de leur mission, et aux négociateurs après la conclusion d'un
traité. Autrefois le défrai des ambassadeurs étrangers était également d'u-
sage.

(*f*) Il est des publicistes qui donnent le nom d'usage ou de coutume à
des conventions *présumées*. De MARTENS, Précis du droit des gens moderne de l'Europe, § 46, 66. Il est à *présumer*, disent-ils, qu'aucune nation, qui prétend être civilisée, ne refusera son consentement à certains

ces. Il en est de même des *fictions* non approuvées par des conventions (*g*).

§ 4. — 2° Analogie.

La seconde source est l'*analogie*. On entend par là des conséquences régulières tirées des dispositions du droit des gens positif, par une argumentation *a simili* ou *a contrario* (*a*). Elle n'est admise que subsidiairement, c'est-à-dire à défaut d'une disposition conventionnelle claire et expresse ; mais, dans ce cas, elle supplée non-seulement aux dispositions conventionnelles incomplètes ou imparfaites, mais elle peut même en établir de nouvelles. Aussi sert-elle de règle d'interprétation (*b*)

§ 5. — 3° Droit des gens naturel.

En troisième lieu vient le *droit des gens naturel* (*a*). On doit y avoir recours toutes les fois que le droit positif est insuffisant. D'ailleurs, le droit des gens naturel est très-important pour former la théorie du droit des gens positif, pour l'enseignement et pour l'application.

§ 6. — De la prescription, de la possession, de l'intérêt des États, et de l'équilibre.

La *prescription*, fondée uniquement dans le droit positif

usages. Grotius de jure belli et pacis, proleg. § 17. Wolf, Jur. gent., in præf. De Vattel, Droit des gens, prélimin., § 21. Günther, I, § 4. C'est de ce consentement présumé de tous les peuples civilisés, que quelques-uns déduisent ce qu'ils appellent droit des gens naturel *modifié*. Voyez v. Oumpteda I., c. 1, 9. L'auteur de l'ouvrage anonyme intitulé : De jure generis humani vel divisi in gentes, etc. (à Stuttgard, 1811, 8), p. 39, n'appuie le droit des gens que sur le consentement présumé des nations.

(*g*) Quelques-uns imitent la *fiction* du droit romain dans les quasi-contrats, en supposant le consentement des nations là où il est conforme à leur intérêt. Mais voyez Günther, I. 17.

(*a*) Voir mon Oeffentliches Recht des teutschen Bundes, § 61-64.

(*b*) L'*induction* n'est autre chose que le résultat d'une argumentation analogique.

(*c*) Voyez les traités et manuels cités dans le Supplément, n° III.

privé, ne peut avoir lieu entre des États indépendants, à moins qu'elle ne soit autorisée par des traités (a). Il n'en est pas moins vrai cependant que la *possession* (*uti possidetis*, *jus et favor possessionis*) doit être respectée (b), jusqu'à ce qu'on en soit justement venu aux armes, ou que le différend soit accommodé conformément au droit des gens. *L'intérêt de l'État*, appelé par quelques-uns *droit de convenance*, est purement du ressort de la politique (c). Il en est de même de ce qu'on appelle *équilibre* politique (d); c'est une pure idée des diplomates ou politiques, très-vague, simplement fondée dans un sentiment de convenance, et à laquelle manque par conséquent le caractère essentiel d'une source du droit des gens.

§ 7. — Sciences connexes.

Le droit des gens, considéré comme science, fait partie de la *Diplomatie* (a). C'est ainsi qu'on appelle l'ensemble

(a) GÜNTHER, I. 35, note *. NEYRON, Principes du droit des gens européen, § 292 et suiv. J. R. KUGLER Diss. vindiciæ juris nat. et gent. contra usucapionem. Argent. 1779. 4. Leop. F. FREDERSDORFS Versuch, ob die Usucapion unter freien Volkern Statt finde? Braunschw, 1785. 8. Voyez contre, RÉAL, Science du gouvernement, t. V, chap, IV, Sect. 5. — Des écrits sur cette controverse sont indiqués dans v. OMPTEDA's Lit. II, 512, et dans v. KAMPTZ neuer Lit., § 150. — De la prescription immémoriale entre les États indépendants, voyez C. E. WAECHTER Diss. de modis tollendi pacta inter gentes (Stuttg., 1779. 4.), § 39-43.

(b) SCHMALZ europ. Volkerrecht, S. 208-210. (V. aussi HEFFTER, l. c. § 12, et la Déclaration du saint-siége du 9 aout 1831, citée par cet auteur, § 49.)

(c) J. J MOSER's Beytrage zum europ. Volkerrecht in Friedenszeiten. I, 8. GÜNTHER, I, 33. — Sur le droit *romain* et *canonique*, ibid. I, 35. — Les systèmes en vertu desquels les États prétendent s'arrondir ou acquérir leurs *frontières naturelles* et *militaires* ne sont très-souvent que de pure convenance. Ils laissent une incertitude dont le fort sait profiter aux dépens du faible, et peuvent être poussés à l'infini.

(d) Voyez plus bas, § 42.

(a) Une autre définition est donnée par Jos Max. baron de LICHTENSTERN, uber den Begriff der Diplomatie und die nothwend. Eigenschaften des Diplomatikers (Diplomaten); dans son Allgemein. Anzeiger des cos-

des connaissances et principes nécessaires pour bien conduire les affaires publiques entre des États. On apprend la
diplomatie en étudiant les *sciences politiques*, telles que
l'*histoire des États* (b), surtout celle des trois derniers siècles, la *Politique* (c), la *Statistique* (d), l'*Économie politique*

mographischen Bureau (2. Aufl Wien, 1814. 8.), pages 105-111.

(b) Voyez les ouvrages cités dans le Supplément, n° XI, A.

(c) C'est-à-dire l'ensemble des principes d'après lesquels un État devrait être constitué, organisé et gouverné ; par conséquent, la doctrine du
but des États et des moyens d'y parvenir. Pour pénétrer jusqu'au domaine de la véritable politique, il faut passer par ceux de la morale et du
droit naturel des individus et des États. Comparez ci-dessus, § 2, not. d,
et Theod. SCHMALZ europ. Volkerrecht, S. 6 ff. u. 43. — Voyez les ma
nuels sur la politique d'ACHENWALL, de ROSSIG, de BEHR, de A. H. MUL-
LER, de LUDEN, de G. v. SECKENDORF (1817), et les ouvrages de MACCHIA-
VELLI, de MAZARINI, de Jean de MULLER, de L. MURATORI, de J. CRAIG,
et d'autres. Joh. Wilh. PLACIDUS (PETERSEN) Literatur der Staatslehre.
1. Abth. Strasburg (Stuttgart), 1798. 8. — Dans les sciences politiques
surtout, il faut distinguer deux points de vue, celui du droit et celui de
la pure politique.

On peut ajouter aux auteurs cités dans cette note : FILANGIERI,
BENTHAM, lord BROUGHAM, K. S. ZACHARIÆ, WELCKER, ROTTECK,
POLLITZ, AHRENS, STEIN, STAHL, FRITOT, BONALD, CH. COMTE,
BENJAMIN CONSTANT. — Consultez ROBERT DE MOHL Geschichte und
Literatur der Staats-Wissenschaften. 1855-58. 2 vol. grand in-8°,
et PAUL JANET, histoire de la Philosophie morale et politique dans
l'antiquité et les temps modernes, 1858. 2 vol. in-8°. [A. O.]

(d) Voyez les manuels de MEUSEL (1817), de MILBILLER, de MANNERT, et
de SPRENGEL, et les ouvrages de TOZE, de CROME, de RANDEL, d'OCKHART,
de HASSEL, etc. Conférez surtout J.-G. MEUSEL's Literatur der Statistik.
Bd. I. n. II. Leipz. 1806 et 1807. 8. et A.-F. LUEDER's Kritik der Statistik
und Politik. Goett, 1812 8.

La statistique a pris de grands développements dans les derniers
temps, et la plupart des gouvernements européens publient eux-
mêmes des documents statistiques nombreux et importants.
Voyez les traités de MOREAU DE JONNÈS, de QUETELET, de KNIES
et pour la Bibliographie, l'art. *Statistique* du Dictionnaire d'Économie politique publié par MM. COQUELIN et GUILLAUMIN. 1852.
2 vol. in-8° et l'ouvrage cité de M. Rob. DE MOHL. t. III. [A. O.]

et *nationale* (e), l'*Art militaire* (f), et principalement le
Droit public naturel et positif, tant intérieur qu'extérieur
(g), l'*Art de négocier* (h), et la *Pratique politique* (i), y
comprise la *Cryptographie* ou l'art de chiffrer et de déchiffrer (j). La base de presque toutes ces sciences est l'histoire, parce qu'elle procure la connaissance des faits, puis la
science de l'État, tel qu'il existe dans la théorie.

§ 8. — Sciences subsidiaires.

Dans le droit des gens, en théorie comme en pratique,
on doit considérer comme moyens subsidiaires la *Géographie* (a), la *Diplomatique* (b) [l'art de juger de l'authenti-

(e) Voyez les ouvrages publiés par Ad. SMITH, MALTHUS, RICARDO, J.-St.
MILL, J.-B. SAY (V. la Collection des principaux Économistes, Paris, 1844,
et s., 16 vol. gr. in-8°), Sismonde de SISMONDI, GANILH, BASTIAT, ROSSI,
MICHEL CHEVALIER, COURCELLE SENEUIL, Ch. von SCHLOZER, SCHMALZ,
H. STORCH, LIST, THUNEN, RAU, ROSCHER, et les Histoires de l'Économie
politiques de BLANQUI (dern. éd., 1860), et de KAUTZ (1860). — (J'ai essayé de résumer les doctrines de l'école économiste et de l'école socialiste
dans l'ouvrage intitulé : Traité d'Économie politique ou Économie politique coordonnée au point de vue du progrès, par A. OTT. 1851, in 8°. 10.)

(f) La stratégie et la tactique. Comparez p. e. les écrits de FEUQUIÈRES,
de VENTURINI, de Jos. THEOBALD, de Henri de BULOW, d'ASTER, de l'archiduc CHARLES d'Autriche, de ROGNIAT, de JOMINI.

(g) Les principaux ouvrages sur le droit public extérieur ou droit des
gens sont énoncés ci-après dans le Supplément; ceux sur le droit public intérieur, ou proprement dit, des différents pays de l'Europe, se trouvent
allégués dans PÜTTER's Literatur des teutschen Staatsrechts et dans ma
Neue Literatur des teutschen Staatsrechts; (et dans l'ouvrage cité de Rob. de
MOHL,) conférez aussi les écrits de MM. de MARTENS et de La CROIX allégués ci-après, § 30.

(h) Voir les ouvrages de VERA et de CUNNIGA, de CALLIÈRES, de la SAR-
RAZ du FRANQUESNAY, de PECQUET, de DIGGES, de MABLY et d'autres, allégués ci-après dans la deuxième partie, tit. II, sect. I, ch. III, n a.

(i) Voyez les écrits cités ci-après, n. 111, not. a.

(j) Voyez ma Kryptographik, Tubingen, 1809, gr. in-8° avec figures.

(a) Voyez les ouvrages de C. RITTER, BERGHAUS, WAPPÄUS, KLÖDEN,
BALBY, MALTE-BRUN, etc.

(b) Voir les ouvrages, tant élémentaires que systématiques et d'une

cité des diplômes), y compris la chronologie diplomatique
(c), le *Blason* (d), la *Généalogie* (e), l'*Art d'interpréter* (f). Le
diplomate doit de plus suivre avec une attention particulière les *journaux politiques* (g), *observer* soigneusement ce
qui se passe en fait de politique, *cultiver la connaissance*
des fonctionnaires publics et d'autres personnes instruites
et marquantes.

§ 9. — Méthode.

Pour bien exposer le droit des gens de l'Europe, il en
faut développer les principes d'une manière claire et con-
cise, en suivant un plan simple et systématique. Ces principes doivent être puisés dans les conventions expresses et
tacites, dans l'analogie, et dans la nature des relations réciproques des États. Il faut les éclaircir, autant que possible,
par l'histoire, les traiter sans préjugé, avec discernement et
impartialité, sans donner dans les hypothèses, et sans abu-
ser des formes dialectiques ou des spéculations métaphysi-

plus grande étendue, publiés par Gatterer, Gruber, Schœnemann, Me-
neau, von Schmidt-Phiseldeck, Mabillon, Le Moine et Batheney, Na-
talis de Wailly, etc. F.-A. Huch's, Literatur der Diplomatik. Erlangen, 1792. 8.

(c) F. Schœll, Eléments de chronologie historique. Paris, 1822, 2 vol.
in-18. Ideler Handbuch der mathematischen und technischen Chronologie.
1825. 8. Champollion-Figeac, Résumé de Chronologie générale et spéciale. 1830, in-32; l'Art de vérifier les dates, etc.

(d) Voir les manuels de Reinhard, de Gatterer, de Dangeau, de Du-
puy. D'une plus grande étendue sont : P. F. Speneri opus heraldicum, t. I,
1680; t. II, 1690, fol. Le vicomte de Magny, Dictionnaire héraldique, 1857
et s — Cons. le Manuel du Libraire de Brunet.

(e) Des manuels ont été publiés par Will et Gatterer ; des tables gé-
néalogiques, par Hubner, Biedermann, Putter, Koch, Gebhardi, Voig-
tel. Voyez le Dictionnaire de Moréry, l'Almanach de Gotha, et pour la
Bibliographie, le Manuel du Libraire, de Brunet.

(f) On peut se servir des ouvrages d'Eckhard, de Conradi, de Wittich,
de Samuet, de Zacharia. Voyez Putter's Literatur des t. Staatsrechts,
th. III, S. 306. Ma Neue Literatur des t. Staatsr., n. 287.

(g) Voyez ci-après, dans le *Supplément*, n° XI, B.

ques. La méthode dogmatique historique est préférable à celles purement dogmatique, historique, ou raisonnante (*a*). Le publiciste doit être l'ami zélé de la vérité, de l'impartialité et du bon sens. La discussion des controverses (*b*), ainsi que les éclaircissements par des exemples intéressants et illustres (*c*), sont réservés à l'exposition verbale.

CHAPITRE II.

HISTOIRE ET BIBLIOGRAPHIE DE LA SCIENCE DU DROIT DES GENS.

HISTOIRE DE LA SCIENCE.

§ 10.

1. *Usage du droit des gens en Europe.* — Antiquité.

Il y avait chez les *anciens*, tout aussi bien que chez nous, des guerres, des alliances, des ambassades envoyées et reçues, donc aussi des éléments du droit des gens. Cependant à mesure que l'on approfondit les causes et les liaisons des événements de l'histoire, on aperçoit tant d'inégalité et d'inconsequence dans la manière d'agir des gouvernements, qu'on ne peut supposer chez eux, ni dans leurs actions justes la pleine conscience de la conformité aux principes du droit des gens, ni toujours une mauvaise foi dans les cas contraires. Qui voudra reprocher par exemple aux *Juifs* l'évidente injustice de plusieurs de leurs guerres, ou l'inimitié implacable qu'ils portèrent à tant de nations,

(*a*) V ONPTEDA's Literatur des Volkerrechts, II. 379. V. KAMPTZ neue Literatur, etc., n. 1 ff. 26 u 30 f.

(*b*) V KAMPTZ. l. c. n 53.

(*c*) Sur l'importance des exemples, voyez MOSER's Versuch des neuesten europ. Volkerrechts, I. 28. Ueber politische Erfahrungen ; dans le journal allemand, intitulé MINERVA, sept. 1815, p. 487-498.

en se rappelant les ordres et les révélations que ce peuple
prétendu élu croyait avoir reçu du ciel (a)? Les *États grecs*
paraissent avoir été dirigés dans leurs relations extérieures
par une entière conviction de ce qui était juste, jointe à
une politique sage et éclairée (b). Cependant les *Romains* ont
montré du temps de la république plus de connaissance encore et de profondeur dans les principes du droit des gens
par l'organisation d'un département des affaires étrangères,
du collège des féciaux. Mais ces titres de gloire ont été
beaucoup affaiblis par les procédés que le gouvernement se
permit plus tard, durant les guerres civiles, et bien plus encore lorsqu'il adopta entièrement un système de conquête et
d'assujettissement (c).

(a) J. D. MICHAELIS mosaisches Recht, t. I, § 19 et suiv. Voyez aussi les
écrits indiqués dans v. KAMPTZ neuer Literatur, S 54.

(b) V. OMPTEDA, I, 141 et suiv. V. KAMPTZ, l. c. p. 54 et suiv

(c) V. OMPTEDA, I, 142 et suiv., 378 et suiv. V. KAMPTZ, l. c. p. 56.
Voyez surtout l'histoire des anciens traités, par M. BARBEYRAC, citée ci-
après, dans le Supplément, n° IX.

L'ouvrage capital sur le droit des gens chez les anciens est
aujourd'hui : F. LAURENT, histoire du droit des gens. Gand, 1851,
t. I-III. 3° édit. 1853. V. aussi K. Th. PUTTER, Beitrage zur
Volkerrechtsgechichte und Wissenschft. Leips. 1843, in-8°. MUL-
LER JOCHMUS. Gesh. des Volkerrechts im Alterthum. Leips. 1848,
8. Sur le droit des gens primitif FALLATI Keime des Völkerrechts
bey wilden u. halbwilden Stammen (dans la Tubinger Zeitschrift
fur Staatswissenschaften, 1850). Sur les Juifs : l'abbé GLAIRE, introduction aux livres de l'Ancien et du Nouveau Testament (1839)
t. II : Archéologie biblique, et l'histoire du peuple d'Israel
d'EWALD. — Sur les Grecs : WACHSMUTH, jus gentium quale obtinuit
apud graecos, Berl. 1822, l'histoire de la Grèce de GROOTE, les
antiquités du droit public de la Grèce de SCHOEMANN et de HER-
MANN; sur les Romains : WLISKE, Considérations sur les ambassadeurs des romains, Zwickau, 1834; OSENBRUGGEN. De jure belli et
pacis Romanorum liber singularis, 1835, et l'histoire romaine de
MOMMSEN. [A. O.].

§ 11. — Période moyenne.

Les événements politiques du temps de la *migration des peuples* font entrevoir autant d'ignorance par rapport aux préceptes du droit des gens que de volonté contraire à la justice Dans le *moyen âge* proprement dit, les nations de l'Europe montrèrent dans leur conduite plus de culture et de légalité. Il est très à croire que la religion chrétienne y contribua beaucoup par l'influence qu'elle gagna sur l'esprit des gouvernements et sur l'opinion publique (a), ainsi que l'autorité alors généralement reconnue des papes et le système de hiérarchie en général. L'idée, quoique longtemps régnante, d'une union universelle des puissances chrétiennes (b), eut moins d'influence, car elle ne se rapportait directement qu'aux dissensions avec les peuples non chrétiens, surtout pendant les croisades.

§ 12. — Période moderne.

C'est de l'époque où l'on s'est efforcé à réprimer les usurpations des papes sur les souverains, principalement depuis le concile de Bâle, que date l'origine du droit des gens positif de l'Europe. Dès le commencement du seizième siècle, les États de l'Europe redoublèrent d'activité dans leurs relations politiques. Différents événements, surtout pendant le règne de Charles-Quint et de Henri IV, et la prudence prévoyante des politiques de cette époque, firent conclure des traités. Le schisme survenu dans l'Église chrétienne, les intérêts commerciaux, les armées devenues permanentes,

(a) Tyge Rothe's Wirkung des Christenthums auf den Zustand der Volker in Europa. Aus dem Danischen. Copenhagen, 1775-1782, t I-IV, 8. Schmalz, europ. Volkerrecht, p. 14 ff. Turgot, discours en Sorbonne (œuvres, éd de 1844, t. II); Chateaubriand, Génie du Christianisme; Becchez, Introduction à la science de l'histoire, 2ᵉ éd., 1842.

(b) Grotius de J -B. et P., lib. II, c. xv, n. 12. Leibnitz, in præfat. ad Cod. jur. gent. diplomat. J.-P. Ludewig, de jure reges appellandi, c. ii, § 6, dans ses Opusc. miscell., I, 45.

le congrès de paix de Westphalie, les ambassades conti-
nuelles, enfin la publicité des affaires politiques au moyen
de l'imprimerie appelèrent l'attention des cabinets sur les
relations politiques des États et l'y attachèrent. Des *négociations* presque non interrompues, des *traités* aussi fréquents qu'intéressants, des *alliances* multipliées entre les
familles régnantes de l'Europe, qui les ont presque toutes
réunies par des liens de parenté, le droit des gens *naturel*
généralement *reconnu* comme loi obligatoire, en furent la
suite. Il y eut souvent des *plaintes* élevées pour cause de
lésion du droit des gens; voulant conserver du moins l'ap-
parence du droit, on se *défendit* publiquement, et on *reconnut* par là plus expressément encore l'existence de cette
loi. La révolution française, et tout ce qui s'ensuivit, fournit de quoi observer, s'instruire, craindre, se précaution-
ner. Les derniers résultats de cette période, si riche en
événements, paraissent être réservés à l'avenir (*a*).

(*a*) J.-G. Busch Grundrifs einer Geschichte der merkwürdigsten Welthandel neuerer Zeit (4 Ausg. von G.-G. Bredow. Hamb., 1810, gr. 8),
p. 42 et suiv. An inquiry into the fundation and history of the law of nations in Europe, from the tune of the Greeks and Romans to the age of
Grotius; by Robert Ward Lond., 1795, t. I et II, 8. Nic. Vogts , histor.
Darstellung des Europ. Volkerbundes, t. I. Frankf., 1808, 8. Robertson's
Geschichte Kaiser Carls V, t. I, p. 172. Voyez aussi l'introduction de l'ouvrage de Heeren : Manuel historique du système des États de l'Europe,
trad. de l'allem 1821, 8. — Sur l'influence de la révolution française ,
surtout de l'esprit de conquête et de l'usurpation de Napoléon, sur la politique et le droit des gens , voyez Benjamin Constant de Rebecque, de
l'Esprit de conquête et de l'Usurpation , dans leurs rapports avec la civilisation européenne. (S. I) 1814, 8. De la restauration politique de l'Europe et de la France, par M. de Flassan. Paris, 1814, 8.

On peut opposer aux ouvrages cités par l'auteur sur la politique
européenne au temps de l'empire les ouvrages suivants moins
empreints de l'esprit de parti : Bignon, Histoire de France sous
Napoléon, 1839-43, 14 v. in-8°. Lefebvre, Histoire des cabinets de
l'Europe pendant le Consulat et l'Empire, t. I à III. 1845, in-8°. —

§ 13. — II. *Exposition scientifique du droit des gens.*

Avant Grotius.

Ce qu'on essaya de faire avant Grotius pour la *science* du droit des gens ne produisit que des fragments détachés, et ceux-ci même assez souvent sans base solide. Aristote et Platon s'occupèrent, en quelque sorte, des relations légales des États. Les historiens grecs, les philosophes, les jurisconsultes, les législateurs des Romains, n'enrichirent le droit des gens que de quelques observations éparses dans leurs écrits (a). Dans le moyen âge le développement de cette science fut entravé par l'autorité des maximes souvent fausses ou mal appliquées des pères de l'Église (b), par la prépondérance des papes, par la chimère du *dominium mundi et imperium christianitatis* des empereurs romains, par l'autorité prédominante de la philosophie scolastique (c), en général enfin par la barbarie et l'ignorance trop répandues encore, le droit du plus fort faisant la loi, et les progrès des sciences n'étant point encore secondés par les avantages de l'art d'imprimer. Quelques étincelles

THIERS, Histoire du Consulat et de l'Empire, t. I à XIX. 1845 à 1860.

Le meilleur ouvrage sur l'histoire du droit des gens dans les temps modernes est celui de H. WHEATON, Histoire du droit des gens en Europe, depuis la paix de Westphalie jusqu'au congrès de Vienne, 3e édit., Paris 1853, 2 vol. in-8°. — Voir aussi COMBES, Histoire générale de la diplomatie européenne, t. I. Histoire de la formation de l'équilibre européen aux traités de Westphalie et des Pyrénées, 1854, in-8°. [A. O.].

(a) V. OMPTEDA's Lit. I, 139-161. V. KAMPTZ, neue Lit. 26 et 56. GUNTHER, I, 2. SCHEIDEMANTELS allgem. Staatsrecht (Jena, 1775, 8), p. 13.

(b) Jean BARBEYRAC, Traité de la morale des pères de l'Église. Amsterd. 1728, 4 J.-J. SCHMAUSS, neues Systema des Rechts der Natur (Gœtt. 1754, 8), p. 73-97.

(c) SCHMAUSS, p. 97.

de bon sens se firent jour à travers les ténèbres et tour-
nèrent au profit du droit des gens, surtout en le délivrant
de l'influence des papes. La rivalité et les discussions conti-
nuelles entre les puissances ecclésiastiques et, séculières y
contribuèrent beaucoup, davantage encore dans la suite
les réformations de Luther et de Zwingli (d). Malgré cela
on recourut encore trop souvent, dans des cas litigieux,
aux principes du droit humain et du droit canonique papal,
aux conseils des légistes et des décrétistes; c'est-à-dire
aux professeurs en droit romain et canonique, et même aux
avis des théologiens. Il parut, en effet, quelques livres imprimés traitant du droit des gens; mais les uns partirent de
fausses prémisses et maximes, comme OLDENDORP (1539),
VASQUEZ ou VASQUIUS (1572) et WINCKLER (1615); d'autres
ne développèrent pas assez des idées justes qu'ils avaient
conçues, tels que Albericus GENTILIS (1598) et SUAREZ
(1613) (e).

§ 14. — Depuis Grotius jusqu'à Wolf.

Ce fut à l'esprit philosophique et à l'érudition du célèbre
Hugues GROTIUS (de Groot), qu'était réservée la création
de la véritable science du droit des gens Dans son livre
« De jure belli et pacis » (1625), non-seulement il exposa,
d'une manière aussi profonde que claire, l'ensemble du
droit des gens naturel, mais il y recueillit aussi, au profit
du droit des gens positif, quantité d'exemples tirés de l'antiquité (a). La réputation de cet ouvrage fut accrue par

---

(d) Mart. HUBNERI, orat de immortalibus Mart. Lutheri in imperia me-
ritis. Hafn. 1761, 4. J.-W. PLACIDUS (PETERSEN), Literatur der Staatslehre,
I. Abth., p. 160 f.

(e) V. OMPTEDA, I, 163-170. (V. aussi KALTENBORN, die Vorläufer des
Hugo Grotius auf dem Gebiete des Jus naturæ et gentium. Halle, 1848, 8.)

(a) J.-M SCHROCKH's Abbildung und Lebensbeschreibungen berühmter
Gelehrten, Bd. II, S. 257-376. V. OMPTEDA, I, 172, 175, 248. V. KAMPTZ,
l. c. p. 45 et suiv — Les traités publics n'étaient que rarement publiés
alors

des traductions en grand nombre, des extraits, des abrégés.
des tableaux et commentaires (b). Bientôt après, en 1650,
Zouchæus (Zouchy) publia le premier ouvrage élémentaire sur le droit des gens, dans toute son étendue (c), à la
même époque où Hobbes, son compatriote, déclarait haut-
tement qu'on pouvait se passer d'une explication particulière de cette branche de la jurisprudence. Le baron Sa-
muel de Puffendorf avança de beaucoup, quoique d'une
manière indirecte, la science du droit des gens, par son
excellente exposition du droit naturel des particuliers, en
trois différents ouvrages (1660, 1672, 1673). En adoptant
l'identité du droit naturel des particuliers avec le droit des
gens, il nia l'existence, du moins formelle, d'un droit des
gens positif. Selon lui, les usages des nations européennes,
formant la loi de guerre, et établissant l'inviolabilité des
ministres publics, sont purement arbitraires; les stipulations contenues dans les traités des souverains sont bien
obligatoires, mais en grande partie temporaires ou transitoires; il prétend enfin que la dénomination de droit ou de
loi ne convient nullement à ces stipulations, celle-ci dévant
appartenir à l'histoire plutôt qu'au droit (d). Toutefois il
remplit des chapitres entiers du droit de la guerre, des
conventions militaires entre les puissances belligérantes,
des traités de paix, des alliances. Les paradoxes de Puffendorf furent beaucoup critiqués (e), mais ils ne manquèrent

(b) Meister, bibliotheca jur. nat. I, 199 et suiv. G.-C. Gebaueri , nova
juris nat. historia, p. 23 et suiv. Glafeys Geschicte des Rechts der
Vernunft, S. 111. C. H. L. Politz, comm. cité ci-après dans le Supplément, n° I, A.

(c) V. Ompteda, I, 252-265. Par rapport à Hobbes, voyez ibid., p. 249.

(d) V. Ompteda, I, 270-286. J.-G. Meusel's, hist. liter. bibliogr (Magasin (1788), I, 27 ff. II, 22 ff III, 306.

(e) Tels que Rachel. — qui établit , déjà en 1676, un droit des gens
positif fondé sur des conventions expresses ou tacites , en séparant d'ailleurs
les droits conventionnels particuliers d'avec le droit des gens positif de
l'Europe qui résulte de conventions tacites — Durr, Uffelmann, Nic.

pas non plus de défenseurs zélés (f). Un grand nombre de
manuels et d'*ouvrages plus étendus* (g), qui ont paru dans
cette période, font preuve de l'intérêt avec lequel le public
accueillit l'étude du droit des gens. Pour ce qui est du
droit des gens *positif* en particulier, il parut alors des *recueils* des traités et autres actes publics (h), ainsi que des
expositions historiques des traités (i).

§ 15. — Depuis Wolf jusqu'à présent

La lice ouverte, on pouvait s'attendre à une exposition
claire, complète et systématique du droit des gens. Le droit
des gens *naturel* la dut à la sagacité du célèbre baron Chrétien de WOLF (a) (1749 et 1750). Cependant cet auteur
voulant fonder des droits parfaits sur le consentement *présumé* des nations, et même sur la *fiction* d'un État universel
du monde, ou d'un État composé de toutes les nations, on
ne regrette pas trop qu'il n'ait pas également voué son
activité littéraire au droit des gens *positif*. Cette science fut
traitée séparément par l'infatigable Jean-Jacques MOSER.

BECKMANN, MENZER, ALBERTI, POMPEII, ZENTGRAV, WERLHOF, LUDEWIG,
LEIBNITZ, STRIMESIUS et d'autres. Voir v. OMPTEDA, I, 276-289. MEUSEL,
II ff. 47 f

(f) Tel que Chrétien THOMASIUS. V. OMPTEDA, I, 293.

(g) On peut nommer, à cet égard, Jean-Wolfg. TEXTOR, 1680. Chrétien
THOMASIUS, 1688 et 1705, Jean-Jacques MULLER, 1604, Jean-Henri MOL-
LENBECK, 1695, Jean-Frédéric HOMBERGK à VACH, 1721, Adam-Frédéric
GLAFEY, 1785, Jean-Frédéric SCHNEIDER, 1729, Henri KOHLER, 1755,
Jean-Sigismond STAFF, 1735, Laurent REINHARD, 1736, Jean-Adam
ICKSTADT, 1740.

(h) Des recueils furent publiés par J.-C. LÜNIG, 1694 et 1702; par
LEIBNITZ, 1693 et 1700; par Jacques BERNARD ou MOETJENS, 1700; par
DU MONT, 1726-1631, avec des suppléments par BARBEYRAC et ROUSSET,
1739; par J.-J. SCHMAUSS, 1730, et par d'autres. Des tables alphabétiques
sur ces recueils et sur d'autres, ont été publiés par Pierre GEORGISCH,
1740-1744.

(i) Par SAINT-PRIEST, 1735, et par BARBEYRAC, 1739.

(a) V. OMPTEDA, I, 320 ff. SCHMAUSS, p. 336-354.

Écrivain simple et sans prétention, cet auteur tâcha, sans trop s'occuper du système de la spéculation, à rendre service, par différents ouvrages qui parurent dans sa longue carrière littéraire (b) (1732 à 1781), à cette partie du droit public positif non moins qu'aux autres qu'il a si soigneusement cultivées; tandis que d'autres auteurs, ses contemporains ou successeurs, surtout l'ingénieux KANT (a), démontrèrent, de la manière la plus convaincante, combien, à cause de l'insuffisance du droit des gens naturel, il est de l'intérêt des nations de s'en pouvoir tenir à un droit des gens positif.

§ 16. — Continuation.

Depuis Moser, M. George-Frédéric de MARTENS a très-bien mérité du droit des gens positifs de l'Europe, par des ouvrages élémentaires en langue latine, allemande et française, par d'autres écrits relatifs à cette matière, par des recueils de traités et autres actes publics, ainsi que de lois fondamentales des États, enfin par les cours qu'il a faits à l'université de Gottingue (a). Le droit des gens s'est beaucoup enrichi dans cette période par un grand nombre d'ouvrages tant élémentaires (b) que systématiques de plus

(b) Voyez Lebensgeschichte Joh. Jac. MOSERS, von ihm selbst beschrieben. Frankf. und Leipz. th. I-III. Dritte, stark verm. Aufl. 1777. Th. IV, 1783. 8. Cph. WEIDLICH's Nachrichten von jetz lebenden Rechtsgel., t. VI. p 1-119. V. OMPTEDA, I, 362. J.-C. MEUSEL's Lexikon von 1750 bis 1800 verstorbener Schriftsteller, Bd. IX, p. 293 ff.

(c) Imman. KANT's metaphys Anfangsgr. der Rechtslehre (Königsb. 1797, 8). § 53 ff.

(a) J. St. PÜTTER's Geschichte der Universität Gottingen, t. II, s 109. Cph. WEIDLICH's biographische Nachrichten, th. III, und. IV.

(b) Outre les abrégés exposant ensemble le droit naturel des particuliers et celui des nations (v. OMPTEDA, II, 383 et suiv.), on peut citer les livres élémentaires de H.-F. KAHREL, 1750, J.-J. BURLAMAQUI, 1751, u. 1785; J.-F.-L. SCHRODT, 1768, u. 1780, du vicomte de LA MAILLARDIÈRE, 1775; G. ACHENWALL, 1775, Lauriz NORREGAARD, 1776, C. G. GÜNTHER, 1777; J.-N. NEYRON, 1783, G.-F. DE MARTENS, 1785, 1789, 1796, 1801; P.-T.

grande étendue (c), par des traités qui sont publiés aussi
de suite et officiellement dans la plupart des États européens, par des recueils de traités et autres actes publics (d),
par des mémoires sur des négociations diplomatiques, et
par des monographies, c'est-à-dire des dissertations ou autres écrits traitant d'un objet particulier, notamment du
droit maritime et de commerce, du droit des neutres, et
de celui d'ambassade. On s'est occupé aussi de la casuis-
tique (e), et de la partie historique du droit des gens positif
de l'Europe, qui ont été l'objet d'ouvrages particuliers destinés à rapporter et à éclaircir les événements politiques
de notre temps (f), ainsi que des journaux politiques.
Quelques écrivains (g) ont publié des répertoires, où les
traités publics sont rangés et indiqués par ordre. La partie
littéraire du droit des gens fut enrichie, en 1785, par Diete-

KOLLER, 1790 ; C. U. D. v. EGGEES, 1796 ; F. SAALFELD, 1809 ; d'un anonyme (De jure gentium et cosmopolitico) 1811 ; de Th. SCHMALTZ, 1817.

(c) Des ouvrages plus étendus ont été donnés par A.-F. GLAFEY, 1752 ;
G. de RÉAL, 1754 ; E. de VATTEL, 1758 (son ouvrage est tiré pour la plupart de celui de WOLF, mais écrit dans un style plus coulant et plus
élégant ; par J.-J. BURLAMAQUI, et de FELICE, 1766-1768 ; C.-G. GÜNTHER,
1787, u. 1792 (incomplet) ; G. de RAYNEVAL, 1803 ; J.-B. GONDON D'ASSONI,
1808 ; C. U. D. v. EGGERS, 1809 et 1810.

(d) Des recueils généraux ont été publiés par F.-A. WENCK, 1781, 1788
et 1796, et G.-F. de MARTENS, 1791-1818. Sur les recueils spéciaux, pour
des États particuliers, voyez le Supplément à la fin de cet ouvrage.

(e) G.-F. de MARTENS, 1800 et 1802.

(f) Par J.-J. SCHMAUSS, 1741 et 1747 ; MABLY, 1747 (1748, 1764, 1773,
1776) ; C.-F. HEMPEL, 1751-1753 ; G. ACHENWALL, 1756 (1761, 1767,
1779) ; J.-C. ADELUNG, 1762-1769 ; J.-G. MEUSEL, 1775 (1782, 1788,
1800, 1817) ; L.-T. SPITTLER, 1793 (1807) ; J.-G. BUSCH, 1781 (1783,
1796, continué par G.-G. BREDOW, 1810) ; C.-W. KOCH, 1776 et 1797,
augm et continué par F. SCHOELL, 1817 et 1818 ; M.-C. SPRENGEL, 1797 ;
J.-G. EICHHORN, 1803-1804 (1817) ; C.-D. VOSS, 1801 ff. ; F. ANCILLON,
1803-1805 ; G.-F. de MARTENS, 1807 ; A.-C. WEDEKIND, 1808 ; A.-H.-L.
HEEREN, 1809 et 1811 ; FLASSAN, 1809 (1811) ; L. de DRESCH, 1815 ;
F. SAALFELD, 1816 ; PAOLO-CHAGNI, 1817.

(g) G.-F. HEMPEL, 1751-1755 ; G.-F. de MARTENS, 1801.

. rie-Henri-Louis, baron d'OMPTEDA, d'un ouvrage qui l'embrasse tout entière, et qui fut continué, en 1817, par M. C.-A. de KAMPTZ.

§ 17. — État actuel de la science du droit des gens.

La science du droit des gens fut portée au degré où elle est actuellement par l'adoucissement des mœurs, par les liaisons compliquées entre les nations de l'Europe, par l'influence de l'art de guerre moderne, par le surcroît d'activité des gouvernements, par les négociations multipliées, surtout moyennant des ambassades perpétuelles, par la culture des sciences en général, et particulièrement du droit des gens naturel et de l'histoire des États, par l'activité littéraire des jurisconsultes et des historiens, des hommes publics, des observateurs en fait de politique, et des·compilateurs (a); par la liberté de la presse, favorisée

(a) Comparez C.-A. v KAMPTZ neue Literatur des Wölkerrechts, § 1-16.

Jusqu'à Kant on confondait généralement le droit des gens avec la théorie générale du droit, enseignée alors sous le nom de *Droit naturel*. Cette théorie comprend en effet les définitions des idées de loi, de justice, d'obligation, de droit, etc., avec toutes les généralités qui en découlent logiquement. On y rattachait en outre le système hypothétique des droits et des devoirs auxquels seraient assujettis les hommes s'ils vivaient dans l'état de nature, c'est-à-dire en supposant qu'ils ne soient pas réunis en société et soumis à l'autorité des mêmes lois positives et d'un même pouvoir. Or, cette supposition ne se rencontre que dans le droit des gens qui considère, non pas, il est vrai, les individus, mais les Etats, comme autant de personnes libres et indépendantes, dont aucune ne reconnaît d'autorité supérieure; tous les traités s'occupaient donc à la fois du *droit de la nature* et du *droit des gens*. Kant porta dans la science du droit les principes généraux de sa philosophie en formulant un système de droit rationnel tout à fait indépendant de l'état de nature; et de ce moment la séparation fut opérée entre la théorie générale du droit et le droit des gens. La première

dans plusieurs pays, par la part que presque tout le monde
prend aux événements politiques, enfin par des leçons académiques. Comme l'existence et la chute des États dépendent entièrement des événements majeurs, de même les

a été cultivée beaucoup en Allemagne depuis le commencement de
ce siècle, sous le nom de *Philosophie du droit:* les disciples de
Kant surtout ont publié un grand nombre de traités et de systèmes
sur cette branche de la science; en outre, chacune des écoles phi-
losophiques allemandes a voulu avoir sa théorie du droit, et un
mouvement analogue s'est produit dans les pays voisins. Cette
direction imprimée à la science porta un certain préjudice au
droit des gens qui fut un peu négligé et qui s'éloigna de plus en
plus du terrain philosophique, pour prendre sa base positive dans
les conventions et les coutumes internationales. (V. l'historique de
cette tendance vers le droit positif dans l'ouvrage cité de Heffter,
§ 9). Néanmoins le droit des gens ne cessa d'être cultivé, et l'époque
contemporaine a enrichi cette science d'un grand nombre d'ouvrages remarquables dont on trouvera l'indication dans les notes
de ce livre ou dans le supplément, et parmi lesquels nous rappelle-
rons ceux de LAURENT et de WHEATON sur l'histoire du droit des
gens, de WHEATON, de HEFFTER, de GARDEN, de PINHEIRO FER-
REIRA sur la théorie générale, de TH. ORTOLAN, de HAUTEFEUILLE
sur le Droit maritime, de FOELIX sur le Droit international privé,
de CH. DE MARTENS et de CUSSY sur les traités, etc., etc.

Nous n'avons pas à citer ici les nombreux ouvrages sur la philosophie du droit qui ont été publiés depuis Kant. Nous nous bor-
nerons à indiquer quelques-uns des plus importants : LERMINIER,
Philosophie du droit, 3ᵉ éd. 1856 (cet ouvrage résume la plupart
des travaux allemands). KANT, Principes métaphysiques du droit,
traduit par Tissot, 2ᵉ édit. 1853. Éléments métaphysiques de la doctrine du droit, traduit par BARNI, 1853. FICHTE, Grundlage des Naturrechts, System der Rechtslehre (dans ses œuvres complètes, t. II,
IV et V) AHRENS, Cours de droit naturel, 3ᵉ édit. 1853 (système de
Krause); HEGEL, Grundlinien der Philosophie des Rechts (œuvres
complètes); ERDMANN, Philosophische Vorlesungen uber den Staat.
1851 (système de Hegel); STAHL, Philosophie des Rechts, 3ᵉ édit.
1853, 2 vol. in-8° (dernière école de Schelling, système légitimiste).

principes politiques sont puissamment influencés par l'esprit du temps ou l'opinion publique.

§ 18. — Bibliographie et Biographie.

Déjà dans ce moment-ci les moyens littéraires du droit des gens sont nombreux et importants, au point qu'on ne peut nullement s'en passer; ils le seront encore davantage à mesure que viendront de nouveaux événements et de nouvelles conventions politiques, et qu'augmentera la culture des sciences et l'activité littéraire des gens de lettres. La *Bibliographie*, ou notice des livres traitant de cette partie de la jurisprudence (a), est et sera donc toujours de conséquence. Elle doit être secondée de la *Biographie* ou notice de la vie des auteurs (b), qui sert particulièrement a juger et à apprécier les ouvrages. On y apprend les circonstances qui peuvent avoir influencé les principes et les opinions des auteurs, le degré de leurs talents, leur caractère, leur religion, leur éducation, leurs études, leur patrie, domicile, emploi, etc.

§ 19. — Bibliothèque du droit des gens.

Les ouvrages relatifs au droit des gens peuvent être classés

—Voir aussi ESCHBACH, Introduction générale à l'étude du droit, 3° éd., 1856, in-8°. WARNKOENIG, Rechtsphilosophie. Fribourg, 1839.

Sur la bibliographie moderne du droit des gens, voir KALTENBORN, Kritik des Völkerrechts. Lps. 1847. VAN HOGENDORP, Comment, de juris gentium studio in patria nostra post Hugonem Grotium Amstedol, 1856, in-8°. Mais surtout l'ouvrage déjà cité de M. ROB. DE MOHL (Histoire des sciences politiques, en allemand). Cet ouvrage, qui contient la bibliographie complète et raisonnée du droit des gens depuis l'époque de Kluber jusqu'en 1855, nous a été d'un grand secours pour le présent travail. [A. O.]

(a) Voyez la littérature dans le Supplément à la fin de cet ouvrage, n° I, lit. B.

(b) Voyez ibid. n° I, lit. C.

de la manière suivante (a) I. Histoire du droit des gens, littérature et biographie; sciences connexes et subsidiaires. —
II. Sources : traités et autres actes publics. — III. Ouvrages
élémentaires et systématiques sur le droit des gens. — IV.
Ouvrages sur des matières principales détachées du droit
des gens. — V. Collection de traités sur diverses matières.
— VI. Monographies, ou dissertations et brochures. — VII.
Déductions et consultations des jurisconsultes. — VIII. Ouvrages lexicographiques. — IX. Ouvrages servant à l'histoire
et à l'interprétation des traités publics. — X. Mémoires historiques, particulièrement sur des négociations. — XI. Ouvrages pour servir à l'histoire des événements politiques
modernes, et journaux politiques.

(a) C'est dans cet ordre que sont énoncés les principaux écrits *de la
Bibliothèque choisie du droit des gens* , qui forme le *supplément* de cet
ouvrage.

PREMIÈRE PARTIE.

LES ÉTATS

EN GÉNÉRAL, ET PARTICULIÈREMENT EN EUROPE.

⊲⊱•⊰⊳

CHAPITRE PREMIER.

DEFINITION, RAPPORTS DE SOUVERAINETE ET UNION D'ETATS.

§ 20. — Définition et origine de l'État.

Un certain nombre d'hommes et de familles qui, s'étant réunis dans un pays et y ayant fixé leur demeure, s'associent et se soumettent à un chef commun, dans l'intention de veiller ensemble à la sûreté de tous, forment un *État* (a). Leur réunion est considérée comme personne morale. Ils portent aussi le nom de *nation* (§ 1). L'État ne prend son origine que dans cette même convention expresse ou tacite (b), motivée par le besoin d'une alliance de sûreté.

(a) Voir mon Oeffentliches Recht des teutschen Bundes, § 1 et 2.
(b) Anti-Leviathan (Gottingen, 1807, 8), p. 19 et suiv. — D'autres représentent l'État comme un produit de la nature, en expliquant son origine par une nécessité naturelle. Rousseau, du contrat social, liv. I, chap. v et vi, liv. III, chap xvi. Principe fondamental du droit des souverains (à Genève, 1788, gr. in-8), t. I, p 13 et suiv. Hugo's Naturrecht, § 318 ff. Fries philosophische Rechtslehre, p. 76 ff.

Les termes d'*État* et de *nation* ne présentent plus dans la langue politique moderne la même synonymie qu'au temps où écrivait

Kluber. Il existe des Etats qui ne forment pas des nations, l'empire d'Autriche, par exemple, et des nations qui n'ont pu encore se constituer en Etats indépendants. Telle a été notamment la situation de l'Italie avant 1859. Pour l'*État,* surtout quand on le considère au point de vue des relations extérieures, on peut conserver la définition de Kluber; mais celle de la *nationalité* est sujette à plus de difficultés. Avant le xixe siècle on désignait exclusivement par le terme de *nationalité* la qualité en vertu de laquelle une personne appartenait à tel ou tel Etat. Mme de Stael paraît l'avoir employé la première dans une autre acception, pour exprimer ce qui constitue essentiellement une nation. Ce mot ne reparaît ensuite qu'après 1830 dans les ouvrages de M. Buchez avec une signification précise et systématique. Dans la théorie de M. Buchez, toutes les fois qu'un nom national nouveau vient à paraître dans l'histoire, c'est une fonction nouvelle qui commence dans l'œuvre progressive de l'humanité. Pour qu'une nation se forme, il faut qu'il y ait identité de volonté et d'action entre les hommes qui doivent la composer, que les générations se meuvent sous une même direction et avec un même esprit vers le but de perfectionnement dont chaque peuple est l'ouvrier; en d'autres termes, ce qui crée une nation et la conserve, c'est *un but commun d'activité.* V. Européen, 1re série, 1831, p. 67 et suiv. *Histoire parlementaire de la révolution française,* t. I. Préface, ainsi que les préfaces des volumes suivants. Cours de politique chrétienne ou progressive (*Européen,* 2e série, 1835), *Introduction a la science de l'histoire,* 2e édit. 1842, t. I, ch. 6. Depuis lors il a été beaucoup question du principe de la nationalité dans les journaux, les brochures, les discussions politiques. Les uns ont fait dériver les nationalités de la langue, les autres de la race (par exemple, M. Maximin Deloche, du Principe des Nationalités, 1860, in-8°), d'autres encore de la communauté des habitudes; mais en dehors de M. Buchez, personne n'a traité scientifiquement cette matière importante et il serait à peu près impossible de retrouver l'origine et de retracer les variations des idées multiples et confuses qui ont été émises à ce sujet.

Aujourd'hui cependant l'idée de la nationalité prend une importance pratique de plus en plus considérable dans les relations internationales. Il ne s'agit plus seulement pour des peuples oppri-

mes de secouer le joug d'une domination étrangère, de reconqué-
rir leur patrie. L'Italie nous offre en ce moment même l'exemple
de fractions d'une nation qui se délivrent de pouvoirs indigènes
pour reconstituer leur unité morcelée. Et dans ce mouvement
même de l'Europe apparaît l'incertitude qui plane toujours sur le
principe de la nationalité, et se manifeste clairement le défaut de
la théorie qui prétend rattacher ce principe à la race ou à la langue.
Cette théorie serait au besoin applicable à l'Italie, mais elle ne
saurait être acceptée ni par la Pologne qui repousse l'union avec
la Russie malgré l'unité d'origine et l'analogie du langage, ni par
la Hongrie qui a besoin de fondre dans une seule nationalité les
races et les idiômes multiples dont elle est formée. Reconnaissons,
avec l'éminent écrivain que nous avons cité, que la condition
première d'une nation c'est une idée pratique commune, un but
d'activité commun, et constatons en même temps que tout peuple
qui s'est fait l'instrument d'une réalisation sociale, qui a contribué
pour sa part pendant une suite de générations et en jouissant de
l'indépendance nationale à l'œuvre du progrès général, et qui a
occupé ainsi son poste dans l'histoire, a le droit de conserver ce
poste et ne peut en être expulsé que par la violence et l'iniquité.
Ces principes font comprendre la différence qu'il y avait, par
exemple, entre le partage de la Pologne, qui était une nation, et la
destruction de la régence d'Alger qui ne formait qu'un Etat. Le
droit des nationalités est donc bien fondé en droit des gens; il n'a
pas moins de réalité que celui que tous les auteurs s'accordent à
attribuer aux Etats indépendants et jouera certainement un
grand rôle dans la politique de l'avenir, tant qu'un vaste système
fédératif n'aura pas lié entre elles les nations indépendantes. Il a
déjà transformé d'ailleurs le principe de la souveraineté dont il
sera question au paragraphe suivant.

Sous un autre point de vue on distingue aujourd'hui l'*État*,
comme ensemble de tous les intérêts qui dépendent de l'action
gouvernementale, de la *société* qui comprend tous les rapports
privés et le mécanisme des institutions par lesquelles ils concourent
au but commun. Cette distinction, qui a son origine dans les travaux de Quesnay et des physiocrates, et qui s'est transmise par
Turgot et Condorcet aux écoles dites *socialistes* du XIXe siècle, n'a
pas d'importance en droit des gens, si ce n'est par l'influence que

§ 21. — Souveraineté.

La *souveraineté* (a) (*Staatshoheit*), dans le sens étendu, consiste dans l'ensemble des droits appartenant à un État indépendant par rapport à son but. Elle comprend 1° l'entière indépendance de l'État vis-à-vis des nations étrangères ; 2° le pouvoir légitime du gouvernement, ou l'autorité qu'exige le but de l'État. — Dans le sens limité, qui est exclusivement reçu dans le droit des gens, on entend par souveraineté seulement l'indépendance d'un État, et on appelle *État souverain* celui qui, indépendamment de sa constitution intérieure, exerce par lui seul et sans influence étrangère les droits de souveraineté (b). C'est cette souveraineté que le droit des gens exige dans tout État qui, en qualité de personne morale indépendante, prétend, vis-à-vis de l'étranger, aux droits de personnalité ou d'indépendance politique (c). — La souveraineté appartient immédiatement

les rapports économiques, le commerce, la solidarité des intérêts privés exercent sur la politique. — L'idée de la société a été l'objet d'un travail spécial de M. ROB. DE MOHL dans son histoire des sciences politiques, t. I, voir aussi : STEIN System der Staatswissenschaften, t. I, Gesellschafts Lehre, 1856, in-8°. [A. O.]

(a) *Summa rerum, summitas imperii, summa potestas, summum imperium, suprematus, potentatus.* Algernon SIDNEY sur le gouvernement, t. II, p. 238. PÜTTERS Beyträge, th I, S. 317 ff. — Dans le traité de Welau de 1657, art. 5, la souveraineté est désignée de la manière suivante : « *Ducatum Prussiæ Elector possidebit jure supremi dominii, cum summa atque absoluta potestate.* » SCHMAUSS corp. jur. gent. acad. I. 654. L'Autriche prétendait à être qualifiée, dans la paix de Westphalie de 1648, de « *Princeps per se absolutus et liber.* » Sur la dispute qui s'éleva à cet égard, voyez de MEIERN Acta Pacis Westph., V, 507-540. — Sur les différentes acceptions du mot de *souveraineté*, voyez mon Oeffentliches Recht des teutschen Bundes, § 176, not. b.

(b) « Un souverain n'est tenu de rendre compte de sa conduite qu'à *Dieu* et à son *épée.* » Sur le sens de ce mot, voyez RÉAL., science du gouvernement, t. IV, ch. II, Sect. 2, § 11. Déclaration de l'Autriche, au congrès de la paix de Westphalie en 1648. De MEIERN, l. c. V, 513, sq.

(c) GROTIUS de J. B. et P , lib. I, c. III, § 6. sq PUFENDORF de J. N. et

à l'État, qui en délègue l'exercice au gouvernement. Un individu qui gouverne et représente l'État souverain s'appelle *souverain* par excellence. C'est à lui qu'appartient alors la *majesté* ou la dignité suprème, la *représentation* de l'État

G., lib. VII, c. VI — Pour les écrits sur l'indépendance des nations, voyez v. OMPTEDA, II, 484 f. Fr. ANCILLON uber Souverainetat und Staatsverfassungen. Berlin, 1815. 8. Institutions politiques, par le baron de BIELFELD, t. I (à la Haye, 1790. 4.), p. 29.

Ce paragraphe porte les traces d'une confusion qui ne doit pas être reprochée à Kluber, mais qui dérive de la contradiction entre le droit des gens positif qu'il se proposait d'exposer et la théorie du droit des gens *naturel* que le XVIIIe siècle lui avait transmise. Kluber enseigne dans ce paragraphe et dans le précédent que l'État naît d'une convention expresse ou tacite, que la souveraineté appartient à l'État lui-même, et que celui-ci n'en fait que déléguer l'exercice au gouvernement. On a donc peine à comprendre que l'individu appelé à gouverner soit appelé souverain par excellence, et qu'il réunisse en sa personne la majesté ou la dignité suprème. Et en effet, les nations modernes dont la constitution se fonde le plus directement sur le principe du pacte social ou de la souveraineté du peuple, c'est-à-dire les républiques, sont celles précisément qui n'accordent pas au chef du gouvernement ces titres d'honneur.

C'est qu'en réalité la théorie de Kluber reproduit les principes du droit positif fondé sur les traités de Westphalie et consacrés en 1815 par les traités de Vienne. Les traités de Westphalie ne connaissaient, dans les États monarchiques, d'autre souveraineté que celle des maisons royales et princières; le prince et l'État se confondaient et se prêtaient réciproquement la majesté; personne ne songeait au pacte social. Le congrès de Vienne de 1815 n'a pas suivi d'autres principes. Il a proclamé la légitimité pour sanctionner le droit monarchique, et le partage des provinces par milliers d'âmes et par lieues carrées de territoire prouve bien qu'il ne séparait pas la souveraineté de l'État de la souveraineté des princes.

Ce droit des gens ne saurait être celui de l'avenir. La souveraineté des traités de Westphalie et de Vienne doit disparaître avec les circonstances historiques qui l'ont développée. Sera-ce le

dans ses relations extérieures, et le *gouvernement* de l'État
ou l'exercice du pouvoir nécessaire pour atteindre le but de
l'État. Un souverain s'appelle *constitutionnel*, lorsqu'une
constitution a fixé, renfermé l'exercice de son autorité dans
des limites positives, soit pour la représentation, soit pour
le gouvernement de l'État.

principe de la souveraineté du peuple tel qu'il a été formulé par
Locke, Rousseau et les auteurs du XVIIIe siècle qui devra le remplacer ? Nous ne le pensons pas. Le droit ne saurait naître de la
simple volonté de la majorité des individus, pas même de leur
unanimité. Si la théorie de la légitimité monarchique n'est plus
admissible dans l'état actuel de la civilisation, celle de la souveraineté du peuple, fondée uniquement sur le pacte social, se montre
également insuffisante et défectueuse. En cette matière encore, la
théorie la plus neuve et la plus conforme à la politique de l'avenir
qui ait été formulée de notre temps, est celle de M. Buchez, qui
se rattache directement à la théorie du même écrivain sur la nationalité. (V. la note du paragraphe précédent.) Toute nation étant
constituée par un but commun d'activité basé sur la morale, c'est
dans ce but et la morale qui l'inspire que réside l'autorité souveraine. La nation fait acte de souveraineté chaque fois qu'elle
réalise un des commandements de la morale et du but national, et
chaque acte de ce genre s'accomplit en vertu d'une proposition
émanée de l'initiative d'un pouvoir ou d'un individu, et de l'acceptation libre du peuple. V. *Cours de politique progressive* (Européen, 2e série, 1836, p. 268); *De la souveraineté* (Revue nationale, 1847, p. 181.) Ce principe complète, en droit des gens, celui
de la nationalité. C'est en vertu de cette souveraineté morale que
les populations peuvent choisir librement la nationalité à laquelle
elles veulent appartenir, et que le suffrage universel doit légitimement se substituer aux stipulations des gouvernements et aux arrangements des congrès. Ce nouveau droit des gens a été inauguré
par la révolution française, et il a reçu sa consécration de nos
jours, par l'annexion de la Savoie à la France et des États italiens
au royaume de Sardaigne.   [A. O.]

§ 22. — Son indépendance sous différents rapports.

La souveraineté de l'État, dans le sens du droit des
gens, consistant essentiellement dans l'indépendance de
toute volonté étrangère par rapport à l'exercice des droits
de souveraineté, elle doit par sa nature même être exercée
indépendamment de l'ancienneté de l'État, de la forme de
sa constitution ou du gouvernement, de l'ordre établi pour
la succession au trône, du rang et titre de l'État ou de son
souverain, de l'étendue de son territoire, de sa population
et de son importance politique (a), des mœurs et de la religion, de l'état de culture en général, du commerce de ses
habitants, etc. C'est par cette même raison que de simples
relations de pouvoir ecclésiastique, l'influence d'un médiateur (b), d'un garant (c), d'une puissance protectrice ou
alliée (d), des fiefs relevant d'un gouvernement étranger

(a) Le célèbre LEIBNITZ fonda sur les différents degrés de la puissance
politique, l'hypothèse d'une différence entre ce qu'il appelle *supremat* et
potentat. Voyez son ouvrage sous le titre de CÆSARINUS FURSTENERIUS
de jure suprematus ac legationis principum imperii (1677. 8), c. x-xii,
p. 40-57.

(b) Acte de médiation de la France concernant les constitutions des 19
cantons de la Suisse et leur système fédéral, du 19 février 1803; dans le
Code politique (Paris, 1809. 8.), p. 417-515.

(c) Voyez le § suiv.

(d) Déclarations de l'empereur Napoléon, en qualité de protecteur de la
confédération rhénane, dans l'acte de confédération, art. 1, 2, 3, 4, 7,
17-26; dans une déclaration remise à la diète de l'empire germanique, en
date du 1er août 1806; et dans une lettre adressée au prince primat le
11 sept. 1806. Voyez mon Staatsrecht des Rheinbundes, § 79. — Dantzick
fut mis, sans porter préjudice à son indépendance, sous la protection des
rois de Prusse et de Saxe, dans les traités de paix conclus à Tilsit en 1807,
art. 6 et art. 19 — La république de Raguse était sous la protection de la
Porte — La principauté de Monaco fut placée sous la protection française depuis la paix conclue en 1641 entre la France et le prince de Monaco jusqu'en 1792. Du MONT, Corps diplomatique, VI. FLASSAN, Hist de
la diplom. franç. 58. En 1814, cette principauté, qui avait été réunie à la
France le 14 février 1793 (MARTENS, recueil VI, 421), fut remise dans

(e), l'obligation de payer un tribut ou des subsides, même la circonstance qu'un État ait été fondé (f), ou que sa constitution lui ait été donnée par un autre, ne préjudicient point à sa souveraineté (g). Il en est de même des relations dans les-

la même position qu'avant le 1ᵉʳ janvier 1792. Plus tard, la Sardaigne prit la place de la France vis-à-vis de Monaco, en vertu du traité de Paris du 20 novembre 1815, art. 1, n° 4 (MARTENS, Suppl. VI, 687). Dans sa déclaration du .8 novembre 1817, le roi de Sardaigne reconnaît que le prince de Monaco est souverain et qu'il ne possede d'autre droit sur le territoire de ce prince que celui d'avoir garnison à Monaco et de nommer le commandant de la place. (En mars 1848, la ville de Menton et son annexe Roquebrune se détachèrent de la principauté et reconnurent la souveraineté de la Sardaigne, qui les céda à la France avec le comté de Nice en 1860. La principauté se trouve réduite depuis à la seule ville de Monaco). — La principauté de Sedan était depuis longtemps sous la protection française, lorsqu'en 1642 le duc de Bouillon céda à Louis XIII la souveraineté avec la ville de Sedan. FLASSAN, 77. — La république de Poglizza fut sous la protection autrichienne de 1403 à 1797. Par la paix de Presbourg de 1805, elle fut jointe au royaume d'Italie. Un décret de Napoléon, du 14 oct. 1809, l'incorpora aux provinces illyriennes. — La ville de Cracovie, avec son territoire, fut déclarée cité libre, indépendante et strictement neutre, sous la protection de la Russie, de l'Autriche et de la Prusse, dans l'acte final du congrès de Vienne, art. 6. Voyez mes Acten des wiener Congresses, t. VI, p 22, et t. V, p. 138. (Elle a été incorporée en 1846, en violation flagrante des traités de 1815, dans la monarchie autrichienne. Sur les pourparlers diplomatiques auxquels a donné lieu cet acte, voyez Ch. de MARTENS, Causes célèbres du droit des gens, t. V (1861). — La protection qu'un État souverain reçoit d'un autre l'oblige seulement à se conduire de telle manière que l'État protecteur ne puisse pas se considérer, le cas échéant, comme dégagé de ses obligations de protection.

(e) H. G. SCHEIDEMANTEL diss. de nexu feudali inter gentes. Jen., 1767, 4. J. A. H. THALWITZER diss. de obligatione utriusque Siciliæ Regis tributum annuum ex nexu clientelari Pontifici Romano ulterius prestandi Vitemb. 1790. 4.

(f) Fondation du royaume de Westphalie, par l'empereur Napoléon, en conformité des traités de paix de Tilsit et par la constitution du 15 novembre 1807. Code politique, p. 589. — Quant à l'ancien duché de Varsovie et à la ville de Dantzick, voyez les traités de paix de Tilsit, art. 5 et 6, et art. 15 et 19.

(g) De RÉAL, science du gouvernement, t. IV, ch. II, Sect. 3, § 17.

quelles un souverain se trouve engagé avec une puissance
étrangère, pour lui personnellement, ou par rapport à sa
famille, p. e. pour un emploi personnel (*h*), ou pour quelque
propriété.

§ 23. — Acquisition, reconnaissance, garantie, extinction de la souveraineté.

La souveraineté est *acquise* par un État, ou lors de sa
fondation, ou bien lorsqu'il se dégage légitimement de la
dépendance dans laquelle il se trouvait (*a*). Pour être valide, elle n'a pas besoin d'être *reconnue* ou *garantie* par
une puissance étrangère quelconque, pourvu que la possession ne soit point vicieuse. Cependant il peut être pru-
dent de la faire reconnaître (*b*) expressément (*c*) ou tacite

(*h*) Acte de la confédération du Rhin, du 12 juillet 1806, art. 7. — Le
Portugal a eu, de 1573 à 1850, un cardinal-roi.

(*a*) Moser's Versuch des neuesten europ. Völkerrechts, t. VI. S. 126 ff.
Günther's Volkerrecht, 1, 76 f.

(*b*) L. G. Magi v diss. de eo quod circa imperantem agnoscendum est
juris gentium, etc. Giess., 1748, 4. J.-C.-W. v. Steck von Erkennung
der Unabhängigkeit einer Nation und eines Staats; dans ses Versuche
über verschiedene Materien politischer und rechtl. Kenntnisse (Berlin, 1783. 8.). S. 49 ff.

(*c*) On en trouve des exemples dans la paix de Munster, conclue en 1648
entre l'Espagne et les Provinces-Unies des Pays-Bas, art. 1, dans la paix
de Kainardgi du 10-21 juillet 1774, art. 3, et dans celle de Paris de 1783,
art. 1. Reconnaissance du royaume de Westphalie par la Russie, dans la
paix de Tilsit, 1807, art. 18-20, et par la Prusse dans la paix de Tilsit, 1807,
art. 6-9. Reconnaissance de la confédération du Rhin par la Prusse, ibid.,
art. 4. Reconnaissance des nouveaux rois de Naples et de Hollande, par
la Russie et la Prusse, ibid., art. 14 et art. 3. Reconnaissance de la royauté
et de la souveraineté de la Bavière et du Würtemberg, ainsi que de l'empereur Napoléon comme roi d'Italie, par l'Autriche, dans la paix de Presbourg, 1805, art. 5, 7, 14. L'Autriche et la France reconnurent l'indépendance des républiques helvétique et batave, ibid., art. 18. Dans la paix
de Vienne de 1809, art. 15, l'Autriche reconnut tous les changements qui
avaient eu ou pourraient avoir lieu en Espagne, en Portugal et en Italie.
L'acte final du congrès de Vienne contient plusieurs exemples d'une reconnaissance expresse, par rapport aux royaumes de Hanovre, des Pays

ment (d), et de se procurer la garantie d'une ou de plusieurs
autres puissances (e). Au contraire, la reconnaissance, non
pas de la possession *par intérim*, mais de l'indépendance définitive d'un peuple en insurrection illégitime ou de celle
d'un usurpateur, serait un outrage fait au souverain légitime, tant que celui-ci n'a pas renoncé ou qu'il n'est pas censé
avoir renoncé à ses droits de souveraineté (f). La souveraineté est *éteinte*, dès que l'État cesse d'exister, soit par la
destruction totale de son territoire, soit par la dissolution
du lien social, soit enfin par l'incorporation, la réunion ou
la soumission en tout ou en partie, à un autre État (g).

§ 24. — Etats dépendants ou mi-souverains.

Lorsqu'un État dépend d'un autre Etat, dans l'exercice
d'un ou de plusieurs droits essentiellement inhérents à la
souveraineté, mais qu'au reste il est libre, on l'appelle *dé-*

Bas et des Deux-Siciles, et à la Suisse, dans les art. 26, 65, 74 et 104.

(d) Paix de Munster de 1648, art. 53. Voyez aussi l'acte final du congrès de Vienne, art. 1, 6, 17, 53, 65 et suiv., 98, 99, 101 et 103.

(e) Traité d'alliance entre la France et la Suisse de 1777, art. 4. Traité
conclu en 1778 entre la France et les Etats-Unis d'Amérique, art. 11. Garantie de l'intégrité des Etats de la confédération du Rhin, promise par
la Russie dans le traité de paix de Tilsit de 1807, art 25. Garantie réciproque de leurs Etats respectifs dans les traités conclus par la France avec
la Bavière, le Wurtemberg et l'électeur de Bade, en 1805. Voyez mon
Staatsrecht des Rheinbundes, § 135. La France garantit l'intégrité des
possessions de la maison d'Autriche, dans le traité de paix de Presbourg,
1805, art. 17, et dans celui de Vienne, 1809, art. 14. Voyez aussi plusieurs exemples dans mes Acten des wiener Congresses, Bd. I, Heft 1,
p 90, 93 et 95, et Bd. VI, p. 515 et suiv.; Bd. IV. p. 429 et 536; Bd. II,
p. 281.

(f) Les États-Unis des Pays-Bas, le Portugal et les Etats-Unis d'Amérique en fournissent des exemples Günther's Volkerrecht, I, 78-86. Conférez aussi de Steck, Observationes subsecivae, ch. XIX, et Schmalz,
Europ. Volkerrecht, S. 36, f.

(g) De Vattel, Droit des gens, liv. I, ch XVI, § 194 (V. sur l'extinction des États, Heffter, ouvrage cité § 24).

pendant ou *mi-souverain* (*a*). Le plus ou moins de dépendance se détermine, dans le cas échéant, par la teneur des
obligations conventionnelles qu'il a contractées. Elle touche
ordinairement les droits de souveraineté extérieure, dont
l'exercice appartient en tout ou en partie à un autre Etat.

§ 25. — Leurs rapports politiques. Souveraineté contestée.

La question de savoir à quel point un État mi-souverain
peut prétendre aux prérogatives du droit des gens, particulièrement aux droits d'ambassade, non-seulement dans ses
relations avec l'État dont il reconnaît sous certains rapports
l'autorité souveraine, mais aussi vis-à-vis d'autres Etats,
dépend tant de ce qui a été convenu à cet égard que du
degré d'indépendance qui lui est resté. De pareils Etats ne
sont pris directement en considération dans le droit des
gens positifs de l'Europe qu'autant qu'ils ont, vis-à-vis
d'autres puissances, une personnalité politique, et par conséquent le droit de négocier immédiatement avec des États
souverains ou mi-souverains (*a*). S'il y a doutes et discussions sur la souveraineté (*b*), c'est ordinairement l'État de
possession qui règle la conduite des tiers Etats.

(*a*) Hertius appelle de pareils États *quasi-regna ;* Neyron, Etats du
second ordre. Ceux qui les gouvernent sont qualifiés, par Réal, de prin-
ces-sujets.

(*a*) Pour les exemples anciens, voyez Günther, I, 110, ff. Par le traité
conclu en 1793 avec la Russie, art. 6-8 et 11 , la république de Pologne
était devenue un Etat mi-souverain De Martens, Recueil, V, 222. Il en
était de même des Catharginois, lorsque, après la seconde guerre pu-
nique, ils eurent promis aux Romains de ne point faire la guerre sans
leur consentement. Pour les exemples modernes, voyez plus bas § 33.

(*b*) Sur les Etats dont la souveraineté est *contredite* , voyez Günther,
I, 110 et suiv. — Sur les *prétentions* des différents États de l'Europe,
voyez C.-H. Schweder's theatrum praetentionum illustrium Zweite Ausg.
vermehrt von A.-F. Glafey, Leipz. 1727, fol. Les intérêts présents et les
prétentions des puissances de l'Europe, fondés sur les traités depuis la
paix d'Utrecht inclusivement et sur les preuves de leurs droits particuliers. par Jean Rousset, a La Haye, 1740, t. I-III. 4. Mon Oeffentliches
Recht des teutschen Bundes, § 82 u 1.

§ 26. — Des provinces et villes privilégiées.

Les *provinces* ou *villes* simplement *privilégiées*, faisant d'ailleurs partie d'un État sous la souveraineté duquel (*a*) elles ne jouissent que de l'exercice de quelques prérogatives et droits de souveraineté, n'ont point de personnalité politique, et ne sont pas indépendantes par rapport aux États souverains ; pas même si l'ensemble de leurs droits privilégiés méritait ou portait le nom de souveraineté subordonnée ou conventionnelle (*b*) (*superioritas territorialis subalterna site pactitia, jus territorii subordinati seu subalterni*). Ces provinces ou villes ne peuvent donc point invoquer directement les règles du droit des gens (*c*).

§ 27. — *États-Unis.*

I) Sous le même souverain.

Plusieurs États peuvent être réunis (*a*) (*unio civitatum*), de deux manières différentes : soit sous un gouvernement commun, soit par droit de société dans un système de con-

(*a*) Mon Oeffentliches Recht des teutschen Bundes, § 101.

(*b*) NETTELBLADT's Erörterungen einiger Lehren des teutschen Staatsr., S. 371 ff. Du même, Sammlung kleiner jurist Abhandl. (1792, 8). S. 139. MOSER von der Landeshoheit überhaupt, cap. XI. PÜTTER's hist. Entwickel der Staatsverfass. des t. Reichs, III, 290. De LUDOLF, t. I, obs. 33. STRUBE's rechtl Bedenken, II, 195 ff. Mon Staatsrecht des Rheinbundes, § 102 ff. 188 ff. Les écrits indiqués dans PÜTTER's Literatur des teutschen Staatsrechtes, t. III, § 1623, et dans ma Neue Literatur des teutschen Staatsr , S 693.

(*c*) Voyez les déclarations expresses du roi de Bavière et des grands-ducs de Bade et de Hesse, à l'égard des princes et comtes soumis à leur domination (*Standesherren*). Mon Staatsrecht des Rheinbundes, § 198. Par rapport à la ville de Podgorze, voyez l'acte final du congrès de Vienne, art. 8.

(*a*) Voyez des écrits sur la réunion des États, dans PÜTTER's Literatur des teutsch Staatsrechts , t. III, p. 134, et dans ma Neue Literatur des teutsch Staatsr., § 928 — Comparez aussi PUFFENDORF de J. N. et G. lib. VII, c. v, § 16, seq PÜTTERI instit jur. publ germ § 76. Du même Beyträge, etc., th I, Abh. 2.

fédération (b). Le titre fondamental et les dispositions particulières résultent du *contrat d'union*.

La réunion sous un souverain commun, si elle n'est que
personnelle (c), c'est-à-dire si elle n'a absolument lieu que
dans la personne régnante, soit pour un temps déterminé,
soit pour toujours, de même si elle est *réelle*, de manière à
ce que les Etats, sans être confondus, se trouvent réunis
entre eux avec égalité parfaite de droits (États coordonnés),
ne préjudicie point à la souveraineté individuelle de chacun
des États réunis (d). Il en est autrement, si, étant réelle,

(b) L'exposition suivante me semble donner un aperçu rapide des différentes espèces de réunion. *Unio civitatum* sive *perpetua* sit, sive
temporaria, fit jure I) vel *societatis* (systema civitatum fœderatarum, II)
vel *imperii*, h. e. sub eodem imperante. Hæc est : 1) vel *personalis*; 2)
vel *realis*, jure a) sive *æquali*, b) sive *inæquali*, ita ut hæc sit a) vel
inæqualis *proprie* sic dicta, b) vel *incorporatua*.

(c) Telle est la réunion du grand-duché de *Luxembourg* avec le royaume
des Pays-Bas, stipulé par les art. 67 et 71 de l'Acte final du congrès de
Vienne, du 9 juin 1815. Traité du roi des Pays-Bays avec l'Autriche, la
Russie, la Grande-Bretagne et la Prusse, du 31 mai 1815, art. 3 et 6; dans
mes Acten des wiener Congresses, t. VI, p. 171 et 175. Voyez aussi
mon Uebersicht der diplomat. Verhandlungen des wiener Congresses,
p. 161.

(d) Comme 1° la réunion de la *Pologne* avec la *Russie*, à la suite de
l'Acte final cité, art. 1er, et d'après les traités de la Russie avec l'Autriche et la Prusse, du 3 mai 1815, dans mes Acten der wiener Congresses,
t. V, p. 124, et t. VI, p. 100; (la Pologne a été incorporée à l'empire
russe en 1847), 2° celle de la *Norvége* avec la *Suède*, depuis 1814. Depuis
1819, les monnaies frappées en Norvége porte le titre: N, Roi de Norvége et de Suède, celles qui sont frappées en Suède, le titre de Roi
de Norvége et de Suède; 3° celle entre les royaumes de *Naples* et des
Deux-Siciles, en vertu de la loi de succession de Charles III, du 6 oct.
1759, et de la proclamation de Ferdinand IV, du 12 déc. 1816, insérée
dans le journal de Francfort de 1817, n° 5-10; 4° l'union momentanée
entre le *Portugal*, le *Brésil* et les *Deux-Algarves*, d'après la patente du
prince régent de Portugal, en date de Rio-Janeiro, le 16 déc. 1815, insérée
dans le journal des *Débats* du 22 février 1816; 5° différents États réunis
sous le sceptre de l'empereur d'*Autriche*, appartiennent aussi à cette
classe (la Hongrie prétend, en 1861, que, d'après son ancienne consti-

elle établit une inégalité de droit telle (e) qu'en effet l'un ou
l'autre des États réunis soit *soumis* à la souveraineté d'un
autre, ou qu'il lui soit même *incorporé* comme partie intégrante, sans avoir conservé aucune existence ni individua-
lité politique (*unio inequalis incorporativa*) Néanmoins
l'inégalité des droits admettant des degrés, il se peut que
l'un des États ainsi réunis ne soit pas dépouillé de tous ses
droits de souveraineté, et qu'il puisse p. e. être encore
compté parmi les États mi-souverains. (§ 24).

L'union *réelle*, dans le sens que nous venons de lui attribuer, donne lieu à la distinction entre les États *simples*
et les États *composés*. Elle diffère essentiellement de cette
parfaite réunion, par laquelle plusieurs États sont changés
en un seul (*f*).

tution, il n'existait entre elle et les autres pays de la couronne d'Autriche,
qu'une union personnelle, tandis que les publicistes autrichiens soutiennent qu'il a toujours subsisté une certaine union réelle), 6° sur l'union des
États-Unis, des *îles Ioniennes*, voyez ci-après § 33, note *f*. (Les rapports
du duché de Holstein avec la monarchie danoise, forment, depuis 1848,
une question en litige. Le Holstein tend à l'union purement personnelle.
Le Danemark prétend établir une union réelle en reliant, par une constitution commune, les diverses parties de la monarchie. Le Danemark pense
en outre, réaliser l'égalité des droits en accordant à chaque État spécial,
dans l'assemblée représentative commune, un suffrage proportionnel à sa
population, tandis que le Holstein réclame l'égalité absolue des suffrages.
V. sur les affaires du Holstein et du Schleswig, l'Encyclopédie du XIXᵉ siècle,
t. XXVII, et l'Annuaire encyclopédique, années 1859-60 et 1860-61).

(e) Sur l'union réelle avec *inégalité* de droits, voyez MEVIUS, consil.
posthum., cons. V. n. 67, sqq. OLENSCHLAGERS Erläuterung der goldenen
Bulle K. Carls. IV, p. 66 et 357. — Au congrès de Vienne furent réunis
avec *égalité* de droits, à perpétuité, aux États du roi de Sardaigne, les
États qui avaient composé la ci-devant république de *Gênes*, et les pays
nommé *Feudi imperiali* qui avaient été réunis à la ci-devant république
ligurienne (*unio realis æqualis perpetua*). Voyez l'acte final du congrès
de Vienne, art. 85-89. Acten des Wiener Congresses, t. VI, p. 77, 182,
194 et 202.

(f) P. e. les *Pays-Bas* (la Hollande) et les ci-devant *Provinces Bel-
giques*, ont formé, de 1813 à 1830, le royaume des Pays-Bas. Acte final

§ 28. — II. Par confédération.

Des États souverains unis entre eux ou *associés* pour un certain but et pour un temps indéterminé, sans qu'ils reconconnaissent une autorité suprême et commune a tous, forment une *confédération* (*a*), un *système d'États confédérés* (*systema civitatum fœderatarum s. achaicarum*). Quoique leur réunion représente vis-à-vis des États non associés une *seule* personne morale, chacun d'eux n'en conserve pas moins ses droits de souveraineté indépendamment des autres, et ils ne peuvent jamais être considérés comme formant un seul et même État composé, associé ou confédéré (*b*).

du congrès de Vienne, art. 65 et 73.*— Sur la réunion perpétuelle réelle de la *Finlande* suédoise à l'empire de la Russie, voyez le manifeste du 20 mars 1808, dans le recueil de M. de Martens, Supplément V. 9, 25.

(*a*) Polybius, historiar. lib. II, c. iv. Praschius, de rep. Achaica. C.-G. Heyne, progr. de eod. arg. Gott. 1785. Bynkershoek, quæst. jur. publ. lib II, c. xxiv. Burlamaqui, Principes du droit politique, P. II, ch. i. § 13, sqq. Pütter's Beitrage, I, 24. Sam. de Pufendorf, diss. de systematibus civitatum, dans ses Dissert. acad (Upsal. 1677, et Francof. 1678, 12), p. 210; aussi, dans sa Politica inculp., p. 226, Wieland, diss. de systemate civitatum. Lips. 1777, et dans ses Opusc. acad. Fasc. 1. (1790, 8). n. 2. Sainte Croix, Des anciens gouvernements fédératifs, 1799, 8. E.-A. Zinzerling, Le système fédératif des anciens, mis en parallèle avec celui des modernes, à Heidelb., Strasb. et Paris, 1809, 8. F.-W. Tittmann uber den Bund der Amphictyonen. Berlin, 1812, 8. Voir en outre les ouvrages cités de Schoemann et Hermann, et Politz die Staaten-Systeme Europas und Americas, 1826, 3 vol. in-8.

(*b*) Günther's Volkerrecht, I. 140. G. H. v. Berg's Abhandlungen zur Erlauterung der rhein. Bundes Acte, t. 1, S. 6 f.

On distingue avec raison aujourd'hui entre les confédérations et les États fédératifs. Dans les premières, chacun des États confédérés conserve sa souveraineté entière et n'est tenu envers les autres que des obligations résultant du pacte fédéral; la ligue achéenne et la plupart des confédérations anciennes étaient dans ce cas. Dans les États fédératifs, au contraire, une partie de la sou-

CHAPITRE II.

LES ÉTATS DE L'EUROPE.

§ 29 — États souverains actuellement existants en Europe.

Le nombre des États souverains de l'Europe, leur territoire, leur population, leur puissance politique, ont été, à
toutes les époques, sujets à de grands changements ; les
plus récents sont ceux qui ont eu lieu de nos jours, à la fin
du xviii⁰ et au commencement du xix⁰ siècle. Au moment actuel, toute la surface de l'Europe, en tant qu'elle
est capable d'être dominée, est partagée entre les États souverains suivants, tant monarchiques que républicains.
(I) ÉTATS MONARCHIQUES, par ordre alphabétique : 1⁰ *Empires :* l'Autriche (a), la Russie, la Turquie ou Porte Otto-

veraineté, celle notamment, qui a trait aux affaires extérieures
passe aux pouvoirs qui représentent la confédération, et les États
fédéraux ne conservent leur indépendance intérieure que dans des
limites plus ou moins restreintes. La Suisse et les États-Unis
d'Amérique offrent des exemples d'États fédératifs. — Voir sur
ce point HEFFTER, ouv. cité § 21. WHEATON, Elem. du droit international, t. I, p. 56 et ESCHBACH, Introd. à l'hist. gén. du droit,
§ 44. [A. O.]

(a) L'empire d'*Autriche* comprend, outre l'archiduché d'Autriche, les
royaumes de Bohème, de Galicie, de Hongrie, d'Illyrie (formé par une patente du 3 août 1816), d'Esclavonie, de Croatie, de Dalmatie, le royaume
lombardo-vénitien (formé par une patente du 7 avril 1815, dans mes Acten des wiener Congresses, t. VI, p. 303), etc. (Bien que l'Illyrie ait cessé
de former une division administrative particulière et que la Lombardie ait
été cédée à la Sardaigne par le traité de Zurich du 10 nov. 1859, l'empereur d'Autriche porte toujours les titres de roi d'Illyrie et de roi de Lombardie et Venise.)

manc ; 2° *Royaumes* : la Bavière, le Danemarck, l'Espagne, la France, le royaume uni de la Grande-Bretagne et d'Irlande, le royaume de Hanovre, le royaume des Pays-Bas, le royaume-uni de Portugal (du Brésil) et des Deux-Algarves (*b*), la Pologne, la Prusse, la Saxe, la Sardaigne, la Suède avec la Norvége, le royaume des Deux-Siciles, le Wurtemberg ; 3° *Grands-Duchés* : de Bade, de Hesse, de Luxembourg, de Mecklembourg-Schwérin, de Mecklembourg-Strelitz, de Saxe-Weimar-Eisenach, de Toscane ; 4° *Électorat* : de Hesse ; 5° *Duchés* : d'Anhalt-Bernbourg, d'Anhalt-Cœthen, d'Anhalt-Dessau, de Brunswick, de Holstein-Gluckstadt et Lauenbourg, de Holstein-Oldenbourg (*c*), de Lucques, de Modène avec Reggio et Mirandole, de Massa avec la principauté de Carrara, de Nassau, de Parme avec Plaisance et Guastalla, de Saxe-Cobourg, de Saxe-Gotha, de Saxe-Hildburghausen, de Saxe-Meiningen ; 6° *Principautés* : de Hohenzollern-Hechingen, Hohenzollern-Sigmaringen, Monaco, Lichtenstein, Lippe (-Detmold), Schaumbourg (-Lippe), Reuss Greitz, Reuss-Schleitz, Reuss-Lobenstein, Reuss-Ebersdoff, Schwarzbourg-Rudolstadt, Schwarzbourg-Sondershausen, de Waldeck, et de Hesse-Hombourg ; 7° les États du *Saint-Siége*, dits le Patrimoine de saint Pierre (*d*).

(*b*) Par une patente, datée de Rio-Janeiro le 16 décembre 1815, le roi de Portugal éleva l'État du Brésil à la dignité d'un royaume du Brésil, il ordonna en même temps que les royaumes de Portugal, les Deux-Algarves et le Brésil formassent à l'avenir un seul royaume sous le titre de royaume uni de *Portugal*, du *Brésil* et des *Deux-Algarves*. (Voir la note page 45)

(*c*) Par l'Acte final du congrès de Vienne, art. 31, la dignité *grand-ducale* fut accordée au duc d'*Oldenbourg* (mais ce titre ne fut pris que par le prince Paul-Frédéric-Auguste, à son avénement en 1829). Voyez mon Uebersicht der diplom. Verhandlungen des wiener Congresses, p. 162. — Sur les titres des souverains d'*Allemagne* en général, voyez mon Oeffentliches Recht des teutschen Bundes, § 107 et suiv.

(*d*) La seigneurie (*Herrlichkeit*) de *Kniphausen*, appartenant au comte de Bentinck, qui prétendait à la souveraineté (v. KLÜBER, Acten des wie-

(II) Etats républicains : les cantons suisses, les villes libres
et anséatiques, Hambourg, Brême et Lubeck, la ville libre
de Francfort, la ville libre de Cracovie avec son territoire (e),
la petite et très-ancienne république de San-Marino (f).

ners Congresses, t IV, p. 553) forma , en vertu de la convention du 8
juin 1825, un État demi-souverain, placé sous la souveraineté des grands-
ducs d'Oldenbourg. Par suite d'un traité conclu avec le comte de Bentinck le 1er août 1854, elle fait depuis cette époque partie intégrante du
grand-duché d'Oldenbourg.

(e) Sur Cracovie, voyez plus haut, § 22, note d.

(f) En 1817, le Pape a de nouveau reconnu, par un bref, l'indépendance de la république *San-Marino*, entourée des Etats du Saint-Siége —
Les *Etats-Unis des îles Ioniennes* font partie à présent des états mi-
souverains. Voyez plus bas, § 33. — Par une décision de la diète helvétique, *Gérisau* ou Gersau en Suisse fut déclaré partie intégrante du canton
de Schwytz. Cette réunion fut effectuée en 1817.

Depuis la publication de l'ouvrage de Kluber, les modifications
suivantes se sont opérées parmi les Etats de l'Europe.

La *France* a repris rang parmi les empires en vertu du sénatus-
consulte du 7 novembre 1852, ratifié par le plébiciste des 21 et 22
novembre de la même année.

La *Grèce* fut détachée de l'empire ottoman par le traité d'Andrinople du 14 septembre 1829, et constituée en royaume par la
convention de Londres du 7 mai 1832.

La *Belgique* s'est séparée de la Hollande en 1830, et le roi des
Pays-Bas reconnut, par le traité du 19 avril 1839, son existence
comme royaume indépendant.

La *Pologne* ayant été incorporée à l'empire russe en 1847 ne
peut plus figurer parmi les Etats souverains.

Par l'extinction d'une branche de la maison d'*Anhalt* en 1847,
les duchés d'Anhalt ont été réduits à deux, le duché d'Anhalt-
Dessau-Cœthen et le duché d'Anhalt-Bernbourg. Les deux duchés,
tout en appartenant à des branches distinctes de la famille d'Anhalt, sont réunis par une constitution commune datée des 18 et
31 août 1859.

La ligne de *Saxe-Gotha* s'étant éteinte en 1825, un traité conclu le 12 novembre 1826 entre les divers ayants droit constitua en
Etat particulier le duché d'*Altenbourg* réuni jusque-là au duché

de Gotha, attribua le reste de ce dernier duché au duc de Cobourg et donna le duché de Hildburghausen au duc de Meiningen; de manière qu'aujourd'hui il reste quatre États de la branche Ernestine de Saxe : le grand-duché de Saxe-Weimar, et les duchés de Saxe-Meiningen, Saxe-Altenbourg et Saxe-Cobourg-Gotha.

Les principautés de *Hohenzollern* ont été incorporées à la Prusse en vertu de l'abdication des princes en faveur du roi Frédéric-Guillaume IV (traité du 7 décembre 1849; loi du 12 mars 1850).

Les principautés de *Reuss* sont réduites aujourd'hui à deux, par suite de l'abdication du prince de Lobenstein-Ebersdorff en faveur du prince de Reuss-Schleitz (1er octobre 1848).

Deux États italiens avaient disparu dans la période de 1815 à 1860 : le duché de *Massa* qui échut en 1829 au duc de Modène, et le duché de *Lucques* qui fut réuni en 1849 à la mort de Marie-Louise au duché de Parme et de Plaisance. Mais des changements bien plus importants s'accomplissent en Italie en ce moment. A la suite de la guerre de 1859, la Sardaigne s'est annexé successivement, outre la Lombardie qui lui a été cédée par le traité de Zurich du 10 novembre 1859, les duchés de Parme et de Modène, la Toscane, les Deux-Siciles et la plus grande partie des États du Pape. Tous ces États forment aujourd'hui, avec les anciennes possessions du roi de Sardaigne, le *royaume d'Italie* proclamé le 14 mars 1861, mais qui n'a encore été reconnu officiellement que par un petit nombre de puissances étrangères.

La Porte Ottomane a été admise, par le traité du 30 Mars 1856, « à participer aux avantages du droit public et du concert européen. »

Le Monténégro forme-t-il un État indépendant?

La Porte revendique la suzeraineté sur ce petit pays qui prétend à la souveraineté complète et qui depuis longtemps est indépendant de fait. V. VACLIK, la *Souveraineté du Monténégro et le droit des gens moderne de l'Europe*, Leip. 1858, in-8°. En 1858, les ambassadeurs des cinq grandes puissances à Constantinople, réunis en conférence avec un plénipotentiaire turc et d'un délégué monténégrin, réglèrent la question des limites entre les possessions turques et celle du Monténégro. Mais la conférence ne décida rien sur la question de la souveraineté, v. l'*Annuaire Encyclopédique*. 1859-60, au mot MONTENEGRO.

Les Etats de l'Amérique aussi font partie de la grande famille des nations chrétiennes et se trouvent en rapports réciproques d'influence politique et commerciale avec les Etats de l'ancien continent, nonobstant la *Doctrine Monroë*, c'est-à-dire la prétention émise par le président des Etats-Unis Monroe de ne permettre à l'Europe de se mêler d'aucune façon des affaires des peuples des deux Amériques. Cette prétention fut formulée dans la message lu au Congrès le 2 décembre 1823 et les principes émis par le président furent sanctionnés par les deux chambres américaines dans une célèbre discussion de la session de 1826. V. ERNEST CAYLUS : Politique extérieure des États-Unis : doctrine Monroe.

Nous croyons utile de donner ici la liste des États américains.

Les *États-Unis de l'Amérique du Nord*, république fédérative composée en 1860 de 33 Etats et de 5 territoires. Au moment où nous écrivons, l'insurrection de la Caroline du Sud et de plusieurs autres Etats à esclaves menace de scinder la confédération en deux. Les États du sud ont pris le titre d'États confédérés et ont élu un président particulier.

Le *Mexique*, république fédérative organisée sur le modèle des Etats-Unis du Nord et qui comprend 23 Etats et 6 territoires.

L'*Amérique centrale* qui forma d'abord le seul Etat fédératif de Guatemala et qui s'est divisé définitivement, vers 1847 et 1848, en 5 républiques souveraines, savoir : celles de *Guatemala*, de *San-Salvador*, de *Honduras*, de *Nicaragua* et de *Costa-Rica*.

Les républiques de Honduras et de Nicaragua revendiquent le territoire du roi des Mosquitos, que l'Angleterre reconnait comme souverain indépendant, placé sous son protectorat. La ville de Greytown, située à l'embouchure du San-Juan et qui forme un objet de litige entre l'Etat de Nicaragua et le roi des Mosquitos s'est donné, en 1852, une constitution souveraine. V. sur les questions territoriales de l'Amérique centrale : PETERMANN, Geographische Mittheilungen, année 1856, p. 258 et suiv.

La *Nouvelle-Grenade*, république formée, en 1831, des débris de la Colombie et qui adopta en 1858 le système fédératif. Elle se compose de 8 Etats.

Le *Vénézuéla* se rendit indépendant de la Colombie en 1828 et forme depuis lors une république indépendante.

§ 30. — Leur forme de gouvernement.

Ces États sont différemment organisés (a). D'abord toutes les *monarchies*, excepté l'État ecclésiastique ou le Patrimoine de saint Pierre, sont *héréditaires* ou transmissibles par voie de succession (*regna hæreditaria*) ; de sorte que la succession au trône des membres d'une même famille fait une loi fondamentale de l'État (b). A l'exception des États

L'*Équateur*, république indépendante, née également de la dissolution de la Colombie.

Le *Pérou*, république souveraine.

La *Bolivie*, république souveraine, régie aujourd'hui par un dictateur.

Le *Chili*, république souveraine.

Le *Paraguay*, république souveraine.

La *Confédération Argentine*, république fédérative composée de 14 États, y compris celui de Buenos-Ayres, qui a formé de 1853 au 10 novembre 1859 une république indépendante.

L'*Uruguay* ou l'*État oriental*, république indépendante.

Le *Brésil*, empire constitutionnel, qui a rompu en 1822 ses liens avec le Portugal et dont l'existence indépendante a été re-reconnue par la mère-patrie en 1825. [A. O.]

(a) G. F. v. Martens *Sammlung der wichtigsten Reichsgrundgesetze, Erbvereinigungen, Capitulationen, Familienverträge u. s. f.*, welche zur Erläuterung des Staatsrechts und der pragmatischen Geschichte der vornehmsten europäischen Staaten dienen, th. I. Dänemark, Schweden, Grossbritannien. Goett., 1794, gr. in-8°. Le même auteur a publié Abriss des Staatsrechts der vornehmsten europäischen Staaten, t. I, Abth. I, Dänemark, Schweden, Grossbritannien. Goett., 1794, gr. in 8°. De La Croix, Constitutions des principaux États de l'Europe et des États-Unis de l'Amérique. A Paris, 1791, vol. II-V, gr. in-8° (Dufau, Duvergier et Guadet, Collection des constitutions, chartes et lois fondamentales des peuples de l'Europe et deux Amériques, 1823, 6 vol., 8. Pœlitz, die Constitutionem der europäischen Staaten, 1833, 3 v. 8. — H.-A. Zachariæ, die deutschen Verfassungsgesetze der Gegenwart, 1855-58, in-8).

(b) La *Russie* est aujourd'hui aussi une monarchie héréditaire, suivant la loi de primogéniture. Voyez Beweis dass Peter's, I. Thronfolgeordnung unter Peter II (1727), confiscirt worden; dans Schlozer's Briefwechsel, heft. XIII (1797), p. 61-67. Curtius, über das russische Succes-

du Saint-Siége, il n'y a plus d'États souverains *électifs* en
Europe, tels que l'étaient autrefois l'Empire germanique, la
Pologne, et l'île de Malte, jusqu'en 1798 siége du grand-
maître de l'Ordre de saint Jean de Jérusalem, et dans l'Empire germanique les États (mi-souverains) électifs ecclésiastiques (*c*), c'est-à-dire dont le souverain devait être choisi
dans l'état ecclésiastique. Il n'existe plus d'État monarchique *nominatif*, comme le fut, de l'an 1806 jusqu'en 1810,
celui du Prince-Primat, depuis 1810 jusqu'en 1815 le grand-
duché de Francfort (*d*). L'empire ottoman est un État *héré-
ditaire-électif* (*e*). Quelques monarchies ont une *représentation nationale*, d'autres n'en ont pas. Les *républiques* qui
subsistent encore aujourd'hui (§ 29) sont des *démocraties*,
ou pures, ou représentatives. Un certain nombre des États
dont nous venons de parler sont réunis dans *deux confédérations*, la Confédération germanique (*f*), composée d'États

sions-Gesetz; dans Donn's Materialien zur Statistik, III Lieferung
p. 248. Acte de succession de Paul Iᵉʳ et de son épouse, fait le 4 janvier
1788, et confirmé le jour de son couronnement, le 16 avril 1797, dans
les Verordnungen S.-K.-M. Paul's I (St-Petersb 1797, 4) p. 245-249.

(*c*) Ces États, excepté l'état du prince archi-chancelier de l'empire (appelé depuis 1806 État du Prince-Primat), furent sécularisés, en vertu de la
paix de Lunéville de 1801, art. 7, et du récès de la députation de l'empire
germanique, daté de Ratisbonne, le 25 février 1803.

(*d*) Acte de la confédération du Rhin, art. 12. L'état électif du Prince-
Primat fut transformé en État héréditaire, par une convention entre Napoléon et le Prince-Primat, faite à Paris le 19 février 1810 (Rheinischer
Bund, Heft. XLVIII, S. 406), et par un décret de nomination, rendu par
Napoléon en faveur du vice-roi d'Italie, Eugène Napoléon, et de ses descendants mâles, à Paris, le 1ᵉʳ mars 1810. Politisches Journal, 1810, mars.
p 301 Par l'acte final du congrès de Vienne, le grand-duché de Francfort
fut dissous.

(*e*) J G. Meusel's Lehrbuch der Statistik (3 Ausg. 1804). S 517. L'empire turc est représenté comme patrimoine du Mufti, par Neyron, dans ses
Principes du droit des gens, § 94. — D'ailleurs, comparez G. Achenwall,
diss. de regnis mixtæ successionis. Gœtting, 1762, 4, et Hammer Staatsverfassung und Verwaltung des osmanischen Reichs. 1816, 2 v. 8.

(*f*) Acte de la confédération germanique, signé à Vienne le 8 juin 1815.

monarchiques et de villes libres, et la Confédération helvétique (g), dont les membres sont des États républicains, à
la seule exception de la principauté de Neufchàtel (h).

§ 31. — Et autres rapports publics.

De tous les États souverains ci-dessus énoncés, il n'y en
a plus aucun aujourd'hui qui soit *fief*. Mais plusieurs d'entre eux sont attachés à d'autres par alliance, protection,
droit de conquète, fondation, ou pour avoir reçu d'eux une
constitution. Tous les États souverains de l'Europe ne jouis-

Schluss-Acte des wiener Congresses, etc. Mit vielen Anmerkungen, etc.
von J.-L. KLÜBER. Zweite Aufl. Erlangen, 1818, 8 (de MEYER et ZOEPFL,
Corpus juris confæderationis germanicæ, 1859, 2 v. 8. — H. A. ZACHARIE
Deutsches Staats und Bundesrecht, 2ᵉ ed. 1853, 3 vol. in-8).

(g) Voyez la Convention des cantons formant la confédération helvétique, signée à Zurich le 29 déc. 1813, dans le Recueil de M. de MARTENS,
Supplément, t. V, p. 659 Cette convention est reconnue comme base du
système helvétique, dans l'acte final du congrès de Vienne, art. 74 et
suiv, et dans la déclaration des puissances signataires du traité de paix de
Paris, du 30 mars 1814, sur les affaires de la Suisse, en date de Vienne, le
20 mai 1815, dans mes Acten des wiener Congresses, t V, p. 310-318. —
Acte d'alliance conclu le 16 aout 1814, entre les cantons de la confédération
suisse, et acte d'acceptation de la diète en date du 8 sept. 1814, dans de
MARTENS, Recueil, Supplém., t. VI, p. 68. (Le pacte fédéral suisse du
7 aout 1815 a été abrogé en vertu de la nouvelle Constitution fédérale du
12 septembre 1848. V. BLUNTSCHLI, Geschichte des Schweizerischen Bundesrecht von den ersten ewigen Banden bis zur Gegenwart Zurich, 1852.
8. — La principauté de Neufchàtel s'était rendue indépendante de la
Prusse en 1848, et avait été reconnue comme canton suisse par la confédération helvétique. Cet état de choses fut sanctionné par le traité conclu
à Paris le 26 mai 1857, par lequel le roi de Prusse renonça à sa souveraineté sur la principauté.)

(h) Les *États-Unis* de l'*Amérique*, qui ont déclaré vouloir admettre les
principes du droit des gens de l'Europe (§ 1, note d), forment aussi une
confédération (Sur la constitution des États-Unis, v. STORY, Commentaries
of the constitution of United states, 3 vol. 8 1ʳᵉ éd. 1833. 2ᵉ 1851, trad
en français par ODENT, 1846, 2 vol. in 8. TOCQUEVILLE, de la Démocratie
en Amérique. LABOULAYE, de la Constitution américaine, 1850, 8. — Voy.
en outre les écrits cités par ROB. de MOHL, ouvrage cité, t. 1) — Sur
les *États-Unis* des *îles Ioniennes*, voyez ci-après, § 33.

sent pas de ce qu'on appelle *honneurs royaux* (*a*). Mais
dans tous les États monarchiques, à l'exception de l'État du
pape, le *titre* et la *dignité* de l'État (*dignitas realis*) sont les
mêmes que ceux attribués à la personne du souverain. Les
territoires sont pour la plupart *arrondis* (*territoria clausa*).
Le *caractère de la religion* de l'État, c'est-à-dire l'ensemble
et les rapports des différentes confessions religieuses qui y
sont reçues (*b*) vient rarement en considération dans les relations publiques, si ce n'est dans les concordats conclus
entre le pape et plusieurs États de l'Europe (*c*), ou dans les

(*a*) Voyez plus bas, § 91.

(*b*) H. Staudlin's kirchliche Geographie u. Statistik. Tüb. 1804, Bd. I,
u II , 8. L. Meiners, allgemeine Geschichte der Religionen. Hannover,
1806, u. 1807, t. I. u. II, 8. Cérémonies et coutumes religieuses de tous
les peuples du monde. Amsterdam, 1723-43, 9 vol. in-fol. Histoire générale
et particulière des religions et du culte de tous les peuples du monde,
par F.-H. St-Delaulnaye; ouvrage orné de 300 figures gravées. A
Paris, 1796, grand in-4. Histoire des sectes religieuses, depuis le commencement du siècle dernier, par Grégoire. Paris, 1809, 8. (Anot de
Mézières, Code sacré ou exposé comparatif de toutes les religions de la
terre, 1836, in-fol.)

(*c*) Voyez les *concordats* insérés dans C. Gartneri, Corp. juris eccle-
siastici Catholicorum , I , 89. II , 353. (Münch, vollständige Sammlung
aller Concordate. Leips. 1830, 2 v. 8. — Portalis, Discours et travaux
inédits sur le Concordat de 1801, 1845, in-8. Blanchet, Commentaire du
concordat de 1801, et de la loi organique du 18 germinal an X, 1844, 8.
Les concordats conclus depuis 1815 sont ceux : du 5 juin 1817 avec la
Bavière, du 11 juin 1817 avec la France, les bulles concertées avec la
Prusse (16 juillet 1821), le Hanovre (26 mars 1824), le concordat du 18
juin 1827 avec les Pays-Bas, diverses bulles de 1821 et 1827, concertées
avec Bade, Nassau et Wurtemberg, le concordat du 28 mai 1828, conclu
avec un certain nombre de cantons suisses, du 16 mars 1851 avec l'Espagne, du 18 août 1855 avec l'Autriche (v. le texte des deux derniers
dans le Recueil manuel de Ch. de Martens et de Cussy), celui du 8 avril
1857 avec le Wurtemberg, et du 28 juin 1859 avec le grand-duché de
Bade. Ce dernier n'a pas été exécuté parce qu'il n'a pas été ratifié par les
chambres badoises. Celui du Wurtemberg paraît devoir avoir le même
sort. — V. sur les rapports du pouvoir spirituel avec les pouvoirs tempo-
rels. Heffter, ouv. cité § 40 et s.)

stipulations contenues dans divers traités publics (d), relatives à l'exercice du culte. Il n'existe en Europe aucun État
que sa constitution déclare *patrimonial*, c'est-à-dire dont
le souverain puisse disposer comme de sa propriété (e).

§ 32. — Particulièrement certaines classifications des États.

Le droit des gens ne fait point de différence entre les
grands États et les *petits* (a), ou les *puissants* et les *moins
puissants*. Malgré cela, il est de fait que, sous le rapport politique, le degré de puissance ou de force d'un État, surtout militaire, est de la dernière importance. Mais sous ce
point de vue même on manque absolument de bases propres à établir une distinction positive et rigoureuse, la division en États du *premier*, du *second*, du *troisième*, et du
quatrième ordre, adoptée par quelques-uns (b), étant tout à

(d) Voyez des exemples dans GÜNTHER's Volkerrecht, II, 331 ff. De
MARTENS, recueil I, 389, IV, 623, 625, dans la paix de Bucharest de 1812,
art. 7, et dans celle de Westphalie de 1648, Instrum. Pac. Osnabrug,
surtout art. 5.

(e) Quelques jurisconsultes traitent l'idée d'un état patrimonial de chimère, d'après le droit public naturel, L.-J.-F. HOPFNER's Naturrecht,
§ 201. — D'autres soutiennent le contraire. GROTIUS, l'auteur de la division des États en patrimoniaux et usufructuaires, dans son livre de jure
belli et pacis, lib. 1, e. 3, § 11, seqq. Casp. Achat. BECK diss. De jure
regni patrimonialis (Jen. 1712), § 2, sqq. Theod SCHMALTZ, De jure alienandi
territoria (Rint. 1876), § 4, seqq. — Il en est d'autres qui admettent des
États patrimoniaux, mais avec de fortes restrictions SCHEIDEMANTEL's
allgemeines Staatsrecht und nach der Regierungsform, § 63 f. — En tout
cas, il faut séparer ce qui est de droit, d'avec ce qui n'est que de fait. J.-
St. PÜTTERS Beytrage zu dem teutschen Staats. u. Furstenrecht, 1, 140. —
On appelle, dans un sens plus limité, États patrimoniaux ceux dans lesquels il appartient à un individu de disposer, pour la prochaine fois, de la
succession au trône, comme autrefois en Russie, suivant la loi de succession de Pierre Ier, de 1722. SCHEIDEMANTEL, l. c. NEYRON, l. c. § 92.

(a) MOSER's Versuch des neuesten europ. V. R. I. 3 s

(b) Institutions politiques, par le baron de BIELFELD, t. II, ch. IV, § 14,
p 85. SCHMALTZ, europ. Volkerrecht, p. 38. Au congrès de Vienne, dans
une séance qui eut lieu le 9 février 1815, entre les plénipotentiaires des

fait arbitraire, et ne signifiant rien. Les forces militaires du
plus grand nombre des États souverains de l'Europe ne sont
organisées que pour des guerres continentales; il n'y a que
quelques grandes puissances qui entretiennent des armées
navales. C'est de là que les premiers de ces États portent le
nom de *puissances continentales*, les autres celui de *puissances continentales et maritimes*. Ces derniers s'appellent aussi
puissances *maritimes* par excellence, quand leurs forces
principales sont destinées à la guerre maritime (c) On

huit puissances signataires du traité de paix de Paris, on ne put point s'accorder sur la question de savoir s'il fallait admettre le principe d'une classification des puissances, et, en l'admettant, si elles devaient être partagées
en deux ou trois classes, et particulièrement dans quelle classe il faudrait
ranger les grandes républiques. Voyez mon Uebersicht der diplomatischen
Verhandlungen des wiener Congresses, p. 167 et suiv., ainsi que p. 13, 15,
22 et suiv.; de même, p 20, 45, 59 et 131. Mes Acten des wiener Congresses, t. I, Heft. 1, p. 97, Heft. 2, p. 63, t. IV, p. 45. — Sur le *rang*
des États souverains, voyez la seconde partie, tit. I, ch. III.

(c) GÜNTHER's Volkerrecht, II, 75.

Le degré de puissance des Etats joue un rôle très-important
dans la politique moderne de l'Europe. Nonobstant le principe
de l'égalité des nations, les Etats qui sont connus sous le nom des
cinq grandes puissances, savoir : la France, la Grande-Bretagne,
l'Autriche, la Russie et la Prusse, se sont arrogées une sorte de
dictature en Europe, et les autres Etats ne peuvent se permettre ni
une guerre extérieure, ni une révolution intérieure sans être
menacés de leur intervention. Cette autorité prédominante des
cinq grandes puissances a été fondée d'abord sur la suprématie
qu'ont exercée naturellement la Grande-Bretagne, l'Autriche, la
Prusse et la Russie dans la dernière coalition dirigée contre la
France et dans la conclusion des traités qui l'ont suivie. Cette alliance subsista après les événements de 1815 et la France y adhéra
au congrès d'Aix-la-Chapelle. L'union des cinq puissances fut
constatée par le protocole du 15 novembre 1818 et par une déclaration du congrès. A partir de ce moment la pentarchie européenne
fut constituée; depuis, les affaires d'Italie, d'Espagne, de Grèce, de
Belgique, de Turquie, lui ont offert mainte occasion de mani-

nomme *États* continentaux et maritimes les États souverains qui, quoique voisins de la mer, n'ont pas de flotte militaire, mais seulement quelques vaisseaux de guerre, frégates ou galères, pour protéger leurs côtes et leurs navires de commerce. La division enfin des puissances de l'Europe en États de l'est, du midi, de l'ouest, du nord, est purement géographique.

§ 33. — États mi-souverains.

Les États *dépendants* ou *mi-souverains* qui existaient cidevant en *Allemagne* et en *Italie* (a) ont en partie acquis la souveraineté ; les autres ont été incorporés ou entièrement soumis à des États souverains. De même, les duchés de *Courlande* et de *Semigalle* sont assujettis à la domination russe (b). Pour ce qui est des hospodars dans les principautés de *Moldavie* et de *Valachie* (c), il paraît que leurs

fester sa puissance. Tout porte à croire d'ailleurs que cette autorité ne tardera pas à être ébranlée par les événements dont l'Europe est le théâtre en ce moment. Si le royaume d'Italie parvient à se fonder, si l'Espagne, qu'il a déjà été question de recevoir entre les grandes puissances, revendique l'influence à laquelle lui donnent droit sa population et son territoire, la composition au moins de l'aréopage européen devra subir de graves modifications, et peut-être disparaîtra-t-il complètement pour faire place au droit de chaque nation petite ou grande de régler avant tout elle-même ses propres affaires, et à l'entente libre et égale de toutes dans les affaires d'intérêt commun. [A. O.]

(a) Moser's Versuch des europ. Volkerrechts, I, 26 ff.

(b) Acte de soumission des états des duchés de Courlande et de Sémigalle, du 20 mars 1795, dans le Politisches Journal 1795, avril, p. 413, mai, p. 525. Acte de soumission du duc, daté du 28 mars 1795, ibid., juillet, p. 698. De Martens, recueil, VI, 496 ff. — Sur le droit d'ambassade auquel prétendirent autrefois ces duchés, voyez les écrits indiqués dans v. Kamptz, neue Lit., S. 244.

(c) Les droits de ces principautés, vis-à-vis de la Porte Ottomane, ont été déterminés dans les traités de paix de Koutschouc Kainardgi de 1774, de Jassy du 9 janvier 1792 de Bucharest de 1812 d'Ackermann du 25 sept.,

relations politiques, sous le rapport du droit des gens de l'Europe, ne sont pas encore complétement fixées. Il en était de même, jusqu'en 1814, des principautés de *Lucques* et de *Piombino*, de *Neufchâtel*, de *Bénévent*, de *Ponte-Corvo*, nouvellement constituées par l'empereur Napoléon en 1806. Lucques et Piombino avaient été donnés comme fiefs masculins de l'empire français, mais en toute propriété, et de telle manière que le prince qui les possédait devait faire serment de rendre à l'empereur des Français les devoirs « d'un bon et fidèle sujet (*d*). » C'était la même chose pour les principautés de Neufchâtel, de Bénévent et de Ponte-Corvo (*e*). Celles-ci, à la vérité, avaient été conférées « en toute propriété et *souveraineté*, » et les deux dernières avaient été en outre données « comme fiefs immédiats de la couronne » de France, mais leurs princes n'en étaient pas

7 oct 1826, d'Andrinople du 2-14 sept. 1829, de Balta-Liman en 1849. (Ces traités établissaient le protectorat russe sur les principautés. Ce protectorat a été remplacé à la suite de la guerre de Crimée par le protectorat collectif des cinq grandes puissances et de la Sardaigne, par le traité de Paris du 30 mars 1856, art. 22-29, et la convention signée à Paris entre les mêmes puissances le 19 août 1858 pour l'organisation de la Moldavie et de la Valachie, constituées désormais sous le titre de *Principautés unies de Moldavie et de Valachie*.)

(*d*) Décret de Napoléon du 27 ventôse an XIII (10 mars 1805), par lequel la principauté de Piombino fut conférée à la princesse Élisa, sœur de l'empereur, et à ses descendants mâles « en toute propriété, » comme fief de l'empire français. Moniteur du 19 mars 1815, n° 178; et le rapport de la commission du sénat-conservateur, dans la séance du 23 mars 1805. Décret impérial du 30 mars 1806, par lequel le pays de Massa et Carrara et la Garfagnana furent réunis à la principauté de Lucques, pour être conférés avec elle comme fief masculin de l'empire français. Bulletin des lois, n° 84 Ces dispositions à l'égard de Lucques et Piombino avaient été reconnues par l'Autriche, dans la paix de Presbourg de 1805, art. 3.

(*e*) Pour ce qui est de *Neufchâtel*, voyez le décret de Napoléon du 30 mars 1806, dans le Bulletin des Lois, n° 84. A l'égard de *Bénévent* et de *Ponte-Corvo*, voyez les lettres d'investiture du 5 juin 1806, dans le Bulletin des Lois, n° 100. Institution des majorats et de la Légion d'honneur par L. RONDONNEAU (à Paris, 1811, grand in-8), p. 248 et suiv.

moins obligés de s'engager par serment à servir l'empereur
des Français « en bon et loyal sujet. » Les *États-Unis des
îles Ioniennes* forment, depuis 1815, un véritable État mi-
souverain, à cause des droits de protection et de souveraineté que la Grande-Bretagne est autorisée à exercer sur
eux (*f*).

§ 34. — Relations politiques des États de l'Europe. — Usage des
nations.

Les rapports *politiques* des États souverains de l'Europe
entre eux ne reposent ni sur une confédération, ni sur une
république des nations ou association républicaine des États
(*a*), ni sur un État universel, un empire du monde composé
de toutes les nations (*b*), ni enfin sur des conventions ex-

(*f*) Ces États-Unis doivent former « un seul État libre et indépendant,
placé sous la protection immédiate et exclusive de la Grande-Bretagne. »
Voyez le traité conclu entre la Grande-Bretagne, la Russie, l'Autriche et
la Prusse, en date de Paris le 9 nov. 1815 : dans de MARTENS, recueil, Sup.,
t. VI, p. 665. Les autres puissances signataires du traité de paix de Paris
de 1814, ainsi que le roi des Deux-Siciles et la Porte Ottomane, furent in-
vités à accéder à ce traité. Voir Politisch. Journal de 1815, p. 851, et de
1816, p. 879 et suiv. Constitution des États-Unis, des îles Ioniennes du
29 déc. 1817, mise en vigueur le 1er janvier 1818. Journal de Francfort,
1818, nos 69 et suiv. (Cette constitution a été modifiée par décret du
22 déc. 1851, et d'autres modifications ont été proposées en 1859, mais
les îles Ioniennes cherchent, avant tout, à s'affranchir du protectorat anglais, et le parlement ionien n'a pas encore adopté les changements
proposés)

(*a*) On pourrait comparer une telle association à une démocratie. Conférez Nic. VOGT, uber die europaische Republik. t. I-V. Frankf. 1788-
1792, 8. Le même, Historiche Darstellung des europaischen Volkerbundes,
t. I. Frankf., 1808, 8.

(*b*) Cette hypothèse, indiquée déjà par SÉNÈQUE (de otio sapientis,
c. XXXI), a été développée par plusieurs auteurs modernes, tels que GROTIUS
de J. B et P., proleg. § 18, et RÉAL, Science du gouvernement, t. V,
p. 2, mais davantage encore, et avec enthousiasme, par WOLF, dans son
Jus gentium, proleg. § 7, sqq. et 21. Elle a été désapprouvée par GUNTHER,
I, 151, et L.-C. SCHRODER, dans ses Elementa juris naturalis, socialis et
gentium, § 1049.

presses, communes à tous les États de l'Europe. Les *États chrétiens* furent amenés cependant, dans le moyen âge, à former des liaisons politiques plus étroites, par la conformité des croyances religieuses et du rite ecclésiastique, par leur réunion sous un même chef de l'Église et par le système hiérarchique en général, par leur hostilité commune contre les nations non chrétiennes, par la suprématie séculière accordée à cet effet à l'empereur romain, surtout durant les croisades, enfin par la parenté et les alliances qui unirent les familles régnantes.

§ 35. — Continuation

Ces liaisons politiques se sont conservées, malgré le schisme survenu dans l'Église, et ont même été augmentées par les progrès de la civilisation et les lumières répandues chez toutes les nations, par l'état florissant du commerce et le soin qu'on mit à le protéger, par les intérêts particuliers des familles régnantes, par les armements continuels qui remuaient sans cesse les peuples, par les vues ambitieuses et les projets d'agrandissements de plusieurs gouvernements, par le système presque général de jalousie et de méfiance qui en résulta, et auquel se joignit le besoin de respecter et de faire respecter, dans les relations politiques, les formes reçues de politesse et de bienséance. Par suite, on a vu non-seulement naître certaines *théories politiques*, qui ont exercé une influence sur les événements (a), mais souvent il s'est établi une *puissance d'opinion* (b), et il s'est introduit même insensiblement et comme par convention tacite une *conformité assez générale* parmi les États chrétiens de l'Europe,

(a) Conférez A.-H.-L. HEEREN's kleine historiche Schriften, t. II (Gœtt., 1805, 8), p. 147-230.

(b) Sur la *puissance d'opinion*, relativement au pape, voyez BIELFELD, institutions politiques, t. II, p. 603 et suiv. — Quelques-uns des petits États semblent jouir d'une *puissance d'envie*, qui les met à l'abri de la convoitise de leurs puissants voisins.

non-seulement dans la manière d'agir en politique, mais
aussi pour certaines stipulations reçues dans les traités publics. Cette conformité est presque généralement considérée aujourd'hui, sinon comme formant un droit parfait (c),
du moins comme constituant l'*usage des nations de l'Europe*,
et quelquefois même on lui attribue force de nécessité morale. Il y a même des États où elle a été sanctionnée par des
conventions expresses ou tacites. Liées ainsi d'opinion et
d'intérêts, les nations chrétiennes de l'Europe se regardent
mutuellement comme membres d'une *association éthique* et
politique (d), de laquelle paraît même vouloir s'approcher
maintenant, en quelque sorte, le seul État non chrétien de
l'Europe, la Porte Ottomane (e). Aussi quelques États *non
européens*, tels que les États-Unis d'Amérique, ont déclaré,
soit de fait, soit expressément, vouloir accéder à cette association (f). Malgré tout cela, il ne faut jamais perdre de
vue la *différence* qui existe toujours entre ce simple usage
des nations et celles de leurs relations individuelles qui sont
fondées sur le droit des gens positif ou naturel. (§ 2, 3, 31).

(c) Elle a été considérée comme droit parfait par WOLF, l. c. § 9. Il
croyait pouvoir la fonder sur un consentement *présumé* des nations, en
faveur de son hypothèse favorite d'un État universel, composé de toutes
les nations

(d) Il semble que GÜNTHER (I, 151-187), parlant d'une société volontaire des peuples, particulièrement de ceux de l'Europe, n'ait pas eu autre
chose en vue.

(e) RÉAL, Science du gouvernement, t. V, chap. v, sect. 9.

(f) De MARTENS, recueil, t. IV, p. 196 et 197.

SECONDE PARTIE.

LES DROITS DES ÉTATS

DE L'EUROPE ENTRE EUX.

—◦❊◦—

TITRE PREMIER.

DROITS ABSOLUS DES ÉTATS DE L'EUROPE ENTRE EUX.

CHAPITRE PREMIER.

DROIT DE CONSERVATION DE SOI-MÊME.

§ 36. — Deux classes principales des droits des États. Nature et durée de ces droits.

Il est des droits qui appartiennent à chaque État, vis-à-vis des autres, par la seule raison qu'il est État, c'est-à-dire en vertu de sa personnalité morale et libre. L'ensemble de ces droits primitifs, s'appelle *droit des gens absolu* ou *thétique* (Titre I). Il y a d'autres droits auxquels les États ne peuvent prétendre qu'à raison de circonstances particulières (Titre II), résultant soit de rapports d'amitié (Sect. 1re), soit de l'état de *guerre* (Sect. 2), et dont l'origine suppose

par conséquent une cause spéciale ; ils font l'objet du droit
des gens *conditionnel* ou *hypothétique*. Les deux espèces de
droits sont les conditions de la personnalité de l'État, et il
peut employer la force pour les défendre. Ils ne cessent pas
d'exister avec le changement des membres de l'État (a) ;
car c'est à la totalité des citoyens qu'ils appartiennent, et
non pas aux individus.

§ 37. — Rapports absolus des États entre eux.

L'État est une société, *libre* et *indépendante*, puisqu'elle
est composée de personnes et de familles qui, sans cette
association, vivraient dans l'état de liberté naturelle, et
qui se sont proposées elles-mêmes le but qui fait l'objet de
leur union. Il représente par conséquent, vis-à-vis d'autres
États, une personne morale jouissant de la liberté naturelle. Ce même raisonnement étant applicable à tous les
États, il s'ensuit que leurs droits réciproques ne sont autres
que ceux des hommes isolés dans l'état de la liberté naturelle.
Donc, les mêmes droits, que la nature ou la raison humaine
accordent au particulier envers le particulier, doivent être attribués aux États, dans leurs relations réciproques. Il subsiste
cependant une différence naturelle entre la personne morale
et la personne physique, et cette différence, jointe au caractère
distinctif de l'État, donne à ce dernier certaines prérogatives ou droits spéciaux que ne possèdent pas les particuliers.

§ 38. — Droit à la conservation de soi-même.

D'après ce qui précède, chaque État, comme chaque particulier, a un droit parfait à la *conservation de soi-même* (a).
Ce droit lui assure ; 1° son *existence*, c'est-à-dire l'intégrité
de sa constitution, de son administration et de tous ses
membres, tant réunis qu'individuels ; 2° la faculté d'ac-

(a) C'est ainsi qu'il faut expliquer ce qu'on appelle éternité ou plutôt
perpétuité des États. *Civitas (universitas) non moritur.*
(a) SCHRODT, systema juris gentium, p. I, c II, § 8

quérir toute sorte d'objets; 3° *l'exercice* de tous les droits, naturels ou acquis, appartenant à lui ou à ses membres; 4° une certaine *estime publique*

§ 39. — Droit qui en résulte d'employer des moyens de sureté légitimes.

En vertu du droit énoncé, l'État peut se procurer, tenir prêts et employer tous les *moyens de sûreté* légitimes, qu'il juge nécessaires non-seulement à sa défense, mais aussi pour prévenir des lésions possibles, et obtenir réparation pour celles qu'il a déjà éprouvées. Du nombre de ces moyens sont 1° celui qui consiste à prévenir le *dépeuplement* du territoire de l'État, surtout en *empêchant l'émigration* des citoyens (a), et leur *entrée au service d'un autre État* (b). La faculté d'user de ce droit peut toutefois être limitée, à l'égard des propres sujets, par le droit public intérieur (c), et par rapport à d'autres États par des conventions (d).

§ 40. — Continuation.

Un des principaux moyens tendants à la conservation de

(a) Voyez les écrits dans Pütter's Literatur des teutschen Staatsrechts, III, 715, et dans ma Neue Literatur des t Staatsr., S. 595 f. Günther's Volkerrecht, II, 306 ff. Moser's Versuch des europ Volkerrechts, VI, 25 ff. Décret wurtembergeois, défendant toute émigration, à l'exception de celle des femmes, du 29 mai 1807. Décret bavarois du 12 aout 1812, qui porte rétorsion de cette défense contre le Wurtemberg

(b) Voyez plus bas, n° 81.

(c) Sur le droit admis à cet égard dans le ci-devant empire germanique, voyez Pütteri instit. jur. publ. imperii germ. § 368 et 451.

(d) Acte fédéral allemand, art. 18. Convention de la Bavière avec Saxe-Weimar et Saxe-Gotha, dans la Publication bavaroise du 10 nov. 1817.— Souvent la libre émigration est stipulée, ordinairement pour un temps déterminé seulement, dans les traités de paix, de limite, d'échange, etc., à l'occasion de l'évacuation des pays occupés par l'ennemi, ou de la cession d'un pays ou district. Paix de Bucharest de 1812, art. 7. Paix de Vienne, 1809, art. 10. Paix de Paris, 1783, art. 7, 18. Moser's Versuch, V, 395, et son traité intitulé : Nordamerika nach den Friedensschlüssen von 1783, III, 335

l'Etat, consiste dans 1° l'exercice du *droit* de *défense* et
d'armes, en tant qu'il n'est pas limité par des traités (*a*).
En vertu de ce droit, l'État peut faire toute sorte d'armements, rassembler et organiser des armées, des flottes, des
troupes de toute espèce, préparer de l'artillerie et d'autres
armes, faire des fortifications dans l'intérieur et aux frontières, former des camps, appeler le ban et l'arrière-ban,
conclure des traités de subside et d'alliance, etc. Quoiqu'il
ne soit obligé, en réalité, de rendre compte de ces mesures
à qui que ce soit (*b*), son propre intérêt peut néanmoins
l'engager à s'expliquer à cet égard. Le refus d'une telle explication, une réponse équivoque ou hautaine sur une demande mesurée, donne lieu à une juste défiance, à des
contre-armements, souvent même à des violences et des. ·
guerres.

§ 41. — Mais non contre l'accroissement de la puissance d'un autre
État.

En général (*in thesi*) il n'est point du pouvoir de l'État

(*a*) Voyez des exemples dans le traité de Lunéville de 1801 , art. 6.
L'engagement que la France avait pris dans les traités de paix de 1713 ,
1748 et 1763, de ne point fortifier Dunkerque du côté de la mer, fut supprimé dans le traité de paix de Paris de 1783, art 17. De MARTENS, recueil, II, 469. Dans son traité conclu avec la France en 1683, art. 3 et 4,
la république de Gênes promit de diminuer le nombre de ses vaisseaux de
guerre; en même temps elle renonça à toutes les alliances qu'elle avait
faites depuis le 1er janvier 1685. Du MONT , Corps diplomatique, t VII.
P. 2, p. 88. (Par le traité de Paris du 30 mars 1856, la Russie et la Turquie s'engagèrent à ne maintenir ni établir aucun arsenal militaire maritime sur le littoral de la mer Noire, et à n'entretenir sur cette mer qu'un
certain nombre de bâtiments légers de l'État. La Russie promit en outre
de ne pas fortifier les îles d'Aland , et de n'y maintenir ou créer aucun
établissement militaire ou naval (art. 13 et 14 et annexes) Ch. de MARTENS
et de CUSSY, recueil-manuel, t. VII.)

(*b*) F.-C. v MOSER , von dem Recht eines Souverains den andern zur
Rede zu stellen, dans ses kleinen Schriften, t. VI, p. 287 ff J.-J MOSER's
Versuch des europ. Volkerrechts, VI, 397-420. GÜNTHER's Volkerrecht, I,
293-320.

de s'opposer à *l'accroissement de puissance non injuste d'un
autre État* (a). Il ne le peut que lorsque, dans des circonstances toutes particulières, il se trouve menacé d'une lésion
de ses droits (*in hypothesi*), et ce n'est que dans ce cas
d'exception (*b*) qu'il y a raison justificative de guerre (*justa
belli causa*). Si au moment où une guerre éclate, on invoque
cette cause, il faut juger d'après ce principe si elle peut
valoir comme *raison justificative* de la guerre (*justa belli
causa*) ou comme *simple motif* (*c*) (*causa belli suasoria*).
L'histoire comparée à la théorie du droit la présente le
plus souvent dans cette dernière qualité.

§ 42. — Ni sous l'hypothèse d'un équilibre politique.

Cette même raison suffit pour décider que le système
d'équilibre politique (a) (balance du pouvoir, système de

(a) Hugo GROTIUS de J.-B. et P., 1, 16, 17, et II, 1, 17. PUFENDORF de
O. H. et C., II, 16, 4. VATTEL, III, 3, 42. BOHMER, jur. publ. univ.,
Part spec. lib. II, c. I, § 9. Cph. Fridr. SCHOTT, diss. de justis bellum
gerendi et inferendi limitibus, § 22; dans ses Dissertat. jur. nat., t. I,
p. 278. Gottl. SCHRODER, elem. jur. nat., soc. et gent. § 1121, sq. KLÜ-
BER's, kl. jurist. Bibliothek, X, 142. — Sont de l'opinion contraire, HOBBES,
de cive, c. XIII. GUNDLING, jur. nat., c. IX, § 12. DARIES, obss. juris naturalis, socialis et gentium, vol. II, p. 319, sqq. CANZ, disciplina moral.
§ 1387, sqq. § 3528, sqq., et même la Sorbonne sous Louis XIII.

(*b*) Franc. HUTCHESON, philosophiæ moralis institutio compendiaria,
lib. III, c., § 9-2.

(*c*) Voyez des exemples dans BYNKERSHOEK, quæst. jur. publ., lib. I,
c. XXV, n. 10.

(*a*) Voyez des écrits dans v. OMPTEDA's Literatur des Völkerrechts, II,
484 ff.; dans v. KAMPTZ, neue Lit. p. 97 et 99; dans ma neue Literatur
des teutschen Staatsrechts, p. 141, et dans J.-Th. ROTH's Archiv. für das
Völkerrecht, heft. I, p. 98 ff. — E. C. de HERTZBERG sur la véritable richesse des États, la balance de commerce et celle du pouvoir. A Berlin,
1786 (GASPARI's) Versuch über das politische Gleichgewicht der europäischen Staaten; mit Tabellen. Hamb., 1790, gr. 8. (F.-G. v HENDRICH's)
Historischer Versuch über das Gleichgewicht der Macht, bei den alten und
neuen Staaten. Leipz., 1796, 8. Plan d'un nouvel équilibre politique, à
à Londres, 1791, 8. (Nic. VOGT's) System des Gleichgewichtes und der

contre-poids, *bilanx s. trutina gentium*) n'est point fondé
dans le droit des gens (b), à moins qu'il ne soit établi par
des conventions publiques (§ 6). Essentiellement différent
de ce qu'on pourrait nommer équilibre *de droit*, du *suum
cuique*, ce prétendu système d'équilibre *politique* n'est
fondé que sur l'idée de la puissance et de la prépondérance.
Considéré au point de vue politique et juridique, il n'offre
jamais qu'un calcul vague et mal assuré, puisqu'il ne s'a-
git de rien moins que de déterminer non-seulement les
forces militaires et la population des États, mais aussi les
ressources qu'ils peuvent tirer du caractère national de
leurs habitants, de la culture, de la richesse, de la situation et de l'étendue de leur territoire, du nombre et de la
puissance de leurs alliés, de leur constitution, des qualités
personnelles de leurs souverains, en général de tous les
moyens physiques et moraux qui sont à leur disposition (c).
Une distribution égale des pays, à proportion de leur importance politique (*lex agraria gentium*), ne s'est faite et
ne se fera jamais. Néanmoins, la jalousie, la méfiance, la
simple convenance, ont suggéré quelquefois à des souverains la prétention de conserver ou d'établir un certain
équilibre, tantôt en Europe en général, tantôt particu-

Gerechtigkeit. Frankf., 1802, t. 1, II, gr. 8. Essai sur le nouvel équilibre
de l'Europe, par Alphonse GANV, à Paris, 1806, 8. Fr. v. GENZ Fragmente
aus der neuesten Geschichte des polit. Gleichgewichts. Petersb., 1806, 8.
Ideen über das politische Gleichgewicht von Europa. Leipzig, 1814, 8.
Betrachtungen über die Wiederherstellung des polit. Gleichgewichts in
Europa. Hannov., 1814, 8. (Joh. MULLER's) Darstellung des Fürstenbun-
des, 21-89, S. 86 ff. A.-G.-L. HEEREN's Handb. der Geschichte des europ.
Staaten Systems (2 Aufl., 1811), p. 13. (WHEATON, hist. des Progrès du
droit des gens, 2e éd., t. I, p. 110.)

(b) L'opinion contraire est soutenue dans le Précis du droit des gens de
l'Europe moderne, de MARTENS, § 121, et SCHMALZ, europ. Völkerrecht,
p. 206 ff.

(c) Il serait à désirer que ce mot équivoque d'équilibre politique fût
banni du langage tant de la politique que du droit des gens.

lièrement au nord, à l'est ou à l'ouest, en Allemagne,
en Italie, sur le continent ou sur mer, dans la navigation,
ou dans le commerce; il y a même eu des théoriciens qui
ont regardé un changement survenu dans ce prétendu équilibre comme une juste raison de guerre (d). D'ailleurs il
est incontestable, que chaque puissance est fondée en droit
à s'opposer à toute tendance injuste d'une autre puissance,
ayant pour but de s'arroger de la domination, de s'agran-
dir, d'acquérir de la prépondérance, ou la monarchie universelle (e).

§ 43. — Conduite à tenir en vue de la conservation de l'État et de
ses droits.

Chaque État a le droit non-seulement de prévenir toute
lésion immédiate ou médiate des droits qui lui assurent sa
conservation et sa durée, l'acquisition de certains objets,
sa réputation, etc., mais aussi de se faire raison soi-même
de tout préjudice porté à l'exercice de ces mêmes droits.

(d) Jo. Jac. LEHMANN, tr. trutina, vulgo bilanx Europæ (Jen., 1716, 8),
p 187, sq. L.-M. KAHLII, diss. de trutina Europæ, præcipua belli et pacis
norma Gœtt., 1744, et dans ses Opusc. minor., t. 1. (Francof., 1751, 4),
n. 3 — Pour l'opinion contraire, voy. VATTEL, III, 3, 47. GLAFEY'S Volkerrecht, p. 66. J.-G. NEUREUTER. diss. de justis æquilibri finibus (Mogunt.,
1746), § 8, sqq. — Comparez ce que le prince Talleyrand , plénipotentiaire
français, a déclaré au congrès de Vienne (dans une lettre du 19 déc. 1814),
relativement à la signification et à l'étendue de l'équilibre politique; dans
mes Acten des wiener Congresses, t. VII, p. 50 f. Il y invoque « les principes de l'équilibre politique, ou, ce qui est la même chose, les principes
conservateurs des droits de chacun et du repos de tous. »

(e) A. v. FEUERBACH, die Weltherrschaft, das Grab der Menschheit
München, 1814, 8. Benj CONSTANT de REBECQUE , de l'esprit de conquête
et de l'usurpation. (S i), 1814, 8, v. KAMPTZ, neue Lit. des VR., p. 102.
— Sans doute c'est dans ce sens que l'Autriche , la Grande-Bretagne , la
Prusse , la Russie et le roi de Naples ont manifesté , dans leurs traités
d'alliance faits à Tœplitz le 9 sept. 1813, le désir d'assurer à l'Europe « son
repos futur par le rétablissement d'un *juste équilibre des puissances.* » De
MARTENS, recueil, Supplém. V, 596, 600, 607, 660, 661. Comparez mes
Acten des wiener Congr., t II , p. 95.

En vertu de ce principe, on a souvent vu des gouvernements, tantôt de leur chef, tantôt sur la demande qui leur
en avait été faite, désapprouver publiquement des bruits
répandus, des pamphlets, des déclarations écrites ou imprimées, des faits injurieux préjudiciables à un autre État
ou à la personne de son souverain; en poursuivre les auteurs et complices (a), comme si l'injure leur avait été faite
à eux-mêmes (b), enfin faire à l'État offensé des excuses
et des déclarations destinées à manifester leur improba-
tion.

§ 44. — Droit de nécessité.

L'obligation de se conserver soi-même, l'emportant sur
toutes les autres, la lésion de quelque droit que ce soit doit
être excusée, si dans un cas de nécessité évidente et absolue, un État placé entre quelque obligation envers un autre État et celle que lui impose sa propre conservation
(*status gentis extraordinarius, casus extremæ necessitatis*),
donne la préférence à la dernière, et se dispense en *faveur
de la nécessité* (*favor necessitatis, ratio status scil. extraordinarii*, raison d'État), appelée même par quelques-uns *droit
de nécessité* (*jus necessitatis*), de la stricte observation de la
justice (a). Ce n'est point du tout ici ce qu'on a appelé
assez improprement *droit de convenance* (b), un prétendu
droit fondé sur de simples avantages ou agréments à re-

(a) Moser's Versuch des europ. Volkerr., I, 292 ff. VIII, 38 ff. Adelung's pragmat. Staatsgeschichte Europens, von dem Ableben K. Carls VI
an, t. III. I, 236.

(b) Voilà tout ce qu'on peut demander. Moser's Versuch, VI, 80. I,
292, et ses Beyträge zu dem europ. Volkerrecht, 1, 292 f. .

(a) Comparez W.-G. Tafinger's Lehrsätze des Naturrechts, § 37-63.
Fichte's Grundlage des Naturrechts, t. II, p 85 ff. Kant's metaphys.
Anfangsgründe der Rechtslehre, Einleitung, p. 48. Mon Oeffentliches Recht
des teutschen Bundes, etc., § 456.

(b) Moser's Beyträge zum europ. Volkerrecht in Friedenszeiten, t. I,
p. 5.

cueillir. L'État qui se prévaut de la faveur de la nécessité doit non-seulement y mettre tous les ménagements possibles, mais aussi dédommager, autant que cela peut se faire, celui qui en souffre (c).

CHAPITRE II.

DROIT D'INDEPENDANCE.

§ 45. — Indépendance.

En qualité de personne morale et libre (§ 37), chaque État n'a d'autre but que soi-même, et ne doit jamais servir de moyen aux vues des autres États. Il a par conséquent un droit d'*indépendance* de toute volonté étrangère, le droit de personnalité politique, ou le droit de subsister par et pour soi-même Il peut exiger, et même par force, que nul ne s'oppose à ses volontés et actions non injustes. Cette indépendance absolue ne peut lui être refusée, que faute d'une existence politique légitime (a). Toutefois il faut se garder de confondre le refus de reconnaître l'indépendance d'un État avec celui de reconnaître un individu en qualité de souverain légitime d'un État dont l'indépendance n'est pas contestée, ce qui peut avoir lieu pour des raisons particulières.

§ 46 — *Par rapport*

I. Au droit d'agir librement.

En vertu de son indépendance, chaque État a droit de faire toutes les *actions* conformes à un principe dont la va-

(c) Voyez Bynkershoek, quæstiones jur. publ., lib II, c. xv Mon Oeffentliches Recht, etc. § 457.

(a) Sur la conduite de plusieurs États en pareils cas, voyez Günther, § 79-78.

3

lidité générale est compatible avec l'indépendance de tous
les autres États (*a*). Il peut en conséquence *fonder, conserver* et *étendre* ses propres droits, ainsi que ceux d'autres
Etats, et particulièrement rendre sa condition meilleure,
en augmentant la culture intellectuelle, morale et économique de ses sujets, en agrandissant d'une manière légitime son territoire (*b*), en augmentant sa population.

§ 47.

II. Au droit de jouir des choses, de les conserver et de se les approprier.

Du droit d'indépendance découle, pour chaque État, le
droit non-seulement de faire usage des *choses n'appartenant
à personne,* tant pour son besoin et sa commodité que
pour cause d'agrément, mais encore de les *conserver* et de se
les *approprier* exclusivement, en tant qu'elles sont susceptibles d'une possession exclusive (*a*). Lorsque cette possession n'est pas possible, ou n'a pas été acquise, les États de
l'Europe reconnaissent encore aujourd'hui généralement
ce droit primitif du premier occupant, que quelques jurisconsultes ont voulu, sans nécessité (*b*), dériver d'une communauté primitive des choses (*communio primæva*), re-

---

(*a*) VATTEL, droit des gens, l. I, ch. IV, § 54, 55. L.-G. SCHRODER, elem
juris nat., socialis et gentium, § 1061, sq. 1066. GÜNTHER's europ. Volkerrecht, I, 280 ff, 293 f,

(*b*) Comparez ci dessus § 42. GÜNTHER, I, 321. V. MARTENS, Précis, etc.
§ 120.

(*a*) Pour ce qui est de l'usage commun de l'océan, voyez ci-dessous
§ 132.

(*b*) Sont du même avis : KULPIS, in collegio Grotiano, p 26. STRACCH,
diss. de imperio maris, c. 1 § 5 et 8. Cph Frid. SCHOTT, diss. de origine
dominiorum, § 9, sq. Dans ses Dissertat. jur nat, t. I, p. 384. sqq. ACHEN-
WALL, jur. nat., § 116. SCHRODER, l. c. § 238. GÜNTHER, II, 3 f. Comparez
aussi Jo.-Chr. MUHRBECK, diss. theses communionem primævam et primor-
dia dominii imprimis spectantes. Gryph. 1782, 4.

présentée tantôt comme réelle ou positive (c), tantôt comme
négative (d), tantôt comme privative (e).

§ 48.

III. Au souverain.

Le *souverain*, c'est-à-dire la personne régnante qui repré-
présente l'État, prend part à l'indépendance de celui-ci.
C'est pour cette raison que la légitimité de cette dignité,
quant aux relations extérieures, ne dépend point de l'*inau-
guration* par le *couronnement* (a) ou de la *reconnaissance*
des États étrangers (§ 23), et qu'il ne leur appartient pas
non plus, à moins d'un titre spécial, de *décider* les différends qui peuvent s'élever sur la succession au trône dans
des empires héréditaires (b) ni de *conférer* le *trône* dans des

(c) GROTIUS, de J.-B. et P., lib. II, c. II, § 2, sqq.

(d) PUFFENDORF, de J. N. et G., lib. IV, c IV, § IV. HEINECCIUS, elem.
jurat. nat et gent., lib. I, § 233.

(e) Jo.-Bapt.-Aloys. SAMHABER, diss. de eo quod circa rei vindicationem
instituendam juris naturalis est (Wirceb. 1788), cap. I Ma kl. juristische
Biblioth., XV, 339.

(a) Histoire des inaugurations des rois. empereurs et autres souverains;
avec beaucoup de figures. Paris, 1776. Dan. NETTELBLADT, diss. de coro-
natione ejusque effectu inter gentes. Halæ, 1747, 4.

(b) V. MARTENS, Précis § 68. — Gottfr. ACHENWALL, diss. de jure in
æmulum regni, vulgo Prætendentem. Marb. 1747, 4. A. G. SCHEIDEMAN-
TEL, de judice in causis litigiosæ successionis in regna, commentationes
duæ. Jen. 1768, 4 La diplomatie moderne se plaît à désigner la qualité
d'où résulte, dans les monarchies héréditaires, pour la dynastie légitime,
le droit au gouvernement et à la succession au trône, par le simple mot
de *légitimité*, en l'opposant à un état de possession intérimaire ou à la domination de fait d'une dynastie révolutionnaire. Cette signification néogo-
lique de ce mot est aussi peu autorisée par la raison que par l'histoire des
États; et moins encore par la langue. Le droit fondé en soi n'a pas besoin
de s'appuyer sur ce mot nouvellement créé. Le mot de *légitimité*, dans ce
sens, a été employé d'abord au congrès de Vienne, par le prince de Talleyrand, plénipotentiaire de Louis XVIII, dans une note à lord Castlereagh,
concernant les affaires napolitaines. V. KLÜBER, Actes du congrès de
Vienne, t. VII, p. 62. DAHLMANN Kieler Blatter, 1821. p 371.

États électifs (c). Il n'en est pas moins vrai cependant que
la succession au trône, dans des États héréditaires, a été
quelquefois l'objet, dans les temps modernes, de traités,
conclus tantôt entre l'État qui y était immédiatement intéressé et d'autres États, tantôt entre des États étrangers seulement (d). Et, dans des États électifs notamment, des puissances étrangères se sont mêlées bien souvent des élections
des souverains (e).

§ 49. — Continuation.

Il est d'usage en Europe, quoique ce ne soit pas de rigueur, de *notifier* aux États étrangers l'avénement du souverain au trône, et de les *féliciter* en pareil cas (a). L'un et
l'autre se fait ou par des lettres seulement, ou en même
temps par l'envoi d'un ou de plusieurs ministres publics.

(c) V. Martens, § 76. v Justi's, historische u. jurist, Schriften, t. I,
p. 185.

(d) Exemples : la succession en Espagne, en 1713 et 1714; en Sicile,
1713 et 1720; à Naples et en Sicile, 1735; en Toscane, 1735; en Autriche, 1748; en Bavière, 1779; en Étrurie, 1801, en Espagne, 1808; en
Danemark, 1852. Sur la succession dans le Brisgau et le Palatinat, faisant
parties du G. D. de Bade ; voyez mes Acten des Wiener Congresses,
t. VIII, p. 141 ff.

(e) On n'a qu'à se rappeler l'histoire de Pologne, de l'Etat du pape, de
l'empire d'Allemagne. Dans l'élection du pape, les rois de France et d'Espagne, comme autrefois aussi l'empereur d'Allemagne, exercent encore
aujourd'hui le droit de donner l'exclusion à un individu. Toze, kleine
Schriften (Leipz. 1791, 8), n° 18.

(a) Les usages des cours, à cet égard, ne sont pas uniformes. Moser's
Versuch des europ. Volkerrechts, III, 71, 101. Et ses Beytrage zu dem
europ. Gesandtschaftsrecht, p. 36 f. V. Martens, Précis § 70. Meme
les souverains en guerre continuent quelquefois à se témoigner cette
espèce de politesse. Le pape exigeait autrefois des souverains catholiques, lors de leur avénement au trône, l'envoi d'une ambassade d'o-
bédience (legatio obedientiæ), que ces souverains, dans les temps modernes, aimaient mieux appeler ambassade de révérence. Bi deri. Opuscula
p. 331. Rossmann, in den Erlanger gelehrten Anzeigen, von 1796 Num.
VII Ma Neue Literatur des teutsch. Staatsr. p 722

Un autre usage a accordé au souverain actuel d'un État indépendant, durant son séjour pacifique dans un territoire
étranger (*b*), l'*exterritorialité* pour sa personne (*c*), sa suite,
son hôtel et son mobilier. En vertu de cette exterritorialité,
lui et les personnes de sa suite sont exempts de la juridiction
civile de l'État où ils séjournent (*d*), on lui permet la juridiction civile sur sa suite, et il jouit de l'immunité des
droits de péage, de pontonage et de douane, à l'égard des
marchandises destinées à son usage et à celui de sa famille (*e*). Les possessions d'un souverain situées en pays

(*b*) Il est des publicistes selon l'opinion desquels cette exterritorialité
est même fondée dans le droit des gens naturel; p. e. PUFENDORF, BAR-
BEYRAC, BYNKERSHOEK, CASSIUS, PFEFFINGER, LUDOLF, STRUBE et
d'autres D'autres s'y opposent, à bonne raison; p. e. STRYK, COCCEJI,
FLEISCHER, HELMERSHAUSEN, Cæsarinus FURSTENERIUS (LEIBNITZ) de jure
suprematus ac legationis principum Germaniæ (1677, 8), c. VII, p. 21.
Comparez STRUBE's, rechtl. Bedenken, t. III, num. 3, § 1. p. 48. (V.
sur cette matière HEFFTER, ouvrage cité, § 42 et 54.)

(*c*) Voici quelques cas exceptionnels : 1° Le souverain étranger est au
service de celui dans le territoire duquel il séjourne; 2° il se trouve incognito en pays étranger, 3° un souverain qui n'est que titulaire, p. e. après
son abdication, ou comme prétendant à la couronne, se trouve en pays
étranger; 4° un souverain actuel trouble en pays étranger la sureté publique, ou s'y permet des actions hostiles contre le souverain du pays, ou
contre d'autres puissances; 5° quand il s'y trouve contre la volonté du
souverain du pays.

(*d*) Contredit par Cæsarinus FURSTENERIUS, l c.

(*e*) On ne refuse pas volontiers, surtout après réquisition, l'exemption
des droits de douane, aux objets faisant partie de la propriété d'États ou de
princes étrangers. Voyez MOSER's Staatsrecht, t. XXXVI, p. 317 ff
PFEFFINGER, in Vitriar. illustr., t III, p. 1043. J.-G. NEUREUTER, diss de
eo q. j. e. circa exemptionem rerum principum a vectigalibus. Mogunt
1748, et dans HARTLEBEN's, Thesaur. Dissert. Mogunt., vol. I, p. 1, n° 6.
La Prusse accorda, dans la paix de Dresde, en 1745, art. 10, la franchise
douanière en Silésie pour toute propriété, appartenant au prince, que l'électeur de Saxe, roi de Pologne, ferait transporter de Pologne en Saxe et réciproquement. WENCK, cod. jur. gent II, 214. — Sur les franchises des
ministres, IV, v. § 205.

étrangers y sont ordinairement sujettes à la domination du souverain du pays (*f*).

§ 50. — Fin.

Pour ce qui est des *contestations* de souverains *entre eux*, concernant leurs *propriétés particulières* (*a*), elles tombent dans la juridiction des tribunaux ordinaires (*forum rei sitœ, hœreditatis, arresti*, etc), tant que les deux parties n'agissent que comme simples particuliers : néanmoins, ces affaires sont assez souvent traitées comme appartenant au droit des gens (*b*). Il en est de même des *contestations particulières des parents d'un souverain*, qui se trouvent en relation avec un État étranger, soit comme souverains, soit pour cause de mariage (*c*), de domicile, de possession de bien fonds, ou

(*f*) Nommément à la juridiction civile; par conséquent aussi, où cela est de droit, au sequestre, à la saisie, etc. Quelquefois la procédure des tribunaux est entravée par la politique.

(*a*) P. e. des contestations relatives à leurs possessions ou prétentions privées, a la succession privée d'un souverain défunt, ou d'un membre de sa maison.

(*b*) L'histoire nous fait connaître des guerres privées des souverains, aux dépens de leurs Etats, et même des déclarations que la guerre n'est pas dirigée contre la nation, mais contre son chef. Aveu de Charles-Quint, vis-à-vis de François 1er, dans l'hist. de la diplomatie franç. de FLASSAN, I, 378. — Guerre pour cause d'amour que Henri IV avait l'intention de faire en 1610. Même ouvr. II, 286. Comp BIGNON, du congrès de Troppau, 1821, 8, p. 34 et suiv. — Différend entre les cours française et palatine (1685-1702), à l'égard des prétentions de la duchesse d'Orléans à la succession de l'électeur-palatin Charles, du dernier de la branche de Simmern. BUSCH Welthandel, S. 232, 240. Paix de Ryswik de 1697, art. 8; dans SCHMAUSS, corp. jur. publici acad. n° 101. La sentence du pape, en qualité d'arbitre supérieur (*superarbiter*), datée du 17 février 1702, se trouve dans FABER'S, europ. Staats Canzley, VI, 767. Voyez d'autres exemples dans MOSER'S Beytragen zu dem europ Volkerr. I, 449-457. Sur les guerres, à cause de mariage, voyez GÜNTHER'S Volkerrecht, II, 485 f., note *f, g, h*. — L'opinion contraire est défendue par M de MARTENS, dans son Précis, § 174.

(*c*) Des exemples sont fournis par l'histoire du Danemark en 1772, par

de quelque prétention ; bien que l'État n'ait point de parents, et que, hors de la faculté incontestable d'intercéder, il ne soit en droit de se mêler de pareilles affaires que lorsqu'il est menacé d'une véritable lésion de droit des gens ou que cette lésion ait déjà eu lieu. Au reste, il est certain que des rapports personnels de parenté, ou des égards de politesse d'un souverain vis-à-vis d'autres États ou de leurs souverains, ne peuvent, d'après leur nature, ni diminuer ni supprimer l'indépendance politique de l'État ou du souverain.

§ 51. — IV. A la constitution de l'État.

L'État est libre de se donner telle *constitution* qu'il lui plaît, soit qu'il s'agisse des institutions constitutives de l'État, soit de la forme du gouvernement ou de l'administration ; il est libre également de la modifier ou changer. Hors les offres de bons offices ou de médiation, aucun autre État n'a droit de se mêler de pareilles affaires intérieures (a), si ce n'est en vertu d'un droit qu'il aurait acquis à juste titre, ou bien quand la nécessité l'excuse (§ 44). Lors même qu'il est appelé par un parti, en cas de dissensions dans l'intérieur sur la constitution, il ne doit pas le secourir, à moins de raisons suffisantes (b), du nombre desquelles est particulièrement le cas où il aurait *garanti* la constitution (c).

celle de la Hollande en 1787, et par celle de la France en 1792 et suiv. Busch Welthandel, p. 489 ff, 569 ff. Günther's Volkerrecht, II, 489, 491. — La *renonciation* de Gustave IV au trône de Suède en 1809 (voy. le recueil de M. de Martens, Supplém. V, 170), s'effectua sans intervention étrangère

(a) Günther's, europ. Volkerrecht, I, 284 ff. Schmaltz, europ. Volkerrecht, S. 142 ff.

(b) Mosen's Abhandlung verschiedener Rechtsmaterien, St. II, S. 146 ff.

(c) Garantie : 1° de la paix de Westphalie de 1648, conséquemment de l'Empire germanique, par la France et la Suède; 2° de la constitution de

§ 52. — Continuation

Un État ne serait pas fondé non plus à se mêler des affaires d'un autre pour simple cause de voisinage, de convenance, d'amitié ou de parenté entre les souverains des deux États. Ce serait un outrage de sa part que d'exciter ou de favoriser des dissensions entre le souverain et ses sujets,

la Pologne de 1775, par la Russie, l'Autriche et la Prusse; 3° de la constitution de la république de Genève de 1738, ainsi que de l'édit de pacification de 1782, par la France, la Sardaigne et le canton de Berne, 4° de la constitution de la république du Valais de 1802, par les républiques françaises, italienne et helvétique. Posselt's, europ. Annalen, 1808, VI, 285 ff.; 5° de la constitution du duché de Wurtemberg, par la Prusse, le Danemark et l'électeur de Hanovre en 1771. Mes Acten des wiener Congresses, t. VI, p. 614, note *; 6° de la constitution de la ville libre de Cracovie. ibid., t. VI, p 24; 7° de la constitution du grand-duché de Saxe-Weimar Eisenach, par la confédération germanique, en 1817. Protocole de la diète germanique du 17 mars 1817, v. § 157. — Conférez aussi mon OEffentliches Recht des teutschen Bundes, § 74, 150 et 164.

La question du droit d'intervention d'un État dans les affaires intérieures d'un autre est une des plus brûlantes de la politique et du droit des gens moderne. Elle a été résolue en fait par l'intervention de l'Autriche dans les affaires d'Italie en 1820, à la suite des mesures concertées entre cette puissance, la Prusse et la Russie aux Congrès de Troppau et de Laibach; par celle de la France en Espagne en 1823, à la suite du congrès de Vérone, de l'Angleterre en Portugal en 1826, de la France, de l'Angleterre et de la Russie dans les affaires de la Grèce en 1827, des cinq puissances dans la révolution belge en 1831, de l'Autriche en Italie à la même époque, de la Russie dans les affaires de la Turquie en 1833, des cinq puissances dans les mêmes affaires en 1840 et 1841 et par les diverses interventions de 1848 et 1849. La plupart de ces immixtions dans des guerres civiles étrangères n'ont été dictées que par des motifs intéressés et nullement conformes aux principes du droit des gens posés par Kluber; et suivant les besoins de la cause, les mêmes puissances se sont prononcées tantôt pour le droit d'intervention, tantôt pour

ou des insurrections illégitimes (a). Il n'en serait pas de
même, si lors de discordes civiles, d'une révolution, au cas
où un prince serait détrôné, ou quand une partie du pays
lui aurait refusé l'obéissance, un État étranger avait reconnu provisoirement l'État de possession d'un des partis ;
cela ne porterait jamais préjudice aux droits de l'autre (b).
Aussitôt que les partis sont réconciliés, de quelle manière
que ce soit, ou que l'objet de la dissension cesse d'exister,
par exemple. si le prétendant vient à mourir (c), les États
étrangers doivent reconnaître et respecter le résultat.

§ 53. — V. Au gouvernement de l'État — 1 Inspection suprême

La même indépendance appartient à chaque État, pour le
gouvernement ou l'exercice de son pouvoir, c'est-à-dire des
droits de souveraineté intérieure, dans toute l'étendue de
son territoire et sur tous ses sujets permanents ou temporaires. Tout État, par conséquent, possède le droit d'*inspection suprême*, c'est-à-dire le droit de veiller sur tout ce
qui peut influer sur son but général. Cette attention doit
précéder chaque mesure ou règlement, et en suivre l'exécution. L'inspection suprême s'étend encore sur tout ce que
des États étrangers ou leurs sujets pourraient entreprendre,
par rapport à l État ou à ceux qui lui appartiennent, toute-

le principe de non-intervention. V. l'historique de la question
dans WHEATON, Histoire du Progrès du droit des gens, t. II,
p. 199 et suiv., et sur les points de théorie qu'elle soulève, ·
GERICKE, de jure interventionis, Lugd. Bat. 1836. HEIBERG Das
Princip der Nichtintervention, Leips. 1842, H. DE ROTTER, das
Recht der Einmischung in die inneren Angelegenheiten eines
fremden Staates, Frib. 1845. [A. O.]

(a) J.-C.-G. de STECK, Observ subsec. obs 16. V. KAMPTZ, neue Lit.
des VR., § 101.

(b) Conférez v. MARTENS, Précis, § 79.

(c) Godofr ACHENWALL, diss de jure in æmulum regni, vulgo Prætendentem. Marb. 1747, 4.

fois sans passer les bornes prescrites par le but de ce
droit (a).

§ 54. — 2. Lois et priviléges.

Les *lois* d'un État sont obligatoires aussi pour les sujets
étrangers, en tant que ceux-ci séjournent sur son territoire,
qu'ils y font et y accomplissent des affaires, surtout des actes
juridiques (a), ou qu'ils y possèdent des propriétés, à moins
que des traités particuliers ne leur accordent à cet égard
l'immunité de la sujétion personnelle ou réelle (b). De simples
différences dans le droit privé des deux États ne suffisent point
pour autoriser une exemption de cette espèce. Mais lorsque
les étrangers sont traités d'une manière inégale et onéreuse,
en comparaison des propres sujets, p. e. en fait de discussion de biens, de succession, etc., leur gouvernement peut
rendre à ces derniers la pareille, par le moyen de la *rétorsion* (c). Les *priviléges* accordés à des sujets propres ou

(a) Mon Oeffentliches Recht des teutschen Bundes, etc., § 278-280.

(a) De ce nombre sont aussi les poursuites devant les tribunaux et la
procédure civile, en général les actes d'un étranger, lorsqu'il veut con-
traindre quelqu'un, dans le pays, de s'acquitter de ses obligations.— La
succession *ab intestat* doit être réglée d'après les lois du pays, même lorsqu'un étranger y hérite des biens d'un étranger — Hofacker, Princ. juris
civ., t. I, § 140. L'opinion contraire est adoptée dans les Rechtsgutachten
des Spruch Collegii zu Heidelberg (1808, 8), p 175 ff. Il en est d'autres
qui distinguent entre les biens meubles et immeubles. R.-S. Zachariæ.
Cours de droit civil français (il en existe deux traductions françaises; l'une
de MM. Aubry et Rau, 3ᵉ éd. 1858; et l'autre de MM. Massé et Vergé,
1854-58).

(b) Ce qui rappelle l'*exterritorialité* accordée aux souverains et aux
ambassadeurs étrangers. Cette exception était expressément établie dans
un article du projet du Code civil français. Mais cet article a été supprimé
dans le Code, comme appartenant au droit des gens.

(c) Vinc. Oldenburg, diss. de retorsione jurium, præcipue in causis
cambialibus. Gott., 1780, 4. Jo.-Godofr. Bauer, diss. de vero fundamento,
quo inter civitates nititur retorsio juris. Lips. 1740, 4. Hofacker, l. c.,
t. I, § 146. — Dans un pays où le droit de change n'est point en usage,
l'action, résultant de ce droit, ne peut pas être intentée par un étranger
en vertu d'une lettre de change faite en pays étranger.

étrangers doivent aussi être respectés par les étrangers, dans le territoire de l'État qui les a conférés (d).

(d) Le principal exemple est celui que fournissent les priviléges d'impression de livres. On en trouve d'autres dans MOSER's Versuch des europ. Volkerrechts, VII, 241 ff.

Les questions dont Kluber traite dans ce paragraphe et dans quelques-uns des suivants appartiennent pour la plupart à ce que l'on appelle aujourd'hui le *Droit international privé*. On comprend ordinairement sous cette dénomination tous les rapports qui naissent du séjour de personnes dans un pays auquel elles n'appartiennent pas et notamment leur position vis-à-vis des lois civiles de ce pays et des lois de leur propre pays auxquelles elles restent soumises, l'application que peuvent faire de ces lois les tribunaux du pays où elles résident, la compétence générale de ces tribunaux à leur égard, les règles particulières de procédure et d'exécution auxquelles elles peuvent être assujetties, la forme et la validité des actes juridiques qu'elles accomplissent ou des pièces qu'elles produisent, et quelquefois les principes du droit criminel applicable aux étrangers. Aucune partie du droit des gens n'a été l'objet dans les derniers temps d'autant de travaux et d'autant de controverses. On trouvera l'indication des premiers et l'analyse sommaire des secondes dans ROB. DE MOHL, Gesch. und Litter. der Staatswiss. t. I, p. 441 et suiv. Nous ne citerons ici que les principaux ouvrages sur cette matière : BURGE, Commentaries on colonial and foreign Laws generally and in their conflict with each other and with the law of England, t. I-IV, Lond. 1838. — SCHEFFNER, Entwickelung des internationalen Privat Rechts Francf. 1841, in-8°. — STORY, Commentaries of the conflict of laws, foreign and domestic, 2° édit., Boston, — 1841. FOELIX, Traité du droit international privé, Paris, 2° édit., 1847. — MASSE, le Droit commercial dans ses rapports avec le droit des gens et le droit civil. Paris, 1844-48, 6 vol. in-8°.—V. aussi SAVIGNY, Traité de droit romain, trad. par Guenoux, 1848-50, t. VIII. THOL, Einleitung in das deutsche Privatrecht, 1851. HEFFTER, ouvrage cité § 34-39, 60-63.—Nous devons indiquer en même temps les travaux relatifs à la condition des étrangers en France et les ouvrages français sur cette partie de la législation étrangère : LEGAT,

§ 55. — Quelquefois avec effet en pays étranger.

Dans certaines circonstances, les lois peuvent même
étendre leur domaine au delà du pays pour lequel elles sont
données. A moins que des lois contraires ou prohibitives
d'un autre Etat ne s'y opposent, cela a lieu 1° pour les lois
qui règlent la forme de certains actes, tels que les testaments
et la procédure par-devant les tribunaux, en tant que de
cette forme dépend la validité du fond, et que l'acte doit pro-
duire des effets en pays étrangers (a) ; 2° à l'égard des lois
sur l'état civil et la capacité de contracter ou d'agir, p. e.
sur la minorité, la capacité de disposer de ses biens à cause
de mort, celle de prêter serment, sur la noblesse, etc., lesquelles lois régissent les qualités du citoyen même en pays
étranger (b); 3° lorsqu'on a accordé aux étrangers, par des

Code des étrangers, Par. 1832, in-8°. DEMANGEAT, Histoire de la
condition civile des étrangers en France, 1841, in-8°. — SAPEI,
les étrangers en France sous l'ancien et le nouveau droit, 1843,
in-8°. — SOLOMAN, Essai juridique sur la condition des étrangers,
1844, in-8°. —SCHUTZENBERGER, Condition des étrangers en France,
Strasbourg, 1852, in-8°. — GAND, Code des étrangers, Par. 1853,
in-8°. — E. JAY, de la jouissance des droits civils au profit des
étrangers, 1855, in-8°. V. en outre les travaux et commentaires
sur le Code Napoléon. — OKEY, Droits, privilèges et obligations
des étrangers dans la Grande-Bretagne, 3° édit., 1837, in-12. —
LEBAHON, Code des étrangers ou recueil des lois anglaises concernant les étrangers, 1849, in-8°. — LOBE, Guide des droits
civils et commerciaux des étrangers en Espagne, 2° édition, 1837,
in-8°. [A. O.]

(a) *Locus regit actum.* Jo-Theoph SEGER, diss. de vi legum et decre-
torum in territorio alieno (Lips. 1777), 4, n 5. Car. Cph. HOFACKER, diss.
de efficacia statutorum in res extra territorium sitas (Tub. 1778, 4),
n. 22. Cours de droit français, par M PROUDHON, t. I, p. 53, seq. Conférez
le Code civil français, art. 47, 170, 999. Contre v. SCHMALZ, europ. Volkerrecht, p. 151.

(b) HOFACKER, Princ. jur. civ., t. I, n. 139. Code civil français, art. 3,

traités, lois ou privilèges, le droit d'être jugés selon les lois de leur pays, ou d'après celles d'un autre pays étranger (c); 4° lorsque les parties intéressées se sont soumises, par des conventions expresses ou tacites, sans toutefois outrepasser les bornes de leur autonomie à des lois d'un État étranger, qui forment alors pour elles un droit conventionnel (d); 5° dans les vaisseaux de guerre se trouvant dans des parages ou ports étrangers, où ils conservent, d'après un usage généralement reçu, la juridiction sur leur équipage (e); 6° lorsqu'un État punit ses sujets pour des délits commis dans un État étranger en vertu de pouvoirs délégués par cet État (§ 65 et suiv.).

n. 5 — Le même droit sera donc accordé aux étrangers en France PROU-DHON, t I, c. v. Sect. I, p. 48

(c) Par exemple, lorsqu'il y a dans un pays des *tribunaux d'un État étranger* pour les sujets de celui-ci, tels que les tribunaux militaires pour les troupes qu'il peut avoir dans ce pays. Il est souvent accordé aux consuls, par des traités, d'appliquer les lois de leur pays dans les procès et actes des sujets de leur État Voyez les traités de la Porte Ottomane avec la Prusse, 1761, art. 5, avec l'Espagne, 1782, art. 5; avec la Russie, 1783, art. 63. De MARTENS, recueil III, 203 II, 223, 398, et les ouvrages sur les consuls, cités § 173. La ville de Hambourg accorda, en 1661, aux négociants anglais y établis, que leurs procès seraient jugés d'après les lois anglaises MARQUAND, de jure mercatorum, in Append. p. 194.

(d) De SELCHOW, elem. juris germ. priv. § 55 GEISLER, sciographia juris germ. priv § 65. Mon Oeffentliches Recht des teutschen Bundes, § 282.

(e) VATTEL, Droit des gens, l. I, c. XIX, § 216.

La question fondamentale du droit international privé est celle du principe au nom duquel les lois d'un État peuvent être exécutées dans un autre État. Suivant la plupart des auteurs, notamment Story et Foelix, rien n'oblige une nation à appliquer aux étrangers qui résident chez elle les lois de leur patrie. Mais elle y consent pour certains objets par une raison générale d'équité et de convenance (*comitas nationum*), dont ses nationaux profitent à leur tour à l'étranger. Pour d'autres écrivains le droit des gens philosophique oblige les peuples à respecter dans certaines limites le droit des autres nations; d'autres enfin nient complète-

§ 56. — 3. Pouvoir exécutif suprême.

Il faut que la souveraineté renferme le droit de faire des règlements nécessaire à l'exécution et à l'application des lois établies conformément au but de l'État (a). C'est ce qu'on comprend sous la dénomination de *pouvoir exécutif suprême.* Même les États étrangers et leurs sujets sont tenus de se soumettre à l'exercice de ce pouvoir, en tant que leur situation les place sous l'action des lois étrangères, et qu'ils n'en sont pas exemptés par des traités.

§ 57. — 4. Pouvoir judiciaire — A. Juridiction volontaire.

Un État souverain est, de plus, indépendant de tout autre État dans l'exercice du *pouvoir judiciaire* (a). D'abord le droit de procéder conformément aux lois, dans toutes les affaires de *juridiction volontaire*, c'est-à-dire dans les affaires non-contentieuses, lui appartient dans toute l'étendue de son territoire, tant sur les biens que sur les personnes; cependant sur des personnes *étrangères*, seulement pour donner l'authenticité aux actes qu'ils font dans le pays (b).

ment l'application des lois étrangères. V. l'ouv. cité de ROB. DE MOHL. — Les auteurs continuent généralement à admettre l'ancienne distinction du *statut personnel* qui détermine l'état et la capacité des personnes et qui est régi par la loi d'origine, et du *statut réel* qui gouverne les choses et les soumet à la loi du lieu où elles sont situées. Mais ils résolvent par des principes particuliers les questions relatives aux actes, à la compétence, etc., qui ne rentrent pas dans cette division. [A. O.]

(a) L.-G. SCHRÖDER, elem. juris nat. et gent. § 829. Mon Oeffentliches Recht des teutschen Bundes, § 284 et suiv.

(a) Voyez les écrits indiqués dans v KAMPTZ, neue Lit, des VR., § 110 et suiv. — Projet d'un traité public sur les rapports judiciaires entre deux États, dans J.-P -A FLEERBACH's Themis oder Beitragen zur Gesetzgebung (Landshut, 1812, 8), n° 8.

(b) REINHARTH (ad Christinæum, vol. IV, obs. 15, casu I), pense le contraire relativement aux testaments par acte public, et à leur dépôt entre les mains d'une autorité constituée.

Quoique ce droit ne s'étende point au delà des limites du territoire (c), les actes passés légitimement et suivant les formes par-devant les autorités constituées d'un État conservent presque généralement leur validité à l'étranger, pourvu qu'il n'y ait point de vice dans le fond, et que les lois de l'État étranger n'exigent point expressément l'intervention d'une autorité du pays (d).

§ 58. — B. Juridiction contentieuse.

Quant à la *juridiction contentieuse*, elle ne peut être exercée sur des sujets d'un État étranger, lorsque celui-ci, comme État est immédiatement intéressé à la cause, et que conséquemment elle ne peut être décidée d'après les principes du droit privé ou public de l'un des deux États seulement (a). Il en est de même des procès de ceux des étrangers qui jouissent de l'exterritorialité, tels que les souverains et les ambassadeurs, avec leur suite, et les troupes étrangères, puis de ceux qui ont le droit de faire décider leurs causes entre eux par des juges de leur nation, tels que les consuls en vertu de divers traités de commerce (b). D'un autre côté, la juridiction contentieuse est *fondée* pour les causes où des étrangers sont demandeurs ou reconvenus, vis-à-vis

---

(c) A.-H. GLAFEY, diss. de jurisdictione voluntaria extra territorium non exercenda. Lips. 1719, rec. Jen. 1734, 4. Tob.-Jac. REINHARTH, diss. de judice jurisdictionem voluntariam extra territorium perperam exercente. Erford, 1735, 4.

(d) Une disposition de ce genre se trouve dans le Code civil français, art. 2123 et 2128; tandis que le principe contraire a prévalu dans les art. 47, 170, 999. — Voir les ouvrages cités au § 55, notamment ceux de FOELIX et de MASSÉ.

(a) Différend à cet égard entre la Grande-Bretagne et la Prusse, en 1753 et suiv. MOSER's Versuch, VI, 441 ff. V. MARTENS Erzahlungen merkwürdiger Fälle des Volkerrechts, t. I, p. 236 ff. Il fut terminé par le traité de 1756, dans WENCK, Cod. jur. gent. recentiss. III, 87.

(b) V. STELK's Versuche uber verschied. Materien (Berlin, 1783, 8), p. 88-96

des personnes du pays (c). Ils ne peuvent prétendre alors à aucune faveur dans la procédure (d), si ce n'est en vertu de traités publics (e) ou de priviléges, mais bien à ce qu'il leur soit fait justice prompte et impartiale ; un déni de justice autoriserait leur gouvernement à intercéder ou à user de rétorsion, et même de violences (f).

§ 59 — Effet de la litispendance et des jugements en pays étranger.

Le pouvoir judiciaire d'un État, et par conséquent la validité des ordonnances et jugements rendus par ses tribunaux, sont ordinairement bornés aux limites de son territoire. Mais on devrait respecter en pays étranger non-seulement la *litispendance* d'une cause, si elle est fondée par l'action d'un sujet de l'État étranger portée par-devant un tribunal du pays, ou par la défense qu'il aurait légitimement fait signifier à la partie adverse sur une action intentée contre lui, mais aussi les *jugements* prononcés dans une pareille cause par le juge compétent, tout aussi bien qu'on respecte et reconnait valables partout les contrats formés à l'étranger, et ce qui est un bien plus grand préjudice encore, les jugements arbitraux. Dans ces cas, les exceptions de litispendance et de chose jugée devraient généralement être reçues (a), et de pareils jugements être tenus exécutoires (b). En effet, ces principes sont adoptés par plusieurs

(c) *Actor sequitur forum rei.* — La disposition du Code civil français, art. 14, 15, va plus loin.

(d) VATTEL, l. II, c. VII, § 84.

(e) Traité entre la France et la ville de Hambourg de 1769 (renouvelé en 1789), art 9 De MARTENS, recueil, I, 251. — Autrefois il y avait, en Allemagne, des tribunaux particuliers pour les causes des étrangers (*Gastgerichte*) RUNDE's teutsches Privatrecht, § 315 DANZ Handbuch des teutschen Privatrechts, t. III, § 315.

(f) MARTENS, Précis § 96.

(a) Jos - Aloys. HAAS, diss de effectu exceptionis rei judicatæ in territorio alieno. Gœtt. 1791, 4.

(b) De MARTENS, Précis du droit des gens, § 94 V. KAMPTZ, dans CROME's und JAUP's Germanien, t III, num 10. Du même, Beytrage zum Staats.

Ltats (c), en partie même en vertu de traités publics (d) ; mais il y en a d'autres où l'on suit l'usage contraire, soit en vertu de lois particulières (e), soit sans loi expresse (f).

§ 60. — C. Pouvoir criminel. — *Seulement en propre pays.*

Le *pouvoir criminel*, une branche du pouvoir judiciaire, n'est autre chose que le droit d'établir des lois pénales, et instituer et exercer la juridiction criminelle. Chaque État a ce droit ; mais il ne s'étend point au delà de ses frontières. Un État ne peut pas notamment, à moins d'une permission

u. Völkerrecht, t. I (Berlin, 1815, 8), p. 113. J.-P.-A. Ffuerbach's Themis oder Beyträge zur Gesetzgebung (Landsh. 1812,8), num. 2. Schmalz europ. Völkerrecht, p. 153 f. — Cette opinion est réprouvée par K -S. Zacharlæ, dans Crome's und Jalp's Germanien, t. II, num. 10, p 229 ff. Comparez Haas, l. c. § 12, sq.

(c) Par les cantons helvétiques entre eux ; autrefois aussi par la plupart des territoires de l'empire germanique , et par un traité de 1780 , entre la France et l'évêché de Bale , dans de Martens, recueil, II, 93. Ordonnance bavaroise du 2 juin 1812. Ordonnance wurzbourgeoise du 6 juillet 1811. Avis du conseil d'État du royaume-de Westphalie , dans le journal intitulé der Rheinische Bund, Heft. LVII, n° 40. Ordonnance badoise du 5 mai 1813, § 11, dans le Badisch. Regierungsblatt de 1813, n° 17. V. Fœlix, Traité de droit international privé.

(d) Traité d'alliance conclu, à Soleure, le 28 mai 1777, entre la France et les cantons helvétiques, ainsi que le traité passé à Arau entre les mêmes parties le 1er juin 1658. Merlin, Recueil alphabétique des questions de droit, t III (2e édit. 1810), p. 200.

(e) Code français de procédure civile, art. 546. Code civil français, art. 2123, conformément aux anciens principes de la France, suivant l'ordonnance de 1629, art 121 Merlin, Recueil alphabétique des questions de droit, t. III, voc. Jugement, § 14-19 Le même, Répertoire universel et raisonné de jurisprudence, t, VI, voc. Jugement, § 8. Emérigon, Traité des assurances, p. 123. Massé, Droit commercial, t. II. Ordonnance bavaroise du 9 octobre 1807, dans le Rhein. Bund. XIII, 151 , rétractée par l'ordonnance susmentionnée de 1812.

(f) En France en 1756, v. Holzschuher's, Deduct. Bibbloth. II, 997 f. Reuss Staats Canzley, XIV, 50. En Allemagne, par le conseil suprême aulique, en 1778. V Holzschuher, l c., II, 922. Moser's Zusätze zu s. neuen Staatsr. II, 543 ff. Pütter's Rechtsfalle, t. III, part. 1, resp. CCXLVII-CCXLIX, et les jugements, p. 43 et suiv.

6

spéciale ou d'un traité, poursuivre, de quelle manière que
ce soit, en pays étranger les prévenus de crime (a), les y
faire saisir, arrêter (b), et escorter (c) ; en général, il ne peut y
exercer aucun acte de juridiction criminelle, recherche (d),
perquisition ou autre (e).

§ 61. — Et d'ordinaire seulement pour les crimes commis en propre
pays.

En règle, aucun Etat n'est en droit de punir des crimes
commis *hors de son territoire* (a), ni d'exiger qu'ils soient
punis par d'autres Etats. A cet égard néanmoins il faut

(a) Voyez les écrits allégués dans Pütter's Literatur des teutschen
Staatsrechts, III, n. 1609, et dans ma Neue Literatur des t. Staatsr p.
687 Feuerbach's Lehrbuch des peinl. Rechts, n 537 Quelques-uns soutiennent que cette poursuite (*Nacheile*) est approuvée en Allemagne par un
usage général, en supposant qu'elle s'exerce sans violence, que ceux qu'on
a saisis soient aussitôt livrés entre les mains des autorités locales, et qu'on
demande à celles-ci la permission de les enlever. Quistorp's Grundsatze des
peinl Rechts, th. II, n 824 Moser's Versuch des europ Volkerrechts,
VI, 463 — Il en est d'autres qui distinguent entre la poursuite par la force
armée, et par celle non armée. V. Martens, Précis, n. 102, note *a*.

(b) Voyez des exemples dans Moser's Versuch, VI, 386, 464, et dans
v. Martens, Précis, n. 102. note c

(c) Moser's Versuch, VI, 462, et son Nachbarliches Staatsrecht. p. 555.
Claproth's summarische Processe ; peinlicher Process. p. 64.

(d) Moser's Nachbarl. Staatsrecht, S. 397 f. 552 f.

(e) Voyez les écrits indiqués dans v. Kamptz , neuer Lit. des VR ,
§ 111 (Voir, sur le droit criminel international, Tittmann die Strafrechts-
pflege in volkerrechtlicher Rucksicht. Dresde, 1817, 8. Abegg uber die
Bestrafung der im Auslande begangenen Verbrechen 1819, 8 ; l'ouvrage
cité de Foelix et les traités de droit pénal et d'instruction criminelle, notamment celui de M. Faustin Hélie.)

(a) Sur cette question, difficile à résoudre, les opinions sont fort partagées. Malgré cela, la matière n'est guère approfondie. Conférez G.-L. Boehmer, diss. de delictis extra territorium admissis. Gœtt., 1748, et dans ses
Electis jur civ. t. III, exerc 20, p. 201 Jo -Achat Rudolph , diss. de
pœna delictorum extra territorium admissorum Erlang., 1790, 4. Ma
kleine juristiche Bibliothek, XXIII , 321 ff. Feuerbach's Lehrbuch des
peinl. Rechts, § 40. Cours du droit français, par M Prouvhon, t. I, p.51,
sq. Schmaltz, europ Volkerrecht, p. 155-161.

faire les distinctions suivantes. I. Supposons qu'une lésion
de droit soit commise *hors du territoire d'un État quelconque*, c'est-à-dire dans un endroit qui n'est soumis à aucune
souveraineté, par exemple, par un pirate en pleine mer.
Cette lésion ne peut alors être punie, comme crime, par
aucun État, l'action injuste ne se trouvant en rapport avec
les lois pénales d'aucun État quelconque. Malgré cela, un
État qui se trouverait offensé, soit immédiatement, soit
dans la personne d'un ou de plusieurs de ses citoyens, serait
en droit de *se faire raison* (b), s'il en trouvait l'occasion dans
un lieu qui ne serait soumis à aucune domination ou qui le
serait à la sienne. Une telle satisfaction ne pourrait être
exigée par un État qui lui-même ne serait aucunement lésé.

§ 62. — Continuation.

II. Les lésions de droit commises *dans les confins d'un
État*, ou par des habitants du pays, ou par des étrangers,
le sont d'abord 1° au préjudice des *sujets d'un autre État*.
Le premier sera alors en droit, et même obligé de les *punir* suivant ses lois pénales; car l'offensé était placé sous sa
protection; et l'offensant, ne serait-ce qu'en qualité de
sujet temporaire, est son justiciable. Le second État ne
saurait exiger l'extradition de l'offensant, qu'il soit son
sujet ou non. Si 2° la lésion a eu lieu sur notre territoire,
et contre un *autre État* comme tel, p. e. par fabrication de
monnaies marquées au coin de cet État, conspiration, distribution de libelles, pamphlets ou autres écrits, ou même
dessins séditieux ou injurieux: notre État sera obligé de
procurer *satisfaction* à l'État offensé sur sa demande, autant
que cela est possible : mais ce dernier n'étant point placé
sous sa protection, il ne pourra *infliger une peine* qu'autant que ses lois pénales puniront expressément cette espèce

(b) Le Code d'instruction criminelle français, art. 5 et 6, étend à ce cas
le droit pénal de l'État.

de délits ou de crimes, et qu'une telle lésion de la sûreté,
garantie par le droit des gens, y sera considérée comme
un délit envers notre État (a).

§ 63. — Conclusion.

III. Des lésions de droit sont commises *en pays étranger*,
soit par des étrangers, soit par des sujets de notre État. Si
1° elles le sont contre des *étrangers* ou contre des *sujets
de notre État*, notre gouvernement doit, sur la demande de
l'offensé. lui procurer *indemnité*, autant que cela est en
son pouvoir légitime, mais il n'a point le droit de décer-
ner une *punition*, puisque là où la lésion a été commise,
l'offensé n'était pas placé sous sa protection, ni l'offensant
sous ses lois pénales (a). Il n'y a d'exception, que lorsque
l'offensant est *sujet de notre État*. Bien que le crime ait été
commis en pays étranger, et que le coupable ne fût soumis
qu'au pouvoir pénal du gouvernement étranger, notre État
peut néanmoins être en droit de le punir, savoir dans deux
cas : d'abord quand il a reçu à cet effet une commission du
gouvernement étranger, cas où l'offensant doit être jugé
d'après les lois pénales de l'État étranger ; ou, en second
lieu, en vertu des lois pénales de notre État (b), au cas

(a) Voyez des exemples de plaintes et déclarations réciproques sur des
imprimés, par lesquels un gouvernement s'est cru offensé, dans MOSER's
Versuch, I, 292 VI, 80 VIII, 38 ff., et dans ses Beyträge, IV, 292 ff.;
entre autres les griefs contre le chevalier d'Éon, en 1764; et ceux de l'Angleterre à Copenhague, dans les Nouvelles extraord , 1794, nᵒˢ 27, 31, 47,
52, 53. (Par suite de plaintes formées par le gouvernement français, à l'occasion d'offenses de même nature, la Belgique modifia, en 1857, sa législation sur la presse)

(a) Une autre opinion est adoptée dans v MARTENS, Précis § 100. —
L'offensant, lorsqu'il est étranger, est souvent livré à des tribunaux de son
pays, sur leur réquisition. Voyez ci-après, § 66.

(b) Sur la détermination de la peine pour des délits commis en pays
étranger, voyez MEISTER's Einleit. zur peinl. Rechtsgelehrsamkeit,
t. III, Abschn. I, cap. x, § 14 RUDOLPH, l. c. § 14-19 BOEHMER, l c.
§ 13, sqq.

où il eu existe qui soient expressément dirigées contre des
lésions de droit de ce genre, commises hors de notre territoire (c). 2° Si des lésions de droit sont commises en pays
étranger *contre notre État*, comme tel, ce dernier peut
exiger *satisfaction* de l'offensant, non-seulement sur son
propre territoire, mais aussi en tout pays étranger : cependant il ne peut lui infliger une *peine*, à moins que l'offensant ne soit son sujet, et qu'il n'existe une loi pénale
qui le condamne. Notre l'tat ne peut pas même demander la
punition de l'offensant dans le pays étranger, à moins qu'il
n'y existe une pareille loi, lui-même n'étant point sous la
protection du gouvernement de ce pays; toutefois cela ne
l'empêche pas de se prévaloir des droits naturels de l'offensé contre l'offensant, tant sur son territoire, qu'en tous
lieux non commis à une domination. IV. Enfin, si des lésions sont commises sur la *limite de deux États*, la juridiction de tous les deux est également fondée, et il y a lieu à la
prévention (d).

§ 64. — *Indépendance des États par rapport*

a. Aux délits commis en pays étrangers;
b. A l'abolition, au pardon, et à la punition en pays étranger.

I. A moins d'un traité public, aucun État ne peut exiger
du gouvernement d'un autre État la *punition des délits* commis hors du *territoire de ce dernier*. Si, par conséquent, le
fait a eu lieu sur le territoire d'un État, et que le criminel
ait été saisi dans un État étranger, le premier ne peut demander, en refusant d'accepter l'offre de l'extradition, que l'Etat
étranger punisse le coupable (a). II. Si un délit est punissable
en plusieurs pays, et que le criminel ait obtenu *abolition* ou

_____

(c) Il en est d'autres qui exigent que l'action soit aussi punissable suivant les lois du pays où elle a eu lieu. Rudolpu, l. c § 10.

(d) C.-G. Stufbel, diss. de foro debcti in confinio civitatum commissi.
Viteb 1793, 4.

(a) Rudolph, diss. cit. § 20.

pardon dans l'un de ces pays, ou qu'il y ait subi la *peine* a laquelle il y avait été condamné (*b*), les autres gouvernements ne perdent pas pour cela le droit de prendre des informations et d'infliger les peines conformes à leurs lois.

§ 63. — *c.* A la procédure criminelle, — et *d.* aux jugements en matière criminelle prononcés en d'autres pays.

III. L'État n'est autorisé à *intercéder* auprès d'un autre État, et bien moins encore à user de *contrainte* en faveur de prévenus de crimes qui peuvent prétendre à sa protection, que lorsqu'il y a innocence évidente, incompétence manifeste des tribunaux, excès de dureté ou nullité de procédure. IV. Les *jugements en matière criminelle* rendus par ses tribunaux restent sans effet en pays étranger, soit par rapport à la personne, soit relativement aux biens ou à l'honneur civil du condamné. Ce principe s'applique notamment à la confiscation des biens et au bannissement, de même qu'à la déchéance de titres, décorations et autres prérogatives, qui ne peut être prononcée qu'à l'égard des distinctions conférées par l'État même dont provient le jugement.

§ 66. — *e.* Et à l'extradition des criminels.

D'un autre côté, un État, à moins de s'y être engagé par des traités, n'est point tenu à *livrer ceux de ses sujets* qui seraient prévenus ou convaincus de délit ou de crime commis en pays étranger (*a*), pour être jugés par un tribunal étranger : pas même lorsque l'information serait déjà entamée, ou que le jugement serait prononcé. Dans plusieurs pays, l'extradition est même prohibée par des lois expresses (*b*). Sans convention, l'État n'est point obligé non

(*b*) L'opinion contraire est soutenue par RUDOLPH, l. c. § 18.

(*a*) C.-T. GÜTJAHR, diss. de exhibitione delinquentium secundum principia juris publici universalis, gentium, romani atque saxonici. Lips., 1795, 4

(*b*) Comme en Prusse et en Bavière.

plus à livrer des *étrangers* aux autorités d'une puissance
étrangère, pour des délits ou crimes commis en quelque
lieu que ce soit (*c*). Cependant différents États s'y sont engagés par des traités *d*), surtout par des cartels concernant
les déserteurs et conscrits réfractaires, et quelquefois les
contrebandiers (*e*) D'autres États, particulièrement des
moins puissants, sont très faciles à cet égard, même sans
convention préalable (*f*).

(*c*) Il y a plusieurs États, surtout des plus puissants, qui n'accordent
jamais l'extradition. Comparez E BULSCHLEB, comm de principiis juris
civilis circa comprehensionem, punitionem vel remissionem peregrinorum,
qui in alieno territorio deliquerunt, præsertim ad requisitionem exteræ
gentis Gœtt, 1800, 4 G F. v. MARTENS Erzahlungen merkw Rechtsfalle,
t I, num. 2; t. II, num. 13.

(*d*) J.-A. REUSS, s resp. B.-F. MOHL, diss. de juribus et obligationibus
specialium rerumpublicarum Germaniæ inter se, in exercenda jurisdictione
criminali obviis. Stuttg. 1787, 4.

(*e*) Voir un exemple de l'an 1748, dans WENCK, cod jur gent, t. II,
p. 281. MOSER's Versuch des europ. Volkerr, VI, 461.

(*f*) VATTEL, liv. II, ch. vi, § 76. MOSER, l. c. vi, 428.

On peut consulter sur cette matière PROVO KLUIT, De dedi-
tione profugorum. Lugd. Bat. 1829. ROB. DE MOHL, Revision der
volkerrechtlichen Lehre vom Asyl. Tub. 1853. A. BULMERINCQ, das
Asyl Recht. Dorpat, 1854. HEFFTER, ouvrage cité § 63. — De
nombreux traités d'extradition ont été conclus entre les États européens depuis 1820 environ. On stipule généralement dans ces traités
que l'extradition n'aura lieu que pour crimes et non pour simples
délits et qu'elle n'est pas applicable aux prévenus de crimes purement politiques. V. une circulaire du ministre de la justice du 5
avril 1841 qui résume à cet égard les principes suivis par le gouvernement français, dans le Précis de MARTENS, édit. VERGÉ, t. I,
p. 286. En Allemagne, des traités particuliers et les lois fédérales
obligent les gouvernements à se livrer réciproquement les individus prévenus de crimes politiques (V. HEFFTER, l. c.) et cette règle
a reçu dernièrement une application éclatante par l'extradition
d'un réfugié hongrois, le comte Teleki, qui s'était rendu à Dresde
et qui fut livré, le 21 décembre 1860, par la Saxe à l'Autriche. On
trouvera l'indication et quelquefois le texte des traités d'extradi-

§ 67. — 5. Pouvoir de police.

Hormis encore les traités, aucun Etat ne peut demander
pour ses sujets l'immunité du *pouvoir* de *police* d'un autre
Etat, lorsqu'ils y séjournent ou qu'ils y ont un commerce ou
des biens quelconques. Donc les étrangers sont soumis, dans
le pays où ils se trouvent, aux règlements généraux de police (*a*), et l'exterritorialité même, en vertu de laquelle les
personnes qui jouissent de cette prérogative, telles que les
ambassadeurs, ne peuvent régulièrement être mises en jugement par les autorités du pays, n'empêche pas cependant le
gouvernement de se plaindre d'elles auprès de leur souverain et de déclarer même le droit d'exterritorialité éteint, si
elles portent des troubles continuels à la sûreté, à la tranquillité et à l'ordre public.

§ 68. — 6. Pouvoir financier

Particulièrement *a* droit d'impot.

Il n'est point d'État souverain qui ne soit également in-

tion intervenus entre les diverses puissances dans le Recueil
de MM. Ch. Martens et de Cussy, et l'énumération des conventions
conclues à ce sujet par la France dans l'ouvrage cité de Foelix
et dans le commentaire de M. Vergé sur le Précis de Martens,
p. 285. Pour le texte de ces traités, voyez le Bulletin des lois
et les Recueils de lois françaises. Les dernières conventions
d'extradition conclues par la France sont celles du 14 novembre
1856 avec Parme, du 10 février 1858 avec les Etats-Unis (article
additionnel aux traités antérieurs), du 7 août 1858 avec Saxe-
Weimar, du 9 juillet 1859 avec les Etats pontificaux. [A. O.]

(*a*) P. e. la défense de certains costumes, de la circulation des voitures
dans certaines rues, places ou portes de la ville, des flambeaux, des réjouissances publiques, la prescription de se servir de lanternes dans les rues de la
ville pendant la nuit, de quitter les cabarets à l'heure fixée du soir, etc.
Les mêmes règles s'appliquent aux ordonnances relatives aux passeports,
à la quarantaine, aux cartes de sureté et de séjour, etc. Comparez ci-après
§ 78 et suiv.

dépendant par rapport au *pouvoir financier*. De là il suit
que les étrangers sont soumis à ses reglements de finance,
quant à leur séjour, leur commerce ou aux biens qu'ils ont
dans son territoire. La protection qu'il leur accorde les
oblige à leur tour à participer aux impôts ordinaires et extraordinaires, directs et indirects, personnels et réels Cependant il y a des Etats où les étrangers sont affranchis, en
vertu de traités ou de lois, pour un temps déterminé de
quelques impots ; et ordinairement on stipule dans les
traités de commerce, pour les sujets de l Etat, l'égalité dans
les impôts soit avec les sujets de l'autre Etat, soit du moins
avec ceux de la nation la plus favorisée. Autrement, une
inégalité à cet égard ne serait point contraire au droit des
gens naturel ; elle pourrait tout au plus donner lieu à des
mesures de rétorsion. Quant aux propriétaires forains (*forenses*), ils devraient jouir de l'immunité des impôts personnels là où ils ne possédent que des biens-fonds, et des
impôts réels sur leurs possessions en pays étranger là où ils
sont domiciliés (*a*).

§ 69. — Droits *b*. de voirie, *c*. d'escorte et *d* de commerce.

Sur l'indépendance de l'Etat est fondé le libre exercice
des *droits* 'de *voirie*, d'*escorte* et de *commerce* (*a*). Ce dernier particulièrement consiste dans le droit de diriger et
d'utiliser toute sorte de commerce conformément au but de
l'Etat. Il lui est pleinement loisible, en vertu de ce droit,
de prendre telles mesures qu'il juge convenables pour diriger et favoriser le commerce, et particulièrement celui

---

(*a*) Voyez les écrits dans PÜTTER's Literatur des teutschen Staatsrechts,
III , 373 , et dans v KAMPTZ , neuer Literatur des VR., § 115. — MOSER
von der Landeshoheit in Steuersachen, p 485

(*a*) MOSER's Versuch des europ. Volkerrecht, VII, 283 fl. Mon Oeffentliches Recht des teutschen Bundes, § 328 ff, 332 f. — Sur l'utilité de la
liberté du commerce, voyez SCHMALZ, europ Volkerrecht, § 170, 193 ff,
208 et 243, et les écrits dans v. KAMPTZ, neuer Lit. 254

avec l'étranger, de manière à faire pencher la balance à
son avantage.

A cette fin, doivent servir, entre autres, l'exercice de la
police, de la législation et de la juridiction commerciales, les
traités de commerce et de navigation conclus avec d'autres
États (*b*), les dispositions sur l'importation, l'exportation et
le passage des marchandises, la douane continentale et maritime, les foires et marchés, les privilèges commerciaux (*jus
emporii*) accordés à des communes, à des sociétés ou à des individus, le droit de préférence au marché (*jus propolii*), les
droits d'entrepôt, d'étape, de grue, de balance publique, de
relâche et d'échelle (*c*), le passage forcé sur une route pres-
crite (*Strassenzwang*), les monopoles, l'institution de corps
ou sociétés de marchands, tant de ceux qui font le commerce
en gros que de ceux qui vendent en détail, les banques tant
de dépôt que de circulation, les caisses de crédit, et les
établissements des prêts sur gage ou consignation (*lombards*),
la surveillance et les lois ou règlements sur les affaires
d'assurances et de bomérie, et sur les contrats à la grosse
aventure, les dispositions sur les droits des étrangers par
rapport au commerce du pays (*d*), les faveurs accordées

(*b*) Voyez § 150-152.

(*c*) Mon Oeffentliches Recht des teutschen Bundes , § 333 , 471 ,
481. Conversations Lexicon (4 ausg. Leipz. 1818, u. ff. 8), v. Sta-
stionsrecht.

(*d*) Voyez les écrits indiqués dans v. Ompteda's Lit., § 277, et dans v.
Kamptz neue Lit , § 252 ff — G.-L. Boehmer, diss. de jure principis libertatem
commerciorum restringendi in utilitatem subditorum , § 24 , sq. (dans ses
Electis jur civ III, 194). H. Hanker's Rechte und Freiheiten des Handels der Völker unter einander (Hamb. 1782, 8), § 10-16. Moser's Versuch,
VII, 414 ff Le commerce, par J.-A-H. Reimarus, à Amsterd. et Paris,
1808 , 8 Cet auteur désire « le rétablissement d'un droit des gens , d'un
droit fondé sur ce principe éternel et impérissable : Ne fais à autrui
que ce que tu voudrais qui te fut fait. » A.-H. L Heeren's, Idées
sur la politique et le commerce des anciens, trad., en français, par Suckau,
1830, 6 v. in-8. Scherer, Hist. du commerce de toutes les nations, depuis les temps anciens jusqu'à nos jours, trad. de l'allemand par Riche-

au marchands de certaines nations (*e*), l'acquisition de servitudes publiques avantageuses au commerce (*f*), etc.

LUT et VOGEL, 1856, 2 vol. in-8. BLANQUI, Hist. de l'Économie politique,
nouv. éd. 1860. — Défense espagnole du commerce avec Gibraltar, sous
peine capitale, en 1752. MOSER's Beytrâge, V, 326. *Acte de navigation* de la
Grande-Bretagne, de 1660, qui réservait la plupart des transports à la marine
marchande britannique. (Cet acte, qui avait subi de nombreuses atteintes
depuis 1822, a été définitivement aboli en 1849. V. l'art. *Acte de navigation* dans le dictionnaire d'Economie politique de COQUELIN et GUILLAUMIN.)
Acte de navigation, semblable à celui de la Grande-Bretagne, des États-
Unis d'Amérique du 1er mars 1817. Placard suédois relatif aux produits,
de 1724. En Suède, le commerce avec l'étranger n'est permis qu'aux
24 villes d'étape. V MARTENS Staatsrecht der vornehmsten europ. Staaten,
I, 120 Dans le traité de concert et de subside, conclu le 3 mai 1813 entre
la Grande-Bretagne et la Suède, art. 6, la Suède accorde à la Grande-
Bretagne, pour 20 ans, le droit d'entrepôt dans les ports de Gothenbourg,
de Carlsham et de Stralsund MARTENS et de CUSSY, Recueil manuel, t. II.
Ce même droit avait déjà été accordé, au port de Gothenbourg, par une
ordonnance suédoise de 1794 De MARTENS, Recueil. VII, 505. Voyez aussi
les ordonnances de la plupart des Etats confédérés du Rhin, rendues en
octobre et novembre 1810, par lesquelles, sur la demande du protecteur,
l'importation et la consommation des denrées coloniales ont été défendues
ou limitées, et la combustion des marchandises de fabrique anglaise pres-
crite; dans le Politisch. Journal, november 1810, p. 1075 ff. et Rheinisch.
Bund XLIX, 34, 99, 136. L. 161, 310. — Conférez les écrits sur la contrebande, dans v. OMPTEDA's, Literatur, II, 601 f.

(*e*) MOSER's Versuch, VII, 709 ff.

(*f*) F.-Guil. PESTEL, diss selecta capita doctrinæ de servitutibus com-
merciorum. Rintel. 1760, 4. — Servitudes publiques, en faveur de la
France et de la Saxe royale, relativement au commerce de transit dans la
Silésie prussienne, et en faveur de la Prusse dans le royaume de Saxe, en
vertu du traité d'Elbing du 13 octobre 1807, dans le Rheinisch Bund,
XVI, 37.

Les enseignements des économistes ont porté leurs fruits, et la
plupart des gouvernements renoncent aujourd'hui aux entraves
que sous l'influence du système mercantile ils opposaient sur
leur territoire au commerce et à la navigation des nations
étrangères. L'Angleterre, dont la puissance commerciale n'avait
aucune concurrence à redouter, entra la première dans une voie
plus libérale; poussé par la Corn-Law-League, son grand homme

§ 70. — Par rapport aux différentes branches du commerce, particulièrement à celui avec les colonies.

Le droit énoncé s'étend sur *toutes sortes de commerce*; sur
le commerce public et privé, sur le commerce continental
et maritime (a), sur celui en gros et en détail; sur celui d'a-
chat et d'échange; sur le trafic des produits de la terre, des
fabriques et des manufactures, d'argent et de lettres de change,
sur les contrats d'assurance, de boméric et de grosse aven
ture; sur le commerce pour propre compte et pour compte
d un autre, tel que le commerce de commission, d'expédition et de transport; sur le commerce intérieur et extérieur
et celui de transit; enfin sur le commerce avec les *pays accessoires* et les *colonies* d'un État européen situées en d'autres
parties du globe, en tant que ces colonies font partie de
son territoire continental ou maritime (b). La plupart des
colonies ne peuvent commercer qu'avec l'État auquel elles
appartiennent (c), quelquefois seulement avec une grande

d'Etat, Robert Peel, a réalisé en 1842 et dans les années suivantes
une des plus grandes réformes économiques dont l'histoire fasse
mention. Plusieurs autres Etats, notamment la Sardaigne, ont
plus ou moins imité l'Angleterre. La France s'est engagée définitivement dans la même voie en 1860. — Voir les articles
Liberté du commerce et *Ligue anglaise* dans le Dict. d'Economie
politique de Coquelin et Guillaumin, et les ouvrages cités à la
suite de ces articles. [A. O.]

(a) Ouvrages d'Azuni, Arnould, Jouffroy et autres allégués ci-après,
§ 291. — Voyez les écrits sur le droit et le commerce maritimes, dans
v. Ompteda's, Lit des VR., § 217 ff, et dans v. Kamptz, neuer Literatur,
§ 152 ff.

(b) F Saalfeld's allgemeine Colonial-Geschichte des neuern Europa;
t I, allgemeine Einleitung in das Colonial-Wesen der neuern Welt., t. II.
Geschichte des portugiesischen Colonial-Wesens in Ostindien, Gœttingen,
1810., t III, t. IV Geschichte des hollandischen Colonial-Wesens in Ostindien, ebend. 1812 u. 1813, 8.

(c) Du moins en temps de *paix*. Voyez des exemples dans Moser's Versuch, VII, 678-699, 701 — Ces mesures ont reçu, de notre temps . par

compagnie de commerce privilégiée par cet État (d). On a
accordé à quelques-unes de faire le commerce avec des nations hors de l'Europe; mais il en est fort peu qui aient
pu obtenir la permission de trafiquer avec tous ou quelques-
uns des États européens autres que leur mère-patrie (e).
Le commerce de transit par le territoire colonial peut également être refusé a tout État qui n'y est point autorisé par
convention (f).

les Français, la dénomination de *droits municipaux.*—Durant une *guerre*
de l'État principal, ces droits ont été quelquefois déclarés suspendus, pour
conserver aux colonies le commerce sous pavillon neutre, et même pour
s'assurer par ce moyen, en cas de besoin, son propre commerce avec ses
colonies L'Angleterre même a accordé, dans quelques traités, qu'en temps
de guerre des navires marchands neutres seraient admis dans ses colonies,
p e. dans un traité avec les Etats-Unis d'Amérique, de 1794. Voyez Conversations Lexicon (2 ausg Leipz 1812, u. ff. 8), voc Freibriefe, t. III,
p. 128 ff et dans l'Anhang, p. 103 ff. SCHMALZ, europ Volkerrecht, p.
292 f Comparez plus bas, dans la seconde partie, tit. II, sect. II, ch. II —
D'autre part la Grande-Bretagne prétendit poser, en principe, pendant
la guerre de sept ans, que les neutres n'avaient pas le droit de faire le
commerce des colonies d'un État belligérant, à moins qu'ils aient joui de
ce droit en temps de paix. *Mémoire sur les principes et les lois de la neutralité maritime* (à Paris, 1812, 8), p 7 et suiv. — En cas de péril on
refuse rarement aux navires marchands étrangers d'aborder dans les colonies. MOSER's Versuch, VII, 701.

(d) Jo Frid. L. B. BACHOV ab ECHT diss. de eo quod justum est circa
commercia inter gentes, ac præcipue de origine ac justitia societatum mer-
catoriarum majorum Jen 1730, 4. V. KAMPTZ neue Lit. S. 308 ff. —
Des exemples d'octrois de ce genre, pour un nombre défini d'années, dans
MOSER's Versuch des europ Volkerrechts, VII, 313 ff et dans v. MARTENS
Gesetze und Verordnungen der einzelnen europ. Machte uber Handel,
Schiffahrt und Assecuranzen, seit der Mitte des 17. Jahrhunderts, mit
erlauternden Anmerkungen Gott, t. I, 1802, t. II, 1805, 8.

(e) On en trouve des exemples dans v. MARTENS. Précis § 138, note c.
Par une ordonnance du 17 juin 1814, la Grande-Bretagne permit aux
Hollandais de commercer avec leurs ci-devant colonies américaines, ac-
tuellement sous la domination britannique.

(f) V. HANKER's Rechte u. Freiheiten des Handels, etc., § 17, p 19 f.

Les principes nouveaux qui prévalent dans le commerce

§ 71. — Liberté de commerce naturelle, surtout pour les autres parties
du globe.

Outre le droit de disposer du commerce dans son territoire continental et maritime, chaque État peut prétendre à
participer à la *liberté naturelle du commerce*, c'est-à-dire au
droit de faire le commerce, soit lui-même immédiatement,
soit par ses sujets, avec d'autres États et leurs sujets, de
gré à gré. A ce droit répond l'obligation de tout autre
État, de ne point troubler dans leur commerce les États
qui trafiquent entre eux, en tant que ce commerce ne
se fait pas au préjudice des ses droits de souveraineté
ou conventionnels. Ce principe s'applique notamment
au commerce et à la navigation commerciale des *autres
parties du globe*, particulièrement des Indes (a). Aussi les

international devront entraîner nécessairement aussi la chute de
tout l'ancien système colonial, qui est presque entièrement supprimé dans les colonies anglaises et qui partout ailleurs a subi déjà
de graves modifications. V. sur l'histoire générale des colonies
les ouvrages cités à la suite de l'article COLONIES du Dictionnaire
de l'Économie politique de COQUELIN et GUILLAUMIN, et sur le
régime actuel des établissements coloniaux le même article dans
le Dict. universel du Commerce et de la Navigation publ. par
GUILLAUMIN, 1859-61. — Les grandes compagnies privilégiées de
commerce ont disparu pour la plupart ; les seules qui rappellent
les compagnies anciennes sont celle de la *baie d'Hudson* et la
compagnie *russo-américaine*; la plus importante de toutes, la
Compagnie des Indes, a cessé définitivement d'exister en 1858.
Aujourd'hui c'est aux compagnies de navigation pour le transport
des passagers et des marchandises et aux banques que les gouvernements accordent des privilèges et des faveurs. V. le Dictionnaire du commerce cité, art. *Compagnies privilégiées, compagnies en exercice.* [A. O.]
    (a) V. OMPTEDA's Lit. § 281 V. KAMPTZ, neue Lit. S 307 f. Eob. TOZE
von dem Handel der europaischen Volker nach Ostindien und China ; dans

prétentions du Portugal et de l'Espagne à un commerce exclusif, du premier dans les Indes orientales, du second dans
les Indes occidentales (*b*), ont-elles été abandonnées du
moins tacitement. Chaque Etat possède en outre le droit de
restreindre, par des traités, sa liberté de commerce naturelle. En conséquence, des puissances européennes ont quelquefois renoncé, en tout ou en partie, au commerce avec
les Indes, en faveur d'autres puissances (*c*); et il y a des
exemples qu'un Etat non européen s'est engagé envers
quelque Etat européen, a commercer exclusivement avec
lui (*d*) — Pour ce qui regarde le commerce *en temps de
guerre*, particulièrement le commerce maritime des neutres,
il en sera traité dans la seconde partie, tit 2, sect. II, ch. I
et II, et des *traités de commerce ibid.* Tit. 2, sect. I, ch. II.

ses kleinen Schriften (Leipz 1791, 8), S 124-150. Joh.-Jul Surland's
erlautertes Recht der Deutschen nach Indien zu handeln (Cassel 1752, 4),
§ 48 ff Karstens Europens Handel mit beiden Indien. Rostock u. Leipz.
1780, 8 The history of the European commerce with the Indies, by
David Macpherson. London, 1812, 8. Moser's Versuch, VII, 675, 702-
708 — Sur la suppression de la compagnie de commerce établie à Ostende, voyez v. Steck's Ausfuhrungen, num 1 Mémoires de l'abbé de
Montgon, 1, 316. — Pour les déclarations expresses et tacites de plusieurs
Etats européens, p. e de la France en 1663, du Danemark relativement
à la compagnie du commerce des Indes orientales, établie à Altona en
1728, de la Suède concernant celle qui fut fondée en 1731, de la Prusse
a l'égard de la compagnie établie en 1750 à Emden, de l'Autriche pour
l'établissement de la compagnie de commerce à Trieste, de l'Espagne
contre la Grande-Bretagne en 1790, par rapport au commerce du Nutka-
Sund et d'autres, voyez Moser's Versuch VII, 313 ff. Martens, Précis,
§ 130, note *g*. Sur les traités conclus a cet égard, voyez Surland, dans le
livre cité, § 24 et suiv

(*b*) Hanker, l. c. § 17.

(*c*) Voyez des exemples dans Moser's Versuch, VII, 677 Bouchaud,
Théorie des traités de commerce, p 202, sqq. V. Ompteda's Lit. II,
600 f.

(*d*) Moser's Versuch, VII, 708 f. Kluit, historiæ federum Belgii federati primæ lineæ, p. II, p. 339.

§ 72. — Abolition de la traite des nègres.

Conformément au traité de paix de Paris de 1814 (*a*), les huit puissances signataires de ce traité s'occupèrent avec zèle, au congrès de Vienne, des mesures à prendre pour l'abolition complète et universelle de la *traite des nègres* d'Afrique (*b*). Dans le traité de Paris du 20 novembre 1815 (*c*), l'Autriche, la Russie, la Grande-Bretagne, la Prusse et la France, après avoir déjà, chacune dans ses États, défendu sans restriction à leurs colonies et sujets toute participation quelconque à ce trafic, s'engagèrent à réunir de nouveau leurs efforts, pour assurer le succès final des principes qu'elles avaient proclamés au congrès de Vienne, et à charger leurs ministres à Londres et à Paris de concerter sans délai, les mesures les plus efficaces pour obtenir l'abolition entière et définitive d'un commerce aussi odieux et aussi hautement réprouvé par les lois de la religion et de la nature. En conséquence, des traités ont été conclus pour l'abolition entière et définitive de la traite (*d*).

(*a*) Traité de paix de Paris du 30 mai 1814, art 1er additionnel au traité avec la Grande-Bretagne ; dans mes Acten des wiener Congresses, t. I, Heft 1, p. 29.—Une série de lettres et dépêches relatives à cet objet, écrites en 1813, 1814 et 1815, se trouve dans le Recueil des pièces officielles, publié par F Schoell, t. VII (Paris, 1815, 8), p. 67-273. Voyez aussi le traité de la Grande-Bretagne avec le Portugal du 19 févr. 1810, art 10. dans le recueil de M de Martens, Supplément V, 249.

(*b*) Déclaration des plénipotentiaires des huit puissances signataires du traité de paix de Paris, datée de Vienne le 8 février 1815 ; dans mes Acten des wiener Congresses, t. IV, p. 531 — Voyez les transactions qui eurent lieu au congrès de Vienne, ibid, t. IV, p 509 ff, et t. VII, p. 3-52. — Comparez aussi mon Uebersicht der diplomatischen Verhandlungen des wiener Congresses, p 17-48 f. 54 ff. 572.

(*c*) Article additionnel. — Actes, en date de Paris le 27 et le 30 juillet 1815, dans de Martens recueil, Supplém t. VI, p. 602.

(*d*) Traité de l'Angleterre avec l'Espagne, conclu à Madrid le 23 sept. 1817 ; v Martens et de Cussy, Recueil manuel, t V, p 445. Ordonnance du roi d'Espagne, du déc. 1817, portant abolition de la traite dans les possessions espagnoles, à compter du 30 mai 1820 — Traité de l'Angle-

§ 73. — *e.* Droit de monnayage.

La même indépendance a lieu pour le *droit de monnayage.*
A moins que des traités ne fussent des exceptions à l'égard
des étrangers (*a*), ou qu'en les traitant d'une manière inégale
et onéreuse, on ne craigne de s'exposer à des mesures de
rétorsion, un État n'a que ses propres intérêts à consulter (*b*),
lorsqu'il veut déterminer le titre des monnaies du pays, et
la valeur de celle des États étrangers, ou bien défendre la
circulation des monnaies étrangères, ou l'exportation des
monnaies du pays, ou celle de l'or et de l'argent en lingots.
Mais il devrait s'attendre au talion, à des représailles et à
d'autres mesures de violence, s'il se permettait de léser les
droits des autres États ou de leurs sujets, en frappant des
monnaies marquées au coin de ces États (*c*), en forçant,

terre avec le Portugal, du 22 janvier 1815 (dans de MARTENS, recueil, Supp.
t. VI, p. 96), convention additionnelle à ce traité du 28 juillet 1817, *ibid*,
VIII. 438. — Les Etats-Unis de l'Amérique du Nord défendirent à leurs
citoyens la traite des noirs et ordonnèrent aux commandants des bâtiments
de l'État, de saisir tout bâtiment américain chargé d'esclaves. V. le Message du Président au congrès du 7 déc. 1819, dans le journal de Francfort
du 18 janv. 1820. (Voir dans le Recueil manuel de M. Ch. MARTENS et de
CUSSY, t V, p. 436, les actes concernant la suppression de la traite des
noirs, et l'historique de cette question de 1815 à 1846, notamment le
traité du 20 décembre 1841 (19 février 1842). — Dans les derniers temps
les engagements de noirs libres, considérés par certains publicistes comme
une traite déguisée, ont donné lieu à des contestations sur l'application des
traités. Le plus sérieux de ces différends est celui qui s'est élevé en 1858,
entre la France et le Portugal à l'occasion de la saisie du bâtiment français
le *Charles et-Georges.* V. l'Annuaire des deux mondes, année 1858, et les
causes célèbres du Droit des gens, de Ch de MARTENS, t. V.

(*a*) De MARTENS recueil, I, 144, art. 5.

(*b*) MOSER's Versuch. des europ. Volkerrechts, VIII, 15 ff, 45 ff. (F.
KLEYMANN's) Aphorismen aus dem Fache der Munzgesetzgebung u. des
Munszwesens (Frankf 1817-8) p. 160 ff J.-G. Büsch Grundsatze der
Munzpolitik. Hamb. 1780, et dans ses Sammtliche Schriften uber Banken
und Munzwesen. Hamb. 1801.

(*c*) Monnaies de nécessité, marquées au coin de plusieurs États étran-

7

contre les traités qui pourraient être conclus à cet égard,
ces États ou leurs sujets, à accepter des monnaies de bas aloi,
du papier-monnaie, ou d'autres monnaies symboliques,
d'après leur valeur nominale (*al pari*), au lieu de monnaies
métalliques de bon aloi (*d*), en pratiquant enfin d'autres opérations financières injustes (*e*). Il y a des traités publics,
dans lesquels il est stipulé expressément qu'on s'abstiendra
de pareilles lésions des sujets étrangers (*f*).

§ 74. — *f*. Droit de poste.

L'établissement de *postes* est un moyen inappréciable d'entretenir toute sorte de relations entre les nations civilisées.

gers, qui ont été frappés dans le courant de la guerre de sept ans. V.
Prauns Nachricht von dem Munzwesen (Leipz. 1784, 8), p. 163 ff. v.
Struensee's Abhandlungen uber wichtige Gegenstande der Staatswirths-
chaft, t. III, p 565 et 572 f (Klotzsch) Kursachs. Munzgesch p. 840-
914. Grellmann's Staatskunde von Teutschland, I, 91, 105. Allgem.
deutsche Bibliothek, t 105, p 137-139.

(*d*) Moser's Versuch, VIII, 19 ff Mon traité intitulé : Ueber den staats-
wirthschaftlichen Werth des Papiergeldes Tub. 1805, 8 Mon Oeffentl.
Recht des teutschen Bundes, § 342 f.

(*e*) Mantfcken (monnaies symboliques, appelées aussi *les dieux de
Goertz*) faits en Suède sous Charles XII, de 1715 jusqu'en 1718. — Les
actions de Law en France, en 1719 et suiv. — Le papier-monnaie du
gouvernement français pendant la révolution, ayant cours forcé, et le
maximum de Robespierre. — On doit comprendre parmi ces mesures
injustes, le décri du papier monnaie ou la diminution de sa valeur, ou des
règlements qui lui donnent cours forcé ; la diminution ou suspension arbitraires des intérêts des capitaux dus par l'État, des changements de
monnaie en faveur des débiteurs, des emprunts forcés, etc. Comparez
Schmalz europ. Volkerrecht, p. 176 f.

(*f*) Paix de Hubertsbourg de 1763, art. 7 et art séparé 2, dans de
Martens recueil, I, 75-77 — Paix de Lunéville de 1801, art 9. Paix de
Vienne de 1809, art. 9 (Une convention monétaire signée à Vienne le
14 janvier 1858 et à laquelle ont pris part tous les États allemands a déterminé les monnaies qui auraient cours désormais en Allemagne et réglé
leur poids, leur titre et leur forme. Il a été stipulé, dans cette convention,
qu'aucun État allemand n'émettrait de papier-monnaie non rembour-
sable)

Quoique par elles-mêmes absolument indépendantes des États
étrangers, les postes sont souvent mises en communication
sur les frontières des États voisins, pour leur avantage mu-
tuel, par des traités de combinaison et autres (a). Le but de
cette institution exigeant une unité et conformité sur une
grande étendue de pays, les États de moindre grandeur en
abandonnent assez souvent, par convention, l'exercice ou à
un État plus grand et voisin, ou à un particulier entrepre-
neur de la poste sur plusieurs territoires limitrophes, en se
réservant toutefois la juridiction sur l'établissement et
les personnes y employées (b). Aujourd'hui il est rare qu'un
État ait la poste, en pays étranger, par droit de servitude
publique (c). En acceptant les lettres, paquets et effets,
nommément ceux pour et de l'étranger, qui lui sont confiés
par le public, la poste, et avec elle l'État sous l'autorité
duquel elle est administrée, s'engagent à maintenir le secret
des lettres, c'est-à dire à assurer l'inviolabilité des lettres,
paquets et effets du transport desquels elle s'est chargée (d).

(a) MOSER's Versuch des europ. Volkerrechts, 47 f. Mon Oeffentl. Recht
des teutschen Bundes, § 350. Traités entre le grand duché de Bade et le
canton d'Argovie du 17 sept. 1808, entre le royaume de Westphalie et le
duché d'Oldenbourg, en février 1809, entre les royaumes de Bavière et de
Saxe, en février 1811, entre la Bavière et le grand-duché de Bade, du
23 février 1810 Traité de paix entre le Danemarck et la Suède,
du 10 déc. 1809, art. 6; dans le recueil de M. de MARTENS, Supplém
V., 225.

(b) On en trouve des exemples dans mon Oeffendl. Recht des teutschen
Bundes, § 352 et suiv Mon traité : Das Postwesen in Teutschland, wie es
war, ist, und seyn kunnte; Erlangen 1811, 8. Traités conclus, en 1808,
par le roi de Westphalie avec les ducs d'Anhalt et les princes de Waldeck
et de Lippe; de même, entre le roi de Wurtemberg et le prince de Hohenzollern-Sigmaringen, Rheinischer Bund, XX, 307. XXIV, 425.

(c) Tel était le passage de la poste saxonne, par la Silésie, du duché de
Varsovie en Saxe et réciproquement, stipulé dans la convention conclue
par la Prusse avec la France et le royaume de Saxe, à Elbing le 13 octobre 1807, art. 11 et 12. Rheinischer Bund XVI, 40.

(d) Le maintien du secret des lettres est ordinairement ordonné dans les

La contravention à cet engagement, connu sous la dénomination du secret de la poste, ne peut être excusée qu'en cas
de nécessité absolue (e). S'ils ont éprouvé des préjudices,
soit par suite de vols dont la poste a été victime, soit
par la faute des employés, les Etats étrangers ou leurs
sujets peuvent prétendre à la même satisfaction et indemnité qui seraient dues, en pareil cas, au sujets du pays (f).

règlements de poste, p. e. dans celui du royaume de Westphalie du 31 octobre 1808, art. 3, 13, 18, 101, 145, ou dans la formule de serment pour les
employés de la poste (dans le Regierungsblatt fur das Konigreich Baiern
de 1806, num. 34, et dans une ordonnance du roi de Wurtemberg du 18 nov
1816). — Comparez aussi J. B. Friesen diss. de eo q. j. et circa litteras
resignatas (Jen. 1752), c. ii. Jo.-Jod. Beck diss. de resignatione, revul-
tione et turbatione sigillorum (Altorf, 1742), § 25. Danz Handbuch des t.
Privatr. § 135, n. 4. v. Kamptz neue Lit. des VR., S. 96.

(e) On peut voir des exemples de plaintes portées à cet égard, dans
Schlözer's Staatsanzeigen, Heft. 42, p. 229. Moser's Lebensbeschrei-
bung, t. IV, p. 103, et son Versuch des europ. Volkerrechts, IV, 144 f.
Honn's Betrugs Lexicon, voc. Postmeister, p. 228. Die Postgeheimnisse.
Leipz. 1803, 8 Ueber das Geheimniss der Posten Frankf. u. Leipz. 1788,
8. — Moyens de précaution pour empêcher que les lettres ne puissent être
décachetées imperceptiblement, dans ma Kryptographik, § 17-29. Pour
cacher la teneur des lettres on se sert des chiffres. Voyez le même livre.

(f) Des écrits y relatifs sont cités dans mon Oeffentl. Recht des teutschen
Bundes § 356, note b.

Les conventions postales ont été très-fréquentes dans les dernières années, notamment depuis que la réforme postale a été
opérée dans la plupart des Etats. Il s'y est joint dans les derniers
temps des conventions relatives aux chemins de fer internationaux
et des conventions télégraphiques. — V. l'indication de conventions postales dans le Recueil manuel de Ch. de Martens et de
Cussy, et le texte des traités conclus par la France dans le Bulletin des Lois et les Recueils de lois françaises. Une union postale
a été formée entre l'Autriche et la plupart des États allemands
par les traités du 6 avril 1850 et du 5 décembre 1851, et il s'est
constitué à la même époque une union télégraphique austro-
allemande qui embrasse les Pays-Bas et à laquelle a accédé la
Russie. V. Heffter, ouv. cité p. 450 et les *Annales télégraphiques*

§ 75. — g. Droits des mines, — h. des forêts et de chasse.

Le droit d'exploiter les *mines*, indépendant par lui-même de toute influence d'un gouvernement étranger, ne peut s'étendre, même sous terre, hors des frontières de l'État, telles qu'elles sont marquées sur la surface. Il peut appartenir, dans quelque district déterminé, à plusieurs États en commun (a), et aussi en qualité de servitude publique, à tel État dans un territoire étranger (b) Il en est de même du *droit des forêts* et de *chasse* (c). Dans plusieurs pays, la vente du bois tant de chauffage que de construction, nommément pour la marine, est entièrement défendue, ou assujettie à des restrictions et règlements particuliers. La poursuite des bêtes blessées à la chasse, dans la varenne ou dans le territoire d'un État étranger, ne peut être justifiée qu'en vertu de conventions (d)

§ 76. — i. Droit des eaux.

L'indépendance des États se fait particulièrement remarquer dans l'usage libre et exclusif du *droit des eaux*, dans

publiées par l'administration française, 1 vol. 1855, et en outre un volume par an depuis 1858. [A. O.]

(a) Sur le territoire des mines de sel de Wieliczka, voyez le traité de paix de Vienne de 1809, art. 4, n. 4.

(b) Le droit des mines, dans la partie bohémienne de la seigneurie de Schwarzenberg, appartient au royaume de Saxe. v. RÖMER's kursächs. Staatsrecht, II, 673. Aussi le droit de mines saxon dans le comté de Mannsfeld, s'étendait-il autrefois au delà des frontières territoriales de la Saxe, dans la partie magdebourgeoise de ce comté, v. RÖMER, l. c. II, 46. Il a été cédé au royaume de Westphalie, par la convention de Leipsig du 19 mars 1808, Rheinischer Bund, XL, 151.

(c) J.-C. BONHÖFER diss. de jure venandi per modum servitutis juris publici in territorio alieno. Alt 1748.

(d) J.-A. NIEPER diss. de sequela venatoria. Goett. 1789. Reichsanzeiger, 1794, num. 76 u. 78, v. RÖMER, II. 758. STRUBE's rechtl. Bedenken, t. II, Bed. 140. PÜTTER's Literatur des teutschen Staatsrechts, III, § 1610.

toute son étendue (a), tant dans le territoire maritime de
l'État (§. 129 et suiv.), que dans ses fleuves, rivières, canaux, lacs et étangs. Cet usage n'est restreint que lorsque
l'État y a renoncé par convention, en tout ou en partie (b),
ou qu'il s'est engagé à y laisser concourir quelque autre
État (c). On ne pourrait même l'accuser d'injustice, s'il
défendait tout passage de bateaux étrangers sur les fleuves,

(a) Mon Oeffentliches Recht des teutschen Bundes, § 370 et suiv. v.
Kamptz neue Lit. des VR., § 183 ff , n. 194 ff.

(b) Voyez p. e. sur l'Escaut les dispositions de la paix de Munster, conclue en 1648 entre l'Espagne et les Provinces-Unies des Pays-Bas, art. 14,
dans Schmauss Corp. jur gent. p. 619; et le traité fait en 1785 entre l'Autriche et les Provinces-Unies des Pays-Bas, art. 2 et 7, dans de Martens,
recueil II , 603 Sur la Vistule, voyez les traités de paix de Tilsit, conclus
par la France en 1807, celui avec la Russie , art. 8, celui avec la Prusse,
art. 20, et les traités du 3 mai 1815 entre l'Autriche, la Prusse et la Russie.
— Le congrès de Vienne a statué, que sur tous les fleuves qui, dans leur
cours navigable, séparent ou traversent plusieurs États, la navigation était
libre jusqu'à la mer et ne pouvait être interdite au commerce d'aucun de ces
États. Voir mes Acten des wiener Congr., t. III, p. 254-257, ainsi que
l'Acte final du congrès de Vienne, art. 108-117, ibid , p. 89 et suiv. Voir
aussi, sur le même objet, mon Oeffentliches Recht des teutschen Bundes, etc., § 468-486 (et Wheaton, Hist. du progrès du droit des gens,
t. II, p. 184). Les articles en question doivent être appliqués à la navigation
du Pô, ainsi qu'à celle des fleuves et canaux dans toute l'étendue de l'ancienne Pologne; d'après l'acte final du congrès de Vienne. art. 14 et 96.
Sur la libre navigation du canal de la Stecknitz, voyez ibid , art. 30. Les
mêmes principes ont été adoptés, non-seulement pour la navigation des
eaux désignées sous le nom du Elsterwerdaer Flossgraben, de la Schwarze-
Elster, et de la Weisse-Elster, ainsi que du Flossgraben qui dérive de cette
dernière rivière, dans le traité de la Saxe avec la Prusse, l'Autriche et la
Russie, du 18 mai 1814 , art. 17 (dans mes Acten des wiener Congresses,
t. VI, p. 133), mais aussi pour celle de toutes les rivières qui séparent ou
traversent les États autrichiens et bavarois. Voyez le traité conclu entre
l'Autriche et la Bavière le 14 avril 1816, dans mon Staats-archiv des teutschen Bundes, t I, p. 406.

(c) Sur la Vistule, voyez le traité de paix de Vienne de 1809, art. 2,
n. 4. Sur la libre navigation des fleuves et canaux dans toute l'étendue de
l'ancienne Pologne, ainsi que sur la fréquentation des ports , voyez l'Acte
final du congrès de Vienne, art. 14.

rivières, canaux ou lacs de son territoire, le passage des
vaisseaux sur mer sous le canon de ses côtes, leur entrée et
séjour dans les ports ou en rade. Mais, à moins qu'il ne
s'agisse de ports fermés, on refuse rarement aujourd'hui
aux vaisseaux et bateaux des puissances amies l'usage de ses
eaux, en percevant toutefois les droits de douane (d), les
droits de port pour le séjour dans le port, ceux qui sont
perçus pour les vaisseaux échoués (*groundage*), le tonnage (e)
ou impôt destiné à couvrir les frais des tonneaux flottants
qui servent à indiquer les basses eaux, et les autres droits
d'usage, et pourvu qu'ils se conforment au droit d'étape, et
à celui de relâche et d'échelle, là où ils sont introduits. Cependant les vaisseaux de guerre ont presque partout besoin,
pour leur entrée dans les ports ou leur séjour en rade,
d'une permission spéciale, si ce n'est dans un cas de néces-

(d) De ce genre étaient les droits imposés aux vaisseaux qui passent par
le Sund (Sundzoll), le seul péage qui se payait en Europe pour le passage par
un détroit ; ils étaient garantis par des traités conclus entre le Danemark
et la plupart des puissances européennes. Th.-A de MARIEN, Tableau des
droits et usages de commerce relatifs au passage du Sund, à Copenhague,
1778, 8. (SCHERFR der Sundzoll, seine Geschichte, etc. Berlin, 1845. —
Par le traité conclu le 14 mars 1857 entre le Danemark et la plupart des
États maritimes, le Danemark a renoncé, à partir du 1er avril 1857, aux
droits qu'il percevait dans les détroits du Sund et du Belt. Les États maritimes se sont engagés, d'autre part, à payer une somme de 30,476,325
rixdalers, à titre de dédommagement et de compensation pour les sacri-
fices que le Danemark s'imposait par la renonciation à ces droits et l'entretien des phares, bouées, etc., dans les détroits. Des conventions spéciales
ont réglé le mode de payement de la quote part de chacun des États qui
ont dû contribuer à l'indemnité. Celle qui fut conclue à ce sujet entre la
France et le Danemark est datée du 28 novembre 1857 (voyez les deux
traités dans le BULLETIN DES LOIS, ann 1857). On évita le terme de *rachat*
dans ces traités, bien que le produit des droits du Sund eut servi de base à
l'évaluation de l'indemnité, pour ne pas porter atteinte au principe de la
libre navigation dans les détroits. — V. le Comm. de M. VERGÉ sur le Précis
de MARTENS, § 153.

(e) Sur le droit de tonnage de la ville de Brême, voyez v. BÜLOW's u.
HAGEMANN's pract. Erorterungen, 1, 1 38.

sité ou qu'il n'existe une convention générale à cet égard.
Dans le moyen âge il était souvent défendu, sous des peines
sévères, de construire des vaisseaux ou des bateaux pour
des étrangers, ou de leur en vendre. Aujourd'hui, ces dé-
fenses sont, pour la plupart, ou modifiés ou abolies (*f*).

(*f*) V. MARTENS Grundriss des Handelsrechts, § 148.

V. le Recueil manuel de MARTENS et de CUSSY, t. I, index explicatif au mot *fleuve*, pour les stipulations conclues dans les derniers
temps sur les principaux fleuves qui traversent divers territoires,
notamment le Douro, l'Elbe, l'Escaut, la Meuse, le Rhin. V. dans
WHEATON, [t. II], § 124, l'histoire de la discussion à laquelle a
donné lieu l'application des articles du congrès de Vienne à la
navigation du Rhin, de la contestation qui s'éleva à la fin du
siècle dernier entre l'Espagne et les Etats-Unis sur le Mississipi,
et le différend plus récent (1828) sur le Saint-Laurent entre les
Etats-Unis et l'Angleterre. — Les articles du congrès de Vienne
n'avaient pas été appliqués au Danube, principalement parce que
la Porte ne faisait pas partie du concert européen. Le congrès de
Paris de 1856 soumit également ce fleuve aux prescriptions de
l'Acte final de 1815 (Traité de Paris, art. 15), et institua une
commission européenne chargée de désigner et de faire exécuter
les travaux nécessaires pour rendre navigables les embouchures
du Danube, et une commission riveraine permanente, composée
de délégués de l'Autriche, de la Bavière, du Wurtemberg, de la
Porte et des principautés danubiennes, et ayant pour mission
d'élaborer les règlements de navigation et de police fluviale, de
faire exécuter les travaux nécessaires sur le parcours du fleuve, etc.
La commission riveraine a arrêté, en effet, à la date du 7 novembre 1857, une convention générale que l'Autriche s'est em-
pressée de promulguer. Mais les autres grandes puissances signataires du traité de Paris ont élevé des objections contre cette
convention, et d'autres complications européennes étant survenues,
cette affaire n'a pas encore été terminée. — V. sur cette matière,
CREMER VAN DER BURGH; *historia novarum legum de fluminum
communium navigatione*. Lugd. Bat., 1835, CARATHEODORY, Droit
intern. conc. les grands cours d'eau, Leips, 1861, 8°, et les ouvrages cités par ROB. DE MOHL, Gesch. der Staatswissensch, t. I,

§ 77. — Particulièrement droit de varech et de sauvement.

Ce qu'on appelle *droit de varech, d'épave* ou de *naufrage* (a) [*Strandrecht, Grundruhr*, jus littoris), est l'usage de s'approprier les biens naufragés et ceux jetés en mer dans le danger, pour alléger les vaisseaux (choses de jet). Ce prétendu droit est contraire au droit des gens naturel ; car par le naufrage, ou par le jet pour alléger le vaisseau, les biens dont il est question ne peuvent point être réputés délaissés ou n'appartenant à personne ; aussi n'est-il plus exercé aujourd'hui que contre les pirates et les contrebandiers, ou ceux qui naviguent dans des districts de fleuve ou de mer défendus ; sur la rive danoise de l'Elbe (b), et enfin par voie de rétorsion. Il est souvent aboli expréssément par des lois

p. 433, sur la navigation du Rhin et de l'Elbe, et Die Elbzölle. Aktenstücke und Nachweise (1814-59). Leip. 1860. — Sur les dernières discussions relatives au Danube, v. l'*Annuaire des Deux Mondes*, 1857-58, où l'on trouvera aussi la convention du 7 novembre 1857. [A. O.]

(a) J. SCHLRACH Commentarius de jure littoris, t. I. Hamb. 1751, fol., augmenté et publié en allemand, par WORDACH et GREILICH, sous ce titre : Vom Strandrecht, Hamburg, 1767, 4. EMÉRIGON, Traité des assurances, t I, p. 455-528. V. MARTENS Einleit. in das Volkerrecht, § 150 f. MOSER's nachbarl Staatsrecht, p. 701, et son traité von der Landeshoheit in Ansehung Erde und Wassers, p 270. JARGOW von Regalien, p. 471-489 PFEFFINGER Vitriar illustr. III, 1471. FISCHER's Geschichte des teutschen Handels, I, 425. — Les écrits cités dans PÜTTER's Literatur des teutschen Staatsrechts, III, 615, dans ma neue Literatur des teutsch. Staatsr., § 1374, et dans v. KAMPTZ neuer Lit, § 193. (V. de CUSSY, Phases et causes célèbres du droit maritime des nations, t I, p 102, et le Commentaire de M VERGÉ sur le *Précis de* MARTENS, § 154, sur l'histoire du droit de naufrage. V. aussi HALTEFEUILLE, Histoire du droit maritime international. LEBEAU, Code des bris, naufrages, etc., 1814, 8°)

(b) J.-G. BÜSCH Darstellung der Handlung, t. II (1792, 8), p. 113. Du même auteur, Darstellung des in den nordlichen Gewässern üblichen, besonders des schleswig-holsteinischen Strandrechtes. Hamb. 1790, 8. Ordonnance du roi de Danemark, par rapport aux naufrages, de 1803, dans HÄBERLIN's Staatsarchiv. Heft. 45, p I ff.

ou traités (c). A sa place a été établi presque partout, et
même par des traités, le *droit de sauvement* (*Recht der
Bergung*, jus bona naufragorum colligendi), en vertu duquel les biens naufragés ou de jet qui ont été sauvés ne sont
restitués à leurs propriétaires que pendant un délai déterminé, ordinairement d'un an et d'un jour, et contre une
certaine rétribution (d) qui consiste le plus souvent dans une
quote part de la valeur des choses sauvées (*Bergelohn, pecunia servaticia*)

§ 78. — *k*. Droits des concessions d'industrie.

On a introduit les *concessions d'industrie* pour des entreprises de commerce et autres, ou pour l'exercice de quelque
art ou métier que l'intérêt public ne permet point d'abandonner à chacun (a). L'État peut les accorder exclusivement
à ses sujets ou n'y admettre les étrangers que sous des conditions moins favorables Il peut défendre à ses sujets de chercher ou d'accepter de pareilles concessions conférées par un
État étranger, de favoriser les entreprises auxquelles elles
donnent lieu et de s'y intéresser en aucune manière, p. e.
de prendre part à des sociétés d'intérêt, de commerce ou
autres de l'étranger, aux loteries étrangères, soit en pre-

(c) Pour la législation, voyez, outre les lois romaines et canoniques
(Auth. *navigia.* C de furt. et serv corrupt. et c. III, X, de raptorib), le
Code pénal de l'empereur Charles-Quint, art. 218, et le reces de l'Empire
de 1559, § 35, l'Ordonnance française (de 1681), le Code prussien (Allgem
Landrecht, T. II, tit 15, § 81-87), les ordonnances de Jéver du 28 février
1724, de la Poméranie, de Hambourg, de Lubeck (conférez Dreyeri Specimen, etc. 1762, 4), de la Prusse, de la Grande-Bretagne, du Danemark.
de la Suède , de l'Espagne et d'autres États. Schmauss, Corp. jur. gent
77, 218, 141, 134, 583. 596, 755, 967. Du Mont, Corps dipl , t. I, p. 2.
p. 223. Moser's Versuch, VII, 672.

(d) J.-S -F. Boehmer , diss. de servaticio. Hal 1743. Reinharth ad
Christinæum , vol. V, obs. 8. Camerer's Nachrichten von Holstein, t. II,
p. 507f F.-E.-C. Mereau's Miscellaneen, t. I (Gotha, 1791, 8), num. 18.
Danz Handbuch des t. Privatrechts, t. I, § 112.

(a) Mon Oeffentliches Recht des teutsch. Bundes, § 575 et suiv,

nant des lots, soit qu'ils se chargent de la distribution des
billets (*b*), d'établir des fabriques ou manufactures en pays
étranger, etc.

§ 79 — *l* Droit de protection territoriale.

Le droit de protection territoriale est tout aussi absolu que
ceux dont nous venons de traiter. L'État peut rendre à cet
égard les règlements qu'il juge convenables, et veiller à leur
exécution. Il décide si et à quelles conditions la naturalisation sera accordée à des étrangers, et auxquels d'entre
eux (*a*) ; s'ils auront la capacité d'acquérir des biens-fonds
dans le pays, et si ses propres sujets pourront en posséder
hors de son territoire (*b*), ou se soumettre sous d'autres
rapports à l'autorité territoriale d'un souverain étranger (*c*),
si et à quel point les étrangers qui ne séjournent dans le
pays que temporairement jouiront de la protection territoriale, pour une époque déterminée ou non (*d*).

(*b*) MOSER's Versuch. des europ. Völkerr , VIII, 45.

a) Code civil français, art. 13 (et lois françaises du 22 mars et 3 décembre 1849, 7 août 1850, 7 février 1851). Édit bavarois, concernant la
naturalisation des étrangers , le droit de citoyen, les droits des propriétaires forains et des étrangers ; dans le Regierungsblatt für das Königreich
Baiern, von 1812 , St. V

(*b*) L'édit bavarois précité, tit IV, art 25 et suiv. Ordonnance bavaroise du 21 mars 1812 , concernant les propriétaires forains, dans le Ré-
gierungsblatt von 1812. — Dans plusieurs États d'Allemagne on a établi en
principe, que les propriétaires forains (*forenses*) sont soumis aussi, pour
leurs personnes à l'obéissance territoriale, quoi qu'ils soient domiciliés
dans un pays étranger ; ce qui s'appelle *Landsassiatus plenus*. Voyez mon
Oeffentliches Recht des teutschen Bundes , § 204 En France, ce principe
n'est pas reçu. Code civil fr., art. 3, § 2.

(*c*) Code civil français, art. 17-21. Décret français du 26 août 1811, réglant la condition des Français établis en pays étranger, joint à l'avis explicatif du 21 janvier 1812 , dans le recueil de M. de MARTENS, Supplém.
V. 400 Ordonnance bavaroise du 21 mars 1812, relativement à la permission nécessaire aux Bavarois qui sont au service étranger.

(*d*) Code civil français, art. 3, 11, 14 (et loi française du 3 déc. 1849).
Édit bavarois du 4 juin 1808, concernant les droits des différents États (die

§ 80. — Continuation.

On ne peut reprocher à un gouvernement, comme une lésion du droit des gens, d'avoir reçu en qualité de sujets des personnes qui appartiennent à un autre État, à moins qu'il ne les ait excité à émigrer, quand l'émigration étant défendue par les lois de leur pays(*a*), ou qu'il ne se soit emparé d'eux de force (*b*). De l'autre côté, il n'y a rien d'injuste à ce qu'un État rappelle ceux de ses sujets résidant en pays étranger qui ne sont point encore déliés de leur devoir de sujétion, ou qui se sont rendus coupables d'émigration illégitime ; mais il n'a pas le droit d'exiger du gouvernement étranger, que ses décrets de rappel ou lettres avocatoires soient publiés et sanctionnés par lui, ou que ce gouvernement se prête lui-même à l'extradition desdits sujets ; moins encore pourrait-t-il les enlever de force du territoire étranger, quand même ils n'y seraient pas encore naturalisés (*c*).

§ 81. — *m*. Droit de service territorial.

En vertu du *droit de service territorial* (*Landesdienst-Regal*), chaque État peut exiger, conformément à son but, que ses sujets lui rendent, et exclusivement à lui, des services publics. Donc, il est le maître de leur défendre ou de leur permettre suivant sa convenance d'entrer au service

Grundverfassung der verschiedenen Stände betr), § 1-5; dans le Rheinisch. Bund, XXII, 63. K. E Schmid's Einleitung in das gesammte Recht des französischen Reichs, t. 1. (Hildburgh, 1808, 8), p. 390 ff. Schmalz europ. Volkerrecht, S 163 ff. J.-J. Lehmann diss. an potentiores rebelles aliique hujus fere generis in vicinis regnis jure asyloruni frui possint? Jen 1716, 4. — Pour ce qui est des ministres publics étrangers qui traversent le territoire, voyez Réal, Science du gouvernement, t. V. — Comparez § 176 et 204.

(*a*) Moser's Versuch des europäischen Volkerr. VI, 118 f. Günther a. a. O. II, 301-306.

(*b*) Moser's Versuch, V. 376, 390 et ses Beytrage zu dem europ. Volk. V, 72.

(*c*) Günther's europ. Volkerrecht, II, 309 ff.

de cour, civil ou militaire d'un autre État. Il y a des gouvernements qui ne restreignent point, à cet égard, la liberté
naturelle des citoyens par des lois expresses : mais malgré
cela ils conservent toujours et excercent quelquefois le droit
de les rappeler, surtout en temps de guerre, d'un service
militaire étranger. D'autres États exigent que leurs sujets
se pourvoient de leur consentement spécial, pour entrer au
service d'une puissance étrangère (a); restriction qui toutefois doit cesser au cas de la séparation légitime et entière
du sujet d'avec l'État.

§ 82 — n. Droits du fisc. — Droit d'aubaine.

Dans le moyen âge, le *fisc* exerçait généralement (a) le *droit
d'aubaine* (*jus albinagii*, *Heimfalls* ou *Fremdlingsrecht*),
c'est-à-dire le droit de s'approprier la succession des étrangers décédés dans le pays, à l'exclusion de tous les héritiers
testamentaires et conventionnels, et des héritiers ab intestat étrangers (b). Dans les États modernes, ce droit a été

(a) Code civil français, art. 21 Décret français du 26 aout 1811,
cité au paragraphe précédent Édit bavarois précité, du 6 janvier 1812,
art 7, n. 2, art. 25, 28, 29, joint à l'ordonnance du 21 mars 1812, concernant la permission pour les Bavarois au service étranger. Ukase russe,
de 1762, par lequel il est défendu à la noblesse de Russie d'entrer au service militaire d'une puissance étrangère. Moser's Versuch des europ. Volkerrechts, VI, 25 Sur les restrictions imposées jadis à cet égard aux ci-
devant princes et comtes de l'Empire germanique, ainsi qu'aux nobles
soumis à des souverains de la confédération du Rhin, voyez mon Staatsrecht des Rheinbundes, § 192, 220. Ces souverains confédérés eux-mêmes
ne pouvaient entrer a un service autre que d'un État confédéré ou allié de
la confédération. Voyez le même livre, § 80 et 135.

(a) Robertson's History of the emperor CharlesV, t. I, dans les preuves
et additions explicatives, n. 29. Puffendorf, Observationes juris univ.,
t. III, obs. 14.

(b) Balquet, du Droit d'aubaine, à Paris, 1603, et dans ses OEuvres,
t. I. D'Espeisses, OEuvres, t. II, p. 11, p 243. Guyot, Répertoire de jurisprudence, art. aubaine. Les loisirs du chevalier d'Éon de Beaumont,
tome XI (à Amsterdam, 1774, 8), p. 177-191. Voyez beaucoup d'autres

presque partout abrogé par des lois ou coutumes, et souvent aussi, surtout en France, par des traités (c). L'Assemblée nationale de France l'abolit pour toujours (d), en le
déclarant contraire aux principes de fraternité qui doivent
lier tous les hommes, quels que soient leur patrie et leur
gouvernement. Depuis, à ce qu'on sait, il n'est plus exercé
nulle part que par voie de rétorsion (e) Il ne devrait jamais

écrits dans Pütter's Literatur des teutsch. Staatsrechts, III, 610, et dans
ma neue Literatur des teutsch. Staatsrechts, § 1369. — Selon le chevalier
d'Éon « on entend par aubaine le droit de succéder aux biens qui se trouvent en France appartenir a un étranger décédé qui n'est point naturalisé,
ou qui, étant naturalisé, n'a point de parents régnicoles, ou n'en a point
disposé par testament »

(c) Pour la première fois, dans la paix de Crespi, en 1544, et dernièrement dans la paix de Paris de 1814, art. 28. Voyez l'indication de
traités de ce genre, dans Moser's auswartiges Staatsrecht, p. 263 f.
331, 381, et dans ses Zusätze zu s. neuen Staatsrecht, III, 1.04. Schlözer's Staatsanzeigen, Heft. 31 (1786), num. 32. De St Geren's diss. de
usu juris albinagii in Gallia Argent. 1778. Une liste des traités conclus
depuis 1713 jusqu'en 1782, se trouve dans le Dictionnaire géographique et
politique de l'Alsace, t I (à Strasb. 1787, 4), art. Aubaine Décret de Napoléon, du 24 aout 1812, portant abolition du droit d'aubaine et de relui
de détraction, dans le royaume d'Italie vis-à-vis de la Confédération
Suisse. Gazette de Francfort, 1812, n 299 Décrets du même, en date du
25 avril, 28 mai et 4 aout 1812, portant abolition du droit d'aubaine en
vertu de traités; le premier de ces décrets concerne le grand-duché de
Francfort; le second le duché de Meklenhourg-Schwerin, et le troisième,
relatif au royaume d'Italie, les États prussiens; dans le Moniteur universel
de 1812, n 124 et 164; et dans la Gazette de Francfort de 1812, n. 128
et 251. Voyez une collection de conventions et de décrets, particulièrement
de la France et de la Prusse, faits en 1811 et 1812, dans le recueil de
M de Martens, Supplém. V, 394-409. En 1813 le droit d'aubaine a été
supprimé entre la France et le royaume de Saxe; de même, en 1818, entre
la Hesse électorale et les Deux-Siciles. Il a été abrogé dans les États de la
Lombardie autrichienne, par une ordonnance du 15 juin 1815

(d) Voyez ce décret, daté du 6 aout 1792, dans de Martens, Recueil, VI, 289 Conférez Moser dans la Berliner Monatschrift, v. 1791,
St 2, p. 114 ff.

(e) Böhmer jus. nov. controv., t. I, obs. 52. Runde's Grunsatze des
allgem. teutschen Privatrechts, § 321. En 1804 le gouvernement français

être appliqué à la succession des étrangers qui sont reçus
sujets par des lettres de naturalisation (*f*), à moins que ce
ne fût encore dans ce cas spécial par voie de rétorsion

§ 83 — Droits de retraite, de détraction et de confiscation.

Assez souvent le fisc (*a*) perçoit un dernier impôt sur les
biens qui sont exportés hors du territoire, et cela moyennant le *droit de retraite* ou de *sortie* en cas d'émigration
d'un sujet de l'État (gabelle d'émigration, *gabella seu census
emigrationis, Nachsteuer, Nachschoss*), et moyennant le *droit
de détraction* ou de *transfert* (*census hereditatis vel legati,
Abzugsgeld, Abschoss*), lorsque la succession de quelque sujet décédé (*b*) est transférée à l'étranger. Dans l'un et l'autre

déclara qu'il exercerait sévèrement, par voie de rétorsion, les droits d'aubaine et de retraite. L'un et l'autre de ces droits ont été abolis par des
resolutions des diètes helvétiques de 1803 et de 1809, vis-à-vis de tous les
Etats qui en useront de même envers la Suisse. Gazette de Francfort, 1812,
n. 74. Le Code civil français, art. 726 et 912, n'accordait aux étrangers le
droit de succéder en France qu'en cas de réciprocité. Mais ces articles ont
été abolis par la loi du 14 juillet 1819, sous la seule réserve, qu'en cas
de partage d'une même succession entre des cohéritiers étrangers et
français, ceux-ci prélèveront sur les biens situés en France une part égale
à la valeur des biens situés à l'étranger, dont ils seraient exclus en vertu
des lois locales.

(*f*) Réponse de droit, par M. de MEIERN, à la fin de G.-H. AYRERI diss.
de jure occupandi bona vacantia, p. 55

(*a*) En Allemagne ce n'était pas toujours le fisc de l'État qui avait le
droit de percevoir ces impôts Quelquefois il appartenait aux ci-devant
princes et comtes de l'Empire soumis actuellement à un souverain, ou à
des villes, à des propriétaires de terres nobles, à des justices patrimoniales.
Il y avait des pays où l'impôt se percevait même lors de la translation des
biens seulement d'un district ou département dans l'autre. Dans les États
de la Confédération germanique, il a été généralement aboli, en vertu de
l'art. 18 de l'Acte fédéral du 8 juin 1815, par une résolution de la diète,
dans son protocole du 23 juin 1817.

(*b*) RUNDE's Grundsätze des teutschen Privatrechts, § 322 ff. DANZ
Handbuch des teutsch. Privatr. Bd III, § 322-326. J.-F. REITEMEIER's
allgemeines Abschossrecht in Deutschland. Frankf. an der Oder 1800, 8.

cas, l'impôt consiste toujours dans une quote part des biens exportés. Ces droits sont cependant mal vus par les gouvernements, et il y a même plusieurs États où des lois expresses les ont supprimés (c); dans d'autres on ne les lève que par voie de rétorsion (d), et souvent enfin ils sont abolis ou modifiés, à l'égard de certains États, par des traités (e). La *confiscation des biens* (f) ordonnée par l'autorité compétente, frappe tous les biens, meubles et immeubles, situés dans les limites du territoire, mais elle n'a nul effet au delà (§ 65).

§ 84 — 7. Droit de conférer des emplois publics, des titres, des décorations, d'attribuer à certaines personnes un rang distingué, et de les élever à une condition supérieure.

L'indépendance de volonté dont jouit tout État souverain, lui donne aussi le droit de conférer des *emplois pu-*

C. D U. v. Eggers Archiv der Staatswissenschaft, t. I, p. 62-87. Pütter's Literatur des tentsch. Staatsr. III, 648. Ma neue Literatur des t. Staatsrts. § 1370, v. Kamptz neue Lit. d. VR., § 122 f.

(c) Le droit de détraction a été aboli en France par le décret de l'assemblée nationale du 6 août 1790, cité au paragraphe précédent ; mais il n'y est pas dit si le droit de retraite y est également compris.

(d) Par les résolutions de la diète helvétique, citées au parahraphe précédent, sont abolis « le droit de détraction et tout droit semblable, » à l'égard de tous les États qui en useront de même envers la Suisse. Même disposition dans un décret du ci-devant roi de Westphalie du 18 mars 1809.

(e) Un grand nombre de traités de ce genre ont été conclus dans les temps modernes, particulièrement entre des États allemands. Voyez quelques exemples dans le recueil de M de Martens, V, 93, et Supplém. V, 294 et suiv. En 1813 ces droits ont été supprimés, entre la France et le royaume d'Italie d'une part, et le royaume de Saxe de l'autre

(f) Edit du roi de Bavière de 1808, concernant les confiscations des biens ; dans le Regierungsblatt des Königreichs Baiern de 1808, n 51. Jargow, von Regalien, S. 553. Chr. Schlözer, de bonorum confiscatione. Goett. 1796. (V. dans le Recueil manuel de Martens et de Cussy un assez grand nombre de traités modernes, abolissant le droit d'aubaine et de détraction.)

blics, soit de l'État, soit de la cour; de transférer, de suspendre ou de renvoyer ses fonctionnaires, d'accorder des *titres*, des *décorations*, un certain *rang*, d'*élever à une condition* plus distinguée, et il peut le faire en faveur de ses propres sujets seulement, ou y admettre aussi des étrangers (*a*). Cependant des raisons de politique peuvent quelquefois engager un gouvernement à donner connaissance de mesures de ce genre à des cours étrangères (*b*), ou à demander à celles-ci de faire ou ne pas faire certains actes relatifs à l'exercice des droits en question (*c*). Dans le cas d'une pareille demande, le refus du gouvernement étranger ne peut être ordinairement envisagé comme une offense ou lésion de droits. L'usage, la politique, le degré de puissance d'un État, restreignent souvent également sa faculté d'user du droit, qu'il possède en principe dans toute son étendue, de conférer des charges ou de simples titres, de donner des décorations, et d'élever à une classe de rang supérieure; surtout quand on tient compte de la considération publique ou de l'étiquette des cours, ou bien du rang qu'occupe cet État lui-même vis-à-vis d'autres États (*d*).

§ 85. — Continuation.

Le gouvernement peut défendre à ses sujets d'accepter (*a*)

(*a*) Pour ce qui est de l'indigénat requis pour jouir de ces avantages, voyez mon Oeffentliches Recht des teutschen Bundes, § 403, note 'c.

(*b*) Moser's Versuch des europ. Volker. VI, 21 f.

(*c*) J. C. Moser's kleine Schriften, VI, 315, v. Martens, Précis, § 107, note *a*.

(*d*) Mon livre allégué, § 403, note *b*.

(*a*) Voyez plus haut § 81. L'édit bavarois du 6 janvier 1812, art. 7, n. 3. Moser's auswärtiges Staatsrecht, p. 22, et son Teutsches Staatsrecht, t. V, 102. F. C. v. Moser's Hofrecht, II, 692. Mon Staatsrecht des Rheinbundes, § 384, 386 L'ambassadeur, par Wicquefort, p. 99 (ed. 1689, 4). Levett Hanson's Account of all the Orders of Knighthood, vol. II, p. 304, sqq.

8

sans sa permission spéciale, d'un autre État quelconque, des emplois, titres, décorations ou pensions (*b*). Il ne serait pas tenu non plus, d'après le droit des gens naturel, de reconnaître dans son territoire les emplois, titres, décorations ou un rang conférés par un État étranger à des personnes étrangères (*c*). Les intérêts réciproques font néanmoins que la plupart des Ftats européens reconnaissent volontiers ces distinctions, à moins que le droit même de les conférer (*d*) ou la faculté de les accepter ne soient contestés.

§ 86. — 8. Droit d'éducation et d'instruction publique.

Quand au droit d'*éducation* et d'*instruction publiques* (*a*), il dépend de chaque État souverain, de déterminer, si et jusqu'à quel point des étrangers peuvent être admis dans le pays, dans les établissements destinés à l'éducation et à l'instruction, et aux sociétés d'industrie, des arts et des sciences; de même, si et à quelles conditions il sera permis aux habitants du pays de faire partie de pareils établissements ou associations chez l'étranger (*b*). Il en est de même des titres académiques conférés par des universités du pays ou des États étrangers, ainsi que de l'impor-

(*b*) Moser's Versuch des europ. Volkerrechts, VI, 19 f.

(*c*) C. Wildvogel consil. jur , cons. 132.

(*d*) L'ordre de la toison d'or en fournit un exemple illustre, v. Martens, Précis, § 169.

(*a*) Mon Oeffentl Recht des teutschen Bundes, § 413-418.

(*b*) Dans plusieurs pays, la liberté de fréquenter les universités ou écoles étrangères est restreinte. Voyez des règlements dans le Allgem. Anzeiger der Deutschen, 1807, Num. 340 , 1808, Num. 76. Rhein, Bund, XIII. 152 XXIII. 237. XLVII. 297. Décret français relatif à l'instruction publique et à l'université de l'Empire français, du mois de mars 1808, et Décret sur le régime de l'Université impériale, du 15 novembre 1811. Édit royal français du 17 février 1815, relatif à l'instruction publique. Ordonnance pour les écoles du royaume de Bavière, de 1809. Décret pour les établissements d'instruction publique du grand-duché de Francfort, du 1er janvier 1812.

tation des livres qui ont été imprimés hors du pays (c).

§ 87. — 9. Droit de souveraineté sur l'église.

L'État souverain est également indépendant à l'égard de ses *droits sur l'Église*, ou du pouvoir souverain en matière de religion (*Kirchenhoheit*). En conséquence, aucun État étranger ne peut le forcer à tolérer ou à recevoir certaines sociétés ou sectes religieuses, à agréer de nouvelles institutions ecclésiastiques, dogmes ou systèmes de religion, ou à accorder à leurs partisans, s'ils séjournent sur son territoire, un culte, soit public soit privé, à moins qu'il ne s'agisse d'un simple culte domestique. Même le souverain pontife, comme chef ecclésiastique de l'Église catholique et romaine, est, pour ce qui concerne son activité ecclésiastique, subordonné partout de droit au gouvernement séculier (a), en tant que les concordats n'ont point établi d'exceptions (§ 31). Par la même raison, aucun État n'a ordinairement le droit de soutenir par la force les griefs relatifs à la religion dont une société religieuse pourrait se plaindre dans le territoire d'un autre État (b), ni celui de s'approprier des biens ecclésiastiques situés en pays étranger (c).

(c) Décret français du 5 février 1810, relatif aux imprimeries, à la censure et au commerce des livres, n. 63. Ce décret a été modifié par un décret du 14 déc. 1810, et par beaucoup de lois postérieures. Édit pour la censure et le commerce des livres dans le royaume de Saxe, du 10 août 1812, dans le Allgem. Anzeiger der Deutschen 1812, n. 321. Voyez aussi mon Oeffentliches Recht des teutschen Bundes, etc., § 414, 417, et suiv.

(a) P. C. lib. baron de KNIGGE comm. de habitu religionis ad gentes. Goett. 1747. 4 Mon Oeffentliches Recht des teutschen Bundes, § 421, 423 426 et suiv.

(b) v. MARTENS Einleitung in das europ. Volkerr § 110 SCHMALZ europ Volkerrecht, S. 168 f.

(c) Voyez mon Oeffentliches Recht des teutschen Bundes, § 438. — Sur le droit de *patronage* dans un pays étranger, et sur celui d'y faire *passer des morts*, voyez des écrits dans v. KAMPTZ neuer Lit. des VR., § 114.

§ 88. — 10. Droit de souveraineté sur les fiefs. — 11. Droit d'armes. —
12. Droit éminent.

Tout État a le droit de souveraineté sur les *fiefs* qui se
trouvent dans son territoire (*Lehnhoheit*), droit qui s'étend
même sur les fiefs, soit actifs, soit passifs, relevant d'États
étrangers; à moins qu'il n'ait accordé à ces États, par convention expresse, une immunité entière ou partielle (*a*).
Enfin, aucun État ne peut être obligé de souffrir, de la
part d'un autre, des restrictions arbitraires dans son exercice du *droit de défense et d'armes* (*b*), nommément par rapport au *passage de troupes étrangères* (*c*) ou à l'*enrôlement*
pour le service d'une autre puissance (§ 272), ou dans
l'exercice du *droit éminent* (*jus eminens, ratio status scil.
extraordinarii*), pas même s'il exerçait ces droits contre la
personne ou la propriété de sujets de l'État étranger (*d*).

CHAPITRE III.

DROIT D'EGALITE.

§ 89. — Égalité.

Le troisième droit primitif des nations consiste dans leur
égalité naturelle, effet de leur indépendance. C'est le droit
en vertu duquel chaque État souverain peut exiger qu'aucun autre État ne s'arroge, dans leurs rapports mutuels,
des droits plus étendus que ceux dont il jouit lui-même, et

(*a*) Mon Oeffentliches Recht des teutschen Bundes, § 439 et suiv.
(*b*) Voyez plus haut, § 40.
(*c*) Voyez les écrits indiqués dans v. Kamptz neue Lit. des VR., § 112.
(*d*) Mon Oeffentliches Recht, etc. § 455 et suiv. J.-J. Burlamaqui. Principes ou éléments du droit politique (à Lausanne, 1784, 8), P III, cb. v,
§ 24 et suiv., p. 273 et suiv.

ne s'affranchisse d'aucune des obligations imposées à tous.
Tous les États jouissant d'une personnalité morale et libre,
chacun d'entre eux peut prétendre à *tous* les droits qui dérivent de cette personnalité; leurs droits sont par conséquent *égaux*. D'ailleurs, les rapports *naturels* entre les États
étant partout les mêmes et par conséquent *essentiels*, cette
égalité ne peut être altérée par des qualités ou attributions
accidentelles d'un État, telles que son ancienneté, sa population, l'étendue de son territoire, sa puissance militaire,
la forme de sa constitution, le titre de son souverain, l'état
de la civilisation sous toutes ses formes (*a*), la considération dont il jouit, les honneurs qu'il reçoit de la part d'autres États, etc. Cette égalité de droit est particulièrement
incompatible avec les prétentions à la précédence, à la supériorité, à la juridiction, au pouvoir criminel, vis-à-vis
d'autres États.

§ 90 — Particulièrement dans le cérémonial.

L'égalité des États se manifeste souvent dans le *cérémonial*, c'est-à-dire dans les formalités qu'ils observent entre
eux. Ce cérémonial s'exerce non-seulement dans les relations *personnelles* des souverains ou de leurs représentants,
mais aussi et particulièrement dans les *écrits;* c'est alors le
cérémonial des chancelleries; celui des autorités constitués
du pays, et des ministres en mission. Le cérémonial qu'on
observe sur *mer* et celui de la *guerre* forment des espèces
particulières de ce genre de formalités. Une petite partie
seulement du cérémonial est fondée sur des conventions :

(*a*) De même qu'il n'existe point, dans l'état de la nature, d'esclaves
parmi les particuliers, de même il ne saurait y en avoir parmi les États
souverains (*non dantur gentes a natura servæ*). Les raisons d'ARISTOTE
(Polit. lib. I c. III.), et celles d'un de ses successeurs resté anonyme
(Deutscher Merkur; nov. 1777), ont été très-bien réfutées par M JACOBI,
dans le Deutsch. Museum, 1781, St. VI, p. 522 ff. Comparez aussi Franc.
HUTCHESON's System of moral Philosophy, B. III, ch. X, § 14.

le reste est arbitraire ou lient au simple usage (a). Cette
dernière partie, quelque importante qu'elle soit, et bien
qu'on l'observe scrupuleusement, n'est point du ressort du
droit des gens (b); le *droit* du cérémonial des États, dont
nous nous occuperons ici de préférence, est donc beaucoup
moins étendu, quoique dans les écrits on le confonde ordinairement dans la matière du cérémonial en général (c). Le
droit du cérémonial *diplomatique*, ou des légations, sera
expliqué plus bas, comme partie du droit d'ambassade;
mais le reste du cérémonial public, en tant qu'on y remarque les effets de l'égalité naturelle ou ceux d'une inégalité
survenue et conventionnelle, appartient à ce chapitre.

(a) V. Ompteda's Literatur des Volkerrechts, I, 499 ff. F. C. v. Moser's kleine Schriften, I. 3.

(b) F. C. v. Moser, dans son livre cité, p. 6, le comprend sous la dénomination de *galanterie* des États.

(c) Il ceremoniale historico e politico di Gregorio Leti. Amstelod. 1685.
Vol. I-VI, 12. Gottfr. Stieve's europ. Hof Ceremoniel. Leipz. 1715, 2.
Ausg 1723, 8, J. C. Lünig's Theatrum ceremoniale historico-politicum,
oder historisch. und politischer Schauplatz aller Ceremonien,,etc. I. und
II. Band (le second volume contient le cérémonial de chancellerie euro-
péen). Leipzig, 1716, fol. 2 Aufl. 1719, 1720, fol. Jul. Bernh. v. Rohr's
Einleit. zur Ceremoniel Wissenschaft grosser Herren. Berlin, 1730, 8, 2.
Aufl. 1735. 8 Cérémonial diplomatique des cours de l'Europe Recueilli
en partie par M. Du Mont, mis en ordre et considérablement augmenté
par M. Rousset, à Amsterd et à La Haye, 1739, t. I. II. fol (Ce sont
les tomes IV et V des Suppléments au Corps diplomatique de Du Mont.)
F. C.. v. Moser's teutsches Hofrecht. Frankf. 1754, t. I. II. 4. J. Jac.
Moser's Versuch des neuesten europ. Ceremoniels, vornehmlich aus den
Staatshandlungen der europ. Mächte seit Kaiser Carl's VI Tode (c'est en
même temps le tome II° du Versuch des europ. Völkerrechts, publié par le
même auteur). Frankfurt 1778, 8. C. G. Ahnert's Lehrbegriff der Wissenschaften, Erfordernisse und Rechte der Gesandten, t. II. Dresden
1784, 8. (Ce tome II° ne traite que du cérémonial public et du style diplomatique). De Bielfeld institutions politiques, t. II, p. 231. — V. les
écrits sur le cérémonial de quelques cours en particulier, dans v. Kamptz
neuer Lit., § 141 ff. Cérémonial de la cour de France, par N.-L. Pissot.
Paris 1816, 18.   •

§ 91. — Renonciation à l'égalité. — I. Honneurs royaux.

Les États, même ceux absolument indépendants et souverains, peuvent renoncer par convention, en faveur d'un ou de plusieurs autres États, aux droits résultant de leur égalité primitive. Cela arrive assez souvent, par rapport à quelques prérogatives extérieures, au rang, aux titres des États et de leurs souverains, et à d'autres objets du cérémonial. C'est ainsi que des États de l'Europe ont accordé à d'autres des prérogatives, des distinctions honorifiques auxquels ils ne prétendent pas eux-mêmes. De ce nombre sont particulièrement les *honneurs royaux* (*honores regii*), c'est-à-dire les honneurs conventionnels, qui sont généralement considérés en Europe comme les plus distingués qui puissent être rendus à un État (a). Ils donnent non-seulement le rang au-dessus de tous les États souverains, qui n'en jouissent point, et confèrent plusieurs autres droits de cérémonial, tels que l'usage de la couronne royale, du titre de frère vis-à-vis des autres souverains du même rang, etc., mais on y rattache aussi le droit exclusif d'envoyer des ministres publics du premier rang ou des ambassadeurs. Les États qui jouissent des honneurs royaux sont, outre les empires et les royaumes, les grands-duchés, l'électorat de Hesse (ci-devant aussi les autres États électoraux d'Allemagne), et quelques-unes des grandes républiques (b); ces

(a) De tout temps, dans les relations politiques de l'Europe, les rois ayant joui du plus haut degré de considération et de prérogatives d'honneur vis-à-vis de tous les princes souverains non revêtus de la dignité royale, on a donné à ces grands honneurs la dénomination d'*honneurs royaux*, et par suite on a divisé les États de l'Europe en deux classes, sans égard à la différence de leur constitution ou de la forme de leur gouvernement, les États auxquels appartiennent les honneurs royaux, et ceux d'un rang inférieur (§ 31).

(b) Telles qu'autrefois les Provinces-Unies des Pays-Bas, et la république de Venise, et aujourd'hui encore la Confédération suisse (mais non pas chaque canton séparément), ainsi que la Confédération germanique.

dernières cependant pour la plupart avec quelques modifications.

§ 92. — II. Préséance. — Définition et base.

Du nombre des prérogatives qui entraînent, pour l'Etat
qui les reconnaît, la perte d'une partie de l'égalité naturelle, est la *préséance* (le pas, *protostasia, proèdria*), ou la
préférence dans l'ordre et dans le rang à suivre lorsque
plusieurs États dans leurs relations extérieures viennent à
se rencontrer (*a*). La nature de ces relations entre des États
souverains ne fournit aucun principe dont on puisse conclure à un rang déterminé de chacun d'eux (*b*). En d'autres
termes, au point de vue naturel, toute place doit être envisagée comme la première, ou mieux, il n'y a entre les
États souverains, dans leur commerce, qu'il se fasse par

Quant à la république de Gênes et à l'ordre de Malte, on leur disputait
autrefois les honneurs royaux.

(*a*) Voyez les écrits cités dans v. OMPTEDA's Literatur des Völkerrechts, II, 490-498, dans v. KAMPTZ neuer Lit., § 124 ff., dans PÜTTER's
Literatur des t. Staatsr. III, 310, et dans ma Neue Literatur des t. Staatsr.,
§ 1110. Jac. Adr. CRUSIUS de præcedentia et universo jure proedriæ ma-
gnatum in Europa. Bremæ 1666, 4, Balth. Sigism. v. STOSCH Tr. vom
Präcedenz oder Vorderrecht aller Potentaten u. Republiquen in Europa.
Breslau 1678, 8. Ehrenhart ZWEYBERG's, ou plutôt, comme il se nomme
dans la seconde édition, Zach. ZWANZIG's, Theatrum præcedentiæ. Francof.
1706, 2. Ausg. ebend. 1709, fol. Gottfr. STIEVE's europ. Hof-Ceremoniel.
Leipz. 1715 2. Ausg. 1723. 8. Agostino PARADISI Atteneo dell uomo no-
bile (Venet. 1731, fol.), t I. c. IV et V, et tout le tome V. Jo. Cph. HELL-
BACHII meditationes juris proedriæ moderni, oder Abhandl von den
heutigen Rechten des Ranges, Vorzugs und Vorsitzes. Leipz. 1742, IV. 2.
Ausg. ibid. 1746. 4. *Ejusd.* primitiæ lexici juris proedriæ. Erf. 1748, 4.
Ejusd. accessiones juris proedriæ (Ce livre n'est pas encore imprimé. Voyez
SIEBENKEES neues jurist. Magazin, I, 508) ROUSSET mémoires sur le rang
et la préséance entre les souverains de l'Europe et entre leurs ministres
représentants, à Amsterd, 1746. 4. Ch. HELLBACH's Handb. des Rang-
rechtes. Ansb. 1804, 8. GÜNTHER's europ. Volkerr., I, 198-279.

(*b*) L'opinion contraire est adoptée par ROUSSET, dans son livre allégué,
et par RÉAL, science du gouvernement, t. V, ch. IV, Sect. 3.

écrit ou par des représentants, ni rang inférieur ni supérieur, ni place distinguée ou place d'honneur. Ce n'est que par des conventions expresses ou tacites qu'une telle différence peut être établie (c).

§ 93. — Disputes sur le rang.

Les discussions qui peuvent naître des prétentions de quelque puissance, relativement au rang, doivent par conséquent être jugées et terminées de la même manière que tout autre différend entre les États souverains (a); durant la dispute, on devrait généralement respecter l'état de possession non vicieuse (b). Pour appuyer les prétentions de cette espèce, quelques gouvernements se sont souvent prévalus d'arguments absolument faux (c), tels que l'ancienneté de l'indépendance de l'État, ou celle de la famille régnante ou de la royauté, l'époque de conversion à la foi chrétienne, une plus grande puissance ou la prépondérance de l'État, le nombre et l'étendue de ses provinces, la forme d'État et de gouvernement, un titre plus éminent de l'État et du souverain, une culture intellectuelle et morale plus avancée, des relations de protection, de fief, ou de cens sur d'autres États souverains, la haute dignité des vassaux appartenant à l'État, des mérites vis-à-vis du souverain Pontife et de l'Eglise romaine et catholique, etc.

(c) GÜNTHER, I. 215 ff.

. (a) GÜNTHER's Volkerrecht, I, 267 f. Sur la conduite tenue dans ces circonstances par des puissances tierces, voyez le même livre, I, 269.

(b) V. un exemple concernant Venise de 1558, dans LÜNIG's Theatr. cerem. t. I, p. 14. Sur la possession défectueuse, conférez GÜNTHER, I, 217 f., 232 f. ZWANZIG dans le livre cité, I, 14-25, 28

(c) STIEVE dans le livre cité, t. I, cap. II. p. 9-72. RÉAL, l. c. VATTEL, lib. II, ch. III, § 37. Jo., Ad. ICKSTADT elem juris gentium, lib. II, c, I, § 22. Schol. et c. VI. § 15. L'ambassadeur et ses fonctions, par WICQUEFORT, liv. I, ch XXIV, XXV, p. 324-367. Mais comparez Chr. Gottfr. HOFFMANN diss. de fundamento decidendi controversias de præcedentia inter liberas gentes. Lips. 1721. GÜNTHER, I, 203 ff.

§ 94. — Du rang, tel qu'il s'observe aujourd'hui entre les États de l'Europe.

Les nations de l'Europe ne se sont jamais accordées sur un statut général concernant le rang (a); car quoique les papes aient publié à différentes époques des règlements sur cette matière, que particulièrement celui de Jules II, de l'an 1504 (b), ait été assez accrédité, que d'ailleurs ces règlements aient été ordinairement basés sur l'état de possession tel qu'il existait dans les conciles (c'est-à-dire dans les réunions les plus générales du temps entre les souverains chrétiens de l'Europe ou leurs représentants, où les questions de rang devaient être le plus souvent agitées), il s'en faut de beaucoup que ces règlements aient jamais été généralement reconnus; ils ne le furent pas même dans les conciles, ni dans la chapelle du pape. De même au congrès de Vienne, la question du rang entre les puissances européennes, a été vainement agitée (c). Cependant il y a eu de temps

(a) Sur les classifications des États qui n'ont pas de rapport à leur rang, voyez plus haut, § 32.

(b) Il a été publié par Lünig, dans son Theatrum cerem I, 8, et depuis dans GERHARDI's genealog. Geschichte der erblichen Reichsstande, II, 7 f. et Günther's europ. Volkerr. I, 219 Dans ce règlement il n'est point fait mention du Danemarck, de la Suède ni de la Russie.

(c) Dans la séance du 10 déc. 1814, les plénipotentiaires des huit puissances signataires du traité de paix de Paris nommèrent une commission chargée de s'occuper « des principes à établir pour régler le rang entre les couronnes, et de tout ce qui en est une conséquence. » Dans la séance du 9 février 1815, on discuta le projet de la commission, qui avait établi *trois* classes de puissances relativement au rang entre les ministres. Des doutes s'étant élevés sur cette classification, et particulièrement sur la classe dans laquelle il faudrait mettre les grandes républiques, la question fut abandonnée, et on se borna à faire un règlement sur le rang des agents diplomatiques des souverains couronnés. Voyez mes Acten des wiener Congresses, t. VIII, 98, 102, 108 et suiv., 116 et suiv., t. VI, p. 93, 204 et suiv. et mon Uebersicht der diplomat. Verhandlungen des wiener Congresses, p. 167 et suiv.

à autre des *conventions* formées à ce sujet entre les différentes puissances.

§ 95. — Particulièrement 1. du rang du Pape et du ci-devant Empereur romain-germanique.

C'est ainsi que : 1° les souverains catholiques, même l'empereur romain-germanique, ont cru devoir accorder la préséance à la personne du *pape*, en qualité de vicaire (prétendu) de Jésus-Christ, et de souverain Pontife ou chef ecclésiastique de l'Église catholique-romaine, sans vouloir cependant porter préjudice par là à leurs droits de souveraineté (*a*). En sa qualité de souverain temporel, le pape s'est trouvé même en possession de la préséance vis-à-vis de plusieurs souverains de religion évangélique ou protestante, surtout de ceux qui ne jouissaient pas des honneurs royaux, mais jamais vis-à-vis de la Russie, ni de la Porte Ottomane; c'est ainsi que 2° toutes les puissances chrétiennes de l'Europe accordaient la préséance à l'*empereur romain-germanique* (*b*) Pour ce qui est de la Porte Ottomane, l'empereur, en sa qualité de souverain de ses États héréditaires (depuis 1804 empereur d'Autriche), était convenu avec elle d'une parfaite égalité de rang (*c*).

§ 96. — 2. Du rang des souverains couronnés.

La plupart des *têtes couronnées* de l'Europe admettent en principe l'*égalité* du rang (*a*); et s'il y a eu quelques cours,

(*a*) Rousset, t. J, ch. i. Moser's teutsches Staatsrecht, III. 86. Günther's Volkerrecht, I, 221.

(*b*) Voyez des écrits dans v. Ompteda's Lit., § 196, et dans v. Kamptz neuer Lit., § 125. — De Martens, Précis du droit des gens, § 132

(*c*) Paix de Passarowitz, de 1718, art. 17. La même stipulation se trouve dans les traités de paix postérieurs à celui de 1718, p. e. dans celui de Belgrade, de 1738, art. 20 et 21. Moser's teutsches Staatsrecht, III, 106. Theatrum cerem. par Lünig, II, 1438. Günther, I, 225, 247.

(*a*) Moser's Versuch des europ. Völkerr., I, 58. Cette règle a été formellement posée en principe, notamment pour la *Suède*, par Gustave-

telles que celles de *France* (b) et d'*Espagne* (c), depuis quelque temps celle de *Russie* (d), et dès à présent probablement
aussi celle d'*Autriche* (e), qui ont prétendu à la préséance
absolue sur toutes ou quelques-unes des autres puissances (f),
elles ont rarement manqué de contradicteurs. Cependant la
France l'avait obtenue durant le règne de Napoléon sur plu-

Adolphe (GÜNTHER, I, 278, note a), puis au congrès de la paix de
Westphalie par la reine Christine (MOSER's Beytråge zu dem europ·
Volkerrecht, I, 41. ROUSSET, chap. VII) ; enfin aussi par la *Grande-Breta-
gne* (v. OMPTEDA's Literatur, II, 496). ROUSSET (ch. XXVIII, p. 152), et
NEYRON (Principes du droit des gens, § 106) datent la généralisation de ce
principe de la quadruple alliance de Londres de l'an 1718.

(b) V. OMPTEDA's Literatur, II, 494 ff. v. KAMPTZ neue Lit., § 127.
GÜNTHER, I, 230 et suiv.

(c) V. OMPTEDA, II, 496, v. KAMPTZ, § 128. — La contestation sur le
rang qui divisait l'*Espagne* et la France (ZWANZIG Theatr. præcedentiæ,
I, 13 sqq. BYNKERSHOEK quæst. jur. publ. lib. II, c. IX, in *Ejus* operib.
omn. t. I, p. 254. sq.), a été terminée par un arrangement stipulant un
certain alternat. Voyez le pacte de famille de 1761, art. 27. De MARTENS,
Recueil des traités, I, 10. GÜNTHER, I, 233.

(d) Sur les prétentions de la *Russie*, particulièrement vis-à-vis de la
France, voyez GÜNTHER, I, 244 f. De MARTENS, Cours diplomatique; tableau, liv. I. chap. VIII, § 80. Bien qu'en reconnaissant le titre impérial,
pris par la Russie en 1721, plusieurs puissances eussent fait la réserve qu'il
n'en résulterait aucune autre prérogative pour cette couronne, la Russie
ne voulut néanmoins accorder la préséance dans la suite qu'à l'empereur
romain-germanique Mais, dans la paix de Tilsitt, en 1807, art. 28, il a
été convenu entre la *Russie* et la *France* que le cérémonial des deux cours
entre elles, et à l'égard des ambassadeurs, ministres et envoyés qu'elles ac-
créditeraient l'une auprès de l'autre, serait établi sur le principe d'une réciprocité et d'une égalité parfaites.

(e) Depuis qu'elle a pris le titre d'*Empire*, en 1804. L'*alternat*, par
rapport à l'ordre dans lequel les deux parties sont nommées dans les traités
conclus entre la Hongrie et la Bohême d'une part, et la France de l'autre,
fut constaté comme usage reconnu en 1756 déjà, dans le 1er article séparé
annexé au traité d'alliance défensive de la même année entre l'Autriche et
la France. Voy. MOSER's Versuch. des europ. Volkerrechts, VIII, 74,
v. KAMPTZ neue Lit., § 134.

(f) Le *Danemark* prétend à la préséance sur la Suède. GÜNTHER,
I, 240.

sieurs rois, principalement sur ceux qui lui devaient leur couronne ou royauté, et qui avaient satisfait volontiers à ses prétentions. Plusieurs autres gouvernements, bien qu'ils prétendent, surtout dans les notes et autres écrits, à une égalité générale, reconnaissent néanmoins, par exception et dans certaines occasions et circonstances, la supériorité de quelques-unes des autres puissances; c'est ainsi que le *Portugal* et la *Sardaigne* accordent la préséance aux couronnes d'Angleterre, de France et d'Espagne (*g*), le *Danemark* à celle de France seulement (*h*).

§ 97. — Continuation.

La *Porte* a plusieurs fois assuré aux ambassadeurs de *France*, accrédités à Constantinople, le pas et la préséance sur les ambassadeurs d'Espagne et des autres rois (*a*) Depuis, elle a placé les envoyés de Russie du second ordre immédiatement après ceux de l'empereur romain-germanique, si ces derniers sont aussi du second rang; sinon, le ministre de Russie immédiatement après l'ambassadeur de Hollande, et, en son absence, après celui de Venise (*b*). Les rois de la Confédération germanique se rangent, dans l'acte fédéral (*c*), de la manière suivante : *Bavière*, *Saxe* (*d*), *Hanovre* (*e*), *Wurtemberg*.

(*g*) Günther, 1, 229, 238, Moser's Versuch, etc., 1. 64, et ses Beytrâge zu dem europ. Volkerrecht, I, 43.

(*h*) Moser's Beytrâge, I, 41, v. Ompteda's Lit., § 201, v. Kamptz neue Lit , § 129.

(*a*) Par des traités de 1604, art. 20 et 27 ; de 1673, art. 19; de 1740, art. 17 et 44 Schmauss Corp jur gent I, 433. Weyck codex jur. gent. I, 549, 558. Réal, Science du gouvernement, t. V, ch. iv, § 3.

(*b*) Dans la paix de Kainardgi, de 1774, art 5. De Martens, Recueil, IV, 615.

(*c*) Acte de confédération de 1815, art. 4, qui, ainsi que l'art. 8, contient en même temps une clause de réserve pour le rang hors de la diète.

(*d*) Voyez le journal intitulé Der rheinische Bund, Heft III, S. 467.

(*e*) Discussion sur la préséance entre les plénipotentiaires de Hanovre

§ 98. — 3. Du rang des Souverains monarchiques, jouissant des honneurs royaux, et 4. de ceux qui n'en jouissent pas ; ainsi que 5. des États mi-souverains.

1º Ceux des souverains monarchiques *qui jouissent des honneurs royaux*, sans être empereurs ni rois, cèdent partout le pas et la préséance au titre royal et impérial (a). Dans l'acte de la Confédération germanique (b), le rang des grands-ducs et de l'électeur de Hesse n'est pas encore définitivement déterminé, surtout hors de la diète ; 2º les souverains monarchiques *sans honneurs royaux*, cèdent le pas à ceux jouissant de ces honneurs(c); le rang de ceux qui sont membres de la Confédération germanique doit être définitivement réglé par la diète, mais seulement pour l'ordre dans lequel ils doivent voter au sein de cette assemblée, et sans qu'il puisse en résulter pour cela un préjudice sur leur rang en général et leurs prérogatives hors de la diète (d); 3º les États *mi-souverains* ou dépendants sont ordinairement d'un rang inférieur à celui des États souverains (e).

§ 99. — 6. Du rang des républiques. — 7. Quelques cas particuliers.

1º Les *républiques* cèdent ordinairement le pas et la pré-

et de Wurtemberg, au congrès de Vienne; voyez mes Acten des wiener Congr Bd. II, p 74 ff., et mon Uebersicht der diplomat. Verhandlungen des wiener Congresses, p. 505 f

(a) MOSER's Grundsätze des Volkerrechts in Friedenszeiten, p. 45, et son Versuch des europ. Volkerrechts, I, 65, v. KAMPTZ neue Lit., p. 131 ff.

(b) Acte de la confédération 4 et 8. Voyez mon Uebersicht der diplomat. Verhandlungen des wiener Congresses, p. 504 f.

(c) Le journal intitulé Der Rheinische Bund, Heft. V, p. 293.

(d) Acte de la Confédération Germanique, art. 4 et 8. Mon Oeffentliches Recht des teutschen Bundes, § 113 et 122-124.

(e) MOSER's Versuch, I, 60 GÜNTHER's Volkerrecht, I, 214, 253, 255. — Les ci-devant Électeurs de l'Empire germanique prétendaient à une exception vis-à-vis de certains États jouissant d'une entière souveraineté, surtout les républiques.

séance aux empereurs et rois régnants (a) ; mais vis-à-vis
de la plupart des autres souverains monarchiques, leur
rang n'est guère déterminé (b) ; 5° aux congrès de paix et
autres, les *ministres des puissances médiatrices* ont d'ordinaire le rang sur ceux des puissances en contestation,
même lorsqu'ils sont d'un ordre inférieur ; 3° lorsque des
souverains se rendent *visite*, l'hôte cède ordinairement le
pas à l'étranger, s'ils sont tous les deux du même rang (c).
Ceci s'observe communément aussi dans les visites des ministres publics (d).

§ 100. — Ordre des places et rangs. — I. Dans les écrits.

A l'égard des États parmi lesquels le rang est déterminé,
l'usage a établi peu à peu un certain ordre des *places de
rang* ou d'honneur. 1. Dans les *écrits*, lorsqu'on veut observer un certain ordre, voici l'usage adopté : 1° si plusieurs États ou leurs représentants sont nommés les uns
après les autres dans le *corps* de l'écrit, et principalement

(a) Günther's Volkerrecht, I, 207, 248, v. Martens Einleit. in das
Volkerrecht, § 131. — L'Angleterre prétendit, sous Cromwell, lorsqu'elle se
donnait le nom de *république*, au même rang dont elle avait joui comme
royaume. L'Autriche accorda à la ci-devant *république française*, le
même rang et cérémonial que celui qui avait été observé avant la guerre ;
et à la *république cisalpine* celui qui avait été d'usage avec la république de Venise. Traité de paix de Campo-Formio 1797, art. 23. De Martens, Recueil, VII, 214. Ce qui fut confirmé dans le traité de paix de
Lunéville, 1801, art. 17. Les mêmes principes ont été suivis, par la ci-
devant république française, dans plusieurs autres traités de paix, p. e.
dans ceux de Bâle avec la Prusse et l'Espagne en 1795.

(b) Sur leurs débats concernant le rang avec les ci-devant électeurs de
l'Empire germanique, voyez de Martens, Précis, § 135 Günther, I, 256.
— *Entre elles*, les républiques observaient, naguère encore, l'ordre sui-
vant : 1° Venise ; 2° Provinces-Unies des Pays-Bas ; 3° Confédération
Suisse, etc. La république de Gênes prétendait à l'égalité avec celle de
Venise, et à la préséance sur la Confédération Suisse.

(c) Günther, I 277 f.

(d) Sur le cérémonial *diplomatique*, voyez plus bas, § 217 et suiv.

si c'est dans le préambule, celui qui est nommé le premier
a la première place, celui qui le suit immédiatement la seconde, et ainsi de suite ; 2° les *signatures* sont ordinairement rangées dans deux colonnes (a). Dans celle de droite
(dans le sens du blason, c'est-à-dire dans celle qui est à
gauche du lecteur), la place supérieure est la première de
rang ; la même place dans la colonne à gauche. vis à-vis de
la première, est la seconde ; la place inférieure de la colonne
de droite est la troisième, celle de la gauche la quatrième,
et ainsi du reste.

§ 101. — II. En cas de rencontre personnelle.

II. Dans les *entrevues*, p. e. dans les visites, conférences, congrès, assemblées ou processions, il faut distinguer avant tout, 1° lorsqu'il s'agit de *s'asseoir*, la *place
d'honneur* (*Oberstelle* ou *Ehrenplatz*), et conformément à
celle-ci la *préséance* (*Vorsitz*) A une table carrée ou ronde,
occupée de tous côtés, les dernières places sont toujours
celles qui sont opposées à la première ; la première place
est ordinairement choisie vis-à-vis de l'entrée de l'appartement. A côté de la première place, le rang descend en sau-
tant toujours de la droite à la gauche (a). 2° Si l'on est
assis ou *debout*. la *main* ou *main d'honneur* (*Oberhand*) est
à droite, c'est-à-dire celui qui est plus distingué, s'assied,
marche ou reste à la droite de celui qui l'est moins (b) ; et
celui qui, en montant l'escalier et en entrant dans l'appar-

(a) La France contesta, dans le xvii° siècle, aux Provinces-Unies des
Pays-Bas, le droit de signer sur une seconde colonne.

(a) F. C. v. Moser's Hofrecht, II, 528 ff. Lünig, dans son Theatrum cerem. I, 161, 170, 171, 181 et 292, donne des figures sur cette
matière.

(b) Quelquefois c'est *la gauche* qui marque la préséance, p. e. chez les
Turcs, ainsi que chez les catholiques-romains *in sacris* V. Protokoll des
kurfürstl. WahlConvents zu Frankfurt im J. 1790, t. II (Frankf. 1791, 4),
S. 373, v. Martens Eml. in des europ. Volkerrecht, § 128, note b.

tement, devance d'un pas l'autre qui marche à sa gauche,
a ce qu'on appelle le *pas (c)* (*Vortritt*).

§ 102. — Continuation.

3º Il en est autrement dans l'ordre *linéal*, c'est-à-dire,
lorsque plusieurs personnes marchent à la suite l'une de
l'autre. Alors l'ordre des places de rang se détermine de
différentes manières. Tantôt la personne qui est devant a la
première place, celle qui est derrière elle ayant la seconde, et
ainsi de suite (a). Tantôt la place de derrière est réputée la
première, et celle qui la précède la seconde (b), etc. Tantôt
enfin l'ordre des places diffère d'après le nombre des personnes qui vont a la file; p. e., lorsqu'elles sont *deux*, la
place de devant est la première; étant *trois*, la place du milieu est la première, celle de devant la seconde, celle de
derrière la troisième; s'il y a *quatre* personnes, la place de
devant est la quatrième, celle qui suit est la seconde, celle
qui suit celle-ci est la première, et celle de derrière est la
troisième; lorsque les personnes sont au nombre de *cinq*,
la place du milieu est la première, celle qui la précède est la
seconde, celle qui la suit la troisième; celle de devant est la
quatrième, et celle de derrière la cinquième, on suit les
mêmes règles s'il y a *six* personnes ou plus.

§ 103. — Fin

4º Enfin, dans l'ordre *latéral (a)*, si plusieurs personnes
sont placées en ligne droite, l'une à côté de l'autre, il faut

---

(c) V. MOSER's Hofrecht, I, 278 f

(a) Conférez PÜTTERI Institutiones juris publ. germ., § 89, note *b*.

(b) Wahl-und Krönungs Diarium Kaiser Leopolds II (Frankf. a. M.
1791. fol.), p 278 Protokoll des kurfürstl. WahlConvents zu Frankfurt,
1790, bd II, p. 399, 401, 434 f 448.

(a) Sur les différentes espèces de l'ordre latéral, dans le ci-devant col
lège électoral de l'Empire germanique, soit en présence de l'empereur,
soit en son absence, voyez PÜTTER, l. c § 89, note c. MOSER's teutsches
Staatsr., t. XXXIII, p. 274 ff, 280 ff.

observer les distinctions suivantes. Tantôt la place à l'extrémité, soit a droite, soit à gauche, est réputée la première; alors celle qui suit immédiatement est la seconde (*b*), et ainsi de suite Tantôt on considère le nombre des personnes, dont le rang exige différentes places. Si elles sont *deux*, la place sur la droite est la première; entre *trois* personnes, celles qui est la plus distinguée occupe la place du milieu; à la seconde personne en rang appartient celle de droite, et à la troisième celle de gauche; s'il y a *quatre* personnes, la place à l'extrémité de la droite est la seconde, celle qui suit est la première, celle a l'extrémité de la gauche est la quatrieme, et la place à côté de celle-ci est la troisième; entre *cinq* personnes, la plus distinguée occupe la place du milieu; à sa droite est la seconde, à sa gauche la troisieme, à l'extrémité de la droite est la quatrième, et la dernière à gauche est la cinquième place. On range de la même manière, en comptant toujours de la place du milieu ou place d'honneur, *six* personnes ou davantage (*c*).

§ 104. — Expédients en cas d'égalité ou de contestation de rang.

Lorsque le rang entre des Etats est égal ou contesté, et qu'on ne peut éviter les occasions où il s'agit du rang, on a recours à plusieurs *expédients*, qui laissent en suspens les droits et prétentions des intéressés. En voici quelques-uns. 1° Les intéressés déclarent que *chaque place* doit être considérée comme *la première*, et que la préséance momentanée ne portera point de *préjudice* à leurs droits et prétentions réciproques. 2° On convient d'un certain *alternat*, consistant, soit à changer les places ou le rang après un certain temps, soit à les déterminer d'après l'âge des souverains,

(*b*) Wahl-und Kronungs-Diarium Kaiser Leopolds II , Figure , p. 122 , représentant la table des ministres votants.

(*c*) Voyez, dans le livre cité , même page. l'ordre de rang sur l'estrade. V. aussi Moser's teutsch Staatsrecht, t. XXXIII, p. 274

ou la durée de leur règne, ou même le sort (a) ; il peut se
faire aussi que le même État occupe à la fois un rang différent dans les différentes parties et espèces du cérémonial.
Dans les *traités* publics, il est d'usage entre les grandes
puissances, et aussi entre celles de moindre grandeur, d'*alterner*, tant au préambule que dans les signatures, de sorte
que chacune d'entre elles occupe, dans l'exemplaire qui lui
est destiné, et qui est expédié dans sa chancellerie, la pre-
miere place (b) : on appelle cet usage l'*Alternat*. Cependant
on ne manque pas d'exemples où cette manière d'alterner,
ou le refus qui en a été fait, ont donné lieu à des déclarations, soit pour satisfaire et tranquilliser, soit pour réserver,
protester ou contredire (c). Il est arrivé que chacune des
parties contractantes a délivré à l'autre un exemplaire du
traité qui n'était signé que par elle seule (d).

§ 105. — Continuation.

3° On garde l'*incognito*, en s'attribuant un titre infé-

(a) Le sort fut employé par les rois de Danemark et de Pologne,
lors de leur entrevue à Berlin, en 1709. Lünig, Theatr. cerem I, 211.
Voyez aussi l'instruction pour les ministres d'Espagne envoyés à
Munster en 1643, dans Gaertner's westphal. FriedensCanzley, t. II,
p 299.

(b) Sur le procédé suivi pour les quatre exemplaires de la paix d'Aix-la-
Chapelle, en 1748, voyez Günther's Volkerrecht, I, 275. Moser's Versuch
X, 2, 374 ff. Sur la quadruple alliance de Londres de 1718, dont douze
exemplaires furent expédiés, voyez Schmauss Corp. jur. gent. I, 1743 ff.
Déjà, en 1546, la France et l'Angleterre établirent entre elles l'alternat.
Rousset, p. 66. Chaque exemplaire des préliminaires de la paix d'Utrecht,
ne fut signé que par l'une des parties contractantes, l'autre lui donna en
échange son approbation par écrit. Günther, I, 275.

(c) Voyez des exemples concernant le Portugal en 1763, la Sardaigne
en 1748, la Porte en 1699, la France, la Hongrie et la Bohême, dans Günther's Volkerrecht, I, 229, 234, 238, 247 f, 274 f. Moser'sVersuch des
europ. Volkerrechts, VIII, 74.

(d) Le congrès d'Utrecht en 1713, et celui d'Aix-la-Chapelle en 1718,
en fournissent des exemples. Günther, I, 275.

rieur (a); 4° on choisit certaines *formalités* qui laissent le
rang en *suspens* (b) ; 5° on convient d'une *uniformité* (c), ou
6° d'une *suspension* (d) du cérémonial, à l'égard de tous les
intéressés ; 7° on *cède* aux prétentions de l'autre partie,
mais en se réservant ses droits, ou en se faisant donner des
lettres *réversales;* 8° par rapport aux *ministres publics,* il
y a encore différents autres expédients (e), p. e. a) on envoie un ministre d'un ordre différent de celui dont est le
ministre avec lequel on est en contestation pour le rang;
b) ou évite de paraître, ou l'on paraît alternativement,
dans les occasions ou le rang vient en considération (f) ;
c) l'un et l'autre font leur entrée publique en même temps,
mais de différents côtés, et ils viennent à l'audience du
souverain en différents jours; d) on négocie par écrit,
pour éviter des entrevues formelles; e) le rang est réglé
d'après le temps de l'arrivée de chacun dans la ville, ou

(a) GÜNTHER, I. 277, II, 221, note *f.* MOSER's Versuch des europ.
Volkerr., VI, 44, F. C. v. MOSER's Hofrecht, I, 265 273. Conférez ci-après
§ 136, note *b,* et § 115.

(b) A cet effet il fut imaginé de tirer une ligne au milieu de la
salle, etc., lors de l'entrevue des rois de France et d'Espagne, en 1660,
dans l'île de Conférence (dite aussi ile des Faisans, île Carite, ile de l'Hô-
pital, dans la rivière de Bidassoa). LÜNIG, Theatr. cerem. I, 199 f. 842,
845. STIEVE's Hof-Ceremoniel, p. 410 ff. — Par la même raison, le roi
de Hongrie (puis empereur) Léopold et l'électeur de Mayence (en 1658),
ainsi que l'archiduc Joseph, ensuite empereur, et l'électeur de Bavière
(en 1690), dans leurs entrevues à Francfort, évitèrent de s'asseoir, en se
promenant dans la salle. SPENER's teutsches Jus publ., VII, p. 13.

(c) Voyez des exemples dans GÜNTHER's Völkerrecht, I, 247, et dans
les écrits sur les congrès formés pour la paix des Pyrénées, et pour celle
de Ryswik.

(d) P. e. on s'assied à une table ronde, comme aux congrès d'Utrecht,
de Cambrai, de Soissons, d'Aix-la-Chapelle. RÉAL, t V. On s'assemble en
plein champ, ou à l'occasion d'une partie de campagne GÜNTHER,
I, 277.

(e) GÜNTHER, I, 272 ff

(f) Voyez mon exposition d'un débat de rang mémorable, dans POSSELT's
wissenschaftlichem Magazin, Bd. II, St. I.

d'après le temps de son entrée dans la salle de conférence, à chaque séance (q).

§ 106. — Continuation.

8° Au congrès de Vienne, en 1815, les plénipotentiaires de l'Autriche, de la Russie, de la France, de l'Espagne, de la Grande-Bretagne, de la Suède, du Danemark et de la Prusse, se soumirent plusieurs fois, pour l'ordre des signatures dans les traités, actes et procès-verbaux, au hasard que l'*alphabet français* assigne à leur pays (a); 10° dans le règlement fait au même congrès, sur le rang entre les agents diplomatiques (b), il est stipulé que dans les actes ou traités entre *plusieurs* (plus de deux) puissances qui admettent l'*alternat* (§ 104), le *sort* décidera de l'ordre qui devra être suivi dans les signatures des ministres. Cependant cette stipulation ne déroge point à l'ancien usage, en vertu duquel chacune des puissances contractantes s'attribue à elle-même la première place, dans les exemplaires d'un traité expédiés dans sa propre chancellerie (c) (§ 103). Seulement pour les signatures des *autres*, dans ces mêmes exemplaires, lorsqu'il y a plus de deux contractants, ainsi que dans le cas où un seul document (*documentum unicum*) est expédié par plusieurs parties, le *sort* doit décider de l'ordre à observer dans les signatures (d).

(g) Comme aux congrès de Carlowitz en 1698, et de Nimirow en 1737. RÉAL, t. V, f. LÜNIG's Theatr. cerem., t. I, p. 957. Au congrès de Vienne de 1814 et 1815, et au congrès d'Aix-la-Chapelle, on abandonna au hasard l'ordre des siéges dans les conférences.

(a) Conférez mon Uebersicht der diplomatischen Verhandlungen des wiener Congresses, p. 164 ff.

(b) Art. 7; dans mes Acten des wiener Congresses, Bd. VI, p. 206, § 104 à 94 c. et 179.

(c) Il en a été ainsi dans les ratifications de l'Acte final du congrès de Vienne. Voyez mes Acten des wiener Congresses, Bd. VI, p. 216, note *.

(d) Voir mon Uebersicht, etc., p. 166 f.

§ 107. — III. Titres.

Vu l'égalité naturelle des États souverains, le *titre* ou la dignité qu'un État s'attribue ou dont il revêt son souverain, ne peuvent fonder, par eux-mêmes, aucune prérogative sur les autres États ou sur leurs souverains. Il ne peut pas même, bien qu'absolument maître du choix de ces titres, exiger que les autres États les reconnaissent (*a*). Mais il se peut qu'une limitation de la liberté de ce choix, ou un droit de cette sorte, soient établis par des traités. Voilà pourquoi les souverains, lorsqu'ils prennent un titre supérieur à celui dont ils avaient été qualifiés jusque là, s'empressent, sinon auparavant (*b*), du moins immédiatement après (*c*), d'en

---

(*a*) Déclaration faite à cet égard par la France, le 28 janvier 1763, dans FABER's neuer] europ. Staats-Canzley, t X, p. 3 f. Déclaration du roi de Danemark sur des modifications dans le titre et les armes royales Protocole de la séance de la diète germanique du 15 janvier 1820.

(*b*) Traité de couronne, conclu par la Prusse avec l'empereur Léopold Iᵉ, en 1700. ROUSSET, supplément au corps diplomatique, t II, P. I, p. 463. MOSER's Staatsrecht, t. IV, p. 108. PFEFFINGER Vittiar. illustr, t I, p 424 sq. Sur le mérite mémorable que le père WOLF, jésuite, avait acquis dans cette négociation, voyez ma *Kryptographik*, S. 23-26

(*c*) La royauté de la Prusse ne fut pas reconnue par le *pape*, avant le règne du roi Frédéric-Guillaume II, en 1786. Voyez la dissertation du comte de HERTZBERG, dans la Berliner Monatschrist, August 1786, p 101 ff. Conférez le même journal de 1787, Marz. p. 299. De plus, elle ne fut pas reconnue, jusqu'en 1792, par l'Ordre teutonique MOSER von Teutschland uberhaupt, p. 111-133. Protokoll des kurfurstlichen Wahltags v. 1790, I, 347, 359. II, 307; et celui de 1792, p. 60 f. — Dans l'Acte final du congrès de Vienne, furent reconnus ou arrêtés les titres suivants : czar, roi de Pologne, pour la Russie (art. 1); roi de Hanovre (art 26); roi des Pays Bas (art. 65); grand-duc de Luxembourg (art. 67), de Posen et du Bas Rhin (art 2 et 25), d'Oldenbourg, Mecklenbourg-Schwerin, Mecklenbourg-Strélitz, Saxe-Weimar (art. 34-36); électeur de Hesse (tacitement reconnu dans les art. 41, 56 et 58, et dans l'introduction de l'Acte fédéral d'Allemagne); villes libres (art. 6, 53, 56 et 58); quelques titres pour la Prusse (art. 16). Voyez mon Uebersicht der diplomatischen Verhandlungen des wiener Congresses, p. 160 ff., et mon Oeffentliches Recht des

obtenir la reconnaissance de la part des autres puissances. Quelquefois cette reconnaissance n'est accordée qu'à la condition qu'il ne s'ensuive aucune préséance quelconque (d). Aussi convient on quelquefois que l'usage ou le non usage de certains titres, ne sera d'aucun préjudice (e).

§ 108. — Titre impérial.

De tout temps, le titre d'*Empereur* a été regardé comme le plus éminent de tous; cependant les rois ne le considèrent plus, à lui seul, comme une raison suffisante pour prétendre à une prérogative quelconque (a) Ce titre (*Imperator, Cæsar*) a été porté d'abord par les anciens empereurs romains, puis par ceux de Byzance ou Constantinople, et par les empereurs romains-germaniques. Le sultan des Turcs s'est également attribué le titre de *Padischah* ou empereur (b). Dans les temps modernes, ce sont les souverains

teutschen Bundes, § 109. Dans le recez général de la commission territoriale de Francfort, les quatre puissances alliées décidèrent que le landgrave de Hesse-Hombourg pourrait porter le titre de *Landgrave souverain.* MARTENS Recueil supplém. VIII. 617.

(d) La France et l'Espagne, lorsqu'elles reconnurent le titre impérial de Russie, avaient pris la précaution de se faire donner des lettres réversales. L'impératrice Catherine II ayant refusé, en 1762, de leur en donner, elles firent leur protestation, en déclarant qu'elles cesseraient d'accorder le titre impérial, dès que la Russie introduirait des nouveautés dans le cérémonial. De MARTENS, Recueil, I. 30 ff. REAL, t. V, ch. IV, sect I.

(e) Voyez un exemple dans la paix d'Aix-la-Chapelle de 1748, art. sép. I. WENCK Cod. jur gent. II. 366. De même, dans un article séparé du traité conclu à Teschen, en 1779, entre l'électeur palatin et celui de Saxe. De MARTENS Recueil, II, 19.

(a) M. C. CLRTIUS de Senatu romano (Hal. 1762, 8), c. I, II et III. MASCOV princ. juris publ. imperii rom. germ., p. 165 sq. (B. G STRUV's) Untersuchung von dem kayserl. Titul und Wurde. Côln 1723, 8. GÜNTHER, I 210, 212. e. MOSER's auswärtiges Staatsrecht, S. 17. v. OMPTEDA's Lit., § 210. v KAMPTZ neue Lit , § 139.

(b) L'empereur Rodolphe II et le sultan Achmet Ier convinrent, en 1606, de se donner ce titre réciproquement Dans le traité de paix de Belgrade de 1739, art. 21, la Porte a manifesté le désir de distinguer particulière-

de la Russie (c), en 1721, de la France (d), en 1804, et de l'Autriche (e), en 1804, qui ont pris le titre impérial. Aussi quelques rois, encore récemment, s'en sont-ils prévalus à certaines occasions (f).

ment la dignité impériale. Conférez LÜNIG's Canzley-Ceremoniel, p. 61. MOSER's teutsches Staatsrecht, III, 22, et son Versuch des europ. Volkerr. I, 52. ROUSSET, Mémoires sur le rang, etc , ch. II et VII. De MARTENS Recueil, Supplém. V, 160.

(c) En Russie, le titre de czar fut changé en celui d'empereur, depuis 1721. MOSER's teutsches Staatsrecht, III, 22 ff. LÜNIG's Canzley-Ceremoniel, p. 39. v. OMPTEDA's Literatur, II, 508. Sur l'histoire de la reconnaissance de ce titre par les différentes puissances de l'Europe, comparez les renvois dans De MARTENS, Précis du droit des gens, § 128, note b. Dans la paix de Kainardgi encore, en 1774, art. 13, la Porte promit d'employer le titre sacré d'impératrice de toutes les Russies, dans tous les actes publics, en langue turque, et dans toute autre circonstance. De MARTENS Recueil, IV, 621. Sur le titre d'*Autocrator*, voyez MOSER's Nebenstunden, p. 285.

(d) Sur les rapports politiques de l'Europe relativement à la dignité impériale de la France durant le règne de Napoléon, voyez Politisches Journal, 1804, I. 623 ff. Nic. VOIGT's Staats. Relationen, Bd II, p. 3 ff. POSSELT's europ. Annalen, 1804, VI 302-314, VIII, 97-143, IX, 205-223, X, 143-162. E. K. WIELAND uber die Einfuhrung der erblichen Kaiserwurde in Frankreich. Berlin 1805, 8 — Ce titre a été repris par Napoléon III en 1852.

(e) Politisches Jorunal, 1804. Sept., S 869. Mic. VOIGT's Staats-Relationen, Bd. II, p. 213 ff.

(f) Dissertations sur les Rois qui se qualifient Empereurs; dans l'Échantillon d'essais sur divers sujets intéressants (publié par M de STECK, à Halle, 1789, 8), n° 1. Eob. TOTZE's kleine Schriften (1791, 8), Num. 7, MOSER's Belgrad. Friedens-schluss (1740, 4), Anhang, p. 109. Quelquesuns des rois d'*Angleterre* se sont quelquefois attribué, dans des actes destinés pour l'intérieur, le titre d'empereur, p. e. en 1603, 1604, 1727; et jusqu'à ce jour, dans tous les actes publics en Angleterre, la couronne est qualifiée d'*imperial crown*. v. MARTENS Einleit in das Völkerrecht, § 124, note c. — Sur l'*Espagne*, voyez ibid. — Les rois de *France* se donnèrent le titre d'empereur dans leurs négociations avec la Porte et avec les États d'Afrique. La Porte s'engagea même, dans le Traité de 1740, art 44, à leur attribuer ce titre constamment. WENCK Codex juris gent. I, 558.

§ 109. — Titres de Roi, de Majesté et de Hautesse. Rois titulaires.
Grand-Duc et Électeur.

Après le titre d'*Empereur*, celui de *Roi* est généralement
considéré comme le plus éminent. La dignité royale fut autrefois conférée par les anciens empereurs romains, et après
eux par les empereurs byzantins et romains-germaniques (*a*),
ainsi que par le pape (*b*). Cependant déjà, dans le moyen
âge (*c*), et particulièrement dans les temps modernes, plusieurs princes souverains s'attribuèrent, de leur chef, le
titre de *roi*, et se couronnèrent eux-mêmes (*d*). En même
temps qu'une puissance reconnaît le titre impérial ou royal
d'un souverain, elle lui accorde généralement le titre de
Majesté. Ce titre de Majesté se donnait autrefois exclusivement aux empereurs; mais, depuis la fin du xv⁰ siècle, tous
les rois l'ont reçu successivement, non-seulement de la
part des souverains inférieurs, mais aussi des empereurs et
rois (*e*). Quant à l'Empereur turc, la plupart ne lui donnent

(*a*) J.-P. de LUDEWIG diss. de jure reges appellandi. Hall. 1701, et dans
ses Opusc. misc., t. I, p. 47, sqq. Idem de auspicio regum ad solemnia
gentium jura revocato; ibid., p. 121, sqq. C.-W. KÜNSTER diss. de modo
reges appellandi apud Romanos. Lips. 1744, 4. De SELCHOW elem. juris
publ. germ., t. I, § 354, not. 3. MOSER von kaiserl. Regierungsrechten,
p. 418-448. RÉAL, science du gouvernement, t. V, p. 842, v. OMPTEDA's
Lit., § 209, v. KAMPTZ neue Lit., § 140.

(*b*) J.-P. de LUDEWIG, l. c. cap. IV. *Ejusd.* neniæ pontificis de jure
reges appellandi; dans ses Opusc. misc. I, 129, sqq. RÉAL, l. c. V, 837.

(*c*) De LUDEWIG de jure reges appellandi, cap. III.

(*d*) RÉAL, t. V, ch. IV, sect. VI. LUDEWIG diss. cit. c. VI, v. OMPTEDA's
Lit. II, 507.

(*e*) F. C. v. MOSER von den Titel Majestat; dans ses kleinen Schriften,
VI, 20-167. MOSER's Versuch des europ. Volkerrechts, 1, 234, et ses Beytrage zu dem europ. Volkerr., I, 378. L'Ambassadeur, par WICQUEFORT.
p. 347. RÉAL, t. V, ch. IV, sect. I, v. MARTENS Einleit. in des europ.
Volkerr., § 174, note *g* — L'empereur Léopold Iᵉʳ refusa d'accorder
ce titre aux czars de Russie. MASCOW princ. jur. publ. imp. rom. germ.,
p. 174.

que le titre de *Hautesse* (*f*) (*Hoheit*). Les titres de Roi et Majesté ne sont pas refusés aux *ex-rois* par les souverains amis, mais ordinairement on ne les reconnaît que comme *Rois titulaires* (*g*). Quant aux *Grand-Ducs* et à l'*Électeur* de Hesse (§ 29), quoiqu'ils jouissent d'honneurs royaux (§ 91), on ne leur donne pas le titre de Majesté (§ 110), ils se qualifient d'*Altesse Royale* (*Koenigliche Hoheit*).

§ 110. — Des titres d'Altesse, frère, et de parenté ; et des titres de Républiques, du Pape, de la Porte, du Grand-Maître de l'Ordre de Malte, etc.

Le titre d'*Altesse impériale* (*Kaiserliche Hoheit*), appartient exclusivement aux princes et princesses de sang impérial (*a*); celui d'*Altesse royale* (*Kœnigliche Hoheit*) aux princes et princesses de sang royal, et aux grands-ducs (*b*). Le seul prince qui ait conservé le titre d'électeur, celui de Hesse, a également adopté ce dernier titre. Le titre d'*Altesse* (*Hoheit*) se donne aujourd'hui aux princes et princesses descendants des grand-ducs et de l'électeur de Hesse, ainsi qu'à quel-

(*f*) ROUSSET, Cérémonial dipl. II, 742.

(*g*) Voici des exemples : Christine de Suède, 1654-1689, le prétendant d'Angleterre, 1683-1766, Auguste I⁰ᵉʳ de Pologne, 1706-1709, Stanislas Lesczinski de Pologne, 1709-1766, le Prétendant à la couronne de France, depuis 1793-1814, Charles-Louis d'Étrurie, depuis 1807 (appelé l'Infant Don Charles-Louis, dans le traité de Paris du 10 juin 1817), Charles IV d'Espagne depuis 1808, Gustave IV de Suède depuis 1809, Louis de Hollande depuis 1810. Sur ce dernier, voyez mes Acten des wiener Congresses, t. VI, p. 227. La ci-devant reine d'Étrurie est appelée S. M. l'Infante Marie-Louise, dans l'Acte final du congrès de Vienne, art. 101. Quant aux titres de Napoléon Bonaparte, de son épouse et de sa famille, voyez le traité conclu à Paris le 11 avril 1814, dans mes Acten des wiener Congresses, t. VI, p. 225, et de MARTENS, Recueil, Supplém. V, 695. — Les ci-devant Electeurs de l'Empire germanique ne voulaient accorder la précédence à aucun roi-titulaire. MOSER's auswärtiges Staatsrecht, § 217.

(*a*) Ordonnance de l'empereur d'Autriche, de déc. 1806.

(*b*) Mon offentliches Recht des teutschen Bundes, § 110

ques-uns (c) des princes et princesses issus d'une maison
aujourd'hui royale, mais, non descendants eux-mêmes d'un
roi (d). Les ducs et princes souverains sont qualifiés d'*Al-
tesses sérénissimes* (*Durchlaucht*). Les *républiques* (e) ne reçoivent aucune de ces distinctions, et dans les lettres qui
leur sont adressées elles sont appelées tout simplement *vous*
(*Sie*, en latin *Vos*). Toutes les têtes couronnées s'honorent
réciproquement du titre de *frère* (p e. mon frère, notre ou
votre bon frère), et elles accordent le même titre aux grands
ducs (f). Dans leurs lettres, les souverains ont l'usage de se
qualifier les uns les autres d'*ami*, d'*allié*, de *voisin* (*Freund,
Alliirter, Nachbar*), et de divers titres de *parenté*, p. e de
père, mère, frère, sœur, oncle, tante, neveu, cousin, beau-
frère, et en langue allemande, en outre, de celui de par-

(c) Dans la maison royale de Saxe , *tous* les princes et princesses ont le
titre d'*Altesse royale* (*Königliche Hoheit*). Dans la maison royale de Wurtemberg, les frères du premier roi sont traités d'*Altesse* (*Hoheit*). Voyez
mon *öffentliches Recht* allégué, § 110, n. *f*

(d) En Wurtemberg, ceux des princes de la maison royale, qui ne sont
ni descendants ni frères du premier roi , ne sont qualifiés que du titre
de *Durchlaucht* (Altesse sérénissime). — Sur les titres *Altesse, Altesse
Sérénissime, Celsitudo,* etc. voyez F C. v. Moser's kleine Schriften, VII,
167-348.

(e) En Hollande les États généraux étaient traités du titre de *Vos
hautes Puissances* (*Ihre Hochmögenden*). Sur le titre que reçoit des
autres États la Confédération de la Suisse, voyez Rousset, Cérémonial
diplomatique, II, 818. Réal, t. V, ch. iv, sect I, p. 910 et suiv. (de la
traduction allemande). Moser's Versuch des europ. Völkerrechts, § 240 f.
Sur les autres titres des républiques , voyez l'Ambassadeur, par Wicquefort, p. 247.

(f) Jac-Aug. Frankenstein de titulo fratris. Erf. Diss. I, 1715 Diss.
II, 1716, 4. J.-J. Moser's Progr. von dem Bruder-Titul unter grossen
Herren , besonders den gekrönten Häuptern , Frankf. 1737; et dans ses
Opusc. Acad. p. 413, sq. M.-C. Curtius von dem Bruder-Titel der Könige
und Fürsten; dans ses historichen und polit. Abhandlungen (1783. 8),
p. 104-127. Mon traité intitulé : Ueber Einführung, Rang, Erzämter,
Titel, Wappenzeichen und Wartschilde der neuen Kurfürsten (Erlang.
1803, 8), § 28 u. 46.

rain ou de marraine (*Gevatter* ou *Gevatterin*), ou de votre
Dilection (*Euer Liebden*) (*g*). Le pape reçoit, du moins des
souverains catholiques, les titres de *très-saint Père* (*Sanc-
tissime pater*), et de *votre Sainteté* (*vestra Sanctitas*). La
Porte est appelée la *Sublime Porte* (*h*) (*la fulgida Porta*). Le
Grand-Maître de l'ordre de Saint-Jean de Jérusalem était
traité ordinairement, par d'autres souverains, du titre d'*Altesse Éminentissime*, par ses sujets de celui d'*Éminence Sérénissime*, par les chevaliers de Malte de celui d'*Éminence*.

§ III. — Titres : par la grâce de Dieu, et Nous. Titres religieux. Titres
de pays, de famille, de prétention, de possession, etc. Titres des successeurs présomptifs au trône.

Tous les souverains monarques, dans leurs lettres patentes et lettres de conseil ou de chancellerie, se donnent le
titre *par la grâce de Dieu* (*a*) (*Dei gratia, von Gottes Gnaden*).
Il en est de même du *Nous* (*Nos, Wir*), qu'emploient aussi,
en langue française, les ministres publics et les généraux
commandants, dans les ordres, passeports, arrêtés et autres
actes publics expédiés sous leur nom (*b*). — Il est des têtes
couronnées, qui jouissent, quelques-unes en vertu d'un ancien usage, les autres par une concession du pape, de certains *titres religieux* (*c*) reconnus par les autres souverains.
C'est ainsi que le roi de France est appelé roi *très chrétien*

(*g*) F. C. v. MOSER von dem Titel : *Vater, Mutter* und *Sohn ;* dans ses
kleinen Schriften, I, 366 ff. — Le même, von den *Gevatter schaften*
grosser Herren ; dans le même livre I, 291 ff — Le même, vom Titel :
Gnaden, ibid. VI, 20 ff. — Le même, de titulo *Domini.* Lips. 1751, 4

(*h*) MOSER's Beytrage zu dem europ. Volkerrecht, I, 379.

(*a*) Voy HUCK's Literatur der Diplomatik, p. 383 ff. Ma neue Literatur
des teutsch. Staatsr, § 993.

(*b*) Mon livre allégué, au même endroit.

(*c*) MOSER's Versuch des europ Volkerr I, 269, 278. — Sur le titre
du roi de France, voyez MOSER's vermischte Abhandlungen aus dem europ.
Volkerrecht, n. 2, et une dissertation de M. KIERULF, dans Det skandina
wiske Literatur-selskabs Skrifter ; femte Aargang, 1809, hæfte 2 (à Copenhague, 1809, in-8).

(*rex christianissimus*), le roi d'Espagne, depuis 1496, roi
catholique (*rex catholicus*) et *Majesté catholique;* celui de
Portugal, depuis 1748, roi *très-fidèle* (*rex fidelissimus, al-
lerglaeubigster*); celui de Hongrie, depuis 1758, roi *aposto-
lique* (*rex apostolicus*); cependant ils ne se servent jamais
eux-mêmes de ces titres. Le titre de *défenseur de la foi* (*de-
fensor fidei*) se trouve, depuis 1521, dans le grand titre
d'État dont le roi de la Grande-Bretagne se sert dans ses
actes publics. — L'empereur romain-germanique se nomma
jadis *Semper augustus*, ce qui fut mal traduit en allemand,
par *allzeit Mehrer des Reichs* (*d*). — Il est des souverains
qui, outre leurs *titres* de *famille* et ceux de leurs *pays*,
prennent encore certains titres de *prétention*, et quelquefois
même de *possessions* qu'ils n'ont plus, et auxquelles ils n'ont
même plus aucune prétention (titres de mémoire) (*e*); ceci
occasionne souvent des déclarations de contradiction et de
réservation. Dans quelques États enfin, il y a des titres particuliers attachés à la qualité de *successeur présomptif* au
trône, ou de prince héréditaire (*f*).

§ 112. — IV. Style diplomatique.

Dans le *style diplomatique* (*a*) (*diplomatischer Canzleistyl*),

(*d*) Mon livre allégué, p. 152. — Les bulles par lesquelles le Pape con-
féra ces titres aux rois de Portugal (1748) et de Hongrie (1758), sont imprimés dans WENCK cod juris gent II, 432, III, 184.

(*e*) Voyez des exemples dans la Science du gouvernement, par RÉAL,
t. V, ch. iv, sect. 4, vers la fin.

(*f*) Tels que les titres de Prince de Galles, du Brésil, des Asturies, etc.
GÜNTHER's Volkerrecht, II, 487.

(*a*) Sur le style diplomatique voyez ROUSSET et LÜNIG, dans leurs livres
cités plus haut, § 89. C -A. BECK's Staatspraxis oder Canzleiubung aus
der Politik, dem Staats-und Volkerrechte. Wien 1754, 8. Zweite Aufl.
1778, 8. J.-S. SNEEDORF, Essai d'un Traité du style des cours. Goett.
1751, 8. Revu et corrigé par de COLOM du CLOS, ibid. 1776, 8. F. C. v.
MOSER's Staatsgrammatik. Frankf. 1749, 8. J.-J. MOSER's Einleit. zu den
Canzleigeschaften. Hanau, 1750, 8. J -St. PÜTTER's Anleitung zur jurist.

l'usage, a sanctionné des règles relatives aux rapports de titre et de rang existants entre les États souverains. Ces règles sont rarement négligées, sans que la négligence, lorsqu'elle n'est pas immédiatement ou suffisamment excusée, ne soit relevée par la partie adverse, du moins comme faute de chancellerie (b). Elles sont plus ou moins mises en usage (c) dans tous les écrits et actes diplomatiques, non-seulement dans les pièces qui ne sont destinées qu'aux puissances ou personnes directement intéressées, — savoir dans les lettres proprement dites (d), notamment dans les lettres de conseil ou de chancellerie, lettres de cabinet, et

Praxis. Th. I, II Gott 1753, 1765, 1780, 1789, 1802, 8. C.-G. Ahnert's Lehrbegriff der Wissenschaften, Erfordernisse u. Rechte der Gesandten, t. II (Dresden, 1784, 8). H. Bensens Versuch einer systemat. Entwickel. der Lehre von den Staatsgeschäften. Bd. I, II. Erlangen 1800, 1802, 2. J.-C Adelung von dem Canzlei-u Curialstyl; dans son ouvrage intitulé : über den teutschen Styl, t. II, Abschn. 2, cap. I, p. 67 ff. Bischof's Lehrbuch des teutschen Canzleystyls, I, 381. Neues vollständiges französisches und teutsches Titulatur-Buch Leipz. 1780, 8. Neues teutsches Titulatur-Buch. Mit Einleit. v. G.-C Claudius, 2, umgearb. Aufl. Leipz. 1811, 8. Le secrétaire de la cour impériale de France, ou Modeles, etc', à Paris, 1810. 12. F. X. v. Moshamm's europ. Gesandschaftsrecht, Landshut 1805, 8. (Meisel, Cours de style diplomatique, Dresde, 1823, 2 vol. in-8. Ch. de Martens, Guide diplomatique, 4ᵉ éd. 1851, 2 vol. in-8. On trouve dans cet ouvrage des modèles des diverses espèces d'écrits diplomatiques.)

(b) La faute est relevée, par exemple, dans une lettre expresse écrite à cette fin, dans un post-scriptum, dans une note de chancellerie, par une protestation, au moyen d'un refus ou retardement de réponse, ou bien en réciproquant la faute, en renvoyant la lettre, etc. Voyez F.-C Moser von Ahndung fehlerhafter Schreiben. Frankf 1750, 8. Idem von Canzleyfehlern, dans ses Kleine Schriften, V, 229. J.-J. Moser von Schreib und Druckfehlern, dans ses Rechtsmaterien, t. I, num 5. F. C. v Moser uber das Pradicat « allerhohst; dans ses Histor. u. juris Schriften, I, p 484

(c) Voyez v. Martens Einleit. in das europ. Volkerrecht, § 174-181.

(d) Sur les lettres, voyez Rousset, Beck et Sneedorf, dans les livres allégués, Pütter's jurist Praxis, I, 37, 50, 53, 54, II, 87, v. Martens Einleitung, 174-176. On en trouve des exemples, dans le Recueil des déductions, manifestes, déclarations, traités, etc, publié par le comte de Hertzberg, à Berlin, 1788-1795, t. I-III, 8.

celles de main propre (e), et dans les écrits non rédigés en forme de lettres, tels que les *Pro Memoria* (f), mémoires, notes, notes verbales, notes circulaires, mémoriaux, rapports, rescrits, décrets, signatures, résolutions, instructions, pouvoirs, protestations, etc., — mais aussi dans ceux qui, souvent par leur forme même, sont destinés en même temps pour le public, comme les traités publics, déductions, exposés des motifs, mémoires raisonnés, manifestes, lettres patentes, passeports, sauvegardes, et autres actes publics de ce genre.

§ 113.— De la langue dont se servent les États.

Le droit d'égalité des nations s'étend aussi sur la *langue* qu'emploient leurs gouvernements dans leurs relations diplomatiques (a). Il n'est pas douteux que chaque État souverain ne soit en droit de se servir exclusivement, et de demander qu'on se serve avec lui, d'une langue quelconque, soit de celle de son pays, soit d'une langue *étrangère*, s'il se trouve, de vive voix (b) ou par écrit, en relation avec un

(e) Sur les lettres autographes voyez F.-C. v. Moser's kleine Schriften, 1, 75 Correspondance entre les souverains de l'Autriche et de la Prusse, en 1778, dans les OEuvres posthumes de Frédéric II, tom. III (à Hambourg, 1790, 3), p. 365-407.

(f) Sur l'usage des *Pro Memoria*, voyez Moser's Rechtsmaterien, VIII, 668 ff.

(a) Voyez les écrits sur les droits des souverains en matière de langue, énoncés dans Pütter's Literatur des teutschen Staatsrechts, t. III, p. 205, dans ma Neue Literatur des t. Staatsr, p. 219, et dans Hlch's Literatur der Diplomatik, p. 29, u. 376. Strube's Nebenstunden, VI, 416. Jargow von den Regalien, p. 266. Moser's Versuch des europ. Volkerr., III, 128, 230; IV, 37; VIII, 262, X. Bd. II, p. 243, 368. Du même Beytrage zu dem europ. Volkerr., II, 431. F. C. v. Moser von den europäischen Hof hund Staatssprachen. Frankf. 1750, 8. Réal, Science du gouvernement, t. V, ch. III, sect. I. — Si plusieurs langues ont cours à la fois, on peut distinguer la langue d'État, celles de la chancellerie et des tribunaux, de l'église et des écoles, de la cour, la vulgaire, etc. (*idioma publicum, judiciale, sacrum, scholasticum, vulgare*)

(b) P. e. dans les audiences qui sont accordées aux ministres publics

autre État. Lorsque plusieurs gouvernements ont des idiomes différents, et qu'ils ne peuvent s'accorder à l'effet de l'usage d'une même langue, chacun d'entre eux se sert, dans ses expéditions, de sa propre langue ou d'une autre quelconque, en ajoutant ou non une traduction dans la langue de l'autre gouvernement ou dans une tierce langue, p. e. en latin (c). On rédige alors *plusieurs originaux* des traités dans différentes langues (d).

dans les conférences qu'ils ont entre eux, où ordinairement chacun fait traduire ses déclarations par son interprète ou drogman. Moser's Versuch des europ. Volkerr, III, 250, 393, 394, 401, 406, 408, 424, 430. Du même, Beytrage, III, 128. Un exemple de 1660, où il ne fut point admis d'interprete se trouve dans Li'mg's Theatr. cerem., t. II, p. 847.

(c) Au congrès de paix de Rastatt (en 1797-1799), la députation de l'Empire germanique et l'ambassade de France s'écrivirent chacune dans sa propre langue, sans joindre une traduction. Voyez Protokoll der Reichs-friedens Deputation zu Rastatt, I, p. 156, 244 f., 258 f. On procéda de la même manière à l'assemblée de la députation de l'Empire germanique à Rastibonne, en 1802 et 1803. A la diète de l'Empire germanique, les ministres des puissances étrangères ajoutaient des traductions latines à leurs pouvoirs, mémoires, notes, etc., lorsque ceux-ci étaient conçus dans la langue de leur pays. Comparez Moser's Versuch, III, 128. Au congrès de Vienne, les plénipotentiaires se servirent ordinairement de la langue française; cependant l'usage de la langue de leur pays, et même du latin, n'en fut pas entièrement exclu, surtout pour les affaires d'Allemagne. Voyez mon Uebersicht der diplomatischen Verhandlungen des wiener Congresses, p. 537-540 Les États généraux des Provinces-Unies des Pays Bas communiquaient avec les ministres des gouvernements étrangers en langue hollandaise, en ajoutant une traduction française La Porte exigea, en 1761, que les ministres étrangers lui écrivissent en français. Moser's Beytrage, IV, 22 f. Du même, Versuch, IV, 38

(d) Le traité de paix de Vienne, de 1738, est conçu en latin et en français, celui de Belgrade de 1739, en turc et latin. Wenck codex jur. gent. I, 88, 359. — Le traité de paix entre la Russie et la Turquie, de 1774, et conçu en trois langues. l'exemplaire de la Russie est en russe et italien, l'exemplaire destiné à la Porte, en turc et italien. De Martens, Recueil, IV, 636, 638. — La Suède, le Danemark, la Grande-Bretagne, les États-Unis d'Amérique, et plus souvent la France, se sont servis aussi, dans leurs traités, de la langue de leur pays, ce qui a nécessité des expéditions en plusieurs langues. — La Diète germanique arreta (dans son protocole

§ 114. — Continuation.

Pour éviter cet inconvénient, on est assez souvent convenu d'une *tierce* langue. C'était, jusqu'au xviii⁰ siècle, ordinairement le latin (*a*), depuis, presque toujours le français, dont l'usage a obtenu une certaine universalité dans les cours et dans les négociations diplomatiques (*b*). Il y a

du 5 déc. 1816) que les écrits qui lui seraient adressés concernant ses relations intérieures devaient être conçus en allemand, et les annexes écrites dans une langue étrangère accompagnée d'une traduction allemande : pour ses relations extérieures, elle prit (protocole du 12 juin 1817, m. I, n. 2, 3 et 4, m. III, n. 3, 5 et 8, et m. IV, n. 2), la résolution de ne se servir que de la langue allemande, toutefois en ajoutant une traduction latine ou française, là où l'on serait disposé à rendre la pareille, etc.

(*a*) Sont conçus en *latin,* les traités de paix de Nimègue, de Ryswik, d'Utrecht de 1713, de Bade de 1714, de Viênne de 1725 et de 1738, un exemplaire de celui de Belgrade de 1739, la quadruple alliance de Londres de 1718. Déclaration des ministres de France, donnée au congrès d'Utrecht à ceux de la Grande-Bretagne, le 11 avril 1713, de vouloir fournir un instrument en latin. Voy. Schmauss C. J. G. II. 1355. Du Mont Corps dipl. t. VIII, p 1, 344. En 1752 encore, le ministre autrichien parla au roi de Naples en bon latin. Mosen's Versuch, III, 430. Le souverain pontife se servit, encore dans les temps les plus récents, du latin ; l'empire germanique tantôt du latin, tantôt de l'allemand. Néanmoins le traité de paix de Lunéville, conclu en son nom par l'empereur en 1801, ne fut expédié qu'en français, sans protestation de préjudice; mais la ratification qui fut donnée de la part de l'empereur et de l'empire, est en latin. — J.-L.-E. Püttmann pr. de usu linguæ latinæ in vita civili causisque maxime publicis. Lips. 1793, 4. Arth. Duck de usu et auctoritate juris civ. rom., p. 150 sqq. C. F. Walch de lingua latina, lingua legitima; dans ses Opuscula, t. I, p 402. Discours de M. C.-G. Heyne, dans le Gottingsche gel. Auzeigen, 1809, St 127, 128. C.-H. Pudor de palma linguæ latinæ ab Europæ civitatibus de pace, fœderibus, etc., publice agentibus optimo jure retribuenda. Vratislaviæ 1817, 4.

(*b*) J.-A. Eberhard über die Allgemeinheit der französischen Sprache; dans ses Vermischte Schriften (Halle 1784, 8.), t. I, N. 2. J.-C. Schwab, Des causes de l'universalité de la langue française (1785), traduit en français, par Robelot, avec des remarques, à Munster 1804, gr. in-8. Il en a paru aussi en français, un extrait par Median, en 1785, in-8, sans indication du lieu où il ait été imprimé. De l'universalité de la langue française (par le

même des exemples de gouvernements ayant la même langue, qui se sont servis du français (c) dans les traités conclus entre eux. Dans les temps modernes, on a eu quelquefois soin, en rédigeant un traité uniquement en langue française, de prévenir par une clause de protestation (d) les conséquences désavantageuses qu'on pourrait en tirer. La Porte Ottomane ne s'estimant parfaitement obligée par un traité, que lorsqu'il est conçu dans sa langue vulgaire, et les gouvernements des autres États européens ne voulant pas se prêter à l'usage du turc, les traités conclus entre ces États et la Porte sont toujours expédiés en plusieurs langues (e).

§ 115. — V. Divers autres objets du cérémonial, en particulier ceux qui concernent la personne et les familles des souverains

Pour exprimer l'estime, l'amitié ou l'affection envers

comte de RIVAROL), à Berlin 1784, 8, à Paris, 1784. 8, ib. 1797, 4, et dans les OEuvres complètes de RIVAROL (à Paris 1808, gr. in-8.), t. II, n. 1. Sur l'universalité de la langue française; dans le journal intitulé : Le Nord physique, politique et moral, 1798, n. 4.

(c) Notamment des gouvernements allemands. Voyez les traités de paix de Breslau et de Berlin de 1742, ceux de Dresde de 1745, ceux de Hubertsbourg de 1763 et de Teschen de 1779. MOSER's teschner Friede, mit Anmerkungen (1779, 4), p. 49 f. Quelquefois on y fut déterminé par le motif que les ministres des puissances médiatrices ne savaient pas la langue allemande. Sur l'usage de la langue française au congrès de paix de Westphalie, voyez de MEIERN Acta Pacis Westphal., dans la table des matières, voc. Franzosische Sprache.

(d) Voir le traité de paix de Rastatt de 1714, art. 33, et celui d'Aix-la-Chapelle de 1748, art. sép. 2 (WENCK cod. jur. gent. II, 360); le traité d'alliance fait entre l'Autriche et la France en 1756 (MOSER's Versuch, VIII, 75), art. sép. 2; le traité conclu entre la Pologne et la Prusse en 1773, art. 14, dans de MARTENS recueil, I, 495; l'acte final du congrès de Vienne de 1815, art. 120. Sur la quadruple-alliance, formée à Londres en 1718, voyez SCHMAUSS Corp. jur. gent. II, 1734.

(e) Comparez la note d au § précédent. RÉAL, science du gouvernement, t. V, ch. III, sect. I

d'autres États, leurs souverains, et les familles de ces derniers, ou pour leur faire des politesses, il s'est introduit,
entre les États chrétiens de l'Europe, divers usages ordinairement d'origine purement arbitraire, mais auxquels les
gouvernements se voient assez souvent obligés d'obéir, par
politique, ou en vertu de la morale des nations (a). De ce
nombre sont : 1° la *notification* de l'avénement du prince
au trône (§ 49), du mariage, de la grossesse, de la naissance,
de la mort des personnes qui appartiennent à la famille du
souverain, et des autres événements de famille ou politiques,
soit heureux soit désagréables, ainsi que les *félicitations* ou
témoignages de *condoléance* qui s'ensuivent (b); 2° la *réception* solennelle, le *traitement* des souverains ou de leurs parents en visite ; et les fêtes et réjouissances ordonnées en
leur honneur, surtout lorsqu'ils ne gardent pas l'incognito (c) ; 3° les *honneurs* et le *traitement* des souverains
étrangers à leur passage (d) ; 4° les *réjouissances publiques*
dans des circonstances heureuses, et le *deuil* en cas de
mort (e); ces circonstances peuvent même être l'occasion
de certaines politesses religieuses, p. e. d'un *Te Deum*
chanté en action de grâces pour quelque événement heureux, d'obsèques, de prières nominales (f), etc. ; 5° l'*in-*

(a) F. C. de MOSER von der Staats-Galanterie; dans ses Kleine Schriften,
Bd. I, p. 1-181.

(b) De MOSER, dans le livre cité, I, 53. — Ces notifications, félicitations
et témoignages se font par écrit, ou de vive voix par des envoyés ordinaires ou extraordinaires, ou des deux manières à la fois. Ils ont même
assez souvent lieu entre des souverains en guerre. De MOSER, l. c. I, 68,
74, 80. Quelquefois on envoie des invitations à des solennités de ce genre.
De MOSER, l. c. I, 52.

(c) De MOSER, l. c. I, 12 et suiv. MOSER's Beytrâge II, 255 et suiv.
Voyez plus haut § 106, et ci-après § 136.

(d) De MOSER, dans le livre cité, I, 21, 29 et suiv. MOSER's Versuch des
europ Volkerrechts, I, 355. Du même, Beytrâge, I, 496, II, 255 ff.

(e) De MOSER, l. c. I, 54 ff. 62, 65.

(f) De MOSER. l. c. I, 50 ff.

vitation à tenir un enfant sur les fonds de baptême (*g*).

§ 116. — Continuation.

Sont encore du même nombre : 6° les *présents* (*a*) dont s'honorent quelquefois les gouvernements et les princes. Il en est de purement volontaires, il y en a d'autres qui sont d'usage, soit à une époque fixe (*b*), soit dans certaines circonstances, p. e. en cas de mariage, de grossesse, d'accouchement, de compérage, de visite (*c*); il en est de même des présents réciproques (*d*), tels que l'envoi d'une décoration, après en avoir reçu une. Les dons et les présents réciproques dont on était convenu d'avance, ce qui est très-usité dans les traités avec la Porte et les États barbaresques (*e*),

(*g*) De Moser von den Gevatterschaften grosser Herren ; dans ses Kleine Schriften, Bd. I, p. 291-365. Moser's Versuch, I, 341. Du même, Bey trage, I, 466.

(*a*) Moser's Versuch des europ. Volkerr., I, 344. du même, Beytrâge, I, 469 ff 514. F. C. v. Moser's kleine Schriften, I, 47 f. — Sur les présents qu'on fait à la Porte, et ceux qu'on en reçoit, voyez Moser's Versuch, I, 344 ff. Du même, Beytrage, I, 470-478. — Pour présents on choisit les *objets* suivants : des ordres et autres décorations, quelquefois avec dispense des prescriptions des statuts de l'ordre (Moser's Versuch, I, 333. Du même, Beytrâge, I, 461, II, 549.), des bijoux et autres choses de prix, des curiosités, soit naturelles, soit artificielles, des objets remarquables de littérature, des objets favoris de l'une des deux parties, des ouvrages faits par celui même qui les donne en présent, etc. F. C. v. Mosen's kleine Schrifter, I, 36 f. 41 ff. Moser's Beytrage, I, 514. Jadis le roi de France envoyait, presque annuellement, au roi de Danemark des faucons dressés; c'est ce que faisait aussi le grand-maître de Malte. Napoléon reçut souvent d'Allemagne des cerfs vivants. Le pape envoie des choses bénites, p. e langes, roses d'or, chapeaux et épées, *agnus dei*, reliques des saints. Voy. v. Moser's kleine Schriften, I, 44 ff. Moser's Beytrage, I, 481 f.

(*b*) Moser's Versuch, I, 347.

(*c*) Moser's Beytrage, II, 255 ff. v. Moser's kleine Schriften, I, 32 ff.

(*d*) Moser's Versuch, I, 347. Beytrâge, I, 501 ff.

(*e*) Préliminaires de paix entre la Russie et la Porte, du 1ᵉʳ sept. 1739, art. 8. Traité de paix de Belgrade de 1739, art 20. Traité de paix de Jassy, de 1792, art. 10. Traité entre le roi Frédéric-Guillaume Iᵉʳ de

sont des prestations obligatoires, et non pas de véritables présens. 7° Les *mariages* des souverains, avec les cérémonies ordinaires, appartiennent aussi à cette classe du cérémonial, en tant qu'ils ont lieu principalement *pour des motifs politiques*, si ce n'est même en vertu d'un traité (*f*). Cependant, en principe, ces mariages aussi dépendent de la libre volonté du souverain, notamment en ce qui concerne l'état, le rang et la condition de l'épouse qu'il a choisie; en sorte qu'il ne saurait être question ici de mésalliance, ni des suites qui en dérivent, ni surtout s'élever aucun doute sur la question de savoir si les enfants nés ou à naître d'un tel mariage doivent être réputés d'état égal à celui du père, et habiles à lui succéder (*g*), à moins d'une disposition légitime contraire.

§ 117. — VI. Cérémonial maritime.

Le *cérémonial maritime* consiste en certains honneurs rendus par des vaisseaux naviguants ou stationnaires, à d'autres vaisseaux, à des personnes d'un certain rang, ou à des ports, châteaux, forteresses, forts ou batteries, qui y répondent ensuite de manière ou d'autre. Ce cérémonial est envisagé, tantôt comme marque de soumission, tantôt comme une reconnaissance de la souveraineté sur le vaisseau ou sur le district maritime, tantôt seulement comme politesse volontaire, conventionnelle ou ordonnée par des lois (*a*). L'omission de ce cérémonial a quelquefois occa-

Prusse et la compagnie hollandaise des Indes-Orientales, de 1717. Lamberty, Mémoires, t X, p. 172.

(*f*) Günther's europ. Volkerrecht, II, 483 ff. J.-P. de Ludewig de matrimonio principis per procuratorem. Hal. 1724, rec. 1736. F. C. v. Moser's Hofrecht, I, 537 ff. — Sur l'entrée solennelle au lit nuptial usitée autrefois (*Bettsprung, conscensio chori solemnis*), voyez Köhler's Münzbelustigungen, I, 93 ff. v. Moser dans le livre allégué, I, 576.

(*g*) Il y a beaucoup d'exemples de mariage de cette espèce, principalement dans l'histoire de la Russie.

(*a*) J.-J. Moser von dem Flaggen-und Segelstreichen; dans ses Ver-

sionné des actes de violence, et même des guerres (*b*).

§ 118. — Différentes espèces de ce cérémonial.

Sous les trois différents rapports ci-dessus, il y a différentes espèces du *salut en mer*. 1° Le *salut du pavillon* (*das Flaggentreichen*), lorsqu'en reconnaissance de la souveraineté on amène le pavillon, c'est-à-dire qu'on le plie contre le mât en l'empêchant de flotter, ou qu'on le baisse, ou enfin qu'on le met absolument bas, marque de soumission, et par conséquent la plus humble de toutes et en général de tout salut (*a*). 2° Le *salut des voiles* (*das Segelstreichen, die Loesung*), lorsqu'on cale les huniers, et surtout le grand, contre leurs mâts ou sur le ton (*b*). 3° Le *salut du*

mischte Abhandlungen aus dem Volkerrecht, St. II, Num. 6, p 134 ff. F. C. v, Moser von dem Segelstreichen und Schiffgruss; dans ses Kleine Schriften, IX, 287-436, X, 210-396, XII, 1 34. J.-J Moser's Versuch des europ. Volkerrechts, II, 481 493. Du même, Beytrage, II, 441-448. Surland's Grundsatze des europ. Seerechts, § 60 ff. Bouchaud Théorie des traités de commerce, p. 41. sqq. Encyclopédie, voc. *Saluer* et *Salut.* Encyclopédie méthodique; Marine. t. II, voc. *Honneurs,* t. III, voc. *Saluer.* v. Kamptz neue Lit., § 192. Th. Ortolan, Règles internationales et diplomatie de la mer. 2ᵉ éd. 1856, 2 vol. in-8., t. I, ch. xv.

(*b*) Puffendorf de reb. gest. Friderici Wilh. Elect. brandenb., lib. IX, § 68. Stypmann de jure maritimo, P. V. c. l. n. 21. F. C. v. Moser dans le traité allégué, X, 236 et suiv. Déclaration de guerre de la part de la Grande-Bretagne contre les Provinces-Unies des Pays-Bas, du mois de mars 1672, dans Silvius Vervolg van Aitzema, t. III, p. 193 et suiv. v. Moser X, 301 ff. 315, 372, 389.

(*a*) « Le salut du canon est majestueux : celui du pavillon plié est humble ; si on l'amène tout bas, il est de la plus grande humilité, même avilissant ; aussi les *nations* ne se soumettent pas à cette dernière manière de saluer. » Voyez Encyclopédie méthodique, l. c. ii, 389 et suiv. — Dans les combats maritimes, lorsqu'on ôte le pavillon et qu'on en arbore un de couleur blanche, c'est rendre le vaisseau. — Sur ce qui touche le pavillon, voyez Moser's Versuch, V, 503 ff. Connaissance des Pavillons. A La Haye, 1737. Recueil des Planches de l'Encyclopédie, t. I, planches 17-20.

(*b*) A l'ordinaire, ce ne sont que les navires marchands qui se prêtent à

canon (*Loesung der Canonen*), qui est le salut ordinaire et proprement dit; il consiste à tirer un certain nombre de coups de canon, plus ou moins, sans boulet ou à boulet, suivant le degré des honneurs. Les vaisseaux de guerre saluent ordinairement par nombre impair de coups de canon, cinq, sept, neuf, etc., et, au plus, vingt et un (*c*); les galères saluent par nombre pair. A cet égard, il y a à considérer à quelle distance et par combien de coups de canon il faut saluer, qui saluera, si le salut doit être rendu, et par combien de coups. Le contre-salut se fait ou coup pour coup (*d*), ou après le salut.

§ 119. — Continuation.

4° Le *salut de la voix* (*das Vivatrufen*) est l'exclamation quelquefois (trois, cinq ou sept fois) répétée de *vive le*.....; on salue ainsi, après avoir salué du canon, ou lorsqu'on ne peut ou ne veut saluer du canon (*a*). 5° Le *salut de la mousqueterie* se fait par une ou trois salves de mousqueterie; ces salves n'ont lieu qu'à l'occasion de quelque fête, et elles précèdent le salut du canon. 6° Enfin c'est encore une marque de civilité de la part d'un vaisseau de mettre sous le vent, d'envoyer quelques officiers à bord de l'autre vaisseau, ou de venir sous son pavillon (*b*). Le *contre-salut*

saluer de cette manière. Jo. SIBRAND Diss. de velorum submissione. Rost. 1691, 4.

(*c*) La Grande-Bretagne stipula, pour ses vaisseaux de guerre, un salut de vingt-sept coups de canon, dans son Traité de paix et de commerce conclu, en 1751, avec le gouvernement de Tripoli, art. 18. WENCK Cod. jur. gent. II, 578. Les vaisseaux suédois saluent ordinairement par nombre pair. — Le salut à boulet est une distinction; il n'est régulièrement rendu qu'à un roi. Voy. v. MOSER's kleine Schriften, XII, 23.

(*d*) Traité de paix de Friedrichshamm, entre la Russie et la Suède, du 17 sept. 1809; dans le Recueil de M. de MARTENS, Supplém. V, 29.

(*a*) P. e. lorsque le pavillon amiral est arboré, ou que l'on rencontre un vaisseau portant pavillon d'amiral.

(*b*) On fait aussi, chez les catholiques, certains honneurs au Saint-Sacrement, lorsqu'il passe sur le quai en face d'un vaisseau.

ne se fait que par des coups de canon (*c*) et de la voix; cependant une forteresse rend quelquefois le salut en arborant une flamme.

§ 120. — Cérémonial pour les bâtiments du même État, et pour les bâtiments étrangers dans son territoire maritime.

En vertu de son indépendance, tout État est en droit de déterminer le cérémonial maritime qui 1° doit être observé par ses vaisseaux, entre eux et envers des vaisseaux étrangers, tant dans *son territoire maritime* qu'en *pleine mer*. Il peut le régler également 2° pour les vaisseaux étrangers qui se trouvent dans *son territoire maritime*, vis-à-vis des vaisseaux appartenant à lui ou à de tierces puissances (*a*), et cela s'entend des vaisseaux étrangers, tant marchands que de guerre, même lorsque ces derniers seraient de haut bord ou réunis en escadres ou flottes. Les règles à suivre dans ces deux cas sont prescrites, tantôt par des lois particulières (*b*), tantôt par des traités (*c*). Dans le deuxième cas, on exige ordinairement, pour ses vaisseaux de guerre, ports, forteresses et châteaux, le salut du canon et du pavillon, lequel est rendu le plus souvent par des coups de canon. Si la souveraineté, dans un certain district mari-

(c) V. Moser's kleine Schriften, XII, 21.

(a) Bynkershoek quando et quorum navibus præstanda sit reverentia ? In *Ejus* quæst. jur. publ. lib. II, ch. xxi, dans ses Oper. omn. II, 278.

(b) On en voit des exemples dans l'Ordonnance de la marine de France de 1681, dont un extrait, comme aussi d'autres règlements français, dans l'Encyclopédie, v. *Salut*, ainsi que dans l'Encyclopédie méthodique, Marine, t. II, p. 533, et dans Réal, Science du gouvernement, t. V, ch. iv, sect. III Sur les lois anglaises, portugaises, hollandaises, dans v. Moser's kleine Schriften, XII, 4 ff. 11 ff. D'autres exemples dans v. Martens Einleit. in das europ. Volkerrecht, § 155, note *a*.

(c) Voyez des exemples dans Wenck Cod. jur. gent. II, 578. De Martens, Recueil, II, 521; III, 41, 115. Supplément, I, 224, Moser's Versuch, II, 485 ff. F. C. v. Moser's kleine Schriften, IX, 329, X, 219 ff. 285, 364, 371.

time, est constestée, comme elle l'est dans les quatre mers
environnant la Grande-Bretagne (*d*), le droit d'exiger le
salut est aussi un litige. De grandes puissances maritimes
refusent aussi quelquefois le salut à des Ltats moins puissants, du moins pour leurs vaisseaux portant pavillon
d'amiral, ou elles exigent que ceux-ci soient salués les
premiers (*e*). Des honneurs déterminés sont rendus (*f*) aux
souverains, aux princes du sang, aux ambassadeurs, aux
amiraux, etc., lorsqu'ils entrent dans un port ou qu'ils y
passent, ou bien dans les cas de décès du souverain, de
l'amiral, etc. (honneurs funèbres), et dans les réjouissances
publiques.

§ 121. — Cérémonial en pleine mer.

En *pleine mer*, les vaisseaux de toutes les nations sont,
entre eux, dans l'état d'indépendance et d'égalité naturelles.
En conséquence, aucune nation n'y peut exiger pour ses
vaisseaux des honneurs quelconques, si ce n'est en vertu de
traités (*a*). C'est par cette raison que plusieurs puissances
se sont entendues, même par des traités, pour abolir le salut en pleine mer, soit tout à fait (*b*), soit en partie (*c*).
D'autres, au contraire, persistent à y faire valoir l'ancien
usage du salut; il en est même qui, sur le refus du salut,
ou sur un salut imparfait, après avoir inutilement fait la

(*d*) PESTEL diss. selecta capita juris gentium maritimi, § 7. v. MOSER's
kleine Schriften, X, 218 ff.

(*e*) MOSER's Versuch, II, 491.

(*f*) F. C. MOSER's kleine Schriften, X, 24-34.

(*a*) BYNKERSHOEK l. c. Il en est de même du cas où des navires de deux
puissances se rencontrent dans le territoire d'une *tierce* nation, à moins
que celle-ci n'ait donné des règlements y relatifs (§ 120).

(*b*) Voyez des exemples dans WENCK Cod. jur. gent. II, 72. De
MARTENS, Recueil, III, 13. Comparez aussi v. MOSER's kleine Schriften,
XII, 22.

(*c*) On en voit un exemple de 1692, dans DUMONT, Corps dipl. t. VII,
p. II, p. 310.

semonce par un coup de canon sans boulet, se vengent par des coups de canon à boulet.

§ 122. — Usage.

Voici l'usage qui s'observe régulièrement en pleine mer, à moins qu'il n'y soit dérogé par des traités (a). Les *navires marchands* saluent les vaisseaux de guerre du canon, des voiles et du pavillon; cependant une partie de ce salut leur est souvent remise, lorsqu'ils sont en pleine course. Pour ce qui est des *vaisseaux de guerre*, on observe ce qui suit : 1° Les vaisseaux d'un rang égal, ou ne se demandent aucun salut, ou le salut est donné le premier par celui qui se trouve sous le vent (b). 2° Le vaisseau d'un rang inférieur salue celui de pavillon supérieur. 3° Un vaisseau seul, rencontrant une escadre ou une flotte, doit la saluer; une escadre auxiliaire salue la flotte principale. Dans tous ces cas, le salut est rendu par des coups de canon. Il est des grandes puissances maritimes, surtout la Grande-Bretagne, qui prétendent à ce que leurs vaisseaux portant pavillon d'amiral soient salués, par les vaisseaux des autres nations, non-seulement du canon, mais aussi du pavillon. Jusqu'à une époque récente, tous les vaisseaux des têtes couronnées élevaient la même prétention à l'égard des vaisseaux de guerre des républiques (c).

(a) Voyez des exemples ci-dessus, § 120, note c.

(b) Encyclopédie, voc. *Saluer du canon.*

(c) Traités de paix entre la Grande-Bretagne et les Provinces-Unies des Pays-Bas, de 1654, art. 13; de 1662, art. 10; de 1667, art. 19; de 1674, art. 4. F. C. v. MOSER, dans le livre allégué, X, 285, 364.

TITRE II.

DROITS CONDITIONNELS DES ÉTATS DE L'EUROPE ENTRE EUX.

⚬❄⚬

SECTION PREMIERE

DROITS DES ETATS DANS LEURS RARPORTS PACIFIQUES.

CHAPITRE PREMIER.

DROIT DE PROPRIETE DE L'ETAT.

§ 123. — Droits conditionnels des États.

L'ETAT, comme personne morale et libre, a des *droits conditionnels* ou *hypothétiques* tout aussi bien que le particulier jouissant de sa liberté naturelle (§ 36). Ces droits sont, 1° dans l'état de paix : le droit de propriété, le droit des traités ou conventions, surtout par rapport au commerce, et le droit des négociations, particulièrement par des ministres publics (Section 1re) ; 2° en cas de lésion ou d'offense, si le lésé est un État souverain, le droit de demander et de se faire raison, même au moyen de la guerre, et tellement que les différends soient terminés par la voie de la force, par celle du droit, ou à l'amiable ; et enfin le droit de rester neutre dans les guerres des tierces puissances (Sect. 2e).

§ 124. — Souveraineté. Domaine national.

Tout État a donc non-seulement le droit de *souveraineté* (*imperium s. potestas publica*), c'est-à-dire l'ensemble des droits ou pouvoirs souverains nécessaires pour atteindre le but de l'État (*a*), mais il est aussi capable d'acquérir et de posséder de la *propriété* (§ 47). Le *droit de propriété de l'État* (*jus in patrimonium reip.*) consiste dans la faculté d'exclure tous les États ou individus étrangers de l'usage et de l'appropriation du territoire et de toutes les choses qui y sont situées (*b*). Ce droit comprend non-seulement 1° les biens communs de la société qui forme l'État, le *domaine public* ou la *propriété publique* proprement dits (*c*) (*patrimonium reip. publicum*), choses dont la propriété appartient tellement à l'État que leur usage, pareil à celui de la propriété privée, est exclusivement et immédiatement destiné au but de l'État; mais aussi 2° les biens ou la *propriété des particuliers* (biens particuliers, *patrimonium privatum*), placée sous la protection de l'État (*d*), comme pouvant et devant également servir, en cas de besoin, à

(*a*) Le droit de *souveraineté* s'étend sur toutes les *personnes et choses* soumises à l'autorité de l'État. Il faut encore rapporter à ce droit le *domaine éminent* (*dominium eminens*) compris sous le droit éminent. Aussi les droits de l'État sur ce que quelques-uns ont appelé *biens médiats de l'État* (voyez mon Oeffentliches Recht des teutschen Bundes, § 254, 387 et 436), ne sont autre chose que des droits de souveraineté.

(*b*) Il se peut que la propriété *étrangère*, soit de l'État, soit privée, jouisse d'une *exterritorialité* conditionnelle dans l'État où elle est située. Voyez ci-après, § 128, note *a*.

(*c*) L'on y comprend le mobilier et les immeubles, tels que les rivières, canaux, routes, forêts, mines, édifices, biens-fonds publics, en général le domaine public.

(*d*) A cette classe appartient aussi le patrimoine particulier du souverain et celui de sa famille. Voyez mon livre allégué, § 255.

atteindre le but général; enfin 3º les *biens sans maître*
(*adespota*) faisant partie du territoire de l'État, qui ne sont
à considérer comme non occupés ou abandonnés que par
rapport à cet État et à ses sujets, mais non vis-à-vis des
États ou particuliers étrangers (*e*).

§ 125. — Droit d'acquérir au moyen de l'occupation, ou par des conventions.

Un État peut acquérir des choses qui n'appartiennent à
personne (*res nullius*) par l'*occupation* (*originarie*), et les
biens d'autrui au moyen de *conventions* (occupation déri-
vative); mais il ne peut rien acquérir par prescription contre
ceux qui ne sont pas tenus, en vertu de règlements positifs,
de reconnaître ce mode d'acquisition. Pour que l'*occupation*
soit légitime, la chose doit être susceptible de propriété exclusive, elle ne doit appartenir à personne (*a*), l'État doit
avoir l'intention d'en acquérir la propriété, et en prendre
possession, c'est-à-dire la mettre entièrement à sa disposition et dans son pouvoir physique. Cette dernière condition est remplie lorsqu'il a tellement exercé son action sur
la chose, qu'on ne peut la lui enlever sans lui ravir en
même temps le fruit du changement légitime qu'il y a
opéré (*b*).

(*e*) Mon livre allégué, § 256 et suiv. C'est dans ce sens que GROTIUS
parle d'un *dominium populi generale*. Voir son Jus belli et pacis, lib. II,
c. IV, § 14. — V. Eug ORTOLAN, du Domaine international, dans la revue
de législation 1849.

(*a*) La propriété est acquise de droit par une occupation sans défaut;
elle est conservée par une possession continue. En conséquence, aucune
nation n'est autorisée par ses qualités, quelles qu'elles soient, notamment
par un plus haut degré de culture quelconque, à ravir à une autre nation
sa propriété; elle ne pourrait même pas la prendre à des sauvages ou
des nomades. GÜNTHER's Völkerrecht, II, 10 f.

(*b*) J. C. MEISIER's Lehrbuch des Naturrechts (Frankf. a. d. O. 1809, 8).
HANKER's Rechte und Freiheiten des Handels (Hamb. 1782, 8.), § 5, 17,
19. SCHMALZ europ. Völkerrecht, p. 136 ff.

§ 126. — Continuation.

Pour acquérir une chose par le moyen de l'occupation, il
ne suffît point d'en avoir seulement l'intention, ou de s'attribuer une possession purement mentale; la déclaration
même de vouloir occuper, faite antérieurement à l'occupation effectuée par un autre, ne suffirait pas (a). Il faut qu'on

(a) Aussi la simple découverte p. e. d'une île, ne suffirait-elle pas. Pour
la même raison, les privilèges exclusifs de découvrir et d'occuper des
pays, accordés autrefois par les papes, d'abord au Portugal en 1454 (pri
vilège confirmé en 1481 et 1493), et à l'Espagne en 1493, d'après une
ligne de démarcation tirée sur la carte par le souverain pontife, ne peuvent être regardés comme valables et obligeant les autres nations, pas
plus que la transaction conclue, par l'entremise du pape, entre le Portugal
et l'Espagne en 1494, relativement à la dite ligne, quoique cette transaction ait été confirmée en 1509 par le pape Jules II. Voyez GÜNTHER's Volkerrecht, II, 7 f. BUSCH Welthandel, p. 63. MEUSEL's europ. Staatengeschichte (Leipz. 1800), p. 77, 78. — Néanmoins l'Espagne se crut en droit
dans les temps modernes encore, d'exclure les autres nations de toute la
mer Pacifique, et même de posséder exclusivement les côtes situées en
deçà du détroit de Magellan, depuis les frontières portugaises du Brésil
jusqu'à la pointe de l'Amérique méridionale, quoiqu'elle n'y possédât presque pas de colonies. MOSER's Beytrage, V, 515. Elle soutint encore que
l'Angleterre, sous Jacques Ier, avait renoncé en sa faveur à la fondation
d'un établissement dans l'Amérique méridionale. MOSER's Beytrage, V,
521. Même la Hollande protesta contre la fondation d'une colonie britannique aux Indes Orientales, dans une île proche des possessions hollandaises. MOSER's Beytrage. V, 556. — Sous prétexte de l'avoir découverte,
conquise et occupée les premiers, les États-Unis d'Amérique firent
prendre possession, en 1813, d'une île assez peuplée, à laquelle le capitaine
américain David Porter donna le nom de l'île de MADDISSON, mais que les
indigènes appellent *Nooa-Beevah*. Voyez l'acte de la prise de possession,
daté du 19 nov. 1813, dans les Miscellen aus der neuesten ausländischen
Literatur, Heft 3 (à Leipzig 1814), p. 577 et suiv. (V. dans WHEATON,
Élém. de droit intern., p 162 et suiv., l'histoire de diverses autres contestations nées du droit d'occupation, notamment celle des discussions entre
les États-Unis et la Russie, au sujet de la côte nord-ouest de l'Amérique, et
des prétentions des États-Unis et de l'Angleterre, sur le territoire de
l'Orégon.)

ait réellement occupé le premier, et ce n'est qu'à cette condition, qu'en acquérant un droit exclusif sur la chose, on
impose à tout tiers l'obligation de s'en abstenir (*b*). L'occupation d'une partie inhabitée et sans maître du globe de la
terre, ne peut donc s'étendre que sur les territoires dont la
prise de possession effective, dans l'intention de s'attribuer
la propriété, est constante. On peut faire servir comme
preuves d'une pareille prise de possession, ainsi que de la
continuation de la possession à titre de propriétaire, tous
les signes extérieurs qui marquent l'occupation et la possession continue (*c*).

(*b*) Voilà ce que veut dire l'adage : *Res nullius cedit primo occupanti.*
Car le temps est, par lui-même, aussi incapable de donner des droits que
d'en ôter. *Nihil fit a tempore, quanquam nihil non fit in tempore.* Grotius de J. B. et P. lib. II, c iv, § 1.

(*c*) Le droit de propriété de l'État peut, d'après le droit des gens, continuer à exister, sans que l'État continue la possession corporelle. Il suffit
qu'il existe un signe qui dit que la chose n'est ni *res nullius*, ni délaissée.
En pareil cas, personne ne saurait s'approprier la chose, sans ravir de
fait, à celui qui l'a possédée jusqu'alors en propriété, le produit de son
action légitime; or, ce serait là léser le droit du propriétaire. Voyez
Hayker, dans le livre cité, § 17. — Bynkershoek (de dominio maris,
c. i), établit cette thèse : « *Ultra detentionem corporalem dominium
non extendi, nisi ex conventione; eam conventionem esse civium in
quaque civitate; solam legem civitatis dominia rerum defendere etiam
sine possessione corporali; ex vetusta apprehensione nihil esse juris
tam in adipiscendo quam retinendo rerum dominio, nisi animo simul
et corpore perpetuo iis incumbamus.* » Il fut contredit par Christian.
Thomasius in notis ad Ulr. Huber, de jure civitatis, lib. II, sect. IV.
c. ii, n. 43, et par Gottl.-Gerth. Titius diss. de dominio in rebus occu-
patis ultra possessionem durante (Lips 704, 4, et dans sa Collect. dissert.,
p. 316), § 31, sq. Il fut défendu par Theod. Graver diss. de mari natura
libero, pactis clauso (Ultraj. 1728, 4), sect. I, c. iii, § 5, sqq. et par
Breuning in quæst. jur. nat. illustr., p. 13. — Dans une édition postérieure, Bynkershoek expliqua lui-même son opinion ainsi qu'il suit :
« *Præter animum possessionem desidero, sed qualemcunque, quæ
probet, me nec corpore desiisse possidere.* Voyez ses Opera omnia, t. II,
p 136.

§ 127. — Droit de propriété publique.

Quant au *domaine public*, l'État a sur les choses qui en font partie tous les droits de propriété, non-seulement la possession exclusive et le droit d'en jouir en propriétaire, mais aussi celui d'en disposer à volonté. Les conventions ou arrangements qu'il fait à cet égard, soit avec ses sujets, soit avec des étrangers, sont absolument indépendants des autres gouvernements. Rien ne l'empêche d'aliéner sa propriété, de la mettre en gage, de la délaisser. Il a la capacité d'acquérir par le moyen de l'accession.

§ 128. — Droit de propriété de l'État.

La *propriété de l'État* s'étend sur le *territoire de l'État* tout entier, c'est-à-dire sur cette partie de la terre avec ses appartenances, sur laquelle l'État exerce d'une manière indépendante et exclusive le droit de souveraineté. Le souverain, comme organe immédiat de ce pouvoir suprême s'appelle *prince régnant* (*dominus territorii, Landes-herr*). Non-seulement la propriété publique, et celle des particuliers, mais aussi les biens qui n'ont pas de maître (*adespota*) et qui se trouvent dans le territoire (§ 124), sont à la disposition et dans le pouvoir souverain de l'État. Or, toutes les choses que renferme le territoire faisant partie de l'une de ces trois espèces de biens, il en résulte comme règle générale que *toute* chose qui existe dans le territoire d'un État, est censée être soumise à la souveraineté de ce même État (*quicquam est in territorio, etiam est de territorio*), jusqu'à preuve du contraire (a). C'est pour cette rai-

---

(a) Il se peut, qu'en vertu de traités, une *exterritorialité* conditionnelle soit accordée à certaines propriétés *étrangères*, soit d'un État, soit d'un particulier, existantes dans le territoire de notre État. Cette exterritorialité peut être accordée notamment à des biens-fonds (portion séparée, enclave). Moser's Grundsätze des europ. Völkerrechts in Friedenseiten, p. 361 ff. Günther's Volkerr. II, 206. — De là la distinction entre les

son que non-seulement la terre réellement habitée, mais aussi les districts non cultivés et les mers enclavées dans les frontières de l'État, font partie de son territoire, et que tout ce que ce territoire renferme de produits de la nature ou de l'industrie humaine, appartient à l'État.

§ 129. — Parties dont est composé le territoire de l'État.

La surface du territoire d'un État se compose de *terre* et *d'eau*. On doit quelquefois distinguer le territoire *principal* (*Hauptland*) d'avec le territoire *accessoire* (*Nebenland*); le premier est le siége principal de l'État. Quand même ces deux parties du territoire ne sont point contigues, les droits de l'État sur l'une et l'autre sont ordinairement, par rapport aux étrangers, les mêmes (*a*). L'État possède aussi quelquefois dans l'étendue du territoire d'un autre des districts isolés, comme *appartenances* de son territoire (*b*). Pour ce qui est des eaux existantes dans le territoire de l'État, le *territoire fluvial* (*Flussgebiet*) comprend tous les fleuves, rivières, ruisseaux, canaux (*c*), même les rivières frontières, en tout ou en partie (§ 76 et 133), à moins que la frontière ne soit fixée à notre rive. Lorsqu'une rivière change de cours et prend un autre lit, la propriété ou la copropriété du lit délaissée reste la même qu'avant le changement (*d*).

§ 130. — Territoire maritime en particulier.

Au *territoire maritime* (*Seegebiet*) d'un État appartiennent

territoires clos et non-clos ou mixtes (*territoria clausa et non clausa s. mixta*). GÜNTHER, II, 177, 206. Mon Oeffentliches Recht des teutschen Bundes, § 212.

(*a*) SCHMIDT syst. jur. gent. t. II, c. ı, § 17.

(*b*) GÜNTHER's Volkerrecht, II, 170.

(*c*) F.-C v. CANCRIN's Abhandlungen aus dem Wasserrecht, Bd. 1. (Halle 1789, 4), p. 37 ff. 71 ff.

(*d*) GÜNTHER, II, 25

11

les districts maritimes ou parages susceptibles d'une possession exclusive, sur lesquels l'Etat a acquis (par occupation ou convention) et conservé la souveraineté. De ce nombre sont : 1° les parties de l'Océan qui avoisinent le territoire continental de l'État, du moins, d'après l'opinion presque généralement adoptée, autant qu'elles se trouvent sous la portée du canon placé sur le rivage (a) (*mare proximum s. vicinum*, *naechstangrenzendes Meer*); 2° les parties de l'Océan qui s'étendent dans le territoire continental de

(a) « *Non ultra, quam e terra mari imperari potest. — Eo potestas terræ extenditur, quousque tormenta exploduntur, eatenus quippe cum imperare, tum possidere videmur.* » BYNKERSHOEK de dominio maris, c. II, dans ses Operib. Omnib. t. II. (Lugd. Bat. 1767, fol.), p. 126, sq. SURLAND's Grundsatze des europ. Seerechts (Hannov. 1750, 8), § 483. MOSER's Versuch, v. 486. NEYROV, Principes du droit des gens, § 266. H. HANKER's Rechte und Freiheiten des Handels (Hamb. 1782, 8), § 20, s. 58 ff. La liberté de la navigation et du commerce des nations neutres pendant la guerre (à Lond. et Amsterd., ou plutôt Giessen, 1780, 8), § 22. GÜNTHER's Volkerrecht, II, 38 f. 48, ff 203. — Ces principes s'appliquent sans contredit au détroit de Gibraltar, au canal britannique ou à la Manche et au Pas-de-Calais; de 1806 à 1815 ils s'appliquaient aussi au détroit qui sépare la Sicile de la Calabre (il Faro di Messina) dont les deux rivages appartenaient à des États différents — Dans beaucoup de traités, il est accordé, pour les mers avoisinantes, un espace de *trois* lieues, p. e. dans le traité de Paris de 1763, art. 5 (où cependant, dans un autre article, le 15°, on accorde 15 lieues; le traité entre la France et le gouvernement d'Alger, de 1689, en accorde 10 en partant des rivages français). C'est pourquoi quelques auteurs regardent la souveraineté sur l'espace de trois lieues comme d'usage général parmi les puissances de l'Europe Des jurisconsultes plus anciens désignaient, à leur gré, un nombre arbitraire de lieues, p. e. 60 ou 100 ; d'autres adoptaient des bases encore plus vagues, p. e. deux journées de chemin, ou aussi loin que porte la vue d'un homme ou un javelot, ou qu'on peut entendre la voix d'un homme placé sur le rivage M. RAYNEVAL s'est décidé pour l'étendue de l'horizon apparent Le Danemarck prétend à la souveraineté et à la propriété de la mer jusqu'à quatre milles de l'Islande et quinze du Grönland. Il s'était élevé à ce sujet une contestation entre la Grande-Bretagne et les Provinces-Unies des Pays-Bas. MOSER's Versuch, VII, 677 KLUIT hist. federum Belgii federati, t II, p. 422. PESTEL diss. selecta capita juris gentium maritimi, § 9.

l'État, si elles peuvent être dominées par le canon des deux bords, ou que l'entrée seulement puisse en être défendue aux vaisseaux (*b*) (golfes, baies et cales) ; 3° les détroits qui séparent deux continents, et qui sont également sous la portée du canon placé sur le rivage, ou dont l'entrée et la sortie peuvent être défendues (détroit, canal, bosphore, sund).

§ 131. — Continuation.

Sont encore du même nombre, 4° les golfes, détroits et mers avoisinant le territoire continental d'un État, lesquels, quoique ne se trouvant pas entièrement sous la portée du canon, sont néanmoins reconnus par d'autres puissances comme mer fermée (*mare clausum*), c'est-à-dire comme soumis à une domination (*a*) ; 5° les parties de l'Océan tou-

(*b*) P. e. le Znyderzée, le Frich-Haff, le Curiseb-Haff.

On peut consulter sur les questions traitées dans ce paragraphe et les deux suivants : Th. Ortolan, Règles internationales et diplomatie de la mer, t. I. 1856. — Masse, le Droit commercial dans ses rapports avec le droit des gens, t. I. — Hautefeuille, des Droits et des devoirs des nations neutres en temps de guerre maritime, 2e édit. 1858, 3 vol. in-8°, t. I. — Le même, Histoire des origines, des progrès et des variations du droit maritime international, 1858, 8°. — Al. Miruss, Das Seerecht und die Flus schiffahrt nach den preussischen Gesetzen, 1838-39, 2 v. in-8°. — Kaltenborn, Grundsätze des praktischen europaischen Seerechts, Berlin 1851. — De Cussy, Phases et Causes célèbres du droit maritime. Leips. 1856, 2 vol. in-8°. — Pardessus, Collection des lois maritimes antérieures au dix-huitième siècle 1826-45. 6 vol. in-4°. [A. O.]

(*a*) On peut citer comme exemples des cas indiqués n° 3 et 4 : les détroits du grand et du petit Belt, ainsi que le Sund ou Oeresund (v. Kamptz neue Lit., p 210, n. 7-8); le canal de Bristol, celui de Saint Georges, le détroit entre l'Écosse et l'Irlande avec la mer d'Irlande ; le détroit des Dardanelles ou l'Hellespont, le Bosphore de Constantinople (*Bosphorus Thraeix*) avec la mer de Marmara ; le détroit de Messine. — La Porte Ottomane défendait en vertu d'une ancienne règle, aux vaisseaux de guerre des puissances étrangères d'entrer dans le *canal* de *Constanti-*

chant le territoire continental, où les vaisseaux sont, soit
par la nature, soit par l'art, plus ou moins à l'abri des tem-
pêtes, et dont on peut, à volonté, défendre l'entrée ou le
séjour aux vaisseaux (*b*) (rades et ports) ; 6° les lacs en tant

nople, savoir : dans le détroit de *Dardanelles* et dans celui du Bosphore.
Voyez son traité de paix avec la Grande-Bretagne de 1809, art. 11 ; dans
le recueil de M. de Martens, supplém. V, 162. (La convention signée à
Londres, le 13 juillet 1841, entre l'Autriche, la France, la Grande-Bretagne, la Prusse et la Porte Ottomane reconnut expressément cette
ancienne règle et stipula qu'en temps de paix le sultan n'admettrait
aucun bâtiment de guerre étranger dans les détroits ; enfin le traité de
Paris, du 30 mars 1856, confirma les stipulations de 1841 (art. 10 et
1re annexe) et neutralisa la mer Noire. Ch. de Martens et de Cussy,
rec. man., t. V, p. 123 et t. VII, p. 497). — Dans le *Sund*, les vaisseaux étant obligés, à cause des bas-fonds de la Scanie, de passer du côté
du Danemarck sous le canon de Cronenbourg, la Suède se fit promettre
par le Danemarck la libre navigation par le Sund et le Belt. Voyez la paix
de Bromsebroe de 1645, art. 1 et 14 ; dans Schmauss C.-J. G., I, 541. Sur
la contestation relative à la domination danoise sur le Sund, voyez v. Moser's kleine Schriften, IX, 290 ff. Voy. § 76 sur la suppression du péage du
Sund. — A l'occasion de la première neutralité armée de 1780, les puissances du Nord établirent en principe, que la *mer Baltique* était une mer
fermée, dans laquelle les vaisseaux armés des puissances en guerre ne
pourraient entrer, pour y commettre des hostilités contre qui que ce soit.
De Martens recueil, II, 84, 135 et suiv. V, 276. La Grande-Bretagne se
prononça contre ce principe dans une déclaration du 18 déc. 1807. Politisches Journal, janv. 1808, p. 88. Comparez ce même journal de juin
1806, p 628. Voyez des écrits dans v. Kamptz neuer Lit. des Vr , § 176.

(*b*) Il faut distinguer trois espèces de *ports :* 1° ports *ouverts*, dont
l'entrée est libre au commerce de toutes les nations pourvu qu'elles payent
les droits de douane prescrits ; 2° ports *francs*, également ouverts à tous
les navires marchands, et dans lesquels il n'est point perçu de douane, ni
même quelquefois d'autre impôt quelconque (voir des exemples dans
Schmauss C. J. G., I, 947, 952., de Martens, recueil VI, 182, et Moser's
Versuch, VII, 732 ff.). En 1817, Odessa fut déclaré port libre. Cette franchise a cessé le 15 août 1857. Voy. L.-J. Colling delineatio jurid portus
franci. Lugdum (Gall), 1775, 4. Emérigon, Traité des assurances, I, 190 ;
3° ports *fermés*, où l'entrée des vaisseaux étrangers est prohibée, sauf
dans les cas de nécessité ; à cette catégorie appartenaient naguère encore
presque tous les ports des colonies des États européens, situées hors de

qu'ils sont entièrement clos par le territoire de l'État (c)
(*lacus, Landseen*), les étangs et les lagunes.

§ 132. — Dont il faut distinguer la pleine mer.

Nous venons de traiter des mers *occupées* ou particulières. Il en faut distinguer la *pleine mer* ou l'Océan (*mare exterum s. universum*, *Oceanus*), qui sépare les différentes
parties du monde. On le divise en quatre grandes mers ou
mers principales, savoir : la mer Glaciale, l'océan des Indes
orientales, l'Atlantique, et la mer du Sud ou l'océan Pacifique (*Mar del Zur*). La première et la troisième de ces mers
baignent les côtes de l'Europe. Il est physiquement impossible de prendre possession de la pleine mer, tout comme on
ne peut lui imprimer la moindre marque d'une possession
continue ou d'une propriété exclusive, et une prise de possession purement mentale, serait, suivant les principes du
droit des gens, sans aucun effet (§ 126). Toutes les nations
sont par conséquent obligées de reconnaître qu'elle n'appartient à personne et que *l'Océan est libre de toute souveraineté et propriété* (a) (*mare liberum*); elles doivent aussi,

l'Europe. Voy. F. L. v. Cancrin von dem Begriff und Rechte der Häfen ;
dans le troisième tome de ses Abhandlungen von dem Wasserrecht.
Halle 1800,4. Voyez des écrits dans v. Kamptz neuer Lit , § 198.

(c) Sur les *lacs* voyez Günther, II, 21. Moser's Versuch des europ.
Volkerrechts, V, 284, 188, 307. Du même, Beytrage zu dem europ. Vol-
kerrecht, V, 237. — Pour les contestations sur le *lac de Constance* (lacus
Acronius s. Bodamicus, Bodensee) voyez Günther, II, 55. Moser's nach-
barl. Staatsr., p. 440, v. Römer's Volkerrecht der Teutschen, p 250.
C.-G. Buder diss. de dominio maris suevici (Jen. 1742), p. 30 sqq. 42,
sqq. Matth. Seutter de Loezen diss. de jure navandi in lacu Bodamice
(Erlan. 1764), p. 14, sq. 20 sq.

(a) Les avis sont partagés sur cette question intéressante. Quelques-uns
soutiennent la *liberté* de la pleine mer ; tels sont Grotius (1609), Gras-
winkel, Böcler, Glafey, Wolf, Schrodt, Günther, Kant (metaphys.
Anfangsgrunde der Rechtslehre, p. 95), Hanker (dans son traité des mers,
à Paris 1811, 2 vol. in-8., aussi traduit deux fois en anglais, en Angleterre et en Amérique). — Il en est d'autres qui sont d'avis que la pleine

par conséquent, respecter le droit qu'a chacune d'elles de s'en servir à son usage (b). Cependant, quoique aucun État

mer peut être possédée en propriété et souveraineté, tels que Freitas (1625), Selden (1635) Strauch, Conring, Bouchaud (1777), et l'auteur du traité : A general Treatise of the dominion of the Sea and a compleat body of the Sea-laws. Lond. 1709. — Suivant d'autres, la propriété d'une portion de l'Océan peut être garantie par des pataches ou vaisseaux de garde, du moins autant que ces vaisseaux y stationnent avec l'intention de garder cette propriété. *Ita quippe* (dit Bynkershoek) *censeo : mare in dominium redigi posse, ut quod maxime, neque tamen hodie ullum mare imperio alicujus Principis teneri, nisi qua forte in illud terra dominetur.* — *Non aliter id dominatum retineri, quam possessione perpetua, hoc est, navigatione, quæ perpetuo exercetur ad custodiam maris, si exterum est, habendam; ea namque remissa, remittitur dominium et redit mare in causam pristinam, atque ita rursus occupanti primum cedit.* Bynkershoek l. c. cap. ii, iii et ix, dans ses Oper. t. II, p. 127, sqq. et 137. Les raisons qu'a proférées Bynkershoek, sont examinées par Thomasius in notis ap Huber, de jure civitatis, lib. II, p. 452, sqq. — Voyez une liste des écrits qui ont paru relativement à cette question, dans v. Ompteda's Literatur des Volkerr., II, 521-528, dans v. Kamptz neuer Literatur, § 172 f. et dans J.-Th. Roth's Archiv. fur das Volkerrecht, Heft I, p 103. — L'histoire de ces débats est racontée par v Cancrin dans ses Abhandlungen von dem Wasserrecht, Bd. I, p. 44-46, par Günther, II, 28, ff., et par Bouchaud dans sa Théorie des traités de commerce, à Paris, 1777, 8. — On peut voir le sommaire du pour et du contre, dans Günther's Volkerrecht, II, 25-28, 32 f., 34 f.

(b) Ce n'est pas là une question purement théorique. Il est plusieurs puissances européennes, surtout le Portugal et l'Espagne, qui, à différentes époques, ont sérieusement prétendu à un droit exclusif sur la pleine mer, en entier ou en partie. Günther, II, 35. Dans les temps modernes encore, l'Espagne a cru être en droit d'exclure toutes les autres nations de la mer du Sud ou Pacifique, Moser's Beytrage, v. 115. Neueste Staatsbegebenheiten, 1775, p. 124. Déclaration de l'Espagne du 4 juillet 1790, 'dans le Histor. polit. Magazin, 1790, Bd. II, p. 182. — Pour ce qui est des débats sur de grandes mers enclavées dans des parties du continent, telles que la mer Britannique, la mer du Nord, la mer Baltique, la Méditerranée, la mer Adriatique, la mer Ligurienne, la mer Noire, la mer Rouge, voyez Günther, II, 35, 39-47, 48. F. C. v. Moser's kleine Schriften, X, 218 ff. Bynkershoek l. c. cap. v, vi, vii, v. Kamptz neue Lit. des VR., § 174-181. — Il y a eu souvent des disputes entre des États de l'Europe, à l'égard des mers qui avoisinent leurs possessions hors de

n'ait par lui-même ni le pouvoir ni le droit de se soumettre
la pleine mer, il se pourrait néanmoins que la propriété et
la souveraineté en fussent laissées à une ou à plusieurs nations (c), déférence qui naturellement ne serait obligatoire
que pour ceux qui y auraient consenti, et pour ceux-là
même seulement par rapport à l'autre partie contractante.

§ 133. — Frontière du territoire d'État.

Les *frontières* du territoire de l'État sont ordinairement
fixées et certaines. On distingue les frontières *naturelles* (*limites naturales s. occupatorii*), telles que l'eau, la rive, le
Thalweg, le milieu d'un fleuve, des chaînes de montagnes,
des vallées, déserts, landes, écueils, côtes, bancs de sable,
îles, etc., et les frontières *artificielles* (*limites artificiales*),
qui sont des bornes, poteaux, termes, édifices, ponts, ar-
bres ou rochers marqués, des routes, des monceaux de
terre, des fossés limitrophes, des barrières, des tonnes flottantes arrêtées par des ancres, etc. (a). Sur mer on peut

l'Europe. Voyez J.-J. Moser's Nordamerika nach den Friedensschlussen
von 1783, Bd. III. Ces différents ont été, en partie, terminés par des traités, tel que le traité entre la Grande-Bretagne et l'Espagne, de 1790, dans
de Martens, recueil III, 148. — Sur les mers dont la liberté n'est point
contestée, conférez Günther, II, 54.

(c) Puffendorff de J. N. et G. lib. IV, c. v, § 5, sq. Bynkershoek
l. c. cap. III. Theod. Graver diss. de mari natura libero, pactis clauso.
Ultraj. 1728, 4. Traité entre l'Autriche et la Grande-Bretagne, de 1731,
dans Rousset, supplément au corps diplomatique par Du Mont, t. II,
p. 2, p. 285; et l'accession de la Hollande, de 1732, ibid., p. 287. — Les
Provinces-Unies des Pays-Bas prétendirent à une *servitus non navigandi*,
contre la société de commerce d'Ostende fondée en 1723, et abolie en 1731
par le traité de Vienne. V. Ompteda's Literatur, II, 600.

(a) Günther's Volkerrecht, II, 170-176, v. Kamptz neue Lit. des VR.,
§ 106. — Il faut distinguer les limites *publiques* et *particulières*. Des
unes et des autres diffèrent les limites *politiques* (*limes politicus s. men-
suratus*) servant à fixer l'espace dans lequel peuvent être exercés certains
droits, p. e. la navigation et le commerce sur mer. Schrodt l. c. § 25, 26.

tracer, ainsi qu'on le fait dans les traités conclus a cet
effet, des frontières imaginaires d'après les degrés de longitude et de latitude, à l'aide de la géographie mathémati-
que réunie à l'astronomie. Quelquefois on mesure les dis-
tances par des portées de canon, ou par des lieues maritimes,
à partir d'une certaine île ou côte (*b*). Pour ce qui est des
fleuves et lacs frontières, dont la rive opposée est également
occupée, leur milieu, y compris les îles que traverse la ligne
du milieu, sépare ordinairement les territoires (*c*). Au lieu
de cette ligne, on a récemment choisi pour frontière le
thalweg (*d*), c'est-à-dire le chemin (variable) que prennent

— Encore faut-il distinguer entre les frontières de l'État et les frontières
ecclésiastiques (p. e. des provinces ecclésiastiques, des diocèses, des pa-
roisses), militaires, des ressorts de justice, des bailliages, des villes, des
villages, des terres, des forêts, des varennes, etc. Une frontière militaire
est indiquée, p. e., dans le traité de paix de Campo-Formio, de 1797, art. 6.

(*b*) Günther, II, 202 et suiv.

(*c*) Voyez une énumération de fleuves frontières, dans le livre de Günther, II, 19 et suiv., dans Moser's Versuch des europ. Volkerrechts,
V, 284, 288, 307, et dans son Nachbarl. Staatsrecht, p. 442 ff. Recez
principal de la commission territoriale de Francfort, du 20 juillet 1819,
art. 41, dans le recueil de Martens, Suppl. VIII, 621, et Ch de Martens
et de Cussy, recueil manuel, t. III, p. 431. — Sur les lacs, voyez plus
haut, § 131.

(*d*) Traités de paix de Lunéville, 1801, art. 6, de Vienne, 1806,
art. n. 2, et art. 11, de Tilsit, 1807, avec la Russie, art. 9, avec la
Prusse art. 10. Acte de cession et de démarcation entre l'Autriche et la
Russie, du 19 mars 1810; dans le recueil de M. de Martens, Suppl.
V, 252. Traité de limites entre les rois de Prusse et de Westphalie du
14 mai 1811; de Martens l. c. V, 382. Acte final du congrès de Vienne,
art. 4 et 95. Traité de la France avec la Grande-Bretagne, l'Autriche, la
Prusse et la Russie du 20 novembre 1815, art. 1, n. 2 Martens l. c. VI,
686. Traité entre l'Autriche et la Bavière, du 14 avril 1816, art. 1 et 9.
Ch. de Martens et de Cussy, recueil manuel, t. III, p. 253. Recez principal de la commission territoriale de Francfort, du 20 juillet 1819) c Traité
de limites entre la Russie et la Suède, du 20 nov 1810, Martens, V, 313,
VIII, 33 — Dans le traité conclu entre le grand-duché de Bade et le canton d'Argovie le 17 sep. 1808, art. 1, on a pris pour limite le Thalweg du
Rhin, mais on a entendu par là les endroits les plus profonds du fleuve, et

les bateliers quand ils descendent le fleuve, ou plutôt le milieu de ce chemin. Les frontières des États sont assez souvent déterminées par des *traités* spéciaux (e) (traités de limites ou de barrière, *fœdera finium*), auxquels on a même soin d'annexer des *cartes* géographiques frontières (f). Pour prévenir ou terminer des différends sur les limites des frontières, ou pour y apporter des changements, on nomme des commissaires chargés des visites sur lieux (g); pour prouver ses prétentions, on emploie des témoins et toutes sortes de documents (h)

et quant aux ponts, leur milieu. MARTENS recueil, suppl. V, 140. — Sur les défauts qu'offrent les limites fixées au moyen du Thalweg, on peut consulter mon Oeffentliches Recht des teutschen Bundes, § 90. — Dans quelques endroits du Rhin, il y a *deux* Thalweg. Voyez le traité : Du Thalweg du Rhin (par M. JOLLIVET), à Mayence, an X (1801) in-8., § 6, 7, 11, 64.

(e) Petr. Fr. L. B. ab HOENTHAL diss. de fœderibus limitum Lips. 1763, 4. Institutions politiques, par le baron de BIFLFELD, t. II, ch. VI, § 22, 23, p. 120. — L'on peut voir des exemples dans l'excellente description de limites qui a paru sous ce titre : Chr. Hub. PFEFFEL de limite Galliæ, 1785, 4. (On en trouve un extrait dans ma Kleine jurist. Bibliothek, I, 85-113.) — Traité de limites entre l'Autriche et le royaume d'Italie, fait à Fontainebleau, le 10 oct. 1807; dans le Politisch. Journal. Déc. 1807, p. 1212. Traité de limites entre la Russie et la Suède, du 20 nov. 1810; dans le recueil de M. de MARTENS, Suppl. V, 313 Traité entre la Prusse et la Saxe, du 28 août 1819. MARTENS, nouv. rec, t. V, suppl. Frontières prussiennes de la rive gauche du Rhin. Recez cité de Francfort, art. 13 et 14. Traité entre la France et le royaume des Pays-Bas, du 28 mars 1820. Ch. de MARTENS et de CUSSY, rec. man., t. III, p. 460. Acte final du congrès de Vienne, art. 2, 4, 7, 66, 85 et 95.

(f) GÜNTHER, II, 196, 208. MOSER von der Reichsstande Landen, p. 14, f. 17 f.

(g) GÜNTHER, II, 200, 185, 197 J.-J. MOSER von der geographischen Staatsklugheit bei Schliessung der Tractaten; dans ses vermischten Abhandlungen aus dem europ. Volkerr. (Frankf. 1756, 8), p. 264

(h) GÜNTHER, II, 189. Mon Oeffentliches Recht des teutschen Bundes, § 207-212.

§ 134. — Effets du droit de propriété d'État dans le territoire de l'État. Par rapport 1° aux accessions; 2° à des arrangements qu'exige le but de l'État.

En vertu du droit de propriété de l'État, le gouvernement peut, à l'exclusion de tous les étrangers, non-seulement posséder le territoire de l'État, et en user, mais aussi en disposer à volonté, et l'augmenter par le droit d'accession. Il peut, en conséquence, 1° joindre, comme propriété de l'État, à son territoire les choses qui s'y unissent par des causes actives extérieures (les accessions); que l'*accession* soit effectuée par alluvion, ou par atterrissement subit (*appulsio, coalitio*), ou par des îles qui se forment dans ses eaux (a); 2° il peut faire dans le territoire les *arrangements qu'exige le but de l'État*, nommément construire des forteresses, ports, ponts et routes, diriger ou changer le cours des fleuves, etc., quand même les suites en seraient préjujudiciables pour d'autres États (b).

§ 135. — 3° à l'usage du territoire par des étrangers;

Le droit de propriété de l'État étant indépendant de toute influence étrangère, il s'ensuit, 3° que l'État peut exclure tout *étranger* (notamment des États étrangers et leurs sujets), non-seulement de l'occupation des choses qui n'ont pas de maître (*adespota*) (§ 124), et de l'usage de son territoire dans les cas de nécessité (a), mais encore de tout autre

(a) Grotius de J. B. et P. II, 3, 17, v. Cancrin's Wasserrecht, Bd. I, Abhandl. 3, p. 167 ff., 184,212. Vattel droit des gens, l. I, ch xxii, § 268, 275. Günther's Volkerrecht, II, 57-64. Sur les îles flottantes, voyez v. Cancrin, I, 175, 206. Günther, II, 61. — A-t-on besoin d'une prise de possession pour acquérir de la propriété par atterrissement subit (*appulsio*)? Günther, II, 59.

(b) *Qui jure suo utitur nemini facit injuriam.*

(a) En cas de naufrage ou de danger sur mer, toutes les nations de l'Europe font exception à cette règle. Il n'en est pas de même en cas de fuite de fuite devant l'ennemi ou de maladies contagieuses. Des pays fermés ou enclavés dans le territoire d'un État étranger peuvent-ils exiger,

usage qui pourrait en être fait, quand même cet usage ne
pourrait lui nuire d'une manière quelconque (b). Il pourrait
p. e. défendre le passage ou séjour, le commerce, un établissement ou une acquisition (c) ; il est libre de n'admettre
ces sortes d'usages de son territoire que sous certaines conditions ou restrictions, p. e. de se légitimer, de payer certains impôts, de se soumettre durant le séjour dans le territoire aux lois du pays, notamment au droit d'aubaine, d'y
être traité en sujet temporaire , etc. Si , dans quelques
États, la politique, l'intérêt ou l'humanité du gouvernement
ont engagé celui-ci à ne pas exercer ces droits avec rigueur,
les étrangers ne peuvent pour cela exiger cette déférence
comme un droit, même si d'autres sont mieux traités, à
moins que ce soit en vertu d'une convention (d) dont le voi-

comme obligation parfaite, naturelle, le passage par ce territoire voisin,
par terre ou par eau? p. e. le Portugal par l'Espagne, le royaume de
Naples par le milieu et la partie supérieure de l'Italie, les souverains de la
plus grande partie d'Anhalt et de Schwartzbourg Sondershausen par la
Prusse, les nations de la mer Baltique par le Sund, les États d'Allemagne
situés le long du Danube au moyen de ce fleuve par les Etats de l'Autriche
et par ceux de la Porte? Il est des auteurs qui soutiennent à cet égard une
servitude publique, dérivant de la situation des lieux, et par conséquent constituée par la nature même. WOLF jur. gent., c. III, § 323. GÜNTHER, II,
233. J N. HERTIUS diss. de servitute naturaliter constituta, cum inter
diversos populos, tum inter ejusdem reip. cives. Giess. 1699, et dans ses
Opusc., vol II, t. III, p 103-154. Un pareil passage a été souvent stipulé
par des traités, p. e. pour la Russie la sortie de la mer Noire, dans le traité
de paix de Kainardji, en 1744, art. 11. Voir aussi § 76, notes b et c.

(b) G.-L. BOEHMER diss. de jure principis libertatem commerciorum restringendi, § 16 sqq , et dans ses Electis jur. civ , t III, exerc. 19. GÜN-
THER, II, 216-229. MOSER's Versuch, VI, 37.

(c) On peut citer comme exemples l'enrôlement pour le service d'une
puissance étrangère, l'engagement des sujets pour aller s'établir dans des
colonies étrangères, les entreprises de commerce, les collectes pour des loteries étrangères et autres jeux de hasard, les saltimbanques ambulants,
des charlatans de toute espèce, etc.

(d) GROTIUS, de J.-B. et P., lib. II, c. II, § 22. WATTEL, Droit des
gens, l. II, ch x, § 207 et suiv.

sinage même ne saurait tenir lieu (e). S'arroger un semblable usage, ce serait violer le territoire, et s'exposer à être
traité en offenseur (f).

§ 136. — Continuation.

L'usage reconnu aujourd'hui entre les nations de l'Europe
permet, en temps de paix, 1° presque partout aux étrangers non suspects l'entrée du territoire, le passage ou le séjour temporaire (a); seulement il leur impose souvent des
formalités plus ou moins rigoureuses (b), et les soumet à la
surveillance de la police et aux lois du pays, en tant que ces
dernières leur sont applicables. Mais ce même usage ne
permet 2° que sur une réquisition préalable et une concession spéciale, le passage de troupes étrangères et des vaisseaux ayant à bord des munitions de guerre, le transport
des criminels ou des prévenus de crime par des gens armés (c). 3° D'après l'opinion qu'il a lui-même de son intérêt,

(e) GÜNTHER, II, 230 et suiv.

(f) GÜNTHER, II, 234 et suiv. — Si la propriété du territoire est contestée, l'usage qu'en fait d'autorité l'une des parties indépendantes ne saurait
être envisagée comme violation du territoire. MOSER's Versuch, V, 379. Du
même auteur, Beytrâge, V, 324.

(a) Voyez les écrits dans v. KAMPTZ neuer Lit. des VR., § 118 f. — Les
puissances européennes n'ont pas toujours cette déférence dans leurs possessions hors d'Europe, particulièrement dans leurs colonies. MOSER's
Versuch, VI, 42 ff.

(b) P. e. des passeports, visites, cartes de sûreté ou de police. On use
de plus de rigueur contre ceux qui veulent visiter des fortifications, des
arsenaux, etc. MOSER's Versuch, VI, 45. De même, s'il règne des maladies contagieuses, l'on exige la quarantaine. GÜNTHER, II, 220. Ordonnance d'Espagne de 1791, concernant l'entrée et le séjour des étrangers
en Espagne, dans de MARTENS recueil, V. 8-18; elle fut modifiée postérieurement, sur l'intervention de plusieurs puissances. — L'incognito n'est
ordinairement accordé que pour des raisons particulières. MOSER's Versuch, VI, 44. J.-C. DRESLER epist. de juribus principis incognito pere-
grinantis odiosis. Martisb., 1730, 4. Comparez, § 106 et 115.

(c) L'on a établi ce principe dans plusieurs traités. Adr. KLUIT historiæ

l'État accorde la liberté entière ou partielle des relations actives ou passives, notamment du commerce, ou la soumet à des restrictions plus ou moins étendues souvent à une défense absolue; quelquefois ces relations sont réglées par des traités (d). C'est ce qui a lieu notamment pour l'admission des navires marchands et des paquebots, qui sont reçus partout avec moins de difficulté que les vaisseaux de guerre, qu'on ne souffre, s'il n'y a danger évident de naufrage, que très-rarement dans le territoire maritime, et alors en petit nombre seulement (e). 4° Par rapport à la faculté d'acquérir et de posséder des biens-fonds, les étrangers n'éprouvent dans beaucoup d'endroits que peu d'obstacles; dans d'autres on leur en oppose plus ou moins (f), là surtout où les lois sur l'indigénat sont sévères (§ 79). 5° Enfin on accorde le plus souvent l'exterritorialité aux

federum Belgii federati primæ linæ, II, 459. Traité entre le Portugal et l'Espagne, de 1715, art. 19, — Voyez aussi plus haut, § 88.

(d) Traité de paix de Westphalie de 1648, J. P. O. art. 9, § 1 et 2. On en trouve même quelquefois des exemples dans des lois publiques, p. e. dans la Magna charta de la Grande Bretagne de Henri VII, de 1224, art. 30; dans de Martens Samml. der wichtigsten Reichsgrundgesetze, I, 728.

(e) Le plus souvent on n'en admet que trois à la fois (Traité de paix d'Utrecht de 1713, art. 7); quelquefois six (Traité de paix entre la France et le Portugal, de 1713, art. 7). Suivant le traité entre la Grande-Bretagne et l'Espagne, de 1767, art. 16, il n'en doit être reçu qu'un seul. Dans le traité entre la Grande-Bretagne et le Portugal, du 19 févr. 1810, art. 8, il est stipulé qu'un nombre quelconque de vaisseaux de guerre, de l'une et l'autre puissance, pourront être admis à la fois dans leurs ports respectifs. Voyez le recueil de M. de Martens, Supplém., V, 248. Le Danemark a fait, à cet égard, plusieurs traités avec d'autres États maritimes. — Pour ce qui est des difficultés dans des possessions hors de l'Europe, voyez Gunther, II, 221. Moser's Beytrage, V, 481.

(f) Traités, entre la Russie et l'Autriche, de 1785, art. 24; entre la Russie et le Portugal, de 1787, art. 36; entre la France et l'Autriche, du 30 août 1810. Ordonnance de la Bavière, du 13 nov. 1810, dans le journal intitulé: Der Rheinische Bund, Heft L, p. 218 et 307.

souverains étrangers, pendant leur séjour temporaire dans
le pays (g).

§ 137. — 4° Servitudes publiques.

Aussi 4° tout État indépendant est le maître de charger
son territoire de *servitudes publiques*, en faveur d'autres
États. On appelle servitude publique (a) le droit fondé sur
un titre spécial qui restreint en faveur d'un Etat, ou d'un
système d'États confédérés, la liberté d'un autre État, ou
système d'États confédérés, sans cependant porter atteinte
à la souveraineté de ces derniers La servitude est *active*
pour l'État à qui elle est due, *passive* à l'égard de celui qui
y est assujetti (b). Des servitudes peuvent compéter à des
États européens, tant sur d'autres États de l'Europe que sur
des États d'une autre partie du monde, et à ces derniers
comme à des États européens. Nous ne manquons pas
d'exemples de servitudes publiques, anciennes ou nouvellement constituées (c).

(g) Voyez des écrits dans v. Kamptz neuer Lit des VR , § 117.

(a) Par opposition aux servitudes particulières. — Voyez les écrits cités
dans Pütter's Literatur des teutschen Staatrechts, III, 819, et dans ma
Neue Literatur des t. Staatsr., p. 689. C.-J.-C Engelbrecht tr. de servitutibus juris publici. Helmst. 1715 rec. c. præf. C.-G. Buderi. Lips. 1739,
4. De Steck, Éclaircissements de divers sujets intéressants (1785), n 6.
(J.-F. v. Tröltsch) Von Freiheiten und Immunitäten in fremden Gebiete, dans Siebenkees Beyträgen, t. I. — VI. N.-T. Gönner's Entwickel. des Begriffs und der rechtl. Verhältnisse deutcher Staatsrechts-
dienstbarkeiten. Erl. 1800, 8. Moser's nachbarl. Staatsr., 239 ff. Günther's Volkerr., II, 231. v. Martens Précis, § 115. Majer's welt Staatsr.,
III, 27 ff Pütter's hist. Entwickelung der Staatsverfassung des t. Reichs,
III, 227 ff.

(b) La *division* des servitudes, telles que l'admet le droit civil, en réelles
et personnelles, en *urbanæ* et *rusticæ*, en *continuæ* et *discontinuæ*, ne
sont point applicables au droit des gens. La division des servitudes en
affirmatives et négatives, en unilatérales et réciproques, est exacte, mais
peu utile.

(c) Voyez des exemples des anciens, dans les livres cités de Moser
et Majer , ainsi que dans v Römer's Volkerrecht der Teutschen .

§ 138. — Principes concernant les servitudes publiques.

1° Pour qu'un droit puisse être réputé servitude *publique*, il est nécessaire que les deux parties contractantes

p. 224 ff., et son Kursächs. Staatsrecht, II, 96, 673, dans REUSS Staats-kanzley, IV, 235, et dans le livre cité de GÖNNER, p. 11, ff. 92 ff. Guil. PESTEL diss. de servitutibus commerciorum. Rint. 1760, 4. — Sur le droit de tonnage de la ville de Brême, v. BULOW's et HAGEMANN's pract Erörterungen, I, 1, 38. Sur le droit appelé die Wildhammelei, en terri-toire étranger, voyez J.-R. v. ROTH's Abhandlungen aus dem teutsch. Staats-u. Völkerr. (Bamb. 1804, 8), p. 233. En vertu du traité de paix de Munster de 1648, art. 14, la rivière de l'Escaut dut être tenue close. SCHMAUSS C.-J. G. I, 619. La France promit à la Grande Bretagne, dans plusieurs traités depuis celui d'Utrecht de 1713, de ne pas fortifier Dun-kerque; clause abrogée par le traité de paix conclu à Paris, en 1783, art. 17. Les Provinces-Unies des Pays-Bas avaient le droit de mettre garnison dans les places de barrière des Pays-Bas autrichiens, conformé-ment au traité de barrière de 1715. — Des exemples de nouvelle date, sont 1° L'octroi de la navigation du Rhin, depuis 1804. Traité de paix de Lunéville de 1801, art. 6. Reichs-Deputations-Hauptschluss de 1803, § 39. Acte de la confédération du Rhin, de 1806, art. 2. Mon Oeffentliches Recht des teutschen Bundes, § 473 et suiv. 2° L'obligation de la Bavière de fortifier Augsbourg et Lindau, etc., stipulée dans l'Acte de la confédé-ration du Rhin, de 1806, art. 37. 3° La souveraineté stipulée pour la Ba-vière, sur toute la grande route de Lindau jusqu'à Memmingen; ibid. art. 24. 4° La route de communication à travers les États des princes de Salm, pour le grand-duché de Berg, stipulée ibid., art. 24. 5° Le droit de flottage sur la rivière de la Sinn, dont sont convenus les grand-ducs de Francfort et de Wurzbourg. Rheinischer Bund, Heft XXIV, p. 392. 6° La poste qui fut accordée au royaume de Westphalie, dans le pays d'Anhalt; ibid, Heft XX, 307, XXIV, 124. 7° Des exemples dans le traité conclu entre le royaume de Wurtemberg et le grand-duché de Bade, le 31 déc. 1808, art. 1, lit. c, art. 4. Badisches Regierungsblatt, 1809, n. IV. 8° Plu-sieurs servitudes publiques, dans les royaumes de Prusse et de Saxe, tant entre eux qu'en faveur de la France, avaient été stipulées dans la con-vention d'Elbing du 13 oct. 1807, arrêtée entre la France et les rois de Prusse et de Saxe, en exécution de l'art 16 de la paix prussienne de Tilsitt de 1807. Rheinischer Bund, Heft XVI, p. 37. 9° La liberté de la navigation sur la Vistule, dans les territoires de Varsovie, de la Prusse et de Dantzick, avait été convenue dans la paix de Tilsitt, entre la France et la Prusse, de 1807, art. 20, de même, sur la Netze et le canal de Brom-

soient des États *indépendants* (*a*). 2° Il est également essentiel que celui auquel le droit appartient soit, quant à son
exercice, *indépendant* de l'État chargé de la servitude (*b*).
3° Toute servitude publique est *réelle* (*c*), de côté et d'autre.
4° Les servitudes peuvent avoir pour objet, non-seulement
des droits de souveraineté, mais aussi des droits régis par
les lois civiles, pourvu que la servitude accorde en même
temps la souveraineté pour l'exercice de ces mêmes droits.
(*d*). Au contraire, les droits privés soumis à la souveraineté

berg, depuis Driesen jusqu'à la Vistule, ibid., art. 17. 10° Le droit de
garnison dans les places de Ferrare et de Commacchio, accordé à l'Autriche, dans l'acte final du congrès de Vienne, art. 103. 11° Le droit de
garnison de l'Autriche dans la place de Plaisance stipulé dans le traité du
19 juin 1817, conclu entre l'Autriche, la Russie, la Prusse, la Grande-
Bretagne et la France, art. 5. (MARTENS et de CUSSY, rec. man., t. III,
p. 339) et le recez de la commission territoriale de Francfort, art. 46
(même rec., t III). 12° Démolition de la forteresse de Huningue Traité de
l'Autriche de la Grande-Bretagne, de la Prusse et de la Russie avec la
France, conclu à Paris le 20 nov. 1815, art. 3. MARTENS et de CUSSY, rec.
manuel, t. III, p. 211. 13° Le droit de passage militaire pour la Bavière,
la Prusse et l'Autriche par les possessions badoises, hessoises, oldenbour
geoises, etc Recez de Francfort de 1819, art. 6, 23 et 32, l. c. XIV. Les
droits de la Confédération germanique dans les forteresses fédérales. Même
recez, art. 15, 16, 20, 22, 35, 38. V. mon Oeffentl. R. des t. Bundes § 193.

(*a*) Par le traité d'alliance de 1793, art. 6, 8 et 11 (de MARTENS recueil, V. 222), la république de Pologne s'engagea moins à une servitude
publique qu'a une vraie dépendance de la Russie, de manière qu'elle de-
vint par là un État mi-souverain. — Il est d'ailleurs indifférent que l'État,
auquel est due la servitude publique, en retire un avantage immédiat par
lui-même, ou qu'il en profite indirectement, lorsque p. e. la jouissance appartient à un de ses sujets. (De STECK), Essais sur divers sujets de politique (1779, 8), p. 3, 12.

(*b*) REUSS Staatskanzley, XVII, 32, ff. NETTELBLADT's Erorterungen,
365. — L'opinion contraire est défendue, dans WESTPHAL's Staatsrecht,
p. 535, dans SCHMALBERT's Staatsrecht der gesammten Reichslande,
§ 113, et dans le livre cité GÖNNER, § 84, 90,

(*c*) ENGELBRECHT, p. 232, sqq. GÖNNER, § 78.

(*d*) J -R v. ROTH's Abhandlungen aus dem t. Staats-und Volkerr
Abtheil. II. Num. IX. Cette thèse n'est pas adoptée par GÖNNER. § 9.

du pays, qui appartiendraient à un souverain étranger, ou à l'administration financière d'un État étranger (e), p. e. des fonds de terre, rentes, droits de pâturage, etc., ne constituent jamais des servitudes publiques. 5° Les droits, même réguliens, et les immunités qui sont concédées par le droit public intérieur à certains sujets ou à certaines classes de sujets, ne peuvent pas non plus être considérés comme servitudes passives de l'État (f).

§ 139. — Continuation.

6° Une servitude ne peut être fondée que sur un *titre spécial* (a). Donc la règle ou la présomption est toujours en faveur du gouvernement du pays (b). 7° Toute servitude étant une exception de la règle, elle s'interprète par les principes de l'interprétation *stricte* (c). 8° Elle est *éteinte* par des conventions contraires, par la perte de la chose, par consolidation, et enfin par l'expiration du terme pour lequel elle avait été constituée (d).

§ 140. — 5°-7° Aliénation, engagement, délaissement de la propriété de l'État.

Du droit de propriété de l'État dérive, 5°, le droit de

(e) REUSS Staatskanzley, IV, 237, XVII, 32, ff. — GONNER, § 27, ff.

(f) P. e. les droits de juridiction patrimoniale, de chasse, de pêche, le passage des marchandises par le territoire, l'immunité de la douane, du péage, des droits de barrière, de ceux de retraite et de détraction ou transfert, v. ROTH's Staatsrecht deutscher Reichslande, II, 219.

(a) ENGELBRECHT, p. 167 sq. — Il est des auteurs qui admettent des servitudes publiques *naturelles*, p e. HERTIUS, ENGELBRECHT, HEFFTER, etc. — Les *simples usages* des nations, ainsi que le *cérémonial des États*, ne peuvent pas être réputés servitudes publiques. De NEUMANN medit jur. priv. princ., t. IV, lib. II, tit. III. — Cependant la *possession*, au sujet des servitudes publiques, ne laisse pas d'être efficace en droit. ENGELBRECHT, p. 332, sqq GONNER, § 91.

(b) REUSS Staatskanzley, I, 360; XVII, 32 f. GÖNNER, § 31-34.

(c) Traité de paix de Westphalie de 1648, J. P. O. V, 44. L. 99. D de V O. GÖNNER, § 80 ff.

(d) ENGELBRECHT, p. 384 sqq. GONNER, § 91 ff.

l'État d'aliéner, soit la propriété entière d'une portion de
son territoire, soit un droit spécial compris dans sa propriété ; par conséquent aussi, 6° celui d'*engager* (d'hypo-
théquer ou de donner en nantissement) des choses à lui appartenantes. 7° Aussitôt qu'un État *délaisse* ou abandonne
une partie de la propriété, p. e. une île, elle cesse de faire
partie de son territoire, et n'appartient à personne (*res
nullius*). Dès lors il est loisible à tout autre État de se l'approprier et de la soumettre à sa domination (*a*). Cependant
il faut une déclaration claire, soit expresse, soit tacite,
pour faire cesser le droit du premier ; la simple conjecture
ou supposition de l'un ne pouvant équivaloir à une déclaration de la volonté de l'autre, la perte de la propriété ne
saurait résulter d'une simple présomption et moins encore
de la prescription (*b*).

(*a*) Grotius de J. B. et P., lib. II, c. III, § 19, n. 1. Günther, II, 64 ff.
J. H. Feltz diss excerpta controversiarum illustrium, de rebus pro derelic-
tis habitis. Argent 1708, 4. D.-F. Hoheisel diss. de fundamentis in doc-
trina de præscriptione et derelictione gentium tacita. Hal. 1723, 4. — Une
nation ayant simplement quitté un pays, peut-elle, pour cela, être censée
l'avoir abandonné ? Voyez Günther, II, 68.—Une nation, après avoir quitté
un pays, peut-elle en conserver la propriété et la domination, par la seule
déclaration de le vouloir, p. e. en y laissant des écriteaux de souveraineté ?
Günther, II, 69, 14 f. — De Martens recueil, III, 252. — Sur des événements de cette espèce, conférez J.-J. Moser's Nord Amerika nach den
Friedensschlussen vom J. 1783. Leipz. 1784, 1785. Bd I-III, gr. 8. Mé
moires des Commissaires de S. M. très-chrétienne et de ceux de S. M. britannique, sur les possessions des deux couronnes en Amérique Amsterd.
1755, t. I-III, 8.

(*b*) Les publicistes sont partagés à ce sujet. Voyez Günther, II, 70 f.

CHAPITRE II.

DROIT DES TRAITÉS.

§ 141. — Définition.

En vertu de l'indépendance de sa volonté, l'État peut renoncer à ses droits primitifs et à ceux postérieurement acquis, ou bien les limiter à son gré. Les rapports, droits et obligations qui naissent de cette façon, sont appelés *arbitraires* ou *positifs ;* ils ne peuvent être fondés que sur une déclaration libre et effective, expresse ou tacite, donnée verbalement ou par écrit (*a*). De simples *suppositions* ou *conjectures* ne peuvent établir entre des États qu'une simple probabilité, jamais une certitude, et bien moins encore des droits parfaits (§ 3, note f). Le droit des gens ne reconnaît pas non plus le droit *fictif* (*consensus fictus*) de la législation civile.

L'État qui veut acquérir un droit en vertu de propositions qu'un autre État lui adresse, doit *accepter* ces propositions. De ce consentement réciproque déclaré, sur le même objet, il résulte une obligation conventionnelle (*b*), un contrat entre deux ou plusieurs États, un *traité public* des na-

(*a*) P.-J. NEYRON, dans sa dissertation De vi fœderum (Goett. 1778, 4), § 23, et SCHMALZ, dans son europ. Volkerrecht, p. 52 f., nient la validité des traités publics passés sans écrit.

(*b*) Voyez des écrits sur les traités publics dans v. OMPTEDA's Litteratur, II, 583 ff. Voyez aussi GROTIUS, lib. II, c. xv. Encyclopédie méthodique; économie politique et diplomatique, t. IV (à Paris, 1788, 4), p. 353-361. MOSER's Versuch., VIII, 53-391. Ueber Vœlkervertrage und ihre Dauer; dans le journal allemand intitulé MINERVA, juin 1813 (à Leipsig, in-8°), p. 423-439. — On trouvera ci-après, dans le Supplément, les listes et recueils des principaux traités publics.

tions (*pactum gentium publicum*) ; appelé ainsi, parce que les parties contractantes sont des peuples indépendants,.ou des États régis par le droit *public* (c).

C'est ainsi que les nations indépendantes règlent leurs intérêts, qu'elles déterminent leurs droits et engagements respectifs. Les États mi-souverains ou dépendants (§ 33), n'ont ordinairement qu'une capacité limitée de contracter (d) ; et même des États indépendants peuvent restreindre cette faculté, par des traités d'alliance avec quelque puissance étrangère. Les individus ou communautés subordonnés à l'État, p. e. les villes, et même les représentants du peuple ou les États, ne peuvent former avec un État étranger que des conventions privées, toujours soumises à la surveillance de l'État dont ils font partie (e).

(c) La dénomination de *traité public*, dans son acception générale, comprend les *traités publics des nations* ou puissances (traités publics proprement dits), et les *traités fondamentaux des États* (*pacta civitatum fundamentalia*). — Les conventions formées entre l'État et des particuliers étrangers, ainsi que les conventions sur des objets privés, conclues entre l'État et ses sujets, de même que les contrats particuliers passés par le prince régnant en son nom personnel, sont régis par le droit privé, positif ou naturel. Comparez, § 2 et § 259, note a. GROTIUS, II, 15, 1 sq. VATTEL, liv. II, ch. XII, § 154. — L'État acquiert indirectement, par des conventions qu'un de ses sujets a formées avec un sujet ou un État étranger, le droit de protéger son concitoyen dans l'exercice de ses droits conventionnels.

(La question de savoir si le simple consentement des parties suffit pour créer une obligation réciproque, et par conséquent pour valider un contrat, un traité, a été vivement controversée par les auteurs qui ont écrit depuis le commencement de ce siècle sur la philosophie du droit, notamment en Allemagne. V. WARNKOENIG, Rechtsphilosophie, § 176, et HEFFTER, l. c., § 81)

(d) Tels furent jadis les États de l'Allemagne. (Voyez la paix de Westphalie en 1648, J P. O., art. 8, § 2; la capitulation de l'Empereur, art 6, § 4, 5); et plus encore la ci-devant république de Pologne, après son traité avec la Russie, en 1793, art. 6-8, et art. 11. De MARTENS recueil, V, 222.

(e) Comparez SCHEIDEMANTEL's allgem. Staatsrecht, t. I, § 196.

§ 142. — Conditions essentielles pour la validité d'un traité public.
1° Pouvoir des personnes agissantes.

Les traités publics ne peuvent être valablement conclus que par *le représentant de l'État vis-à-vis de l'étranger* (a) (d'ordinaire le gouvernant), soit en personne, soit par l'entremise de plénipotentiaires, et à condition de l'être d'une *manière conforme aux lois constitutionnelles de l'État* (b). Le traité passé par un plénipotentiaire est valable, si celui-ci n'a point agi hors de ses pleins pouvoirs ostensibles (c) ; et une *ratification* postérieure n'est requise que dans le cas où elle aurait été expressément réservée dans les pleins pouvoirs, ou bien stipulée dans le traité même, comme cela se fait ordinairement aujourd'hui (d) dans toutes les conven-

(a) Pendant une révolution, les autorités qui représentent l'État, tant qu'elles ne se trouvent point en possession paisible de leurs attributions, ne peuvent former que des traités provisoires.

(b) La constitution de l'État peut exiger le concours, le mandat ou la ratification d'une diète, d'un sénat, d'une assemblée du peuple, des représentants de la nation, des États, etc.

(c) Grotius, lib. II, c. xi, § 12. Jo. Gerhard Dissertationes acad., P. IV, n. 11. Jan Harm Lohman Diss. de diverso mandatorum genere quibus legati constituuntur, et obligatione quæ ex iis oritur (Lugd. Bat. 1750), c. iv, § sqq. L'opinion contraire a été soutenue par Bynkershoek Quæst. jur. publ., lib. II, c vii, et par le président des États-Unis d'Amérique, dans son message au congrès (cité note d), du 7 déc. 1819. — Un mandat ou une instruction secrète ne sont pas pris en considération ; le plénipotentiaire cependant n'en doit pas moins compte à son État. M. Hasse Diss. de legato violati mandati reo. Viteb. 1717, 4.

(d) Vattel, liv. II, ch. xiv, § 156. F. L. Waldner de Freundstein Diss. de firmamentis conventionum publicarum, cap. xiii, p. 126. Lohman Diss. cit., cap iv, § 6 sqq. — Un savant, Bynkershoek Quæst. jur. publ., lib. II, § 7, a soutenu que la ratification était généralement requise aujourd'hui. De même, Schmalz dans son europ. Volkerrecht, p. 51. Voyez des écrits sur cette matière, dans Lipenii Bibl. jurid. voc. ratihabitio et ratificatio, t. II, p. 242. Schott Supplém., p. 411, et de Senkenberg Supplém., p. 314. — L'histoire ancienne, du moyen-âge et moderne, fournit des exemples de traités non ratifiés. Grotius, lib II, c. xv. Telle la convention formée à La Haye entre l'Autriche, l'Angleterre, la

tions qui ne sont point, comme les arrangements militaires, nécessités par l'exigence du moment. La ratification donnée par l'une des parties contractantes n'oblige point l'autre partie à donner également la sienne (e). Quant au commencement de la validité du traité, c'est du moment de sa signature, et non de celle des ratifications qui l'ont suivie (f), que datent ses effets, sauf toutefois les stipulations particulières. Une simple *sponsion*, un engagement formé pour l'État par qui que ce soit, fût-ce même par le représentant de l'État ou par son mandataire, sans qu'ils y aient été autorisés, n'est obligatoire qu'autant qu'il est ratifié par l'État (g). La question de savoir si un traité passé au nom de l'État

Prusse et les Provinces-Unies des Pays-Bas, le 10 déc. 1790, dans de MARTENS Recueil, III, 342, de HENZBERG Recueil des déductions, etc., t. III, p. 223, note *. De même, le pacte de soumission passé le 2 sept. 1796 entre la ville libre et impériale de Nuremberg et la Prusse, dans HÆBERLIN's Staatsarchiv, Heft VI, p 178. T. L. U. JÆGER's Magazin fur die Reichsstädte, Bd. VI (Ulm, 1797, 8), Num. 18 Le traité de paix entre la Russie et la France, du 20 juillet 1806, dans de MARTENS Supplém IV, 305. Le traité entre l'Autriche et la Bavière, du 25 avril 1815 dans mes Acten des wiener Congresses, t. VIII, p. 129 ff., 149 ff. Le traité conclu en 1819, entre les États-Unis et l'Espagne, sur de nouveaux établissements et les frontières, ne fut pas ratifié par les premiers. V. le Message du président du 7 déc. 1819, dans le *Journal de Francfort* du 18 janvier 1820. (De même la France n'a pas ratifié le traité du 20 décembre 1841 relatif au droit de visite. v. § 294, et sur la question de la ratification, WHEATON Élém. de droit intern., t. I, p. 229 et suiv ; et WURM Die Ratification von Staatsvertragen, dans la Vierteljahrsschrift de Cotta, 1845).—Sur la question, discutée entre la France et l'Angleterre, de savoir si la convention faite au couvent de Zeven (ou Séven), le 10 septembre 1757, doit être regardée comme un traité public, ou seulement comme un arrangement militaire, voyez MOSER's Versuch, t. X, t. I, p 185-198, et Staatsschriften des Grafen von LYNARD, t. II (Hambourg, 1797), p. 71 et suiv.

(e) Quelques-uns soutiennent l'opinion contraire Voyez v. MARTENS Einleitung in das Europ. Volkerrecht, § 42. Jo. Zach. HARTMANN Pr. de variatione a pactis gentium ante ratificationes, quæ vocari solent, illicita. Kilon. 1736.

(f) De MARTENS, Essai concernant les armateurs (Gœtt. 1795, 8), § 41, note c, § 61, note y.

(g) GROTIUS, lib. II, c. CXV, § 3, 16, 17. VATTEL, liv. II, ch. XIV,

entre le gouvernant et l'ennemi, pendant que le premier se trouve prisonnier de guerre, est obligatoire pour l'État, et jusqu'à quel point, ou s'il peut-être regardé au plus comme une sponsion, a été le sujet de grandes contestations (h).

§ 143. — 2° Consentement réciproque et libre.

Le *consentement libre* et *réciproque*, exprès ou tacite (§ 3), des différentes parties contractantes, est aussi une condition essentielle pour la validité d'un traité public. En conséquence, de simples négociations, des communications purement préparatoires, ne sont, d'après leur nature même, nullement obligatoires. Il n'y a point de vrai consentement non plus, s'il a été donné par erreur, ou si la partie a été surprise par dol, pourvu que dans ce dernier cas elle ait été uniquement déterminée par les manœuvres pratiquées ; la lésion de l'une des parties en cas d'échange, résultante de la différence de valeur en argent des objets échangés, n'est pas prise en considération (a). — Pour que le consen-

§ 212. Jo. Cph. HOMMEL, s. resp. J. G. RIEDESEL I. B. ab Eisenbach, diss. de sponsionibus ministrorum. Isen. 1723, 4. De MARTENS Recueil. IV, 568. Voyez des écrits dans v. OMPTEDA's Literatur, II, 585, et dans v KAMPTZ neue Lit , § 244. — Celui qui a fait une sponsion (*sponsor*), est tenu de faire son possible pour engager l'État à ratifier la promesse donnée pour lui, mais à rien de plus. Au cas où la sponsion n'est point agréée, et qu'il y a des protestations déjà faites, tout doit être remis dans l'état antérieur. Voyez un exemple dans SCHMALZ europ. Volkerrecht, c. L.

(h) GROTIUS, lib. III, c. xx. PUFFENDORF de J. N. et G , lib. VIII c. II § 2. SCHEIDEMANTEL's Allgem. Staatsrecht, t I. § 197 f. C. S. EISENHART Diss. de pactis inter reges victores et captivos. Helmst. 1710, 4. Car. Lud L. B de DANCKELMANN Diss. de pactis et mandatis principis captivi. Hal 1718, rec. 1741, 4. Fried. PLATNER Diss. de pactis principum captivorum. Lips 1754, 4. B. P. van WESELN-SCHOLTEN (præs Const. CRAS) Diss. de fœdere Madritano, quod Franciscus I, rex cum Carolo V imp. captivus fecit. Amstelod. 1784, 4. Comparez aussi VATTEL, liv. II. ch. xvi, § 257, et SCHMALZ l. c., p. 55.

(a) BYNKERSHOEK Quæst. juris publ., lib. I, c. x. N. H. GUNDLING Lib. sing. de efficientia metus, tum in promissionibus liberar. gentium, etc.

tement soit *réciproque*, il faut que la promesse faite par
l'une des parties, soit acceptée par l'autre; les formes et
l'époque de cette acceptation sont indifférentes, à moins
que le traité ne contienne des stipulations expresses à cet
égard (*b*). L'acceptation peut avoir lieu avant la promesse
ou après, pourvu que dans l'intervalle l'autre partie ne se
soit point rétractée d'une manière légitime; elle peut se
faire par un acte rédigé en commun, et signé par les différentes parties contractantes, par une déclaration et une réponse formelles (*c*), ou par un édit, un ordre, une ordonnance, des lettres patentes, etc., adressés, en vertu de la
convention, aux sujets de l'un ou de l'autre État (*d*). — Le
consentement est *libre*, s'il n'a point été extorqué par une
violence injuste quelconque; la violence exercée seulement
pour la défense d'un droit attaqué, pourvu qu'elle n'ait
pas été poussée plus loin que l'exercice de ce droit ne
l'exige, ne vicie point le consentement (*e*) Un acte de violence provenant d'un tiers ne serait une cause de nullité
du traité qu'autant que l'État envers lequel l'engagement

Hal. 1711, et dans ses Exercit. acad., t. II. n 2. Christ. Otto van Bœc-
kelen De exceptionibus tacitis in pactis publicis. Grœning. 1730. 4, et
dans les Opuscula de l'auteur A. F. Rossmann von den Ausflüchten im
Volkerrecht (dans les Erlangische gelehrte Anzeigen, 1744, Num. 37, 38.
et dans J C. Siebenkees jurist. Magazin, t. 1, Num. 4, p. 40 ff.), § 26.
Schmalz 1. c. p 55 et suiv.

(*b*) Quelques-uns soutiennent qu'un traité public, pour être obligatoire,
doit être *écrit*. Voyez § 141, note *a*.

(*c*) Voyez des exemples dans de Martens, Recueil III, 103, 166, 248,
IV. 565 Mosen's Versuch. X. ii. 377.

(*d*) Comme le traité de commerce, conclu entre l'Autriche et la Russie
en 1785. De Martens, Recueil II. 620, 632.

(*e*) Dans un traité de paix p. e., par lequel le vainqueur termine une
guerre commencée pour une juste cause. — Une opinion particulière
(dans le journal *Minerva*, juin 1813, p. 425) déclare nul un traité conclu
avec une nation subjuguée, non parce qu'il est imposé par la force, mais
parce qu'il est conclu avec une partie qui est censée ne pas jouir de ses
droits, et par conséquent incapable de consentement.

aurait été pris, y aurait coopéré de mauvaise foi (*f*).

§ 144. — 3° Possibilité de l'exécution.

Il faut encore, pour qu'un traité oblige les parties contractantes, que *les promesses données de part et d'autre puissent être remplies* (a). Il ne doit y avoir impossibilité d'exécution ni physique ni morale. Une clause physiquement impossible à exécuter serait celle à laquelle celui qui s'y serait
engagé ne pourrait nullement satisfaire, faute de moyens
physiques dépendants de lui. Il y aurait impossibilité morale, si l'accomplissement de la promesse devait entraîner
la lésion des droits d'un tiers (b). Ceci n'empêche pas cependant qu'un Etat ne puisse promettre d'employer ses
bons offices pour engager une tierce puissance à faire
quelque sacrifice. En cas d'impossibilité de l'exécution d'un
traité, celui qui a promis doit des dommages et intérêts au
stipulant, quand l'impossibilité à lui connue était ignorée
de celui ci à l'époque de la conclusion du traité (c) ; il doit
de même réparation, quand, après la conclusion du traité,

(*f*) Les actes de violence d'une part, et leur cause légitime de l'autre,
étant souvent bien loin de l'évidence, et exigeant par là un examen et des
preuves suffisantes, l'application de ces principes offrira toujours de grandes difficultés. La politique peut même conseiller, par ce motif, de ne pas
attaquer la validité d'un traité pour cause de violence.

(a) C. E. WÆCHTER Diss. de modis tollendi pacta inter gentes (Stuttg.
1779. 4). § 25, 26.

(b) Une lésion de ce genre aurait lieu notamment au cas de la collision
d'un engagement nouveau, avec les dispositions d'un traité antérieurement
conclu avec une autre puissance; voyez le traité d'alliance générale et défensive entre la France et les cantons helvétiques, conclu à Soleure, le
28 mai 1777, art 8, dans le Recueil de M. de MARTENS, I 607. De même,
si on avait promis la cession d'un droit envers un tiers, inaliénable par sa
nature, tels que les droits non transmissibles, qui résultent d'une alliance
formée avec une tierce puissance, à moins que cette puissance n'y ait
consenti. Comparez WÆCHTER l. c., § 30-37.

(c) Ce cas peut se présenter quand l'impossibilité morale est la suite d'un
traité conclu antérieurement avec une autre puissance.

l'impossibilité est provenue de son fait. Un préjudice, quoique évident, résultant de l'exécution du traité, pour celui
qui a promis, ne constitue point une impossibilité morale,
quand même ce préjudice le menacerait de la perte de son
existence politique, de celle de son indépendance, ou du
bouleversement de sa constitution (d). Un traité est parfait
du moment de sa conclusion, sans que l'exécution subsé-
quente ajoute à sa validité.

§ 145. — Inviolabilité des traités.

L'intérêt de l'État peut exiger impérieusement la conclusion des traités publics avec des puissances étrangères.
Dans ce cas, il est clair qu'il ne pourrait se former de convention, s'il était loisible à chaque partie contractante de se
désister à son gré de ses engagements. L'*inviolabilité*, la
sainteté (a) des traités publics (*sanctitas pactorum gentium
publicorum*), doit donc former pour toutes les nations une
loi commandée par le but de l'État (b). Cette loi est égale-

(d) L'État peut-il éviter l'exécution, en se prévalant du droit de nécessité ? — L'opinion qu'il est loisible à un État de ne point remplir ses engagements, par cela seul qu'ils lui portent plus de préjudice qu'ils ne sont
avantageux à l'autre partie, a été soutenue par Cicéron, et récemment par
Wæchter l. c., § 28 et suiv.

(a) Il est presque inutile de dire que cette sainteté n'a aucun rapport à
la religion, et que, par conséquent, le principe posé est absolument indépendant des confessions et des idées religieuses des différents peuples.

(b) Voyez Leviathan, or the Matter, Form et Power of a Common-
Wealth, by Thom. Hobbes (Lond., 1651 fol.), p. 68. Corn. van Bynkershoek Quæst. jur. publ., lib. II. c. x, dans ses Operib. omn., t II, p. 256.
G. S Treuer De auctoritate et fide gentium. Lips. 1747. 4. Wæchter
Diss. cit., § 39. Henr. Fagel Diss. de fœderum sanctitate (Lugd. Bat.,
1785. 4) cap. ii, p. 14 sqq , voy. particulièrement p. 23 sqq., et cap. iv,
p. 59 sqq. Garve's Anmerk. zu Cicero von den Pflichten, t. 1 (5 Aufl.
1801), p. 71. Kant's Metaphys. Anfangsgründe der Rechtslehre, p. 99 f.
Grolman über die Rechtsgültigkeit der Verträge; dans son Magazin für die
Philosophie des Rechts und der Gesetzgebung, t I, Heft. 1. Ignaz Ru-
dhart's Untersuchung über systemat. Eintheilung, und Stellung der Ver-

ment sainte pour tous les membres et parties de l'État ;
car c'est au nom de tous que les traités sont conclus ; elle
ne cesse d'être obligatoire qu'avec l'entier anéantissement
de l'État (*pacta æterna et realia*), de sorte que des changements qui surviennent dans sa constitution politique, ou
dans la personne du gouvernement, n'y peuvent porter préjudice. L'État, qui est éternel, s'énonce par la personne de
chacun de ses gouvernants (*c*). Celui qui prétend restreindre les effets d'un traité public, ou de quelques unes des
dispositions, à la durée du règne d'un prince ou des princes
d'une même dynastie (*d*), ou bien à celle d'une certaine
constitution, doit prouver son assertion (*e*).

§ 146. — De l'objet des traités publics, et de leurs différentes espèces.

Toutes les choses ou actions, soumises à la disposition de
l'État, peuvent être l'*objet* de traités publics. Les différentes
modalités, les conditions du traité, dépendent de la volonté
des parties. Les traités peuvent par conséquent *différer* de
beaucoup de manières. Ils peuvent être conclus par les
souverains personnellement, comme en 1815 la *Sainte-
Alliance* (*a*), ou par leurs plénipotentiaires. On peut les for-

trage (Nurnb. 1810 8), § 26 f et 36. V. OMPTEDA's Lit., § 270. v. KAMPTZ
neue Lit., § 242.

(*c*) « Ἐμμέσως, id est, per interpositam civitatem. » GROTIUS De J.
B. et P., II. 14, 11. Henr. FAGEL, Diss. cit., cap. III. p. 41 sqq., cap. IV,
§ 4 sqq. p 63 sqq. — Voyez sur l'obligation du gouvernement de remplir
les engagements pris au nom de l'État par son prédécesseur, mon Oeffentliches Recht des teutschen Bundes, § 189. — WÆCHTER, Diss. cit., § 84,
prétend que des *traités d'alliance* (*Bundnisse*) ne sont obligatoires, ni
pour le successeur dans la régence, ni pour le survivant de deux monarques alliés.

(*d*) Pacte de famille des Bourbons, conclu entre la France et l'Espagne
en 1761. De MARTENS Recueil, I. I suiv

(*e*) Henr. FAGEL Diss. cit., cap. IV, § 7. pag. 66 sqq. WÆCHTER Diss.
cit . § 73. — Voyez des exemples mémorables de la violation de traités,
dans la dissertation précitée de H. FAGEL, c. II, § 2.

(*a*) La *Sainte-Alliance* ne parait être que la morale chrétienne appli-

mer ou par une déclaration expresse ou tacitement; ils peuvent dépendre d'une condition (résolutoire ou suspensive),
exprimer le but pour lequel ils sont uniquement conclus (*sub
modo*), renfermer un terme (*ex die* ou *in diem*), être unila-
téraux ou synallagmatiques, à titre onéreux ou non (*b*), révocables ou, ce qui fait la règle, irrévocables. Enfin l'on
distingue les traités principaux et accessoires (*pacta principalia et minus principalia, accessoria, adjecta, subsidiaria*),
les traités préliminaires (*provisoires*, formés *ad interim,
conventiones præparatoriæ s. præliminares*) et définitifs (*c*).

quée, suivant l'expression de Bossuet au gouvernement des hommes, et
à la politique à observer entre les souverains (§ 2, note e). Elle fut conclue, à Paris, le 26 septembre 1815, personnellement entre les monarques
de l'Autriche, de la Russie, et de la Prusse. Presque tous les États chrétiens de l'Europe y ont accédé par des actes d'adhésion formels, le prince
régent de la Grande-Bretagne seulement a refusé de s'y joindre par une
raison de forme, mais en reconnaissant les principes établis dans cette convention, et pour le seul motif qu'elle était conclue directement entre les
souverains, tandis que la constitution britannique exige que les traités
soient contresignés par un ministre qui est responsable; voyez sa lettre
du 6 octobre 1816, dans le Journal de Francfort de 1816, n. 302. La
Sainte-Alliance, dont les principes sont énoncés plus haut § 2, note d, et
ci-après § *ult*, se trouve imprimé dans le Politisches Journal de février
1816, p. 133, dans de Martens recueil, Suppl., t. VI, p. 556, et dans
W.-T. Krug, la Sainte-Alliance, oder Denkmal des von Oestreich, Preussen und Russland geschlossenen heiligen Bundes. Leipz. 1816. 8. Betrachtungen über das heilige Bundniss. Hamb. 1816. 8. Il est intéressant de
joindre à ce traité les Considérations sur les vrais intérets de l'Europe,
relativement à la Sainte-Alliance, publiées pour la première fois à Saint-
Pétersbourg, dans la gazette le Conservateur impartial, du 14 mars 1817;
aussi dans le Journal de Francfort de 1817, n. 98, et dans la Allgemeine
Zeitung de 1817, n. 101 et 110.

(*b*) Voyez Günther's europ. Volkerrecht, II, 91 ff. 107 ff. — De ce
nombre sont principalement les traités de vente, d'échange, de cession,
ceux qui ont pour objet la démarcation des frontières, ou pour but de re-
médier au morcellement et au mélange des territoires.

(*c*) Moser's Versuch, VIII, 55.

Nous n'avons pas besoin de dire que la Sainte-Alliance n'a tenu

§ 147. — Des articles.

Les traités renfermant différentes dispositions (*pacta com-posita*), sont ordinairement divisés en plusieurs *articles*, connexes ou non, qui sont, suivant leur contenu, ou principaux ou accessoires. Ces articles peuvent être insérés dans *l'acte principal*, ou bien lui être annexés comme supplé ments ou appendice, en forme de *convention additionnelle*, ou d'*articles séparés* (a). On stipule quelquefois que les dispositions des traités seront tenues secrètes (b), en tout ou en

aucune des promesses inscrites dans son programme, et que bien loin d'avoir réalisé dans la politique les principes de fraternité du Christianisme, elle n'a été que la ligue de l'absolutisme contre la liberté des peuples et contre tous les progrès des temps modernes. L'opinion unanime de l'Europe a flétri ses actes et ses tendances, dont Kluber lui-même a été victime. Le pacte de 1815 n'a jamais subsisté complétement qu'entre les trois puissances du Nord qui l'avaient conclu d'abord. Les États constitutionnels, tels que la France et l'Angleterre, ne pouvaient coopérer à l'action des gouvernements autocrates qu'accidentellement et dans des circonstances particulières. Cependant l'entente cordiale, formée entre l'Autriche, la Prusse et la Russie, en vue de l'oppression des peuples, survécut à 1830. Légèrement affaiblie à l'avénement du roi Frédéric-Guillaume IV de Prusse en 1840, elle ne fut ébranlée en réalité que par l'établissement du système constitutionnel en Prusse, et les révolutions dont toute l'Europe fut le théâtre en 1848. La rivalité de l'Autriche et de la Prusse en Allemagne, et enfin l'attitude que prit l'Autriche dans la guerre de Crimée, achevèrent de la ruiner complètement. Si par un de ces hasards dont l'histoire offre des exemples, la Sainte-Alliance pouvait se reconstituer aujourd'hui, ce serait sur des bases bien différentes et dans des conditions tout autres que la Sainte-Alliance de 1815. [A. O.]

(a) Voyez p. e. les articles séparés des traités de paix conclus à Utrecht en 1713. Voy. SCHMAUSS corp. jur. gentium. II. 1371, 1401, 1416, 1428 seq. 1465.

(b) Articles secrets du traité de paix de Campo-Formio en 1797. De MARTENS recueil, VII. 215 Articles séparés et secrets des traités d'alliance

partie, du moins pendant un certain temps (traités *secrets*, articles *séparés et secrets*, ou *additionnels et secrets*), à l'expiration duquel ils deviennent *patents*.

§ 148. — Des traités d'alliance en particulier.

Il y a des traités qui ne stipulent que des prestations partielles et transitoires. Ceux-ci portent plus particulièrement et dans le sens strict le nom de *traités* (accords, conventions, pactes, arrangements). Il y en a d'autres que l'on comprend sous la dénomination générale d'*alliances* ou de *ligues* (a) (*fœdera*), qui sont destinés à établir des obligations entières et continues, et qu'on appelle ainsi, parce que les parties contractantes s'allient ou s'unissent en vue d'un but commun, et que par conséquent elles forment une espèce de société (*pactum sociale*). Les alliances sont formées à perpétuité, du moins sans terme (*perpetua, æterna*), ou pour un temps limité (*temporaria*). Une alliance est *inégale* (*fœdus inæquale*), lorsque l'un des alliés seulement est restreint dans l'exercice d'un ou plusieurs de ses droits de souveraineté (b).

de la Prusse avec la Russie, fait à Kalisch le 28 févr. 1813, et avec la Grande-Bretagne, conclu à Reichenbach le 14 juin 1813; de la Grande-Bretagne avec l'Autriche, la Russie et la Prusse, signés à Tœplitz, le 9 sept. 1813; de l'Autriche avec les rois de Bavière et de Wurtemberg en 1813; dans mes Acten des wiener Congresses, Bd. VII, p. 280-282. Bd. I, Heft II. p 89 et 93. D'autres exemples récents se trouvent dans le recueil de M. de Martens, supplém. V, 612, 646, 653, 665.

(a) Appelés aussi *fraternitates* par les Romains, par César, Cicéron et Tacite. — Voy. des écrits sur les alliances, dans v. Ompteda's Literat II, 585-594, et dans v. Kamptz neuer Lit., § 245.

(b) P. e. s'il lui est défendu de former, sans le consentement de son allié, de nouvelles alliances, ou de faire la guerre, de la terminer, de changer sa constitution, etc. — L'alliance est *inégale* dans un autre sens, si l'engagement pris par l'un des alliés n'est point l'équivalent de la promesse de l'autre. Henr Fagel. diss. cit. cap 1, § 10 — Sur la distinction des alliances en *personnelles* et *réelles*, voyez ibid. cap. 1, § 3-8.

§ 149. — Alliance pour la paix et pour la guerre.

Les alliances portent des noms différents suivant leur objet. On distingue ainsi entre les alliances de *paix* et les alliances de *guerre*. Du nombre des premières sont d'abord les *traités* d'*amitié*, par lesquels non-seulement l'entier accomplissement de toutes obligations parfaites est assuré ou confirmé, mais qui élèvent aussi au rang d'obligations parfaites les devoirs imposés par le droit naturel interne ou la morale, tendants à établir dans la société des relations amicales et officieuses; puis les *traités de commerce*, et les *conventions monétaires* destinées particulièrement à fixer un titre commun des monnaies. Par les *alliances de guerre*, les parties contractantes se promettent réciproquement aide et assistance contre les ennemis du dehors; on les appelle *alliances* dans le sens strict (a). Ces alliances sont subdivisées

(a) MOSER s Versuch, X. I. p. 1. ff. GALIANI's Recht der Neutralität, p. 160 ff. VATTEL, liv. III, ch. VI. Henr. HOECFFT diss. de jure quiescendi in bello (Lugd. Bat. 1768. 4), § 22-33. Mémoires sur les alliances entre la France et la Suède; par M. ROUSSET, 1745. — Voyez des exemples de traités d'alliance de la France avec la Prusse et l'Autriche, conclus en 1812, et avec le Danemarck, en 1813, dans le recueil de M. de MARTENS, Supplém. V. 414-431 et 589. Convention d'alliance de la Russie avec la Prusse, conclue à Kalisch et à Breslau, le 28 (16) fév. 1813; dans SCHOELL Histoire des traités, t. X. (Paris 1818), p. 545. Conventions d'alliance de la Grande-Bretagne avec la Russie et la Prusse, signées à Reichenbach le 15 et le 14 juin 1813, de MARTENS, recueil, Supplém. V. 568, 571, et de ces trois puissances avec l'Autriche, datées de Tœplitz, le 9 sept. 1813; ibid. V. 596-610. Traité d'alliance de l'Autriche avec la Bavière, conclu à Ried, le 8 octob. 1813; ibid. V. 610; et avec le roi de Wurtemberg, signé à Fulda; ibid 643. Traité d'alliance entre la France et le Danemarck, signé à Copenhague, le 10 juillet 1813; ibid. V, 589. De même, entre l'Autriche, la Russie, la Grande-Bretagne et la Prusse, conclu pour vingt-cinq ans, à Chaumont, le 1er mars 1814; dans mes Acten des wiener Congresses, Bh. I, Heft I. p. 1 ff. Confirmation de ce dernier traité, dans les traités d'alliance conclus à Vienne, le 25 mars 1815, art 4, et à Paris, le 20 novembre 1815, art. 3; dans de MARTENS, Sup-

de la manière suivante : alliances *défensives*, qui ont pour
objet de se défendre en commun contre des agressions hostiles; alliances *offensives* (*b*), s'il s'agit d'attaquer ensemble
une tierce puissance; traités de *neutralité*, si elles tendent
à établir, en cas de guerre, la neutralité pour les parties
contractantes ou pour l'une d'elles, soit que le traité soit
conclu entre des puissances non comprises dans la guerre,
ou bien avec l'une des puissances belligérantes; traités de
subside, par lesquels l'une des parties se fait promettre,
pour le cas d'une guerre, l'assistance de l'autre, limitée en
quantité et en qualité (§ 272) ; enfin, traités de *barrière* (*fœdera limitum custodiendorum*), dont l'objet est la garde et
défense des frontières de l'État (*c*).

§ 150. — Des traités de commerce.

A l'effet de protéger, d'étendre ou de restreindre la liberté naturelle du commerce, les puissances de l'Europe
forment souvent , surtout depuis le commencement du

plém. VI. 115, 736. La Sainte-Alliance (§ 146). Traité de la quadruple alliance entre la France, l'Espagne , la Grande-Bretagne et le Portugal ,
conclu à Londres le 22 avril 1834, et articles additionnels du 18 août suivant, pour rétablir la paix dans la péninsule, MARTENS, Nouv. Rec., t. XI,
p. 808 et t. XII , p. 716. — Convention de Londres , du 15 juillet 1840,
conclue entre les cours de la Grande-Bretagne, d'Autriche, de Prusse et
de Russie, d'une part , et la Porte, de l'autre , pour la pacification du
Levant. Ch de MARTENS et de CUSSY, Rec. manuel, t. V, p. 42. — Traités
conclus pour la guerre de Crimée, savoir : la convention d'alliance du
10 avril 1854, entre la France et l'Angleterre; le traité d'alliance du
12 mars de la même année, entre les mêmes puissances et la Turquie, le
traité d'alliance du 2 décembre 1854, entre la France, l'Autriche et la
Grande-Bretagne, et la convention militaire conclue entre la France et la
Sardaigne le 26 janvier 1855.)

(*b*) Les alliances offensives sont justes , quand elles ont pour objet
une juste guerre. De ce nombre sont spécialement celles formées pour
l'exercice du droit de prévention, n'emportant au fond que la défense du
droit.

(*c*) Pet. Frid. Guil L. B DE HOEFNTAI diss. fœderibus finium. Lips.
1763, 4.

xvıᵉ siècle, des *traités* de *commerce* (a), ou entre elles-mêmes, ou avec des nations non euıopéennes. Ordinairement ces

(a) On trouve beaucoup de traités de commerce dans les Recueıls des traıtés publics. Un recueil particulıer pour l'Angleterre est le suıvant : A Collection of all the marine treaties between Great-Brıtaın and other Powers; 1779 8. Voyez des extraıts des traıtés de commerce de la Hollande, dans Andr. KLUIT historıæ federum Belgıı federatı prımıs lıneıs, t. I, cap ıv. Une ındıcatıon des traıtés de commerce conclus jusqu'en 1782 entre les principales puıssances de l'Europe, et du plus essentıel de leur contenu, se trouve dans le cınquıème chapıtre de J -C -W. v. STECK's Versuch uber Handels - und Schıffahrts-vertràge. Halle, 1782. 8. Des collectıons de traıtés de commerce conclus par dıfférents États, et des écrits y relatıfs, sont ındıqués dans v KAMPTZ neuer Lıt., § 256. — Écrits sur cette matıère : Jo.-Jac. MASCOV dıss. de fœderıbus commercıorum ; Lıps., 1735. 4. MABLY, Droıt publıc de l'Europe, t. II, ch. xıı. Théorıe des traıtés de commerce, par M. BOUCHAUD. A Parıs, 1777, 8. Le précıté Versuch de M. de STECK. Le même, von den Handlungsvertràgen des russıschen Reichs; dans ses Versuche von 1783, p. 61-84. Le même , von den Handelsvertragen der osmanıschen Pforte, dans ses Versuche von 1772, p. 86-118 Le même, von dem *Assiento*-Vertrag, ıbid., p. 1-13. Le même, von dem Sundzoll , dem odensceıschen Vertrag und dem brömsebroıschen Frıedensschluss, ıbıd., p. 39-48. Le même, von den wechselseitıgen Vortheılen der Kronen Gross-Brıtannıen und Portugal aus ıhrem Handlungsvertrag von 1703, dans ses Ausführengen (1784), p. 9 ff. MOSER's Versuch, VII. 454 ff. 677.

Les traıtés de commerce sont devenus de plus en plus fréquents dans le cours du xıxᵉ siècle. On les trouve dans la grande collectıon des traıtés de MARTENS, dans le recueil manuel de Ch. de MARTENS et de CUSSY et dans les Recueıls spécıaux consacrés aux traıtés des dıvers Etats (v. la Bibliographie placée à la fin de l'ouvrage). Les collectıons modernes ne comprenant que des traıtés de commerce, sont les suıvantes : d'HAUTERIVE et de CUSSY, Recueil de traıtés de commerce et de navigation de la France avec les puıssances étrangères depuis la paix de Westphalie, suıvı des prıncıpaux traıtés avec les puıssances étrangères et de la théorie des traıtés de commerce de BOUÇHAUD, augmenté par HOFFMANNS, 1833-43. 10 vol. in-8° — HERSTLET, Collectıon of the treatıes and conventions at present subsıstıng between Great-Brıtaın and Foreign Powers relatıng to commerce and navigation (1471-1851).

traités ont pour but la liberté, la sûreté et la facilité du commerce et de la navigation commerçante. Ils assurent et protègent le libre trafic des sujets d'un État, ou imposent certaines obligations qui en restreignent ou étendent la li-

Lond. 8 vol in-8°. C. A. de KAMPTZ, Die Handels und Schiffahrtsvertrage des Zollvereins. Brunsw. 1845. — J. H. W. SCHMIDT, Handels und Schiffahrtsvertrage des freien Hansestadte. Brême 1842. — SOETBEER, Schiffahrtsgesetze so wie Handelsverträge verschiedener Staaten. Hamb. 1848. Sur l'histoire des traités de commerce. v. HAUTEFEUILLE, Hist. du droit maritime internat.

Les unions douanières en vertu desquelles plusieurs Etats adoptent le même système de douanes, sont comprises aussi dans les traités de commerce. La plus importante de celles qui se sont fondées dans notre siècle est le *Zollverein* qui embrasse aujourd'hui toute l'Allemagne, sauf l'Autriche, les deux Mecklenbourg, le Holstein et les trois villes hanséatiques. Les premières bases de cette union furent posées par le traité conclu le 14 février 1828 entre la Prusse et le grand-duché de Hesse. Plusieurs autres Etats accédèrent successivement à la ligue prusso-hessoise. Quand le premier traité général qui fixa les bases de l'association fut signé à Berlin le 22 mars 1833, l'union comptait déjà la plupart de ses membres actuels. Parmi ceux qui y manquaient, Hesse-Hombourg, le grand-duché de Bade, les duchés de Nassau et de Brunswick, et la ville libre de Francfort y accédèrent dans le cours des quatre années suivantes. A l'exception des Etats qui, aujourd'hui encore, n'en font pas partie, il ne restait en dehors du Zollverein que le Hanovre et Oldenbourg qui avaient vainement tenté de rallier les petits Etats à une ligue commerciale indépendante de la Prusse, et s'étaient unis définitivement par les traités du 7 mai 1836 et du 14 décembre 1841 pour l'adoption d'un système uniforme d'impôts indirects et de douanes. Cette association, connue sous le nom de *Steuerverein*, se joignit enfin au Zollverein à partir du 1er janvier 1854, en vertu des traités du 7 sept. 1851 et du 4 avril 1853. Les conventions qui unissent aujourd'hui les Etats du Zollverein expirent le 31 décembre 1865. L'Autriche essaya de faire en Ital e ce que la Prusse avait réalisé en Allemagne, et conclut le 9 août 1852 une

berté naturelle. Quelques traités de commerce ressemblent
au contrat de société, comme la ci-devant ligue hanséatique ;
d'autres ne présentent au fond que des traités d'amitié. Les
objets principaux que se proposent aujourd'hui les traités

union douanière avec les duchés de Modène et de Parme. Mais lorsque cette convention expira en 1857, Parme refusa de la renouveler,
et depuis, les événements l'ont rendue tout à fait caduque. — V.
FAUGERE, le Zollverein, ou l'union des douanes de la Prusse et des
Etats allemands. 1839. in-8°. — RICHELOT, l'Association douanière
allemande ou le Zollverein. 2ᵉ édit. 1859. in-8°. — ŒCHELHÆLSER,
Der Zollverein. Francf. 1851. Le même, Die Verfassung des
deutschen Zollvereins. Augsb. 1851. — V. aussi le Dictionnaire
d'Économie politique de COQUELIN et GUILLAUMIN, art. Zollverein.

Parmi les traités nombreux que concluent les Etats modernes
pour faciliter les relations pacifiques entre leurs citoyens, nous
avons cité déjà les conventions postales, télégraphiques et monétaires (§ 73 et 74). Nous devons rappeler ici les traités importants
qui ont pour but de garantir la propriété littéraire et artistique.
Le premier traité qui ait été conclu à ce sujet d'Etat à Etat et en
dehors des conventions arrêtées entre les gouvernements de la
Confédération germanique, a été celui du 22 mai 1840 entre l'Autriche et la Sardaigne. La France en a conclu un grand nombre
depuis 1851 surtout, et elle se trouve liée actuellement par des
conventions de ce genre avec la Sardaigne, le Portugal, l'Espagne,
l'Angleterre, la Belgique, les Pays-Bas, le canton de Genève, et la
plupart des Etats allemands, parmi lesquels ne figurent malheureusement ni l'Autriche, ni la Prusse, ni la Bavière (v. l'Introduct.
de M. VERGÉ, au Précis de MARTENS, et le texte des traités français
dans le BULLETIN DES LOIS et les Recueils de lois et décrets).
Le décret du 28 mars 1852 statue d'ailleurs que la contrefaçon sur
le territoire français d'ouvrages publiés à l'étranger constitue un
délit, et sera punie conformément aux articles 427 et 429 du Code
pénal. V. PATAILLE et A. HUGUET, Code international de la propriété industrielle, artistique et littéraire. 1858. 8°. — VILLEFORT,
De la propriété littéraire et artistique au point de vue international.
1851, in-8°. — ENSLIN, Ueber internationale Verlagsverträge

de commerce sont les principes à suivre tant en temps de
paix qu'en temps de guerre; et sous ce dernier rapport en
prévision, soit des guerres que peuvent se faire les parties
contractantes elles-mêmes, soit de celles qui peuvent éclater
entre une d'elles et une tierce puissance, soit enfin des
guerres entre États étrangers aux deux parties.

§ 151. — Des traités de commerce conclus pour le temps de paix.

Ces traités, formés sous la supposition de relations *amicales*, portent principalement sur l'exportation, l'importation et le transit des différentes espèces de marchandises,
sur les impôts commerciaux, surtout les douanes, les péages, etc.; sur les droits, priviléges et charges des sujets de
l'État résidant à l'étranger pour cause de commerce, relativement à leur négoce, sur la juridiction qui leur est applicable, l'exercice de la religion, les impôts auxquels ils

mit besonderer Beziehung auf Deutschland. Berl. 1855 — Eisen-
lohr, Sammlung der Gesetze und internationalen Vertrage zum
Schutz des litterarischen Eigenthums in Deutschland, Frankreich
und England. Heidelb. 1856, in-8°. — Aux traités sur la propriété
littéraire et artistique, s'ajoutent, depuis quelques années, des
traités sur la propriété industrielle, les marques de fabrique, etc.

Les règlements sanitaires auxquels sont soumis les navires
venant de pays infectés de maladies contagieuses, peuvent également être l'objet de conventions internationales. Une conférence
de délégués de la France, de l'Autriche, de la Grande-Bretagne, de
l'Espagne, de la Sardaigne, des Deux-Siciles, de Rome, de la Toscane, de la Grèce et de la Turquie, s'est réunie à Paris en juillet
1851, et a arrêté un pro et de convention internationale et un projet
de règlement de quarantaine internationale. Cette convention n'a
été ratifiée jusqu'ici que par la France (Décrets du 27 mai et du
4 juin 1853 dans le Bulletin des Lois) et la Sardaigne. Voy. le
Dictionnaire universel du commerce et de la navigation publié
par la librairie Guillaumin (1859-61), au mot Police sanitaire.
[A. O.]

peuvent être soumis, l'immunité de leurs biens à l'égard de
la saisie, ainsi que des droits de retraite et de détraction ou
de transfert, leurs droits de succession, le droit de varech, etc. On a discuté, de temps à autre, sur le sens et
l'étendue de la clause souvent admise dans les traités de
commerce, « que les sujets commerçants de l'un des États
seraient assimilés, sur le territoire de l'autre, aux habitants
ou naturels du pays, » ou bien « aux sujets de la nation la
plus favorisée (a). »

§ 152. — De ceux conclus pour le temps de guerre.

Pour le cas d'une *guerre* qui surviendrait (a), d'abord
entre les parties contractantes, on stipule ordinairement
que les sujets commerçants de l'un ou de l'autre État dans
le pays de l'autre auront la faculté d'y continuer leur séjour; ou bien on leur fixe un délai, commençant à une
époque déterminée, à l'expiration duquel ils seront obligés
de quitter le territoire ennemi; on arrête les conditions relatives aux deux suppositions, on détermine les droits réciproques concernant la saisie des biens des sujets, etc. Pour
le cas de guerre de l'une des parties contractantes avec une
tierce puissance, les stipulations roulent sur la neutralité
du commerce des sujets de l'autre partie, principalement
sur les marchandises qui passeront pour neutres et celles
qui seront regardées comme contrebande de guerre, sur le
droit de visite des bâtiments neutres en pleine mer par les
vaisseaux de guerre de la puissance belligérante, sur leur

(a) Voy. v. STECK's Versuch uber Handelsverträge, p. 23 ff. De MAR-
TENS Essai concernan les armateurs, § 57 et suiv. Comme exemple, v.
le traité de commerce entre le Danemark et Gênes de 1756, confirmé
et rectifié en 1789, dans le recueil de MARTENS, t. IV, p. 532; et le
traité entre la Prusse et le Danemark de 1817, même recueil, sup. VIII.
p. 527.

(a) Voyez des écrits dans v. OMPTEDA's Literatur, II. 598 f Essais
sur divers sujets relatifs à la navigation et au commerce, pendant la
guerre, par M de STECK, à Berlin 1794, 8.

exemption de l'embargo dans son territoire maritime, sur
les mesures à prendre par le gouvernement neutre, dans
ses propres parages, contre les vaisseaux non-seulement du
contractant belligérant, mais aussi de son ennemi, etc. (b).
Quelquefois enfin il se forme des alliances pour le cas d'une
guerre également étrangère aux deux parties contractantes,
dans le but de faire respecter, au besoin, même par la force
armée, la liberté et la neutralité de leur commerce en pleine
mer.

§ 153 — Effets et confirmation des traités.

Un traité valable, non-seulement impose aux parties contractantes *l'obligation parfaite* de remplir leurs promesses
réciproques, et leur donne le droit d'en exiger l'accomplissement l'une de l'autre, mais il leur confère aussi le droit,
non moins parfait, d'empêcher tous les tiers qui n'y auraient
point un intérêt né et actuel, de porter préjudice à son exécution. L'exercice de ces droits ne dépend ni de la confirmation, ni du renouvellement ou rétablissement, ni d'un
affermissement quelconque du traité. La *confirmation* peut
néanmoins être utile, lorsqu'il y a des différends ou des
doutes élevés ou à craindre sur sa validité, ou sur sa durée (a). L'assurance, donnée souvent par les monarques lors
de leur avénement au trône, de remplir ces obligations
contractées par leurs prédécesseurs est de pure forme; cependant elle peut valoir une déclaration générale d'amitié.

(b) Comparez la convention formée, en 1744, entre la Grande-Bretagne et la France, dans le Mercure hist. et polit. 1744, t. I, p. 560

(a) Cela a lieu parfois lorsque plusieurs traités ont été conclus successivement sur le même objet. Dans ce cas l'on confirme ordinairement les
anciens traités par clause expresse, en tant qu'on veut assurer leur validité. Voyez la paix de Hubertsbourg de 1763, art. 5 et 12. MOSER's
Versuch, t. X. Bd. II, p 601 f. Confirmation du traité d'alliance de
Chaumont dans les traités de Vienne et de Paris de 1815. V. plus haut
§ 149. a.

Quelquefois le renouvellement et la confirmation d'un ancien traité n'ont d'autre but que de le rappeler aux parties
par lesquelles il a été passé. De la clause « qu'un ancien
traité est censé faire partie du présent, comme s'il y était
inséré mot à mot » (b), il ne suit pas que l'ancien traité devienne entièrement partie intégrante du nouveau ; cette
clause, sauf les dispositions particulières, n'a d'autre effet
que de donner, dans le doute et à l'égard seulement des parties contractantes, force obligatoire à l'ancien traité (c).

§ 154 — Renouvellement et rétablissement des traités.

Le *renouvellement* des traités (*renovatio pactorum*) est une
prorogation de leur validité au delà du terme stipulé (a) Il
est sujet aux mêmes conditions qui sont essentiellement requises pour la première conclusion. Le renouvellement ne
se présume point ; cependant il peut avoir lieu tacitement
si, le terme écoulé, les parties continuent sciemment et de
propos délibéré à remplir les obligations conventionnelles,
et à en accepter l'accomplissement (b). Il peut embrasser le

(b) Comme p. e. les traités de paix de Westphalie, de Breslau, de
Berlin, de Dresde, et de Hubertsbourg, l'ont été dans celui de Teschen
(1779), art. 12 ; et la convention entre l'Autriche, le Palatinat et le
duché des Deux-Ponts, ibid. art 7 de MARTENS recueil II, 5, 6.

(c) Elle n'oblige point p. e. les garants de la nouvelle convention ; du
moins leur garantie ne comprend que la nouvelle sanction de l'ancien
traité, en tant qu'elle est faite et a pu se faire par les contractants. C'est
d'après ce principe que l'on devra décider la question de savoir si la Russie,
par la garantie de la paix de Teschen, est devenue garante de toutes les
dispositions de la paix de Westphalie Voyez les écrits indiqués dans v.
KAMPTZ neuer Lit. des VR , p. 81 f.

(a) Les traités de subsides sont ceux qu'on renouvelle le plus souvent.
— Très-souvent on confond la confirmation, le renouvellement et le rétablissement des traités. WALDNER Diss. ad § seq. cit. § 12 p. 124.
Quelquefois on cumule dans les traités les deux premières, ou même les
trois expressions, pour éviter toute incertitude. Paix de Hubertsbourg de
1763, art. 5 et 12. Paix d'Aix-la-Chapelle de 1748, art 3.

(b) Sur la question de savoir, si dans ce cas le traité est censé renou-

traité ou entier, ou quelques dispositions seulement (c). —
Il y a *rétablissement* d'un traité (*restitutio*), lorsqu'il a déjà
cessé d'être en vigueur, et qu'une nouvelle convention le
fait revivre. Cette stipulation, qu'on appelle aussi quelquefois renouvellement, est souvent admise dans les traités de
paix, pour les conventions interrompues par la guerre (d).
Pour que le renouvellement ou le rétablissement d'un
traité s'étende, non-seulement aux parties principalement
obligées, mais à d'autres qui ne le sont qu'accessoirement,
comme p. e. les garants, il faut leur consentement particulier.

§ 155. Des moyens d'assurer l'exécution des traités.

Pour écarter autant que possible toute inquiétude sur
l'exécution des obligations contractees, un traité peut être
assuré et *affermi* par des *conventions particulières* et accessoires (a), des garanties dans le sens général du mot (*pacta cau-
tionis*), formées ou entre les parties contractantes seulement,
ou avec une tierce puissance. Les moyens de sûreté en usage
aujourd'hui sont le *nantissement*, les *otages* et la *garantie*.
L'affermissement des promesses par *serment* est presque sans
exemple depuis le XVIIe siècle (b). L'*amende* conventionnelle et

velé pour le même espace de temps pour lequel il était primitivement
conclu? voy. VATTEL, liv. II ch XIII. § 199.

(c) Le renouvellement de quelques stipulations seulement, pourvu
qu'elles puissent subsister isolées, n'emporte point le renouvellement
du traité entier.

(d) G F. v. MARTENS uber die Erneuerung der Vertrage in dem
Friedensschlussen der europaischen Machte, Gott. 1797. 8, *Le même*, recueil. sup. V. 681.

(a) VATTEL, liv II ch XVI, § 235-261. F. L. WALDNER de FREUNDS-
TEIN Diss. de firmamentis conventionum publicarum. Giessæ, 1709 (1701),
rec. ib. 1753. 4. C. F. WOLLER Diss. de modis, qui pactionibus publicis
firmandis proprii sunt, scil. de guarantia pacis et obsidibus. Vindob.
1775. 4.

(b) Le seul exemple peut-être, qu'on en trouve dans les temps modernes, c'est l'alliance entre la France et la Suisse, formée et jurée par
les deux parties, en 1777, dans l'église cathédrale à Soleure. MOSER's

le *cautionnement* seraient aujourd'hui d'une application difficile dans les contrats entre États; et les anciens *conservateurs* enfin (*warrand*, *guarrandi*), c'est-à-dire des citoyens, des personnes attachées par des liens de protection (*jus advocatiæ*), ou des vassaux distingués et puissants qui, en promettant de prendre au besoin les armes contre leur propre souverain, protecteur ou seigneur, se rendaient caution de ses engagements (*c*), ne sont plus admis depuis le moyen âge (*d*). L'*excommunication majeure* (*e*) l'espèce de con-

Versuch. VIII, 287 f. On confirma encore par serment : le traité conclu entre François Ier et l'empereur Charles-Quint à Madrid en 1526; la paix de Cambrai en 1529, art. 46; la paix de Chateau-Cambresis en 1559, art 24; la paix de Munster conclue en 1648, entre l'Espagne et les Provinces Unies des Pays-Bas; la paix de Pyrénées de 1659, art. 124; celle conclue à Aix-la-Chapelle en 1668, entre la France et l'Espagne; la paix de Ryswick de 1697, art 38. Conférez Grotius lib. II. c. xiii, Franc Fagel Diss de guarantia fœderum. c. ii. Waldner Diss. cit cap. vii. § 75. Leonh Hoffmann, Diss. de conservatione fœderis jurejurando firmati. Jen. 17.0, 4. — Plusieurs princes catholiques furent absous d'un pareil serment. p. e. Ferdinand le Catholique, par le Pape Jules II (Rousset, Supplément, t III, P I. p. 17.); François Ier, par Léon X et Clément VII (Négociations secrètes touchant la paix de Munster, t. I, p. 20. Glafey's Vernunft und Volkerrecht, p 466), Henri II, par le légat du Pape, Caraffa (Vattel, liv, II, ch xv, § 223). Par suite de cet abus on inséra dans plusieurs traités la clause . « Que le promettant ne tendrait point à obtenir la libération du serment, ni par lui-même, ni par d'autres, et qu'il n'accepterait pas non plus la dispense si elle lui était offerte. » Voyez des exemples dans Schmauss corp. jur. gent. 1165. Lamberty, I, 571 Rousset. intérêts et prétentions, II, 13. 23 Faber's, Staats Canzley. XC. 215

(c) Voyez les traités de Paix d'Arras, entre Maximilien Ier et Louis XI en 1482; de Senlis, entre Maximilien et Charles VIII, en 1493; d'Orléans, entre Louis XII et l'Angleterre, en 1514. Conférez aussi Fagel l. c. p. 26 sqq. (Neyron) Essai sur les garanties, p. 100.

(d) A leur place, on choisit pour conservateurs des tierces puissances De là les garanties en usage aujourd'hui, dont le traité de Blois de 1505 offre le premier exemple Du Mont, Corps dipl., t. IV, P 1, p. 74. Franc. Fagel, l. c, p. 29 sq v. Steck's Versuche (1772), num. 5, p 48 ff

(e) Charles-Quint et François Ier tâchèrent encore d'affermir par ce

trainte par corps appelée *obstagium*, la honte d'être, en
cas d'inexécution, diffamé par *des invectives* ou des *peintu-
res ignominieuses*, et toutes autres espèces de peines conventionnelles sont également tombées en désuétude (*f*).

§ 156. — Particulièrement par le nantissement et les otages

Le promettant donne parfois, pour la sûreté de l'autre
partie, un *gage* quelconque (*a*), ordinairement un morceau
de son territoire (*b*), dont il confère la possession et l'u-
sage, plus ou moins étendu, au stipulant. L'hypothèque,
qui ne donne point la possession du gage de sûreté, n'apparaît que très-rarement dans les traités publics (*c*). Des
otages (*obsides*) ont été donnés ou pris (*d*) de tout temps.

moyen le traité de Cambray en 1529, art 46, quoique les papes Boni-
face VIII et IX (1302 et 1390) eussent défendu cette clause. De GUDENUS,
Cod. dipl , t. V, p. 336.

(*f*) Voyez des exemples dans ma Comment. de pictura contumeliosa
(Erlang. 1787, 4), § 6, et dans les Mémoires sur l'ancienne chevalerie, par
M. DE LA CURNE DE SAINTE-PALAYE. t. I, p 382 et suiv.

(*a*) VATTEL, liv. II, ch. XVI, § 241-243.

(*b*) N.-H. GUNDLING de jure oppignorati territorii; dans ses Exercit.
acad., vol I, p. 31 sq — L'on voit des exemples, pris particulièrement
dans l'histoire des Provinces Unies des Pays-Bas, dans GÜNTHER's Volkerrecht, II, 153. Franc. FAGEL diss. cit , cap. III, p. 16 sq. Par le traité de
Paris du 8 sept. 1808, la Prusse engagea à la France ses forteresses situées
sur l'Oder, Stettin, Custrin et Glogau, jusqu'au payement de 140 millions de
francs de contribution ; voy. BÜSCH Welthandel, mit BREDOW's Fortsetzung, p. 134. — Des effets mobiliers ont quelquefois aussi servi de gage.
Le royaume de Pologne, par exemple, engagea à la Prusse une couronne
et quelques autres bijoux.

(*c*) Voy. des exemples dans GÜNTHER, II, 154. VATTEL, § 244. SCHMAUSS
C. J. G. II, 1140, art. 5; 1150, art. III.

(*d*) Voyez les écrits indiqués dans v. OMPTEDA's Literatur, II, 646 ff.,
et dans v. KAMPTZ neuer Lit., p. 276 f. — VATTEL, liv. II, ch. XVI, § 311,
324. Franc. FAGEL diss. cit. cap IV, p. 17 sqq WALDNER diss. cit. c. VIII,
p. 89. MOSER's Versuch, t. IX, Bd. II, p. 457, WÆCHTER diss. cit. § 94,
WOLLER disc, cit.

Ils ne sont enlevés par force qu'en temps de guerre (e), et
cet enlèvement donne fort souvent lieu à des représailles.
On les donne de libre volonté pour la sûreté d'un droit
conventionnel, le plus souvent dans les arrangements militaires, et dans les traités de paix (f). Il serait injuste de
traiter les otages plus rigoureusement que ne l'exige la nécessité de les garder (g) ; ils ne sont tenus que du sacrifice
de leur liberté.

§ 157. — Garantie.

L'une des plus usitées des conventions dont nous nous
occupons est la *garantie* (a) proprement dite, par laquelle
un État promet de prêter secours à un autre État, dans le
cas où celui ci serait lésé ou menacé d'un préjudice dans
l'exercice de droits déterminés (b), par le fait d'une tierce

(e) MARTENS Einleit. in das. europ. Volkerrecht, § 211, note b VATTEL,
§ 248.

(f) Traité de paix d'Aix-la Chapelle, en 1748, art. 9. WENG cod. jur.
gent., II, 352.

(g) C'est ce que dit SCIPION dans TITE-LIVE, XXVIII, 34 Voy. GRO-
TIUS, lib II. c. XV, § 7; c. XXI, § 55. C.-H. BREUNING diss de fuga obsi-
dum. Lips 1766 4 de STECK observatt. subsecivæ, c. XXII. VATTEL, § 147.
FAGEL, l. c., § 9, p. 22.

(a) Voyez les écrits qui sont indiqués dans v OMPTEDA's Literatur, II,
594 f.; dans v. KAMPTZ neuer Lit., § 249 et 328; et dans ma Neue Literatur des t. Staats., § 1667. — VATTEL, liv. II, ch XVI, § 235 et suiv.
MOSER's Versuch, VIII, 855 ff. Franc. FAGEL diss. de garantia fœderum
(Lugd Bat. 1759. 4), p. 29 sqq. WOLLER diss ci-dessus, § 155 cit. Essai
historique et politique sur les garanties (par P.-J. NEYRON), à Goett., 1777.
8. H.-G. SCHEIDEMANTEL., die Garantie nach Vernunft und teutschen
Reichsgesetzen. Jéna, 1782. 8. et dans son Repertorium des teutschen
Staats- und Lehnr. Bd. II, p. 156-166. C -D. ERHARD pr. de sponsoribus
juris gentium. Lips. 1787. 4. Conférez cependant ma Kleine jurist. Biblioth., St. XV, p, 295.

(b) Si la garantie porte en termes généraux sur toute lésion de droits
quelconques, c'est une alliance Voy FAGEL diss. cit. cap. VII, § 5, p. 34.
— L'expression de garantie dans le sens *général* comprend tous les traités
dont le but est d'assurer l'exécution d'un autre traité — ERHARD, dans le

puissance. La garantie est toujours promise par rapport à
une tierce puissance, de la part de laquelle il pourrait être
porté préjudice à des droits acquis. Elle peut donc être
admise, comme moyen de sûreté, pour toutes les relations
obligatoires qui peuvent exister entre deux ou plusieurs
États (c), hors le garant ; nommément pour celles qui résultent du voisinage et de la situation de leurs possessions territoriales, de leur souveraineté ou indépendance, de la constitution de l'État, du droit de succession au trône, etc. (d).
Elle est le plus usitée cependant dans les traités de paix (e). La

programme précité, rappelle les différentes définitions de la garantie dans
le sens restreint; toutes ces définitions paraissent insuffisantes.

(c) Voy. sur la garantie des traités réglant les droits de la religion et de
l'Église, v. STECK's Abhandlungen aus dem teutschen Staatsrechts, num. 7,
et ses Observationes subsecivæ, obs 8.

(d) Sur la garantie des provinces ou territoires, voyez MOSER's Versuch.
V, 455 ff, et des exemples dans mes Acten des wiener Congresses, Bd. I,
Heft. I, p. 96; Heft. .., p. 90, 93 et 95; Bd. V, p. 545 et suiv.; Bd. II,
p. 281. — Quelquefois l'existence politique ou la souveraineté et l'indépendance d'un État a été l'objet de la garantie. Voyez des exemples ibid.,
Bd. IV, p. 429 et 436; Bd. VI, p. 577, et dans mon Uebersicht der diplomat. Verhandlungen des wiener Congresses, p. 151. — Sur la garantie
d'un territoire disputé, voyez MOSER, l. c. V, 458. — La constitution de
l'État (voyez ci-dessus, § 51, note c), le droit de succession au trône, même
des emprunts, sont souvent garantis. La Russie se porta garante, en 1776,
d'un emprunt de 500,000 ducats fait par le gouvernement de la Pologne.
L'Autriche se fit garantir sa pragmatique sanction de l'an 1715 par l'Espagne dans la paix de Vienne, en 1725, art. 12, par la France dans la
paix de Vienne de 1738, art. 10, et par l'Empire germanique en 1732;
voy. PACHNER's von EGGENSTORFF Samml. der Reichsschlusse, t. IV,
p. 368 ff. De même, l'Espagne se fit garantir l'ordre de succession au
trône, par l'Autriche, dans la paix de Vienne en 1725, art. 12.

(e) Voy. H. de COCCEJI exercitat, t. II, n. 31, p. 597. MOSER's Versuch,
t. X, Bd II, § 552-600. De la garantie des traités de paix, voy. ARCHEN-
HOLZ Minerva, Fehr 1812, p. 265 275. — Joignez-y des écrits sur la garantie du traité de Westphalie (1648) (dans v. OMPTEDA's Lit., II, 619 f.,
dans PÜTTER's Lit. des t. Staatsr , III, 90 u. 866, dans ma Neue Lit.,
§ 1660.

(Par la convention conclue à Londres, le 7 mai 1832, entre la France, la

formation du contrat de garantie dépend de la libre volonté
du garant et de la puissance à qui elle est promise. La promesse peut être faite non-seulement à la puissance dont on
garantit les droits, mais aussi, en faveur de celle-ci, à une
tierce puissance (*f*). De même, l'obligation de conclure le
traité de garantie avec une puissance peut être établie par
un traité avec une autre. Le consentement de celui contre
lequel la garantie est stipulée n'est point requis pour sa validité; cependant il peut être utile qu'il en ait connaissance.

§ 158. — Continuation.

Lorsque la garantie est destinée à assurer l'inviolabilité

Grande-Bretagne, la Russie et la Bavière (Ch. de MARTENS et de CUSSY,
Rec. manuel, t. IV, p. 339), il fut stipulé que la Grèce formerait un Etat
monarchique indépendant sous la souveraineté du roi Othon de Bavière,
et la garantie de la France, de la Grande-Bretagne et de la Russie. Ces
trois puissances promettaient en même temps leur garantie, qui fut donnée
en effet, pour un emprunt que le roi Othon devait contracter. Dans le
traité de paix conclu, le 30 mars 1856, entre la France, l'Autriche, la
Grande-Bretagne, la Prusse, la Russie, la Sardaigne et la Turquie, les six
premières de ces puissances s'engagèrent à respecter l'indépendance et
l'intégrité territoriale de l'empire ottoman, en garantissant en commun la
stricte observation de cet engagement (art. 7). Le traité signé le
15 avril 1856, entre la France, la Grande-Bretagne et l'Autriche, corro-
bora cet engagement, et forma une garantie du traité du 30 mars (ouvrage
cité, t. VII, p. 497 et 511). Par le même traité du 30 mars, et la convention du 19 avril 1858 (v. le *Bulletin des Lois* pour l'année 1858), les
puissances contractantes ont garanti aux principautés de Valachie et de
Moldavie, ainsi qu'à la principauté de Servie, les privilèges et immunités
dont elles étaient en possession, et la constitution donnée aux Principautés-Unies par la convention de 1858).

(*f*) Exemples, dans la paix de Teschen en 1779, art. 8, et dans celle
d'Aix-la-Chapelle de 1748, art. 22. Voyez aussi FABER's europ. Staats-
Canzley, t. LXXIX, p. 277. Dans le concert fait à La Haye en 1659,
art. 5, la France, la Grande-Bretagne et les Provinces Unies des Pays-Bas
se promirent mutuellement la garantie d'une paix qu'elles voulaient amener
entre la Suède et le Danemarck. Voy. DU MONT, Corps dipl., t. VI, ch. II,
p. 253.

d'un traité, elle forme toujours une obligation et un traité
accessoire (*pactum accessorium*), même quand elle ferait
partie de l'acte principal (*a*). Elle peut être promise non-
seulement par une tierce puissance, mais aussi par l'une
des parties contractantes en faveur d'une autre, et vis-à-
vis du reste ou de quelques-uns seulement des contractants (*b*). Dans ce dernier cas, la garantie est ou unilatérale
ou réciproque (*c*). La garantie réciproque est commutative
ou non, selon que les promesses faites par les deux parties
sont ou ne sont pas d'une étendue égale (*d*).

§ 159. — Fin.

Les garanties sont générales ou spéciales, selon que tous

(*a*) Le traité de garantie peut être inséré dans l'acte dressé sur le traité
principal, comme dans la paix de Teschen de 1779, art. 7, 8, 9 et 16, et la
promesse de garantie à la fin de ce traité. Il peut au contraire être dressé,
à cet effet, un acte séparé, comme l'ont fait l'Empereur et l'Empire d'Allemagne en 1751, pour garantie de la paix de Dresde de 1745. Voy. GERST-
LACHER's Handbuch der teutchen Reichsgesetze, I, 190 f. La paix de
Teschen fut également suivie d'un traité de garantie à part. Voy de MAR-
TENS recueil, II, 26 Les traités de paix conclus entre l'empire d'Allemagne et la France, à Nimègue, en 1679, art. 34. et à Ryswik en 1697,
art. 54, invitent toutes autres puissances à se charger de leur garantie.

(*b*) Dans la paix d'Aix-la-Chapelle, en 1748, art. 23, les huit parties
contractantes se garantirent mutuellement le traité. Dans la paix d'Oliva
en 1660, art 30, « *partes paciscentes omnes, tam principales quam
fœderatæ* » se garantirent leurs droits acquis. Voy. DU MONT, Corps dipl.,
t. VI, 2e part , p 308. De même dans la paix de Westphalie, en 1648,
J. P. O., art. 17, § 5 sqq.

(Le traité du 15 avril 1856, cité § 157 *e*, constitue une garantie du traité
du 30 mars de la même année.)

(*c*) Une garantie réciproque fut stipulée entre la Prusse et l'Autriche lors
de la paix de Dresde en 1745, art. 8 De même l'art. 25 de la paix conclue
à Tilsit en 1807, entre la France et la Russie, promit garantie réciproque
des deux territoires respectifs, et des territoires des puissances comprises
dans le traité. Garantie unilatérale de la France, par rapport à l'intégrité
des États autrichiens, dans la paix de Vienne, en 1809, art. 14. Voyez
d'autres exemples de ce genre dans SCHEIDEMANTEL, § 3, n. 4.

(*d*) Voy. MOSER's Versuch, V. 458.

les droits d'une espèce déterminée, ou toutes les possessions
d'un Etat, ou toutes les stipulations contenues dans un traité,
ou bien une partie seulement de ces droits, possessions
ou stipulations, sont garantis (a) Tantôt elles sont stipulées
pour toujours, tantôt pour un temps déterminé (b) Dans le
cas d'une lésion du droit garanti, ne fût-elle même qu'imminente, le garant, sur l'invitation qui doit lui en être
faite (c), est tenu de prêter le secours promis (d), à condition cependant que le provoquant en garantie ait lui-même
le droit de se défendre ou de se faire raison (e), et toujours
sans porter préjudice aux droits d'aucun tiers (f) (salvo
jure tertii). Le garant n'a ni droit ni obligation de faire davantage que de prêter l'assistance promise Si par là il ne
peut parvenir à sauver l'objet garanti, la garantie n'étant
point un cautionnement, il n'est tenu à aucune indemnité (g). Il n'a pas le droit non plus de s'opposer à l'annu-
lation, à l'extension ou aux changements apportés au traité
garanti avec le consentement des parties contractantes;
mais ses obligations sont éteintes, lorsque ces changements

(a) Voy. Moser's Versuch, V, 457.

(b) Moser's Versuch, V, 456.

(c) Moser's Versuch, V, 462.

(d) Moser's Versuch, V. 459. — Le garant est tenu d'employer tous les
moyens convenables pour engager, ou meme pour obliger, la partie qui
contrevient à ses devoirs, à accomplir les stipulations du contrat.

(e) Voy. Strube's rechtl Bedenken, t. I, Bed. 127. Fagel diss cit.,
c. vii, § 5.

(f) Vattel, liv. II, ch. xvi, § 238.

(g) Voy. Vattel, liv. II, ch. xvi, § 240. Franc. Fagel, diss. cit c vii,
§ 8 seqq. — On trouve un exemple des précautions a prendre, pour le
mode d'assistance auquel on s'engage par la garantie, dans la déclaration
par laquelle les Provinces Unies des Pays-Bas accédèrent à la pragmatique sanction de l'Autriche; voy cette décl dans Rousset, Recueil historique, t. VI, p 442-452. Voy. aussi la paix de Westphalie J P O , art 17,
§ 6, et la paix d'Oliva (1660), art. 35, § 2 Voyez une formule contenant
les précautions les plus utiles à prendre, dans Ulr. Obrecht Dissertatt.
acad., Diss VIII, c. vi.

ont essentiellement changé l'objet de sa garantie et dans la mesure des modifications qui en sont résultées. Par la même raison, la garantie ne s'étend point sur les clauses postérieurement ajoutées au traité, sauf toutefois les stipulations particulières. La garantie s'éteint de la même manière que tous les autres traités publics (h). L'Etat en faveur duquel elle est stipulée doit se comporter de manière à ne point perdre de droit et par sa faute les avantages de la garantie (i).

§ 160. — Bons offices et médiation de tierces puissances.

En dehors des garanties et des autres moyens par lesquels des tiers assurent l'exécution des conventions, des tierces puissances peuvent prêter d'une autre manière encore leurs concours à la formation des traités. D'abord, 1° une tierce puissance peut par ses *bons offices* (*bona officia*) intercéder auprès des parties intéressées, à l'effet de les engager à conclure un traité, ou plutôt à entrer en négociations dans ce but. Les bons offices se prêtent, ou de propre mouvement, ou sur la demande de l'une ou des deux parties, ou bien en vertu d'une promesse donnée (a). L'acceptation peut en être refusée, quand ils sont offerts spontanément, mais non lorsque les parties se sont engagées d'avance à les accepter (b). La demande des bons offices, ou leur acceptation, ne confère point encore les droits d'un

(h) Moser's Versuch, V, 460. Franc. FAGEL, l. c., c. VII, § 15, sq. — WAECHTER (diss. cit. § 95) soutient que le garant, qui a formé une alliance défensive (voy des exemples dans SCHMAUSS, C. J. G, II, 1013, art. 4, SCHMAUSS Staatswissenschaft, I, 109, art. 2), peut à son gré se désister de son engagement.

(i) FAGEL diss. cit. c. VII, § 14.

(a) Voy. Moser's Versuch, VIII, 422 f, et t. X, Bd II, p. 310 Institutions politiques, par le B. de BIEFELD, t II, p. 152.

(b) Comme dans la paix entre la France et la Prusse, conclue à Bale en 1795, art. 11, insérée dans le recueil de M. de MARTENS, VI, 498.

médiateur (c). — 2° Est *médiateur* (*mediator, pararius*) ou
médiatrice, le souverain ou la puissance qui, dans les négociations d'un traité, prêtent conseil et secours aux deux
parties, comme moyen de conciliation (d). Quoique la médiation puisse être offerte tout aussi bien de propre mouvement que sur la demande de l'une ou des deux parties, et
même d'une tierce puissance, elle n'existe cependant que
par le consentement des deux parties et du médiateur (e).
Si elle est acceptée par les uns et les autres, le premier
devoir du médiateur est l'impartialité. Ordinairement il
est admis aux conférences des deux parties, et il prend plus
ou moins part aux délibérations de l'une ou de l'autre, afin
de hâter, d'une manière convenable, les résolutions. Cependant il ne peut jamais user de force à cet effet. La médiation enfin ne confère le droit ni n'impose l'obligation de
garantir le traité conclu (f).

§ 161. — De l'accession de tierces puissances.

Quelquefois on offre, ou du moins on laisse libre, à de

(c) Voy. la déclaration faite par la Russie à la France en 1742, dans
MOSER, même endroit.

(d) Voy. G.-L. TREUER diss. de prudentia circa officium pacificatoris
inter gentes. Lips. 1727, 4. HEINICHEN uber Friedensvermittlungen; dans
le journal allemand intitulé *Minerva*, oct. 1813, p 1-12. De STECK, sur la
médiation d'honneur; dans ses essais sur plusieurs matières, n° 1. Die
bewaffnete Vermittlung; dans VOGT's europ. Staats-Relationen, Bd. V,
Heft. 1 (Frankf. 1805), num. 1. MOSER's Versuch, VIII, 421 ff., et t. X,
Bd II, p. 310. BIFFEI o l. c. v. OMPTEDA's Lit., II, 667. v. KAMPTZ neue
Lit., § 326.

(e) Voy. p. e. la convention entre la France et l'Autriche sur la médiation pour la paix, signée à Dresde le 30 juin 1813; dans le recueil de M. de
MARTENS, Supplém., V. 586.

(f) Voy. FAGEL diss. cit., cap. VII, § 4. La garantie n'en peut pas
moins être promise par le médiateur, comme p. e. dans la paix de
Teschen, en 1779, art. 8, et sur la fin. Traité entre l'électeur palatin
et celui de Saxe. conclu à Teschen en 1779, art. 5. De MARTENS, Recueil,
II, 5, 8, 18.

tierces puissances *d'accéder à un traité* comme parties principales ou accessoires (*a*). Si la tierce puissance déclare vouloir accéder, son accession est stipulée, dans le traité même,
ou postérieurement sous forme d'une convention particulière. Dans ce dernier cas, il est expédié d'un côté un acte
d'accession, et de l'autre un acte d'acceptation (*b*). De quelque manière que l'accession se fasse, le consentement ou la
ratification de la tierce puissance est nécessaire; peu importe que la validité de toutes ou de quelques-unes des stipulations du traité dépende de son accession, ou que celle-ci
ne soit demandée et accordée que pour raison de politique (*c*). La tierce puissance ne pourrait être contrainte
d'accéder (*d*) que lorsqu'il y aurait juste cause de recourir
à la force.

(*a*) Voy. (J. C.-W. v. Steck's) Ausfuhrungen polit und rechtl. Materien, num 2, p. 49-56. Moser's Versuch, VIII, 306 ff.; X, 2, 416. Article
séparé de la paix de Teschen (1779), par lequel la Saxe est reçue comme
partie contractante. De Martens, Recueil, II, 9.

(*b*) Voyez les actes d'accession des rois d'Espagne, des Deux-Siciles et
de Sardaigne à la paix de Vienne en 1738, dans Wenck cod. jur. gent.,
I, 50, 149, 157, 165 Les actes d'accession à la paix d'Aix-la-Chapelle,
en 1748, ibid., II, 323, 326, 327, 329, 376, 382, 386, 390, 398, 404. Les
actes d'accession et d'acceptation de la paix de Teschen, en 1779, dans le
recueil de M. de Martens, II, 14, 20, 23, 24, 27. Acte d'accession de
l'Empire d'Allemagne à la paix de Teschen, en 1779, dans Gerstlacher's
Handbuch der t. Reichsgesetze, 1, 208 ff. Actes d'accession de différents
princes à la confédération du Rhin, de l'an 1806 jusqu'en 1808. Martens,
Suppl., IV, 387 et suiv.; et mon Staatsrecht des Rheinbundes, § 33, note *b*.
Voy. des exemples plus anciens, dans Du Mont, Corps dipl. univ , t VIII,
P. 1, p. 539, et Rousset, Recueil, t. I. p. 212, 213.

(*c*) Selon l'opinion de Mably (Droit publ. de l'Europe, III, 164), cette
accession n'est qu'illusoire et vaine. De même, v. Steck, p. 55.

(*d*) Voy. des exemples, dans le second traité de partage de la monarchie espagnole, du 25 mars 1700, et dans la quadruple alliance de Londres
en 1718, 2e article séparé, et remarquez ce qui s'en est suivi. De Steck.
l c. p. 51 et suiv. Voyez aussi les préliminaires de la paix d'Aix-
la-Chapelle. en 1748, art 22. dans Moser's Versuch, t. X, Bd. II,
p. 88

§ 162 — Des tierces puissances comprises dans les traités, et de leur protestation.

Quelquefois aussi une *tierce puissance* (a), alliée surtout, est *comprise dans un traité;* ce qui a lieu le plus souvent dans les traités de paix. Les parties contractantes déclarent à cet effet que le traité lui sera commun (b), sans qu'il y ait même eu consentement exprès, antérieur ou subséquent, de sa part (c), et sans qu'elle en ait conféré le pouvoir aux parties (d). — D'un autre côté, une puissance *proteste* quelquefois contre un traité conclu par une autre, ou bien aussi par elle-même, moyennant un acte formel, auquel il est ordinairement répondu par une contre-protestation (e). La validité de pareilles déclarations dépend de ce qu'elles sont bien ou mal fondées en droit.

(a) Voy. de STECK, même livre, p. 45-49. MOSER's Grundsätze des europ. Völkerr in Friedenszeiten, p. 555, et son Versuch, X, II, 416 ff

(b) Comme dans la paix de Presbourg, en 1805, art. 6; dans les traités de la paix de Tilsit, celui de la Russie, art 17, et celui de la Prusse, art. 5; dans la paix de Vienne de 1809, art. 2.

(c) Voy. la paix de Hubertsbourg, de 1763, art. 2, et l'acte séparé y attenant, dans le recueil de M. de MARTENS, 1, 68 et suiv.

(d) C'est une question de savoir si la tierce puissance acquiert par là des droits conventionnels; de même, si et jusqu'à quel point l'une des parties contractantes, ou toutes les deux, peuvent, à l'égard de la tierce puissance, se rétracter de leur offre. Voyez GROTIUS, lib. II, c. XI, § 18. PUFENDORF de J. N et G lib. III, c. IX, § 8 De MABLY, Droit public de l'Europe, t. III, p. 367. E.-F. KLEIN's Grundsätze der naturlichen Rechtswissenschaft, § 193. HÖPFNER's Naturrecht, § 72. Frid. LANG diss de nonnullis fundamentis obligationum ex pacto tertii quæsitarum. Gott. 1798.

(e) Voyez les protestations qui ont été faites contre la paix d'Aix-la-Chapelle de 1748, dans WENCK cod jur. gent. II, 321. 416, 419, 421, 422. MOSER's Versuch, X, II, 448 ff. — En 1651, le pape Innocent X protesta, dans une bulle donnée à cet effet, contre la paix de Westphalie de l'an 1648. BOUGEANT, Histoire du traité de Westphalie, t. VI, p 413. Herm. CONRING, animadversio in bullam Innocentii X, etc. Helmst. edit. 2, 1677. Voyez aussi MOSER's Versuch. VIII, 320 ff. et mon Uebersicht der diplomatischen Verhandlungen des wiener Congresses p 468 ff u. 483 ff.

§ 163. — De l'interprétation des traités.

Lorsqu'un traité public présente un sens douteux, il ne peut recevoir d'*interprétation authentique* que par une déclaration des parties contractantes, ou de ceux à l'arbitrage desquels elles en ont appelé. La question préalable même, de savoir si le sens est douteux, ne peut être décidée que par une pareille convention. L'interprétation, faite immédiatement par les parties contractantes, peut être donnée sous toutes les formes qui constituent en général la validité d'un traité public ; elle peut se faire particulièrement dans un recez supplémentaire ou traité explicatif (a). Le tiers, au jugement duquel l'interprétation est déférée, doit se conformer aux règles générales de l'interprétation grammaticale et logique (b).

§ 164. — Fin de la validité des traités.

Les traités publics cessent d'être obligatoires (a) : 1° par

D'autres protestations du pape contre des traités depuis 1707 sont indiquées ibid. p 480. Ses protestations contre quelques stipulations du congrès de Vienne, voyez ibid. p. 479 ff. et mes Acten des wiener Congresses, t. IV, p. 312, 319, 325, u. t. VI, p. 437 u. 441. — La protestation de l'Espagne contre quelques stipulations faites au congrès de Vienne, se trouve ibid. Bd. VI, p. 208 u. Bd VII, p. 446. — La protestation enfin du gouvernement provisoire de Gênes contre la réunion de cet État au Piémont, ibid. Bd. VII, p. 420, 433.

(a) Voyez Moser's Versuch des europ. Volkerrechts, VIII, 323 ff.

(b) Voyez, sur son application aux traités publics, VATTEL, Droit des gens, liv. II, ch. XVII, § 262-415. (E.-A. HAUS) Versuch uber die ersten Grundsatze der Interpretationen staats-und volkerrechtlicher Normen; dans CROME's und JAUP's Germanien, Bd. II, Heft II (Giessen 1809, 8), p. 161-124. SCHMALZ, l. c., p. 56 et suiv.

(a) Voy C -H. BREUNING diss. de caussis juste soluti fœderis ex jure gentium. Lips 1762. 4. Car.-Eberh WAECHTER diss. de modis tollendi pacta inter gentes. Stuttg. 1779. 4 Leonh. v. DRESCH über die Dauer der Volkervertrage. Landshut 1808. 8. C. W. v. TRÖLTSCH Versuch einer Entwickelung der Grundsätze, nach welchen die rechtliche Fortdauer der Volkervertrage zu beurtheilen ist. Landshut 1809. 8. — Sur la question de

le consentement réciproque des parties intéressées (*b*);
2° lorsque l'une des parties, d'après la faculté qu'elle s'en
est réservée, se désiste de la convention (*c*); 3° lors de la
stipulation d'un terme, à l'époque de son échéance (*d*);
4° quand un certain but est atteint, lorsque le traité n'avait
eu d'autre objet que de parvenir à ce but; 5° lors de l'accomplissement d'une condition résolutoire exprimée dans

savoir s'il y a lieu à la *restitution* contre un traité public, voyez J -H
BOECLER diss. de restitutione in integrum inter gentes. Argent 1712. 4.

(*b*) Le consentement est souvent donné, par mention expresse dans un
nouveau traité sur le même objet. Voy. MOSER's Versuch, t. X, t. I,
p. 603; WÆCHTER, l. c. § 71, sq. Dans le traité de Paris de 1814, les
traités conclus entre l'Autriche et la France à Presbourg (1805), et
à Vienne 1809, et les traités conclus entre la France et la Prusse, à Bâle
(1795), et à Tilsit (1807), furent déclarés nuls. V. mes Acten des wiener
Congr. t. I, p. 26 et 32. — Des déclarations de nullité de cette espèce
n'ont aucun effet rétroactif soit pour supprimer, soit pour modifier des relations juridiques qui tirent leur source d'un traité ainsi annulé

(*c*) C'est une question de savoir si les traités publics sont purement,
généralement révocables? — La plupart des auteurs les jugent non moins
irrévocables que les obligations conventionnelles entre des particuliers.
Justa imperia sunto. Quelques-uns les croient révocables, selon que l'intérêt de l'une des parties l'exige, et cela ou généralement (WICQLEFORT,
l'Ambassadeur et ses fonctions, liv. II, sect. XII, p. 126), ou avec de certaines modifications, sur lesquelles cependant ils ne peuvent que rarement
s'accorder; quelquefois ils sont en contradiction avec leur propre sys-
teme, comme P.-J. NEYRON, dans sa Dissertation de vi fœderum inter
gentes. Goett. 1778, 4, et dans ses Principes du droit des gens, § 218 et
suiv. Voyez aussi WÆCHTER, l. c. § 28, sq. 80-85 et 88. DRESCH, dans son
livre allégué, § 44 et suiv. v. TROLTSCH, l c. Dictionnaire universel des
sciences, t. III, p. 406. Encyclopédie méthodique; Économie politique et
diplomatique, t. IV, p. 355.

(*d*) Voy. VATTEL, liv. II, ch. XIII, § 198. WÆCHTER, l. c. §68. Les traités
d'*Assiento*, conclus autrefois par l'Espagne avec le Portugal, la France et
l'Angleterre, furent toujours formés pour un certain nombre d'années.
Voyez la paix d'Aix-la-Chapelle, de 1748, art. 16. ROUSSET, Recueil
d'actes, négociations et traités, t. XX, p. 201. SCHMAUSS corp. jur. gent.,
II, 1295, 1421, 1490. WENCK cod. jur. gent., II. 357, 464, v. STECK's
Versuche (1772), p. 1-13.

le traité; 6° lorsque l'exécution d'un traité devient physiquement ou moralement impossible (e).

§ 165. — Continuation.

Les traités cessent encore d'être obligatoires, 7° lors du changement essentiel de telle ou telle circonstance, dont l'existence était supposée nécessaire par les deux parties (a)

(e) Voyez le § 144. Henr. FAGEL diss. cit. cap IV, § 10, p. 70. BIGNON, du congrès de Troppau, ch. V. SCHMALZ, I c p. 64, 68. — De ce que l'exécution du traité devient plus onéreuse pour l'une des parties, il ne résulte point encore l'impossibilité de l'accomplir; cependant la partie qui éprouve le préjudice peut demander des dommages et intérêts à celui dont le fait illégal a été la cause des difficultés survenues. — Une impossibilité d'exécution résulte de la véritable collision de plusieurs traités, dont nous avons déjà parlé dans la note b au § 144. Exemples : 1° Un État a formé plusieurs traités d'alliance avec différents États, tous ces États viennent à faire la guerre : leur prêtera-t-il à tous les secours stipulés a) s'ils font la guerre à d'autres puissances b). s'ils la font entre eux-mêmes? Voyez GROTIUS, lib. II, c. XV, § 13. Henr. COCCEJI Grotius illustr in notis ad h l. ibique Sam. Cocceji. VATTEL, liv. II, ch. XII, § 166. Henr. FAGEL diss cit c. IV, § 12, 13, p. 72; 2° trois États ont formé une alliance défensive, une triple alliance; deux de ces États se font la guerre; le troisième que fera-t-il? VATTEL, liv III, ch VI, § 93.

(Sur la résiliation des traités, V HEFFTER, Droit inter. § 98)

(a) Voyez VATTEL, liv. II, ch. XVII, § 296. Henr. COCCEJI Diss de clausula rebus sic stantibus; dans ses Exercit. curios., t. II, n° 15. WÆCHTER Diss. cit., § 59-65 J. E. EBERHARD's Beytrage zur Erlauter. der teutschen Rechte t. I, Abh I, § 5 ff, p. 8 ff. — Une opinion différente est soutenue par J. Wolfg, KIPPING De tacita clausula rebus sic stantibus ad publicas conventiones non pertinente. Helmst. 1739, 8. — Du nombre de ces circonstances ou suppositions sont d'abord : l'indépendance des deux parties (Henr. FAGEL Diss. cit., cap. IV, § 3, p 62), une constitution déterminée, un monarque d'une certaine dynastie (§ 145) Dans les traités de subsides en particulier, il est ordinairement sous-entendu que la partie promettante n'ait pas besoin de toutes ses forces pour sa propre défense. WÆCHTER Diss. cit., § 86. — Enfin il est souvent de l'intention des parties qu'un traité ne soit exécuté qu'autant qu'il ne surviendra point d'inimitié entre elles, c'est pour cette raison qu'après une guerre il est nécessaire et d'usage de renouveler les traités, si l'on veut les faire rentrer en vigueur. S'il n'y a point eu de telle supposition, la guerre ne fait pas

(*clausula rebus sic stantibus*), soit que cette condition ait été
stipulée expressément, soit qu'elle résulte de la nature
même du traité (*b*); 8° par la défection de l'une des parties,
qui refuse l'exécution du traité en question, ou même d'un
autre tout à fait différent. Ce refus libère l'autre partie (*c*),

cesser tous les traités antérieurs, les parties en guerre au contraire n'ont
le droit de les rompre, qu'autant que le but légitime de la guerre l'exige.
L'application de ces principes à des États indépendants offrant au reste
beaucoup de difficultés, le plus sûr est ou de déterminer dans le traité de
paix quels sont les traités qui resteront en vigueur ou seront rétablis en
tout ou en partie (voy. la paix de Hubertsbourg de 1763, art. 5 et 12), ou
bien de conclure de nouveaux traités sur les mêmes objets. — Voyez, sur
ces questions, Cicéron, De officiis, I, 10, Schroder, Elem. jur. nat., § 1130.
Wæchter Diss. cit., § 53-58. Schmalz l. c., p. 69. J. J. Moser's vermischte Abhandlungen, num. I. P. C. A. Leopold Comm. de effectu nov-
belli quoad vim obligandi pristinarum pacificationum Helmst. 1792. 4.
(Van der Moor de Wis, De quæstione in bello oborto pereant inter bellum
gerentes fœderum auctoritas. Amst 1830). L'écrit de M. de Martens
cité au § 154, et ceux de MM Dresch et de Troitsch allégués § 164.
Schmalz Europ Volkerrecht, p. 69. Comparez aussi § 152, et ci-après
§ 250. (Voy. dans Wheaton, Élém. de droit intern, t. I, p. 244, l'historique de la discussion qui s'éleva en 1814 entre les États-Unis et l'Angleterre, sur la validité du traité de 1783, qui reconnaissait les droits de pêche sur la côte de Terre-Neuve). — Les traités sur des contributions de
guerre à fournir, et les capitulations cessent d'être obligatoires, lorsque la
guerre pour laquelle ils ont été conclus est terminée. Voyez Wæchter,
§ 90.

(*b*) Voy. Pufendorf de J. N. et G., lib. V, cap. xii, § 20 Weber von
der naturlichen Verbindlichkeit. Abh. 3, § 90. K. R. Gros Lehrbuch der
philosoph. Rechtswissenschaft, § 216.

(*c*) Voyez sur cette matière souvent contestée : Grotius de J. B. et P ,
lib. II, c. xv, § 15. Schrodt System. jur. gent., p. 167 sqq. Henr. Fagel
Diss. cit., cap. iv, § 17-20, p. 68. Wæchter Diss, cit., § 44-58. Hopfner's
Naturrecht, § 112. Gros, même livre, § 208. Note du cardinal Consalvi
remise au congrès de Vienne, en date du 14 juin 1815, dans mes Acten
des wiener Congresses, t IV, p. 321 et suiv. Déclaration des huit puissances signataires du traité de paix de Paris de 1814, contre Napoléon Bonaparte
après son évasion de l'île d'Elbe, en date de Vienne le 13 mars 1815, *ibid.*
Bd, I, Heft. iv, p. 51, et les écrits indiqués dans v. Kampz neuer Lit. des
VR , § 251. — Fichte, dans ses Beyträge zur Berichtigung der Urtheile

et si elle a déjà fait des prestations en accomplissement du
traité, ou pris des arrangements à cet effet, elle en doit être
dédommagée; 9° par l'entier accomplissement enfin des
obligations qui font l'objet de la convention; celle-ci alors
est bien éteinte, mais les conséquences qui en sont dérivées
subsistent entre les parties contractantes, nonobstant les
changements survenus dans la situation des choses.

CHAPITRE III.

DROIT DES NÉGOCIATIONS, PARTICULIEREMENT PAR DES MINISTRES PUBLICS.

§ 166. — Droit de négocier.

L'intérêt de l'État exige d'entrer de temps en temps en
négociation avec d'autres États, non-seulement pour préparer et conclure des traités, mais aussi pour veiller aux rapports légaux, conventionnels et politiques dans lesquels on
se trouve avec eux. Le droit de l'État pour de semblables
négociations est fondé dans son indépendance (§ 46). Il doit
être exercé par celui qui représente l'État vis-à-vis de l'é-
tranger; ce qui n'empêche point que le pouvoir de ce représentant ne puisse être limité, à cet égard, par des lois constitutionnelles de l'État.

des Publicums uber die franzosische Revolution (1794. 8), et dans la continuation de cet ouvrage, a soutenu que les trait s cessaient d'être obligatoires par le simple bon plaisir de l'une des ~~ties, pourvu que l'autre
n'ait point encore rempli ses engagements, ou qu'elle en soit dédommagée.
Comparez aussi SCHMALZ dans son Europ. Volkerrecht, p. 49 et 64. Contre, v. J. G. E. MAASS uber Rechte und Verbindlichkeiten uberhaupt, und
die burgerlichen insbesondere. Halle 1764. 8.

§ 167. — Diverses manières de négocier. Lieu.

Le droit de négocier peut être exercé tant *de vive voix*, dans des conférences, que *par écrit*, en observant le style diplomatique (§ 112). Les négociations verbales ou écrites peuvent avoir lieu, ou *immédiatement* entre ceux qui représentent les États respectifs vis-à-vis l'étranger, ou *médiatement* par leurs fondés de pouvoir. On peut choisir, à cette fin, ou des autorités constituées, dont les attributions ordinaires ou spéciales comprennent certaines négociations, ou des personnes (envoyés ou ministres publics) spécialement autorisées par le souverain (a). Pour *lieu* des négociations, au cas de conférences, on choisit tantôt le territoire de l'une des puissances en négociation, soit la capitale ou la résidence du souverain, soit une autre localité, tantôt un endroit situé sur les frontières des deux États (b), tantôt le pays d'une tierce puissance.

§ 168. — Art de négocier.

Indépendamment des obligations parfaites imposées au négociateur et du pouvoir souverain des circonstances, on conviendra aisément de la supériorité que donnent, dans les négociations politiques comme partout ailleurs, le génie, le savoir, l'expérience, la connaissance des hommes, et l'usage du monde, la prudence, la présence d'esprit, la souplesse, les manières liantes et agréables, et l'autorité personnelle (a).

(a) Ceux qui rendent ce qui s'appelle de bons offices ne sont ordinairement autorisés (souvent par l'une des parties seulement) qu'à faire avancer l'ouverture des négociations. Les médiateurs ne sont autorisés, par les deux parties, qu'à ménager et seconder les négociations (§ 160).

(b) Comme en 1659 dans l'île des Faisans où des Conférences (§ 105 b) De même, en cas de négociations pour régler les limites des États

(a) Comparez Phil. Honorii Thesaurus politicus Francof 1617, u 1618 4 Le secret des cours, par Franc. WALSINGHAM Maximes importantes pour un homme public, dans les Lettres choisies de Messieurs de l'Académie française, p. 314 et suiv. Modèles de conversation pour les personnes polies, par l'abbé BELLEGARDE. p. 11. Breviarium politicorum, secundum

Au moyen de la raison et de l'expérience, nous parvenons à déterminer des règles générales, tant relatives aux qualités personnelles qu'on doit supposer dans un habile négociateur, que concernant la conduite qu'il doit observer dans le cours des négociations. Il y a lieu notamment de tracer ces règles par rapport aux divers systèmes qui peuvent être appliqués, tels que le système de l'amitié, ceux de la justice, de la conservation, de l'alliance, de la confédération, de la garantie, de l'équilibre politique (Voy. § 42, b), de la convenance, de la centralisation, de la prépondérance, de la domination, etc,; de même qu'à l'égard des personnes qui peuvent avoir de l'influence sur le souverain ou le ministère. En général il y a lieu de recommander aux négociateurs cette souplesse qui parvient a obtenir par des voies détournées ou des moyens termes convenables, ou par une circonspection réfléchie, ce qu'un esprit altier chercherait vainement à emporter par une action brusque et violente. Il faut d'ailleurs que la vérité, la justice, l'équité se manifestent même dans les négociations. Ce qu'on a appelé des *mensonges politiques* (b), serait inconciliable avec la dignité des nations. En réunissant ces règles, on peut former de *l'art de négocier* (c) une espèce de sys-

rubricas Mazarinicas. Colon. Agrip. 1684. Augmenté, avec cette addition sur le titre : Seu Arcana politica cardinalis Jul MAZARINI. Amstelod. 1721. 12.

(b) V. FLASSAN l. c. VI, 435, 440. Comparez avec 332 et suiv., 446-455.

(c) Le parfait ambassadeur, composé en espagnol par Don Ant. de VERA et de CUNIGA, et traduit en français par le sieur LANCELOT, à Paris 1635 4; (en Hollande) 1642. 12; à Leide 1709. P I et II, petit in-8. De la manière de négocier avec les souverains; par M. de CALLIERES, à Paris et à Amst. 1716. 8, et à Amst. 1717. 12. Nouvelle édition considérablement augmentée, par M ... Partie I et II, à Londres (Paris) 1750. 8. ib 1757, 12. Traduit en anglais et en italien, ainsi que deux fois en allemand. 8. Jacques de la SARRAZ du FRANQUESNAY. Le ministre public dans les cours étrangères, ses fonctions et ses prérogatives, à Amsterd. 1731. 12. ib. 1742. 12. De l'art de négocier avec les souverains, par M. PECQUET, à Paris 1737. 8, à La Haye 1738, 8. The compleat Ambassador. Lond. 1755. 8. (Ce livre fut publié par Dudly DIGGES; l'auteur propose pour mo-

tème Quant au succès, il faut se garder dans la carrière diplomatique aussi de confondre l'homme et le système avec les circonstances, ou le calcul avec le bonheur; ici comme dans la guerre, les succès et les échecs sont changeants.

§ 169 — Ministre public. Droit de légation.

Un fonctionnaire public, autorisé à négocier au nom de

dele François WALSINGHAM, jadis secrétaire d'État et ambassadeur anglais). Principes des négociations, par l'abbé de MABLY Ce traité se trouve aussi, comme Introduction, dans le Droit public de l'Europe du même auteur, dans l'édition de 1761, et dans toutes celles qui ont suivi celle-ci , cependant, dans celle de 1773, il forme le troisième tome de cet ouvrage. La manière d'étudier l'histoire, par l'abbé de MABLY. Nouv. édit , à Mastricht et Paris, 1778 12. Encyclopédie méthodique ; Économie politique et diplomatique, t III, art. Négociation, p. 406-413. Die politische Unterhandlungskunst oder Anweisung mit Fürsten und Republiken zu unterhandeln. Leipz. 1811. 8 L'histoire de la diplomatie offre de nombreux exemples, non-seulement de la corruption employée pour faire réussir ou échouer une négociation, mais de manœuvres dans lesquelles on fait agir le favori, le confesseur, etc., d'un prince, comme les jésuites Wolff et Dauhenton, tous deux confesseurs, le premier de l'empereur Léopold Ier (§ 107, b), le second du roi Philippe II d'Espagne. FLASSAN l. c. IV, 468.

HEFFTER, Droit international, a consacré un chapitre intéressant à l'art diplomatique (§ 227-233). — v. aussi KOLLE, Betrachtungen über die Diplomatie. Stuttg. 1838. — HOFFMANNS, Conseil à de jeunes diplomates. 1841. in-8°.

Les négociations diplomatiques se trouvent atteintes à leur tour du mouvement plus rapide qui entraîne toutes choses dans le dix-neuvième siècle. La télégraphie-électrique tend à se substituer en partie aux voies plus lentes des correspondances ordinaires. Il suffit à cet égard de rappeler le rôle important que la télégraphie a joué dans les négociations qui ont précédé la guerre d'Italie de 1859. Il n'est pas douteux que ce nouveau mode de correspondance ne modifie considérablement la marche des affaires diplomatiques, en rendant beaucoup plus fréquentes les communications directes entre les cabinets, en restreignant les pouvoirs des ministres et en les obligeant de demander des instructions spéciales sur toutes les questions de quelque importance, enfin en favorisant les décisions instantanées et les promptes solutions. [A. O.]

l'État avec un autre État, s'appelle *Ministre public* (a) (envoyé, agent politique ou diplomatique, agent de relations extérieures, *legatus*, *Gesandter*). L'ensemble des droits compétents à l'État, par rapport aux négociations par des ministres publics, est compris sous la dénomination de *droit de légation* ou *d'ambassade* (b) (*jus legationum*, *Gesandtschaftrecht*).

(a) On appelle *Ministres*, dans l'acception générale du mot, les agents politiques de toute classe. SARRAZ du FRANQUESNAY dans le livre cité, liv. I, ch. IX. — Selon quelques publicistes, l'on a compris, du moins autrefois, sous le mot allemand *Gesandte*, dans le sens strict, les ministres publics du premier rang, et sous celui de *Abgesandte* ceux du second et troisième rangs. F. C. MOSER's Versuch einer Staats Grammatik (1749. 8), p. 255 f J.-Th. ROTH's Archiv für das Volkerrecht, Heft. I, p. 88 ff Suivant d'autres, on appelle *Abgesandte* les ministres du premier rang. GUTSCHMIDT Diss de prærogativa ordinis inter legatos, § 26, note z MOSER's teutsches Staatsrecht, t. XLV, p. 254 f. — La cour impériale de Vienne trouva, en 1726, à redire dans les lettres de créance présentées à la diète de l'Empire par le ministre de France, parce que celui-ci y était nommé simplement ministre, et non pas ministre plénipotentiaire. MONTGON, Mémoires, t. III, p. 157.

(b) Écrits sur le droit de légation : Alberici GENTILIS De legationibus, libri III. Londini 1583 et 1585. 4. Hanov. 1594 (ou 1596) et 1607. 4, ib. 1612. 8. — L'ambassadeur et ses fonctions, par M. (Abraham) de WICQUEFORT, à La Haye 1680 et 1681. P I et II. 4, ib. 1682. 2 vol. in-4, à Cologne P. I, 1690. P II, 1689 (le tome IIe plutôt que le Ier 4), où l'on a ajouté : Réflexions sur les Mémoires pour les ambassadeurs (par Ferd. de GALARDI, auteur espagnol), et Discours historique de l'élection de l'Empereur et des Électeurs de l'Empire, par WICQUEFORT. De nouvelles éditions de cet ouvrage ont paru à Cologne 1715. 2 vol in-4 ; ensuite augmentées d'une traduction française, faite par J. BARBEYRAC, du traité de BYNKERSHOEK intitulé : De foro legatorum ; t. I et II, à La Haye 1724. 4 ; a Amsterd., 1730. 4; ibid. 1741. 4 ; et 1746. 4 — Justini PRESBECTÆ (Henr HENNIGES), Discursus de jure legationum statuum imperii. Eleutheropoli, 1701. 8. Ce livre contient surtout des principes généraux. Sur son contenu, voyez Observationes select. Halens., t II, obs. XVII, p. 400-417. Les droits des ambassadeurs et des autres ministres publics les plus éminents, par Jean Gottl. UHLICH, à Leipsic (1731). 4. Jo. Gottl. WALDIN, Diss. de primis legationis principiis. Marb. 1667. 4. Ejusdem jus legationum universale Marb. 1771. 4. Joh. Frhrn. v. PACASSI Einleit. in die

§ 170. — Double qualité d'un ministre public.

Par rapport à l'État qui l'envoie, le ministre public réu-
nit dans sa personne deux qualités différentes. Il est *fonctionnaire public (officialis publicus, administer reip., Staats-*

sammtl. Gesandtschaftsrechte. Wien 1777. 8. Cph. Gottl. Ahnert's Lehrbegriff der Wissenschaften, Erfordernisse und Rechte der Gesandten, t. I,
u. II. Dresd 1784. 4. C.-H. v. Römer's Versuch einer Einleit. in die
rechtl., moral. und. polit. Grundsätze über die Gesandtschaften, als Lehrbuch. Gotha, 1788, gr. 8. Grundlinien des europäischen Gesandtschafts-
rechtes Mainz 1790 8. Franz Xav. v. Moshamm's europäisches Gesandtschaftsrecht. Landsh. 1805. 8. J.-J. Moser's Versuch des europ.
Volkerrechts, t. IV. Du même, Beyträge zu dem neuesten europ. Volkerr.,
t. IV. Du même, Beytrage zu dem neuesten europ. Gesandtschaftsrecht.
Frankf., 1781. 8. La science du gouvernement, par M. de Réal, t. V,
ch. I. Institutions politiques, par le B. de Bielfeld, t. II, ch. VIII-XIII.
Merlin, Répertoire universel de jurisprudence, 3ᵉ édit., v. Ministre public,
t. VIII, p 235-291. Dictionnaire des arrêts, de Brillon, v Ambassadeur.
— Les écrits sur le droit de légation sont indiqués dans Meisteri, Bibliotheca juris nat., part. II, p. 2 sqq., dans la préface que M. Barbeyrac a
ajoutée à sa traduction du Traité de Binkershoek : De foro legatorum, en
1746. 4, dans v. Ompteda's, Literatur des Volkerrechts, II, 554 ff ; dans
v. Kamptz neuer Lit., § 200 ff., et dans C.-H v. Romer's, Handbuch fur
Gesandte, t. I, die Literatur des naturl., u. positiven Gesandtschaftsrechts
enthaltend. Leipz., 1791. 8. (Les tomes suivants n'ont point paru). Voyez
la liste des dissertations relatives au droit de légation qui ont paru en Hollande, dans Adr. Kluit, Histor. federum Belgii federati, t. II, p. 527
sqq.

Les usages concernant les missons diplomatiques ont peu varié
depuis Kluber. Les ambassades proprement dites sont devenues de
plus en plus rares, les puissances préférant en général, en partie
par des raisons d'économie, se faire représenter même auprès des
grandes cours par des ministres d'un titre moins élevé. En France,
le titre d'ambassadeur a même été supprimé momentanément
par le gouvernement républicain de 1848. — Parmi les ouvrages
publiés depuis Kluber sur les agents diplomatiques, leurs droits et
leurs fonctions, nous citerons les suivants. Ch. de Martens, Le
Guide diplomatique. Paris et Leips. 1851. 4ᵉ édit. entièrement re-
fondue. 2 vol. in-8°. — Le comte de Garden, Traité complet de

beamter) de cet Etat, et il est son *mandataire* par rapport à la mission diplomatique dont il est chargé. Dans cette dernière qualité, il agit au nom de son gouvernement vis-à-vis de celui auprès duquel il est accrédité (*a*). La première qualité est ordinairement regardée comme permanente ; la seconde, qui résulte d'une commission spéciale, n'est réputée que transitoire. En conséquence, la dignité et les fonctions diplomatiques d'un ministre public, même celles d'un ministre ordinaire, ainsi que ses appointements (*b*), sont révocables

diplomatie ou théorie générale des relations des puissances de l'Europe t. I. à III. Paris 1833. — Miruss, Das europäische Gesandschaftsrecht. Leips. 1847. 2 vol. in-8°. — V. aussi Dalloz, Jurisprudence générale v° Agent diplomatique et le Commentaire de Pinheiro Ferreira sur le Précis de Martens (éd. Verge). On trouvera dans ce dernier ouvrage des critiques très-justes sur quelques-unes des idées et des coutumes admises en diplomatie. — La plupart des exemples cités par Kluber sur les contestations auxquels ont donné lieu les droits des ministres publics et un grand nombre de faits relatifs à la même matière sont exposés en détail dans Ch. de Martens, Causes célèbres du droit des gens. 2e éd. comprenant les nouvelles causes célèbres du droit des gens. Leips. 1859-61. 5 v. in-8°. — Sur la Bibliographie consultez l'ouvrage cité de Rob. de Mohl. [A. O.]

(*a*) Pour les États auprès desquels il n'est pas accrédité, le ministre public n'est, en règle, qu'un étranger comme tout autre. Wicquefort, liv. I, section XV. Il est néanmoins d'usage d'accorder, par complaisance, certaines immunités à un ministre public étranger, à son passage par le pays.

(*b*) F. C. v. Moser von dem Appointement oder Gehalt eines Gesandten, dans ses kleine Schriften, t. I, p 182-290. Moser's Versuch, III, 147 Beyträge, III, 117 ff. — Le *défrai* (*lautia publica*), dont jouissaient autrefois les ministres publics, a cessé depuis l'introduction des légations perpétuelles, à l'exception peut-être des ministres que la Porte Ottomane et des souverains africains ou asiatiques envoient quelquefois en Europe, ainsi que de quelques autres exemples très-rares. Moser's Versuch, III, 259, et ses Beyträge, III, 411 Il fut expressément abrogé entre la Russie et la Suède, dans les traités de paix de Nystadt de 1721, art. 10, et d'Abo de 1748, art. 10.

§ 171. — Il diffère des commissaires, députés et agents.

Un ministre public diffère d'un *commissaire*, qui est chargé par le gouvernement d'une commission pour des affaires publiques non diplomatiques, par exemple pour des objets en litige, des questions de délimitation, de navigation, des liquidations, etc (a). Il diffère de même de *députés*, en ce que ceux-ci sont envoyés par des sujets, particulièrement par des corporations, à leur souverain ou à des autorités constituées dans l'intérieur, ou bien, dans des circonstances extraordinaires, à des étrangers (b). Enfin on le distingue d'un *agent* chargé d'intérêts particuliers ou privés d'un État ou souverain. Même revêtu du titre de résident

— Les ministres extraordinaires envoyés seulement pour quelque temps n'ont le plus souvent que des appointements journaliers, ou bien ils tiennent compte de leur dépense à leur cour. Des dépenses extraordinaires sont remboursées aux ministres, indépendamment de leurs appointements fixes ou journaliers. Il est des ministres qui fournissent aux frais de leur mission, du moins en partie, de leurs propres moyens. « Gardons-nous de *placer* les agents extérieurs entre la pénurie et la séduction; » ces paroles furent adressées, en 1798, par le Directoire exécutif de France au Conseil des Cinq-Cents. Voyez le journal le *Rédacteur,* du 13 brumaire an VII, n° 1052. — Aussi le but d'une mission engage-t-il quelquefois à faire des dépenses secrètes (*gastos secretos*). Voyez Wicquefort, t. II, sect. IX, p. 96. Politische Unterhandlungskunst, p. 22 ff., 264.

(a) Wicquefort, liv. 1, section V, p. 62, 64. Sarraz du Franqessay, liv. I, ch. x. Justin Presbelta l. c. § 66, 67. Gut. Schmidt l. c., § 44, 45 — Le titre de commissaire ou commission, de député ou députation, dont peut être revêtu quelquefois un véritable ministre public, chargé de négociations avec des puissances étrangères, comme cela a eu lieu dans des négociations sur les limites, ou pour les plénipotentiaires nommés ensemble par l'empereur et la diète de l'Empire germanique pour des négociations, ne lui enlève pas d'ailleurs sa qualité d'agent diplomatique. De la Maillardière, Précis du droit des gens, p. 535. Moser's, Beytrage, IV, 493, 532 ff. — Sur les commissaires et autres agents, v. Heffter l. c. § 222.

(b) Les députés extraordinaires (*extraordinare gedeputeerdens*) que les Pays-Bas envoyaient jadis à des souverains étrangers étaient des ambassadeurs. Kluit, Hist. fed. Belgn fœder., II, 329.

ou de conseiller de légation, un pareil agent ne saurait prétendre aux droits d'un agent politique ou diplomatique,
notamment pour ce qui concerne les prérogatives et immunités, et le cérémonial des ministres publics (c).

§ 172. — De même, des émissaires cachés et des négociateurs secrets.

Il en est de même des *émissaires cachés* ou *secrets* qui
sont envoyés par un gouvernement dans un territoire étranger, sans qu'ils y déploient un caractère public, leur mission même et son but étant généralement tenus cachés (a).
Quelquefois des négociateurs d'un gouvernement sont envoyés et accrédités secrètement près d'un souverain étranger ou de son ministère d'Etat ; on les appelle *envoyés confidentiels* ou *négociateurs secrets* (b). Il arrive quelquefois
que dans le cours de la négociation, ces agents prennent

(c) Ce n'est que par pure complaisance qu'on leur accorde quelquefois,
surtout dans des Etats moins puissants, certaines immunités, p. e celle de
la juridiction du pays, de certains impôts, etc. — Pour ce qui est des agents
diplomatiques, voyez ci-après le § 182.

(a) Sur l'éloignement du marquis de la CHÉTARDIE, de Saint-Pétersbourg, en 1744, voyez MOSER's Versuch, t. IV, p. 417 ff v. JUSTI Anweisung zu einer guten deutschen Schreibart, p. 270 f Russische Guntslinge
(Tub. 1809. 8), p 187 f. — Le chevalier d'Éon fut pendant quelque temps,
à Saint-Pétersbourg, émissaire caché de la cour de France. — De pareils
exemples plus anciens sont rapportés dans la Politische Unterhandlungs
kunst, p. 197 f Comparez aussi MOSER's Versuch, IV, 45.

(b) Ces envoyés confidentiels doivent jouir de la même *sureté* que les
ministres publics. De CALLIÈRES, De la manière de négocier avec les souverains, ch. VI, p. 112 et suiv. Institutions politiques, par le baron de BIEL-
FELD, t. II, p. 176 Mais ils ne peuvent prétendre au cérémonial de ces
ministres, et, en public, ils sont traités comme de simples étrangers. La
France employa comme agent confidentiel de 1618 à 1638 dans plusieurs
négociations en Espagne, en Italie et en Allemagne, le père Joseph de la
Tremblaye, capucin. que Richelieu appelait son *alter ego*. Il signa même
avec l'ambassadeur de France, comme assistant, le traité de paix conclu à
Ratisbonne en 1630 avec l'empereur. FLASSAN histoire de la diplomatie
franç. II. 437-446. II 49.

publiquement le caractère d'envoyés politiques (c) On ne peut
considérer non plus comme un ministre public proprement
dit celui qu'un gouvernement envoie à un autre État pour
des affaires publiques, mais sans le revêtir d'un titre d'envoyé diplomatique, quoique d'ailleurs le fait de sa mission
ne soit point caché (d). Pour des missions de ce genre, on
choisit non-seulement des fonctionnaires publics de toute
charge, p. e. des ministres d'État, des amiraux, des généraux, des conseillers, des secrétaires de légation non attachés à une légation, mais même des princes du sang et
d'autres personnes d'un rang éminent (e).

§ 173. — Ainsi que des consuls.

Les *consuls*, quoique revêtus comme tels d'un caractère
public, ne sont pas non plus du nombre des ministres publics. L'on ne manque cependant pas d'exemples qu'ils aient
été en même temps chargés de commissions diplomatiques,
et qu'ils aient été accrédités à cette fin, soit à perpétuité,
soit par intérim (a) D'après leur destination ordinaire, ce
sont des *agents commerciaux* constitués par un gouvernement (b) dans des ports ou places de commerce étrangers,

(c) Moser's Versuch, IV, 572.

(d) Moser's Versuch, IV. 579, 606 ff. Sarraz du Franquesnay dans
le livre allégué, liv. I, ch XII, p 89 et suiv. — Sur les *cardinaux-protec-
teurs* résidants à la Cour du souverain Pontife, voyez de Bielfeld, II,
172. § 17. Jo. Gottl. Boehme Diss de nationis germanicæ in curia
romana protectione. Lips. 1763, 4. Comparez aussi Moser's Beytrage, III, 19.

(e) Moser's Versuch IV, 576, 578, 602, 608. — Sur les *lettres d'a-
dresse*, voyez Moser. l. c. IV, 614. Sur les *parlementaires, tambours
et trompettes de guerre*, voyez plus bas dans le chapitre traitant du droit
de guerre. — Pour les *officiers* en commission pour l'enrôlement, et les
postillons, voyez Moser's Versuch, VII, 53, IV, 615 f.

(a) Moser's Versuch, IV, 613 f Beytrage, IV, 529.

(b) Soit directement, soit indirectement. La Prusse et la Suède ont
autorisé leurs ministres publics résidants à Constantinople à nommer, révoquer, ou remplacer leurs consuls dans les échelles, ports et îles de ces

pour y veiller à ses intérêts de commerce, et particulièrement pour y prêter assistance aux commerçants et navigateurs de sa nation (c). Il y a des consuls (consuls particuliers), des vice-consuls (adjoints des consuls), et des consuls généraux dont les fonctions s'étendent sur plusieurs places de commerce, et qui sont chargés de la surveillance des consuls et des vice-consuls d'un certain arrondissement (d). L'État choisit pour ces emplois tantôt ses propres sujets, tantôt ceux d'une tierce puissance, ou même de celle dans le territoire de laquelle le consulat est situé. Hors ce dernier cas, les consuls étrangers sont regardés comme sujets temporaires seulement du pays où ils résident (e).

contrées. De MARTENS, recueil, III. 201, WINCK codex jur. gent. I, 478. — Des compagnies de commerce, des villes de commerce et maritimes, subordonnées au gouvernement d'un État, ne sont point en droit de constituer des consuls. De STECK, Essai, p. 56.

(c) MOSER's Versuch, VII, 817 848. SARRAZ du FRANQUESNAY dans le livre cité, liv. I. ch. xi, p. 83 Ébauche d'un discours sur les consuls, par J. H. MEISSLER, à Hamb. 1751. 4. Essai sur les consuls, etc., par M. de STECK, à Berlin 1790. 8. F. BOREL, De l'origine et des fonctions des consuls; à Saint-Pétersbourg 1807, et a Brunswic. 1812. 8; nouv éd. Leips. 1831 On the origin, nature, progress and influence of consular establishments, by D. WARDEN. Paris 1813. 8 Traduit en français par Bernard BARRÈRE de Morlaix. Paris 1815, 8. v. MARTENS Précis, § 147. — Les *Commissaires de la marine* sont une espèce de consuls établis dans des villes maritimes. De STECK, même livre. p 55 Les provinces-Unies des Pays-Bas avaient constitué jadis, dans plusieurs places de commerce étrangères, des *Jus conservadores*, faisant les fonctions de juges pour les commerçants de leur nation. KLUIT Hist. federum Belgii federati, II, 561, 564.

(d) Les trois magistrats suprêmes de la ci-devant république française ayant pris, en 1799, le titre de Consuls, il fut ordonné aux consuls commerciaux de France de prendre le titre d'*Agens de commerce*, et les gouvernements des autres États furent requis d'attribuer ce même titre à leurs consuls résidants en pays français

(e) BYNKERSHOEK De foro legatorum, cap. 10. v. RÓMER's Grundsätze über die Gesandtschaften, p 122, 134. C'est pourquoi les consuls ne peuvent régulierement prétendre à l'immunité de la juridiction et des impôts du pays, ni au cérémonial diplomatique, au culte domestique, etc. De MARTENS Précis, § 147. Toutefois, ils placent presque tous les armes de

§ 174. — Continuation.

L'étendue du pouvoir des consuls, leurs immunités et droits personnels, sont ordinairement réglés par l'usage, ou par des traités, souvent aussi en partie par des ordonnan-

l'État qui les a constitués au-dessus de la porte de leur habitation, et ils observent entre eux le rang de leurs souverains. Moser's Versuch, VII, 831, 343 f.

Le développement considérable qu'ont pris dans les derniers temps les affaires commerciales a beaucoup augmenté l'importance des consulats. Cette matière a été l'objet de nombreux ouvrages dont plusieurs embrassent le système consulaire de toutes les nations à la fois, les autres celui de certains États particuliers. Parmi les premiers, nous citerons particulièrement : Al. de Miltitz, Manuel des Consuls. t. I et II. Lond. et Berl. 1837-43. 5 vol. in-8° ; F. de Cussy, Règlements consulaires des principaux États maritimes de l'Europe et de l'Amérique. Leips. et Paris, 1851 ; et Bursotti, Guide des agents consulaires. 1837. 8°. Les principaux travaux particuliers sont : pour la France, Laget de Podio, Nouvelle juridiction des Consuls de France à l'étranger. 2° éd. 1843. 8°. Tancoigne, le Guide de Chanceliers. 1843. in-8°. Morellil, Manuel des Agents consulaires français et étrangers; nouv. éd. 1853. in-8°. Le même, Dictionnaire des chancelleries diplomatiques et consulaires. 1855. 2 v. in-8°. Declerq et de Vallot, Guide pratique des consulats. 1851. Declerq, Formulaire à l'usage des Consulats 3° éd., 1858. 2 vol in-8°. Rolland de Bussy, Dictionnaire des Consulats. Alger, 1853. in-16. Dalloz, Jurisprudence générale v° Consuls ; — pour l'Angleterre : Fynn, British Consuls abroad, 3 éd., Lond. 1841. in-8° ; — pour les États-Unis : Henschaw, A Manual for the united states consuls. New-York 1849. 8°; — pour l'Autriche : Neumann, Handbuch des Consulatswesen. Vienne 1834. in-8°; — pour la Prusse : Mensch, Manuel pratique du Consulat. Leips. 1846. 8° Konig, Preussens Consulat-Reglement, Berl. 1854 ; — pour le Portugal : Ribeiro dos Santos et Castilho Barrlto, Traité du Consulat, Hamb. 1839. 2 v. in-8° ; — pour la Sardaigne : Magnone, Manuel des officiers consulaires sardes et étrangers 1848. 2 v. in-8°. [A. O.]

ces ou décrets du gouvernement qui les a constitués (a).
Quelque différents que soient les règlements donnés à cet
effet, ils s'accordent néanmoins tous, en ce que les consuls,
dans les fonctions et attributions de leur office, ne dépendent
que de leur gouvernement, et qu'ils sont placés sous la protection spéciale du droit des gens (b). Dans les affaires commerciales litigieuses entre des sujets de leur Etat, on ne
leur refuse presque nulle part le droit d'exercer l'office
d'un arbitre choisi par les parties ; mais la question de savoir si ces contestations ou d'autres appartiendront à leur
ressort ordinaire, de manière qu'ils jouiront d'une véritable
juridiction civile, dépend uniquement et exclusivement des
traités et des concessions particulières. Leur compétence est

(a) Règlement pour tous les consuls généraux, consuls, agents et vice-
consuls prussiens. du 18 sept. 1796, dans la Preuss Edicten Sammlung
de 1796, num. 97, p. 651, et dans PAALZOW's Handbuch fur practische
Rechtsgelehrte in den preuss Staaten, Bd J (1802. 8), p. 5-32. Édit
français concernant les droits des consuls dans l'Archipel et en Afrique,
de 1781, dans l'Essai de M de STECK, p. 71 et suiv. (Ordonnance semblable
du 9 déc. 1776, dans MOSER's Versuch, VIII, 837.) Ordonnance française
sur les droits et obligations des consuls, de 1759, dans les Nouvelles extraordinaires de 1759, n° 44. Le contenu des ordonnances françaises les plus
récentes se trouve indiqué dans le Code de la compétence des autorités
constituées de l'Empire français, par Y.-C. JOURDAIN (à Paris, 1811, 8),
t. III, p. 403-408. Ordonnance danoise de 1749, dans MOSER's Versuch,
VII, 831. — Un extrait des traités conclus au sujet des droits des consuls
se trouve dans l'Essai de M. de STECK, p 24 et suiv., et quelques traités
en entier, dans l'appendice du même livre, p. 71 et suiv. Traité entre l'Espagne et la France, de 1769, dans de MARTENS recueil, I, 242. Voyez aussi
SCHMAUSS corp. jur. gent., dans la table des matières, voc. Consules.
v. KAMPTZ neue Lit., p 252 f.)

(Pour les règlements plus modernes, voy. les ouvrages cités à la fin du
paragraphe précédent.)

(b) VATTEL, liv. II, ch II, § 47 De STECK, Essai, p. 18.

(Les consuls ne peuvent entrer en fonctions qu'après avoir obtenu la
confirmation du souverain dans le territoire duquel ils résident. L'acte qui
leur confère cette autorisation s'appelle généralement *exequatur*. v. HEFF-
TER, Droit international, § 246.)

le plus souvent restreinte aux affaires non contentieuses ou
de juridiction volontaire. La plus grande autorité et les
droits les plus étendus qu'on ait accordés à des consuls
étrangers sont ceux dont jouissent les consuls des puissances européennes établis dans les diverses échelles du Levant et en Afrique (c). Aussi sont-ils formellement accrédités, et presque entièrement traités comme des ministres
publics.

§ 175. — Droit et obligation d'envoyer des ministres

Les ministres publics représentant leur État près d'un
gouvernement étranger, le *droit de les constituer* ne peut appartenir qu'à un État qui, vis-à-vis du gouvernement auquel il envoie le ministre, est en droit de prétendre à l'*indépendance* politique (a). Des États *dépendants* ou mi-souve-

(c) Ces consuls exercent le culte privé et domestique de leur religion,
ainsi que la juridiction, non-seulement dans les affaires non contentieuses, mais aussi presque partout dans les causes contentieuses des
sujets de leur État, tant entre eux que sur la demande d'autres étrangers.
v. STECK's Versuche (1783), p. 88-95, et son Essai cité, p. 24. Nonobstant
ces prérogatives, les consuls établis dans les États de la Porte Ottomane
sont, à certains égards, soumis à l'autorité des ministres publics résidants
de leur cour, à Constantinople. — Sur les échelles du Levant, voyez F.-D.
HAEBERLIN's kleine Schriften, II, 450 ff

(a) Ce droit appartient aussi aux États réunis avec d'autres dans un
système fédéral, à moins que l'acte de confédération ne contienne des exceptions ou des limitations à cet égard. — Il appartient notamment aux États
de la Confédération germanique; (les cantons suisses le possédèrent jusqu'en
1848. L'art. 10 de la constitution du 12 septembre 1848 stipule que les
rapports officiels entre les cantons et les gouvernements étrangers ont lieu
par l'intermédiaire du conseil fédéral, mais que cependant les cantons peuvent correspondre directement avec les autorités inférieures et les employés
d'un État étranger, pour conclure des traités sur des objets concernant l'é-
conomie politique, les rapports de voisinage et de police, droit réservé aux
cantons par l'art 9 de la constitution). — Parmi les provinces faisant partie
autrefois des Provinces-Unies des Pays-Bas, la Hollande et la Zélande
étaient les seules qui jouissaient de ce droit. Le deuxième acte fédéral des
États-Unis d'Amérique le refuse aux États dont cette Confédération se

rains ne peuvent par conséquent accréditer des ministres qu'autant que cela leur est permis par l'État dont ils dépendent (b). Les *corps publics entièrement sujets*, et les *particuliers*, ne le peuvent jamais, quelque éminent que soit leur rang ou leur condition (c) ; ils sont représentés à l'étranger par leur souverain. Dans les cas où le droit d'envoyer des ministres est contesté ou douteux, ou que les circonstances politiques opposent des difficultés à l'exercice public de ce droit, soit de l'un, soit des deux côtés, on envoie et reçoit quelquefois des agents sans caractère de ministres publics (d). *L'exercice* du droit d'envoyer des agents diploma-

compose. Bynkershoek, qui recte legatos mittant; dans ses Quæst. jur. publ., lib. II, c. iii et iv, et dans ses Operib. omn., t. II, p. 243 sqq. Merlin, l. c. — Un usurpateur est-il autorisé à envoyer des ambassadeurs? Des puissances étrangères ne peuvent prendre en considération que l'état de possession, quand leur intérêt les y invite. Vattel, liv. IV, ch. v Wicquefort, liv. I, sect. III. Merlin, l. c. — Un roi détrôné ou expulsé de ses États pourra exercer ce droit auprès des puissances qui ne reconnaissent pas son adversaire.

(b) Exemples : les princes membres du Corps germanique, lors de l'existence de l'Empire d'Allemagne, ainsi que les ci-devant ducs de la Courlande. v. Oxpteda's Lit., § 239. v Kamptz neue Lit., § 244 ff. Dans le traité de paix de Kainardgi, de 1734, art. 16, n° 9, on ne concède aux hospodars de la Moldavie et de la Valachie que le droit d'entretenir à Constantinople, sous la protection du droit des gens, « c'est à-dire à l'abri de toute violence, » des chargés d'affaires, qui peuvent être chrétiens de la communion grecque. — (L'art. 9 de la convention du 19 avril 1858, relative à l'organisation des Principautés-Unies, stipule que les hospodars seront représentés auprès de la cour suzeraine par des agents (capoukiaya) nés Moldaves ou Valaques, ne relevant d'aucune juridiction étrangère, et agréés par la Porte).

(c) Pour ce qui est des princes et comtes dits *Standesherren*, dans les États de la Confédération germanique, il ne leur est pas permis d'envoyer ou de recevoir des ministres. Comparez mon Staatsrecht des Rheinbundes, § 198.

(d) Tels furent jadis, à Rome, les chargés d'affaires secrets de quelques-uns des princes protestants (Biflield, Institutions polit., II, 173); les agents envoyés de la part des ci-devant États des pays allemands à des

tiques, de quelle classe qu'ils soient, n'appartient qu'au représentant de l'État vis-à-vis des étrangers ; son pouvoir à
cet égard peut néanmoins être limité de diverses manières
par la constitution de l'État (e). Aucun État n'a l'obligation parfaite d'envoyer des ministres, si ce n'est en vertu
d'un traité. Lorsqu'un gouvernement se propose d'envoyer
un ministre dans une cour étrangère, ou de changer celui
qui s'y trouve, il en fait *prévenir* cette cour, en indiquant
la personne qu'il a choisie.

§ 176. — Droit et obligation de recevoir des ministres. Leur passage.

Tout État indépendant est en *droit de recevoir des ministres* étrangers (a), à moins qu'il ne se soit engagé expressément à ne point le faire. Il n'en est point ainsi des États
dépendants, ou du moins leur pouvoir à ce sujet est toujours limité. De ce qu'ils peuvent envoyer des ministres, il
ne suit pas qu'ils soient en droit d'en recevoir, et lors même
que l'un et l'autre leur est permis, ce n'est souvent qu'a-
vec des modifications. — Un État fondé à recevoir des mi-

cours ou des congrès; les agents de certains princes du sang, de préten-
dants au trône, de souverains détrônés, de rois titulaires, etc.

(e) Comme autrefois l'Empereur d'Allemagne, le roi de Pologne, etc.
Mosen's Versuch, III, 119. — Un droit limité d'envoyer et de recevoir des
ministres publics peut être concédé à des gouverneurs généraux, vice-
rois, etc. Des exemples sont rapportés dans Wicquefort, liv. I, sect. III;
Brillon, Dictionnaire des arrêts, voc. Ambassadeur, et dans Callières,
dans son livre cité, ch. XI. — Le même principe s'applique aussi au régent
ou à la régence durant la minorité, la maladie ou la captivité d'un monarque, ou pendant les contestations au sujet de la succession au trône ;
aux vicaires ou États de l'empire durant l'interrègne, ou durant la vacance
du siége dans un État souverain ecclésiastique. Wicquefort (édit. 1690),
I, 84 et suiv. — Il se peut même qu'on donne à un ministre public le pouvoir de *subdéléguer*, ou de nommer un *substitut*. Même livre, I, 35. Moser's Versuch, III, 54 f., et ses Beytrage, III, 38. Mon Oeffentliches Recht
des teutschen Bundes, § 128.

(a) Ce droit peut aussi être exercé pour lui et en son nom, par des vice-
rois, gouverneurs-généraux, etc.

nistres n'a pas pour cela, et sans s'y être engagé par des
traités, une *obligation parfaite* de les recevoir (*b*), ou de
leur accorder chez lui séjour ou passage (*c*). S'il le fait, il
peut y mettre des conditions. Dans ce cas, le ministre peut
prétendre pour le moins à la parfaite et entière sureté personnelle (*d*). Il y a des exemples où l'on a refusé de recevoir
une certaine personne comme ministre, en alléguant les
motifs du refus (§ 187).

§ 177. — Différence entre les ministres. 1° Eu égard à l'étendue de leurs
pouvoirs, et 2° à la durée de leur mission.

Les ministres publics diffèrent entre eux. D'abord, 1° le

(*b*) Excepté les cas où le but de la mission serait ou de discuter et de
prouver un droit contesté par l'autre État, et que ce but ne pût être attein-
d'une autre manière, ou de terminer à l'amiable quelque dispute occasionnée par une violation de droit évidente, commise par l'autre État contre
celui qui envoie le ministre. La délivrance d'un passeport à un ministre
annoncé qui doit arriver, ou l'acceptation de ses lettres de créance, renferment aussi la promesse tacite de le recevoir. VATTEL, liv. IV, ch. v.
MERLIN, Répertoire, t VIII, p. 247. Gottfr. ACHENWALL Diss. de transitu
et admissione legati ex pacto repetendis. Goett. 1748. 4. Ch. RAU Diss. de
transitu et admissione legati. Lips 1797. 4 — Sur la réception d'un ministre, ainsi que sur le refus d'en recevoir, voyez MOSER's Versuch, III.
226, et ses Beytrage, III, 211. — Avec la Porte on a quelquefois *échangé*
sur les frontières les ministres envoyés réciproquement. Voyez des exemples concernant les ministres de la Russie, dans MOSER's Beytrage, III, 200,
et dans le Mercure histor. et polit., 1747, II, 626, ceux de l'Autriche,
ibid., 1740, II, 162, et ceux de l'Angleterre, dans MOSER's Beytrage,
III, 201.

(*c*) A cette fin, des passeports sont délivrés ou refusés. Jo. Nic. HER-
TIUS Diss. de litteris commeatus pro pace. Giess., 1680 4. *Idem* de com-
meatu litterarum ibid. 1680. 4. Ces deux dissertations se trouvent aussi
dans ses Opuscula, vol. I, p. 319 et 335.

(*d*) P.-B. VITRIARIUS Diss. de officio illorum, qui recipiunt legatos.
Lugd Bat., 1719. 4. Jo. Gottl. WALDIN Diss. de legati admissi et non admissi inviolabilitate. Marb. 1767. 4. G. RAU Diss. cit J.-L.-E. PÜTTMANN
adversaria juris, lib. III, p. 120. — Sur l'arrestation d'un ministre
étranger pendant son passage par le pays, voyez v. MARTENS Erzählungen, Bd. I, n. 5, et historich-politisches Magazin, Bd. XV, Heft I,
num 3.

pouvoir dont les munit leur mandat ostensible peut être limité
ou illimité. Dans le dernier cas, ils sont *plénipotentiaires* (a)
(*plena potentia muniti*), à moins que cette dénomination
ne leur soit conférée comme simple titre, et on les appelle *ambassadeurs* ou *ministres plénipotentiaires*; 2° eu
égard à la *durée* fixée approximativement pour *leur mission*,
ils sont *ordinaires* ou *extraordinaires* Les premiers sont
constitués à perpétuité (b), sauf toutefois leur révocation ;
les autres ne le sont que pour un espace de temps plus ou
moins déterminé, n'étant ordinairement chargés que d'une
négociation ou commission passagère (c). C'est à raison de
cette différence qu'on les appelle ambassadeurs ou envoyés
ordinaires ou extraordinaires. Cependant, ceux qui portent
le titre d'*envoyé extraordinaire et ministre plénipotentiaire*
sont destinés en règle à résider ordinairement auprès du
souverain étranger. Quelquefois un ministre n'est expressément accrédité que *par interim* (*Interims Gesandter*), pour

(a) Cæsarin. FÜRSTENERIUS (LEIBNITZ) de suprematu, c. VI. Justin.
PRESBEUTA. l. c., p. 109 GUTSCHMID diss. cit., § 42. Sam MELROY Diss.
de legati plenipotentiarii idea. Basil. 1724. 4. — L'ambassadeur de France
au congrès de la paix des Pyrénées, le cardinal Mazarin, eut le titre de
plénipotentiaire; de même l'ambassadeur de Suède au congrès de Ryswik,
le baron de Lilienroth.

(b) L'usage d'entretenir dans les cours étrangères des légations *perpétuelles* ne s'est introduit que vers le milieu du dix-septième siècle. Jo. DORN
Diss. de eo quod justum est circa legationes assiduas. Jen. 1716. 4. WIC-
QUEFORT, qui écrivit vers la fin du dix-septième siècle, dit que de son
temps on considérait comme certain que les ambassadeurs ordinaires n'é-
taient pas en usage depuis deux siècles. Dans le moyen âge, le pape seul
entretenait des légats permanents en Allemagne, en France, en Angleterre.
En France, ce fut le roi Louis XI qui commença à avoir des légations perpétuelles auprès des cours d'Angleterre et de Bourgogne. Celles-ci en
eurent de même en France. De FLASSAN, Hist. de la diplom. française,
I, 247.

(c) Pourtant il ne manque pas d'exemples d'*ambassadeurs extraordinaires*, qui furent en réalité des envoyés ordinaires. Voy. le Rép. de MER-
LIN, t. VIII, p. 236.

le cas d'une vacance dans la mission, ou pour celui de l'absence du ministre ordinaire (d).

§ 178. — 3° Selon la nature des affaires dont ils sont chargés.

Il y a encore des différences entre les ministres, suivant le genre des affaires qu'ils ont à traiter. Sont-ce des affaires d'État proprement dites, le ministre s'appelle *négociateur* (*Geschaeft-Gesandter*) : si, au contraire, la mission regarde par préférence des objets du cérémonial, soit de l'État, soit de la famille du souverain (a), il est *ministre d'étiquette*, de *cérémonie* ou *figurant* (*Ceremoniel-oder Ehren-Gesandter*) Les États souverains de premier ordre lui donnent ordinairement dans ce dernier cas le rang d'ambassadeur, s'il est est envoyé à un État de la même classe, et l'on ne choisit alors habituellement que des personnes de haute condition (b). L'autre État y répond ordinairement par une ambassade analogue. Un simple envoyé de cérémonie est pres-

(d) MOSER's Versuch, III, 53. Du même, Beytrage, III, 38. Discours sur les différents caractères des envoyés extraordinaires, des envoyés ordinaires ou résidents, par M. HAGEDORN. Amsterd., 1736. 4; traduit en allemand par J.-J. MOSER. Jena, 1740. 4.

(a) De ce nombre sont les remerciments, les félicitations, les condoléances, les affaires de mariage, de baptême, de compérage, etc., ainsi qu'autrefois les ambassades d'*obédience* qu'exigeait le Pape. MOSER's Beytrage, III, 58. On envoie quelquefois aussi des *ambassades d'excuse* pour faire cesser des causes d'irritation. Voyez le traité de Versailles, de 1685, entre la France et la république de Gênes, art. 1, et l'exemple d'un ministre envoyé par la Grande-Bretagne à Moscou, en 1709, dans la dissertation de KEMMERICH, von der Unverletzlichkeit der Gesandten, § 40, et dans VOLTAIRE, Histoire de Russie sous Pierre le Grand. t. I, ch. XIV, V dans FLASSAN, Hist. de la diplom. franç des excuses de ce genre que firent au roi de France le pape en 1664, la république de Venise en 1702. Voyez encore de pareils exemples, dans le Mercure historique et politique, 1745, t. II, p. 201, 638; 1774. t. I, p. 157, et dans la Gazette de Francfort de 1813, n° 25 et 27. MOSER's Versuch, III, 104; IV, 621. — Sur les ambassades *mendiantes* des Barbaresques, voyez SCHLÖTZER's Briefwechsel, t. VII, p. 235 ff.

(b) ROUSSET, supplément, t. IV, p. 245.

que toujours ministre extraordinaire Au reste, les deux
genres d'affaires dont nous venons de parler peuvent être
confiés à la même personne.

§ 179. — 4° Par rapport aux classes du rang des ministres

En rapport avec les différents *degrés du cérémonial*, il
s'est introduit, peu à peu, en Europe entre les ministres
une différence suivant le *rang* qu'ils occupent. Dès la fin
du xve siècle ou environ, on distingua *deux* classes d'agents
diplomatiques (a) ; on en reconnaît *trois*, depuis le commencement du xviiie siècle (b). Ce dernier usage a été confirmé par le *règlement sur le rang entre les agents diplomatiques* (c), fait au congrès de Vienne par les plénipotentiaires
des huit puissances signataires du traité de paix de Paris,
avec invitation aux autres *têtes couronnées* d'adopter le même
reglement (d). Enfin les cinq puissances (l'Autriche, la
France, la Grande-Bretagne, la Prusse et la Russie), réunies en 1818, au congrès d'Aix-la-Chapelle, convinrent que

(a) Jo.-Chr. DITHMAR Diss. de legatis primi et secundi ordinis. Francf
1721, 4. WICQUEFORT, t. I, sect. I et V, p. 3 et 52. VATTEL, t. III, liv. IV,
ch. vi, 69 et suiv., v. MARTENS, Précis, § 1191.

(b) LÜNIG's theatrum ceremoniale, t. I, p. 368, sqq PECQUET, de l'Art
de negocier, p. 105 J.-J. MOSER von den dermal üblichen Gattungen der
Gesandten, als Vorrede zu s. Belgradischen Friedensschluss. Jena 1740 4
C.-G. GUTSCHMIDT (resp. F.-G. FERBER) Diss de praerogativa ordinis inter
legatos (Lips. 1755. 4), cap II, 26, sqq (Cet auteur ne compte cependant
que *deux* classes de ministres, savoir ceux qui ont le caractère représentatif, et ceux qui ne l'ont pas, mais en admettant alors plusieurs formes
dans chacune des deux classes). J.-A. HERMANN, Diss. de variis legatorum
classibus. Upsal. 1787, 4. De BIELFELD, Instit. polit. II, 170 et suiv. Mo-
SER's Versuch, III, 37 ff, et ses Beytrage, III, 17 ff. (WURM, Ueber den
Rang der diplomatischen Agenten; Tubinger Zeitschr. fur Staatsrecht,
1854).

(c) Voyez mes Acten des wiener Congresses, t. VI, p. 204, et mon
Uebersicht der diplomat. Verhandlungen des wiener Congresses, p. 168
et suiv.

(d) Ce règlement fut adopté par la diète germanique dans la séance du
21 janvier 1817.

les *ministres résidents* accrédités auprès d'elles formeraient
une classe moyenne entre les ministres de 2e rang et les
chargés d'affaires (e). D'apres cette convention, il existe, par
conséquent, pour les cinq puissances en question, quatre
classes de ministres. — Il ne faut point cependant confondre cette distinction, qui est d'un usage général, avec celles
qu'un gouvernement peut avoir établies chez lui dans les agences politiques de son ministère des affaires étrangères (f).

§ 180. Première classe.

La *première classe* des ministres publics est aujourd'hui
formée par ceux auxquels leur souverain a attribué, avec
l'agrément du gouvernement qui les a reçus, le caractère du
cérémonial du plus haut degré (a). De ce nombre sont : les
ambassadeurs (b) (*embaxadores, ambasciatores, magni legati, oratores, Botschafter, Grossbotschafter*), tant ordinaires

(e) Protocole de la conférence d'Aix-la-Chapelle du 21 nov 1818. MAR-
TENS, Rec., suppl. VIII, 648.

(f) C'est ainsi qu'en France, par l'arrêté du 3 floréal an III, ce service
fut divisé en grades qui sont classés de la manière suivante : 1° secrétaire
de légation de deuxième classe ; 2° idem. de première ; 3° ministre plénipotentiaire ; 4° ambassadeur. (Les ordonnances du 16 décembre 1832 et
du 1er mars 1833 ont divisé les missions diplomatiques en quatre classes :
les missions qualifiées ambassades et celles dont les titulaires ont le rang de
ministre plénipotentiaire, de ministre résident et de chargé d'affaires Dans
un rapport inséré au Moniteur du 16 mars 1848, M de Lamartine, alors
ministre des affaires étrangères, déclara que le titre d'ambassadeur serait
supprimé et que les agents diplomatiques de la république à l'intérieur
seraient désormais : 1° les envoyés extraordinaires, ministres plénipotentiaires ; 2° les chargés d'affaires ; 3° les secrétaires de légation ; 4° les as-
pirants diplomatiques remplaçant les attachés. Mais ce règlement n'eut
que peu de durée, et dès 1849, le gouvernement revint aux principes des
ordonnances de 1832 et 1833).

(a) Pet. MÜLLER Diss. de legatis primi ordinis. Jen. 1692, rec. 1711, 4.
DITHMAR diss. cit. GUTSCHMID diss. cit., § 27, sq. Voyez aussi le règlement
allégué du congrès de Vienne, art. 1er.

(b) E.-D. SCHRÖTER Diss. de ambasciatoribus. Jen. 1665. 4. Casp. Conr.
RETHELY Comm. de ambasciatoribus. Martisb. 1685. 12.

qu'extraordinaires, les envoyés du pape qui portent le
titre de *Legatus* (*datus s. missus*), ou *a latere* ou *de latere* (*c*), et ses *nonces* (*d*), ordinaires et extraordinaires (*e*).

§ 181. — Seconde classe.

Dans la *seconde classe* (*a*) sont compris, d'abord, les *envoyés* proprement dits (*b*) (*ablegati, prolegati, inviati*), soit
ordinaires soit extraordinaires ; puis, les *ministres plénipotentiaires* (*c*), le mot pris au propre, l'*internonce autrichien*

(*c*) Voyez les écrits indiqués dans v. OMPTEDA's Literatur, II, 555, et
dans v. KAMPTZ Neuer Lit., p. 240 ff. — BOERILS De potestate legati a
latere. Venet. 1584 fol. Pet.-Andr GRAMMARUS De Officio atque auctoritate legati a latere. Venet. fol. Peregrini MASERI Tr. de legatis et nuntiis
apostolicis; vol. I et II Romæ, 1709. fol De legatis et nuntiis pontificum
corumque fatis et potestate (auct. LANGHAIDER). (Salisb.) 1785. 8. Armin.
SELD Uber das papstliche Gesandtschaftsrecht. Athen. 1787. 4. MOSER's
Teutsches Staatsrecht, III. 156. IV 2, et ses Beytrage, III. 19. Encyclopédie méthodique; Économie polit. et diplomatique, t. III, p. 107 et suiv
BIELFELD Instit. polit, II, 171. — Sur ceux qu'on appelle Legati *nati*,
voyez v. SARTORI Staatsrecht der Erz-, Hoch und Ritterstifter, Bd. I, t. I,
p. 266 ff.

(*d*) Voyez OMPTEDA's Lit., même endroit, et ma neue Literatur des t
Staatsr., p. 556 ff. — Sur les nonciatures perpétuelles, voy. v. SARTORI
dans le Livre précité, p 209 ff. — M. de BIELFELD, dans ses Institutions
politiques, II. 174. § 20, met les nonces au rang des ministres de seconde
classe.

(*e*) Le *Bailo*, qui résidait autrefois à Constantinople de la part de
la république de Venise, était aussi de première classe. LÜNIG's theatr
cerem., I 746.

(*a*) DITHMAR Diss. cit.

(*b*) Discours sur les différents caractères des Envoyés extraordinaires,
des Envoyés ordinaires ou Résidents et des Agents revêtus du caractère de
Résident (par C.-L. de HAGEDORN), à Amsterd. 1736. 4, et dans MOSER's
Belgradischer Friedensschluss, après la préface, p. 36 et suiv. MOSER's
Versuch, III. 46 f — Aujourd'hui les envoyés ordinaires, lorsqu'il y en a,
sont appelés simplement envoyés, sans qu'on ajoute le mot *ordinaire*. —
Les titres d'envoyé extraordinaire et ministre plénipotentiaire, sont très-
souvent conférés simultanément à la même personne.

(*c*) En allemand, *bevollmaechtigter Gesandter*. — Voyez Sam. MEURON

résidant à Constantinople, et les *internonces* du *pape* (d).
Les ministères publics nommés *par intérim* (§ 177) sont ordinairement aussi de cette classe, cependant ce n'est pas
une observance générale Le règlement du congrès de
Vienne (e) range dans cette classe les envoyés, ministres ou
autres agents, accrédités (comme les ambassadeurs, légats
et nonces) auprès des souverains eux-mêmes.

§ 182. — Troisième classe.

La *troisième classe* contient les ministres proprement
dits (a), les *ministres residens* (b), les *ministres chargés
d'affaires* (c), les *residents* (d) (*agentes in rebus*), les *chargés
d'affaires* (*Gescharf traeger*), les *agents diplomatiques* dans
l'acception spéciale du mot (e), ainsi que ceux des *consuls*

Diss. cit., et Moser's Versuch, III. 47 f. — Les ministres plénipotentiaires
ont été traités en ministres de seconde classe, d'abord par la France en
1738, ensuite par l'Autriche en 1740, etc. Moser's Beytrage zu dem eur.
Volkerrecht, III. 28. — A la cour du ci devant électeur de Cologne, on
fit une distinction entre les ministres plénipotentiaires et ceux appelés, en
allemand, *bevollmaechtigte Gesandte*, en accordant généralement aux
premiers le pas sur ceux-ci Politisches Journal, 1787, april, p. 447.

(d) Moser's Beytrage zu dem Gesandtschaftsrecht, p. 8. — Les internonces sont rangés dans la troisième classe, par M. de Biefeld, dans ses
Institutions politiques, II 175 § 22

(e) Art. 1er.

(a) Moser's Versuch, III. 50. Beytrage, IV. 496. — Les ministres résidents, ainsi que les ministres chargés d'affaires, sont rangés dans la
seconde classe, par Biflfeld, II. 174

(b) Moser's Beytrage, IV. 396. — Les ministres résidents jouissant, dans quelques cours, de certaines prérogatives refusées aux simples
résidents

(c) Le chargé d'affaires suédois à Constantinople fut le premier qui, en
1784, ait été revêtu du titre de ministre chargé d'affaires. M. Durand, qui
est qualifié du même titre par Moser (Versuch, IV. 188), ne se donnait
lui même que pour chargé d'affaires.

(d) Pet. Müller Diss. de residentibus eorumque jure. Jen. 1698. 4. rec.
1742. Siebenkees Neues jurist. Magazin, I. 393 ff. Moser's Versuch
III 50 IV. 579. Beytrage, IV. 497.

(e) Agrippa Elistranus von Agenten ; dans les Dresdner Anzeigen

auxquels est attribué un caractère diplomatique (§ 173).
Les chargés d'affaires sont accrédités, ou immédiatement
par leur souverain, ou *ad interim* seulement par le ministre
ordinaire résidant à la même cour, pour le temps de son
absence (*f*). Dans le premier cas, ils présentent, du moins au
chef du département des affaires étrangères, des lettres de
créance : au second cas, ils sont légitimés auprès du
même chef par l'envoyé ordinaire, soit par écrit, soit de
vive voix. Le règlement du congrès de Vienne (*g*) ne range
dans la troisième classe que ceux des chargés d'affaires,
accrédités seulement auprès des ministres chargés du département des affaires étrangères. Comme nous l'avons dit
(§ 179), le congrès d'Aix-la-Chapelle a créé une classe intermédiaire entre les chargés d'affaires et les ministres de
deuxième rang.

§ 183 —Droit de choisir : — 1° La classe des ministres à envoyer.

Ordinairement la *classe* à laquelle un ministre doit appartenir est au choix du gouvernement qui l'envoie. La liberté
de ce choix supporte cependant certaines restrictions, attendu
que les différentes classes des ministres sont en rapport avec
les degrés du cérémonial diplomatique, qu'il s'est introduit
entre les puissances de l'Europe plusieurs inégalités dans
le droit de ce cérémonial, et qu'enfin tout État peut fixer le
cérémonial qu'il veut accorder à un ministre étranger. Il
est généralement reconnu que le droit d'envoyer des ministres de *première* classe est réservé aux États gouvernés

v. 1771, st. 41-43 u. 46, et dans SIEBENKEES Neuem jurist. Magazin, t. I,
p. 388-426, particulièrement § 22 ff. WICQLEFORT, t. I, sect. V, p. 60.
SARRAZ du FRANQUESNAY, t. I, p. 21, § 7. MOSER's Beytràge, IV.530.

(*f*) MOSER's Versuch, III. 55. IV. 580 ff. — Les cardinaux, chargés
des affaires des princes auprès du saint-siége, sont des ministres de première classe. De la MAILLARDIERE, Précis du Droit des gens, p. 330. Mo-
SER's Beytràge, III. 19. Conf. ci-haut, § 172, *d*.

(*g*) Art. 1er.

par une tête couronnée, ou du moins par un prince souverain jouissant d'honneurs royaux (§ 91), et aux grandes républiques (a). Quant à quelques autres princes, p. e. le grand-
maître de l'ordre de Saint-Jean de Jérusalem (b), et plusieurs
des ci-devant princes demi-souverains qui avaient les honneurs royaux, ce même droit leur a été quelquefois accordé, souvent dénié (c).

§ 184. — Continuation.

Aucun État jouissant d'honneurs royaux ne reçoit des ministres de *première* classe des princes souverains à qui ces
honneurs ne sont point attribués, ni des États mi-souverains actuels, ni des petites républiques (a). Ces derniers

(a) Aussi au pape, en sa qualité de souverain séculier. — Le Corps
helvétique est sans contredit en possession de ce droit, quoiqu'il ne
ne jouisse pas partout de la plénitude du cérémonial. Il en était de même
jadis des républiques de Venise et des Provinces-Unies des Pays-Bas
Moser's Versuch, III. 5.

(b) Des certificats formels, qu'on ne lui contestait point le droit d'envoyer des ministres de première classe, furent délivrés au grand-maître en
1747, de la part de la cour de Rome, et en 1749 de celle de la cour de
Vienne. Moser's Versuch, III 5 ff. Joignez-y la déclaration de la république de Venise, de 1749, dans le Mercure hist. et polit. 1749.
I. 372.

(c) Ce droit n'était contesté aux ci-devant électeurs d'Allemagne, ni à
la cour de l'empereur romain-germanique, ni dans la diète de l'empire
d'Allemagne, ni aux assemblées formées pour l'élection et le couronnement
de l'empereur, ni généralement dans l'empire d'Allemagne; il fut admis
dans plusieurs congrès de paix; s'il ne fut pas reconnu partout hors d'Allemagne, il le fut du moins incomplétement par quelques puissances Mascov
Princ. jur. publ. germ., p. 802, édit. 1769 Moser's Auswart. Staatsrecht,
p. 227 ff, et son teutsches Staatsrecht, t V, p. 541 ff Voy. dans Rousset,
Cérémonial diplomatique, l'usage que la France suivait à cet égard. —
Ce droit fut accordé par quelques cours à plusieurs princes souverains
d'Italie, surtout par celles qui étaient unies avec eux par des liaisons de
famille, mais il leur fut refusé par d'autres. Moser's Beytrage zu dem
europ. Volkerr., III. 7.

(a) Sur le droit d'envoyer des ministres appartenant aux ci-devant

États peuvent néanmoins s'envoyer entre eux des ministres
de cette classe. Lorsqu'un État conteste à un autre le droit
de lui envoyer des ministres du premier ordre, il ne lui en
envoie pas non plus lui-même. D'après le même principe de
réciprocité, celui qui reçoit un ministre d'une puissance lui en
envoie ordinairement un autre de la même classe. Il arrive
quelquefois que, dans le cours d'une mission, un ministre
est élevé à une classe *supérieure*, notamment à celle d'ambassadeur, ne fût-ce que pour quelque temps ou pour une
affaire particulière. Quelquefois aussi un ministre ordinaire
est nommé ministre extraordinaire, un ministre de cérémonie ministre d'affaires, et, à l'inverse, un ambassadeur
ministre de second rang (*b*).

§ 185. — 2° Le nombre des ministres ; — 3° La réunion de plusieurs
missions.

Tout État libre peut accréditer *plusieurs* ministres près
d'un même gouvernement, soit chacun pour des affaires
différentes, soit tous ensemble pour les mêmes affaires, et
dans ce dernier cas ou bien avec la clause que ces ministres
ne pourront agir que conjointement, ou qu'il sera à leur
choix d'agir ensemble ou séparément, ou bien enfin qu'à
défaut de l'un d'entre eux, l'autre ou les autres pourront
valablement agir. Ces ministres peuvent être tous du même
rang (*a*), ou de différentes classes. Il arrive quelquefois
ainsi non-seulement qu'un État envoie plusieurs ministres

princes et autres États de l'empire germanique, conférez MASCOV l. c.
p. 803. ANHERT, a. a O, t II, cap. IV. PUTTERS Lit. des t. Staatsr III. 219
et ma Neue Lit. des t. Staatsrecht, p. 238, 665.

(*b*) MOSER's Versuch, III. 76, et ses Beytrage, IV. 359, 29, 37. — Dans
ces cas, le ministre présente ordinairement, dans une même audience, des
lettres de rappel et de nouvelles lettres de créance.

(*a*) Dans ce cas, ils ont tous droit au même cérémonial. WICQUEFORT,
I. 372 Sur les débats qui eurent lieu à ce sujet aux congrès de paix de
Westphalie, de Nimègue et de Ryswik, voyez GUTSCHMIDR l. c. § 36,
note *r*.

16

ensemble à la même cour (b), mais aussi qu'une légation
déjà existante soit augmentée d'un second ou d'un troisième ministre ; notamment qu'on adjoigne à un envoyé ordinaire, un ministre extraordinaire, ou un ministre de
première ou de seconde classe à un autre du second ou du
premier rang (c). On ne manque néanmoins pas d'exemples
que des gouvernements aient refusé de recevoir plusieurs
ministres de première classe, envoyés simultanément (d),
comme dans d'autres cas ils les ont expressément de-
mandés, ou même stipulés pour certaines ambassades de
cérémonie (e). — Il arrive aussi quelquefois surtout en
Allemagne, que *plusieurs missions* dans différents États
soient confiées en même temps à un *seul* ministre (f), ou

(b) Voyez Politische Unterhandlungskunst, p. 198 f. Surtout dans des
congrès de paix, ce droit a été souvent exercé. — Les électeurs de l'empire d'Allemagne envoyaient aux assemblées pour l'élection et le couronnement de l'empereur, chacun deux, trois ou quatre ambassadeurs ; ils
avaient le même droit à la cour impériale de Vienne. Voyez la capitulation de l'empereur, art. 3, §20.—La république de Venise avait coutume
d'envoyer deux ambassadeurs pour féliciter un empereur ou roi à son avè-
nement au trône ; elle en députait quatre au pape. Voyez MOSER's Beytrage zu dem europaischen Gesandtschaftsrecht, p. 36. — Le Corps helvétique envoyait autrefois ordinairement plusieurs ministres à la cour de
France, quelquefois un par canton. — Les Provinces Unies des Pays-Bas
félicitaient les rois d'Angleterre de leur avénement au trône par trois envoyés. Voy les Mémoires du comte d'AVAUX, IV. 284.

(c) MOSER's Versuch, III. 102, 105, 113. Différents électeurs et autres
princes, membres du Corps germanique, entretenaient autrefois, à la cour
impériale de Vienne, plusieurs ministres de différentes classes La France
en usa de même auprès de plusieurs cours, et elle envoya quelquefois
plusieurs ministres de rang inégal.

(d) La France refusa, même au couronnement de l'empereur d'Allemagne, en 1741, de reconnaitre plusieurs ambassadeurs envoyés à la fois
par un même électeur ; en 1741 elle se relâcha de sa prétention, mais pour
cette fois seulement. MOSER's Versuch, III 106 ff.

(e) Voy. MOSER's Versuch, III. 71, et ses Beytrage, p. 36 Comme p. e.
dans le traité de paix conclu entre la France et la république de Gênes en
1685, art. 1er.

(f) MOSER's Beytrage, III. 56.

que *plusieurs ministres* soient envoyés à un *même* souverain dans ses différentes qualités (g). Il y a même des exemples que plusieurs souverains aient accrédité un ministre commun à un même poste (h).

§ 186. — 4° La personne du ministre.

Quant au choix de la *personne* d'un ministre public, le droit de l'État n'est nullement limité à cet égard à moins que ce soit par des traités (a). Il est donc indifférent, en général, quelle est la patrie, la religion, l'âge, l'emploi, le rang, la condition, la naissance, le sexe du ministre, s'il est sujet de l'État ou étranger. Cependant on choisit, de préférence, des citoyens fonctionnaires publics, ou attachés à la cour, et des hommes. Très-rarement on envoie une dame revêtue du caractère de ministre public (b). Il

(g) Moser's Beytrâge, III. 57.

(h) Surtout auprès de l'ancienne diète germanique. V. d'autres exemples dans Bynkershoek l. c. cap. xix, § 3 et dans Merlin, Répert., sect. II ·§ 2, n° 3, p. 246.

(a) Bynkershoek Qui recte legati mittantur; dans ses Quæstion. jur. publ. lib. II, c. v; dans ses Operib. omn., t. I, p. 247. Moser's Versuch, III, 93 ff, et ses Beytrage, III. 101 ff. — Un usage particulier autorise certaines puissances catholiques, p. e. la France, l'Espagne, l'Autriche, à désigner la personne que le pape leur doit envoyer comme nonce. Voyez F.-D. Haeberlin's Rom. Conclave (Halle, 1769. 8), p. 23. Moser's Beytrâge, III. 84 ff. — Les constitutions de l'État peuvent contenir des particularités relatives à la nomination aux places de ministres publics. Moser's Beytrage, III. 86 ff. — Encore est-il très important de distinguer les qualités qu'un ministre doit posséder en droit, de celles que recommande la *prudence* ou la politique. Wicquefort, t. I, sect. VII-XIII. Bielfeld, t. II, ch. ix, § 27 et suiv., p. 177. De Callières, Livre précité. Die politische Unterhandlungskunst (1811. 8), p. 14 ff. 35 ff. 44 ff. 187, 264 ff. C'est la confiance et l'estime méritée du souverain qui donnent le meilleur droit à une place d'ambassade.

(b) Wicquefort, t. I, sect. II, p. 116. Bynkershoek Quæst. cit. Bielfeld, II. 173, § 19. Jo. Simon, Num femina legati munere fungi possit? dans ses Dissertat. sex (Upsaliæ, 1626. 8), Diss. I, II et III. L'Ambassadrice et ses droits (par F.-C. de Moser), à la Haye, 1752. 8, à Berlin, 1754. 8, à Francfort, 1757. 4. — La maréchale de Guebriant fut

est des États qui admettent ou ont admis en principe de
ne recevoir d'aucune puissance étrangère un de leurs
propres sujets en qualité de ministre public (c).

187. — Continuation.

Quelques souverains catholiques n'ont jamais choisi pour
ministres que des personnes du même culte, et plusieurs
princes ecclésiastiques de cette religion ont même nommé
exclusivement des ecclésiastiques aux agences diplomatiques, du moins aux premières places (a). L'on ne manque
pas tout à fait d'exemples de conventions expresses sur la
condition des ministres à envoyer (b); mais souvent aussi

accréditée, en 1646, comme ambassadrice de France auprès de Wladis-
law IV, roi de Pologne. Voyez de MOSER, même livre, ch. IV, § 4. — On
cite plusieurs autres exemples de cette espèce, mais alors, ces dames négo-
ciatrices ne furent point vrais ministres, du moins elles n'eurent point de
caractère public, ou la mission fut même tenue secrète; quelquefois ce
furent aussi des agences non diplomatiques. F. C. v. MOSER's kleine
Schriften, III. 311 ff. — C'est à tort, comme on s'en est convaincu après
sa mort, qu'on a cru femme le fameux chevalier d'EON de BEAUMONT, d'a-
bord émissaire secret français à Saint-Petersbourg, nommé secrétaire de
légation à Londres en 1763, et puis ministre plénipotentiaire de France
auprès de la même cour; il est mort à Londres le 21 mai 1810, âgé de 79
ans. Voyez d'ARCHENHOLZ Minerva, 1810, Jun., p. 567.

(c) Par exemple le royaume de France (voy. de CALLIÈRES dans le
Livre allégué, ch VI, p. 72. BYNKERSHOEK De foro legatorum, c. II.) MO-
SER's Versuch, III. 89, 96), l'empire français sous le règne de Napoléon ,
la Suède (Cod. Leg Suecic., tit. de crimin., § 7), et les Provinces-Unies
des Pays-Bas depuis 1727. La diète germanique a déclaré qu'un citoyen
de Francfort ne pourrait être admis chez elle comme ministre d'un État
confédéré, excepté de la ville de Francfort elle-même. Voyez mon Oeffentliches Recht des teutschen Bundes, § 131. — On fait moins de difficultés
à recevoir des sujets seulement naturalisés.

(a) Par exemple le pape. De même les électeurs ecclésiastiques choi-
sissaient des ecclésiastiques du moins pour la place de premier ambassadeur à l'élection et au couronnement de l'empereur Comparez aussi
MOSER's Versuch, III, 95, 98. — Sur la religion des ministres, voyez
ibid III, 96, 98, et MOSER's Beytrâge, III. 103.

(b) L'empereur d'Allemagne ne pouvait envoyer à la diète, pour y ré-

les missions les plus importantes et les plus distinguées ont
été confiées à des personnes non nobles, surtout à des militaires, à des gens de lettres, ou à des ecclésiastiques (c).
Quelquefois un secrétaire de légation est nommé ministre,
pour l'ordinaire du troisième ordre d'abord, soit dans la
cour où il était employé, soit dans une autre. — La réception d'un ministre, dont la personne déplaît au souverain
auprès duquel il doit être accrédité, est quelquefois refusée
avec ou sans communication des motifs (d).

sider en qualité de son commissaire principal, qu'un prince. Moser von
den teutschen Reichstagen, t. I, p. 127. Les princes de l'empire d'Allemagne, lorsqu'ils recevaient de l'empereur du haut du trône l'investiture de
leurs fiefs, ne pouvaient s'y faire représenter que par des personnes de la
haute noblesse ou de l'ordre de chevalier. Voyez le décret du conseil aulique impérial, en date du 28 août 1768, dans Schmauss Corp. jur. publ.,
p. 1098.

(c) A des gens de lettres, le plus souvent à des docteurs en droit, et
non pas seulement dans l'ancien temps, où l'on faisait d'ailleurs plus de cas
qu'aujourd'hui du savoir, et particulièrement de la connaissance de la
langue latine. Wicquefort, t. I, sect. VII, p. 73 et suiv. Moser's Versuch, III. 97, 98 f. (Joh.-Frhr. von Honix) Die Ehre des Burgerstandes
nach den Reichsrechten (Wien, 1791. 8), § 22, p. 56 ff. En 1776, les ministres d'État de l'empereur d'Allemagne ayant voulu refuser le titre d'excellence et le pas dans leurs maisons, lorsqu'ils les recevaient chez eux, à
ceux des ambassadeurs électoraux qui n'appartenaient point à la noblesse,
le grand-électeur (Frédéric Guillaume) de Brandebourg déclara, « quod
sibi magis dexteritas legatorum quam natales sint respiciendi. »
Pufendorf Rer. brandenburg., lib. XIV, c. LVII. Le célèbre président
Pierre Jeannin ayant été envoyé par Henri IV en qualité d'ambassadeur à
Philippe II, roi d'Espagne, ce roi lui demanda, dans sa première audience :
« Êtes-vous gentilhomme. » — « Oui, » répondit Jeannin, « si Adam
l'était. » — « De qui êtes-vous fils? » continua le roi. Réponse : « De
mes vertus. » Confus de ces répliques, le roi s'empressa de faire bon ac-
cueil à l'ambassadeur. Lettres, mémoires et négociations du chev d'Éon
(à La Haye, 1761. 4), p. I, p 65.

(d) Wicquefort, liv. I, sect. XIII. Merlin I c. p 249. C'est ainsi que
M. Goderike, envoyé en 1758 comme ministre britannique à la cour de
Stockholm, fut obligé de s'en retourner. En 1801 et 1802, la cour de
Vienne refusa d'abord de recevoir, comme ministre suédois, le comte

§ 188. — Suite des ministres publics; spécialement 1° des secrétaires de
légation.

Tout ministre public a avec lui une *suite* (*a*) plus ou
moins nombreuse, qui se compose en partie des personnes
employées pour le service de la légation, et en partie de
celles attachées à sa personne seulement, soit comme
membres de sa famille, soit pour son service personnel.
Toutes ces personnes sont regardées comme appartenantes
à la légation; n'importe qu'elles soient d'ailleurs indivi-
duellement nécessaires où utiles (*b*). — Au nombre des
personnes les plus marquantes, sont les *secrétaires de
légation* (*c*), qu'on appelle aussi secrétaires d'ambassade,

Armfeld, mais ensuite elle céda aux instances du cabinet de Stockholm.
Afin d'éviter de pareils refus, on prend souvent la précaution de faire
sonder préalablement le souverain, si le personnage qu'on se propose de
lui envoyer pourrait lui déplaire; on a même quelquefois l'attention de lui
envoyer une liste de plusieurs sujets pour en choisir un. Voyez BIELFELD,
Institutions politiques, II. 178 et suiv. Quelquefois un souverain a de-
mandé, de son chef, la nomination d'une certaine personne. Voyez MOSER's
Beytrage, III. 89.

(*a*) BYNKERSHOEK De comitibus legatorum, dans son Tr. de foro legatorum, c. xv. MOSER's Versuch, III. 134 ff. IV. 315. Beytrage, III. 146.
IV. 529. BIELFELD, t. II, ch. xi, p. 197 suiv. v. RÖMER dans son Livre
allégué, p. 173 et suiv., et p. 387 et suiv.

(*b*) Dans quelques États, tout ministre public est invité, aussitôt après
son arrivée, à présenter au département des affaires étrangères une liste
des personnes appartenant à sa suite, ainsi qu'à indiquer les changements
qui y peuvent survenir. Voyez l'acte du parlement britannique 10 Anna
(1771), cap. vii, et ordonnance portugaise du 11 déc. 1748.

(*c*) Voyez MOSER's Versuch, III, 138 ff. 142; où il est dit entre autres
(p. 94): « Que le ministre ressemble souvent à l'aiguille d'une montre;
que c'est alors sur le secrétaire de légation que roule la plus grande partie
de l'ouvrage. » Voyez aussi MOSER's Beytrage, IV. 227 ff. 450, 528.
WICQUEFORT, t. I, sect. V, p. 68. Sarraz du FRANQUENAY, liv. I, ch. xi,
86. BIELFELD, II. 198. — Les secrétaires de légation employés dans les
nonciatures papales s'appellent *auditores nunciaturæ* ou *datarii* et
subdatarii, BIELFELD, II, 199. MOSER's Beytrage. III. 157. Dictionnaire

lorsqu'ils accompagnent un ambassadeur, et qui sont quelquefois revêtus du caractère de conseiller de légation où
d'ambassade. Ils sont ordinairement au service de l'État,
nommés et appointés immédiatement par lui; quelquefois
il y en a plusieurs attachés à la même légation. Ils sont
destinés à aider le ministre dans les·affaires qui font l'objet
de sa mission, qu'elles se fassent par écrit ou de vive voix,
par exemple dans des déclarations verbales de cérémonie
ou d'affaires, des visites et des festins, la rédaction d'écrits
de tout genre, le chiffrement ou déchiffrement, la conservation des archives, etc. (*d*). En l'absence du ministre,
ou en cas d'empêchement, le secrétaire de légation le rem-
place assez souvent, dans les affaires proprement dites, en
qualité de chargé d'affaires (*e*).

§ 189. — 2° Autres personnes employées dans les légations.

On institue quelquefois en outre, dans les légations : un
chancelier d'ambassade, un directeur de la chancellerie
d'ambassade, des conseillers de légation ou d'ambassade,
un secrétaire interprète, un déchiffreur, des employés ou
commis, des auditeurs, des copistes (*a*), souvent avec le titre
de secrétaires, un payeur, un fourrier, un huissier de la
chancellerie. Pour ce qui est des drogmans (dragomans où

de jurisprudence, v. Auditeur. Ces auditeurs prennent quelquefois le titre
d'internonce, lorsqu'ils remplissent *ad interim* les fonctions du nonce. —
Il y a aussi des légations du second et du troisième ordre, dans lesquelles
ne sont employés ni secrétaires de légation, ni copistes. BIELFELD ,
II. 200.

(*d*) C'est une question de savoir si et dans quelles conditions les secrétaires de légation peuvent être présentés à la cour? Les usages des cours
ne sont pas uniformes à ce sujet. A la cour de France , du temps de Napoléon , ils furent présentés sans exception. Conférez MOSER's Beytrage ,
IV. Beytrage, IV. 227 ff. BIELFELD, II, 198.

(*e*) MOSER's Versuch , IV. 602. Beytrage , IV. 461 ff. WICQUEFORT ,
I. 69.

(*a*) MOSER's Versuch, III. 241.

truchemans), ils ne sont presque plus d'usage que dans les
légations établies près de la Porte et des gouvernements
asiatiques où africains, et dans celles de ces gouvernements
auprès des cours européennes (*b*). — Les dignitaires exclusivement destinés au cérémonial, sont le maréchal d'ambassade, les gentilshommes d'ambassade, les pages; toutefois,
il n'y a un maréchal et des pages que très-rarement et dans
les grandes ambassades (*c*). Des aumôniers d'ambassade ou
de légation se trouvent seulement là où le ministre entretient une chapelle domestique (*d*). Les médecins d'ambassade
sont encore plus rares. Une suite militaire n'est plus d'u-
sage, à l'exception peut-être de quelques suisses, heiduques
ou hussards de chambre attachés à l'ambassade (*e*). —

(*b*) Bielfeld, II 205. § 17. Moser's Versuch, III. 143 f. IV. 608 ff.,
et ses Beytrage, III, 157. IV. 239. Il fut stipulé dans l'art. 9 du traité de
paix de Kainardgi de 1774, que les interprètes auprès des ministres
russes résidant à Constantinople devaient être considérés et traités avec
toute sorte de bienveillance.

(*c*) Bielfeld, II. 200 et suiv. Moser's Versuch, III 136, et ses Beytrage, III. 150. — Quelquefois les gentilshommes d'ambassade ne reçoivent pas d'appointements, et les pages sont nommés et appointés par
l'ambassadeur.

(*d*) Moser's Versuch, III. 140 IV. 158 ff., et ses Beytrage, IV. 237.
Bielfeld, II, 206. § 19.

(*e*) Quelquefois l'on accorde à un ministre une escorte militaire pendant son voyage, ou une garde d'honneur ou de sureté dans l'endroit de sa
résidence, mais l'une et l'autre sont données par le gouvernement du pays.
Cet usage se pratique surtout dans les congrès de paix avec la Porte.
Voyez Moser's Versuch, III. 142 IV. 114 ff. et ses Beytrage, IV. 117,
207, 306, 564. — Voyez des exemples d'ambassades qui eurent une suite
très-nombreuse, dans les écrits suivants : Moser's Versuch, III. 146. Lünig's
Theatr cerem. I. 746 ff. Wekhrlin's Chronologen, t. XII (1781. 8),
p. 75-105. Morgenblatt. 1812, num. 306. (Il faut distinguer de la suite
militaire les *attachés militaires* qui sont adjoints quelquefois aux légations.
L'Autriche, la Prusse et la Russie ont pris la coutume d'entretenir des
attachés de ce genre auprès de leurs ambassades réciproques. La France
a également attaché, en 1860, des officiers à diverses légations) — Sur
les *juifs* dans la suite d'un ministre, voyez Moser's Beytrage, III 159

Quelquefois des personnes sont seulement sous la *protection* de la légation (*f*), sans être de la suite

§ 190. — Courriers.

Pour le transport des dépêches diplomatiques, on se sert de *courriers*. Ceux-ci, aussi bien que les autres courriers d'État ou de cabinet (*a*) sont ordinairement distingués par un costume, ou du moins par un écusson qu'ils portent sur la poitrine. On emploie aussi à cet effet d'autres fonctionnaires publics, soit militaires, soit civils, des courtisans, des serviteurs particuliers, et même des personnes qui ne sont pas au service de l'État. Partout en Europe les courriers qui font connaître leur qualité et la prouvent, jouissent, dans leurs voyages officiels et dans les États amis de leur maître, non-seulement de l'avantage d'une prompte expédition par les postes, même de préférence, mais aussi du plus haut degré d'inviolabilité (*b*). Leur bagage n'est que rarement soumis à la visite des douanes (*c*), et dans quelques pays ils ne payent pas les impôts auxquels les autres voyageurs sont sujets, comme péage, pontonnage, droit de barrière, etc.

(*f*) Moser's Versuch. III. 146 f. IV. 320, et ses Beytrage, IV. 257 ff.,209. — A la diète germanique, les ministres ne sont pas autorisés à accorder leur protection à des personnes qui n'appartiennent point à la légation. Voyez mon Oeffentliches Recht des teutschen Bundes, § 131. La Porte a stipulé, dans divers traités, que des ministres ou des consuls étrangers ne pourraient accorder des patentes de protection à des sujets turcs ; par exemple, dans le traité conclu avec l'Angleterre, le 5 janvier 1809, art 10. Martens, Rec. suppl. V, 162.—Sur les espions, furets, etc. V. Bielfeld, II, 205.

(*a*) Voyez F. C v. Moser der Courier nach seinen Rechten und Pflichten ; dans ses kleinen Schriften, t. IV, p. 177 510. Bielfeld, II. 73, 204. Moser's Versuch, IV. 616 ff., et ses Beytrage, IV, 542 ff. — L'on distingue les courriers du cabinet, ceux de la cour, des armées, ceux qui vont sur le continent et ceux qui sont envoyés par mer. F. C. v. Moser, même livre, p 179 suiv. et 478 suiv.

(*b*) Voyez une série de traités de paix, où ceci fut stipulé, dans l'écrit précité de F.-C. Moser, ch. ii, § 6-18, p. 189 et 412 suiv.

(*c*) F. C. v. Moser's kleine Schriften, t. VII, p 17, § 15.

La violation de leur sûreté est regardée comme lésion du
droit des gens (d). Même entre des puissances en guerre,
l'inviolabilité des courriers qu'elles s'envoient réciproquement, qui sont expédiés pour un congrès, ou qui en viennent, est respectée et quelquefois expressément assurée par
des traités, des passe-ports ou par des escortes (e).

§ 191. — 4° De la famille, surtout de l'épouse du ministre, et de sa
maison.

A la suite du ministre appartiennent aussi comme nous
l'avons dit, les *membres de sa famille* qui l'accompagnent, et
les personnes qui sont à son *service particulier*. Du nombre
de ces derniers sont ses médecins et secrétaires particuliers,
l'instituteur de ses enfants, les officiers de sa maison (tels
que son maître d'hôtel, ses écuyers, valets de chambre,
les portier, sommelier, cuisinier, etc.), sa livrée, notamment
coureurs, laquais, cochers, postillons, palefreniers, etc. (a).
Ces personnes jouissent, comme le reste de la suite, de la
protection particulière du droit des gens, et ne sont point
soumis à la domination de l'État près duquel le ministre
est accrédité (b). — C'est *l'épouse* du ministre qui jouit

(d) Le fameux meurtre commis en Silésie, près du village de Zoucha
le 17 juin 1759, sur la personne du major suédois SINCLAIR, envoyé en
courrier de Constantinople à Stockholm, fut allégué comme une des raisons
de la déclaration de guerre, dans le manifeste publié en 1742 par la Suede
contre la Russie Voyez Büsching's Magasin, VIII 309. Schlözer's Briefwechsel, IV. 243. Europ. Annalen, 1808, IX. 101. F. C. v. Moser's kleine
Schriften, t. IV, p. 440 ff. Moser's Versuch, IV. 620, et ses Beytrage, IV
560. Merkwurdige in dem Archiv der Bastille gefundene Inquisitions
Acten (Leipz 1791), p. 205. — Voyez des exemples plus récents de vols
et de meurtres commis sur des courriers, dans ma Kryptographik,
p. 35 f.

(e) Moser's Versuch, IV. 623 f. F. C. v. Moser's kleine Schriften,
t. IV, p. 256 ff., 353, 356. Hors les cas indiqués ci-dessus, la sûreté des
courriers de l'ennemi n'est pas reconnue durant la guerre. Voyez ibid,
p. 244 et suiv.

(a) Moser's Beytrage, IV. 240. Bielfeld, II. 201.

(b) Wicquefort, t. I, sect. XXVIII.

des plus grandes distinctions, surtout si son mari est ambassadeur (*c*). Cependant l'étiquette des cours diffère et
varie beaucoup à ce sujet (*d*), p. e. par rapport à l'honneur
du tabouret de l'impératrice ou de la reine (*e*), à la réception de l'ambassadrice lors de sa présentation, ou dans sa
première et dernière audience, à son rang et au reste du
cérémonial (*f*). Régulièrement elle ne peut pas prétendre à
un culte domestique à elle, lors même qu'il n'y a pas, dans
la ville ou aux environs, de culte public ni particulier de
sa religion (*g*). Elle participe à l'indépendance de son mari
et a comme lui un droit particulier à la protection de l'État
auquel il est envoyé (*h*).

§ 192. — Hôtel de légation. Armes. Luxes.

Il faut au ministre, pour lui et pour sa suite, une habitation convenable, qu'on appelle *hôtel de légation* ou *d'ambassade* (*a*) (*Gesandtschaft-Quartier*). Les gouvernements ne
possédant aujourd'hui que rarement, dans les capitales
ou villes de résidence étrangères, des hôtels destinés à recevoir leurs ministres (*b*), ces derniers habitent pour la

(*c*) Voyez surtout F. C. v. MOSER, Die Gesandtin nach ihren Rechten u.
Pflichten; dans ses kleinen Schriften, III. 135 ff. MOSER's Versuch. III.
145. IV. 315 ff., et ses Beytrage, IV. 175, 329, 427, 450. BYNKERSHOEK
De foro legatorum, c. xv. (GESNER, De jure uxoris legati et legatæ.
Halle, 1851.)

(*d*) F.-C. MOSER, même livre, p. 149 ff. 151 ff. 166 ff.

(*e*) De la MAILLARDIÈRE, Précis du droit des gens, p. 339. F.-C. MOSER,
p 174 et 195.

(*f*) Sur le détail de cette matière, v. F.-C. MOSER, dans le Livre allégué,
et MOSER's Beytrage, IV. 257-182, 329, 427, 450

(*g*) F.-C. MOSER, même livre, p. 305-309.

(*h*) C'est pour cela, dit BYNKERSHOEK, De foro legatorum, c. xv, § 4,
qu'on ne peut saisir ses effets.

(*a*) Voyez WICQUEFORT, t. I, sect. XXVIII.

(*b*) MOSER's Beytrage, III. 288. — En 1814, les cours d'Autriche et
d'Angleterre firent à Paris l'acquisition de deux hôtels destinés pour leurs
légations.

plupart des maisons louées, et il leur est alors ordinairement payé une somme quelconque à titre de frais de premier établissement ou d'indemnité, ou bien pour l'entretien
de leur mobilier (c) Il n'y a que les ministres extraordinaires envoyés pour peu de temps, qui soient encore logés
quelquefois par le gouvernement qui les reçoit (d). — Presque partout les ministres font placer au-dessus de la porte
de leur hôtel les *armes* de leur souverain (e); c'est cependant
une distinction qui n'est pas généralement accordée aux
ministres de troisième ordre (f). — Au reste, on attend,
surtout d'un ministre de première classe, qu'il mette un
certain *luxe* et *étalage* dans sa garde-robe, dans son ameu-
blement, dans sa vaisselle, ses livrées et équipages, de la
magnificence dans les fêtes et repas qu'il est dans le cas de
donner, enfin dans tout ce qui porte sur l'extérieur (g).

§ 193. — Pouvoirs du ministre.

Un ministre public, devant représenter son État près d'un
État, doit être autorisé à cet effet par son gouvernement;
et celui auquel s'adresse sa mission doit être dûment instruit de cette autorisation. Il est muni pour cela de *pouvoirs* ou *lettres de créances* (*mandatum procuratorium*,
litteræ fidei s. credentiales, Creditiv), qu'il doit présenter au
représentant de l'État auquel il est envoyé et au moyen

(c) Moser's Versuch, III. 152, et ses Beytrage, III. 288. IV. 205, 219 ff.
Comparez à ce sujet les discussions qui eurent lieu à Paris, en 1798, entre
le Directoire exécutif et le conseil des Cinq cents; dans le *Rédacteur* du
13 brumaire an VII, n° 1052.

(d) Moser's Beytrage, III. 280 f.

(e) Moser's Versuch, IV 264. Beyträge, III. 300. IV. 205. F. C. v.
Moser von den Rechten der Gesandten in Anschung der Wappen ihres
Souverains; dans les Wochentl. frankfurt. Abhandlungen, 1755, Supp. VII,
et dans Schott's Jurist. Wochenblatt, III, Jahrgang, p. 600-614

(f) F.-C Moser, même traité, § 4.

(g) Trois attelages de six chevaux. Moser's Versuch, III, 151. Conférez
aussi Bielfeld, II. 202 et suiv.

desquelles il doit se faire reconnaître en sa qualité de ministre, et justifier de l'étendue de ses pouvoirs (a). Ces pouvoirs peuvent ne porter que sur une affaire déterminée ou ne l'autoriser même qu'à de certains actes particuliers compris dans cette affaire (pouvoirs spéciaux); ils peuvent aussi l'autoriser en général à toutes espèces de négociations (pouvoirs généraux) Dans l'un et l'autre cas, ils peuvent être limités ou illimités (b); les derniers s'appellent pleins pouvoirs proprement dits (mandatum cum libera sive plenipotentia). L'Etat, ou les États avec lesquels doit avoir lieu la négociation, y sont ordinairement nommés (c).

Avant d'avoir ainsi déployé des pouvoirs suffisants, un envoyé ne peut prétendre aux droits de ministre public, et l'on ne peut traiter avec lui d'une manière sûre et obligatoire (d). Mais du moment que ces pouvoirs déclarent qu'il représente son État, les actions qu'il a faites dans la limite de ces pouvoirs, et notamment les engagements qu'il a pu prendre dans des traités conclus, fussent-ils même contraires à ses instructions secrètes (e), obligent ce même

(a) Voyez les écrits énumérés dans v. OMPTEDA's Literatur, II. 562. — Jan -Harm. LOHMAN Diss de diverso mandatorum genere, quibus legati constituuntur et obligatione quæ ex iis oritur Lugd. Bat 1750. 4. BIELFELD, II. 164, § 4; 183, § 6-8. v. ROMER, Livre cité, p. 146.

(b) Voyez des exemples des uns et des autres, dans la dissertation citée de LOHMAN, c. II, § 6, 7. — Le plénipotentiaire est pourvu d'un mandatum cum libera, scil. potestate agendi.

(c) Ce qu'on appelle un « mandatum s. actus ad omnes populos; » est extrêmement rare. Voyez en deux exemples dans les mémoires de LAMBERTY, VIII, 748. IX, 653. Voyez aussi SNEEDORF Essai d'un traité du style des cours, P. spéc., art 1, § 20 et suiv.

(d) MARSELAER De legato, lib II. diss. 6. WICQUEFORT, P.I, sect. XV. LOHMAN Diss cit. cap. II, § 3. J.-G. ESTOR Progr de jure possendi auctoritatem publicam, quam litteras vocant credentiales, a legatis (Jen. 1740, et dans ses Comment et Opusc , vol. I, p. 2, n 8), § 36, sq.

(e) GROTIUS, lib. III, c xxII, § 4. LOHMAN Diss. cit. cap IV, § 2, sqq. Cette opinion est rejetée par BYNKERSHOEK, Quæst. jur. publ. lib II, c. VII.

État qui ne peut s'en tenir qu'à lui des dommages qu'il lui
aurait causés (*f*).

§ 194. — Leur forme.

La *forme* extérieure des pouvoirs est arbitraire. Ils peuvent
être conçus en forme de lettres patentes (*in forma patente*),
et alors ils s'appellent *pouvoirs* (*mandatum procuratorium*)
proprement dits; ils peuvent aussi être cachetés (*a*) (*in forma
litterarum*), et ce sont alors des *lettres de créance* (*litteræ fidei,
Creditiv*) dans l'acception propre (*b*). Quelquefois un ministre reçoit les deux à la fois (*c*). S'il n'en est pas ainsi, on
préfère ordinairement la première de ces formes, lorsque
l'envoyé doit être accrédité auprès d'un congrès de ministres,
p. e. dans un congrès de paix, et la seconde s'il doit résider
près d'un gouvernement (*d*). Dans ce dernier cas il est d'u-
sage de donner une lettre de conseil; cependant une lettre

(*f*) Les publicistes diffèrent d'opinion sur la question de savoir par
quelle raison un ministre est responsable envers son souverain. D'après quelques-uns, c'est *ex mandato*. WICQUEFORT, t I, sect. XVI, p. 392 BYNKERS-
HOEK Quæst. jur. publ, lib II. c. VII. Suivant d'autres, c'est *ex jussu* PU-
FENDORF de J. N. et G. lib. v. c. IV § 5. BOECLER Diss. de relig mandat.,
dans ses opusc. t. I Selon d'autres enfin, c'est *ex jussu*, si le ministre est
sujet du souverain; *ex mandato*, s'il ne l'est pas. LOHMAN diss. cit. cap. III.
§ 2. sqq.

(*a*) Voyez WICQUEFORT, t I. ch. XV et XVI. STIEVE's europ. Hof-Ceremoniel, t. III, cap. III, § 4, p. 238. GUTSCHMID diss. cit. § 27.

(*b*) Sur la forme des pouvoirs, consultez C. A. v. BECK's Versuch einer
Staats Praxis, Buch V. cap. I. p. 225 ff. Cap III. p 253 ff. Dan. NETTEL-
BLADT, s. potius resp. F. J E EISENBERG, Diss de forma litterarum cre-
dentialium legatorum (Hal. 1753. 4.), cap. II et III. SVEEDORF dans le livre
P. spéc., ch. I. art. 1. Ch. de MARTENS, Guide diplomatique.

(*c*) LOHMAN diss. cit. cap. II § 3, 4, 8. — Les ministres de France recevaient autrefois une lettre de cachet (qu'on nomme ailleurs lettre de chancellerie), et une lettre de la main. La première était remise dans la première audience particulière, la seconde dans la première audience publique.
CALLIÈRES, dans le livre cité, ch. XI.

(*d*) CALLIÈRES, même chapitre. Politische Unterhand ngskunst, cap. VI.
p. 130 ff. Dan NETTELBLADT diss. cit. § 5.

de cabinet, quoique moins solennelle, serait tout aussi valable, supposé qu'elle contienne les parties essentielles des pouvoirs. — Il faut que la teneur des pouvoirs soit préalablement connue de celui auquel ils doivent être présentés, pour qu'il soit à même de se déterminer à les recevoir et à fixer le cérémonial à accorder au ministre. C'est à cet effet que celui-ci, avant sa première audience, doit les montrer, s'ils sont en forme de lettres patentes, ou bien *sub sigillo volante*, ou en présenter une copie authentique s'ils sont cachetés (e). Il se peut qu'un ministre ait besoin de plusieurs pouvoirs, s'il est accrédité sous différents rapports (f).

§ 195. — Lettres de recommandation et d'adresse.

En dehors de ses lettres de créance, un ministre est quelquefois porteur de *lettres de recommandation* adressées par son souverain ou son représentant, à des membres de la famille ou à des fonctionnaires publics distingués du souverain auprès duquel il va résider (a), à des membres du gouvernement, si c'est une république, à des autorités locales de l'endroit où se rassemble un congrès, etc. — Un envoyé sans caractère de ministre public n'est point muni

(e) Ordinairement au ministre des affaires étrangères. J. F. JUGLER Diss. de litteris legatorum credentialibus (Lips 1742), § 9. MOSER's europ. Volkerrecht, Buch III, cap. XIV, et son Versuch, III. 241. BIELFELD, t. II, p. 183, § 7.

(f) Ceci arrive quelquefois en Suisse, où le même ministre est accrédité près la confédération et en même temps près de tous les cantons ou de quelques uns d'entr'eux. Dans la ci-devant république de Pologne, les ministres étrangers étaient obligés de se légitimer séparément près du roi et près des États. Voy. BECK's Staats praxis, p. 240, § 21 — Sur les lettres de créance secondaires et éventuelles, ainsi que sur celles des secrétaires de légation, voy. ibid § 22-24, p. 241 ff

(a) P. e. au prince-régent, à l'épouse du souverain, au successeur présomptif au trône, au ministre des affaires étrangères. A Constantinople, les agents diplomatiques en portent toujours pour le grand-visir, ainsi qu'autrefois dans les Provinces-Unies des Pays-Bas pour le Stathouder.

de lettres de créance en forme, mais presque toujours seulement de ce qu'on appelle *lettres d'adresse* (b).

§ 196. — Instructions.

Tous les ministres reçoivent de l'autorité qui les envoie
des *instructions* (a), pour leur faire connaître les intentions
de leur gouvernement à l'égard de la négociation dont ils
sont chargés, et pour les guider dans la conduite à suivre.
Ces instructions sont ou générales ou spéciales; elles sont
quelquefois données verbalement, mais le plus souvent
réunies dans un écrit particulier qui est remis au ministre
au commencement de sa mission, et auquel il est obligé de
recourir dans chacune de ses démarches officielles (instruction principale). Elles peuvent être modifiées, augmentées
ou changées dans le cours de la négociation (b). Ordinairement elles doivent toutes être tenues secrètes, et le ministre n'en peut faire un usage ouvert qu'en vertu d'un

(b) Voyez BELK's Staats praxis, p. 243, § 26.

(a) WICQUEFORT, t. 1, ch. xiv. CALLIÈRES, ch. xii. PECQUET, p. 53 et
suiv. BIELFELD, II. 180 suiv. NEYRON, Principes du droit des gens,
§ 173-175. Die politische Unterhandlungskunst, cap. viii, p. 115 ff. LOHMAN
diss. cit. c. ii. § 9, 10.

(b) Sur le contenu et la forme des instructions, voy. BECK's Staatspraxis, Buch. V, cap. ii, p. 245 ff. et PÜTTER's jurist. Praxis, I, 232.
WALSINGHAM Maximes politiques, p. 503 et suiv. — Des instructions intéressantes ont été publiées dans les mémoires de différents ministres, p. e.
dans ceux de WALSINGHAM, AVALX, ESTRADES, WALPOLE, TORCY, RUSDORF,
d'ÉON. On en trouve aussi une de l'empereur Ferdinand II, dans KHEVEN-
HÜLLER's annal. Ferdinandeis, t XII, p. 1392 ff, et dans LEYSERI me-
ditat ad Pandect., Spec. 671. med 16. Instruction française du président
Jeannin, de 1609, dans WICQUEFORT, t II. sect. IX, p. 101 suiv Instruction anglaise de 1570 pour Walsingham, ibid. t. II. sect. I, p. 6. D'autres
instructions sont recueillies par ROUSSET, v. 301. VII. 18. XI, 355, et
dans F. C. v MOSER's kleinen Schriften. III, 357 Ce serait un trésor
pour les négociateurs, ainsi que pour l'histoire, qu'une collection d'instructions secrètes choisies —Voy. aussi les ouvrages cités dans la Bibliographie
placée à la fin de l'ouvrage, § 37.

ordre exprès de son gouvernement (c); alors il est souvent muni d'une double instruction, dont l'une *secrète* et l'autre *ostensible*.

§ 197. — Occupations du ministre. — 1° Travail particulier.

Les *occupations* du *ministre* se partagent entre son travail de cabinet, les communications avec sa cour, et les négociations avec le gouvernement auprès duquel il est accrédité, ou quelquefois aussi avec d'autres ministres étrangers qui résident au lieu de sa mission. Son travail de cabinet comprend le soin de préparer et de suivre le mieux possible les affaires qui font l'objet de sa mission; de dresser à cet effet les minutes de toutes sortes d'écrits qui passent sous son nom, ou du moins de les revoir; de signer les expéditions, de les faire clore et cacheter en forme, et remettre à à leurs adresses, de surveiller la rédaction du livre-journal qui doit contenir les mentions nécessaires sur tout ce qui se passe à la légation, et la chancellerie, les bureaux de la légation, les archives, d'exercer et de défendre les droits et les prérogatives de la légation, notamment la juridiction sur les personnes de la suite (a), la délivrance des passe-ports, des certificats de vie etc. (b). Il doit défendre et protéger les sujets de son État qui habitent le pays où il est ministre, contre toute atteinte contraire au droit des gens. Il est chargé aussi de légaliser les actes et documents, quand cela est nécessaire, pour qu'ils puissent servir vis-à-vis des autorités de son pays (c).

(c) Voy. LOHMAN diss. cit. c. II. § 9. Lettres de lord CHESTERFIELD à son fils Stanhope, t. III. lettre 189. Die politische Unterhandlungskunst, p 217 ff.

(a) V. plus bas, § 212.

(b) Les instructions des ministres ordinaires renferment presque toujours des dispositions circonstanciées à cet égard; quelquefois on a des règlements généraux pour tous les ministres d'un même État. — Sur l'ordre à observer dans les affaires des légations, voyez WICQUEFORT, t. II. sect. II, p. 110.

(c) V. § 212. MERLIN, Rép. voc. légalisation. Les Français peuvent

17

§ 198. — 2° Communications à entretenir avec son gouvernement.

Les communications du ministre avec le gouvernement
de son État, se font quelquefois verbalement, mais presque
toujours par écrit Elles s'adressent tantôt immédiatement
au souverain, tantôt au département des affaires étrangères,
au ministre secrétaire d'État, ou à d'autres autorités constituées, ou bien à des membres de la famille du souverain,
à des personnes de la cour, ou à des députés ou commissaires désignés à cet effet. Les plus essentielles et les plus
fréquentes de ces communications sont les *rapports* que le
ministre doit faire à sa cour (*a*) régulièrement à une époque
déterminée, et en outre par extraordinaire toutes les fois
qu'il arrive quelque chose d'important. Ces rapports doivent s'étendre non-seulement sur les objets principaux de
la négociation, mais aussi sur tous les objets incidents et
accessoires qui peuvent présenter un intérêt quelconque,
et particulièrement sur la situation et les relations tant intérieures qu'extérieures du pays et de la cour où le ministre
réside (*b*). Il serait très-utile de faire faire, à la fin de cha-

adopter, se marier et accomplir, en général, tous les actes de l'État civil
devant le ministre français du lieu de leur résidence. V. MERLIN, Rép v.
État civil et mariage.

(*a*) Sur les *dépêches* des ministres, v. WICQUEFORT, t. II, sect. X,
p. 102, § 4 et 186, § 13-17. CALLIÈRES, ch. XIX. Die politische Unterhandlungskunst, cap. XVII, p. 171. Souvent le ministre a deux espèces de rapports à faire, de teneur différente : l'un, adressé au département des
affaires étrangères ; l'autre, à la personne du souverain V. FLASSAN l. c.
t. IV. 462-68, t. V. 189, 226, 328, et surtout 367, 374 ; t. VII, 2, 3, 10,
14, 20, 100, 111 Vie privée du cardinal Dubois (Londres, 1789). Quelquefois il a l'ordre aussi de donner copie au souverain des dépêches qu'il
reçoit du ministère des affaires étrangères. FLASSAN, VI. 375. VII. 15. —
On doit juger les rapports d'un ambassadeur d'après sa position et ses devoirs. Comme la grande politique ne fournit pas toujours des matériaux
suffisants, il est obligé quelquefois d'avoir recours à des objets de moindre
importance, de transmettre même des faits de détail dépourvus d'intérêt.

(*b*) WICQUEFORT, t. II, sect. XVI, p. 192. SCHMALTZ europ. Volkerrecht,
p. 96 et suiv.

que négociation ou mission, un *rapport principal*, contenant un aperçu de toute la marche de la négociation et de tout ce qui s'y est passé de plus remarquable, comme il était d'usage dans la ci-devant république de Venise.

§ 199. — Continuation.

Les dépêches de la légation ou celles de son gouvernement, dont l'intérêt exige un secret particulier, et que l'on ne peut transmettre par une voie tout à fait sûre, doivent être non-seulement soigneusement enveloppées et cachetées comme toutes les autres, mais aussi écrites en bon *chiffre* (a). Elles sont expédiées ou par la poste commune, les messagers, les coches ou diligences ordinaires, ou bien par estafette, par des courriers ou des voyageurs sûrs et de confiance, quelquefois sous l'enveloppe d'une tierce personne, ou sous une adresse fictive, quelquefois aussi par différentes voies à la fois moyennant des duplicata (b). Pour mieux cacher le secret, on expédie quelquefois des dépêches feintes ou portant la marque du *contre-sens*, qu'on envoie alors par la poste ordinaire, ou par une autre voie peu sûre, afin de les faire ouvrir à dessein et de tromper par là les surveillants (c).

§ 200. — 3° Négociations

Les négociations dont le ministre est chargé, se font directement ou indirectement (a). Elles se font indirectement

(a) Voyez une instruction pour les différentes *méthodes de chiffrer* et *de déchiffrer*, dans ma *Kryptographik*. Lehrbuch der Geheimschreibekunst (Chiffrir und Dechifrirkunst) in Staats-und Privatgeschäften. Mit Tabellen und 6 Kupfertafeln. Tübingen, 1809, gr. 8. Die polit Unterhandlungskunst, cap. xviii, p 184. BIELFELD, II. 190 § 19 suiv. CALLIÈRES, ch. xx. Ch. de MARTENS, Guide diplomatique.

(b) BIELFELD, II. 189. § 18, 204 § 16.

(c) Voyez ma *Kryptographik*, p 31 et 64. Les moyens propres à empêcher que les dépêches et autres lettres puissent être ouvertes et refermées d'une manière presque imperceptible, sont indiqués ibid. p. 49-56.

(a) Sur la conduite du ministre dans ces négociations, voyez WICQUE-

lorsqu'elles ont lieu avec les ministres d'État, les commissaires ou députés, ou bien dans des congrès de paix, ou
autres, avec les envoyés de la puissance étrangère ; quelquefois même encore, dans ce dernier cas, par l'entremise
de quelque tierce puissance médiatrice ou de ses envoyés.
Les communications, soit directes, soit indirectes, se font
ou par écrit, au moyen de lettres, mémoires, notes, notes
verbales, etc., ou de bouche dans des audiences ou conférences (*b*). Dans la règle, aucun gouvernement n'a le droit
d'exiger des formes particulières dans les communications ;
cependant il y a eu des États (*c*) qui ont posé en principe
de ne délibérer ou faire réponse que sur des communications rédigées par écrit. Dans toutes les négociations il peut
devenir utile de répéter et de présenter par écrit, en forme
de note verbale ou d'un aperçu de conversation, ce qui a
été discuté de vive voix dans les conférences, pour en conserver la mémoire autant que possible et d'une manière
digne de foi. Aussi est-il quelquefois utile d'avertir préala-
lablement le ministre des relations extérieures du contenu
d'un mémoire qu'on se propose de présenter dans une audience du souverain.

§ 201. — Particulièrement audiences.

A moins de circonstances tout à fait particulières, le ministre ne peut point prétendre au droit de négocier directe-

FORT, t. II, sect. III-VIII CALLIÈRES, ch. XVI et XVII. PECQUET, p. 78 suiv.
Die politische Unterhandlungskunst, p 147 ff., 158 ff. — WICQUEFORT
(II 6), pose en règle générale « que la fonction principale consiste à entretenir la bonne correspondance entre les deux princes ; à rendre les
lettres que son maistre escrit au prince auprès duquel il réside ; à en solliciter la réponse ; à observer tout ce qui se passe en la cour où il négocie ; à protéger les sujets et à conserver les interests de son maistre »

(*b*) La ci devant république de Venise avait établi, pour les conférences
avec les ministres étrangers, un collége composé de 26 membres au
moins.

(*c*) Tel qu'autrefois le gouvernement des Provinces-Unies des Pays-Bas.

ment avec le souverain auprès duquel il réside (a). Cependant, quoique des communications immédiates de ce genre
aient rarement lieu, et qu'elles ne soient admises aujour-
d'hui que par exception à la règle, elles ne sont pas cependant refusées toujours. Il est des cours où le souverain
donne régulièrement, à certains jours, audience aux ministres étrangers, et où ils en obtiennent en outre de parti-
lières, soit publiques, soit privées (b). Le moins auquel un
ministre de premier ou de second ordre puisse s'attendre
d'un souverain jouissant d'honneurs royaux, c'est d'être
admis à son audience lors de son arrivée et de son départ.
Ces audiences se donnent aux ambassadeurs le plus souvent
publiquement et avec une certaine pompe (c) ; les ministres
de seconde classe ne sont pas toujours admis en audience
publique, et ceux du troisième ordre, fussent-ils d'ailleurs
accrédités aussi auprès de la personne du souverain, n'ont
jamais que des audiences particulières (d).

§ 202. — Caractère des ministres, tant représentatif que de cérémonie.

Vis-à-vis du gouvernement près duquel le ministre est
accrédité, on distingue en lui, en vertu de sa nomination et
de sa réception par ce gouvernement, une double qualité
ou caractère. Par rapport aux affaires dont il est chargé, il
est considéré comme représentant immédiat de son gouvernement, et il a, en ce sens, un *caractère représentatif* (a). Cette

(a) Voyez WICQUEFORT, t II, sect. II, p. 14
(b) Sur les audiences, voyez WICQUEFORT, t. I, sect XIX, p. 229. Moser's Versuch, III. 245, 248, et ses Beyträge, III. 401, 408. BYNKERSHOEK
Quæst. jur. publ., lib. II, c. VII. Comparez ci-après § 223 et suiv.
(c) Dans les audiences publiques, il n'est presque jamais question de négociations proprement dites. Cette matière est traitée plaisamment par
BYNKERSHOEK, In quæst. jur. publ., lib. II, cap. VI, dans ses Operib.
omn. II, 248.
(d) Sur l'étiquette usitée dans ces audiences, voyez ci-après § 224.
(a) Voyez VATTEL, liv. IV, ch. VI, § 70. L.-C. SCHRÖDER Elem. jur.
nat., soc. et gent. § 1103. HŒPFNER, Naturrecht, § 224. Henr. COCCEJI

qualité est essentielle, elle est la même dans tous les ministres, de quelque classe qu'ils soient. Il est une autre qualité
qui résulte de l'ensemble des honneurs que l'on accorde au
ministre, dans le territoire de l'État où il réside, par égard
pour sa mission honorable ; c'est son *caractère de cérémonie.*
Cette qualité est accidentelle et comme accessoire, elle admet
des gradations (*b*). Dans le deuxième article du règlement
sur le rang entre les agents diplomatiques, fait au congrès
de Vienne (§ 179), on a arrêté que les ambassadeurs, les
légats et les nonces, auraient seuls le caractère représentatif (par cette expression on a entendu le caractère de cérémonie de première classe). D'ailleurs il est aujourd'hui

Diss. de repræsentiva legatorum qualitate. Heidelb. 1680. 4, et dans
ses Exerc., t. I, n 38. — Quelques publicistes n'attribuent un caractère
représentatif qu'aux ministres de *première* classe. C. G. GUTSCHMID Diss.
de præbrogativa ordinis inter legatos, § 26, 39. Il en est d'autres qui n'en-
tendent par caractère représentatif que les honneurs qu'ils croient attribués aux ministres de première classe comme *égalés* à leurs constituants.
Mais cette opinion est fausse, puisque les ministres de première classe
ne sont nullement égalés à leurs souverains, et qu'ils ne jouissent partout
que du plus haut degré du cérémonial accordé aux ministres comme tels,
degré qui est différemment réglé dans les divers États.

(*b*) Les publicistes diffèrent d'opinion à cet égard. Selon quelques-uns
le *caractère représentatif* est triple : essentiel, naturel et accidentel. Le
premier doit se rapporter à ce que le ministre représente son gouvernement
dans toutes les affaires relatives à sa mission ; le second doit résulter des
droits naturels appartenant au ministre en raison de l'égalité et de la liberté naturelles de son État ; le troisième doit naître de l'ensemble des
droits accidentels (tels que rang, titre, honneurs) accordés aux ministres
étrangers, soit en vertu de leur réception dans la qualité dont leur constituant les a revêtus, soit par suite de traités particuliers. Voyez v. RÖMER's
Grundsatze uber die Gesandtchaften, p. 108 112 — Une seconde théorie
distingue un *double caractère représentatif* seulement, l'un naturel ou
essentiel, l'autre positif ou accidentel ; le premier purement représentatif,
le second de cérémonie. E.-C. WESTPHAL Instit. jurist. nat. § 1288. GROS
Lehrbuch der philosoph. Rechtswissenschaft, § 446. — D'après d'autres
enfin, les ministres n'ont aucun caractère représentatif, si ce n'est
en vertu de traités. C.-G. RÖSSIG Diss. de jure asyli legatorum, § 6,
p. 8, sq.

d'un usage général, en Europe, de distinguer trois différents
degrés de cérémonie, d'après lesquels les ministres publics
sont divisés en trois classes (§ 179 et suiv). Le cérémonial
accordé à chaque classe n'est point le même dans tous les
États. L'article 5 du règlement en question, du congrès de
Vienne, est ainsi conçu : Il sera déterminé, dans chaque
Etat, un mode uniforme pour la réception des employés
diplomatiques de chaque classe.

§ 203. — Prérogatives des ministres publics. — 1° Inviolabilité.

Les ministres publics jouissent de certaines *prérogatives*
dérivées du droit des gens, tant naturel que positif (*a*) L'une
des plus importantes c'est leur *inviolabilité*. Dès qu'un gouvernement a publiquement reconnu un ministre étranger
en sa qualité de représentant immédiat de son souverain,
toute violation des droits attachés à cette qualité (*b*), qui
est commise dans son territoire, doit être considérée comme
une offense faite au souverain du ministre même. Il est
par conséquent du grand intérêt du gouvernement, non-seulement de prévenir, autant que possible, toute violation de
cette espèce, mais aussi de la punir sévèrement comme délit contre l'Etat lorsqu'elle a eu lieu La plus grande sûreté qui en résulte pour le ministre s'appelle son *inviolabilité,* dans le sens éminent ou du droit des gens (*c*), ou bien

(*a*) Voyez les écrits indiqués dans v OMPTEDA's Literatur, t. II, p. 566,
et dans v. KAMPTZ Neue Lit., § 227, et le livre de M. UHLICH, cité au
§ 169, note *b*.

(*b*) Dans le fait, il est quelquefois difficile de déterminer si une offense
a été faite au ministre comme particulier, ou en sa qualité diplomatique.
Comparez v. RÖMER, p. 301.

(*c*) Voyez L ult. D de legation, L. 7. ad L. Jul. de vi publ. Henr.
COCCEJI Diss de legato inviolabili, Heidelb. 1684, et dans ses Exercit.
Vol. 1, n. 50 *Ejusd.* Diss. de legato sancto non impuni. Francof. ad Viadr.
1699. 4 Jo -Jac. LEHMANN Diss. de vero atque certo fundamento jurium
ac speciatim sanctitatis legatorum. Jen. 1718. 4. D.-H. KEMMERICH von
der Unverletzlichkeit der Gesandten. Erlangen 170. 4. J. HOGEVEEN Diss.

aussi la *sainteté* du ministre, parce qu'il est de l'intérêt
commun des nations d'envisager cet état de sûreté comme
une chose sacrée. Cette inviolabilité ou protection particulière est due aux ministres des trois classes (*d*). Elle
s'étend sur toute l'activité officielle du ministre, et principalement sur ses fonctions diplomatiques (*e*); un entier
sauf-conduit lui est dû pendant tout son voyage, passage
et séjour officiels dans le territoire de l'Etat (*f*), même

legationum origo et sanctimonia. Lugd. Bat. 1763. 4. J.-G WALDIN Diss.
de legati admissi et non admissi inviolabilitate. Marb. 1767. 4. H.-F
KAHREL Diss. de sanctitate legatorum. Marb. 1769. 4. GROTIUS, lib. II,
c. XVIII, § 4, n. 5. WICQUEFORT, t. I, sect. XIX. HUBER De jure civitatis,
lib III, sect. IV, c. II, § 12. De RÉAL, Science du gouvernement, t V,
sect. VII. MERLIN, Rép , t. VIII, 255. Plusieurs autres écrits sont indiqués
dans v OMPTEDA's Literatur, II. 568 Voyez aussi WALDIN Jus legationis
universale, sect. V et XI. v. RÖMER, p. 295 ff.

(*d*) BYNKERSHOEK De foro legator, cap. I, dans ses Operib. omn. II. 147.

(*e*) Elle comprend entre autres la sûreté de sa correspondance tant de celle
qui est confiée à la poste commune que des dépêches qui sont envoyées
par des estafettes ou par des courriers. MOSER's Versuch, IV 144. —
Suivant le droit des gens naturel, un ministre public peut se faire raison
lui-même des offenses qui lui sont faites. Voyez v. RÖMER, p. 298. Selon
d'autres, il doit d'abord s'en plaindre et demander satisfaction au gouvernement du pays; ce qui est le plus souvent confirmé par l'usage, du
moins dans les temps modernes. Voyez v. PACASSI, p. 167. On trouve des
exemples d'insultes faites à des ministres publics, à celui de Venise à Madrid en 1597, dans ROTH's Archiv fur das Volkerrecht, Heft I, p. 76 . à
celui de la Russie, Mantueof, à Londres en 1708, dans le traité allégué de
KEMMERICH, p. 39 ff. Voyez des exemples plus récents dans MOSER's Beytragen, IV. 154 ff, 171 ff. — Pour l'inviolabilité des personnes de la *suite*
du ministre, voyez MOSER's Versuch, IV. 320. — Des exemples de plaintes
et de satisfaction donnée, à cause d'insultes faites à des personnes de la livrée d'un ministre, sont rapportés par MOSER, dans ses Beytràge, IV,
249 ff. 252 ff.

(*f*) Les époques où cette inviolabilité doit commencer et finir sont déterminées et assurées par les passe-ports qu'on délivre au ministre. Voyez v.
RÖMER, l. c., p. 141-144. Lorque le ministre a séjourné dans le pays, avant
d'y être nommé à la mission , son inviolabilité date de la réception de ses
lettres de créance.

lorsque la guerre aurait éclaté entre les deux États (*g*).

§ 204. — 2° Exterritorialité.

Aussitôt que le gouvernement auquel le ministre étranger est envoyé l'a reconnu comme représentant de son gouvernement, il doit jouir, comme condition tacite de sa mission et de sa réception, dans le territoire où il se trouve, du même droit d'indépendance qui appartient à son État, supposé qu'il n'y ait point, à cet égard, de limitation sanctionnée par des traités (*a*). En conséquence, il est, en sa qualité de ministre, affranchi de la souveraineté et de la domination du gouvernement du pays. Cette exemption s'appelle l'*exterritorialité* ou l'indépendance du ministre (*b*). Pour avoir un plein effet, elle doit s'étendre sur tout ce qui peut être considéré comme appartenant à sa personne, p. e. sa suite, son hôtel, ses équipages, son mobilier (*c*). Elle appartient également à un ministre auquel il est accordé en cette qua-

---

(*g*) Il en était déjà de même chez les Romains. L. ult. D. de legationib. Comparez aussi MOSER's Versuch, IV 140 IX. 1-40. — Cependant, en pareil cas, la Porte Ottomane fait le plus souvent emprisonner le ministre, comme otage pour l'observation des traités; ce qui le garantit en même temps de la rage de la populace. Le DRETS Magasin zum Gebrauch der Staaten- und Kirchengeschichte, t. II (1772), p. 205 ff — Durant la guerre de 1658, entre la Suède et le Danemark, le ministre suédois Coyet fut emprisonné a Copenhague pendant huit mois. Voyez v. OMPTEDA's Literatur, II. 571, n 1.

(*a*) Comme par rapport aux impôts, au culte domestique au droit d'asile, a ce qui concerne les règlements de police, etc.

(*b*) Quelques-uns restreignent, d'après le droit des gens naturel, cette exterritorialité aux fonctions diplomatiques du ministre. Voyez HÖPFNER's Naturrecht, § 227, v MARTENS Einleit. in das europ. Völkerr, § 212. PINHEIRO-FERREIRA Comm sur VATTEL, t. IV. 92 s. Mais conférez ACHENWALL Jur. nat. p. II, § 253, sq. SCHRÖDER l. c., § 1107, sqq. GROS, dans le livre allégué, § 447. — Voyez, pour ce qui regarde l'exterritorialité des ministres et des membres de la Confédération germanique résidants à la diète de Francfort, mon Oeffentliches Recht des teutschen Bundes, § 130.

(*c*) ACHENWALL l c. § 253. Notamment sa voiture.

lité (d) un séjour temporaire dans le territoire d'un État,
p. e. le passage, quoiqu'il ne soit point d'ailleurs accrédité
près du gouvernement de cet État. En tout cas, il faut au
ministre, pour qu'il puisse exercer le droit en question, une
déclaration expresse ou tacite de l'État par lequel il lui est
accordé. L'usage généralement reçu en Europe assimile à une
déclaration de ce genre la délivrance d'un passeport portant
permission d'entrer dans le pays ou de le traverser en qualité d'agent diplomatique (e). Pendant son absence, un ministre ne cesse pas d'appartenir à son pays. Il y conserve
son domicile légal (f), et il reste soumis à la juridiction de
son pays, quelle qu'ait été la durée de son absence (g).

§ 205. — Particulièrement a. Immunité des impôts.

En vertu de leur exterritorialité, les ministres sont
exempts des *impôts personnels*, qui supposent la souveraineté
d'une part et la sujétion de l'autre, tels que p. e. la capi-

(d) BYNKERSHOEK De foro compet. legat c. IX, § 7. MERLIN, Rép.,
t. VIII, p. 276 s. Le comte de Wartensleben, ministre de la Hollande, faisant séjour à Cassel pour affaires particulières, y fut arrêté en 1763 pour
ces mêmes affaires. MOSER's Versuch, III. 104. IV 130, 167. Beytrage,
IV, 161. Mercure historique et polit. 1764, t. I, p 101, 104; t II, p. 375.
WALDIN Jus legationis universale, p. 89-101. v. KAMPTZ neue Lit.,
p. 261, num 7, et p. 262 f., num. 9, 10 et 13.

(e) LEYSER Medit. ad Pandect., Spec. 672 Voyez aussi les écrits d'A-
CHENWALL et de RAU, cités plus haut, § 177, note b.

(f) MERLIN, Rép. v. Domicile. Son absence ne doit ni lui profiter ni
nuire à autrui. L. 180. D de Regulis juris.

(g) BARDEIRAC, dans ses notes sur Bynkershoeck, De foro leg., ch. x.
MERLIN l. c.

La cour royale de Paris a jugé par un arrêt du 22 juillet 1815,
que l'agent diplomatique étranger décédé en France conservait
toujours son véritable domicile à l'étranger et que c'était là que
s'ouvrait sa succession. Elle a consacré ainsi le principe de l'exter-
ritorrialité. DALLOZ, Rec. périod. t. II, p. 919.—V. aussi HEFFTER,
Droit international, trad. de M. Bergson, p. 390. FŒLIX, Droit international privé, et les ouvrages cités au §. 54. [A. O.]

tion. Ils le sont également des impôts *indirects*, de la douane, de l'accise et des autres droits de consommation, à l'égard des objets qui leur viennent immédiatement de l'étranger, et qui sont destinés pour leur usage et pour celui des personnes de leur suite (*a*). Cette immunité ne s'étend point sur ce qu'ils achètent dans l'intérieur, lorsque l'impôt est compris par les vendeurs dans le prix de l'objet (*b*). Dans le territoire d'une *tierce* puissance, le ministre ne peut point prétendre à cette prérogative, si ce n'est en vertu de traités ; cependant elle est quelquefois accordée par pure complaisance (*c*).

§ 206. — Continuation.

Du reste, les ministres ne sauraient prétendre à être exemptés des impôts qui ont le caractère d'une rémunération, soit à l'État, due soit à des particuliers ou à des communes, pour des dépenses faites en vue d'objets ou d'établissements d'intérêt individuel à l'usage desquels ils participent, tels que les péages, les ports de lettres, etc. (*a*). Ils ne peuvent demander non plus une immunité des *impôts réels*, p. e. de la contribution foncière, s'ils possèdent des biens-fonds ; des *patentes* pour l'exercice d'un commerce (*b*) ou d'un métier, des *contributions communales* et de celles que prélèvent les corporations, lorsqu'ils sont membres d'une corpo-

(*a*) Même des marchandises *prohibées* peuvent être importées par un ministre, pour son propre usage, à moins qu'on n'ait stipulé le contraire lors de sa réception.

(*b*) Voyez F.-C v. Moser von der Zoll-und Accisfreiheit der Gesandten, dans ses kleinen Schriften, t. VII, p. 1-166. v Romfr, p. 346 ff Callières, ch. ix. v. Pacassi, viii, 267 ff v. Ompteda's Lit., § 257. v. Kamptz neue Lit., § 2J2.

(*c*) F.-C Moser's kleine Schriften, t. VII, p. 43.

(*a*) Moser's Versuch, IV, 145.

(*b*) J.-C.-W v Stech von einen Gesandten der Handlung treibt, dans ses Ausführungen polit. u. rechtl. Materien (1776), p. 197-202. Vattel, l, IV, ch. vii, § 105, 113, 111. Binkershoek De foro legatorum, c. xiv,

ration ou d'une commune. Des priviléges plus étendus que
ceux qui dérivent du droit des gens naturel, sont quelquefois accordés aux ministres, soit par complaisance, soit
conformément à des traités. D'autre part, il y a des États où
ces mêmes priviléges sont *limités*, ou même *éludés* quelquefois, s'ils ne sont entiérement *abolis*, par une espèce d'*équivalent* (c) que l'on fait payer au ministre. Lorsqu'il est douteux qu'un certain impôt puisse être exigé, ou qu'il pourrait être préjudiciable d'en reconnaître l'obligation, c'est
un bon expédient, pour éviter toute contestation, que d'offrir de son propre mouvement une somme quelconque, p. e.
pour les caisses des pauvres, pour l'entretien des lanternes, etc. Tout ceci s'applique de même aux ministres
qui ne font que passer par le territoire, supposé toutefois
que l'exterritorialité leur y soit accordée (d). Un ministre n'est
pas tenu à permettre la visite des effets à lui appartenant,
du moins dans son hôtel, ni même ailleurs, à moins qu'il
ne lui soit pas permis d'importer franches de douanes et
d'accise, des marchandises prohibées ou non prohibées, destinées à son usage (e)

(c) F.-C. v. Mosers kleine Schriften, t. VII, p. 5, 10, 17, 34. Moser's
Beyträge, IV, 197. v. Pacassi, p 267 ff. De Martens Recueil, IV, 516.
— Il est des États où le gouvernement fait payer a chaque ministre étran
ger y résidant, à proportion de son rang, une somme déterminée, soit une
fois pour toutes, soit par an, à titre d'indemnité de son immunité des
douanes et accises. Autrefois on en usait ainsi à Madrid et à Gênes, ainsi
qu'à Vienne. Un arrêté du roi d'Espagne, du mois d'octobre 1814, accorde un délai de six mois aux ministres étrangers, pour importer leurs
effets francs d'impots. En Russie, une note datée du mois de février 1817,
et adressée par le ministre des finances aux ministres étrangers résidants
à Saint-Pétersbourg, contient des dispositions analogues. Journal de Francfort, 1817, n° 63. — Sur les abus, voyez F.-C. v. Moser, même livre,
p. 10.

(d) F.-C. v. Moser, même livre, p. 8.

(e) F.-C. v. Moser, l. c., § 12-17, p 14 et suiv. Moser's Versuch, IV,
303. — Les hôtels des ministres sont *exempts du logement des gens de
guerre* ; cependant, s'ils ne sont que loués, les propriétaires sont tenus

§ 207. — *b.* Franchise de l'hôtel.

Une autre suite de l'exterritorialité des ministres est la *franchise de l'hôtel* (l'indépendance ou l'immunité de l'hôtel (*jus franchisiæ s. franchitiarum*). On entend par là l'indépendance des hôtels d'ambassade de la souveraineté du pays, à l'exception peut-être des droits de contribution et de juridiction foncières (a). Aujourd'hui cette franchise est généralement reconnue en Europe. — Il en est autrement de son extension à toutes les maisons du même arrondissement ou quartier de la ville auxquelles les ministres faisaient apposer autrefois les armes de leurs souverains. Cette *franchise des quartiers* (*jus quarteriorum*, *Quartier-Freiheit*) était reconnue dans plusieurs États, notamment à Rome, à Venise, à Madrid, ainsi qu'à Francfort-sur-le-Mein, durant

d'en faire compensation, ou de loger autre part les soldats, là où ce logement est une charge réelle.

(a) Presbeuta de jure legationum stat. imp. § 110. Wicquefort, t. I, sect. XXVIII, p. 414. Réal, Science du gouvernement, t. V, sect. VII. Christian Thomasius de jure asyli legatorum aedibus competente (Lips. 1687. 4. rec. Lips. 1718. et Hal. 1714 et 1730. 4. et dans ses Dissert. Lipsiens. p. 1103), § 14 sqq. Vattel, liv. IV, ch. ix, § 117. Moser's Versuch, IV 310. ff 313 ff. v. Römer, p. 375 ff. —Sur la visite de l'hôtel d'un ministre, voyez Moser's Versuch, IV. 303 ff., et sur celle de ses équipages, (ainsi que de ses gondoles autrefois à Venise), voy. Vattel, § 119. F. C. v. Moser's kleine Schriften, VII. 147. Moser's Beytrage, IV 152. — A Paris, en 1749, le gouvernement offrit de rendre satisfaction à un ministre de ce qu'on avait fait la visite de son hôtel. Mercure hist. et polit. 1749, I. 661. De même à Saint-Pétersbourg, en 1752. Moser's Versuch, IV. 324 Sur la satisfaction donnée à Londres, en 1764, au ministre de France, a cause de l'arrestation de son écuyer dans l'hôtel même du ministre, voyez Moser's Versuch, IV. 324 ff.— Sur des scènes tumultuaires dans des hôtels de légation: à Madrid en 1597, voy Roth's Archiv fur das Volkerr., Heft I, p. 76; à Constantinople, de 1763 jusqu'en 1777, voy. Moser's Beytrage, IV. 212 ff.; à Rome en 1797, voy Büsch Welthandel, p. 800, à Vienne en 1798, voy. Politisches Journal, April, 1798. V. aussi Ch. de Martens, Causes célèbres du droit des gens. — Quelquefois un ministre fait établir, dans son hôtel, une imprimerie à lui. Voy. § 110; note *g.*

l'assemblée pour l'élection et le couronnement de l'empereur ; mais elle n'est plus admise aujourd'hui (b).

§ 208. — Sa différence du droit d'asile.

Il faut se garder de confondre la franchise de l'hôtel avec le *droit d'asile* des ministres publics, c'est-à-dire le droit d'accorder protection contre la police ou la justice du pays à des personnes non appartenantes à leur suite qui, étant prévenues de crimes, se sont réfugiées dans leur hôtel (a). Ce droit, dont on a souvent abusé en faveur des criminels, est presque généralement aboli en Europe, à cette modification près, que les ministres doivent être préalablement requis, dans les formes, d'opérer l'extradition du réfugié (b). Les autorités du pays sont en droit, non-seulement

(b) Sur l'histoire de cette franchise des quartiers à Rome, et sur son abolition, voyez Réal, t V, sect. VII. Uhlich, Les droits des ambassadeurs, p. 138. Büsch Welthandel, p. 227. v. Ompteda's Literatur, II, 574. La bulle donnée à ce sujet, en 1687, par le pape Innocent XI, se trouve dans Schmauss C. J. G. I 1069. — Abolition de cette franchise en Espagne, en 1594, et par une ordonnance de 1684.

(a) Des écrits sur le droit d'asile sont indiqués dans Pütter's Literatur des t. Staatsr., t. III, § 1288, et dans ma Neue Literatur des t. Staatsr., p 413 — Voyez aussi J Th B. Hellfrecht von den Asylen. Hof. 1801. 4. Pfeffinger Vitriar. illustr , III, 1254-1271. Moser's Staatsrecht, V. 286, et son traité intitulé : Von Gnadensachen, p. 84. Jac. Ge. Rutger's van Boezeluer Diss. quatenus legatorum ædes jure asyli gaudeant. Lugd Bat., 1754. 4 Ol. Toerne, præs. Jn. Upwarck Diss de franchisia quarteriorum s jure asyli apud legatos. Upsal., 1706. 8. C.-G Roessig Diss. de jure asyli legatorum secundum jus gentium absolutum dubio Lips., 1737. 4. (Voy. ma Juristische Bibliothek, XV, 299.) — Quelques auteurs prétendent que le droit d'asile des ministres publics est fondé sur le droit des gens naturel Kulpis Tr. de legat stat , c. xx, § 11. Réal, Science du gouvernement, t. V, sect. VIII Mais voyez Grotius, lib. II, c. xviii, § 8, c. xxi, § 5 Thomasius Diss. cit § 20 sqq Bynkershoek De foro legatorum, cap xxi Roessig Diss. cit., § 3 sqq Vattel, liv. XIV, ch ix, § 118 v. Martens, Précis, § 220.

(b) Conférez v Martens Erzählungen. t. I, n. 9 — La plupart des auteurs soutiennent que les autorités du pays sont en droit d'entourer de

de prendre au dehors les mesures convenables pour empêcher que le criminel ne s'échappe de l'hôtel du ministre,
mais même, au cas où celui-ci en aurait refusé l'extradition
dûment demandée, de l'en faire enlever, même de force (c).
De même qu'un souverain ne pourrait soustraire un ministre étranger, prévenu de crime, aux poursuites de la
justice du pays de ce ministre, sous le prétexte qu'il séjourne dans ses États, de même l'hôtel du ministre ne
peut offrir un asile à des criminels poursuivis par la police ou la justice de leur État, dont la compétence à cet
égard ne peut être révoquée en doute. Dans l'un et l'au-

---

gardes l'hôtel du ministre dans lequel un criminel se serait réfugié, mais
non pas d'y faire entrer la force armée ; qu'elles sont plutôt obligées
de solliciter, par l'entremise du département des relations extérieures, l'extradition du réfugié, d'abord auprès du ministre, et ensuite, sur son refus,
auprès de son souverain. Consultez là-dessus PACASSI, p 255. RÖSSIG (dans la
Dissertation ci-dessus mentionnée, § 9 sqq) pose en principe que les autorités
peuvent demander l'extradition du criminel directement par des huissiers ;
ensuite, sur le refus du ministre, procéder sur-le-champ à la visite de
l'hôtel, et y saisir le prévenu, en ménageant toutefois, autant que possible, le ministre et les personnes de sa suite. — Sur les ordonnances du
Portugal, de 1748, contre ce droit d'asile, voyez MOSER's Beytrage, IV,
209. Sur la Suède, le Danemark, Venise, voy Mercure hist et polit.,
1748, 1, 53. 203. LAMBERTY, t. II, p. 185, Mercure hist. et polit., 1745,
I, 519. Comparez aussi PACASSI, p. 262. Au mois de septembre 1815, le
cardinal secrétaire d'État déclara, d'après les ordres du pape, que le droit
d'asile accordé jusqu'alors aux ministres étrangers résidants à Rome, devait se borner, à l'avenir, à leurs hôtels et à des délits purement correc-
tionnels.

(c) Voyez des exemples de pareils enlèvements de force : du duc de
Ripperda, en 1726, à Madrid, dans les Mémoires de MONTGON, t. I,
n. XI, XII, XIII v. PACASSI, p 269 f. ; a Venise, en 1745 et 1769, dans
MOSER's Versuch, IV. 299 ff., et de 1770, dans MOSER's Beytrage, IV,
212 f. ; de Londres, dans v HERTLEIN über die wesentl Rechte der Majestat (Wirzb., 1767. 8), p. 294. — Sur un enlèvement du carrosse d'un
ministre, voy. VATTEL, liv. IV, ch. IX, § 119. — Scenes à Rome en 1749,
et à Stockolm en 1748, MOSER's Beytrage, IV, 265 ff., ainsi qu'à Copenhague, en 1789, Nouvelles extraordinaires, 1789, n° 26 et 27. Supplém. — V. CH. DE MARTENS, Causes célèbres du droit des gens.

tre cas, on attenterait à l'indépendance des nations.

§ 209. — c. Exemption des lois, de la police, et de la juridiction
civile du pays.

C'est encore en vertu de leur exterritorialité que les ministres publics ne sont *point sujets* aux *lois*, à la *juridiction*,
ni a la *police* du pays dans lequel ils sont chargés d'une
mission politique (a). Cependant il est presque généralement reconnu aujourd'hui qu'au moins l'observation de
certains *règlements de police*, surtout de ceux tendant à
maintenir la sûreté publique, doit être considérée comme
une condition tacite de leur réception (b). Leur exemption
de la *juridiction civile*, tant contentieuse que volontaire,
est générale, et leur appartient dans toute l'étendue du
pays, pour eux, pour leur suite (c), et pour leurs effets,
bien entendu en tant qu'ils ne sortent pas de leur caractère
diplomatique (d). Dans les *affaires non contentieuses*, le mi-

(a) Voyez des écrits sur cette matière contestée, dans v. OMPTEDA's
Literatur II, 579 f., et dans v KAMPTZ neuer Lit., § 236 — L'ouvrage le
plus important et le plus étendu, c'est Corn. van BYNKERSHOEK De foro legatorum, tam in causa civili quam criminali, liber singularis. Lugd ,
Bat. 1721. 8. On le trouve aussi dans ses Opuscula edita a Franc. Car.
CONRADI, ainsi que dans ses Opera omnia, t. II. (Lugd., Bat. 1767. fol).,
p. 143-184. Aussi en français, sous ce titre : Traité du juge compétent
des ambassadeurs, traduit du latin de M. BYNKERSHOEK, par Jean BARDEY-
RAC, à la Haye. 1723. 8. édit. 2, 1727. 8; et dans différentes éditions de
l'ouvrage de WICQUEFORT, intitulé : L'ambassadeur, etc. Une nouvelle traduction française a paru à la Haye. 1783. 4. Jo. AMBROSIUS De judice
competente legatorum eorumque comitum. Viennæ 1774. 8. RÉAL Science
du gouvernement, t. V, sect. IX. v. MERLIN Repert., t. VIII, p. 259 s.
MARTENS Erzahlungen, t. I, n. 3. — Un résumé des différentes opinions
se trouve dans le traité de BYNKERSHOEK, c. XXIV, et dans v. ROMER's
Grundsatze uber die Gesandtschaften, p. 313.

(b) Comparez MOSER's Versuch, IV, 331. Sur les disputes qui ont eu
lieu entre des ministres et des autorités de police locales, voy MOSER's
Beytrage, IV, 159 ff., 248 ff

(c) BYNKERSHOEK, c. XV

(d) Ad. Ignat. TURINI Diss. de illibata exemptione legatorum a jurisdic-

nistre peut se servir des autorités et des notaires du pays,
autant que dans cette espèce d'affaires l'autorité ou le no-
taire sont uniquement au choix des particuliers, p. e, pour
authentiquer une copie ou déclaration, pour déposer un testament (e) ou quelqu'autre acte. Mais dès qu'un pareil choix
n'a pas lieu, et que l'affaire est exclusivement du ressort
d'une certaine autorité constituée, cette autorité est incom-
pétente à l'égard du ministre et des personnes de sa suite, en
tant que l'un et les autres ne figurent qu'en qualité de membres de la légation, notamment s'il s'agit, en cas de décès,
de l'apposition de scellés, de la confection de l'inventaire,
du partage de la succession, de la constitution des tuteurs.
Dans ces cas, les scellés doivent plutôt être apposés par le
secrétaire de la légation, ou par un autre ministre ou fonctionnaire public de la même cour, et, à leur défaut, par la
légation d'une cour amie qui y est autorisée en vertu d'une
réquisition ou d'une convention. Ce n'est qu'en dernier lieu
que l'autorité judiciaire du pays a droit de s'en mêler, toujours s'en prendre inspection des papiers relatifs à la mission du ministre (f).

§ 210. — Continuation.

D'après ce qui précède (§ 209), le ministre ne saurait se
soustraire à la juridiction civile du pays lorsque l'objet

tione loci, ubi resident, in causis civilibus. Erford, 1772. 4. Un ministre
est obligé de subir une reconvention comme tout autre. L. 22, Dig. de
judiciis, MERLIN l. c.

(e) C. WILDOVOGEL Diss. de testamento legati. Jen. 1711. 4. J.-F.
KAYSER Diss. de legato testatore. Giess. 1740. 4.

(f) Car. Frid. PAULI s. resp. Guil. WILD Diss. de obligatione rerum legati ejusque comitatus. Hal. 1751. 4. MOSER's Versuch, IV, 569 ff. Beytrage, IV, 363 ff. v. KAMPTZ neue Lit., p. 268. — Tentative injuste du
pape, à Rome, en 1687; voy. v. ROMERS, p. 428. — Voyez aussi le règlement inséré, depuis 1790, dans les capitulations de l'empereur d'Allemagne, art. 25, § 7, et pour ce qui regarde les ministres des membres de
la Confédération germanique accrédités à la diète, mon Oeffentliches
Recht des teutschen Bundes, § 128

d'une affaire contentieuse est un *immeuble*. Il y est également ment soumis pour les *meubles* qu'il possède dans une qualité autre que celle de ministre étranger, p. e. comme fabricant, commerçant (*a*), propriétaire de biens-fonds, ou qu'il ne fait qu'administrer pour autrui, etc. Enfin, il n'a nul privilége s'il est en même temps fonctionnaire public ou sujet sous d'autres rapports de l'État près duquel il est accrédité (*b*), ou qu'il s'est licitement soumis à sa juridiction ou à celle d'un de ses tribunaux (*c*). Dans tous ces cas, les tribunaux du pays peuvent prononcer contre lui, suivant les lois, des saisies mobilières et immobilières et même la contrainte par corps (*d*) ; lorsque toutefois il n'est pas en cause en sa qualité de ministre d'un État étranger (*e*), et que

(*a*) BYNKERSHOEK, c. XIV. v. STECK's Ausfuhrungen (1776), p. 17. MERLIN, Rép., t. VII, p. 268.

(*b*) BYNKERSHOEK, c. II. F.-E. de PUFENDORF Obss. juris universi, t. IV, obs 100. v. MARTENS Erzahlungen, t I, n. 3. — Un exemple d'un secrétaire de légation hollandais à Cassel, en 1764, est rapporté dans MOSER's Versuch, IV, 329.

(*c*) BYNKERSHOEK, c. XVI, § 15, c. XXII et XXIII. v. RÖMER, p. 328 ff. Comparez aussi C.-F. GLÜCK's Erläuterung der Pandekten, t. II, t. I, § 206. GROLMAN's Theorie des gerichtl. Verfahrens in burgerl Rechtsstreitigkeiten (3. Aufl. 1810), § 49-50 Casp. Matth. MÜLLER Diss. de foro legati contrahentis. Rost. 1704. 4. — Un ministre ne peut renoncer à son indépendance, ni se soumettre à la juridiction du pays où il réside sans l'autorisation de son souverain. BYNKERSHOEK, c. XXIII. VATTEL, liv. IV, ch. VIII.

(*d*) BYNKERSHOEK, c. XXII. MERLIN, l. c. Voyez un exemple ci-dessus indiqué, § 204, note *d*. Voyez d'autres exemples d'arrêts portant prise de corps ou saisie, dans MOSER's Versuch, IV, 120, 139, 422, et dans ses Beytrage, IV, 159, 167.

(*e*) Voyez le § suivant. — Notamment un ministre ne peut être arrêté pour *dettes*, n'importe qu'elles soient contractées avant ou durant sa mission (voy. GROTIUS, lib. II. c. XVIII § 9), pas même pour des dettes assurées par des *lettres de change*. Voyez SCHOTT's jurist. Wochenbl. t. I, p. 173. SCHERER's Handb. des Wechselrechts, t. III, p. 622. PÜTTMANN advers. lib. III, p. 224. RICCIUS exercitatt. jur. camb., Exerc. II. § 11. J. Th. ROTH's Archiv. fur das Volkerrecht. Heft I, p. 93. MERLIN.

ce pouvoir n'est pas interdit aux tribunaux par des lois expresses, comme il y en a des exemples (*f*). — Le droit d'avoir pour l'usage de la légation, une *imprimerie*, doit être regardé comme compris dans l'extcrritorialité du ministre (*g*).

§ 211. — Exemption de la juridiction criminelle.

Lorsqu'un ministre ne se trouve, avec l'État auprès duquel ils est accrédité, dans aucun rapport étranger à son caractère diplomatique, il n'est pas soumis non plus à la *juridiction criminelle* de cet État (*a*); les tribunaux ne peu-

l. c. — Arrestation de l'ambassadeur de Russie à Londres, M. Mantueol, pour des dettes, et satisfaction donnée à cet égard, en 1708, Voy. Voltaire, Histoire de Russie sous Pierre le Grand, t. I, c. xix. Kemmerich von der Unverletzlichkeit der Gesandten, p. 39 ff. — Refus du passe-port a cause des dettes non acquittées. Voy. Moser's Versuch. IV. 543 ff. — (Sur les moyens à employer pour obtenir qu'un ministre public paye les dettes qu'il a contractées dans le pays de sa résidence, v. Heffter, l. c. § 225. — Wheaton (Éléments de droit intern.) analyse une discussion qui eut lieu entre le gouvernement Prussien et celui des États-Unis d'Amérique, à l'occasion d'un droit de gage que le propriétaire de la maison habitée par le ministre des États-Unis à Berlin, voulait exercer sur les meubles du ministre, pour répondre des dégradations faites à cette maison. Le propriétaire dut restituer les meubles).

(*f*) Acte du Parlement britannique, 10 Anne (1711), c. vii. Ordonnance portugaise de 1748. Déclaration du roi de Prusse, du 24 sept 1798, dans la Preuss. Edicten Sammlung für 1798, Num. 73, p. 1760, d'après laquelle des arrêts portant prise de corps ne peuvent être donnés que contre les ministres étrangers qui, sans être accrédités auprès du gouvernement, ne font que passer par le territoire prussien.

(*g*) Moser's Beytrage, IV. 209. Ce droit fut exercé, pendant la guerre de sept ans, à Ratisbonne, par le ministre du roi de Prusse accrédité auprès de la diete de l'Empire. — Au mois de septembre 1815, le cardinal secrétaire d'État déclara, suivant les ordres du pape, que la prérogative des ministres étrangers à Rome d'avoir une imprimerie, comme elle avait été exercée dans l'hotel du ministre d'Espagne, devait cesser.

(*a*) Voyez Binkershoek l. c. cap. 17-19. Casp. Matth. Müller Diss. de foro legati delinquentis. Rost. 1704. 4. Abr. Dan. Clavel a Brenles Diss. de exemtione legatorum a foro criminali ejus ad quem missi sunt.

vent donc valablement intenter contre lui, ni contre les
personnes de sa suite (*b*), aucune procédure ou information
criminelle, ni les mettre en arrestation ou prononcer contre
eux une condamnation quelconque (*c*). Si des délits ont été
commis directement contre des particuliers (*delicta privata*),
le gouvernement du pays peut insister auprès de celui du
ministre pour qu'il soit rappelé (*d*), et ensuite jugé et puni
dans les formes. Au cas où l'on persisterait à refuser son
rappel, on pourrait le faire sortir du pays et le con-
traindre à donner satisfaction privée. Lorsque le ministre
ou quelqu'un de sa suite, s'est permis des attentats contre
la sûreté de l'État où il réside, le gouvernement de cet
État peut s'assurer sur-le-champ de la personne du coupable, et en général prendre toutes les mesures de nécessité
absolue. Le danger passé, il est en droit de demander à
l'État auquel appartient le ministre, que celui-ci soit poursuivi et condamné suivant les lois; en cas de refus, il peut
procéder contre l'offensant comme contre son ennemi, pour
obtenir indemnité et sûreté (*e*) ; car, en général, l'exterrito-

Marb. 1741. 4. v. Ompteda's Literatur, II, 581. v. Kamptz neue Lit., § 238.

(*b*) Bynkershoek, c. xx.

(*c*) Il en est autrement en Angleterre. Procédure criminelle contre le
ministre français à Londres, comte de Guerchy, sur l'accusation du che-
valier d'Éon, pour tentative d'empoisonnement, en 1765. Voyez Moser's
Versuch, IV, 119. Beytrage, IV, 155. Roth's Archiv. für das Volkerrecht.
Heft I, p 71. v. Archenholz, England und Italien Bd. 1, t. II, p. 290 f.
Rössig Diss. de jure asyli legator., p. 6, sq.

(*d*) Voyez un exemple de la cour de Sardaigne, en 1778, dans Moser's
Beytrage, IV, 277.

(*e*) Consultez Grotius lib. II, c. xviii, § 4, n. 5, sq. Callières, ch. ix,
Leyser Spect. 672. G.-S. Treuer's : S'il est permis de faire arrêter un
ambassadeur? Trad. en français, Helmstadt, 1745. 4. Moser's Versuch, IV, 377 Beytrage, IV, 293 Merlin rep. t. VIII, p. 271 s. v. Ompteda's Lit., § 253. v. Kamptz neue Lit., § 228. — Voy. ce qui s'est
passé à Saint-Pétersbourg à l'égard du ministre de la reine de Hongrie,
marquis de Botta d'Andorno, en 1743, dans Moser's Versuch, IV, 382, et
dans ses Beytrage, IV, 304. Adelung's Staatsgeschichte, t. III, Abth. II,

rialité n'est censée être concédée que dans la mesure où elle
s'accorde avec la conservation de l'État et le maintien de la
sûreté publique, auxquelles un État n'est jamais présumé
avoir renoncé; elle ne saurait donc jamais justifier des actes
d'inimitié commises par le ministre ou par quelqu'un des
siens (*f*).

§ 212. — *d.* Juridiction et droit de surveillance du ministre à l'égard
de sa suite.

Les personnes attachées à la *suite* du ministre étant ordinairement comprises dans son exterritorialité (§ 204),
elles sont également exemptes de la *juridiction* ou *surveillance* quelconque du gouvernement du pays (*a*). Pour la

p. 289, t. IV, p. 137, 258; ainsi que par rapport au ministre français
(pas encore légitimé), marquis de la Chétardie, en 1744, dans MOSER's
Versuch, IV, 531, 417. Beytrage, IV, 325, 367 ADELUNG, t. IV, p. 134.
Russische Gunstlinge (Tub 1809. 8), p 187 f.; enfin à Stockholm, à
l'égard du ministre de la Russie, comte de Rasumowsky, en 1788, dans le
Politisch. Journal 2788, p. 795, 817, 880. — Sur les personnes de la
suite du ministre, voy. le § suivant. — Sur l'arrestation d'un ministre
pendant son passage dans le pays, voyez plus haut § 176, note *d.*

(*f*) Avis de Henri IV, dans ROTH's Archiv fur das Volkerrecht, Heft I,
p. 73 f. — Voyez des exemples de délits contre l'État, imputés à des ministres publics, ainsi que de leur arrestation : anciens, dans les ouvrages
précités de WICQUEFORT et de BYNKERSHOEK; plus modernes, tels que
ceux des ministres suédois, de Gyllenbourg à Londres, et de Gortz à
La Haye, en 1717 (VOLTAIRE, Histoire de Pierre le Grand, t. II, ch. VIII,
p. 99. LAMBERTI, Mémoires, t 1. v. OMPTEDA's Lit II, 571, n. 2-6), du
ministre espagnol à Paris, prince de Cellamare, en 1718 (Mémoires de la
régence du duc d'Orléans, II, 158 v OMPTEDA, II, 572, n. 7), du
ministre français, marquis de Monti, à Dantzick en 1733 (FABER's
europ. Staats Canzley, t. LXV, p. 358-616. v. OMPTEDA, II, 572,
n 8-11), du ministre français, maréchal duc de Belle-Isle, qui voulut traverser le pays de Hanovre sans passe-port, 1744 (v. OMPTEDA's Literatur,
II, 573 N. 18. v. KAMPZ neue Lit., p 262, n. 5-8. TREUER, l. c. § 33-44).

(*a*) Ordinairement le souverain n'accorde au ministre qu'une sorte de
juridiction correctionnelle, de pouvoir disciplinaire, sur les personnes de
la suite. Sur cette question souvent controversée, v BYNKERSHOEK De foro

juridiction civile en particulier, tant contentieuse que volontaire, ce principe est presque généralement reconnu en Europe, et même dans une telle étendue que, pourvu que d'ailleurs la juridiction soit conférée au ministre par son gouvernement, non-seulement les personnes de sa suite, mais aussi d'autres sujets de l'État qu'il représente peuvent valablement *tester* par-devant lui, ou déposer leur testament entre ses mains. Le ministre lui-même peut dresser et déposer son testament à la chancellerie de la légation (*b*). Dans l'un et l'autre cas, ce sont, même pour les formes, les lois de son pays qui doivent être observées. Si, dans les tribunaux du pays, on a besoin de la *déposition* d'une personne attachée à sa suite, il est d'usage de le requérir, par l'intermédiaire du département des affaires étrangères, à l'effet soit de faire comparaître devant le tribunal les personnes appelées en témoignage, soit de faire recevoir leur déposition par quelqu'un de la légation, et de la communiquer ensuite en bonne et due forme au requérant (*c*). Le ministre peut délivrer des *passe ports* aux personnes de sa suite, aux sujets de son souverain, et à tout autre qui se

leg., c. xv et xx. Gérard de Rayneval, Institut. du droit de la nature et et des gens, p. 366 s. Brillon, Dictionn. des arrêts, v. ambassadeur. Merlin répert. t VIII, 203 et s Sam. Frid. Willenberg Diss de jurisdictione legati in comites suos. Gedani 1796 4. Jac. Carwon Diss. de jurisdictione in legatos eorumque comites Jen. 1738. 4. Anon. Diss. de judice competente legatorum eorumque comitum. Vienn. 1774. 8. (Comparez Allgemeine deutsche Bibliothek, Bd. XXXI, p 183). Grotius lib. I, c. xviii, § 8. Bynkershoek l. c. cap. xx. Steck von der Gerichtbarkeit der bei dér osmanischen Pforte stehenden Botschafter, Gesandten, Consuln; dans ses Versuchen (1783), p 88-95. — Exemple à Londres en 1764, voyez Moser's Versuch, IV, 324 ff. — Ceci ne doit point s'entendre de ceux qui sont seulement *sous la protection* d'un ministre étranger. Voyez Moser's Beytràge, IV, 290 f. 257 ff.

(*b*) Chr. Wildvogel Diss. de testamento legati. Jen 1711 4. J F Kayser Diss. de legato testatore. Giessæ 1740, 4.

(*c*) De Steck Essais sur divers sujets (1779), p. 36-38

rend dans son pays. Il appose également le *visa* sur des passe-ports qui lui sont présentés à cet effet.

§ 213. — Continuation.

Pour ce qui regarde les *contraventions civiles* ou *de police*, dont seraient prévenues ou coupables des personnes appartenant à la suite d'un ministre étranger, on y applique le plus souvent aussi le principe d'exterritorialité; de manière que le prévenu ou coupable, saisi même hors de l'hôtel du ministre, est remis sans difficulté à la légation, pour être jugé et puni par elle (a) — La même chose a lieu quant à la *juridiction criminelle*, pour tous les délits ou crimes commis, dans l'intérieur de l'hôtel du ministre, par des personnes de sa suite ou contre elles, si le coupable a été saisi dans l'hôtel même, et qu'on n'ait pas besoin par conséquent de recourir à l'extradition(b). Il en est autrement, si le criminel, appartenant à la suite du ministre, a été saisi hors de l'hôtel de légation, n'importe que le délit ou crime ait été commis dans cet hôtel, ou non (c). Dans ce cas s'appliquent, en général, les principes exposés plus haut (§ 64 et suiv.), sur l'extradition des criminels, et la punition des crimes et délits commis en pays étranger (d). Ce-

(a) Voy. MOSER's Versuch, IV, 323. — Les ministres étrangers permettent quelquefois, du moins tacitement, que les autorités locales exercent sur leurs domestiques quelque pouvoir de police, en cas d'infraction aux lois de police, commise hors de l'hôtel de légation. MOSER's Beyträge, IV, 243 ff — Sur les différends entre le ministre et les gens de sa suite, voy. MOSER's Beyträge, IV, 245 et son Versuch, IV, 323. — Combat à coups de poing entre trois ministres français à Saint-Pétersbourg, en 1748. Mercure hist et polit. de 1748, t. I, p. 50.

(b) BYNKERSHOEK l. c. cap. XX. VATTEL, liv. IV, ch. IX. BRILLON l. c. MERLIN, v. Ministre public, sect VI.

(c) Voyez des exemples dans MOSER's Beyträgen, IV, 257. Un exemple mémorable de Constantinople, en 1749, est rapporté dans MOSER's Versuch, IV, 329.

(d) Voyez une disposition particulière à cet égard, dans le traité de paix de Kainardgi de 1774, art. 6. DE MARTENS recueil, IV, 615. — En 1791,

pendant l'extradition est plus facilement accordée, si le criminel appartient, même indépendamment de son service, comme sujet, à l'État dont dépend la légation (e).

§ 214. — Fin.

Du reste, c'est au constituant du ministre à déterminer, si, de quelle manière, et jusqu'à quel point celui-ci doit exercer lui-même la juridiction sur les personnes de sa suite, et dans quels cas il doit renvoyer devant les tribunaux de son pays les causes civiles contentieuses et les

---

un chasseur de la livrée du comte Bruhl, ministre prussien à Munich, s'étant suicidé dans une auberge, on refusa au ministre l'extradition du cadavre, en alléguant qu'il fallait distinguer la suite proprement dite d'avec les autres personnes qui lui étaient attachées, telles que les officiers de la maison et la livrée, et que la juridiction sur celles-ci ne lui appartenait point. Sur cela, le comte quitta la cour sans prendre congé. Voyez Politisch. Journal, Marz 1791. p. 322. En décembre 1812, un chasseur de la livrée du ministre de Bavière à Berlin ayant tué, hors de l'hôtel de la légation, un homme de la livrée du même ministre, et celui-ci ayant fait arrêter le meurtrier dans son hôtel, la cour abandonna l'information et la punition à l'autorité bavaroise, attendu que le criminel n'était pas sujet prussien, et que, pendant son séjour en Prusse, il avait toujours été au service du ministre bavarois; il fut conduit à Munich sous escorte militaire bavaroise, et le tribunal de la ville de Berlin se chargea ensuite de la visite légale du cadavre, et de l'audition des témoins. Gazette de Francfort, 1813, n. 18. Lorsque des gens de service d'un ministre étranger ont commis hors de l'hôtel d'ambassade une contravention ou un crime, le ministre, bien qu'il en ait rigoureusement le droit, peut difficilement refuser l'extradition du délinquant aux autorités du pays sans manquer aux convenances ou sans prendre l'odieux de l'impunité qui, dans ce cas, serait accordée presque toujours à des personnes plus ou moins coupables. MERLIN l. c.

(e) Cette circonstance ne devrait influer en rien. BYNKERSHOEK l. c. cap. xv. Mais on ne devrait pas refuser l'exemption de la juridiction à ceux qui avant leur entrée au service du ministre étranger étaient sujets du souverain auquel ce ministre est envoyé. MERLIN, t. VIII, p. 286. GÉRARD de RAYNEVAL l. c. BARBEYRAC prétend dans son commentaire sur BYNKERSHOEK, que les gens de service indigènes d'un ministre étranger restent soumis aux tribunaux de leur pays.

causes criminelles (*a*). Ordinairement on lui confère un
pouvoir de police limité, et la juridiction civile tant contentieuse que volontaire, quoique les pouvoirs des ministres
de troisième classe soient quelquefois de moindre étendue. En
matière criminelle, l'accusé est assez généralement renvoyé
dans le pays du ministre, afin d'y être jugé dans les formes
prescrites par les lois (*b*).

§ 215. — *e.* Culte domestique.

De l'exterritorialité du ministre public suit enfin le droit
de *culte privé* et *domestique* (*sacra privata s. devotio domes-
tica qualificata*), c'est-à-dire le droit du ministre d'exercer
dans son hôtel le culte de sa religion, pour lui et pour sa
suite, et d'entretenir à cet effet une chapelle de légation
avec les personnes nécessaires au service, tels qu'aumôniers,
sacristains, etc. ; droit qui ne s'étend cependant point au
delà de son hôtel, ni sur des personnes autres que celles
qui appartiennent à la légation (*a*). Les ministres jouissent
de cette prérogative depuis le schisme qui eut lieu dans

(*a*) Voy. Bynkershoek l. c. cap. xv et xx. Moser's Versuch, IV, 322 ff
v. Martens Erzählungen, t. I, n. I, t. II, n. 7, 14 u. 15 v. Ompteda's
Lit., § 255 v. Kamptz neue Lit., § 230. — Grand pouvoir des ministres
turcs Voy. Moser's Beytrage, IV, 256. — Il y a des auteurs qui soutiennent qu'il faut de la part de l'État où le ministre réside, outre l'agrément général de l'exterritorialité de la légation, un consentement spécial
pour l'exercice de la juridiction conférée au ministre par son souverain.
Voy. Adr. Kluit Historiæ federum Belgii federati primæ lineæ t. II, c. x.

(*b*) Il n'y a presque pas d'exemple qu'une peine capitale ait été exécutée
dans l'hôtel d'un ministre, à moins que ce ne fut dans celui d'un ministre
turc. Moser's Beytrage, iv, 256.

(*a*) Just. Henn. Böhmer Diss de privatis legatorum sacris (Hal 1713.
4; rec. ib , 1721 et 1729. 4), cap. ii, § 13 sqq. v. Römer's Grundsätze
uber die Gesandtschaften, p. 363 ff. — Consultez en outre v Ompteda's
Literatur, II, 575. v. Kamptz neue Lit., § 231. Uhlich, Les droits des
ambassadeurs, ch. v, p. 61 et suiv. Moser's Versuch, IV, 155 ff. Beytrage,
IV, 183 ff. C. Thomasius Diss. de jure asyli legatorum ædibus competente,
§ 19.

l'Église chrétienne au xvi⁰ siècle (b); on la leur accorde
du moins s'il n'y a point d'exercice public ni privé de
leur culte dans le lieu de leur résidence (c), ou si un autre
ministre de leur cour n'y entretient pas déjà une chapelle
domestique.

§ 216. — Continuation

Dans la chapelle peuvent être exercés, pour les personnes
de la légation, tous les actes paroissiaux de leur culte (a).
Aujourd'hui on permet même assez souvent, soit en vertu
de traités, soit par connivence, que d'autres personnes, et
même des sujets du pays, viennent y faire leurs dévotions(b);
souvent aussi on laisse subsister la chapelle pendant l'ab-

(b) Partie en vertu de lois, comme en Danemark (1676) et en Suède
(1719 et 1720); partie en vertu de conventions, soit expresses, soit tacites.
Ce dernier cas s'est souvent présenté pour les ministres, et notamment
des consuls résidants dans le territoire de la Porte, et dans celui des
États africains. MOSER's Versuch, IV, 156. — Débats sur le culte domestique réformé, exercé à Cologne par le résident prussien de Diest, en 1708.
Voy. GLAFEY's Völkerrecht, p. 488 ff. RINK's Leben K. Joseph's II, t. II,
p. 461. BŒHMER Diss. cit., c. II, § 18 sqq. UHLICH, dans le livre allégué,
p. 73.

(c) L'empereur Joseph II ayant concédé, à Vienne, aux protestants de la
confession d'Augsbourg le droit de culte privé, il déclara que dès lors le
culte domestique de la même religion ne serait plus permis dans cette capitale aux ministres étrangers. — A Constantinople, la légation de Russie
entretient une chappelle domestique, et, en outre, elle a sous sa protection
une église publique de religion grecque, qu'elle a fait bâtir. Voy. la paix
de Kainardgi, 1774, art. 7 et 14. DE MARTENS Recueil, IV, 615, 621.

(a) Voir MOSER's Versuch, IV, 183 ff. 226 ff. Beyträge, IV, 185, 188. Sur la
chapelle, voy. MOSER's Versuch, IV, 178, 217. — Sur la langue dans laquelle le culte doit se faire, voy. MOSER's Versuch, IV, 181, 221. Alternative conventionnelle à observer dans les deux langues, dans la chapelle
du ministre suédois à Paris; voy. SCHLÖZER's Briefwechsel, t. III, p. 76.
MOSER's Versuch, IV, 222. PACASSI (p. 237 suiv.) soutient que, dans la
chapelle d'un ministre étranger, on ne peut point se servir de la langue
du pays. Mais voyez v. RÖMER, p 365 f.

(b) MOSER's Versuch, IV, 181 ff, 183 ff. 222 ff, et ses Beyträge, IV,
185, 188. BOHMER l. c., cap. II, § 25.

sence temporaire du ministre, et quelquefois même durant
la vacance de la mission, ou dans l'intervalle qui à lieu
entre la mort du souverain constituant et la présentation
des nouvelles lettres de créance (c).

§ 217 — 3° Droits de cérémonial.

Le *droit de cérémonial* des ministres publics s'est successivement formé depuis l'établissement des légations perpétuelles, et depuis les grands congrès de paix de Westphalie,
de Nimègue et de Ryswik, où furent réunis les ministres de
tant d'États si différents en dignité et en puissance. Quelques nombreuses que soient les variétés qui subsistent encore
par suite de la différence du rang des États et des classes
des ministres, ou des traités conclus à cet égard, des usages
reçus, ou enfin des règlements particuliers à différentes
cours (a), il s'est néanmoins établi un certain nombre de principes, et même quelque uniformité, du moins entre plusieurs
États. Le règlement fait au congrès de Vienne (§ 179, stipule expressément que, dans chaque État, il sera déterminé
un mode uniforme pour la réception des employés diplomatiques de chaque classe (§ 202).

§ 218. — Particulièrement *a*. Titre d'excellence.

Le titre d'*Excellence* (a) (anciennement attribué même

(c) Moser's Versuch, IV, 190. F.-C. v. Moser's kleine Schriften, t. II,
p. 306. — C'est une question de savoir si l'*épouse* du ministre, lorsqu'elle
est d'une religion autre que celle de son époux, est en droit d'avoir un
culte domestique particulier? Voy. plus haut, § 191.

(a) Encyclopédie méthodique; Diplomatique, t. I, p. 136 et suiv.
Lünig's Theatr. cerem., I, 772-786. Voy. les écrits indiqués dans v. Ompteda's Lit., § 245, et dans v. Kamptz neuer Lit., § 217

(a) Voy. F.-C. v. Moser's Actenmässige Geschichte der Excellenz-
Titulatur, und der hierüber entstandenen Streitigkeiten; dans ses kleinen
Schriften, t. II, p. 100-558, t. III, p. 1-132. Abhandlung über den Ex-
cellenz Titel; dans König's Select. jur. publ., t. V, p. 353. Repertorium
des Staats und Lehnrechts, v. Excellenz v. Ompteda's Lit., § 244, v.
Kamptz neue Lit., p. 254.

aux empereurs, aux rois, et aux autres princes régnants)
appartient aux ministres de première classe, et leur est
donné en cette qualité, soit dans les communications par
écrit, soit dans la conversation, sinon par le souverain
près duquel ils sont accrédités, du moins par tous les fonctionnaires et particuliers, ainsi que par les ministres
étrangers de tout grade résidants à la même cour (b). Dans
les relations officielles, on ne leur donne que ce titre, fussent-ils princes de naissance (c). Il faut distinguer cette
Excellence diplomatique d'avec celle attachée à différentes
charges de la cour, civiles et militaires, aussi bien que
d'avec celle attribuée autrefois dans les universités ou lycées
à certains docteurs (d). Aujourd'hui les ministres de seconde
classe sont souvent aussi traités d'Excellence, sinon par les
ministres de rang supérieur, du moins par complaisance ou
par politique, même par les ministres d'État du pays où ils
résident (e). Du reste, un ministre ne peut point avoir l'Excellence diplomatique, et cependant jouir de ce titre en
raison d'autres fonctions ou dignités.

§ 219. — b. Rang des ministres : entre eux, en lieu tiers.

Le *rang* des ministres publics à observer *entre eux*, dans
le pays où ils sont accrédités, est régi, 1. pour les ministres

(b) Voy. F.-C. v. MOSER, dans le livre cité, II, 152 ff. 168 ff. MOSER's
Versuch, III, 45, IV, 53, et ses Beyträge, IV, 116. GUTSCHMIDT Diss. cit.,
§ 33.

(c) MOSER's Versuch, IV, 504 ff.

(d) F.-G. v. MOSER, dans le livre allégué, II, 117-151.

(e) J.-J MOSER von der EXCELLENZ der Gesandten vom zweiten Range
1783 8'; et son Versuch, III, 45. Nachtrag zu der Moserischen Abh. von
der Excellenz der Gesandten vom zweiten Range 1784. 4. — En 1807,
le ministre des relations extérieures en France, prince de Bénévent (Talleyrand), traita d'excellence les envoyés de second ordre, et même ceux
des souverains de la Confédération du Rhin qui n'étaient que membres du
collége des princes. Voy. Rheinischer Bund, Heft IX, p. 447. Son successeur n'en usa pas de même. Voy. ibid. XIII, 135.

d'un *même État*, les uns vis-à-vis des autres, par la volonté
et les ordres de leur maître (*a*). II. Pour les ministres de
différents États (*b*), le rang est déterminé, d'abord, 1° par
la *classe* à laquelle ils appartiennent, de manière que d'ordinaire tous les ministres de première classe précèdent tous
ceux de la seconde, et ceux de la seconde tous ceux de la
troisième, sans avoir égard au rang de leurs souverains (*c*);
2° le rang entre les ministres de la *même classe* se règle tantôt sur celui de leurs constituants, pourvu qu'il soit reconnu
par la cour auprès de laquelle les ministres sont accrédités,
tantôt d'après les règlements qui ont pu être arrêtés à ce
sujet par cette cour même (*d*). Dans l'art. 4 du règlement

(*a*) Habituellement, l'ordre dans lequel les différents ministres sont
nommés dans leurs pouvoirs ou lettres de créance, suffit pour déterminer le
rang qu'ils tiennent entre eux. En vertu du principe énoncé au §, un légat
du pape précède un nonce, ainsi qu'un nonce extraordinaire un nonce
ordinaire ; de même, un ambassadeur extraordinaire a le pas sur l'ambassadeur ordinaire envoyé par la même cour (voy. LÜNIG's Theatr. cerem.,
I, 368), bien que tous ces ministres appartiennent à la même classe. Un
souverain envoyant à la même cour plusieurs ministres du *même ordre* et
titre, est en droit de régler lui-même le rang à observer entre eux.
GUTSCHMIDT Diss. cit., § 36, 39.

(*b*) Voy. GUTSCHMIDT Diss. cit., § 20, 22, 26, 30. — Le *titre* dont un
envoyé est revêtu par son souverain, indépendamment de sa mission, p. e.
le titre de ministre d'État, n'est pas pris en considération, lorsqu'il s'agit
de déterminer son rang comme agent diplomatique ; cependant ce titre
peut lui donner le prédicat d'Excellence, quand même il ne l'aurait pas en
sa qualité d'envoyé. Voy. GUTSCHMIDT, § 24. — La *naissance* du ministre n'influe pas non plus sur le rang qui lui est dû en sa qualité diplomatique. MOSER's Versuch, III, 504.

(*c*) Voy. GUTSCHMIDT l. c., § 57. Toutefois, ce principe n'est pas hors
de contestation, dans le cas p. e., où de deux ministres de diverses classes, celui de classe inférieure est envoyé par un État jouissant d'honneurs
royaux, tandis que le souverain de l'autre ne jouit point de ces honneurs.
On a vu des exemples de contestation de ce genre aux congrès de paix de
Wesphalie, de Nimègue, de Ryswik, Voy. aussi Sam. PUFENDORF De rebus gestis Friderici Wilh. elect. brandenb., lib. XVI, § 83 sq.

(*d*) Depuis 1653, il avait été établi dans la capitulation de l'empereur

du congrès de Vienne (§ 179), il est stipulé que les envoyés diplomatiques prendront rang entre eux dans chaque classe,
d'après la date de la notification officielle de leur arrivée;
mais que ce règlement n'apportera aucune innovation relativement aux représentants du pape. D'après la résolution
prise au congrès d'Aix-la-Chapelle, les ministres résidents
prennent rang entre les ministres de 2ᵉ classe et les chargés
d'affaires.

§ 220. — Continuation.

Les règlements des différentes cours décident, p. e. si et
jusqu'à quel point le ministre extraordinaire d'une cour de
rang inférieur doit précéder le ministre ordinaire de la
même classe envoyé par une cour d'un rang supérieur; si et
jusqu'à quel point, en général, les ministres de seconde
classe ont le rang sur ceux de troisième classe; si un envoyé extraordinaire a le pas sur un ministre plénipotentiaire
et celui-ci sur un simple envoyé; si et dans quelles occasions
un résident précède un chargé d'affaires, et ce dernier un
consul revêtu du caractère diplomatique. Le règlement en
question du congrès de Vienne (§ 179) arrête à ce sujet que
les employés diplomatiques en mission extraordinaire n'au-

d'Allemagne (art. 3, § 19 de celle de 1792), qu'à la cour impériale, les
ambassadeurs électoraux auraient le rang immédiatement après les ambassadeurs des rois étrangers régnants, couronnés et reconnus, et avant tous
les ministres des républiques. Jusqu'alors, la république de Venise, surtout, avait réclamé pour ses ministres le rang sur ceux des électeurs Voy.
Vittorio Siri Mercurio, t. V, P. 2. (Casale 1653), p. 311 sq. Moser's
teutsches Staatsrecht, t. XXXIV, p. 167-183. — Les ambassadeurs des
puissances catholiques ont jusqu'ici coutume de céder le rang aux nonces
du pape : il en est autrement des ambassadeurs des souverains protestants.
Voy. Wahl-und Kronungs-Diarium Kaiser Carl's, VII, p. 77. — Lors
qu'un État conteste à un autre le droit d'envoyer des ministres de première classe, mais qu'un tiers État reçoive de ce dernier un ministre de
cette classe, cet État est obligé d'accorder à ce ministre le rang qui lui
est dû en qualité de ministre de première classe. même vis-à-vis des envoyés de l'État contestant.

ront, à ce titre, aucune supériorité de rang, (art. 3), et que
les liens de parenté ou d'alliance de famille entre les cours
ne donneront aucun rang supérieur à leurs employés diplomatiques (art 6) A défaut de règlements de ce genre
reconnus par sa cour, le ministre doit tâcher de maintenir
dans toutes les occassions la dignité et les droits de son gouvernement, autant qu'ils sont fondés sur l'égalité naturelle,
sur des traités ou sur l'état de possession, en faisant toujours en sorte que le progrès de négociations ne soit point
retardé, et qu'il ne soit pas porté atteinte à la politesse et à
la bonne intelligence des cours. (a).

§ 221. — Et en son propre hôtel.

Ce que nous venons de dire doit être entendu du cas où
les ministres se rencontrent en lieu tiers (in loco tertio). En
son *propre hôtel*, tout ministre, recevant des visites de cérémonie, accorde aux ministres de la *même* classe la précédence, et par conséquence aussi la main d'honneur, sans
égard aux rapports de rang qui ont lieu entre leurs souverains (a). Les ministres de *seconde* classe observent cette
politesse aussi envers ceux de troisième ordre, d'autant plus
qu'entre eux, les visites tout à fait solennelles ne sont point
d'usage. Mais les ministres de *première* classe n'accordent,
en leur propre hôtel, aux ministres de second et troisième
ordre, ni la main, ni aucune autre prérogative relative au
rang (b).

(a) L'instruction pour les ministres espagnols à Munster, en 1643, contient des prescriptions très-sages à ce sujet, dans GÆRTNER's westphäl.
Friedens-Canzley, t. II, num 116, p 299. Comparez aussi de CALLIÈRES,
ch. x; WICQUEFORT, t I, sect. XXIV et XXV; ROUSSET, Mémoires sur la
préséance, ch. vii et xxviii.

(a) Quoique jadis l'empereur d'Allemagne lui-même n'accordât pas à sa
cour, la préséance aux électeurs en personne, ses ambassadeurs cédaient
néanmoins le pas, dans leur propre hôtel, aux ambassadeurs électoraux.
GOTSCHMIDT l. c., § 31, note h.

(b) Comparez Vitorio SIRI, dans le livre cité, p. 377; MOSER's Zusätze

§ 222. — Envers des tierces personnes.

Quant aux rapports de rang entre les ministres et des *tierces personnes*, ils sont réglés ou par des traités publics, ou par des règlements du souverain auprès duquel les ministres sont accrédités. Cependant il y a eu très-souvent des contestations à cet égard. Les ministres de première classe prétendent prendre rang immédiatement après les princes de sang impérial ou royal (*a*). Ils demandent la préséance sur tous les princes régnants qui ne sont point d'un rang supérieur ou égal à celui de leur maître (*b*), ainsi que sur les cardinaux, comme tels (*c*). Les ministres de second ordre, et souvent aussi ceux du troisième, font valoir en faveur de leurs prétentions de rang non-seulement leur caractère d'agents politiques, mais aussi les rapports de rang de leurs souverains, particulièrement vis-à-vis du souverain auquel ils sont envoyés; il en est ainsi, surtout des ministres impériaux et royaux accrédités auprès des grands-ducs, ducs ou princes souverains, ou auprès des républiques. Avec tout cela, on en vient rarement, pour de simples disputes de rang, aux expédients indiqués au § 104 et suivants.

§ 223. — *c*. Étiquette, surtout par rapport aux audiences.

La différence du rang des ministres, les traités, les règlements et usages des cours, ont introduit beaucoup de

zu s. teutschen Staatsrecht, I, 344. Wahl-und Kronungs-Diarium K. Carl's, VII, I, 205.

(*a*) Il y a des exemples où des ambassadeurs impériaux et royaux ont prétendu au rang même sur les électeurs et princes en personne. Voy. F.-C. v. Moser's kleine Schriften, t. VII, p. 190 ff.

(*b*) Sur cette question, voyez Wicquefort, t. I, section XX, p. 275. Moser's Teutsche-Staatsrecht, t. XXXIII, p. 455, t. XLIV, p. 458 ff, et ses Zusatze zu seinem teutschen Staatsrecht, t. I, p. 283 ff. Bynkershoek Quæst. jur. publ, lib. II, c. ix, et dans ses Oper. omn., t. II, p. 254.

(*c*) Un bref papal de 1750 décida en faveur des cardinaux. Voir Mercure hist et polit, 1751, I, 382. Voyez des exemples dans Moser's Versuch, IV, 52, et ses Beytrage zu dem Gesandtschaftsr., p. 100.

variété dans l'étiquette diplomatique (a). On reçoit avec
de grands honneurs les ministres de *première classe*, surtout ceux de cérémonie, souvent déjà dans leur voyage,
mais principalement à leur arrivée dans la résidence du
souverain ou dans le lieu du congrès ; quelquefois ils y
font une entrée publique (b). Après avoir dûment notifié
son arrivée au chef du département des relations extérieures, ou à l'un des premiers officiers de la cour, et après
avoir reçu le compliment réciproque d'usage, un ministre
de cette classe est admis à l'*audience* solennelle, quelquefois
publique, du souverain (c), pour lui présenter ses lettres de
créance ; les ministres envoyés à la Porte ou par elle re-
mettent en même temps les présents d'usage dans les relations avec cette puissance (d). Quelquefois aussi le ministre

(a) Voy. les écrits allégués plus haut. § 90 Voy. aussi PHILONENIS :
Some choice observations of Sir John FINET (maître des cérémonies en
Angleterre, sous Jacques Iᵉʳ et Charles Iᵉʳ)... toching the reception and
precedence, the treatment and audience, the puntilios and contests of for
ren Ambassadors in England. Lond., 1656. 8. MOSER's Versuch, III, 235,
IV, 46, et ses Beytrage, III, 228. Sur la cour de Vienne, voy. MOSER's
teutsches Staatsrecht, III, 128.

(b) MOSER's Versuch, III, 237, 251, 260. Beytrage, III, 304, 309. FI-
NET, dans son Traité cité, p. 43, 79 — Depuis l'étrange événement qui
eut lieu à Londres en 1661, les ministres étrangers, résidants à une cour
ou dans un lieu de congrès, vont rarement avec solennité à la rencontre
d'un ministre étranger qui arrive. RÉAL, Science du gouvernement, V,
309. Voyez cependant un exemple à Madrid, en 1785, lors de l'entrée publique de l'ambassadeur portugais, dans les Nouvelles extraord. de 1785,
nº 31. — Sur le voyage du ministre au lieu de sa destination et les honneurs usités en cette occasion, voyez MOSER's Versuch, III, 153 Beytrage,
III, 159.

(c) Comparez plus haut, § 201. MOSER's Versuch, III, 245, 253, IV, 56.
Du même, Beytrage, III, 294, 401, 412. BIELFELD, II, 211 et suiv. Encyclopédie méthodique; Diplomatique, t. I, et Dictionnaire de Jurisprudence, v. *Audience*. Description de l'audience publique que le roi de
France a donnée à Paris, le 24 aout 1814, au duc de Wellington, ambassadeur extraordinaire britannique ; dans le *Moniteur universel* de 1814, nº 237.

(d) MOSER's Beytrage, III, 143 ff.

19

ne demande, ou il ne lui est accordé, à son arrivée, qu'une
audience particulière ou moins solennelle (e), dans les mêmes formes avec lesquelles il y est admis dans la suite et
durant le cours de sa mission. Après une audience solennelle, il se rend ordinairement à l'audience de l'épouse du
souverain, à celle du successeur présomptif au trône, et
quelquefois aussi à celle d'autres princes ou princesses du
sang (f). — Un ministre de *seconde* classe obtient rarement
une audience publique ; il est reçu par le souverain dans
son appartement, étant debout, ordinairement en présence
du ministre du département des affaires étrangères ou d'un
des premiers officiers de la cour. Quant aux ministres de
troisième classe, ou ils ne sont admis à leur arrivée ou a
leur départ qu'à une audience particulière du souverain, ou
ils ne présentent leurs lettres de créance ou de recréance
qu'au chef du département des affaires étrangères, selon les
règles établies par le gouvernement auprès duquel ils sont
envoyés, soit d'une manière générale, soit particulièrement
pour leur cour (g).

§ 224. — Continuation.

Dans le cérémonial usité à l'occasion des audiences solennelles auxquelles un ambassadeur est admis au commencement et à la fin de sa mission (a), on remarque : la pompe
avec laquelle il se rend à la cour et en retourne, les honneurs militaires et de cour qui lui sont rendus, l'appareil
d'État et de cour que le souverain assemble autour de lui,
le discours que l'ambassadeur lui adresse, soit dans la lan-

(e) Moser's Versuch, IV, 59. — Sur les audiences particulières, voyez
ibid., III, 248.

(f) Moser's Beytrage, IV, 408, et ses Beytrage zum Gesandtschaftsrecht,
p. 145. Cérémonial de la cour de Vienne de 1752. Voyez Mercure hist et
polit., 1744, II, 443; 1753, II, 629; 1754, I, 428, II, 455.

(g) v. Martens, Précis, § 206.

(a) Voyez Finet, livre cité, p. 13, 47, 63, 67, 69, 73, 250.

gue publique de son pays, soit en français (§ 113 et suiv.),
et la réponse qu'il reçoit, la présentation de ses lettres de
créance, le droit qu'il a de se couvrir en présence du souverain qui a aussi le chapeau sur la tête (*b*), etc. Il appartient
à ces honneurs : que l'ambassadeur soit conduit et recon-
duit dans un carrosse de gala de la cour attelé de six chevaux, accompagné d'officiers et laquais de la cour, et suivi
de plusieurs de ses propres carrosses attelés de même ;
qu'on fasse battre aux champs lorsqu'il s'approche du
corps de garde, que les eaux des jardins jouent, que son
carrosse entre dans l'intérieur du château ou dans la cour
intérieure (l'entrée du Louvre), ou qu'il descende au grand
portail du palais, qu'il soit solennellement reçu par des
officiers de la cour (*c*), qu'il monte par le grand escalier
(escalier des ambassadeurs), et soit introduit dans la grande
salle d'audience, les deux battants ouverts, où le souverain
l'attend, debout ou assis, sous un dais, entouré de ses ministres d'État et de sa cour ; qu'accompagné de quelques
personnes de sa suite, il s'approche du souverain en faisant
trois révérences ; qu'alors le souverain le salue en se décou-
vrant et l'invite par signe à se couvrir, etc. Il n'arrive plus
que très-rarement aujourd'hui que les autres ministres

(*b*) Moser's Versuch, IV, 53. Roth's Archiv. fur das Volkerrecht.
Heft. I, p. 91 ff. — Dans les audiences du pape, les ambassadeurs ne se
couvrent point. Avec une impératrice ou reine, ils font seulement semblant
de vouloir se couvrir, sans cependant le faire. Roth, p 92. Siebenkes
neues jurist. Magazin, t. I, p. 392. Voyez cependant Finet, p. 231.

(*c*) Dans quelques cours, il y a un introducteur des ambassadeurs; dans
d'autres, les fonctions de ce dignitaire sont du ressort du grand-maître des
cérémonies, du grand-chambellan, etc. En Chine, il y a un mandarin-
introducteur. Voy. Encyclopédie méthod., Diplomatique, t III, p. 67. A
Coustantinople, on donne aux ministres du premier et second ordre,
lorqu'ils sont introduits à l'audience du grand-seigneur, pour marque
d'honneur, le *caftan*. espèce d'habit de cérémonie que portent les principaux officiers turcs. Voy. Lunig's Theatr. cerem., I. 1715. Bielfeld, II,
212.

étrangers accompagnent l'ambassadeur dans cette première audience.

§ 225. — Solennités publiques, honneurs militaires, et autres distinctions.

Dans les *solennités publiques d'État*, telles qu'un couronnement, une prestation d'hommage, une entrée publique, les funérailles du souverain ou de quelqu'un de sa famille, etc., il est toujours réservé une place distinguée au corps diplomatique. A la cour, les ministres étrangers sont admis (a), et souvent avec des honneurs particuliers, non-seulement dans les assemblées ordinaires, mais aussi dans les festins et *grands* galas. Les différentes prérogatives dont ils jouissent dans leurs *conférences* avec des fonctionnaires publics du pays, ainsi que dans les *congrès*, sont réglées d'après les rapports réciproques entre les États respectifs et suivant le rang des ministres. Il en est de même des *honneurs militaires*, pour lesquels on a ordinairement des règlements exprès, notamment sur l'établissement d'une garde d'honneur devant l'hôtel d'un ambassadeur (b). Les ambassadeurs ont le droit d'aller à six chevaux (c) et de les décorer de *fiocchi* (d), ainsi que d'avoir un dais dans leur

(a) En 1776, les résidents furent déclarés, à Vienne, capables de paraitre dans l'appartement de l'empereur (*appartement-fähig*). MOSER's Beytrage, IV, 498. A Madrid, les chargés d'affaires sont présentés au roi, depuis 1783. A la cour de l'empereur Napoléon, on admettait, non-seulement les ministres de toute classe, mais aussi les secrétaires de légation. — Voyez, sur une dispute entre la Russie et la Prusse, qui eut lieu par rapport à une question de cette nature, en 1750, ADELUNG's Staatsgeschichte, t. VII, p. 136.

(b) F.-C. v. MOSER von den militärischen Ehrenbezeugungen der Gesandten; dans ses kleinen Schriften, VI, 347.

(c) J.-J. MOSER von dem Recht und der Gewohnheit mit sechs Pferden zu fahren, dans ses Abhandlungen verschiedener Rechtsmaterien, st I, § 126-138. Ordonnance portugaise de 1752, dans MOSER's Beytrage, IV, 117.

(d) Voyez MOSER's Versuch, IV, 54. F.-C. v. MOSER's Hofrecht, t. II, p. 328, Beylagen, p. 28.

salle de cérémonie (e). Ordinairement les ministres reçoivent des présents à leur départ, et quelquefois aussi à leur arrivée (f).

§ 226. — d. Visites de cérémonie.

Outre les visites particulières (a), un ministre doit faire et recevoir des *visites de cerémonie* (b). Ces visites sont rendues dans un ordre réglé tant par la classe à laquelle appartient le ministre, que par le rang de son gouvernement, et même par l'étiquette du lieu. Il en dérive souvent des difficultés, d'autant plus que ce n'est qu'après toutes ces visites rendues et reçues à la satisfaction des uns et des autres, ou qu'après qu'on s'est accordé sur un expédient (c) à ce sujet, que les ministres étrangers, résidants en un même endroit, se reconnaissent mutuellement en leur qualité diplomatique. Du reste, les visites de cérémonie n'ont lieu qu'après que le nouveau arrivé s'est dûment légitimé, par rapport à sa mission.

§ 227. — Continuation.

Les *ambassadeurs* font d'abord notifier, par un secrétaire de légation ou par un gentilhomme d'ambassade, leur arrivée aux autres ambassadeurs précédemment accrédités. Ensuite ils attendent que ces derniers leur aient fait la pre-

(e) MOSER's Beytrage, IV, 116.

(f) Mémoires et négociations du chev. d'ÉON, p. 96 MOSER's Versuch, IV, 551 Du même, Beytrage, IV, 151, 432-450. — Quelquefois on donne aussi des présents à l'épouse du ministre et au secrétaire de légation. MOSER's Beytrage, IV, 180, 227, 450, 151. — Il y a des gouvernements qui ne permettent point à leurs ministres d'accepter de pareils présents, sans leur consentement exprès. MOSER's Beytrage, IV, 482. KLUIT primæ lineæ hist. federum Belgii federati, II, 570.

(a) MOSER's Versuch, III, 240.

(b) MOSER's Versuch, III, 256 ff.

(c) Au congrès de Ryswik, l'on convint, à l'unanimité, que l'on s'abstiendrait de toute notification de l'arrivée des ministres, ainsi que toute visite de cérémonie. Voy. Actes de la paix de Ryswik, t. I, p. 19.

mière visite de cérémonie (a), qu'il rendent immédiatement après (b). Ils exigent aussi la première visite de la part des ministres de seconde et de troisième classe, sans cependant leur faire notifier leur arrivée aussi formellement qu'aux ambassadeurs, et ordinairement ils prétendent même à ce que ces ministres se fassent donner à cet effet leur heure, pendant qu'eux-mêmes ne leur rendent la visite que par carte ou billet. — Les ministres de *seconde* et *troisième* classe, au contraire, font la première visite à tous les ministres indistinctement, qu'ils trouvent légitimés à leur arrivée, avec cette différence seulement, qu'ils se rendent auprès des ambassadeurs en personne, et après s'être fait fixer une heure, tandis qu'ils laissent aux autres ministres des cartes, toutefois en se rendant en carrosse devant leurs hôtels, et qu'ils leur font la visite à l'heure de leur convenance. — Les mêmes principes règlent le rang et l'étiquette à observer, entre les ministres, dans les *repas* et *assemblées* de cé-

---

(a) Voy. FINET, p. 260 suiv. WICQUEFORT, t. I, sect. XXXI. CALLIÈRES, ch. x. GUTSCHMIDT, Diss. cit § 34. — Des ambassadeurs royaux, surtout ceux de France, ont refusé dans plusieurs occasions de rendre la première visite aux ambassadeurs des républiques postérieurement arrivés, notamment à ceux de la Confédération suisse. Voy WICQUEFORT, t. I, p. 286, 292. CALLIÈRES, ch. x. — Dans les assemblées pour l'élection et le couronnement des empereurs d'Allemagne, les ambassadeurs des électeurs se regardaient comme domiciliés dans le lieu du congrès, et attendaient en conséquence la première visite d'étiquette de tous les ambassadeurs étrangers, même de ceux qui étaient arrivés après eux. Voy Conclusum du collége électoral, daté du 7 sept. 1745, § 10. — Il est des cours qui exigent que même les ambassadeurs rendent la première visite à leur ministre du département des affaires étrangères, MOSER's Versuch, III, 557. — Sur le cas où un ministre étranger se trouve absent lors de l'arrivée d'un ambassadeur, et ne revient que quelque temps après, voy. les Mémoires du comte d'ESTRADES, t. I, p. 110 et 162, édit. de Bruxelles.

(b) L'ordre dans lequel un ambassadeur doit rendre la visite d'étiquette aux autres ambassadeurs, a quelquefois donné lieu à des contestations. Ordinairement, on rend les visites dans l'ordre où on les a reçues.

rémonie, soit chez eux, soit chez des personnes en place ou chez des particuliers.

§ 228. — Fin des missions politiques.

Les fonctions du ministre public sont interrompues et *cessent,* 1° s'il y a eu un terme fixé pour la durée de la mission, lors de l'expiration de ce terme : comme p. e., si une mission est constituée *ad interim,* à l'arrivée ou au retour du ministre ordinaire (*a*) ; 2° lorsque les affaires ou négociations qui forment le but de la mission sont terminées, qnand ces affaires n'avaient d'après leur nature qu'un objet passager, p. e. dans des missions de cérémonie, dans des négociations de paix, lors de l'élection ou du couronnement d'un souverain, etc ; 3° par le rappel du ministre ; 4° par son décès ; 5° par la mort, soit physique, soit morale (*b*), de son constituant, ou 6° du souverain auprès duquel il était accrédité (*c*) ; 7° lorsque le ministre a donné sa démission

(*a*) En ce cas, il ne faut point de lettres de rappel pour le ministre nommé *ad interim.* Contestation sur ce point à Londres, entre le chevalier d'Eon et le ministre français ordinaire y résidant Voy Lettres, mémoires et négociations du chevalier d'Eon, p. 85. — La république de Venise avait l'usage de ne laisser aucun de ses ministres plus de trois ans dans le même lieu Moser s Beytrage, IV, 367.

(*b*) P. e. si l'un des deux États est dissous, ou s'il perd sa souveraineté ; de même en cas d'abdication, volontaire ou forcée, de l'un des deux souverains, etc.

(*c*) L'usage reçu en Europe exige que le ministre présente de nouveaux pouvoirs après le décès de son souverain, ou de celui auprès duquel il était accrédité. Voyez Pfolet, p. 115. Lamberty Mémoires, I, 241. Lünich litteræ procerum Europæ, t. III, p. 770, 784. Comparez aussi Pacassi, p. 301, et Römer, p. 419 f. Suivant le droit des gens naturel, les pouvoirs d'un ministre sont envisagés comme donnés et acceptés par la personne morale du gouvernement des États respectifs ; en conséquence, ils ne devraient point cesser d'être efficaces lors du décès de la personne physique du gouvernant. — Lorsque le souverain constituant ou recevant le ministre est une personne morale, la mission n'est point regardée comme terminée si les individus composant cette personne morale du gouvernement sont venus à mourir, fut ce même le président ou directeur

(résignation), et qu'elle a été acceptée par son souverain;
8° par la déclaration expresse ou tacite du ministre, portant que sa mission doit être regardée comme terminée,
p. e. pour cause de violation du droit des gens, ou pour
des obstacles importants survenus dans le cours des négociations, etc.; enfin 9° lorsque le ministre est renvoyé par
la cour auprès de laquelle il est accrédité (d). — Il peut
survenir des événements par lesquels les fonctions d'un ministre sont *suspendues* (e); cependant durant cette suspension, son exterritorialité et son inviolabilité ne sont point
interrompues; et même lorsque la mission est terminée,
elles ne cessent qu'après qu'il s'est passé un temps suffisant pour que le ministre ait pu sortir convenablement du
pays (f). — Il peut aussi survenir un *changement* dans la
classe de rang diplomatique du ministre (§ 184).

§ 229. — Particulièrement, rappel du ministre.

Lorsqu'il est *rappelé,* le ministre présente ordinairement
dans une audience, soit publique, soit privée, ses lettres
de rappel, et fait son discours de congé; il reçoit ses lettres
de recréance, des passeports pour lui et les personnes de sa

(d) P. e. parce que la cour est mécontente de la conduite du ministre,
ou de celle de son gouvernement; par voie de rétorsion ou de représailles;
pour cause de guerre imminente ou survenue entre les deux États (§ 203),
d'une révolution, ou d'un changement essentiel dans la constitution des
États respectifs, etc. F. C. v Moser von Ausschaffung der Gesandten,
und was derselben anhängig; dans ses kleinen Schriften, VIII, 81-516,
IX, 1-128. C. H. Breuning Diss. de jure expellendi legatum alterius gentis
liberæ. Lips. 1767, 4 et dans ses Opusc. jur nat., vol II. Bielfeld,
II, 170, § 29. Siebenkees neues jurist. Magazin, I, 400 f. Moser's Versuch, IV, 414. IX, 1, 40, 164. Politisches Journal, 1788, p. 795, 817, 830.
Büsch Welthandel, p. 583 (4 Aug.). Exemple du ministre de la Russie à
Stockholm, en 1808. Voyez de Martens recueil. Supplém. V, 10.

(e) De Bielfeld, II, 179, § 30.

(f) F. C. v Moser, même livre, IX, 187 ff. Bielfeld. II. 180, § 31.
« *Quod in itu cautum, et de reditu censeatur.* » dit Grotius

suite, et quelquefois des présents (a). Il fait et reçoit ensuite
les visites de congé et part (b), quelquefois sous escorte militaire (c). À son audience de congé, il peut aussi présenter
son successeur, ou le ministre ou chargé d'affaires nommé
par intérim, si l'un ou les autres sont déjà sur les lieux.
Si, après avoir reçu ses lettres de recréance, il lui parvient
des ordres de son gouvernement qui lui prescrivent de rester,
il faut ordinairement de nouvelles lettres de créance (d). Il
se peut qu'un ministre se voie, pendant une absence du lieu
de sa résidence, dans le cas d'envoyer ses lettres de rappel
au souverain auprès duquel il est accrédité. Il prend alors
congé par écrit (e) En cas de mésintelligence survenue
entre les États, les ministres reçoivent quelquefois l'ordre
de partir sans présenter de lettres de rappel, sans recevoir
celles de recréance, et sans prendre congé (f).

§ 230 — Et décès du ministre.

Lorqu'un ministre public *vient* à *mourir* dans le pays où
il a résidé, il faut, avant tout, avoir soin d'apposer les scellés
à ses papiers officiels, et aussi s'il en est besoin à ses effets
personnels (§ 209). On lui doit des funérailles convenables, soit que son inhumation se fasse dans le lieu de sa
résidence ordinaire, ou dans celui de son décès, ou en un
autre lieu lorsque peut-être il n'y a pas d'exercice public de
son culte dans les deux autres endroits (a) Quelquefois le

(a) Moser's Versuch. IV, 453-542. De même, Beytrage, IV, 394, 396,
429, 451 ff. 175.

. (b) Moser's Versuch. IV, 543.

(c) Moser's Beytrage, IV, 467 ff.

(d) C. A. Beck's Staats Praxis, p. 244.

'e) Moser's Versuch, IV, 533 ff, et ses Beytrage. IV, 392 ff.

(f) Moser's Versuch, IV, 433 fl. Du même, Beytrage, IV, 382 ff. 391,
393, 414. — Sur les missions politiques *durant* la guerre, voy. Moser's
Versuch, IX, 1, 163 ff.

(a) Voyez Moser's Versuch, IV, 569 ff., et ses Beytrage. IV. 361 ff.
Silbenkees neues jurist. Magazin 1 403.

corps est transporté dans les États du souverain du défunt,
et il est exempt alors des droits mortuaires en usage lors
du transport de cadavres (*b*). — La *veuve* du ministre (*c*),
avec les autres *membres de sa famille*, et le reste de sa *suite*,
continuent ordinairement à profiter, jusqu'à leur sortie du
pays des prérogatives dont ils jouissaient du vivant du ministre. Toutefois on peut, si cela devient nécessaire, leur
fixer un terme pour leur départ, lequel passé ils rentrent sous
la dépendance de la souveraineté du pays — L'*inventaire*
des biens de la succession, s'il en faut un, doit être fait par
une légation ou par une autre autorité désignée à cet effet
par le gouvernement du défunt (*d*). La *succession* mobilière,
pour les meubles qui se trouvent dans le pays de la résidence du ministre, est réglée ordinairement par les lois de
son propre pays, et ce mobilier est exempt de tous droits de
succession ainsi que du droit d'aubaine (*e*).

(*b*) MOSER's Versuch, IV, 571 et ses Beytrage, IV, 366.

(*c*) MOSER, wie lang eines Gesandten Witwe sich ihres verstorbenen
Gemahls Gerechtsame zu erfreuen habe; dans ses Abhandlungen verschiedener Rechtsmaterien, St. VI, p 438-444. Du même, Versuch, IV, 571.
LEYSER medit. ad Pandect., Spec. 671, med 5. ENGELBRECHT De foro
viduæ legati , dans ses Obss. select. forens. Spec. IV.

(*d*) V. MARTENS Erzahlungen, t. II, n. 17. — Sur le *testament* d'un
ministre voyez plus haut, § 209

(*e*) BACQUET, du Droit d'aubaine, ch XII, n. 2. Il en est autrement
des immeubles et rentes foncières qu'un ministre possédait à sa mort dans
le pays de sa résidence. MERLIN, Rép. t VIII, p. 255.

SECTION DEUXIÈME.

DROITS DES ETATS DANS L'ÉTAT DE GUERRE.

CHAPITRE PREMIER.

DROIT DE LA GUERRE.

§ 231. — Lésion des droits d'un État.

L'État d'inimitié entre plusieurs nations prend son origine dans la lésion d'un droit quelconque, existante ou à craindre (a). Les droits des États sont lésés de la même manière que les droits des particuliers, ils le sont ou directement ou indirectement; directement, si le préjudice a été porté au corps de l'État; indirectement, s'il l'a été a quelques individus seulement, sujets de l'État, soit par l'autre État dans sa totalité, soit par quelques-uns de ses membres, quand toutefois leur gouvernement a participé d'une manière quelconque à la lésion (b). Nous aurons à

(a) Voy. sur les *prétentions*, v. OMPTEDA's Literatur, II, 603. NEYRON Principes du droit des gens, § 298 et suiv, et ci dessus § 25, note b.

(b) En autorisant p. e. le fait injurieux; de même, quand il a excité celui qui l'a commis, qu'il a retardé ou refusé la réparation demandée, dans les cas surtout où quelques-uns de ses sujets ont pillé le territoire étranger, où ses armateurs ou corps francs ont attaqué une nation non ennemie, où le prince régnant enfin a offensé comme particulier l'autre

déterminer en ce qui concerne le droit résultant de l'état
d'inimitié, les causes qui autorisent une nation à commencer la guerre, les ménagements auxquels elle peut prétendre
durant la guerre même, et les droits et obligations qui résultent de la conclusion de la paix (c).

§ 232. — Défense de ces droits

L'Etat, aussi bien que tout homme isolé et vivant dans
l'état de la nature, a le *droit* de se défendre par des actes de violence proportionnés, contre des lésions existantes
ou à craindre, même jusqu'à se faire réparation des préjudices qu'il aurait essuyés (§ 43). Les violences peuvent être
exercées, ou contre le corps de l'Etat dont provient l'offense, ou, suivant le droit des gens naturel, contre les particuliers ses sujets; ces derniers fussent-ils même personnellement innocents de la lésion, par la seule raison qu'ils
font partie de l'Etat, et que, par conséquent, leur avoir est
censé faire partie, par rapport aux autres Etats, de l'ensemble des biens de leur nation (a). Les nations ne reconnaissent point de supérieur ni de juge ; chacune peut user
de ses forces contre les offenses qu'elle éprouve et par conséquent se faire droit à elle-même (b).

§ 233. — Conditions auxquelles est soumis l'exercice du droit énoncé.

Pour justifier les mesures dont il vient d'être question,
il faut non-seulement qu'il y ait eu lésion véritable d'un

Etat Schrodt Syst. juris gentium p. 49. Jo. Pet de Ludewig, Diss.
de juris gentium lesione. Hal. 1741. 1. Obss. select. Halens. 1. VIII.
obs 6 7.

(c) Voy. Kant's metaphysische Anfangsgrunde der Rechtslehre, p. 216.

(a) Voy. Grotius, lib. III, c. 11 Mais voyez ci-après, § 246, 251 et
suiv., et 256.

(b) Voy. Moser's Versuch, VIII. 480 ff. — Il n'en est point ainsi des
particuliers, ils ont confié l'exercice de tous leurs droits de ce genre à
l'Etat auquel ils appartiennent, cet Etat peut et doit donc seul les défendre contre les ennemis étrangers

droit naturel ou acquis (a), mais il est de plus nécessaire
qu'il n'existe point de moyen de réparation plus facile et
moins violent (b); qu'on ait p. e. démontré en vain le tort
qu'on a souffert, que les représentations et les menaces
soient restées sans effet. — Le but pour lequel la violence
est employée en prescrit les bornes. La réparation obtenue,
elle doit cesser aussitôt. Elle ne peut être exercée au profit
et sur la demande d'un tiers État (c), que lorsqu'on s'est
pleinement convaincu que les droits de cet État sont lésés (d); et même il n'existe d'obligation parfaite de lui porter secours que lorsqu'on s'y est engagé par une stipulation
antérieure (§ 279).

§ 234. — Distinctions.

Un État se fait droit à lui-même : 1° en mettant *arrêt* sur
des capitaux ou sur des choses appartenantes à l'autre État
ou a ses sujets (a), p. e. l'embargo sur des navires; 2° en

(a) Lorsque p. e. les obligations résultantes d'un traité n'ont point été
accomplies, que des vaisseaux ont été pris en mer, sans qu'il y ait eu lésion ou déclaration de guerre préalables. Voyez les Nouvelles extraordinaires. 1778, n° 27.

(b) Lud. Mart. KAHLE Diss. de justis repressaliarum limitibus (Goett.
1746. 4), § 17.

(c) Il en faut distinguer le cas ou, sur la demande d'un particulier, la
propriété d'un étranger qui se trouve dans le territoire de l'État, est
saisie, d'après les lois civiles du pays et par ordre d'un tribunal (*arres-
tum juris*).

(d) Comparez § 42, et § 268 et suiv. Jo. Ge. MARCKART Diss de jure
atque obligatione succurrendi injuria oppressis. Harderov. 1748. 4. Joach.
Ge. DARIES De justo bello pro aliis suscipiendo; dans ses Observat. jur.
nat., socialis et gent. Vol. II. p. 338. *Ejusd.* Diss. de causis belli pro aliis
suscipiendi. Francof ad Viadr. 1769. 4 Cette opinion est rejetée dans
Schott's unparth. Critik, t. I, p. 822, et par VATTEL, liv, II, ch. XVIII,
§ 348. — Les cantons de la Confédération suisse se sont tous engagés les
uns envers les autres, à exercer, le cas échéant, chacun au profit de tous,
des représailles contre les États étrangers.

(a) Mercure hist. et polit. 1753, t. I, p. 217. J. J. MOSER's Versuch
des neuesten europ. Volkerrechts, t. VI, p 441 ff. v. MARTENS Erzäh-

se *ressaisissant* de la propriété ou du droit qui lui a été
ravi; 3º en s'appropriant pour réparation et dédommagement un *objet équivalant*, ou en exerçant une violence pareille à celle qu'il a éprouvée (*b*) (*retorsio facti*); 4º en
usant de *représailles* proprement dites; c'est-à-dire en rete-
nant par force des personnes (*androlepsia*), des droits, ou des
choses (représailles dans un sens encore plus limité) appartenantes à l'État dont provient l'offense, afin d'obliger cet
État à reconnaître le droit contesté, et à faire réparation (*c*) :

lungen, t. 1, page 240 ff. J. G. Busch u. C. D. Ebeling's Handlungs-
Bibliothek, Bd. IV (1801), p. 442 ff. v. Kamptz neue Lit , p. 286 f., num.
17-24.

(*b*) En ne remplissant point p. e. les conditions d'une capitulation, parce
que l'ennemi en a usé ainsi dans un cas pareil. Voy. Vattel, liv. III,
ch. x, § 176. Lamberty Mémoires, V. 163. 164. VI 238-240. Quelques-uns
appellent cette manière de se faire justice *droit du talion*. D'autres en-
tendent par cette dénomination l'appropriation d'un équivalent. Une
troisième théorie enfin comprend ces deux moyens sous le droit du talion.

(*c*) Voy. des écrits dans v. Ompteda's Literatur. II, 609-613, et dans v.
Kamptz neue Lit., § 270. Bynkershoek, Quæst. jur. publ. lib. I, c. xxiv,
dans ses Operib omn. II, 235. Moser's Versuch, VIII, 491, 498. v. Martens Erzählungen, t I, Num. 16. v. Kamptz Beitrage zum Staats und Völkerrecht, t. I, p. 204-206. — Par *représailles* en général, on entend
toute violence (hors la guerre) exercée pour obtenir réparation d'une in
justice qu'on a soufferte. Les représailles sont *négatives*, lorsqu'un État
refuse de remplir une obligation parfaite qu'il a contractée, p e de payer
une rente ou une dette quelconque, de rendre la propriété de l'autre État
qu'il a en main, etc , elles sont *positives*, au contraire, lorsqu'elles consistent à saisir et à retenir des personnes, des choses ou des droits appartenant à l'autre État, p. e. à s'emparer de ses marchandises qui sont ren-
contrées sur notre territoire, à presser, ou enrôler de force ses matelots, etc. A mesure que les représailles augmentent, elles approchent de
l'état de guerre. Vattel, liv. II, ch. xviii, § 343. Burlamaqui, Principes
du droit politique, P. IV, ch. iii, § 31-43, p. 336 et suiv. (v. aussi Martens, Précis avec les notes de Pinheiro Ferreira, éd. Vergé. § 255, 263.
Heffter, Droit intern. § 110. Ortolan, Règles internat. et diplom. de la
mer, liv. II, ch. xvi. Massé, le Droit commercial dans ses rapports avec le
droit des gens. t. I. nº 127. De Cussy, Phases et causes célèbres du droit
maritime des nations).

5° enfin, et à toute extrémité, par la guerre. — La *rétorsion*
d'un droit (*retorsio juris vel legis*) n'est pas comprise dans
les moyens employés pour se faire justice d'une lésion,
quoiqu'elle soit fondée en droit et qu'elle résulte de l'égalité
et l'indépendance des nations (d). Le droit du *talion* est entièrement étranger au droit des gens (e), et les *duels* entre
les nations ou leurs souverains ne sont plus en usage (f).

(d) La *rétorsion* est le refus de reconnaître des droits non parfaits ; elle
ne suppose donc point une offense réelle, ou la lésion d'un droit formel,
elle est au contraire uniquement fondée sur une partialité onéreuse, et le
défaut d'équité de la législation de l'autre État, qui traite défavorablement
les étrangers. La rétorsion serait injuste, si elle ne se fondait que sur une
différence des lois civiles étrangères d'avec les nôtres. Jo. Godofr. BAUER
Diss. de vero fundamento quo inter civitates nititur retorsio juris. Lips.
1740. 4. et dans ses Opusc. t. I, n 9. Vinc. OLDENBURGER Diss. de retorsione jurium. Goett. 1780. 4. Ma préface du traité intitulé : Ueber Erbs-
chaftssteuer. Erl. 1790. 8. SCHRODER elem. jur. nat. et gent. § 1117. Mo-
SER's Versuch, VIII, 485. v. OMPTEDA's Lit., § 287. v. KAMPTZ neue Lit.,
§ 269.

(e) Car une compensation *morale* ne pouvant d'après sa nature avoir
des effets physiques, serait purement du ressort de la morale ; une compensation *juridique* au contraire, ou ne serait qu'identique avec l'autre,
ou resterait toujours un idéal sans effets réels. Comparez Henr. COCCEJI
Diss. de sacrosancto talionis jure. Francof. 1705. 4 et dans ses Exercit.
curios. Vol. II, n. 37 Jo. Ad. de ICKSTADT pr. de arctis juris talionis limitibus in statu hominum gentiumque naturali Wirceb 1733. 4. et dans
ses Opusc. t. I, n. 2 p. 152. Joach. Ge. DARIES Diss. de eo q j. e. circa
legem talionis, tam in foro externo quam in foro poli, Jen. 1737. 4 Jo.
Pet BUCHER diss. I. de jure talionis. Harderov. 1763 Diss. II. Steinf. 1764,
4. E. C. WIELAND uber die natürliche Gleichheit der Menschen, sammt
Anhang vom Wiedervergeltungsrecht. Leipz. 1782. 8. MONTESQUIEU, Esprit
des lois, t. I, liv. VI, ch. XIX, p. 104.

(f) GROTIUS lib II, c. XXIII. § 10. Dissertations « de duellis principum » de Jo. Joach. ZENTGRAV, Viteb. 1668 ; Jo Jac. MÜLLER, Jen.
1702 ; J. G. SCHERZ, Argent. 1707 ; J. C. DITTMAR, Francof. ad Viadr.
1719, et dans ses Dissert. et Exercit. p. 239. sqq.

Parmi les moyens de contrainte le plus souvent employés dans
les temps modernes pour faire céder un adversaire sans lui
déclarer la guerre, figurent au premier rang, l'embargo et ce qu'on

§ 235. — De la guerre et de ses différentes espèces.

Lorsqu'un État oppose, d'une manière quelconque, la force à la force, il se trouve en état de *guerre* dans l'*accep-*

a appelé le *blocus pacifique*. « L'embargo, dit M. HAUTEFEUILLE (Des droits et des devoirs des nations neutres, t. III, p. 427, 2ᵉ éd.), est le fait par un souverain de retenir dans ses ports tous les navires qui s'y trouvent, sujets et amis, et de les empêcher d'en sortir pendant un temps plus ou moins long, mais sans leur imposer aucune mission, sans les forcer à aucun acte. »

Lorsqu'un État a mis l'embargo sur les navires d'une nation avec laquelle il est en contestation, les effets diffèrent suivant que la contestation s'arrange, ou que la rupture éclate. Dans le premier cas, les navires sont restitués, dans le second ils sont sujets à confiscation. Voyez la doctrine du gouvernement anglais sur ce point, dans WHEATON, Eléments de droit intern., t. I, p. 277. Parmi les exemples les plus remarquables d'embargo non suivi de guerre proprement dite, nous citerons celui que l'Angleterre mit le 14 janvier 1801 sur tous les navires danois, suédois et russes qui se trouvaient dans les ports de la Grande-Bretagne, et celui dont la France frappa les bâtiments hollandais le 7 novembre 1832. Dans les deux circonstances les navires furent restitués. — V. KARSEBOOM De navium detentione quæ vulgo dicitur Embargo. Amst. 1840.

Le blocus (§ 297 et suiv.) a été employé pour la première fois comme simple mesure de contrainte, et sans qu'on se dit en guerre avec la puissance dont les ports étaient bloqués, dans la guerre d'indépendance de la Grèce. L'Angleterre, la France et la Russie, pour obliger la Porte à conclure un armistice, bloquèrent toutes les côtes de la Grèce, et notamment la rade de Navarin où se trouvait la flotte turco-égyptienne qui ne tarda pas à être détruite. Depuis lors ces sortes de blocus ont été très-fréquents. Nous citerons notamment celui du Tage en 1831, par la France, de la Nouvelle-Grenade en 1836 par l'Angleterre, du Mexique en 1838 par la France, de Buenos-Ayres par la France, de 1838 à 1840, et par la France et l'Angleterre de 1845 à 1848. Les neutres ont respecté jusqu'ici ces blocus pacifiques. Mais la question de savoir s'ils

tion générale du mot. C'est une *guerre proprement dite* (a),
lorsqu'on n'exclut aucune sorte de violence, et une *guerre des
nations* en particulier (*bellum inter gentes*), si les parties
belligérantes sont des nations. La guerre est *défensive* (*bellum defensivum*) du côté de celui qui ne veut que défendre
ses droits, afin d'obtenir sûreté ou réparation, *offensive* au
contraire (*bellum offensivum*) de la part de celui qui tend à
violer les droits d'un autre. La dénomination reste la même,
que l'un ou que l'autre des belligérants ait commencé les
hostilités; car la guerre n'en est pas moins défensive si une
partie attaque en vertu du droit qu'elle a de prévenir l'autre
(droit de prévention), ce droit étant de pure défense (b); il

y sont obligés en droit est douteuse. V. l'ouvrage cité de HAUTE-
FEUILLE, t. II, p. 272 et suiv.

Consultez sur ces matières et sur les moyens de contrainte qui
n'entraînent pas l'état de guerre : HEFFTER, ouvrage cité § 110 à
112, et KALTENBORN, zur Revision der Lehre von den internationalen
Rechtsmitteln, *Tubinger Zeitschrift*, 1861. [A. O.]

(a) BYNKERSHOEK Definitio belli ejusque explicatio; dans ses Quæst.
jur. publ., lib I, c 1. — Des écrits sur la guerre sont indiqués dans
v. OMPTEDA's Literatur, II, 815 ff C.-O. GRÆBE Oratio de jure belli et
pacis, præsertim imperii. Rinteln 1795. 8. J.-G. FICHTE uber den Begriff
des wahren Kriegs. 1813. 8. J.-N. TETENS Considérations sur les droits
réciproques des puissances belligérantes et des puissances neutres sur
mer, avec les principes de guerre en général Copenhague. 1805. 8. — La
guerre proprement dite peut avoir lieu entre des particuliers (guerre *pri-
vee* qui est défendue dans les territoires des Etats), ou entre des nations
(guerre *publique*, *bellum inter gentes*) ; de plus, entre l'État et des particuliers (guerre *mixte*). La guerre intestine (*bellum intestinum*) peut
être du premier genre, si la constitution de l'État est suspendue (*bellum
civile*), elle appartient au troisième, si elle se fait entre le gouvernement et une partie des citoyens, soit que ceux-ci soient rebelles, et que
le bon droit soit du côté du gouvernement (guerre d'*exécution*), soit
que le contraire arrive. — Voyez des écrits sur le droit de guerre en général, dans v. OMPTEDA's Lit., § 290 f., et dans v. KAMPTZ neue Lit.,
§ 271 f.

(b) Dans ce sens, c'est la justice ou l'injustice de la guerre qui forment
le fondement de la distinction. Quelques savants appliquent les *deux* ex-

peut d'ailleurs y avoir eu déclaration tacite de guerre de l'autre partie. La guerre finalement, se fait ou sur *terre* (guerre continentale), ou sur *mer* (c) (guerre maritime).

§ 236. — Droit de faire la guerre, un droit de majesté.

Le droit de faire la guerre au nom de l'État est un droit de *souveraineté* ou de *majesté* extrinsèque (a). Il ne peut donc être exercé que par le représentant de l'État, et conformément à la constitution de celui-ci. De simples sujets ne peuvent y prétendre d'aucune manière (§ 232, not. *b*). Cependant il peut non-seulement être délégué dans des circonstances particulières à des gouverneurs ou préfets, surtout dans les provinces éloignées ou dans des colonies (*b*), mais le droit de commettre certains actes de violence

pressions à la bonne cause. D'après eux, la guerre *défensive* est celle par laquelle un État résiste à une offense; elle est *offensive*, quand l'État veut recouvrer la possession d'un objet qu'il ne peut obtenir du détenteur illégitime, ou se mettre en sûreté contre un danger imminent. C. L. Scheid Diss. de ratione belli, § 19. Burlamaqui Principes du droit politique, P. IV, ch III, § 1 suiv. p. 322. — Dans la conversation, au contraire, on attribue habituellement l'offensive à celui qui a fait la déclaration de guerre, ou qui a pris le premier les armes; la défensive à celui qui a été attaqué le premier. Burlamaqui l. c., § 5. Ordinairement, aucune des parties belligérantes ne veut passer pour agresseur. Voyez Moser's Beytrage zu dem neuesten europ. Volkerrecht in kriegszeiten, t I, p. 3 ff. — Conférez, du reste, Joach. Ge. Daries De bello ejusque generibus, § 19 sqq., dans ses Observationibus juris nat., socialis et gentium, vol. II, p. 303. Le même, De bello defensivo, ib., p. 305. Vattel, liv. III, ch. I, § 5. Von dem Unterschiede der Offensiv-und Defensiv-Kriege. 1756. 4. et dans la Teutsche Kriegs Canzley, t. I. p. 773 ff. v. Ompteda's Lit., II, 631. v. Kamptz neue Lit., § 278.

(c) Voy. Jul. Surland's Grundsatze des europ. Seerechts. Hannov. 1750. 8. J.-G.-F. Koch's europ. Land-und Seekriegsrecht. Frankf. 1778. 8.

(*a*) Voyez des écrits dans v. Kamptz neue Lit., § 273 f.

(*b*) P. e. aux gouverneurs des sociétés privilégiées de commerce, dans les Indes orientales. Voyez C.-F. Palli Diss. de jure belli societatum mercatoriarum majorum. Hal. 1751. 4.

est même parfois confié, durant une guerre des nations, à une partie des citoyens (c).

§ 237. — La guerre doit être juste.

Toute guerre pour être juste, doit prendre son origine en droit dans les conséquences d'un principe, déduit à son tour de la nécessité de conserver des droits externes menacés ou déjà lésés. La guerre est donc *juste*, du côté de l'État qui se trouve obligé de la faire pour défendre ses droits (a). Cette défense, comme nous venons de le dire, peut non-seulement avoir pour objet des lésions existantes; mais elle peut aussi être exercée, en vertu du droit de prévention, pour des lésions imminentes (b). Le *but* d'une guerre juste doit donc consister à obtenir réparation des torts qu'on a éprouvés, à se défendre ou à veiller à sa sû-

(c) Aux armateurs p. e munis de lettres de marque. (*litteræ marcæ*, *Markbriefe*).

(a) Dans les cas particuliers, il est souvent difficile de décider si une guerre est juste. Sous des points de vue différents, elle peut même être juste des *deux* côtés. Aussi, rarement l'une des parties manque-t-elle à s'adjuger la bonne cause, et souvent, en effet, celui qui a tort peut être de bonne foi. La présomption de droit est pour la justice de la cause, comme le juste, en général, se présume toujours. Voy. Grotius, lib. II, c. xxiii, § 13. Alber. Gentilis De jure belli, lib I, c. vi. Vattel, liv III, ch. xii, § 188-192. Burlamaqui Principes du droit politique, P. IV, ch ii, p. 296 et suiv. Il s'ensuit qu'à moins que le droit ne soit évident, il faut regarder la justice de la guerre, tant que celle-ci dure, comme *douteuse*, en sorte qu'aucune des puissances belligérantes ne peut être réputée avoir un droit certain de faire la guerre. — Vattel (liv. II, ch. xiii, § 195) soutient que, par les dispositions du droit des gens volontaire, (v. ci-dessus, § 1, note c.) *toute* guerre *en forme* (c'est-à-dire annoncée par une déclaration formelle), doit être regardée, quant à ses effets, comme juste de part et d'autre, et que personne n'est en droit de juger une nation pour l'excès de ses prétentions, ou sur ce qu'elle croit nécessaire à sa sûreté. Cependant, ce même auteur déclare qu'il peut y avoir « une guerre non-seulement injuste, mais destituée même de prétextes. »

(b) Guill. Schooten Diss. de jure hostem imminentem præveniendi ; dans ses Speciminibus jurid (Lug. Bat.), num. I.

reté, supposé que ces résultats ne puissent être atteints d'aucune autre manière (c). Toute puissance belligérante à laquelle on peut imputer des lésions existantes ou imminentes, ou qui fait la guerre par intérêt et pour des motifs insuffisants (causæ suasoriæ), fait une guerre injuste (d). Du nombre de ces faux motifs sont, la soif des conquêtes, l'envie de ramasser du butin, ou d'empêcher l'accroissement de puissance non injuste d'un autre État (§ 41), le prétexte de vouloir maintenir le prétendu équilibre ou la balance politique de l'Europe (§ 42), le manque de mœurs, de vertus sociales ou de religion du peuple assailli (e), l'immoralité, fondée ou non, dont on l'accuse.

(c) VATTEL, liv. III, ch. VIII, Voy. des écrits dans v. OMPTEDA's Literatur, II, 626, et dans v. KAMPTZ neue Lit., § 274.

(d) Les causes légitimes de la guerre doivent toujours être distinguées des simples motifs (causæ justificæ segregandæ sunt a suasoriis. (Voy de FELICE Leçons du droit des gens, P. II, t. II, p. 140 sqq.

(e) Toute guerre entreprise pour punir ou pour corriger l'athéisme, l'idolâtrie, un changement de religion, la dépravation des mœurs, la barbarie, etc., toute guerre, en général, dont le but est l'intérêt de la religion (voyez des écrits dans v. OMPTEDA's Lit., § 298, et dans v. KAMPTZ neue Lit., § 280), ou qui aurait pour objet de punir (bellum punitivum), serait injuste, nul État n'étant revêtu d'une juridiction sur d'autres États indépendants. A.-F. REINHARD von dem Strafkrieg, dans sa Samml jurist., philos. und krit. Aufsätze, t. I, p. 281-289. BIGNON, du Congrès de Troppau (Paris, 1821), ch. IV et V. v OMPTEDA's Lit. II, 632 f. v KAMPTZ n. Lit., § 299. Conférez GÜNTHER's Volkerrecht, II f.— Voyez la cause secrète de la guerre que la France entreprit en 1688, dans BÜSCH Welthandel, p. 233. Il y a eu des cas où l'on a fait la guerre parce qu'on craignait une invasion morale, une contagion intellectuelle, une épidémie politique, ou parce qu'on prétendait la craindre, et parce que l'on considérait un certain pays comme un foyer pestilentiel dont il fallait éteindre les flammes. Une révolution, même une rébellion, quand elles sont purement nationales et non accompagnées de symptômes de dangers directs pour d'autres États, ne justifieraient pas une intervention de ces États. Sur des guerres d'intervention en vue des affaires intérieures d'un autre État (§ 51 et s.), ou de ses relations avec un tiers État, v. la note circulaire du cabinet britannique, du 19 janvier 1821, et les débats du parlement anglais des 19 et 21 février, 2 et 20 mars 1821, motivés par l'affaire

§ 238. — Déclaration de guerre.

Pour justifier la guerre, il ne faut point de *déclaration* (*indictio s. annunciatio belli*), ni communication quelconque par laquelle l'État lésé annonce qu'il se propose de poursuivre ses droits par le moyen de la guerre (*a*), soit aussitôt, soit dans un cas déterminé (*vel pure vel eventualiter*). Une telle déclaration n'est requise que par exception, lorsqu'elle a été stipulée dans un traité, ou qu'elle peut donner lieu à l'espoir d'un accommodement, la guerre n'étant permise que dans les cas extrêmes. Aussi l'usage de déclarer formellement la guerre, autrefois très répandu en *Europe* (*b*), a-t-il presque entièrement cessé depuis le milieu du dix-septième siècle (*c*).

de la constitution de Naples, dans le journal anglais *The Courier* des 2, 20 et 22 fév., 3 et 21 mars, et le *Moniteur universel* du 6 fév. 1821. V. aussi Bignon l. c.

(*a*) Bynkershoek Quæst. jur, publ., lib. l, c. ii. G. S Treuer Diss. de decoro gentium circa belli initia (Helmst. 1727. 4.), § 23. sqq. Glafey's Volkerrecht, p. 506. P. E. a Feilitzsch tr. de indictione belli et clarigatione (Jen. 1754. 8.), c. i. § 14. sqq p. 21. Moser's Beytrage, 1, 369 ff. Grotius, lib. III, c. iii § 6 et 11. Barbeyrac in not. ad Pufendorf de J. N et G. lib. 8, c vi. § 9. et 15. Vattel, liv. III, ch. iv, § 51 sont d'un autre avis. Ce dernier appelle guerre en *forme* celle qui a été annoncée par une déclaration expresse. — Voy. des écrits sur cette matière dans v. Ompteda's Literatur, II, 629 f. et dans v. Kamptz neuer Lit., § 275. — Les déclarations de guerre sont ou toutes simples et brèves, ou appuyées du détail justificatif des causes et motifs, appelé dans la terminologie du droit des gens *clarigatio;* voyez les différentes significations de ce mot, dans Feilitzsch l. c. cap. i. § 6. p. 13. Une guerre qui n'a pas été précédée d'une déclaration n'est donc pas pour cela une guerre de brigandage.

(*b*) Cicero de offic lib. II, c. ii. Jo. Gottl. Gönne, warum die Kriegsankündigung unter freien Volkern für notwendig gehalten worden (dans les Erlang. gel. Anzeigen v 1743, Num. 4. et dans Siebenkees jurist. Magazin, t. I, p. 21 ff.), § 2. ff. — La déclaration de guerre se faisait dans le moyen âge, et encore en 1635 à Bruxelles, solennellement par des *hérauts d'armes*. Voyez mes Anmerkungen zu Sainte-Palaie von dem Ritterwesen, I, 283.

(*c*) Comme le prouvent, outre d'autres exemples, ceux cités par Feilitzsch l. c. cap. ii. § 29 sqq. p. 67. sqq.

§ 239. — Proclamation de la guerre.

Une mesure beaucoup plus utile que la précédente, quoiqu'elle ne soit pas non plus essentielle, consiste à *proclamer* par un *manifeste* adressé à ses propres sujets et même aux États étrangers, l'état de guerre et les causes qui l'ont amené (*publicatio belli*) Cette mesure a de l'importance pour les sujets de l'État, en ce que la guerre établissant des rapports d'inimitié entre la nation entière et son ennemi, chaque individu se trouve menacé dans sa personne et ses biens. Elle est utile aussi vis-à-vis des puissances neutres, parce qu'elle peut les rendre favorables à la cause qu'on défend et assurer à l'État les avantages du commerce de ces puissances. Enfin, quoiqu'elle ne décide pas dans tous les cas du moment où commencent les hostilités, elle ne manque pas cependant d'exercer une influence légale sur le commerce des particuliers (a). Par toutes ces raisons, elle est devenue chez les nations de l'Europe une coutume générale, dont rarement elles s'écartent. Le manifeste de l'une des parties donne quelquefois lieu à un *contre-manifeste* de l'autre (b).

§ 240. — Lettres déhortatoires, inhibitoires et avocatoires.

Les puissances belligérantes règlent, ordinairement par des *édits* ou décrets spéciaux, la conduite que leurs sujets et vassaux auront à tenir envers l'ennemi (a). A cet effet les

(a) G. H. AYRER Oratio de jure solenni circa declarandum bellum inter gentes moratiores accepto, et nuper etiam — usurpato. Goett. 1757. 4. EMERIGON Traité des assurances, I, 556. MOSER's Beytrage, I, 273 ff 389 ff

(b) MOSER's Beytrage, I, 405 ff.

(a) Jo. Frid. BOEKELMANN de jure revocandi domum. Heidelb. 4. J. C. W. v. STECK von Abrufung der in auswartigen Kriegsdiensten stehenden Reichsglieder und Vassallen; dans ses Abhandlungen (Halle 1757. 8), p. 31 — 54. Le même, Vertheidigung dieser Grundsatze, ibid. dans l'appendice, p. 1 — 55 Franz THERESER's Versuch von Avocatorien und In-

gouvernements défendent en général et sous des peines déterminées, aux citoyens, d'entretenir avec l'ennemi des relations de commerce quelconques qui pourraient lui devenir
utiles par rapport à la guerre (*edicta dehortatoria*). Ils leur
interdisent même souvent toutes sortes de rapports avec le
pays ennemi, par exemple la correspondance, les assurances pour le compte de l'ennemi (*b*), l'exportation des marchandises sur son territoire, ou l'importation des sien-
nes (*c*), si ce n'est en vertu d'une permission ou d'une li-
cence expresses, etc. (*edicta inhibitoria*). Ceux d'entre eux
qui sont au service militaire ou autre de l'ennemi, ou quelquefois même d'une tierce puissance, sont rappelés pour
servir leur patrie, et punis, en cas de désobéissance, de la
confiscation de leurs biens ou d'une autre peine arbitraire (*d*) (décrets de rappel ou *edicta avocatoria*). L'intérêt
de l'État commande cependant quelquefois de permettre par
connivence, ou par des ordonnances expresses, souvent
même en vertu de conventions particulières, un commerce
restreint avec le pays ennemi; p. e. la correspondance
pour des objets non relatifs aux rapports publics entre les
États en guerre, l'importation et l'exportation de certaines
marchandises dans des localités ou des ports déterminés et
sous des formalités prescrites (*e*). Quelquefois les lois d'État

hibitorien. Wien 1793. 8. Moser's Versuch, IX. 1, 42 ff. 60 ff. Le même,
von teutschen Reichstagsgeschäften, p. 760 — 791, et ses Beyträge, I,
352, 463 ff — Une série de décrets de rappel, de 1548 — 1704, se
trouve dans le Codex Augusteus (saxonicus electoralis), I, 2310 — 2367.

(*b*) J. C. W v. Steck von Versicherung feindlicher Schiffe und Güter;
dans ses Ausführungen (Berlin 1776. 8.), p. 176 — 179 Du même, Ausführungen (Halle 1784. 8), p. 16 ff. 23 ff. Moser's Versuch IX, 1. 75 ff.
On suspend quelquefois le service des postes, les pêcheries en pleine mer.

(*c*) Büsch Welthandel, p. 585 (4. Ausg.)

(*d*) Voyez des écrits dans v. Kamptz neue Literatur des VR., § 277.

(*e*) Moser's Versuch, IX, 1. 46 ff. 60 ff. 72 ff. Du même, Beytrage, I,
482, 485. H. Hauber's Rechte und Freiheiten des Handels (Hamb. 1782.
8.), p. 70 ff. Bouchaud Théorie des traités de commerce, p. 250 et suiv

renferment, à ce sujet, des dispositions particulières pour chaque espèce de guerre.

§ 241. — Des droits de la bonne cause. 1° en général

Les droits de la bonne cause envers la partie qui fait une guerre injuste, sont les mêmes entre des nations qu'entre les hommes isolés dans l'état de la nature ; ils sont *illimités* (*jus infinitum*), du moins en principe (*in thesi*). Des circonstances particulières seulement peuvent, le cas échéant (*in hypothesi*), les limiter, en les subordonnant au but de la guerre. Il n'y a donc aucun moyen, quelque violent qu'il soit, que l'ennemi dont la cause est juste ne puisse employer pour défendre ses droits actuels et futurs, et se procurer entière réparation (*a*), pourvu que ces moyens ne portent point de préjudice aux droits d'un tiers. Naturellement libre et indépendant de tout pouvoir judiciaire étranger, il a le choix des moyens, il en fixe la qualité et la quantité. Comme d'ailleurs les actions des États sont présumées justes jusqu'à preuve du contraire, toute violence exercée par un État dont la cause est reconnue bonne, doit être réputée

---

(*a*) Voyez VATTEL, liv. III, ch. XI et IX. v. KAMPTZ neue Lit., § 331. — Même une guerre d'extermination ou à mort (*bellum internecinum*) peut, selon les circonstances, n'être point injuste ; c'est là le sens qu'il faut attribuer au proverbe : *Mars exlex*. C. G. HEYNE prog. de bellis internecinis eorumque caussis et eventis. Goett. 1794. fol. — L'étendue des droits de la bonne cause doit être déterminée non-seulement d'après l'état des choses au commencement de la guerre, mais aussi d'après les suites et les conséquences de celle-ci. *Jus nostrum non ex solo belli principio spectandum, sed et ex causis subnascentibus.* GROTIUS, lib. III. c. 1. § 3. Du nombre de ces dernières est l'indemnité à fournir pour les dommages causés avant et par la guerre, et même pour les dépenses qu'elle entraîne, ainsi que la sureté que le vainqueur dont la cause est juste peut exiger contre toute offense ultérieure de l'ennemi injuste ; cette sureté ne peut consister d'ailleurs qu'à rendre son adversaire incapable de lui nuire dorénavant, c'est-à-dire d'exercer une violence injuste, mais c'est au vainqueur à juger des circonstances et des conditions nécessaires pour arriver à ce but. VATTEL, liv. III, ch IX, § 160.

légitime, à moins que le contraire ne soit mis en évidence.

§ 242. — 2° Durée et théâtre de la guerre.

Le droit de faire la guerre *dure* jusqu'à ce que son but légitime soit atteint. La partie qui a le bon droit de son côté peut par conséquent continuer la guerre, jusqu'à ce que son adversaire offre ou accepte des conditions de paix convenables; sinon jusqu'à ce qu'il y soit contraint par la victoire. Les hostilités peuvent être exercées non-seulement sur le *territoire continental* et dans les *parages* de l'ennemi, mais aussi *hors de ces limites*; p. e. des personnes ou des effets peuvent être poursuivis et saisis en pleine mer, toujours en supposant qu'il ne soit pas porté atteinte aux droits des tiers.

§ 243. — 3° Moyens de nuire à l'ennemi — a. Selon la loi de guerre et la raison de guerre en général.

Les *moyens de nuire* à l'ennemi sont très-différents, selon la qualité des personnes, des choses, ou des droits. Il y a des manières de faire la guerre, qui, tout en n'étant pas directement injustes lorsqu'elles sont employées pour la bonne cause, n'en sont pas moins très-immorales (a). Dans l'exercice de ces moyens de faire du mal, les nations civilisées de l'Europe observent généralement, et sans convention particulière, certaines règles qui ont pour but d'empêcher qu'il ne se commette des cruautés trop atroces et souvent même

---

(a) Comme contraires même au droit des gens naturel, sont considérés l'empoisonnement des sources, par WOLF jur. gent § 879, les moyens d'envenimer les armes, et l'assassinat, par VATTEL, liv. III, ch. VIII, § 156 (voyez contre : TITIUS, ad PUFENDORF, de officio hominis et civis, obs. 701. p. 469); les machinations tendantes à soulever le peuple ennemi contre son gouvernement, par G. H. AYREN Diss. an hosti liceat cives ad rebellionem vel seditionem sollicitare? Goet. 1748 4 SCHEID I. infra cit. p. 30 J. C. G. de STECK Observ. subsec. obs. 14. v. KAMPTZ neue Lit des VR, § 104. et ci-après § 241. (voyez l'avis contraire de PUFENDORF : de J. N. et G., lib VIII. c VI § 18)

inutilés (b). L'ensemble de ces règles forme la *loi de guerre* (c) (*Kriegsmanier, Kriegsgebrauch*). Il ne peut être dérogé à cette loi qu'en cas de rétorsion, ou dans des circonstances extraordinaires, toujours par exception et seulement dans les cas prévus par la coutume qu'on appelle la *raison de guerre* (*ratio belli, Kriegs-raison*) (d). Le droit des gens naturel n'approuve ces mesures extraordinaires qu'autant qu'elles répondent au but de la guerre, qu'elles sont employées pour la bonne cause, et ne préjudicient pas aux droits des tiers (e).

§ 244. — Continuation.

La *loi de guerre* (a) défend expressément d'empoisonner

(b) Elles sont inutiles, lorsqu'elles ne nuisent point aux forces de l'ennemi et ne font point diminuer sa résistance La guerre dégénérerait alors en cruauté (*crudelitas bellica*), et cette cruauté détruirait toute confiance dans les négociations de la paix à conclure. Voy. KANT zum ewigen Frieden, Abschn. 1, § 6.

(c) GROTIUS, lib. III, c. ɪ. § 19. c. XVIII, §. 4. PUFENDORF de J. N. et G. lib. II, c. II. § 23 MOSER's Versuch, IX, ɪ. 111-129. Du même, Beytrage, II, 1-264 Fréd. Henr. STRUBE Dissertation sur la raison de guerre et le droit de bienséance, annexée en supplément à son ouvrage intitulé : Recherche nouvelle de l'origine et des fondements du droit de la nature. St.-Pétersb. 1740. 8. Gründliche Nachricht vom Kriegs Ceremoniel und der Kriegsmanier. 1745. 4 v OMPTEDA's Literatur, II, 634, 636 v. KAMPTZ neue Lit , § 282 f.

(d) Appelée aussi par GROTIUS *jus s. titulus necessitatis*. BYNKERSHOEK Quaest jur. publ lib. I, c. III. C. L. SCHEID Diss. de ratione belli (Hafniae 1744. 4 rec ib. 1747. 4) § 20, 21, 43. sq. Ulr OBRECHT Diss. de ratione belli et sponsoribus pacis. Argent. 1697. 4., et dans ses dissertatt. acad. n. 8. Reflectionen über die Verschiedenheit des Begriffs der Raison de guerre bei deutschen Reichskriegen Regensb. 1796. 8. F. H. STRUBE, dans le livre allégué. F. G PESTEL Diss. de eo quod inter jus et rationem belli interest Lemgoviae 1758. 4. v. OMPTEDA, II, 634-637. — Un décret de la Convention nationale de France défendit en 1794 de faire grâce aux soldats espagnols, parce que l'Espagne ne reconnaissait point comme valable la capitulation de Collioure. Voy. Polit. Journal. 1794, déc , p. 1320.

(e) SCHEID l c. § 38, 40, 45.

(a) Voyez MOSER's Versuch, IX, II, 472 ff — Il ne manque pas abso-

les puits et fontaines, les provisions de bouche destinées au
souverain ennemi, à ses officiers et autres gens de guerre,
d'envoyer à l'armée ennemie des hommes attaqués de la peste
ou de quelque autre maladie contagieuse, des bêtes également
malades, ou des choses infectées de la maladie, de faire
usage d'armes envenimées, de boulets à chaines ou à bras,
de charger le canon avec des morceaux de fer ou de verre
ou avec des clous (mitraille proprement dite). L'usage de
de la mitraille dans l'acception générale, et même en cas
de nécessité, de morceaux de plomb non entièrement ronds,
ne passe point pour injuste. Il est encore défendu de faire
charger les fusils à deux balles, à deux moitiés de balles ou
avec des balles crénelées, ou fondues avec des morceaux
de verre ou de chaux, de maltraiter les blessés, les malades,
les invalides, et tous ceux qui ne sont point en état de se
défendre, d'assassiner, de refuser le pardon à ceux qui se
rendent prisonniers, de tuer ou de maltraiter les prisonniers qui se tiennent tranquilles, de profaner les lieux consacrés au culte, de dépouiller les tombeaux, de violer
les femmes, etc., enfin de corrompre les généraux et les
fonctionnaires de l'État ennemi (b), d'engager les sujets
ennemis à la trahison (c) et à la sédition (d), de mettre

lument de traités conclus à ce sujet. Voyez p. e. le traité de 1675 sur le
non-usage d'armes envenimées. J. E. v. BEUST Kriegsanmerkungen, t. V,
p. 236. — Dans plusieurs guerres navales, l'usage des cercles poissés, des
boulets à chaine et à bras, des boulets rouges (inventés en 1574, lors du
siége de Dantzick), etc. fut prohibé par des traités ou arrangements militaires. — Voyez des écrits sur les différentes espèces d'armes, dans v.
OMPTEDA's Lit., § 301 et dans v. KAMPTZ Neuei Lit., 289.

(b) SCHEIN Diss. cit., p. 30, § 33. Schol. I

(c) VATTEL, liv III, ch x, § 180 et suiv. MOSER's Versuch, IX, II,
467 ff.

(d) MOSER's Versuch, IX, I, 317 ff Voyez ci-dessus, § 243, note a. —
Cela souffre des exceptions, quand la guerre a pour but de rétablir la
constitution légitime de l'État, de réprimer les séditieux, de vaincre l'u-
surpateur, etc

à prix la tête du souverain ou du général en chef (e).

§ 245. — b. Par rapport à quelques personnes ennemies; le souverain et
sa famille, et les ambassadeurs, en particulier.

Le droit des gens universel n'exempte point la personne
du *monarque ennemi*, ni les *membres de sa famille*, des périls
et violences de la guerre, surtout lorsqu'ils portent eux-mêmes
les armes; mais l'usage reçu en Europe est moins rigoureux à cet égard (a). Les souverains des puissances belligérantes ne se regardent point ni eux, ni les membres de leur
famille, comme ennemis personnels, du moins quant aux
dehors. C'est pour cette raison qu'ils omettent rarement de
se donner, même durant la guerre, des témoignages de considération et d'amitié, p. e. à l'occasion d'un événement
personnellement agréable ou triste, ou lorsqu'un souverain ou quelqu'un de sa famille se trouve assiégé dans une
forteresse, ou quelque autre part, etc. Il serait contraire à
la loi de guerre de les poursuivre personnellement, p. e.
de diriger par préférence contre leur personne le canon ou
la fusillade. S'ils sont faits prisonniers, ils sont ou relâchés
à l'instant, ou traités comme prisonniers de guerre avec des
égards particuliers (b). Les *ambassadeurs* et les personnes
de leur suite retournent librement et avec sûreté chez eux,
lorsqu'une guerre est survenue entre les deux États repec-
tifs (§ 228 et suiv.).

(e) MOSER's Versuch, IX, II, 257. — Détails sur un complot tramé contre
le grand Frédéric en 1741, ibid IX, I, 131 ff. — Voyez sur la machine
infernale brûlot inventé environ l'an 1585 par l'ingénieur JENIBELLI, le
Dictionnaire de TREVOUX, t. III, p. 1630.

(a) MOSER's Versuch, IX, I, 129 ff. Du même, Beytrage, II, 265 ff.
VATTEL, liv. III, ch. VIII, § 159.

(b) MOSER's Versuch, IX, I, 141, 146. v. OMPTEDA's Literatur, II, 616.
Exemple du roi de Saxe fait prisonnier de guerre après la bataille de Leipsig, en 1813. Voyez mes Acten des wiener Congresses, t. VII, p. 24 ff.
Voyez sur la validité d'un traité conclu par un monarque prisonnier de
guerre, le § 142.

§ 246. — Par rapport à tous ceux qui ne portent point les armes.

Quoique le droit des gens naturel ne défende point d'user de violence envers tous les sujets de l'État ennemi et envers leurs biens (§ 232), l'usage de guerre établi en Europe a néanmoins restreint cette faculté par rapport aux sujets qui ne peuvent être regardés, pour leur personne, ni comme ayant pris part à l'offense primitive, ni comme exerçant des hostilités. C'est pour cette raison que l'on ne prend ordinairement contre eux que les mesures qu'exigent impérieusement les besoins de la guerre, soit pour les empêcher de prendre part aux hostilités ou d'augmenter les forces actives de l'ennemi à l'aide de leur fortune, soit pour soustraire leurs ressources à l'ennemi (a).

§ 247. — Continuation.

Conformément à ces principes, on laisse librement retourner dans leur patrie, dans un délai déterminé, les sujets de l'État devenu ennemi; souvent même il leur est permis, en vertu d'un traité ou par pure grâce (§ 152), de continuer leur séjour (a). Les habitants d'un pays conquis, pourvu qu'ils se tiennent tranquilles et s'acquittent

(a) Moser's Versuch, IX, i, 201-424. Du même, Beytràge, III, 1-471. Jo.-Mar. Lampredi De licentia in hostem, contra Coccejum Florent. 1761. 8. Voyez des écrits, dans v. Kamptz Neue Lit . § 583

(a) Moser's Versuch, IX, i, 45 ff. Le même, Beytrage, I, 471. L'art. 2 du traité de commerce, conclu en 1786 entre la France et la Grande-Bretagne, de Martens Recueil, II, 681. Comparez l'ordonnance danoise du 7 sept 1813, publiée au commencement de la guerre entre le Danemark et la Suède, dans la Gazette de Francfort, 1813, n° 275. — Quelquefois les sujets de l'État ennemi ont le droit de retourner dans leur patrie en vertu de stipulations expresses de traités antérieurs. V. par ex. le traité d'Utrecht de 1713, art 15; le traité entre la Grande-Bretagne et la Russie, de 1766, art. 12; entre le Danemark et les Deux-Siciles, de 1748, art 59, dans Wenk Cod. jur. gent. II, 275; le traité entre la Prusse et les États-Unis de l'Amérique du Nord, de 1785, art. 23, et les traités des Pays-Bas cités par Kluit Hist. fed. Bel, II, 473. Bynkershoeck Quæst. juris publ. lib. I, c. ii.

avec promptitude des obligations qui leur sont imposées,
telles que les fournitures à faire, les attelages pour le service de l'armée, etc., jouissent pour leurs personnes d'une
entière sûreté, leurs propriétés sont respectées, et l'on n'en-
trave pas leur commerce, tant dans le pays qu'avec les nations neutres (*b*). Quelquefois on leur prend des otages
pour mieux s'assurer d'eux (§ 156). Même les individus qui
tiennent à l'armée, mais qui, selon les fonctions qu'ils
remplissent, sont de la classe des *non-combattants*, ne sont
point faits prisonniers, à moins qu'ils ne s'y soumettent eux-
mêmes (*c*). Mais ceux qui ont pris part aux hostilités, ou
qui même ont été rencontrés les armes à la main, quels
qu'ils soient, ne peuvent prétendre à aucune de ces faveurs.

§ 248. — Ou bien par rapport à ceux qui font partie de la force armée.

Les hostilités sont immédiatement et principalement dirigées contre les individus de la force armée régulière de
l'ennemi, contre les militaires de toutes armes (*a*). S'ils se
comportent conformément à la loi de guerre·(*b*), ils peuvent
prétendre à être traités à leur tour suivant cette même loi.
Les troupes ennemies peuvent les attaquer et les poursuivre, et en cas de résistance ou de fuite, les blesser et

(*b*) VATTEL liv III, ch. VIII, § 145-147. — Ceux qui ne sont point en
état de se défendre, les vieillards, les malades, les femmes, les enfants,
ont droit avant tout à être ménagés par les vainqueurs. VATTEL, § 145 —
Il est rare qu'on oblige aujourd'hui les sujets de l'ennemi à quitter leur
patrie et à se transplanter ailleurs. MOSER's Versuch, IX, I, 299

(*c*) P. e les aumôniers, les fonctionnaires civils, les médecins, les chi-
rurgiens, les fournisseurs, les vivandiers, les domestiques, etc. La loi de
guerre met encore de ce nombre les quartiers-maîtres, et les navires,
tambours, fifres et trompettes envoyés comme parlementaires, autant qu'il
est possible de les épargner, et qu'ils font signe à l'ennemi.

(*a*) VATTEL, liv III, ch XV. — Les soldats de police ne sont pas de ce
nombre, ni les invalides ou vétérans; mais bien ceux qui appartiennent à
la *Landwehr* et au *Landsturm*, ainsi que les *armateurs* dans une guerre
maritime. — Comparez ci-après § 267.

(*b*) Il n'en serait point ainsi p. e si de simples soldats, sans ordre ou

même les tuer, ou bien (c) les faire prisonniers et les piller;
après quoi, ils sont, selon les circonstances, ou bien relâchés,
ordinairement sous promessse de ne plus servir dans cette
guerre ou jusqu'à une certaine époque, ou bien conduits dans
des dépôts de prisonniers de guerre.

§ 249. — Par rapport aux prisonniers de guerre en particulier.

La loi de guerre défend de maltraiter, de blesser, de tuer,
de forcer à prendre service dans les troupes du pays, ou de
faire esclaves (a) les *prisonniers de guerre* (b), à moins qu'ils
ne se soient rendus coupables d'un grave attentat, p e. de

permission de leurs chefs, ou sans être dans la nécessité de se défendre,
exerçaient des hostilités; ni pour des transfuges qui auraient pris du service dans les troupes ennemies. VATTEL, liv. III, ch. VIII, § 144.

(c) La loi de guerre exige de faire quartier à l'ennemi blessé et hors
d'état de se défendre, à celui qui, ayant quitté ses armes, se rend prisonnier. MOSER's Versuch, IX, II, 251 f.

(a) MOSER's Versuch, IX, 276, 311, 312, 314, 318. ROUSSEAU, Contrat
social, liv. I, ch. IV. BYNKERSHOEK Quæst. jur. publ lib. I, c III, dans
ses Operib. omn II, 195. — Il serait contraire à la loi de guerre de tuer
les prisonniers, même si l'on était hors d'état de les nourrir et de les
garder. VATTEL, l. c. § 180. La Convention nationale de France décréta,
en 1794, la mort de tous les prisonniers qu'on avait fait aux Anglais, aux
Hanovriens et aux Espagnols Voyez le Recueil de M. de MARTENS § 180.
Le duc de York ordonna au contraire de traiter avec humanité les prisonniers français, puisqu'il n'était pas probable que ce décret barbare fut
exécuté; en effet il en fut ainsi Politisches Journal 1794, juin, p. 655.
La Convention révoqua même, le 30 décembre 1794, les décrets qu'elle
avait rendus à cet égard. De MARTENS Recueil, VI, 751. — Les peuples
de l'Afrique font encore leurs prisonniers esclaves; aussi en use-t-on de
même envers eux. BYNKERSHOEK l. c. p. 196. — Sur les prisonniers
chez des nations sauvages, voyez J.-Th. ROTH's Archiv für das Volkerrecht, Heft. I, p. 33 ff. FISCHER's Geschichte des teutschen Handels, t I,
p. 38.

(b) Voyez des écrits sur les prisonniers de guerre, leur échange et leur
rachat, dans v. OMPTEDA's Literatur, II, 644 ff. et dans v. KAMPTZ Neuer
Lit., § 305. — Voyez aussi VATTEL, liv. III, ch. VIII, § 148-154, ch. XIV,
§ 217-221. MOSER's Versuch, IX, II, 250 ff. Jo.-Ad. THANNER Diss. de
captivis in bello. Argent. 1685. Rec. ib. 1714, et Francof., et Lips.

sédition, d'évasion, etc; ou que l'ennemi nous force à lui
rendre la pareille. On peut prendre toutes les mesures convenables pour empêcher leur fuite, les garder de près, ou
les conduire dans des provinces éloignées. S'ils manquent
de moyens de subsistance, ces moyens doivent leur être
fournis, ou du moins avancés (c); il sont obligés à leur
tour de rendre des services utiles et convenables. Ils cessent d'être prisonniers de guerre aussitôt qu'il entrent de
leur propre volonté au service militaire ou civil de l'Etat au
pouvoir duquel ils se trouvent, ou dès qu'ils se soumettent,
de quelle autre manière que ce soit, a sa domination (d);
de même, s'ils sont mis en liberté, sous condition ou non,
de ne plus servir pendant un certain temps, de ne plus
prendre part du tout à la guerre, ou bien de se présenter
dans un endroit désigné aussitôt qu'ils seront appelés (e);
s'ils recouvrent leur liberté moyennant une rançon (f), ou
par un échange de prisonniers (g), s'ils sont enlevés de force,
s'ils parviennent à s'enfuir, ou enfin si la paix est faite. Les
officiers sont assez souvent relâchés sur parole (h). Lorsqu'un prisonnier s'est enfui, et qu'il est repris postérieure-

1742. 4. Theod. Schmaltz Annalen der Politik (Berlin 1809); Heft. I,
num. 6.

(c) Moser's Versuch, IX, ii, 272.

(d) Moser l. c. p. 311.

(e) F. C. v. Moser's kleine Schriften, X, 67 Moser's Versuch, IX, ii,
362 — Cas particulier de 1756, ibid., p. 321 ff.

(f) Jo.-Nic. Hertius Diss. de lytro Giess 1686. 4, et dans ses Opusc
t. I, diss. 4. A.-A. Hochstetter Diss. de pretio redemptionis. Tub
1604. 4 Barth. Tilesius De redemptione militum captivorum. Regiom.
1706. 4 Thanner, l. c. cap. iv. C.-G. Biener Pr. de statu et postliminio captivorum in bello, § 7.

(g) Jo Frieden. Schneider Diss de permutatione captivorum. Hal,
1713. 4. Moser's Versuch, IX, ii, 388 ff Vattel l c. § 153. Thanner,
l. c. cap. iii, § 5.

(h) Moser's Versuch, IX, ii, 369. R.-F Stockmeyer von der Loslas-
sung eines Gefangenen auf sein Ehrenwort. Tubingen 1761. 8. — Sur la
rédemption et l'échange des prisonniers, voyez ci-après § 274.

ment comme combattant légitime, l'usage est de ne pas le punir s'il est simple soldat ; et de l'emprisonner s'il est officier.

§ 250. — *c*. Par rapport aux droits et aux propriétés de l'ennemi. Des droits résultant d'un traité.

Du nombre des moyens légitimes de nuire à l'ennemi injuste, est aussi le droit de s'approprier, en tant que le but de la guerre l'exige, les *biens* et les *droits* de l'ennemi, notamment son territoire, de les détruire ou abolir, de les détériorer, d'en jouir, de les occuper enfin (*a*) (*occupatio bellica*). Les *traités* antérieurs à la guerre, dont la validité pendant une guerre à venir aurait été expressément prévue et stipulée par les deux parties, ne cessent point d'être obligatoires (§ 152 et 165) ; ceux au contraire, qui sont formés dans la supposition expresse ou tacite de relations amicales, finissent avec elles. Quant aux traités qui ne rentrent dans aucune de ces deux catégories, le belligérant en juste cause peut s'en désister, s'il le juge convenable au but qu'il s'est proposé dans la guerre, en suspendre l'exécution, et même reprendre, autant que cela lui est possible, les prestations qu'il a déjà faites en vue de leur accomplissement *b*).

§ 251. — Fourrages, réquisitions, voitures, fournitures, contributions.

Le droit dont il vient d'être question comprend notamment les *fourrages* (*a*), la *réquisition* (*b*) des *voitures* néces-

(*a*) VATTEL, liv. III, ch. IX. C. H. K A. v. KAMPTZ Beytrage zum Staats u Volkerrecht, Bd I (Berlin 1815 8), p. 181.

(*b*) Voyez, sur ces principes souvent contestés, le § 165. note *a*

(*a*) Mich GRASSUS Diss. de eo quod justum est circa pabulatorias militum excursiones Tubing. 1698. 4. MOSER's Versuch. IX: I, 383. Beytrage. III, 339.

(*b*) Les réquisitions dans ce sens sont des demandes de quelques objets détaillés, faites sous forme d'invitation, mais exigées par force en cas de besoin. WASHINGTON, dans la guerre de l'Amérique, inventa l'expression et la chose Depuis ce sont surtout les armées françaises qui en ont fait

saires pour le service de l'armée, des *fournitures* et *subsides* servant à l'entretien des troupes et aux autres frais de
la guerre ; les *contributions de guerre* (*tributa bellica*), particulièrement celles qu'on donne pour se racheter du pillage
et de l'incendie, pour éviter d'être mis à feu et à sang (*c*) ;
en général ce droit exercé dans toute sa rigueur, autorise à
s'approprier *tous les biens meubles* ou *immeubles* appartenant à l'État ennemi ou à ses sujets (§ 232 et 256).

§ 252. — Principes mitigés, notamment par rapport à l'embargo mis sur
les vaisseaux et les marchandises, aux capitaux, aux rentes, et aux
payements d'intérêts.

Cependant la loi de guerre suivie en Europe adoucit
sous différens rapports la sévérité de ces principes (§ 246).
Beaucoup de traités de commerce (§ 152), ou des lois expresses (*a*), permettent p. e. aux commerçants d'une puissance belligérante d'emmener et enlever librement, ou de
vendre dans un certain délai, les *marchandises* et les *vaisseaux* qu'ils ont au commencement de la guerre sur le
territoire ou dans les parages de l'ennemi, ou qu'ils y auraient fait entrer plus tard, ignorant la guerre et sans qu'il
y ait de leur faute. Quelquefois ces vaisseaux et marchandises
sont arrêtés provisoirement (*b*) (*embargo*), jusqu'à ce qu'on

usage. Schmalz europ. Volkerrecht, p. 340 f. v. Kamptz neue Lit.,
§ 294.

(*c*) Conr. Vogel Diss. de lytro incendiario. Kilon. 1703. 4 F. E. Vogt
diss. de eod. arg. Lips. 1719. 4 Vattel, liv. III, ch. ix. § 164. Moser's
Versuch, IX, 1. 383. Beytrage, III, 256. v. Ompteda's Lit., § 305. v.
Kamptz neue Lit., § 294. — Conventions entre la France et la Prusse, sur
le payement d'une contribution de guerre de 140 millions de francs (limitée
ensuite a 120 millions), en date du 8 sept. et du 5 nov. 1808; dans le recueil de M. Martens, Supplém. V, 102. Traité de la France avec l'Autriche, la Grande-Bretagne, la Prusse et la Russie, conclu à Paris le 20 nov.
1815, par lequel (art 4) la France s'engage à payer une contribution de
700 millions francs ; ibid. VI. 692.

(*a*) v. Martens Einleit. in das Völkerrecht, § 263, note *a* et *b*.

(*b*) Moser's Versuch, IX, 1. 51 ff Vattel, liv. III, ch. v. § 73. 74.

sache si l'ennemi en use de la même façon à notre égard.
Dans le cas contraire, ils sont quelquefois confisqués et
vendus. Il est rare cependant qu'on s'en prenne aux *marchandises* transportées par le roulage ou sur des rivières,
canaux, ou lacs; on saisit plus souvent celles qui sont ren-
contrées en pleine mer, et surtout dans des navires ennemis
(§ 253 et 260). On s'abstient généralement aussi de confisquer ou saisir les *capitaux*, que l'État ou ses sujets
doivent au gouvernement ou aux particuliers ennemis,
ou même d'arrêter le payement des *rentes* ou *intérêts* (c).

ch. ɪᴠ, § 165. Encyclopédie méthodique; Diplomatique, t. II, p. 258. sqq.
v. Embargo. De Mᴀʀᴛᴇɴs recueil, supplément, II, 373. II, 452.

(c) Bʏɴᴋᴇʀsʜᴏᴇᴋ Quaest. jur. publ. lib. I. c. ᴠ ɪɪ Eᴍᴇ́ʀɪɢᴏɴ Traité des assurances, t. I, p. 567. sqq. Mosᴇʀ's Versuch, IX ɪ. 300 ff. 351. Scʜᴍᴀʟᴢ
l. c. p. 241 et suiv. Comparez ci après. § 258. note a.

L'état de guerre entraîne-t-il nécessairement l'interdiction de
toutes relations commerciales entre les sujets des puissances
belligérantes sans l'autorisation de leurs gouvernements respectifs? La plupart des auteurs et l'usage général résolvent cette
question par l'affirmative et statuent que les marchandises appartenant au sujet de l'État belligérant qui ont été capturées sur un
navire ennemi doivent être déclarées de bonne prise comme
celles de l'ennemi lui-même. Voir l'exposé de la jurisprudence
suivie à cet égard en Angleterre dans Wʜᴇᴀᴛᴏɴ, Élém. de droit
intern. § 13. Wʜᴇᴀᴛᴏɴ applique le même principe aux alliés, l. c.
§ 14. V. contra Hᴇꜰꜰᴛᴇʀ ouv. cité § 123. — Une décision impériale du 28 mars 1860, relative aux principes de droit maritime
qui seront appliqués pendant les hostilités contre la Chine et insérée au Bᴜʟʟᴇᴛɪɴ ᴅᴇs Lᴏɪs, 819, n° 7836, déclare en s'en référant
aux immunités stipulées en faveur des neutres par le congrès de
Paris, en 1856, que les sujets français et anglais auront la faculté
de continuer leurs relations de commerce avec les Chinois, même
sur le territoire chinois, et que réciproquement les Chinois
pourront continuer leurs relations de commerce avec les sujets
français ou anglais, même sur le territoire français ou anglais; en
second lieu, que les propriétés françaises ou anglaises jouiront à

§ 253. — Butin.

Les armées, les navires de l'État et les armateurs et même des combattants isolés peuvent prendre comme *butin* (*præda*), sur les armées, les bâtiments de guerre et les armateurs ennemis, de force ouverte ou cachée, tout ce que ceux-ci possèdent de biens *mobiliers* (a). Ce butin appartient, d'après le droit des gens naturel, au gouvernement qui fait la guerre ; mais aujourd'hui on l'abandonne généralement aux soldats qui l'ont conquis (b). On respecte aussi aujourd'hui les monuments publics, les objets littéraires et des beaux-arts, le mobilier des châteaux, édifices et jardins appartenant au souverain ou à sa famille, ainsi que les choses servant au culte, et on s'abstient ordinairement de les détruire ou de les enlever (c).

§ 254. — Continuation.

Selon l'usage des gens établis en Europe, l'ennemi acquiert, dans les guerres qui se font sur terre, la propriété du butin par une détention de vingt-quatre heures (a) ; de

bord des bâtiments chinois qui viendraient à être capturés, des mêmes immunités que les propriétés des sujets neutres, de même que les propriétés chinoises prises à bord des bâtiments français et anglais. [A. O.]

(a) BYNKERSHOEK Quaest. jur. publ. lib. I, c. IV. Jo. Toh. RICHTER Diss. de mobilibus privatorum inter arma captis aut alienatis. Lips. 1746. 4. v. HEFFTER ouv cité. § 135, 136. OMPTEDA's Literatur, II, 642. v. KAMPTZ neue Lit., § 308.

(b) VATTEL, liv. III, ch. IX, § 164. Jo. Jac. BOSE Diss. de jure hostium in bello capiendi (Lugd Batav. 1766. 4.), c. IV. § 14 sqq. GROTIUS, lib. II, c. VI. § 8. sqq. établit une distinction.

(c) En 1815, les objets de cette espèce enlevés par les armées françaises furent rendus à leurs anciens propriétaires. L. VÖLKEL über die Wegnahme der Kunstwerke aus den eroberten Ländern. Leipz. 1798. 4. — Voy. des écrits sur les choses servant au culte, dans v. KAMPTZ neuer Lit , § 309.

(a) SIRUBE's rechtliche Bedenken, Bd. II, num. 20 J BILMARC s. resp.

sorte que, ce terme écoulé, tout tiers peut les acquérir de lui à juste titre, et sans qu'il y ait lieu à des réclamations ou à l'exercice du *jus postliminii* (b). La plupart des gouvernements reconnaissent aujourd'hui le même principe à l'égard des *prises* faites dans les guerres maritimes par les vaisseaux de guerre ou les armateurs (c); cependant il en est qui prétendent que la propriété de ce butin n'est perdue pour le propriétaire originaire que lorsqu'il est mis en sûreté, c'est-à-dire lorsqu'il a été transporté sur le territoire appartenant au gouvernement du vaisseau ou armateur qui l'a pris, ou dans un pays neutre, dans un port, ou à l'abri d'une escadre (d). La rapine d'un ennemi illégitime, p. e. d'un maraudeur ou d'un pirate, ne jouit point de ces avantages. Les biens meubles appartenant aux particuliers qui ne participent pas personnellement aux hostilités, sont exclues du butin par la loi de guerre, et ne peuvent point être pris à leurs propriétaires, si ce n'est les navires de commerce et leur cargaison, qui sont de bonne prise pour les vaisseaux de guerre et les armateurs (e). C'est d'après ces

Guil. Ackermann Diss. de dominio rerum in bello captarum. Aboae 1795. 4.

(b) Voyez Grotius, lib III c. vi. § 3. Vattel, lib. III. ch. 13. § 196, ch. 14. § 209. Confér. Bose diss. cit. § 22 G. C. Krauss Diss. de postliminio praesertim rerum mobilium. Viteb. 1763. 4. — Sont compris dans la même catégorie les effets provenant originairement d'une puissance *neutre*, mais confisqués par l'une des puissances belligérantes, à laquelle l'autre partie les a enlevés à son tour. Schmidlin Diss. de juribus et obligationibus gentium mediarum in bello, § 46.

(c) De Steck Essais sur divers sujets relatifs à la navigation et au commerce pendant la guerre, p 73. De Martens Essai concernant les armateurs, ch. iii, sect. II.

(d) Le droit romain en décide de même (§ 17. Inst. de rer. divis. L. V. § 1. D. de capt. de posthm.), ainsi que le Consolato del mare, c. cclxxxvii. Voy de Martens essai, ch. iii. Vattel, liv. III, ch. xiv, 208. Voyez, sur les prises des *armateurs*, le § 261 ci-après.

(e) Le traité conclu en 1785 entre la Prusse et les États-Unis de l'Amé-

principes que le *jus postliminii* du propriétaire antérieur de choses mobilières conquises doit être déterminé (§ 257) (*f*).

Lorsqu'une prise a été enlevée à l'ennemi dans le délai de vingt-quatre heures (*Reprise* § 261), elle est rendue à son propriétaire sous la retenue d'un tantième pour les frais et la rémunération de ceux qui l'ont récupérée. Quand il s'est passé plus de vingt-quatre heures depuis le recouvrement de la prise, la reprise est néanmoins rendue au propriétaire sous les mêmes conditions lorsque c'est un bâtiment de guerre qui l'a enlevée à l'ennemi; mais il n'en est pas de même si c'est un armateur. On suit les mêmes principes à l'égard des reprises enlevées une seconde fois à l'ennemi (*g*).

§ 255. — Conquêtes

On peut se mettre en possession aussi par voie de guerre des biens *immeubles* de l'ennemi, ainsi que de la *souveraineté* des provinces qui lui sont soumises; c'est ce qu'on appelle la *conquête* (*a*) (*occupatio bellica*). Dans les provinces

mérique a établi, art. 23, une exception digne d'éloges. De MARTENS recueil, II, 566.

(*f*) BYNKERSHOEK Quaest. jur. publ. lib. I, c. v KRAUSS diss. cit. v. MARTENS Einleit, in das Volkerrecht, § 278.

(*g*) Voy. les lois des diverses nations sur les reprises et dans les ouvrages cités (note *c*) de STECK et de MARTENS; v. aussi JACOBSEN's Handbuch uber das praktische Seerecht, et les articles 23 et 24 de la loi sur les prises dans le code Henry (de Henry, roi d'Haïti), publ. au cap Henry, in-8°, et promulgué le 20 février 1812. — Il est dit, quant au dernier point dans le code Henry, art. 24 : tout bâtiment pris par les ennemis et une troisième fois repris par les bâtiments du roi ou armés en course, deviendra la propriété du dernier preneur. (Voir sur ces matières HAUTEFEUILLE, Droits et devoirs des nations neutres, et l'Histoire du droit maritime du même auteur; MASSÉ, Droit commercial, ORTOLAN, Règles intern. et diplom. de la mer; WHEATON, éléments, t. II

(*a*) BYNKERSHOEK Quaest. jur. publ. lib. I. c vi. VATTEL, liv III, ch. xiii, § 197 et suiv. MOSER's Versuch, IX. 1, 296. J. F. MEERMANN von dem Rechte der Eroberung. Erfurt 1771. 8. Rechtliche Bemerkungen uber

ainsi conquises, le conquérant prend la place de l'ancien
gouvernement en tout ce qui concerne l'exercice des droits
de souveraineté et la jouissance des propriétés de l'ennemi (b). Cependant ce n'est point le fait de la conquête qui
donne le droit de s'attribuer la *propriété* des choses occupées, ou la souveraineté du pays (c). Ce droit n'appartient,
selon le droit des gens *naturel*, qu'au belligérant dont la
cause est juste (§ 237), et seulement en tant que le but de la
guerre l'exige. La conquête n'est pour lui qu'un moyen de
réaliser son droit, ou de se procurer ce qu'un juge commun,
s'il y en avait un, aurait adjugé à la juste cause. Il peut se
prévaloir de son droit, sans qu'une protestation quelconque,
soit du souverain ennemi ou de quelqu'un de sa famille,

das Recht der Eroberung und Erwerbung im Kriege. 1814. 8. v. Ompteda's Lit , II. 641 f. v. Kamptz neue Lit., § 306 f.

(b) Vattel, l. c. § 197, 198, 199, 201, 202. Grotius, lib. III. c. viii.
§ 3. Schmalz europ Volkerrecht, p. 239. Le lien social, et par suite le
gouvernement ne peut jamais être considéré comme anéanti ou suspendu.
Au besoin, c'est que le conquérant qui continue l'action du gouvernement; en a la puissance, tandis qu'elle manque complétement au prince
vaincu.

(c) Il y a donc une différence essentielle entre le *fait* de la conquête et
le droit de la conquête, et l'on ne tient pas toujours assez compte de cette
distinction lorsqu'on applique le droit de conquête. Jo. Zach. Hartmann
Orat. de occupatione bellica adquirendi dominium non modo. Kilon. 1730. 4.
C. G. Strecker, s. resp G. C. Thilo Diss. de modis adquirendi per occu-
pationem bellicam, deque eo quod circa eam justum est Erf. 1762. 4. Aussi
dans C. F. J. Schorch opusc. varii arg. (Erford 1791), n. II. — Il y a
des auteurs qui soutiennent que le conquérant obtient déjà par l'occupation
le droit de propriété même. Voyez v. Kamptz Beytrage zum Staats-u. Volkerrecht t. 1. p. 181 et suiv., et Vattel dans son droit des gens, t. II,
ch. xiii, § 195. Ce dernier soutient que, par les dispositions du droit des
gens volontaire (v plus haut, § 1, note c), toute guerre en forme (§ 237,
note a), quant à ses effets, est regardée comme juste de part et d'autre;
que par conséquent toute acquisition faite dans une telle guerre est valide;
qu'une telle conquête a été constamment regardée comme un titre légitime; et qu'on n'a guère vu contester ce titre, à moins qu'il ne fut dû
à une guerre non-seulement injuste, mais destituée même de prétextes

soit de ses protecteurs, amis, alliés ou sujets, puisse avoir
aucun effet contraire. Si l'ennemi injuste persiste à refuser
de reconnaître par un traité de paix la cession des objets
conquis, la conquête n'en est pas moins légitime, le droit
d'ailleurs constant du conquérant, de se procurer entière satisfaction pour le passé et parfaite sûreté pour l'avenir, ne
pouvant nullement dépendre de la volonté de son adversaire. La légitimité incontestable de la contrainte tient alors
lieu du consentement du vaincu, que celui-ci n'a pas le droit
de refuser. Le fait de la conquête, même quand il s'y joint
le droit, trouve sa limite naturelle dans la prise de possession effective par voie de guerre; on ne peut donc considérer comme conquise la propriété mobilière ou immobilière
de l'ennemi qui se trouve en pays neutre ou sur le territoire
non conquis de l'ennemi lui-même ; les mêmes principes
sont applicables aux créances du souverain expulsé, dont
celui-ci conserve les titres (d).

§ 256 — Continuation.

Selon les *principes aujourd'hui suivis en Europe*, la seule
perte de la possession par le sort des armes ne peut éteindre
la propriété. Il s'ensuit que le conquérant, quoique exerçant
les droits de souveraineté et jouissant des propriétés de son
ennemi, ne peut pas se les approprier, ni en disposer en faveur d'un tiers, à moins qu'un traité de paix ne lui en ait
conféré le droit. Si donc des provinces ou des biens immeubles de son ennemi restent en son pouvoir jusqu'à la paix,
celle-ci décide s'ils lui appartiendront définitivement, et
sous quelles conditions (a) ; elle décide également de la va-

---

(d) Comparez § 258, note a, et 259, num. 4.

(a) Pufendorf de J. N. et G. lib. VIII. c. vi. § 17. Vattel, liv. III,
ch. iii, § 197. sq. 212. Bynkershoek l. c. Burlamaqui Principes du droit
politique, P. IV, ch. vii, § 20. p. 389. (édit. 1785. 8.) Jo. Jac. Bose
Diss. cit. ch. v. § 20. sqq. D. E. de Soria Diss. de bonorum finito bello
restitutione. Vienne, 1747. 4. v. Ompteda's Literatur, II. 641 f.

lidité des aliénations intermédiaires de tout ou partie des
conquêtes (b). Quant à la propriété et à la possession des immeubles appartenant aux *particuliers* qui n'ont pas contrevenu aux lois de la guerre, la conquête du pays n'y change
rien (c), suivant la loi moderne de la guerre.

§ 257 — Des conquêtes recouvrées par l'ennemi. De ce qu'on appelle
jus postliminii.

Les droits du conquérant sur les *immeubles* conquis de
toute espèce, cesse non-seulement lorsque ces immeubles,
sont abandonnés ou restitués dans la paix, mais aussi lorsqu'ils sont *reconquis* par l'ennemi ou par ses alliés (a) (droit
de recousse, *jus recuperationis*). Ordinairement ils rentrent
alors, *vi juris postliminii*, si ce droit est invoqué, dans la
propriété ou possession du possesseur antérieur (b), la seule
perte de la possession, occasionnée par les événements de
la guerre, ne pouvant éteindre la propriété. Cette règle est
d'une application générale, quelle que soit l'époque de la
conquête, que l'objet, après être reconquis, soit conquis

(b) Moser's Versuch, IX. 11 25. Vattel, liv. III, ch xiii, § 198. —
Comparez § 232, 246, 251, 252 et 258.

c) Vattel, l. c. § 200. Grotius, lib. III. c vi. § 1.

(a) Bynkershoek Quaest. jur publ. lib. I. c. iv. De Steck Essais sur
plusieurs matières (1790), n° 7. Jo. Neander Diss. de jure recuperationis
Lugd. Goth. 1740. 4. v. Kamptz neue Lit., § 312

(b) Voyez sur le *jus postliminii*, § 254, 270 et 328. Bynkershoek
Quaest. jur. publ. lib. I ch xvi. Vattel, liv. III, ch. xiv Leyser Medit.
ad Pandect Spec. 639. Heffter, ouv v Ompteda's Lit., II. 671 f v.
Kamptz neue Lit., § 313. — Sur la définition, voy Paul, cité § 187 et
suiv., L. 9 D. de captivis et jure postliminii Majansius Disp. de postliminio, § 14. sqq Menagius amoenit jur. civ. c xxxix. — Les principes du
droit des gens établis, nous n'avons plus besoin de recourir à la *fiction*
du droit romain, qui regardait les personnes ou les choses reprises sur l'ennemi comme n'ayant jamais été en son pouvoir. — Sur la question de savoir si l'on peut regarder comme conquis sur Napoléon, des pays (recou-
vrés) non cédés par le souverain légitime, voyez mes Acten des wiener
Congresses, Bd. IV, p 10, 24 29 et 30.

une seconde fois par l'ennemi, que la guerre soit juste ou
injuste du côté de celui qui a recouvré sa propriété, que le
particulier propriétaire enfin jouisse lui-même de sa liberté,
ou qu'il soit prisonnier de guerre chez l'ennemi (c); il n'y a
qu'une seule exception, lorsque le propriétaire a trahi sa
patrie (d). Les effets du *jus postliminii* peuvent être suspendus, tant qu'on est incertain si ce droit est fondé ou non
dans la circonstance (e). En ce qui concerne la *souveraineté*
et la *constitution* de l'État, ainsi que les *priviléges*, les anciens droits rentrent pleinement en vigueur.

§ 258. — De la validité des actes du gouvernement dans un pays conquis,
lorsque ce pays est rentré sous la domination de son ancien souverain.

Nous posons en principe que, le souverain légitime rentré, par le sort des armes, ou d'une autre manière indépendante de la volonté du conquérant, dans la possession d'un
pays qui lui avait été enlevé dans une guerre, n'est *point*
obligé de reconnaître comme valables (a) les actes de gouver-

(c) C. G. BIENER pr. de statu et postliminio captivorum in bello solenni
imperii cum gente extranea. Lips. 1795 4. VATTEL, § 210, 211, 217 et
suiv.

(d) VATTEL, § 210.

(e) BIENER, l. c. § 5.

(a) Cette difficile question de droit est de nature mixte. Il faut pour la
résoudre recourir, tantôt aux principes du droit des gens, tantôt à ceux du
droit public proprement dit, tantôt à ceux du droit privé, positif et naturel
(§ 2 et 141, note c) Les actes dont il s'agit, sont à peu près les suivants : l'a-
liénation du territoire de l'État; celle du domaine public (*patrimonium reip.
publicum*), notamment des domaines proprement dits, des fiefs dévolus au
domaine, du trésor public, de joyaux de la couronne, des dettes actives de
l'État (sur ces dernières voyez QUINCTILIANI inst. orat. lib. V, c. vi. PU-
FENDORF de jure nat. et gent. liv VIII, ch. vi § 23. Paix de Westphalie.
J. P. O. art. IV § 47. C. H K. A. v. KAMPTZ Beyträge zum Staats-u.
Volkerrecht, t. I, n° 9, § 1-8, et ci-dessus § 252) ; de titres et prétentions de
l'État; l'encaissement de créances échues ou non échues, dues par des débiteurs indigènes et étrangers, quelquefois souverains, et dont les titres ont
même pu rester aux mains du souverain légitime expulsé (H L ELLER uber

nement du conquérant ou de son successeur, le simple fait
de la conquête ne pouvant servir de titre, à moins qu'il ne
s'agisse d'actes de nature à obliger un successeur quelconque, c'est-à-dire de ceux qui, malgré l'occupation ennemie,
se fondent sur la persistance du lien social et du gouvernement, ainsi que du droit privé. Par leur séparation inévita-
ble de leur souverain légitime, les citoyens se trouvent obligés de continuer la société politique avec le conquérant ou
son successeur ; sans néanmoins que cela puisse préjudicier
au droit du souverain légitime de rentrer dans l'exercice
de son autorité (b). A cause de cette persistance nécessaire
(sede plena impedita) et effective de l'union sociale, le souverain empêché doit être considéré, à l'égard des actes gou-
vernementaux accomplis pendant la durée de son empêchement, comme le successeur du gouvernement intermédiaire ou extraordinaire qui a subsisté dans l'intervalle (c).

die Zulassigkeit der Austragal-Instanz in Absicht auf Forderungen des
Kurf. von Hessen 1818 in-4°); la perception de capitaux de cautionnements
versés par des fonctionnaires pendant la durée du gouvernement intérimaire ; la location des domaines de l'État ou des droits régaliens ; l'obligation imposée aux sujets par l'autorité souveraine, à concourir aux charges
publiques, soit par des services réguliers ou extraordinaires, soit par des
impôts, soit enfin par la participation à des emprunts forcés employés ou
non au profit de l'État (versio in rem), l'abolition de la servitude et des
droits féodaux , la distribution des emplois publics, et les rémunérations
assignées aux fonctionnaires en conformité ou non avec la constitution de
l'État et l'administration régulière.

(b) Quand le prince légitime est empêché par force d'exercer la souveraineté sur le territoire de l'État, la raison comme la religion, la prudence
comme la morale, ne laissent plus d'autre choix aux citoyens que de reconnaître activement et passivement le pouvoir de celui qui s'en trouve
investi de fait, tandis que le droit du souverain légitime repose. Ils le font
pour éviter l'anarchie, pour conserver l'ordre public, et aussi leurs droits
et leurs propriétés, et souvent en ne cédant qu'à une force irrésistible.
Comp § 175, note α, in fine, et § 255, n. b.

(c) Les opinions des auteurs sont très-divergentes à cet égard. Comparez
p e. CICERO de officiis, lib. II, c. XXIII. Sam de COLLEN Diss. de regi-
mine usurpatoris, rege ejecto Francof ad Viadr 1702. 4. Mes Acten des

§ 259. — Suite.

Les actes du gouvernement intermédiaire seront donc valables pour le souverain légitime après son retour ou pour son successeur : 1° Si le souverain légitime a *reconnu* le gouvernement intermédiaire, par une paix antérieure ou postérieure, ou bien s'il a *accédé* à quelque acte spécial du conquérant, soit par une simple déclaration explicite ou implicite de sa volonté, soit par un traité conclu avec lui ou avec une tierce puissance.

2° Si un pareil acte est conforme aux principes de la *constitution* et de l'*administration* anciennes et légitimes.

3° Si, sans être conforme à cette constitution ou à cette administration, un pareil acte a été d'ailleurs *nécessaire*, ou éminemment *utile*.

4° Si le conquérant a *usé de son pouvoir*, pour exiger d'un individu, sujet de l'État ou étranger, le payement d'une dette due à l'État, ou une prestation quelconque, en

wiener Congr., t. IV, p. 149 ff, 156 ff., 167 ff, 187 ff. Ansichten, ob die Regierungen der dem königr. Westphalen ohne Abtretung einverleibt ge-wesenen Länder, die zwischen der westphal. Regierung u. einzelnen Pri-vatpersonen entstandenen Rechtsverhältnisse anzuerkennen verpflichtet sind? Braunschw. 1815. 8. C. S. ZACHARIAE uber die Verpflichtung zur Aufrechthaltung der Handlungen der Regierung des Königreichs West-phalen, etc. Heidelberg 1816 8 Henr. Theoph. REICHARDI Commentatio, principes gérmanici collapso Westphaliae regno terris suis reddiți, quate-nus domania durante occupatione hostili alienata revocare possint. Gerae 1817. 8. Aufruf der westphal Domanenkaufer in Kurhessen, an die ver-bundeten Machte u die Fürsten des teutschen Bundes. Germanien 1817. H. W. SCHULZ ub. d. Nothwendigkeit der Aufrechthaltung der westphal. Domanenkaufe in Kurhessen. Frankf. 1818. 8 Du même. uber die Un-rechtmäfsigkeit der von Kurhessen gemachten Ansprüche auf völlige Wie-dereinsetzung in den vorigen Stand. (*Sine loco*) 1818 8 W. J. BEHR's Erörterung, in wie fern ist der Regent eines Staats an die Handlungen seines Regierungsvorfahrers gebunden etc. (Bamberg 1818. 8.), p. 52 — 141 Ueber Teutschlands Zustand, etc. (par M. de GAGERN, à Stuttgart 1818. 8.). p. 83-91. v. KAMPTZ 1 c. SCHMALZ europ. Volkerrecht, p 267.

l'obligeant par exemple à se soumettre à une obligation
conventionnelle (a). La prestation sera alors censée avoir
tourné au profit de l'État, et notamment le souverain légitime ne pourra annuler les engagements formés dans ces
circonstances qu'en indemnisant la partie contractante, en
lui offrant par exemple de lui rembourser tout ce qu'il aura
avancé, sauf toutefois son recours contre l'usurpateur. Il en
sera de même lorsque,

5° le prix ou l'objet d'échange, fournis au gouvernement
intermédiaire, ont effectivement tourné *au profit de l'État*
(*versio in rem*) (b).

(a) Des prestations faites, ou des obligations conventionnelles passées
de libre volonté et sans contrainte, ne sont pas comprises dans cette
règle.

(b) Ces questions ont été souvent agitées, lors des changements effectués
par les conquêtes de Napoléon et par sa chute, dans les royaumes de
France, d'Espagne, de Sardaigne, et de Naples, dans les États du saint-
siége, dans les électorats de Hanovre et de Hesse, dans le duché de Brunswick, dans celui d'Oldenbourg, etc. — Voyez particulièrement sur les domaines aliénés, et sur les dettes contractées par le ci-devant roi de Westphalie, les Acten des wiener Congresses (publiés par moi), t. IV, p. 148,
156 et 167, et t. V, p. 10 et suiv., 24, 29 et 30, ainsi que les Protocoles
de la diète de la Confédération Germanique, en date du 6 février, 13 et
17 mars, 14 (t 347 et suiv.) et 17 juillet 1817, du 30 juillet, 13 août,
10 sept. et 12. oct. 1818. Ordonnance de l'Électeur de Hesse, du 11 janvier 1814, et interprétation authentique de cette ordonnance, du 31 juillet
1818. Les déclarations du ministère de la justice de Prusse, en date de Berlin,
le . . octobre et le 27 déc. 1817, et les écrits indiqués dans v. v. KAMPTZ
neue Lit. des Volkerrechts, p. 346 ff. — Il a été statué sur la vente des
domaines de la principauté de Fulda et du comté de Hanau, dans l'acte
final du Congrès de Vienne art. 41 et 103, dans les actes du congrès de
Vienne sus-mentionnés, t. VI, p 49 et 86 — Le roi d'Espagne, dans une
lettre de cabinet signée au mois de juin 1817, déclara nuls les payements
faits au gouvernement usurpateur (du roi Joseph) pour des biens ecclésiastiques vendus sous le règne du roi Charles IV, à moins que les acquéreurs ne
prouvassent qu'ils avaient été forcés à payer — Le pape a assuré aux pos-
sesseurs la conservation des acquisitions qu'ils ont faites des biens dits nationaux, sous le gouvernement français. Voyez son édit du 5 juillet 1815,
le *Motu proprio* du 16 juillet 1816, et la notification du cardinal secrétaire

Du reste, si l'acquéreur a fait des *améliorations* réelles dans la chose qu'on veut lui faire rendre, il peut exiger d'en être indemnisé (c)

§ 260. — Des armateurs, des croiseurs et des pirates.

Un autre moyen légitime de nuire à l'ennemi consiste à autoriser par des lettres patentes ou de marque (a) (*litterae marcae*) des particuliers, appelés alors *armateurs* (b) (*praedatores maritimi*), à équiper et armer pour leur compte des bâtiments (*naves praedatoriae*, *câpres*), pour faire la guerre aux vaisseaux ou navires ennemis (armements en course). Les armateurs se distinguent non-seulement des *croiseurs* (*Kreuzer* ou *Kreuzfahrer*), qui sont armés immédiatement par l'État, ordinairement pour observer les ports et les bâti-

---

d'État datée du 15 nov. 1817. Le roi de Sardaigne a statué également que les biens nationaux resteraient aux mains des acquéreurs, à moins que l'acquisition n'eût été atteinte aux termes des lois qui la régissaient d'un vice emportant nullité.

(c) « *Petitor ex aliena jactura lucrum facere non debet.* » PAULUS in L. 38. D. de hered. petit.

(a) Voyez une *lettre de marque* donnée en 1793 par le gouvernement français, dans le recueil de M. de MARTENS, VI. 754 ; une autre donnée par le roi de Prusse en 1756, dans BEHMERI nov. jure controvers. t. I, p. 16 ; et ibid. p. 17, l'*instruction* d'un armateur prussien ; une pareille instruction pour un armateur anglais, dans le recueil précité, V, 264, 269, 272. — Un armateur portant de doubles lettres de marque, c'est-à-dire de l'une et de l'autre des puissances belligérantes, pour s'en servir contre toutes les deux et leurs sujets, doit être regardé comme *pirate*.

(b) Voyez sur les armateurs BYNKERSHOEK quæst jur. publ. lib. I, c. 4, 5, 17-20. VATTEL, liv. III, ch. xv, § 229. SURLAND's europ. Seerecht, p. 82 f. MOSER's Versuch, IX, 2 51-63. Beytrage, I, 486 ff. KLUIT hist. fed. Belg. II 437. BOSE Diss. cit. § 17. sq. S. F WILLENBERG tr. de eo q. j. e. circa excursiones maritimas, vom Recht der Caperey. Gedani 1711. 4 et très-augmenté ib 1726. 8. et 1736. 8. G. F. de MARTENS Essai concernant les armateurs, les prises, et surtout les reprises. A Goett 1795. 8 Du même, Grundriss des Handelsrechts (2 Aufl. 1805, 8.), § 223-237. v. également les ouvrages de MM. MASSÉ, HAUTEFFUILLE, ORTOLAN, et les ouvrages cités, § 291 et 295).

ments ennemis, mais aussi des *pirates* ou *corsaires* (écumeurs de mer, *Seeræuber, piratae, praedones maritimi*) qui, sans être autorisés par aucun gouvernement, exercent sur mer le métier de voleurs, et sont par conséquent coupables (c).

§ 261. — Continuation.

Les armateurs sont sous les ordres des amiraux de leur souverain ; il leur est défendu de prendre des vaisseaux ou navires munis de passeports de ces amiraux. Ils doivent se conformer à la loi de guerre, et aux règles et instructions qu'ils ont reçus pour la course. Ils sont ennemis légitimes, comme dans la guerre continentale le soldat qui peut s'approprier ce qu'il prend sur l'ennemi. Ils doivent respecter le territoire maritime des nations neutres, et ne peuvent y commettre des hostilités. Leur butin n'est regardé comme leur propriété qu'autant qu'ils l'ont amené dans un port de leur pays, d'un allié, ou d'une puissance neutre, et qu'il est outre cela déclaré de bonne prise par la sentence d'une cour d'amirauté, d'un tribunal des prises ou d'un tribunal maritime (a). Des règlements spéciaux déterminent si l'ar-

(c) BYNKERSHOEK l. c. c. XVII. MOSER's Versuch, IX, II. 73 ff. Corn. MOLL Diss. de jure piratarum. Traj. ad Rhen. 1737. 4. F. HERMANN über die Seeräuber im Mittelmeer und ihre Vertilgung. Lubeck 1814. 8. Ordonnance danoise concernant les corsaires, du 27 aout 1813. Mémoire de sir SIDNEY SMITH contre les pirateries des États barbaresques, présenté au congrès de Vienne ; dans mes Acten des wiener Congresses, t. V, p 528 ff. Voyez aussi mon Uebersicht der diplomatischen Verhandlungen des wiener Congresses, p. 30 f. v. KAMPTZ neue Lit , § 388. — Quelquefois cependant l'expression de *corsaire* est synonyme de celle d'armateur, p. e. dans le troisième article du décret rendu en 1807, le 17 décembre, par Napoléon contre le commerce anglais. (Voir sur la déclaration du congrès de Paris qui supprime l'armement en course, la note du § 316)

(a) Traité sur les prises maritimes, et sur les moyens qui doivent concourir pour rendre ces prises légitimes, par M. le chev d'ABREU. Paris 1758. 8. (C'est une traduction tirée de l'espagnol ; voy. HÜBNER dans la préface de son ouvrage intitulé : De la saisie des bâtiments neutres, à la

mateur recevra dans telle ou telle circonstance une prime, et de combien elle sera, si l'État partagera la valeur de la prise, et quelle sera sa part, la quote part qui sera réservée au capitaine du bâtiment, la caution qui sera fournie par l'armateur pour prévenir des abus, etc. Il est presque généralement défendu aux armateurs de relâcher, sans autorisation spéciale, les captures qu'ils ont faites, même contre une rançon (*b*). Une prise peut retomber entre les mains de l'ennemi, de ses vaisseaux de guerre, ou des bâtiments armés par des particuliers ; on l'appelle alors *reprise*. Plusieurs puissances ont proposé vainement d'abolir les armements en course (*c*), et d'assurer aux objets de commerce appartenant à des particuliers, la même liberté et sûreté dont ils jouissent presque généralement sur terre.

§ 262. — Dévastation.

Quoique le droit des gens naturel ne défende point au belligérant en juste cause de dévaster et de piller le territoire de l'ennemi, dans la mesure où le but de la guerre l'exige, l'un et l'autre n'en sont pas moins désapprouvés par la loi de guerre établie en Europe. Ce n'est que par exception que la *dévastation* est permise à l'égard de terrains qu'il est nécessaire de déblayer, de bâtiments ou d'établissement dont les opérations militaires exigent impérieusement la destruction. Il en peut être ainsi des forteresses, ouvrages de défense et de leurs alentours, des ponts, des

Haye 1759 8) Moser's Versuch, IX, 2, 59 : Règlement du roi de Danemarck concernant l'armement en course, et la manière de traiter les prises, du 28 mars 1810; dans le recueil de M. de Martens, Suppl. V, 429. Supplément à ce décret ibid. 505 — A qui appartiendront les prises faites par un bâtiment non pourvu de lettres de marque ? Voyez Bynkershoek I c. lib. I, c. XV. Boze l. c. § 18.

(*b*) De Martens essai etc., ch. II. § 23. De Steck Essais sur divers sujets relatifs à la navigation et au commerce pendant la guerre, p. 50.

(*c*) La Prusse et les État-Unis d'Amérique se sont engagés par un traité

magasins, des fabriques d'armes, des moulins à poudre, des fonderies de canon (a). Il peut être indispensable quelquefois de détruire jusqu'aux villes, villages et autres habitations, de ravager les jardins, vignes, champs, prés et forêts, enfin tout ce qui peut fournir des ressources à l'ennemi, lors d'une retraite dangereuse, ou lorsqu'il est essentiel de le chasser ou de l'attirer hors de ses positions, de former un camp ou d'élever des fortifications et des retranchements ; de même si les habitants du pays prennent une part immédiate aux hostilités, ou qu'ils montrent un mauvais esprit, dans le payement tardif des contributions de guerre, par exemple (b). La dévastation et le pillage peuvent aussi être ordonnés par rétorsion.

§ 263. — Pillage.

Piller les habitants paisibles, ainsi que la fortune particulière et les châteaux du souverain ennemi (a), n'est permis qu'en cas de nécessité, et comme talion, lorsque l'ennemi a violé les lois de guerre, quand les habitants se montrent séditieux et rebelles, et lorsqu'une forteresse est prise d'assaut (b). Des maraudeurs (c), partis-bleus ou chenapans qui se permettent de piller, non-seulement sont punissables, mais il est même permis aux habitants de se défendre contre eux et de leur faire résistance. Il en est de même quand des excès ou des fautes de discipline

de 1785, a ne point autoriser d'armateurs, en cas d'une guerre entre eux.

(a) VATTEL, liv. III, ch. IX, § 166 — 173. Voy. ibid. § 167 sur ce qu'on appelle mettre à feu et à sang — Sur le rasement des forteresses, ibid. § 170

(b) Conférez les maximes déclarées lois de guerre par la Grande-Bretagne, dans sa première guerre avec les États-Unis d'Amérique, dans le Précis du droit des gens. par M. de MARTENS, § 280, note f

(a) MOSER's Versuch, IX 1, 159 ff. Beytrage, II, 319 ff

(b) MOSER's Versuch, IX 11, 143. Beytrage, II. 70 ff. 84 ff.

(c) MOSER's Versuch. IX 11, 63-73.

sont commis par des troupes régulières (*d*), des partisans (*e*),
et des corps de volontaires.

§ 264. — *d*. Opérations militaires.

Le but de la guerre exige, avant tout, des *opérations militaires*. On comprend sous cette dénomination 1º toutes
sortes de *combats* sur mer ou sur terre, quel qu'en soit le
résultat (*a*). La loi de guerre permet au vainqueur de mettre le vaincu hors d'état de lui nuire; mais ce but atteint,
et pourvu que le prisonnier de guerre se tienne tranquille,
il ne peut lui être fait d'autre mal que celui qu'il éprouve
du manque de liberté; le vainqueur doit au contraire prendre soin de son entretien, et de sa guérison, s'il est malade
ou blessé. Quelquefois on fait même une trève de courte
durée, et pour une certaine partie des troupes seulement,
afin d'avoir le temps d'emporter et de panser les blessés et
d'enterrer les morts. 2º Dans les opérations militaires, on
comprend encore ce qu'on appelle la *petite guerre* (*b*). Elle
se fait entre des corps détachés de troupes régulières,
des partisans (voy. le § ci-dessus), des corps de volontaires
ou corps francs, et sur mer par des vaisseaux de ligne ou
frégates envoyés pour croiser, et par des bâtiments armés
en course. Les corps de partisans doivent être munis d'un
ordre du général en chef, donné par écrit; ils doivent être
composés d'un certain nombre de combattants, s'il y a quel-

(d) Moser's Beytrage, II, 82-118.

(e) Moser's Versuch, IX, ii, 49 ff. Du même, Grundsatze des europ.
Volkerrechts in Kriegszeiten (Tub. 1752. 8), Anhang, von Parteigängern.
p. 344 ff. — Lorsque la circonstance se présente, il importe de distinguer
les excès réellement commis, des plaintes souvent mal fondées des habitants

(a) V. Ompteda's Lit. II, 641. v Kamptz neue Lit., § 297. Moser's
Versuch, IX, ii, 78 ff.

(b) Traité de la petite guerre, par M. la Croix. 175?. 8 Job. Ewald's
Abhandl uber den kleinen Krieg. Cassel, 1785. 8.

que règlement à cet égard, et se conformer à la loi de
guerre : faute de quoi ils sont traités par les deux partis
comme maraudeurs et ennemis en cause injuste (c).

§ 265. — Continuation.

3°. On considère également comme opérations de guerre
les *descentes* sur les côtes ennemies, l'*occupation* du territoire, des places ouvertes, d'un district ou d'une île appartenant à l'ennemi, l'enlèvement des places fortes par *surprise* ou par un *coup de main*, le *blocus*, l'*investissement* et
le *siége* des forteresses par terre ou par eau, leur prise par
assaut ou en forçant la garnison, soit à capituler, soit à se
rendre à discrétion, (a), l'*occupation* et le *rasement* des places (b). Les événements ordinaires d'un siége sont l'incendie
des faubourgs par les assiégeants ou les assiégés, le désar-
mement ou l'expulsion des habitants de la ville, l'ouverture
des tranchées pour battre en brèche, le bombardement,
avant lequel les assiégés doivent cependant avoir été som-
més au moins une fois de se rendre (c), et pendant lequel
on arrête ordinairement dans l'intérieur de la place les hor-
loges et on fait taire les cloches, les armistices conclus pour
relever les blessés et enterrer les morts, ou bien aussi pour
traiter d'une capitulation, les sommations de la place (elles
ne doivent point menacer le commandant du dernier sup-
plice (d), etc.); enfin la place peut être délivrée par une
armée, ou la garnison peut se frayer un chemin l'épée à la
main. Souvent, lorsqu'une ville est prise d'assaut, on per-

(c) MOSER's Versuch, IX, II, 49 ff.
(a) MOSER's Versuch, IX, II, 85 ff. v KAMPTZ neue Lit., § 296.
(b) VATTEL, liv. III, ch. IX, § 170. MOSER a. a. O., p. 87.
(c) MOSER's Versuch, IX, II, 136 ff. — On tâche ordinairement d'épargner les maisons particulières et les édifices publics, et de ne diriger le
canon que sur les ouvrages et les magasins. VATTEL, liv. III, ch. IX,
§ 169.
(d) VATTEL, liv. III, ch. VIII, § 143.

met aux soldats de piller, mais jamais de mettre le feu à la ville, ni de maltraiter ou tuer les habitants qui n'ont point pris part à la défense (e).

§ 266. — Ruses de guerre. Espions. Transfuges. Déserteurs.

Pour atteindre le but de la guerre, on emploie aussi, outre la force ouverte, les armées et les ressources matérielles, les ruses de guerre et les espions. Il est loisible d'induire l'ennemi en erreur par des *ruses de guerre* (a) (*stratagemata, heuremata bellica*), pourvu qu'on ne lui ait pas promis expressément la bonne foi, ou que la loi de guerre ne l'exige dans tel cas particulier (b). S'instruire par des *espions* (*exploratores*) de la situation et des desseins de l'ennemi, n'est contraire ni au droit des gens naturel, ni à la loi de guerre (c); cependant on traite les espions avec beaucoup de rigueur, lorsqu'ils tombent dans les mains de l'ennemi. Les *transfuges* et *déserteurs* de l'ennemi peuvent être reçus dans l'armée, mais s'ils sont repris par les trou-

(e) Moser's Versuch, IX, ii, 143 ff

(a) Treler ad Pufendorf, De officio hominis et civis, lib. II, c. xvi, § 5. Vattel, liv. III, ch. x, § 178. Moser's Versuch. IX, ii, 464 ff. Jac. Aug. Frankenstein Diss. de dolo in bellis licito. Lips. 1721 4. Joly de Mezeroy, Traité des stratagèmes permis à la guerre. Metz, 1765, 8. v. Ompteda's Lit., § 308. v. Kamptz neue Lit., § 291.

(b) Il est d'usage, p. e., qu'un vaisseau de guerre arbore son véritable pavillon avant de s'engager dans un combat.

(c) W.-H. Bruker Diss. de explorationibus et exploratoribus. Jen. 1700. rec. 1741. 4. Laur. Lund, Hafniensis, diss. de speculatore. Jo. Henr. Moller Diss. de speculatoribus (Traj. ad Rhen. 1771. 4), cap ii, § 3. Hannov. gel. Anzeigen, 1751, p. 383 ff. Vattel, liv. III, ch. x, § 179. De Felice, Leçons du droit des gens, P. II, t. II, p 199. Moser's Versuch, IX, ii, 466 f. VI, 45 Encyclopédie méthodique, Diplomatique, t. III, p. 333-335. Strube's rechtl Bedenken, t. III, num. 33. v Martens Erzählungen, t. I, num. 15. v. Kamptz Beytrage zum Staats- u. Volkerrecht, t. I (Berlin, 1815. 8), p. 63-94. Schmalz europ. Volkerrecht, p. 135 ff — Parfois y a-t-il des espions *doubles*, c'est-à-dire qui servent les deux parties.

pes ennemies, ils ne jouissent pas des prérogatives des prisonniers de guerre (d)

§ 267. — Combattants.

On considère comme *combattants* pouvant prendre part
aux opérations militaires, et on traite suivant la raison de
guerre, lorsqu'ils la respectent de leur côté (*a*), non-seulement toutes les troupes réglées de l'État ou auxiliaires, et
les vaisseaux de guerre, mais aussi tous les corps francs,
partisans et armateurs autorisés par l'État, les gardes nationales ou milices (*b*), tous les guerriers commandés en
vertu d'une levée en masse (*c*) pour la défense de la patrie (*d*), les vassaux, les chasseurs appelés aux armes (*e*), les
volontaires (*f*), les sujets qui, par ordre exprès ou supposé
du gouvernement, prennent la défense d'un endroit seulement (*g*), p. e. les habitants d'une ville ou d'une forteresse,
pourvu qu'ils se bornent à cette défense, enfin ceux qui ne
prennent les armes que par nécessité, et pour leur propre

(*d*) Vattel, liv. III, ch. viii, § 144. Moser's Versuch, IX, ii, 441-452.

(*a*) Voy. Vattel, liv. III, ch xv. Pufendorf de J. N. et G., lib. VIII,
c. vi, § 21. C.-L. Scheid Diss. de ratione belli, § 46. Comparez ci-dessus,
§ 245-249.

(*b*) Moser's Beytrage, III. 6 ff., et son Versuch, IX, i, 267. — Sur les
partisans; voyez J.-J. Moser's Nachträge zu den Grundsätzen des Völkerrechts in Kriegszeiten. 1750. 8.

(*c*) Dans le moyen âge on appelait ces levées en masse : *cris d'armes,*
Lundschreye, Landhude, Landwehre. Voyez mes Anmerkungen, zu
Sainte-Palaye vom Ritterwesen, t II, p. 150 ff. — Voyez un exposé intitulé : Ueber stehende Heere und Landesbewaffnungen, dans v Archen
holz Minerva, 1807, sept., p. 385 ff.

(*d*) Exemples de levée en masse. Voyez Moser's Verruch, IX, i, 206 ff.
Beytrage, III, vi, 9 ff. De Martens recueil, VI, 749. Exemples en
Allemagne, en 1794, 1795, 1797, 1799, 1800 et 1809, et en Russie,
en 1812.

(*e*) Moser's Beytrage, III, 9.

(*f*) Moser's Versuch, IX. ii. 434-441.

(*g*) Vattel. liv. III, ch. xv, § 228.

défense. Quiconque prend une part active à la guerre sans
appartenir à une des classes ci-dessus, peut être traité, s'il
est fait prisonnier, en ennemi illégitime, et non suivant la
loi de guerre.

*268. — *e.* Secours des puissances étrangères

On combat encore l'ennemi à l'aide du *secours* prêté par
des puissances étrangères (a). Tout État est autorisé, selon les
principes du droit des gens naturel, à prêter secours à un
État, s'il est convaincu, sans avoir fait une enquête comme
juge, ce dont il n'a pas le droit, des torts de la partie adverse (b). C'est pour ce motif que, dans tous les traités qui
promettent des secours ou des subsides, qu'ils soient conclus durant la guerre même ou avant (§ 149), la condition
que la guerre soit juste est sous-entendue au moins comme
condition tacite.

§ 269. — Continuation.

L'obligation de prêter les secours stipulés dépend dans
son exécution de la question de savoir si le *cas d'alliance*
(*casus fœderis*) existe ou n'existe pas (a). Cela n'arrive jamais dans une guerre injuste. Mais souvent on manque des
données nécessaires pour juger en connaissance de cause de

(a) Moser's Versuch, X, 1, 1 ff. v. Ompteda's Lit , II, 585 ff. v. Kampz
neue Lit., § 287.

(b) Comparez plus haut, § 233, et Vattel, liv. III, ch. vi, § 83 et
suiv

(a) Ce ne sont point ici les stipulations expresses du traité d'alliance
seules qui décident, mais aussi les conditions tacites, p. e. la réserve qu'il
ne sera point porté préjudice aux droits conventionnels antérieurs d'un
tiers, les propres besoins de l'État qui a promis secours, etc. Il n'est donc
pas étonnant qu'il s'élève si souvent des plaintes sur des secours refusés,
retardés, ou donnés incomplétement. Voy. Moser's Versuch, X, 1, 43-55.
Kluit, Hist. fed. Belg., II, 402, 108; I, 270, 305, 310, 183, 214, 217. —
Voy dans Wheaton, Éléments de droit international, t. I. p 259 et suiv.,
divers cas d'application du *casus fœderis.*

la légitimité de la guerre ; et, dans ce cas, c'est la présomption de la justice et de la bonne foi qui décide entre Etats indépendants (§ 237). L'État allié est donc de bonne foi, et a le droit, aussi bien que l'obligation, de prendre part à la guerre, du moment que, d'après les indices qui sont à sa portée, il ne la reconnaît point pour injuste. Il prend réellement part à la guerre par les secours qu'il prête à la puissance belligérante, et il devient, en conséquence, *ennemi* de la partie adverse (*b*). Cependant l'usage établi entre les nations de l'Europe ne le reconnaît tout à fait pour tel que lorsqu'il fait la guerre avec toutes ses forces ; s'il ne fournit qu'une partie de ses troupes, etc., il ne devient ennemi que lorsqu'il les a promises durant la guerre même (*c*) (§ 270).

§ 270. — Alliance générale. Paix séparée.

Les secours peuvent être prêtés en vertu d'une *alliance générale*, de telle manière que l'allié fait lui-même la guerre à l'ennemi commun ; ou bien ils ne peuvent être que *par-*

(*b*) GALLIANI's Recht der Neutralität, p. 144 ff. — D'autres auteurs distinguent le cas où les secours ont été promis durant la guerre, et celui où ils l'ont été avant. SCHRÖDER Elem. juris nat , socialis et gent , § 1131. HÖPFNER's Naturrecht, § 234, note 5.

(*c*) MOSER's Versuch, G. 1, 144. C.-F. de BEULWITZ Diss de auxilus hosti præstitis more gentium hodierno hostem non efficientibus. Hal 1747. 4. — Avis du conseil intime de l'électeur de Saxe de 1747, dans MOSER's Versuch, VIII, 181. Recueil du comte de HERTZBERG, 1, 8. v. MARTENS Erzählungen, t. I, num. 17 — Comment décidera-t on, si, quand même les secours sont promis avant la guerre, le territoire de la puissance qui les prête devient postérieurement le théâtre de la guerre? L'ennemi de son allié pourra-t-il exiger d'elle qu'elle retire ou suspende ses secours? — Cet exemple s'est présenté dans la guerre entre la France et la Russie en 1812, et au commencement de l'année 1813, par rapport à la Prusse L'histoire nous apprend que c'est ordinairement en vertu de considérations politiques qu'on regarde les alliés de l'ennemi comme parties belligérantes principales ou comme neutres ; le droit de prévention donne alors un moyen de justification Voyez des exemples récents dans MOSER's Versuch , X. 1, 144 ff. De MARTENS recueil, II. 151, IV, 529.

tiels, lorsque l'allié ne s'oblige qu'à donner un nombre déterminé de troupes auxiliaires, ou des subsides en argent ou en autres fournitures de guerre. Dans les alliances générales, chacun fait la guerre de son côté, en suivant ou non un même plan d'opération, ou bien les deux armées sont réunies, quelquefois sous un même chef (a) (généralissime). Si les armées agissent de concert, les conquêtes et le butin sont ordinairement partagés en proportion des forces de chacune (b). Si des provinces qui appartenaient autrefois à l'un des alliés sont reconquises par l'un d'eux, l'autre allié et ses sujets peuvent prétendre au *jus postliminii* (c). Aucun d'eux, à moins qu'il ne se trouve dans la dernière nécessité, et que l'impossibilité d'atteindre le but commun de la guerre ne soit devenue évidente, ne peut conclure un armistice ou une *paix séparée* (d) sans le consentement de son allié (e).

(a) MOSER's Versuch, X, 1, 70, 77.

(b) Dans une guerre de société, où les pertes et les avantages doivent être communs, les alliés peuvent exiger l'un de l'autre une répartition proportionnée des conquêtes et des pertes Voy le traité de famille français-espagnol de 1761, art. 18, dans le recueil de M. de MARTENS, I, 7; et le § 50 de l'Essai concernant les armateurs, par le même auteur.

(c) VATTEL, liv. III, ch. XIV, § 207 De STECK, Sur le droit de postliminie ou de recousse; dans ses Essais sur plusieurs matières intéressantes (a Halle, 1790. 8), n° 8 Voyez ci-dessus, § 254 et 257

(d) WAECHTER Diss. de modis tollendi pacta inter gentes (Stuttg. 1779. 4), § 81 sqq., et une série d'écrits sur la paix séparée entre la France et la Prusse, conclue à Bâle en 1795, dont une liste, quoique incomplète, dans la Neue allgem. deutsch. Bibliothek, t. XXV, sect. II, Heft 6, p. 344-347. Voy. aussi le traité d'alliance entre la France et les États-Unis d'Amérique, de l'an 1778. De MARTENS recueil, I, 701.

(e) SCHMALZ europ. Volkerrecht, p. 277 f — On ne manque pas d'exemples, jusque dans les temps les plus récents, non-seulement d'alliés qui se sont déclarés neutres, mais qui même ont entièrement embrassé la cause de leur ancien ennemi, et ont fait la guerre à leur allié. De MARTENS recueil, III, 151 et suiv.; IV, 529 et suiv., VI, 620; et Supplément V, 564, 588, note *, 610, 643, 649, 660

§ 271. — Secours partiels, moyennant des troupes auxiliaires, des vaisseaux
de guerre, des subsides, etc.

Souvent on prête, aux termes de traités conclus à cet effet (a), des secours de guerre *partiels*, limités en quantité et
en qualité. Lorsqu'on fournit des troupes auxiliaires (*copiæ
auxiliares*), ou des bâtiments de guerre, ils sont entre-
tenus, suivant les dispositions du traité d'alliance ou de
subsides (b), ou par la puissance auxiliaire, ou par l'allié
belligérant, et dans ce dernier cas, l'allié paye leur entretien journalier, ou s'en acquitte moyennant certains subsides ou toutes autres fournitures de guerre. Les troupes
dont l'entretien est ainsi à la charge de la puissance belligérante sont appelées troupes de subside (c) (*milites stipen-
diarii cessi*). Les troupes auxiliaires peuvent être comman-
dées ou par les généraux de l'allié, ou par leurs propres
officiers, ou par un chef commun; mais, en tout cas, elles
doivent coopérer au but de la guerre, quelles que soient les
restrictions auxquelles on ait soumis leur concours, en stipulant, par exemple, qu'elles seraient employées seulement
sur terre, ou dans un certain pays, ou bien pour la défense
du territoire de l'allié, etc ; elles doivent être tenues au

a) Ces secours de guerre sont stipulés dans des traités de subsides
spéciaux, dans les alliances offensives et défensives, dans les traités de garantie, et parfois aussi dans des traités de paix, des statuts de famille, des
traités de commerce, etc. Il s'en trouve plusieurs, conclus surtout par des
princes d'Allemagne et des cantons suisses, dans les recueils de Du Mont,
Schmauss, Wenck. de Martens et autres. Aussi dans Moser's Versuch,
X, 106 ff. — Conférez Posselt's Europ. Annalen. 1800, IX, 231. Eisenhart's kleine Schriften, II, 1-88. Reuss Teutsche Staatskanzley, XI, 400
Mon traité Ueber das europäische Staats-Militär-System, dans les Europ
Annalen, 1805, V, 170 ff.

(b) Des dispositions très-détaillées à cet égard se trouvent dans le traité
d'alliance conclu en 1746 entre l'Autriche et la Russie ; voyez Moser's
Versuch, VIII 164. Conférez ibid. X, 137 ff, 144 ff

(c) J.-F. Schmidt in Diss de juribus et obligationibus gentium mediarum in bello. § 15, 16.

complet, prennent une part proportionnée au butin, etc.

§ 272. — Continuation.

Quelquefois les secours consistent à permettre à la puissance belligérante d'occuper une de nos *forteresses* ou de nos *ports* de mer, de faire *passer* ses *troupes* sur notre territoire (§ 88 et 136), et d'y enrôler des *recrues* (a); ils peuvent enfin consister en *subsides* (b) (§ 149), ou en toutes autres *fournitures de guerre* (c). Les subsides se payent quelquefois même en temps de paix sous la condition de tenir prêtes, pour le cas d'une guerre, une certaine quantité de troupes. Une puissance qui ne donne que des secours partiels n'est point regardée ordinairement comme belligérante. C'est pour cette raison qu'elle ne prend point part aux conquêtes, et que dans le traité de paix il n'en est pas fait mention, du moins comme partie contractante principale (d); elle y est tout au plus comprise (§ 161 et suiv.). On ne peut point regarder comme secours de guerre la per-

---

(a) SCHMIDLIN Diss. cit. § 17, 21-24.

(b) SCHMIDLIN Diss. cit. § 19. — Quelquefois on stipule l'alternative de secours à fournir en troupes ou en argent comptant, p. e. dans l'alliance défensive conclue entre la Prusse et la Hollande en 1788, art. 3 et 4. De MARTENS Recueil, III, 134. J.-J. MOSER von der üblichen Proportion zwischen der Hulfe an Mannschaft, Schiffen oder Geld; dans ses Vermischten Abhandlungen (1750. 8), t. I, p. 84 — Des conventions de subsides conclues surtout par la Grande-Bretagne, se trouvent dans le recueil de M. de MARTENS, p e. celles avec la Suède en 1808, 1809 et 1813, avec le roi des Deux-Siciles en 1808, avec la Russie et la Prusse en 1813, dans le Supplément, V, 2, 8, 558, 31, 568 et suiv.; v. aussi KLUIT l. c. II 402, et FLASSAN, Hist. de la diplom. franç. III, 20. — Sur la manie de conclure des traités de subsides, voyez mon écrit Ueber das europ. Staats-Militar System, dans Europaische Annalen 1805, V, 150 ff.

(c) SCHMIDLIN Diss. cit. § 25-27.

(d) Voyez le traité cité au paragraphe précédent, conclu en 1746 entre l'Autriche et la Russie, art. 12, et l'alliance formée entre la Russie et l'Angleterre en 1798, art. 5 et 6, dans le recueil de M. de MARTENS, VII, 321.

mission qu'une puissance donne a ses sujets de suivre une
armée étrangère, soit au service immédiat du belligérant,
soit comme combattants volontaires; ou le droit qu'elle accorde, en vertu d'une convention conclue pendant la paix
(convention militaire) (e), à une puissance étrangère de faire
des *enrôlements* (f) dans son territoire, pourvu qu'elle ne refuse point, en temps de guerre, cette même faveur à l'autre
belligérant

§ 273. -- 1° Arrangements militaires.

Les *arrangements militaires* (a) (*pacta bellica*) sont des
conventions formées entre des puissances en guerre entre
elles, à l'effet de déterminer quelques conditions relatives a
la guerre, pendant la durée même de celle-ci. L'ennemi
dont la cause est évidemment juste, est obligé, par de pareilles conventions, tout aussi bien que son adversaire,
puisque, en les formant, non-seulement il s'est tacitement

(e) On appelle ainsi les conventions par lesquelles un Etat permet à un
autre, même en temps de paix, de recruter chez lui un certain nombre de
soldats et d'officiers pour en former un corps ou un régiment spécial destiné
à rester un certain temps à son service. Les cantons de la Suisse , et jadis
aussi des princes allemands, ont conclu des capitulations de ce genre avec
la Hollande, la France, l'Espagne, etc. — V. le Supplém. ? 42. (L'art. 11
de la constitution suisse du 12 septembre 1848 porte : Il ne peut être conclu de capitulations militaires)

(f) BYNKERSHOEK Quæst juris publ. lib I, p. 158, v. KAMPTZ Neue Lit.
des VR , § 112. — Sur la question de savoir par-devant quel tribunal
les enrôleurs sont justiciables, voyez v. STECK's Ausführungen polit. u.
rechtl. Materien, p 164 ff, et Rechtsgutachten des Spruch-Collegii zu
Heidelberg, t I (1808 8), n. 4

(a) E.-C. WIELAND Diss. de pactis bellicis inter gentes. Francof. ad
Viadr 1776. 4, et dans ses Opusc. acad. Fasc. III (Lips. 1790. 8), u 1
F.-L WALDNER de FREUNDSTEIN Diss. de firmamentis conventionum pu
blicarum , cap. I, § 10-12. VATTEL, liv. III, ch. XVI. DRESCH, uber die
Dauer der Volkervertrage, § 92 ff, v. OMPTEDA's Lit., § 302 et 314. v.
KAMPTZ Neue Lit , § 290 et 298. -- Ces arrangements étaient appelés.
par les Romains, *belli commercium* TACITUS annal XIV VIRGILIUS, Aen.
X, 532.

désisté de son droit quant à l'objet convenu, mais qu'il a
même accordé par là à son ennemi un droit d'acceptation
que même un ennemi injuste peut exercer. Les arrangements militaires, comme les moyens de nuire a l'ennemi,
doivent avoir en vue le but de la guerre. S'ils n'obligeaient
point l'ennemi en juste cause, il n'y aurait pas plus de raison pour qu'une paix à conclure dût l'obliger : or, la paix
étant le dernier but de toute guerre, il ne peut y avoir de
doute sur la validité et l'inviolabilité du traité qui la stipule,
ni par conséquent sur celle de tous les traités qui rentrent
dans la même catégorie (b). Pour assurer l'exécution de ces
arrangements et pour la sûreté des négociateurs, on se
donne quelquefois des ôtages (§ 156), ou l'on a recours à
diverses autres mesures. Toute atteinte portée à la convention autoriserait l'ennemi à prendre sa revanche en usant
de rétorsion ou par tout autre moyen. Les arrangements
militaires cessent d'être obligatoires dans différentes circonstances, par exemple, quand le terme pour lequel ils
sont conclus est écoulé; et toujours au moment de la paix (c).

§ 271. — Des sauvegardes , des conventions sur la neutralité , et de
celles sur la rédemption et l'échange des prisonniers de guerre en
particulier.

Il y a différentes espèces d'arrangements militaires. La
sauvegarde (*salva guardia*), qui en est une, promet a des
personnes ou a des propriétés ennemies sûreté et protec-

(b) VATTEL, liv III, ch. x, § 74 et suiv. Abhandl. von der Unverletzlich-
keit der Waffen-und Kriegsvertrage. Frankf. und Leipz. 1760. 4. Corn.
Pet. CHASTELEIN Diss. de fide inter hostes Lugd. Bat. 1769. 4, v. OMPTE-
DA's Lit., II , 637. — Voyez les contestations qui ont eu lieu sur la con-
vention du couvent de Zéven ou Séven, formée en 1757, dans MOSER's
Versuch , X , 1 , 186 ff , et dans les Staatsschriften des Grafen R. F. von
LYNAR, t. II, (Hamb. 1797. 8), p. 71-810 ; de même sur la capitulation de
Lilhenstein en 1756. ibid. IX, II. 162 ff. 321.

(c) VATTEL. liv III. ch. x. § 176.

tiou (a); elle est donnée selon que la convention en dispose, ou par écrit, par exemple sous forme de passeport (b) ou de sauf-conduit (litteræ liberi commeatus, salvi passus aut conductus) ; ou bien en mettant les personnes ou choses sous la garde d'un détachement militaire, ou enfin en leur donnant pour leur légitimation quelque symbole, tel que les armes de l'État, etc D'après ces différences on distingue les sauvegardes en vives et mortes, et les dernières, en sauvegardes données par écrit et en sauvegardes constatées par un symbole. — Les *conventions de neutralité* déclarent neutre une partie du territoire ennemi, ou quelque branche de commerce (c) — Il se forme souvent des conventions sur la *rédemption* (le rançonnement, *pactum de redimendis captivis cum pacto de lytro*), et l'*échange* (*pactum de permutandis captivis*) des prisonniers de guerre (d).

§ 275. — Des contributions et des cartels.

Des villes, villages ou districts entiers forment quelquefois des conventions avec l'ennemi, à l'effet d'éviter, moyennant une *contribution* qu'ils s'engagent à payer, le pillage ou l'incendie (*pacta de tributo bellico et lytro incendiario*, § 251). — Les *cartels* sont des conventions passées en temps de guerre par les puissances belligérantes, dont l'objet est de déterminer et de régler les rapports que l'on veut laisser subsister, p. e. la forme des communications verbales ou par écrit transmises par le moyen des paque-

(a) Ge ENGELBRECHT Diss de salva guardia. Jen 1743. 4. VATTEL, liv III, ch. iv, § 171. MOSER's Versuch, IX, ii, 452, ff. J. MADER's reichsritterschaftl. Magazin t. VIII, p. 656, v. OMPTEDAS Lit., § 317

(b) GROTIUS, lib. III, c xxi, § 14, sqq ; v. OMPTEDA's Lit , II. 649; v. KAMPTZ Neue Lit., § 118.

(c) MOSER's Versuch, X, i, 154 ff. Voyez la convention qui déclare neutres les barques de pêcheur non armées, françaises et anglaises, dans le recueil de M de MARTENS, VIII, 295 et suiv.

(d) VATTEL, liv III, ch. xvii, § 278 et suiv. MOSER's Versuch, IX, ii, 388-434. De MARTENS Recueil, IV, 276, VII, 288.

bots, courriers, trompettes (*a*), tambours parlementaires (*b*), etc., la délivrance des passeports et des sauf-con-
duits (*c*), les signaux (*d*), la manière dont se fera le commerce,
les contributions qui seront imposées, de quelles armes ou de
quelles autres sortes d'hostilités il sera défendu de se sser-
vir (*e*), des affaires concernant les prisonniers, les postes,
les sauvegardes, les maraudeurs, enfin nombre de choses
qui font l'objet de la guerre, ou qui lui servent de moyens,
et pour lesquelles il est indispensable de se mettre en relation avec l'ennemi.

§ 276. — Des capitulations.

Du nombre des arrangements militaires les plus importants, sont les *capitulations* (*pacta deditionis*), par lesquelles l'une des parties belligérantes promet d'abandonner à
l'autre certaines personnes à garder, ou la possession de
certaines choses, particulièrement des places fortes (*a*). Ces

---

(*a*) Moser's Versuch, IX, 1, 95. Chr. Wildvogel Diss. de buccinato-
ribus eorumque jure (Jen. 1711 4. rec. Hal. 1753, et in Ejus Collect.
Disp. n. 3, § 41.) Voyez un traité sur les trompettes et leurs prérogatives,
dans la collection intitulée : der prufenden Gesellschaft fortgesetze zur
Gelehrsamkeit gehörige Bemühungen (Halle 1741 8). t. IV, num 2 ; se
trouve aussi dans le recueil des écrits (Schriften) de cette société, t I,
p. 409 et suiv. De Bielfeld, Institutions politiques, II, 177, § 25 —
Voyez sur les paquebots, Moser's Versuch, IX, 1, 48.

(*b*) C'étaient autrefois les hérauts d'armes. De Bielfeld, l c. II, 176,
§ 24. Voyez ci dessus, § 238, note *b*.

(*c*) Vattel, liv. III, ch. xvii, § 265 et suiv. v Ompteda's Lit., II, 649
et suiv.

(*d*) Moser's Versuch, IX, 1, 95, 145 Dans les combats maritimes, p e
ôter le pavillon de guerre et en arborer un blanc, c'est dire qu'on veut se
rendre.

(*e*) Voyez une convention de cette espèce, de 1692, dans du Mont,
Corps diplomatique. VII, 310

(*a*) Vattel, liv III, ch. xvi, § 261 et suiv. Moser's Versuch, IX, 11,
155 ff. Jac.-Frid. Ludovici Diss. de capitulationibus. Hal. 1707. 8. Cornel.
Vollenhoven (præs. H.-C. Cras) Diss. de vi et natura pactionis, quæ

capitulations se composent ordinairement d'articles proposés par l'une des parties, et de l'acceptation, des limitations,
des changements ou du refus, que l'autre partie met à la
suite ou à côté des premiers (b). Elles sont obligatoires sans
être acceptées ou ratifiées par les souverains respectifs,
pourvu que les officiers commandants qui les ont signées
aient été de bonne foi, et qu'ils n'aient point passé les limites de leurs attributions ou agi hors de leurs pouvoirs.

§ 277. — Des traités d'armistice.

Par les traités d'armistice (*pacta induciarium*), les hostilités sont suspendues pour un certain temps (a). Ils sont *généraux* ou *partiels* (b). Les armistices généraux ou trèves
sont conclus par les gouvernements en guerre, et par rapport à toutes sortes d'hostilités. Les armistices partiels, ou
armistices proprement dits, au contraire, ne font cesser
qu'une partie des hostilités, p. e. en déclarant neutre un

dicitur Capitulatio. Amstelod. 1797. 4 v. OMPTEDA's Lit., § 315. v.
KAMPTZ Neue Lit., § 300

(b) Exemples : la capitulation de Lilienstein de l'an 1756, par laquelle
l'armée saxonne cernée se rendit au roi de Prusse, dans MOSER's Versuch,
IX, II, 162 ff; la capitulation de l'armée française en Égypte de l'an 1801,
dans le supplément au recueil de M de MARTENS, II, 509 (La capitulation du général autrichien Mack à Ulm en 1805). Des capitulations de
pays, d'îles ou de districts entiers, dans MOSER's Versuch, IX, I, 157,
IX, II, 176-226. De MARTENS Recueil. VI, 450; VII, 299, 335, 380, 466,
supplément, II, 468, 470, 502, 509. Des capitulations de forteresses et de
villes, ibid. VII, 416. Supplément, II, 500. Capitulation de Paris du 31
mars 1814; ibid. Supplém. V, 693.

(a) Jo STRAUCH Dissertationes V de induciis bellicis cum aliis. Viteb
1668. 4, et dans ses Dis. acad, n. 5. VATTEL, liv III, ch. XVI, § 233 et
suiv. MOSER's Versuch, X, II, 1 ff. v. OMPTEDA's Literatur, II, 648 ff. v
KAMPTZ Neue Lit., § 301.

(b) Des exemples de toute espèce, dans MOSER's Versuch, X, II, 9 ff. 21
ff. 475, et dans de MARTENS Recueil, IV, 571; VII, 141, 172, 174, 177,
390, 396, 401, 410, 414, 425, 528, 532, 536, et dans le Supplém. V,
582 et suiv. 703, 716. — Voyez sur les traités d'armistice conclus tacitement, de STECK Obss. subsec., n. 39.

.

certain district; ils sont arrêtés ou par les souverains eux
mêmes, ou par des généraux, pour la partie de la force armée qui est sous leurs ordres, et dans les limites de leur
autorité ou de leurs pouvoirs (c). Le terme du commencement est toujours fixé, tandis que la fin dépend souvent
d'une notification faite par l'une des parties et qui doit être
suivie d'un certain délai.

§ 278. — Continuation.

Après une bataille, ou lors d'un siége, on convient quelquefois d'une suspension ou cessation d'armes de quelques
heures seulement (a). Un armistice stipulé pour des années
entières (b) ne diffère guère d'une paix que par le droit
des deux parties de recommencer aussitôt les hostilités
pour les anciennes causes, quand il est expiré. Durant la
trève, non-seulement les hostilités doivent cesser, mais il ne
doit rien être entrepris qui soit contraire au but pour lequel
l'armistice a été conclu (c) Si l'un des partis manque à ces

(c) Sur la question de savoir si le traité doit être ratifié par le souverain
ou par le général en chef, voy Moser's Versuch, X, ii, 5 f Vattel,
§ 237. De Martens Recueil, IV, 571.

(a) Moser's Versuch, X, ii, 3 ff. IX ii, 82, 140. De Martens Recueil,
VII, 396.

(b) Tel que celui conclu entre l'Espagne et les Provinces Unies des Pays-
Bas, en 1609, pour douze ans, et celui entre l'Autriche et la France conclu
en 1684 pour vingt ans. La Porte Ottomane croyant autrefois, en vertu des
principes de l'islamisme, ne pouvoir former que des armistices avec les
puissances chrétiennes, tel fut celui p. e. qu'elle fit avec l'Autriche en
1739 pour vingt-sept ans. Mais aujourd'hui elle conclut aussi des traités de
paix à perpétuité; voyez p. e. les traités conclus avec la Russie à Belgrade
en 1739, a Kainardgi en 1774, à Szistove en 1791, à Jassy en 1792,
à Bucharest en 1812. Moser's Versuch, X, c xxxix ff, v. Steck von
den Friedensschlussen der osmannischen Pforte, dans ses Versuche (en
1772), num 9

(c) Vattel, § 245 et suiv — Quelques auteurs ont attribué à tort la
dénomination de traités aux capitulations accordées par la Porte. Les traités supposent des parties contractantes, les capitulations de la Porte, au

obligations, l'autre peut à l'instant recommencer les hostilités. Dans un armistice général, sont compris aussi les alliés
des puissance belligérantes (*d*).

CHAPITRE II.

DROIT DE NEUTRALITÉ.

§ 279. — Neutralité. Définition et étendue.

On appelle *neutre* (*medius in bello*) celui qui, dans une
guerre, ne prête assistance à aucune des puissances belligérantes. La *neutralité* est la condition qui en résulte pour
lui, par rapport à ces puissances (*a*). En vertu de sa liberté

contraire, ne contiennent que des privilèges et des exemptions conférées
unilatéralement et par pure bienveillance, que la Porte accorde à un autre
État pour ses sujets, quelquefois aussi pour des sujets étrangers qui font
le commerce sous son pavillon et sous la protection de ses consuls Elles
sont relatives aux ambassadeurs, agents consulaires, interprètes, négociants, capitaines de vaisseaux et marins, évêques et ecclésiastiques sécu-
liers et réguliers. V. le Suppl., § 12, n° 4, et FLASSAN, Hist. de la diplomatie française, I, 366; II, 97, 224, 227; III, 417; et surtout VII, 116-119.
WENK, Cod. jur. gent., I, 538.

(*d*) De STECK, Essais sur divers sujets de politique et de jurisprudence,
num. 3.

(*a*) Abhandl. von der Neutralität. u. Hulfeleistung in Kriegszeiten.
1758. 4. Henr. HOEUFFT Diss. de jure et officio quiescendi in bello. Lugd.
Bat. 1768. 4; aussi dans Gerh. OELRICHS Collect. diss. jur. nat. et gent.,
n. 3, p. 167 sqq. J Cph. MURHBECK Diss. de jure neutralium in bello. Gry-
phisw. 1771. 4. Jo. Frid. SCHMIDLIN Diss. de juribus et obligationibus
gentium mediarum in bello. Stuttg. 1779. 4. (GALIANI) De' doveri de'
principi neutrali verso i principi guerregianti, e di questi verso i neutrali.
Libri due. Napoli. 1782. 4. A. HENNINGS Abh uber die Neutralität und
ihre Rechte, insonderh. bei einem Seekriege. Altona, 1784. 8, et dans sa
Sammlung der Staats-Schriften die wahrend des Seekriegs 1776-1783
bekannt gemacht worden, t. I (Altona, 1784 8). J.-A. STALPF uber einige
Rechte und Verbindlichkeiten neutraler Nationem in Zeiten des Kriegs.

23

naturelle, chaque État peut, dans toute guerre entre d'autres États, soutenir son droit de neutralité (*b*), même lorsqu'une des puissances en guerre l'aurait offensé (*c*). Il n'y a qu'une seule exception à cette liberté de rester neutre, c'est le cas où un État se serait engagé, par quelque convention, à prendre part à la guerre, p. e. comme membre d'une confédération (*d*) ou d'un État composé, ou en vertu d'un traité d'alliance (*e*). Toutefois, même dans ce dernier cas, l'obligation de s'intéresser dans la guerre ne s'entend que d'une guerre juste, ou que, dans le doute, on doit tenir pour telle (§ 237, 268 et suiv.).

§ 280. — Neutralité naturelle et conventionnelle, volontaire
et obligatoire.

Le droit de rester neutre est fondé en effet dans la *nature* même de la personnalité politique de l'État (neutralité *naturelle* ou simple). Mais ce droit peut de plus être stipulé expressément, avant ou durant une guerre, par *convention* (*a*) uni-latérale ou synallagmatique, soit entre des puis-

Wurzb. 1791. 8. Bynkershoek quæst. jur. publ., lib. 1, c. VIII-XV. Moser's Versuch, X, 1, 147 ff, Encyclopédie méthodique; Diplomatique, II. 423. v. Ompteda's Lit., II, 651 ff. v. Kamptz neue Lit., § 315. Heffter, Droit intern., ch. III. Wheaton, Elem., t. 2, et les ouvrages cités § 291.

(*b*) Hoeufft diss cit. § 7, 15. Conférez plus haut, § 233.

(*c*) Hoelfft diss. cit. § 5 sqq., 13, 67 sqq. Stalpf au livre allégué, § 3 et suiv. Schmalz europ. Völkerrecht, p. 278 ff.

(*d*) Voyez, p. e., mon Oeffentliches Recht des teutschen Bundes, § 161.

(*e*) (Fabricius) Ueber die Neutralität der teutschen Reichsstände in Reichskriegen 1793. 8. Hoeufft diss. cit. § 15 sqq.

(*a*) Voyez des conventions de neutralité, dans Moser's Versuch, X, 1, 157-209 De Martens recueil, supplément, I, 216. Schmidlin l. c. § 62. — La ville de *Cracovie*, avec son territoire, a été déclarée libre, indépendante et strictement *neutre*, par le traité additionnel conclu à Vienne, le 3 mai (21 avril) 1815, entre l'Autriche, la Russie et la Prusse; dans les Acten des wiener Congresses, t. V, p. 138 ff ; t. VI, p. 22. (Voy. § 22) — De même, le congrès de Vienne a stipulé et garanti la neutralité *perpétuelle* de la *Suisse*. Voyez mes *Acten* allégués, t. V, p. 318, et t. VI, p. 181.

sances tierces, soit entre une ou plusieurs puissances belligérantes et une ou plusieurs puissances non belligérantes
(neutralité *conventionnelle*). D'un autre côté, une puissance
peut *rester neutre* de *pure volonté* (neutralité *volontaire*), ou
s'y être *engagée* par convention (*b*), soit vis-à-vis d'un ou de
plusieurs des États belligérants, soit envers un tiers État
(neutralité *obligatoire*). Dans ces différents cas, les gouvernements adressent souvent des déclarations formelles à
d'autres puissances, et publient des règlements concernant
la navigation et le commerce de leurs sujets pendant la
guerre (*c*).

Comparez l'Acte final du congrès de Vienne, art. 84 et 92; ibid., t. VI,
p. 76 et 78; et l'acte par lequel cette neutralité de la Suisse a été reconnue
par les puissances alliées, en date de Paris du 20 nov. 1815, dans de Martens recueil, Supplém. t. VI, p. 740.

(*b*) Galiani de' doveri de' principi neutrali etc., lib. I, c. iv. § 4. Moser's Versuch, X, 1. 154. Hœlfft Diss. cit. § 71.

(*c*) Voyez des règlements relatifs à la neutralité, dans de Martens recueil, IV, 204, 216, 240 V, 234, 278. VII, 140. Schmidlin l. c. § 63-65.
Ordonnance autrichienne de 1803, concernant la neutralité. Politisches
journal 1803, p. 879.

L'article 1er du traité conclu à Londres le 15 novembre 1831,
entre la France, la Grande-Bretagne, l'Autriche et la Prusse d'une
part, et la Belgique d'autre part; et l'article 7 du traité de Londres
du 19 avril 1839, entre la Belgique et les Pays-Bas, traité garanti par convention du même jour par la France, la Grande-
Bretagne, l'Autriche et la Russie, stipule que « la Belgique for-
mera un État indépendant et perpétuellement neutre. Elle sera
tenue d'observer cette même neutralité envers tous les autres
États. » Voir ces traités dans le *Nouveau Recueil* de Martens,
t. XI et XVI, et le dernier dans Martens et de Cussy, Recueil
manuel, t. IV, p. 573. V. aussi Arendt Essai sur la neutralité de
la Belgique. Brux. 1845. in-8°.

L'art. 92 de l'acte final du congrès de Vienne, et l'article 3 du
traité de Paris du 20 novembre 1815, ont étendu la neutralité
de la Suisse à une partie de la Savoie que ce dernier traité enlevait
complétement à la France. La Suisse accepta ces dispositions par

§ 281. — Neutralité entière et limitée, générale et partielle.

La neutralité, soit volontaire, soit obligatoire, peut être ou *pleine* ou *entière* (a), ou *limitée* (*plena vel minus plena*). L'État qui veut conserver une entière neutralité doit observer, dans tout ce qui a rapport à la guerre, une conduite qui soit absolument la même vis-à-vis de chacune des puissances belligérantes. Ce n'est qu'à cette condition qu'il peut exiger à son tour qu'elles reconnaissent et respectent, toutes également, ses droits parfaits de neutralité. Il en est autrement s'il n'observe qu'une neutralité limitée, en favorisant l'une des parties belligérantes, lorsqu'il est obligé p. e. par des traités antérieurs (§ 268 et suiv.) de lui prêter secours, de donner un corps de troupes auxiliaires ou des

divers actes relatés dans l'art. 7 de son traité du 16 mars 1816 avec la Sardaigne (v. Ch. de Martens et de Cussy Recueil manuel, t. III, p. 248). Lorsqu'à la fin de 1859 il fut question de la cession de la Savoie à la France, la Suisse protesta contre toute annexion projetée comme étant en contradiction avec les stipulations des traités de 1815. La Savoie ne fut pas moins cédée à la France par le traité du 24 mars 1860, qui porte, art. 2 : « Il est également entendu que S. M. le roi de Sardaigne ne peut transférer les parties neutralisées de la Savoie qu'aux conditions auxquelles il les possède lui-même et qu'il appartiendra à S. M. l'empereur des Français de s'entendre à ce sujet tant avec les puissances représentées au congrès de Vienne qu'avec la Confédération helvétique, et de leur donner les garanties qui résultent des stipulations rappelées dans le présent article. » La Suisse renouvela ses protestations après le traité, et invoqua l'appui des cours signataires des traités de Vienne. Mais aucune d'elles n'a donné suite à cette réclamation. V. le traité au Bulletin des Lois et les notes et pièces diplomatiques y relatives dans l'*Annuaire encyclopédique*, ann. 1859-60, et dans l'*Annuaire des Deux-Mondes*, 1859-60. [A. O.]

(a) Voyez p. e. les manifestes de neutralité de la confédération helvétique, en date du 18 et 20 nov. 1813; dans la Gazette de Francfort de 1813, n° 332.

subsides, de céder une place forte ou un port, de permettre
dans son territoire le passage des troupes ou l'enrôlement,
de fournir des munitions de guerre, etc. (b) — La neutralité est *générale*, lorsqu'elle s'étend sur toutes les parties du
territoire de la puissance neutre, et jusque sur l'océan ;
elle est *partielle*, lorsqu'elle ne comprend qu'une partie soit
de l'océan, soit du territoire de l'État neutre (c), ou son
territoire continental et maritime seulement, ou rien que
l'océan.

§ 282. — Neutralité armée, continentale et maritime.

Il est loisible à chaque État d'établir une neutralité *armée*, et même de s'allier à cet effet à d'autres États. Il met
alors sur pied une force armée, en déclarant qu'il la des-
tine à défendre, en cas de besoin, ses droits de neutralité.
— La neutralité peut aussi être *continentale* ou *maritime*,
suivant qu'elle se borne au continent ou à la mer : distinction devenue importante de nos jours (a).

§ 283. — Obligations des puissances belligérantes envers les neutres

Les puissances *belligérantes* sont tenues à ne troubler en

(b) SCHMIDLIN Diss. cit. § 9, 10, 11. sqq. — *Media, nulla via est,
quæ nec amicos parat, nec inimicos tollit.* LIVIUS.

(c) Convention de neutralité de 1733, à l'égard des Pays-Bas autrichiens.
Büsch Welthandel, p. 308 (4. Ausg.). De MARTENS recueil, supplément,
I, 216. Convention de neutralité de 1756, relativement à la forteresse de
Königstein, dans MOSER's Versuch, X, 1. 181. Une convention du même
genre, concernant la neutralité des Pays-Bas autrichiens et des provinces
prussiennes de Westphalie, se trouve dans le même livre, p. 199. Il y a
encore d'autres exemples dans le recez de la députation de l'Empire germanique fait à Ratisbonne en 1803, § 25, 27. Convention sur l'octroi de
navigation du Rhin, du 15 août 1804, art. 131. Mon Oeffentliches Recht
des teutschen Bundes, § 481 C'est encore une neutralité partielle que celle
qui est quelquefois accordée aux vaisseaux pêcheurs. De MARTENS recueil,
VII, 295. Conférez aussi SCHMIDLIN l. c. § 61, et STALPF § 5

(a) Sur d'autres divisions de la neutralité, voyez MOSER's Versuch, X,
1. 150 ff. 157. Jo. Pet. BANNIZA Diss. de neutralitate (Wirceb. 1758. 4),
§ 3-6.

rien la tranquillité des États neutres. Elles doivent par
conséquent s'abstenir, dans le territoire de ces derniers (*in
territorio pacato, h. e. gentis mediæ*), de toutes sortes d'hostilités, non-seulement envers ces États, mais aussi entre
elles-mêmes. Le prétexte qu'il existe des rapports de parenté
ou d'amitié personnelle entre le souverain de l'État neutre
et celui de leur ennemi (*a*), ne les exempte point de cette
obligation ; et même un État gouverné par le prince qui
règne sur un État en guerre, lorsqu'il n'y a qu'union personnelle (*b*) dans la personne de ce souverain (*unio civitatum personalis*), peut conserver tous les avantages de la
neutralité.

§ 284. — Obligations des puissances neutres envers les belligérantes

Un État *neutre* n'est, dans la guerre, ni juge ni partie.
Non-seulement il ne doit pas se permettre à lui-même, ni à
ses sujets, la moindre action qui pourrait favoriser ou aider, dans les opérations de guerre, l'une des parties belligérantes (*a*), mais il ne doit pas même souffrir, de la part
d'une de ces dernières, la moindre violation de ses propres
droits de neutralité. En vertu des lois de neutralité, il ne
peut par conséquent prêter secours de guerre à l'un des
deux ennemis (*b*), ni permettre à ses sujets d'en prêter, notamment en qualité d'armateurs (*c*), ni souffrir volontaire-

(*a*) STALPF dans le livre allégué, § 6.

(*b*) MOSER's Versuch, X, I. 154 f. BÜSCH Welthandel, p. 308. E. F.
HAGEMEISTER De l'intérêt qu'a la Poméranie suédoise d'être une partie de
l'empire d'Allemagne lorsqu'il survient une guerre entre la Suède et une
puissance étrangère (à Leipzig, 1790. 8), ch. I. Ma kleine juristiche Bibliothek, t. XVII, p. 41. — Pour ce qui est de l'union réelle de deux
États, voyez GALIANI, I, ch. IV.

(*a*) SCHMIDLIN Diss. cit. § 7, 8, 29, 30. MOSER's Versuch, X, I. 213 ff.
— Sages paroles, dans la réponse du Danemark à la Grande-Bretagne, en
1793, dans le recueil de M. de MARTENS, V, 246 f.

(*b*) SCHMIDLIN Diss. cit. § 15-27.

(*c*) Ce qui est le plus souvent défendu par convention expresse. Voyez
ci-dessus, § 280, note *b*.

ment (d) que l'une (e) des parties belligérantes commette
sur son territoire neutre, continental ou maritime, des actes d'hostilité (f). Une violation de ces lois autoriserait in-
continent l'autre partie belligérante à user de violence
contre l'État neutre, et à poursuivre son ennemi sur le territoire où il aurait trouvé secours et protection. En cas de
neutralité limitée (§ 281), il est clair que l'État neutre doit
s'en tenir, quant aux secours de guerre qu'il est obligé de
fournir, exactement aux termes de la convention qu'il a
conclue avant la guerre, sans quoi il ne pourrait prétendre
à ce que sa neutralité restreinte fût reconnue (g).

§ 285. — Droits des États neutres envers les puissances belligérantes .
1° en territoire neutre.

L'État entièrement *neutre* est de son côté en *droit* d'exiger, même de force, s'il le faut, que les puissances belligérantes n'usent point de son *territoire neutre* pour la guerre;
qu'elles n'y prennent point d'armes, de munitions de
guerre et de bouche, et d'autre matériel immédiat de
guerre pour leurs armées; qu'elles n'y fassent aucun armement, soit par enrôlement, soit par rassemblement de troupes; qu'aucun corps de leurs troupes armées ou non armées
y passe (a), etc.; qu'elles n'y exercent aucun acte d'hosti-

(d) Il ne s'agit point ici d'une neutralité *limitée*, fondée sur des traités
antérieurs (281), ni du cas où une extrême nécessité aurait contraint l'une
des parties belligérantes à violer le territoire neutre.

(e) Il en serait autrement, si l'État neutre avait permis, également à
l'un et à l'autre des deux ennemis, de faire le même usage de son territoire, p. e. en leur accordant le passage des troupes. GALIANI, lib. I,
c. VIII. § 4 6.

(f) P. e. pour effectuer un rassemblement ou passage de troupes, ou
un armement, pour s'assurer un lieu de refuge, etc. J. L. E. PÜTTMANN
Diss. de jure recipiendi hostes alienos. Lips. 1778. 4 , et dans sa Sylloge
varior. opusculor. Lips. 1786. 8. SCHMIDLIN l. c. § 28, 60. STALPF, § 13.

(g) SCHMIDLIN Diss. cit. § 11.

(a) MOSER's Versuch, X, I, 218, 238-311. STALPF, § 10 f. Note du ca-

lité contre la personne ou les biens des sujets de l'État ennemi (b); qu'elles ne l'occupent point militairement (c), ni
en fassent le théâtre de la guerre; que si elles y entrent
dans un cas d'extrême nécessité, elles payent entièrement
le dommage que le pays en a souffert (d). Il n'est pas défendu de vendre en pays neutre le butin qui a été fait d'une
manière conforme aux lois de la guerre (e); mais quelquefois ce commerce est défendu, ou modifié par des conventions ou règlements de neutralité (f). — Lorsqu'un État
neutre, gardant une neutralité limitée (§ 281), assiste une
partie belligérante d'un corps de troupes auxiliaires, ce

binet prussien, datée du 14 octobre 1805, concernant le passage d'un corps
de troupes françaises par la principauté d'Ansbach. Politisches Journal,
October, 1805, p. 1058.

(b) Ce principe est quelquefois expressément établi, non-seulement par
des règlements particuliers de neutralité des États neutres, mais aussi par
des traités. BYNKERSHOEK l. c. lib. I, c. VIII. D'ABREU Traité sur les prises
maritimes P. I. ch. v. § 10-14. HÜBNER De la saisie des bâtiments neutres, II, 160. BOUCHAUD Des traités de commerce, p. 283 et suiv. SCHMID-
LIN Diss. cit. § 55-58. — Dans ces règlements ou traités, même dans les
traités avec les États barbaresques, on trouve souvent la disposition
qu'aucun bâtiment armé en guerre, qui se trouve à l'ancre en territoire
maritime neutre, p. e. au môle ou dans la rade d'un pays neutre, voyant
exposer le signal pour l'arrivée de quelque vaisseau, ne doit lever l'ancre
pour aller à sa rencontre, et qu'au cas où il s'y trouve à l'ancre des vaisseaux armés en guerre, appartenant à deux puissances ennemies, il ne
doit être permis aux uns de partir qu'un certain temps après le départ
des autres, ordinairement après 24 heures. MOSER's Versuch, X, 1 159 f.
311. De MARTENS recueil, IV, 204, 216, 233, 240, 244, 254. V. 234. 278.
Voyez des traités dans WENCK cod. jur. gent. II, 573, 583.

(c) MOSER's Beyträge zu dem europ. Völkerrecht in Kriegszeiten, II,
48-58. STALPF, § 12.

(d) SCHMIDLIN Diss. cit. § 47-52. VATTEL, liv. III, ch. VII, § 22. — Critique sur l'attaque faite par les Anglais contre Copenhague le 7 septembre
1807, dans le Politisches Journal, 1809. Marz, p. 245 ff.

(e) BYNKERSROEK l. c. I. c. XV.

(f) De MARTENS recueil, IV, 295. VII, 140. Moniteur universel, 1793,
n° 265.

corps peut être poursuivi par les troupes ennemies, même
dans le territoire neutre de son souverain (g).

§ 286. — 2° en pays ennemi.

En *pays ennemi*, les puissances belligérantes ne peuvent
traiter en ennemis les *sujets* d'un État neutre, quant à leurs
personnes ou leurs biens *meubles* (a), à moins qu'ils ne dus-
sent être considérés en même temps comme sujets permanents de l'État ennemi, ou qu'ils ne prissent une part active
aux hostilités. Ceci s'applique particulièrement aux navires
des puissances neutres sur lesquels ni le gouvernement du
pays (b), ni la puissance ennemie ne peuvent mettre un embargo, hors le cas de nécessité absolue, et qu'ils ne peuvent
employer à leur propre usage pour la guerre, même en dé-
dommageant les propriétaires. Lorsque, néanmoins, dans
des circonstances d'extrême nécessité, l'un ou l'autre des
belligérants s'est servi de la personne ou des biens meubles
d'un sujet appartenant à un État neutre, il lui doit une
pleine et entière indemnité (c). Les *immeubles* que les sujets
d'une puissance neutre possèdent dans le territoire de l'un
des belligérants, y sont soumis aux charges de la guerre,
comme faisant partie intégrante de ce territoire (d). Tous

(g) MOSER's Grundsatze des europ. Volkerr. in Kriegszeiten, Buch III,
Cap. III, § 8-12. SCHMIDLIN Diss. cit § 11. n 3.

(a) VATTEL, liv III, ch. v, § 75. SCHMIDLIN Diss. cit § 29. sqq. STALPF,
§ 14.

(b) Principe expressément sanctionné dans beaucoup de traités de com
merce modernes. Traités de 1714 (art. 21) des États-Unis des Pays-Bas
avec l'Espagne, et de 1753 (art. 18), avec les Deux-Siciles; de la Prusse
avec les États-Unis de l'Amérique du Nord, en 1785, art. 16. SCHMIDLIN
Diss. cit. § 53. De MARTENS recueil, III, 14. Autrement il arrive souvent
de mettre au commencement d'une guerre un embargo sur les vaisseaux
marchands neutres, et de les employer, en payant, au service militaire. De
STECK Essais sur divers sujets (1794), n. 1-3. GALIANI, lib. I, c. x.

(c) SCHMIDLIN l. c. § 53.

(d) VATTEL l. c. § 76. SCHMIDLIN, l. c. § 31

ces principes sont également applicables aux propriétés, tant mobilières qu'immobilières, que le gouvernement neutre possède lui-même dans le territoire d'un État faisant la guerre.

§ 287. — 3° par rapport au commerce : — Suivant le droit des gens naturel.

Un objet de la plus grande importance est le *commerce des États neutres* pendant une guerre, et particulièrement celui avec les États qui y prennent part (a). Une puissance qui fait la guerre peut défendre, tant à ses sujets qu'aux habitants du pays ennemi occupé par ses troupes, de faire le commerce, soit avec l'État ennemi, soit même avec les pays neutres; mais elle n'a pas, pour l'ordinaire, le droit d'exiger d'un État neutre qu'il s'abstienne du commerce avec son ennemi, l'état d'inimitié survenu entre deux puissances ne pouvant par lui seul porter préjudice aux droits des tiers. Le droit des gens naturel ne défend pas même aux neutres le commerce de marchandises servant aux besoins immédiats de la guerre, pourvu qu'il ne se fasse point dans le dessein de favoriser l'une des parties belligérantes.

§ 288. — D'après le droit des gens européen. Contrebande de guerre.

L'usage des gens reçu aujourd'hui en Europe permet, en effet, le commerce des nations neutres avec celles qui sont

(a) Jo. Jul. SCHLAND DISS. de jure commerciorum in bello. Goett. 1748. 4. H. HANKER's Rechte und Freybeiten des Handels der Volker unter einander (Hamb. 1782. 8.), § 22-29, p. 67-95. Jo. Mar. LAMPREDI del commercio dei popoli neutrali in tempo di guerra Firenze 1788. t. I. II. 8. Traduit en français sous ce titre : Du commerce des neutres en temps de guerre, par M. LAMPREDI, traduit de l'italien par PEUCHET, à Paris 1802. 8. Essais sur divers sujets relatifs à la navigation et au commerce pendant la guerre; par M. de STECK, à Berlin 1794. 8. Canut Henr. L. B. de BONDE (Sueci) specimen de libero commercio nationum belli haud sociarum. Lips. 1802. v OMPTEDA's Literatur, II, 598. — Sur les traités de commerce, voyez ci-dessus § 152

en guerre. Il y met seulement certaines restrictions à l'é-
gard des objets servant immédiatement à la guerre, et par
rapport aux lieux bloqués (a). Il ne défend point de vendre
les objets en question à une puissance belligérante ou à ses
sujets, lorsque *ceux-ci* font l'achat de ces marchandises dans
le pays neutre et les exportent eux-mêmes (b). Si au contraire l'État neutre ou ses sujets amènent du matériel
de guerre à l'un des deux ennemis, c'est une violation de
la neutralité, et ces marchandises sont alors appelées *contrebande de guerre*. On comprend, en général, sous cette
dénomination toutes sortes d'armes, les harnais des chevaux et les munitions de guerre, à l'exception de celles destinées pour la marine (c). S'il y a incertitude sur la qualité
de contrebande d'une marchandise, il faut s'en tenir strictement aux termes des traités conclus sur ce sujet (d). A

(a) SCHMIDLIN Diss. cit. § 43. sqq. STALPF, § 15 ff.

(b) LAMPREDI I. 53. Cette opinion est rejetée par GALIANI, c. IX. § 4. Les
lois romaines et canoniques, différents décrets des papes (ces derniers sous
peine d'excommunication), le *Consolato del mare*, les lois maritimes d'O-
léron et de Wisby, et celles des villes Anséatiques, portent défense expresse
de fournir des armes à des puissances en guerre. MARTENS Précis § 315.

(c) La Grande-Bretagne veut que même les *munitions navales* soient
présumées être contrebande de guerre. Sous le nom de munitions navales,
elle comprend tout ce qui sert à la construction et à l'équipement ou armement des vaisseaux. Mémoire sur les principes et les lois de la neutralité
maritime (Paris 1812. 8.), p. 7. Dans le traité de commerce conclu entre
la Grande-Bretagne et les États-Unis d'Amérique, le 19 novembre 1794,
art. 18, les munitions navales sont expressément mises au nombre de la
contrebande de guerre. De même, dans le traité entre l'Angleterre et le
Danemarck du 4 juillet 1780. De MARTENS recueil, II, 102.

(d) On trouve des énumérations de marchandises déclarées contrebande
de guerre, dans les traités de commerce : entre la France et les États-
Unis d'Amérique de 1778, art 24 ; entre la France et l'Angleterre de 1786,
art. 22 et suiv ; entre la Russie et la Porte de 1783, art. 40 ; entre la
Russie et la Grande-Bretagne de 1766 ; entre la Russie et le Portugal de
1798 ; dans le traité conclu entre la Russie et le Danemarck en 1800, concernant la neutralité armée, dans le traité entre la Prusse et le Danemark
de 1818, art. 21, et dans beaucoup d'autres conventions. Voyez des exem-

défaut de pareils traités, on doit s'en référer au droit des
gens naturel, qui reconnaît la liberté entière de commerce,
et les marchandises doivent être présumées libres (e).

ples dans le recueil de M. de Martens, VI, 369 et suiv. VII, 267. I, 141,
supplément, II; les Essais de M. de Steck, p. 127 et suiv., dans Moser's
Versuch, VII, 588; Kluit, hist. feder, Belg. I, 47, 243, 247, 257, 259,
260, 300, 306, 312, 313, II, 372, 423, 426, 3. Flassan, Hist. de la dipl.
franc. III, 423, et dans Schmauss corp. jur. gent. II, 1618, 2307. Dans ce
dernier passage on déclare contrebande de guerre, même « pecunia et
commeatus. » La Suède désira en 1788 que l'argent monnayé y fût compris, mais elle se désista bientôt de cette prétention. De Martens recueil,
VI, 235 et suiv. Griefs de la Prusse contre des vaisseaux russes, en 1788,
dans le Niederelb. Magazin, t. IV, p. 1307. Lampredi I, 96. — Sur les
traités de commerce en général, voyez ci-dessus § 150 et suiv. (Voir l'indication des traités plus récents dans Hautefeuille, Droits et devoirs
des nations neutres, 2e éd., t. II, p. 89 et suiv.)

(e) Les seules déclarations des puissances belligérantes, portassent-elles
même menace de confisquer certaines marchandises, ou du moins de les
saisir en payant la valeur, ne pourraient obliger les puissances neutres :
elles empiéteraient au contraire sur leurs droits. Sans cela tout ce qui vau-
drait la peine d'être pris serait contrebande de guerre. Voy. cependant la
déclaration de la Grande-Bretagne du 8 juin 1793, qui ordonne de saisir
tous les batiments chargés, en tout ou en partie, de blés ou de farine,
et destinés pour un port français. Voyez de Martens recueil, V, 264,
joint au t. V, 238, 251, 254, 259, et au t. VI, 371. Sur ce système d'affa-
mer la France, conférez Büsch Welthaudel (édit. 4.), p. 582 f. — On
ne manque pas d'exemples de puissances belligérantes, surtout maritimes,
qui ont tenté d'exclure les neutres de tout commerce avec leur ennemi,
telles que les Provinces-Unies des Pays-Bas au commencement du
xviie siècle, l'Angleterre et la Hollande en 1689, la Grande Bretagne et la
Russie en 1793. De Martens recueil, V, 238 — 262, et Précis, § 315.
Nau's Volker-Seerecht, § 158 f. Jacobsen's practisches Seerecht der Englander und Franzosen, t. II, p. 1 ff. La France aussi a établi autrefois de
pareils principes Jacobsen, II, 80 ff. Dans les temps modernes, ce sont
principalement les puissances du Nord qui se sont opposées à de pareilles
prétentions. Il en sera question davantage ci-dessous, lorsque nous traite-
rons du commerce maritime.

La question de savoir si la houille doit être considérée
comme contrebande de guerre, déjà soulevée par plusieurs auteurs
(v. notamment Ortolan, Règles intern. et diplom. de la mer.

§ 289. — Droits d'une puissance en guerre, à l'égard des marchandises
amenées à son ennemi par des neutres.

Les principes suivants déterminent les droits des belligérants, relativement au commerce des neutres et à la contrebande de guerre. 1° Il doit d'abord être présumé que les
neutres ne font point le commerce de contrebande ; les États
neutres étant d'ailleurs indépendants, les belligérants ne
peuvent donc, à défaut de convention particulière, s'arroger le droit de visiter leurs convois de marchandises, soit
sur terre, soit sur mer ; il suffit qu'il soit prouvé que les
marchandises leur appartiennent (a). 2° Toutes les marchandises qui ne sont point de contrebande peuvent être
librement amenées par des neutres, si ce n'est aux places
assiégées, bloquées ou investies (b). L'ennemi ne peut s'en
emparer que lorsqu'il en a un besoin indispensable pour sa
propre existence, et toujours en en payant la valeur en-

t. II, liv. III, ch. vi, et HAUTEFEUILLE, Droits et devoirs des neutres,
2ᵉ éd., t. II, p. 151), a été l'objet de déclarations officielles à l'occasion de la guerre d'Italie de 1859. Une dépêche du Foreign
office du 18 mai 1859, a déclaré que le charbon pouvait être considéré, dans certains cas, comme contrebande de guerre. Une
ordonnance autrichienne défendant l'exportation du matériel naval et de la houille a été interprétée dans le même sens. Les gouvernements français et piémontais ont déclaré au contraire (Moniteur du 29 mai 1859 et Gazette piémontaise du 8 juin de la même
année), que jusque-là ils n'avaient jamais considéré le charbon de
terre comme objet de contrebande et qu'ils se conformeraient,
pendant la guerre d'Italie, à cette manière de voir. (V. le Dictionn.
univ. du commerce et de la navigation, pub. par GUILLAUMIN, art.
Houille), [A. O.]

(a) Ce principe a été reconnu dans le traité de commerce, conclu en
1785 entre la Prusse et les États-Unis d'Amérique, art. 14 et 15, dans de
MARTENS, Recueil, II, 572, 573.

(b) De MARTENS, Recueil, supplément, II, 477, art. 3, n. 2. SCHMIDLIN,
Diss. cit. § 33-43.

tière (c). 3º Si, néanmoins, un État neutre ou ses sujets avaient amené de la contrebande, et qu'elle tombât entre les mains de l'ennemi, ce dernier ne pourrait encore, sans raison particulière, se l'approprier qu'en la payant (d); ou bien il pourrait la renvoyer en se faisant donner caution qu'elle ne rentrera plus, et que tout commerce de ce genre cessera dorénavant. La confiscation de la contrebande de guerre, et encore moins celle des autres marchandises qui se trouvent dans le même convoi, ni des moyens de transport (e), comme bâtiments, chariots, chevaux, etc., ne peut donc être justifiée en principe.

§ 290. — Continuation.

4º Cependant la plupart des traités aujourd'hui en vigueur (a) permettent de confisquer la contrebande de guerre, mais pas le reste de la cargaison (b), ni les navires, chariots, ou chevaux. Dans un petit nombre de traités seulement, la confiscation de ces derniers objets est admise dans certains cas (c). 5º Du reste, en dehors des traités, les

(c) Grotius, lib III, ch. xvii, § 1 sq. Schmidlin, Diss. cit §
47, sq.

(d) Également reconnu dans ledit traité de commerce de 1785, art. 13.

(e) J.-G. Heineccius, De navibus ob vecturam vetitarum mercium commissis (Hal 1721. 4, et dans sa Sylloge opusculor, n. 8), cap. ii, § 3, sqq.

(a) Voyez Bouchaud, Théorie des traités de commerce, ch. xii. De Steck, Essais. An essay an Contraband, by Robert Ward, Esq. Lond. 1801. 8. Traité de commerce de la Grande-Bretagne avec les États-Unis d'Amérique de 1794, art. 17.

(b) Plusieurs ordonnances des rois de France, p. e. celles de 1543, 1569, 1584, assujettirent à la confiscation même le reste de la cargaison, suivant le proverbe : la robe de l'ennemi confisque celle de l'ami. Du Mont, Corps diplomatique, t. VI, p. ii, p. 103. Lamberty, Mémoires, t. III, p. 676. Schmauss C. J. G, p. 1619. Heineccius, Diss. cit. c. ii, § 7. — Quelques auteurs soutiennent que le reste de la cargaison doit être sujet à la confiscation, si la majeure partie consiste en contrebande de guerre. Mais voyez Bouchaud, p 352.

(c) Les gens de guerre, actuellement au service de l'ennemi, peuvent

principes du droit ne sont point encore sanctionnés en cette
matière par un usage uniforme et général. La politique ou
la puissance en décident souvent. Assez ordinairement la
contrebande de guerre est confisquée, et le reste des marchandises pris en payant.

§ 291. — Commerce maritime.

Le commerce *maritime* des neutres avec les nations belligérantes offre toujours des particularités, suivant les traités, usages et prétentions des États européens, qui ont assez
souvent fait l'objet de discussions diplomatiques et littéraires (a). Les puissances maritimes elles-mêmes n'ont pas

être faits prisonniers de guerre, d'après le traité de commerce de la
Prusse avec les États-Unis d'Amérique, de 1785, art. 12. La même chose
est stipulée, par rapport aux recrues, dans le traité de la France avec la
Hollande de 1646, et dans celui entre la France et l'Angleterre de 1655
Lampredi, I, 104, note 1

(a) Écrits sur le droit du commerce maritime des neutres ; outre ceux
de Surland, Galiani, Lampredi, Bouchaud, de Steck, Bonde, Hennings, allégués ci-dessus, § 279 et 287, et celui d'Abreu, cité au § 261,
voyez Sam. Colliander, De jure principum belligerantium merces et navigia neutralium vel pacatarum gentium intercipiendi. Upsal. Sect. 1.
1787. Sect. II 1791. 4. Mart. Hübner, De la saisie des bâtiments neutres,
à La Haye 1759, t 1. II et 8. C.-G. Schmidt (ou plutôt J.-G. Sammet),
Diss. de neutralium obligatione, et captura navium neutralium. Lips.
1764. 4, et dans Sammeti, Opusc. p. 169. Frid. Behmer, Observations
du droit de la nature et des gens, touchant la capture et la détention des
vaisseaux et effets neutres en temps de guerre. Hambourg, 171 8, et en
latin dans son Novum jus controversum, t. I, obs. 1, p. 1-130. Indication
des ouvrages et pièces de législation, relativement à la saisie des bâtiments
neutres, par M. Groult, à Paris, 1780. 8. La liberté de la navigation et
du commerce des nations neutres pendant la guerre, considérée selon le
droit des gens universel, celui de l'Europe et des traités, à Londres et
Amsterd. (à Gisesen), 1780. 8. Franc-Lud. Pestel, Diss. selecta capita
juris gentium maritimi. Lugd Bat. 1786. 4, rec ibid 1789. Le droit des
gens maritime, par J-G. Busch, à Hambourg et à Paris, 1796. 8.
Arnoux, Système maritime et politique des Européens pendant le xviii*
siècle, fondé sur leurs traités de paix, de commerce et de navigation.
Paris, an V de la rép. (1797. 8). Vollenhoven, Diss. de juribus atque

toujours suivi les mêmes principes, notamment à l'égard

officiis gentium in bello mediarum circa navigationem et mercaturam. Amstelod. 1798. 4. BERRYERE's, Darstellung der Rechte der Neutralität, in besonderer Beziehung auf die danische Schiffahrt ; eine Vertheidigung gegen die Eingriffe und Behauptungen der französischen Caper. Aus dem Französischen. Altona 1798. 8. J. MUHSEN, Diss. de navibus populorum belli tempore mediorum non capiendis. Lips. 1799. 4. J.-G. BÜSCH, Uber das Bestreben der Völker neuerer Zeit, einander in ihrem Seehandel recht wehe zu thun. Hamb. 1808. 8. A Treatise on the relative rights and duties of belligerant and neutral powers in maritime affairs, in which the principles of armed and the opinions of Hubner and Schlegel are fully discuted. By Robert WARD, Esq. Lond. 1801. 8. J.-N. TETENS, Considérations sur les droits réciproques des puissances belligérantes et des puissances neutres sur mer, avec les principes du droit de guerre en général, à Copenhague, 1805. 8. C. F. v. SCHMIDT's Versuch einer Darstellung des danischen Neutralitäts Systems während des letzten Seekriegs, mit authentischen Belegen und Actenstücken. Kopenhagen 1802-1804. Heft. I-IV, 8. B.-S. NAU's Grundsatze des Völker-Seerechts, Hamb. 1802. 8. Lud. HOLST Versuch einer kritischen Uebersicht der Völker-Seerechte. Hamburg 1802. Bd I. u. II. 8. (Le second volume n'a pas paru.) F. J. JACOBSEN's Handbuch uber das pratische Seerecht der Englander und Franzosen, in Hinsicht auf das von ihnen in Kriegszeiten angehaltene neutrale Eigenthum. Hamb. Bd. I. 1703. Bd. II. 1805. 8. D. A. AZUNI Sistema universale dei Principi del diritto maritimo dell' Europa. Firenze t. I. II. 1795. 8 Édit. 2. Trieste t. I. 1796. t. II. 1797. 8. Traduit en français par J. M. DIGEON. Paris, an VI. 2 vol. in-8°. Traduit et refondu en français par l'auteur, sous le titre : Droit maritime de l'Europe. Paris 1798. t. I. II. 8. Le droit des gens maritime universel par M. JOUFFROY, à Berlin 1805. 8. De la liberté des mers, par M. GÉRARD de RAYNEVAL, à Paris 1811. 8. Traduit en anglais 1812, tant en Angleterre qu'en Amérique. Ueber Continental System, Völker-Seerecht, Neutralität zur See, Blocade zur See, Contrebande, u. s. w. Leipz, u. Altenb. 1812. 8. Mémoire sur les principes et les lois de la neutralité maritime, accompagné de pièces officielles justificatives, à Paris 1812. 8. (De l'imprimerie impériale à Paris ; écrit apparemment officiel.) J. JACOBSEN's Seerecht des Friedens u. des Kriegs, in Bezug auf die Kauffahrtei-Schiffahrt Altona 1815. 8. KLUIT hist. fed. Bel. II, 430, 3. F. SAALFELD's Grundriss eines Systems des Europ. Volkerrechts; § 185 — 281. v. OMPTEDA's Literatur, II, 599. v. KAMPZ neue Lit, p. 284 ff. 307.

Collections d'écrits, de déclarations officielles, et de jugements des tribunaux maritimes ou des prises : A. HEYNINGS Sammlung von Staats-

du commerce de leurs colonies avec les neutres en temps de guerre (b).

schriften, die während des Seekriegs von 1776 bis 1783, sowohl von den kriegfuhrenden, als auch von den neutralen Machten öffentlich bekannt gemacht worden sind, in so weit solche die Freiheit des Handels und der Schiffahrt betreffen. Hamb. 1784. 1785. t. I. II. 8. Merkwürdige Entscheidungen der londner und pariser Prisen-Gerichte über neutrale, in den letzten Jahren dieses Kriegs aufgebrachte Schiffe. Altona 1802. 8. Actes et mémoires concernant les négociations qui ont eu lieu entre la France et les États-Unis de l'Amérique, depuis 1793 jusqu'à la conclusion de la convention du 30 sept. 1800 (par A. G. GEBHARDT), à Londres 1807. t. I. — III. 8. Cette collection a aussi le titre suivant : State-Papers relating to the diplomatick transactions, etc. Lond. 1816. Le livre ci-dessus allégué : Ueber Continental System, etc. contient sur 125 pages, les articles et documents diplomatiques qui ont paru depuis 1806, avec des remarques. Des pièces diplomatiques depuis 1634 jusqu'en 1807 sont recueillies p. 30. — 160 du Mémoire sur les principes, etc. de 1812, ci-dessus allégué. De MARTENS recueil, en divers endroits, p. e. V, 258 et suiv., et dans le Supplément, III, 528 — 557. V. 433 — 549. Du même, Erzählungen merkwürdiger Fälle des neuern europ. Volkerrechts t. I et II. Gott. 1800 et 1802. 8. Officielle Acten Stucke, die Commercial Verhältnisse Frankreichs mit England und den vereinigten Staaten America's betr.; dans v. FAHNENBERG's Magazin fur die Handlung, t. I, Heft 3 (1810. 8.), p. 261 — 275, la continuation dans les volumes suivants.

(b) V. § 70; not. b.

Le commerce maritime, pendant la guerre, et surtout le commerce des neutres, forme une des branches du droit des gens qui ont le plus occupé les auteurs modernes. Les traités généraux, tels que ceux de HEFFTER, de WHEATON, OKE MANNING (Commentaries of the law of nations, Lond. 1839). PANDO (Elementos del Derecho internacional, Madr. 1843, in-4°), etc., ont consacré à cette matière toute l'attention qu'il mérite. En outre elle a été l'objet de nombreux traités spéciaux. Les principaux sont ceux de HAUTEFEUILLE, Des droits et des devoirs des neutres en temps de guerre maritime, 2ᵉ éd. 1858. 3 vol. in-8°, et les ouvrages déjà cités § 130 de Th. ORTOLAN, MASSÉ, KALTENBORN, MIRUSS. Les doctrines rigoureuses des anglais se trouvent reproduites plus ou moins fidèlement dans : FURNEAUX, Abridged history of the principal treatises of peace, with reference to the question of the neu-

24

§ 292. — Lois.

L'incertitude qui règne à cet égard, et les suites fâcheuses qu'elle entraîne, font vivement désirer un code maritime général de l'Europe, qui soit établi du consentement unanime de toutes les puissances intéressées (a). Ni les lois maritimes des Rhodiens, ni celles d'Oléron et de Wisby, ni le fameux *Consolato del mare* (b), n'ont été, dans aucun

tral flag protecting the property of the ennemy. Lond. 1837. REDDIE, Researches historical and critical in maritime international law. Edimb. 1844. 2 vol. in-8°. HAZLITT et ROCHE, a Manuel of maritime warfare. Lond. 1854. in-8°. V. aussi LUCHESI PALLI, Principes du droit public maritime, traduit de l'italien par GALIANI. 1842. in-8°. WURM, von der Neutralität des deutschen Seehandels in Kriegszeiten. Hamb. 1841, in-8°.

Aux recueils de documents et de pièces cités par KLUBER, il faut joindre : Sammlung officieller Actenstucke in Bezug auf Schiffarth und Handel in Kriegszeiten (par SOETBEER), Hamb. 1854 et suiv.— Her Majesty's declarations, proclamations and ordres in council with reference ot the commencement of hostilities with Russia. Lond. 1854. — Guerre d'Orient, recueil de Documents relatifs à la navigation et au commerce. St-Pétersb. 1854. — Ch. de MARTENS, Causes célèbres du droit des gens, 2e éd. 1859-1861. 5 vol. in-8°; de CUSSY, Phases et causes célèbres du droit maritime des nations. 1856. 2 vol. 8°. [A. O.]

(a) Il a été publié un projet d'un code de ce genre, sous ce titre : Essai sur un Code maritime général européen, pour la conservation de la liberté de la navigation et du commerce des nations neutres en temps de guerre à Leipsig, 1782. 8. Cet essai doit être considéré comme continuation, et, en quelque manière, comme le second volume de l'ouvrage cité au § précédent : La liberté de la navigation, etc.

(b) On trouve toutes ces lois maritimes, dans la Bibliotheca di Gius nautico, Firenze, t. II, 1785. 4, et traduit en allemand dans J.-A. ENGELBRECHT, Corpus juris nautici. Lubeck, 1790 4. — Pour ce qui regarde le *Consolato del mare*, traduit dans presque toutes les langues européennes, la traduction italienne est celle qui est le plus généralement répandue sous ce titre : Il Consolato del mare, colla spiegazione di G.-M. CASAREGI, Venezia, 1734. 4. Des traductions françaises ont été données par CLAIRAC

temps, généralement observés. Cependant ce dernier eut
force de loi sur les côtes de la Méditerranée, en Espagne,
en Italie et même aux îles de l'Archipel, jusqu'à ce que
Charles V, Philippe II, Louis XIV, et d'autres gouvernements
donnèrent des lois particulières. Depuis le milieu du dix-
septième siècle surtout, plusieurs puissances ont publié des
lois et ordonnances sur cet objet (c). Dans les temps récents,
il n'y a que peu de traités qui permettent aux neutres l'in-
tercourse entièrement libre avec les ports des puissances
belligérantes, en en exceptant toutefois ceux qui sont en
état de blocus (d).

§ 293. — Visite des navires marchands neutres.

Lorsqu'un navire marchand neutre rencontre un vaisseau
de guerre ou un armateur d'une puissance belligérante,
dans le territoire maritime de celle-ci, ou dans celui d'un
de ses alliés, ou en pleine mer, il doit, selon l'usage des
nations européennes, sur un signal qui lui est donné (semonce ou coup d'assurance), l'approcher et se soumettre à
une vérification, à l'effet de faire constater que le bâtiment,

à Bordeaux, en 1661, et par P.-B. Boucher, en 1808, à Paris. — Sur
l'histoire de ces lois maritimes, voy. The history of the Law of Ship-
ping and Navigation, by J. Reeves, Lond. 1692. 8. Origine et progrès
du droit et de la législation maritime, par M. Azuni, à Paris, 1810. 8. —
Voyez des écrits sur ces lois maritimes, et sur celles des puissances européennes, dans v. Kamptz, Neue Lit., § 155 ff.

(Les anciens recueils ont été effacés par la belle collection des lois maritimes antérieures au xviiie siècle, de Pardessus, 1826-45, 6 vol in-
8°. — V. sur l'histoire de ces lois Wheaton, Histoire des progrès du
droit des gens 3e éd. 1853. in-8°, et Hautefeuille, Histoire des origines,
des progrès et des variations du droit maritime international. 1858. in 8°).

(c) G. F. v Martens, Lois et ordonnances des diverses puissances européennes concernant le commerce, la navigation, Göttingen. t. I. 1802.
t. II. 1804. 8.

(d) La liberté de la navigation, sans visite, fut stipulée dans le traité
de commerce, conclu en 1742 entre la France et le Danemark, art. 20.
Wenk, Codex juris gen, I, 612.

ainsi que le maître et l'équipage, appartiennent effectivement à un État neutre, et qu'ils n'apportent point de contrebande de guerre à l'autre puissance belligérante (a). S'il navigue *sous convoi*, c'est-à-dire sous l'escorte d'un ou de plusieurs vaisseaux de guerre neutres, la vérification consiste dans la *déclaration* de l'officier commandant le convoi, donnée sous parole d'honneur, que le vaisseau, ainsi que le maître et l'équipage, appartiennent à son État, et que le premier ne conduit aucune marchandise sujette à confiscation (b).

(a) On discute beaucoup sur la légitimité de cette visite, lorsqu'elle n'est point stipulée par des traités Voyez les écrits suivants : Sur la visite des vaisseaux neutres sous convoi, ou examen impartial du jugement prononcé par le tribunal de l'amirauté anglaise, le 11 juin 1790, dans l'affaire du convoi suédois, par M. J.-F.-W. Schlegel, traduit du danois par M. de Juge, à Copenhague, 1800. 8. Remarks on M. Schlegel's work upon the Visitation of neutral vessels under convoy, by Alex. Croke, 1801. 8. A treatise of the relative rights and duties of belligerant and neutral powers in maritime affairs, in which the opinions of Hubner and Schlegel are fully discussed. Lond. 1801 8 A. W. B. v. Uechtritz von Durchsuchung der Schiffe neutraler Völkerschaften. Rothenburg an der Fulda 1801. 8, aussi dans Siebenkees, Jurist. Magazin, t. II, num. 2, p. 52-50. M.-H. Bornemann, Uber die gebräuchliche Visitation der neutralen Schiffe, und über die Convoi. Aus dem Dänischen, von C.-E. Primon, Copenhagen, 1801. 8. (Voici le titre de l'ouvrage original qui a paru à Copenhague en 1801 : Over den brugelige Visitation af neutrale Skibe og Convojen. Af M. H. Bornemann). Originale Actenstücke uber die letzte Irrung zwischen Danemark und England, und die neueste nordische Convention Mit Einleitung, herausgegeben von C. U D v. Egger's Copenhagen 1801. 8. v. Martens, Erzählungen merkwürdiger Fälle des neueren europäischen Völkerrechts, t I, p. 299, t. II, p. 858. Moser's Versuch, X, 1-360. Schmidlin, Diss cit. § 66, sqq.

(b) Cependant cette vérification a souvent été jugée insuffisante dans les derniers temps. Voyez les écrits cités ci-dessus, et de Martens, Précis du droit des gens, § 321. Contestation entre la Grande-Bretagne et la Suède, en 1799, dans de Martens, Erzählungen merkwürd. Fälle, I, 299. Débats entre la Grande-Bretagne et le Danemark, en 1800, relativement à la frégate danoise Freya. Politisches Journal, août 1800, p. 701, 800, 863. Dans plusieurs traités, conclus depuis 1780, la question est décidée affir-

§ 294. — Continuation.

Le navire marchand naviguant *sans convoi*, la vérification se fait moyennant la production et l'examen des *papiers de mer* et des *livres de bord* (a) (*Seebriefe*). La propriété et la destination de la cargaison sont constatées par la charte-partie (affrétement ou nolissement, *curta partita*, *Certe-Partie*), le connaissement, et le certificat d'une autorité sur la déclaration (*Verklarung*) qui lui a été faite sous serment; la propriété neutre du navire est prouvée, en outre, ou par l'acte de propriété (*Byl-* ou *Bielbief*), ou par d'autres actes dûment expédiés exprimant le titre du propriétaire; la neutralité du maître ou patron chargé

mativement. Traité de commerce entre la Prusse et les États-Unis d'Amérique, de 1785, art. 14, dans de MARTENS, Recueil, II, 572, et celui entre la Prusse et le Danemark de 1813, art. 19. Traités de la Russie avec la Suede, le Danemark et la Prusse, de 1800 et 1801, concernant la neutralité armée, dans de MARTENS, Essai concernant les armateurs, ch. II, § 20. Comparez aussi MOSER's Versuch, X, 1-358. — Il est des auteurs qui exigent, outre la déclaration du capitaine, au moins la production d'une preuve écrite, que le vaisseau appartient à un État neutre. Aussi les Provinces-Unies des Pays-Bas se prêtèrent-elles, en 1762, à cette production. Une visite modifiée, même des vaisseaux marchands naviguant sous convoi, fut accordée, mais seulement aux vaisseaux de guerre, dans la convention maritime conclue le 17 juin 1801, entre la Russie et la Grande-Bretagne, art. 4, à laquelle accédèrent aussi la Suède et le Danemark. Voy. de MARTENS, Recueil, supplément, II, 478. — De même, il peut être incertain si un vaisseau sous pavillon de guerre est véritablement un vaisseau de guerre. Une pareille contestation eut lieu, en 1782, entre le Danemark et l'Espagne, relativement à la corvette Saint-Jean.

(a) LAMPREDI, I, 161, 187. SCHMIDLIN, § 67, sq. JACOBSEN, II, 250-453. Quelques traités ou ordonnances exigent que le vaisseau ne soit point construit par l'ennemi, ni qu'il lui ait appartenu depuis le temps de la guerre, excepté s'il aurait été pris sur lui et adjugé au vendeur comme bonne prise; d'autres veulent que tous les employés et au moins trois quarts ou deux tiers des matelots soient sujets de la puissance neutre. SCHMIDLIN, Diss. cit. § 59, n 1 et 2. Le traité de commerce conclu entre la Prusse et le Danemark en 1818, art. 17, exige que le capitaine et la moitié de l'équipage soient natifs du pays auquel appartient le navire.

de la conduite du navire (*Schiffer*), ainsi que celle de l'équipage, est constatée par le passe-port ou la patente de navigation, par le rôle d'équipage (*Muster* ou *Equipage-Rolle*), et par des lettres de naturalisation. Si les lettres de mer donnent des soupçons, la *visite* du navire peut avoir lieu, mais dans les formes stipulées ou d'usage (*b*).

(*b*) Voir de Martens, Essai concernant les armateurs, ch. ii, § 18 et suiv. Nau's Völker-Seerecht, § 164 ff. Azuni, dans le livre allégué, 11, 260 et suiv. Schmidlin, Diss. cit. § 69. — Il est établi par plusieurs traités que le vaisseau qui veut visiter un navire marchand doit s'arrêter hors de la portée du canon, détacher une seule chaloupe, et ne faire monter à bord que deux ou trois hommes qui, dans cet état d'infériorité par lequel l'honneur du pavillon est suffisamment garanti, se font présenter les passe-ports et les connaissements du navire. Paix d'Utrecht, entre la Grande-Bretagne et les Provinces-Unies des Pays-Bas, de 1713, art. 24. Traité de commerce de 1778, entre la France et les États-Unis d'Amérique, art. 27. Traité de commerce entre la France et la Grande-Bretagne, de 1786, art. 26. Traité de commerce entre la Russie et l'Autriche, de 1784, dans les édits publiés par l'une et par l'autre des parties contractantes, datés de 1785, art. 13 et 15, dans de Martens, Recueil, 11, 625, 637 Traité de commerce entre la Prusse et les États-Unis d'Amérique, de 1785, art. 15. De Martens, II, 573. Traité de commerce entre la Suède et les États-Unis d'Amérique, de 1783, art. 25 Traité entre la Prusse et le Danemark, de 1818, art. 19.

Les auteurs modernes distinguent entre le droit de visite proprement dit, c'est-à-dire la constatation de la nationalité du navire par les papiers de bord, et le *droit de recherches* ou de *perquisition* par lequel les croiseurs belligérants ou les corsaires essaient souvent de compléter le témoignage des papiers. Un seul traité a autorisé les recherches; c'est la convention de 1801 entre la Russie et l'Angleterre que ces puissances ont imposée au Danemark et à la Suède (v. § 308). La plupart des écrivains modernes non anglais condamnent avec raison cette extension abusive donnée au droit de visite. V. notamment l'ouvrage cité de Hautefeuille, Droits et devoirs des neutres.

La visite a été introduite aussi en temps de paix par les traités relatifs à la répression de la traite des noirs. Sitôt que le congrès de Vienne eut exprimé le vœu de l'abolition de la traite, l'Angle-

§ 295. — Procédure par rapport aux prises.

Si le capitaine du vaisseau de guerre ou l'armateur, d'après le résultat de la vérification ou de la visite, a lieu de croire que le navire marchand pourrait être *entièrement*

terre s'empressa de former des conventions à ce sujet avec divers Etats. Dès le 22 janvier 1815, un traité conclu entre cette puissance et le Portugal, déclara la traite illégale. Une nouvelle convention du 28 juillet 1817 autorisa la recherche réciproque, par les croiseurs des deux nations, des bâtiments se livrant à la traite dans quelque latitude ou longitude qu'ils se trouvassent. Un droit de visite analogue fut stipulé les années suivantes dans des conventions conclues par l'Angleterre avec l'Espagne, les Pays-Bas, la Suède et des Etats américains. Enfin, par les traités du 20 novembre 1831 et du 22 mars 1833, auxquels adhérèrent successivement la Sardaigne, la Toscane, les Deux-Siciles, la Suède, le Danemark et les villes anséatiques, la France accorda également le droit de visite réciproque dans une zone déterminée. Bientôt des négociations furent entamées entre les cinq grandes puissances pour donner plus d'extension encore à ce droit, notamment pour élargir la zone dans laquelle il pouvait s'exercer, et un traité fut signé en effet dans ce but à Londres le 20 décembre 1841, par l'Autriche, la France, la Grande-Bretagne, la Prusse et la Russie. Mais l'opinion publique s'était émue en France sur cette question. Elle s'appuyait sur l'exemple des Etats-Unis qui n'avaient jamais voulu concéder a une nation étrangère le droit de visiter leurs bâtiments marchands, ni même celui de vérifier, en temps de paix, si ces bâtiments appartenaient effectivement à la nation dont ils arboraient le pavillon (*enquête du pavillon*). Et en effet l'événement a prouvé que les croisières établies sur les côtes d'Afrique n'ont jamais pu empêcher la traite, et que le sentiment public s'élevait avec justice en France et en Amérique, vis-à-vis de résultats si incertains, contre l'abandon d'une des principales prérogatives de la souveraineté maritime en faveur d'une puissance si peu disposée à respecter la liberté des mers. Le gouvernement français, vivement attaqué dans les chambres, refusa de ratifier la convention de 1841. Un nouveau traité conclu avec la Grande-Bretagne, le

sujet à condamnation, il est en droit de l'amener, sans
cependant se l'approprier par voie de fait, ni maltraiter
l'équipage (a). Il doit le conduire, s'il est possible, dans un
port de son souverain, ou l'y faire conduire par un officier
(conducteur de la prise), et y attendre qu'un jugement du
conseil des prises (*Prizecourt*) ou du tribunal d'amirauté
compétent, l'ait ou non déclaré de bonne prise. Ce jugement est précédé ordinairement d'une procédure formelle
(*Reclame-Process*), qui parcourt plusieurs instances (b). Lors-

29 mai 1845, suspendit l'effet des conventions de 1831 et 1833, et
supprima le droit de visite réciproque, mais laissa subsister l'enquête
du pavillon, en cas de soupçon de piraterie. En 1858, le ministère
anglais, qui venait tout récemment encore de proclamer le droit
de l'Angleterre *de faire la police de l'Ocean*, fut obligé de désavouer
ses croiseurs qui avaient arrêté un navire américain, et de renoncer presque officiellement au droit de visite en temps de paix.
(V. les ouvrages cités de HAUTEFEUILLE, ORTOLAN et MASSE,
WHEATON, Hist. des progrès du droit des gens, 2ᵉ éd. t. II, et les
principaux traités dans le recueil manuel de Ch. de MARTENS et de
CUSSY, t. IV.) [A. O.]

(a) Aussi est-il ordinairement défendu aux vaisseaux de guerre et aux
armateurs d'accorder la rançon

(b) De MARTENS, Essai concernant les armateurs, ch. II, § 25 et suiv.
Du même, Grundsätze des Handlungsrechts, § 229 ff. — Écrits relatifs à
la matière des prises maritimes : Laws, Ordinances et Institutiones of the
Admiralty of Great-Britain, Civil and Military. Lond 1746. 2 vol. 8. The
Spirit of Marine Law. By John Irving MAXWELL Lond 1800 8. Reports
of Cases argued et determined in the high Court of Admiralty, commen-
cing with the Judgements of the right Honorable Sir William SCOTT. By
Chr. ROBINSON. Lond. 1800 et suiv, vol. I-IV, 8. Décisions in the high
Court of Admiralty, during the time of Sir George HAY and of Sir James
MARRIOT, late Judges of that Court. Lond. 1801. 8. Collectanea Maritima
being a Collection of publick instruments tending to illustrate the history
and practice of Prizelaws. By ROBINSON. Lond. 1801. 8. A Treatise on
the civil Laws and on the Laws of the Admiralty. By Arthur BROWN.
Lond. 1802. vol. I-II. 8. Formulare instrumentorum, or a Formulary of
authenthic Instruments, writs and standling orders used in the high Court
of admiralty of Great-Britain. Perused and approved as correct by Sir

qu'au contraire le vaisseau de guerre ne prétend qu'à une *partie* de la cargaison, et que le navire s'offre à céder cette partie, il doit être relâché de suite (c) ; principe de droit qui cependant n'est que trop souvent violé, et fait naître de nombreuses réclamations. Quand le navire refuse d'abandonner ce qu'il a de contrebande, ou ce que l'officier commandant du vaisseau de guerre considère comme tel, il demeure arrêté, et c'est encore aux tribunaux compétents à décider. La preuve en pareil cas est à la charge non du demandeur, mais du maître du navire marchand qui est défendeur (d). Le jugement est rendu suivant les dispositions des traités publics, et, à défaut de traités, d'après les principes du droit des gens naturel (e), les lois du pays ne peuvent être invoquées, si ce n'est en ce qui regarde les frais de la procédure. Le tribunal des prises doit être considéré comme une commission spéciale du gouvernement (f).

James MARRIOT. Lond. 1802. LEBEAU, Nouveau code des prises, ou Recueil des édits, etc , depuis 1400 jusqu'à 1789. Paris, an IX, t. I IV, 8. Code des prises et du commerce de terre et de mer; par F.-N. DUFRICHE-FOLLAINES, Paris, an XIII, — 1804, t. I-II. Kaper-Grausamkeit gegen die Neutralen Aus dem Engl 1801. 8 Merkwürdige Entscheidungen der londoner und pariser Prisen-Gerichte über neutrale, in den lezten Jahren dieses Kriegs aufgebrachte Schiffe. Altona 1802. 8. Traité sur les prises maritimes, à Paris, 1822, 2 vol. in-12 ABREU, dans le livre allégué plus haut (§ 261) SCHMIDIN, 1 c. § 72, sq —V. aussi, pour l'Angleterre, l'ouvrage de HAZLITT et ROCHE, cité dans la note jointe au § 291, et THOMSON, The laws of war affecting the commerce and Schipping, 2ᵉ éd. Lond. 1854 ; et pour la France les ouvrages cités de HAUTEFEUILLE, ORTOLAN et MASSÉ, et PISTOIE et DUVERDY, Traité des prises maritimes. 1855. 2 v. in-8°.

(c) Traité de commerce et de navigation entre la Grande-Bretagne et les États-Unis d'Amérique, de 1795, art. 17. De MARTENS, Recueil, VI, 369. Traité entre la Prusse et le Danemark de 1818, art. 20.

(d) De STECK, Essai, etc., p. 68.

(e) Déclaration de la Grande-Bretagne, en date du 28 février 1780, dans de MARTENS, Recueil, VI, 345. Traité de commerce entre la France et la Grande-Bretagne, de 1786, art 25 et suiv.

(f) Il ne forme pas partie intégrante de l'organisation judiciaire. C'est une institution juridico-politique, une autorité spéciale, un tribunal ex-

§ 296. — Juge compétent dans les causes de prises.

L'Océan étant parfaitement libre (§ 132), les puissances belligérantes n'y peuvent exercer aucune domination sur les navires marchands des neutres. Ces navires sont en pleine mer à l'égard de chacune de ces puissances, ce que l'État neutre est à l'égard de l'État belligérant. Or, en vertu de leur indépendance politique, ces États ne reconnaissent aucun juge commun et aucun d'eux surtout ne reconnaît la juridiction de l'autre sur les siens Il résulte de là que d'après le droit des gens naturel, aucun tribunal n'est compétent dans les causes de prises, si le navire a été arrêté en pleine mer (a). Autrefois les traités attribuaient assez souvent la compétence aux tribunaux d'amirauté de l'Etat neutre (b). L'usage moderne, au contraire, reconnait généralement la juridiction de l'Etat belligérant (c), soit parce qu'elle est en quelque sorte fondée par la saisie (forum arresti), soit en supposant en principe que le propriétaire du navire capturé est le demandeur et doit

ceptionnel. Il a pour mission de juger entre nationaux et étrangers, par voie administrative de la validité des prises. Il n'est donc pas tenu aux formalités des tribunaux ordinaires. Azuni, Droit maritime de l'Europe, t. II, ch. II, art. 4.—En Angleterre, c'est au high Court of Admiralty, en sa qualité de Prizecourt, qu'appartient le jugement des prises. Jacobsen, I, 19 et suiv. En France, un décret des Consuls, daté du 6 germinal an VIII, a établi un conseil des prises, tribunal administratif exceptionnel, dont, aux termes du même décret, les fonctions devaient cesser avec la guerre. (Il fut supprimé en effet par les ordonnances royales des 9 janvier et 23 août 1815; un nouveau conseil des prises fut créé lors de la guerre de Crimée, par décret impérial du 18 juillet 1854, et supprimé à son tour par décret du 3 mai 1856. V. le Bulletin des Lois).

(a) Hubner, De la saisie des bâtiments neutres, t. II, p. I, ch. II Cependant cette question est contestée, même d'après le droit des gens naturel. Comparez Galiani, t. I, cap. IX, § 8. Lampredi, t. I, § 14. Nau's Volker-Scerecht, § 216.

(b) Nau, dans le livre allégué.

(c) De Steck, Essai, etc., p. 82 et suiv.

poursuivre le saisissant défendeur, par-devant les propres
tribunaux de celui-ci. Du reste, ni l'un ni l'autre de ces
motifs ne peut-être appliqué, lorsque la prise a été conduite
dans un port d'une tierce puissance, comme cela arrive
quelquefois en cas de détresse ; alors la juridiction de l'État
belligérant est plus souvent contestée, même par la tierce
puissance (d).

§ 297. — Commerce avec des lieux bloqués

On appelle lieu *bloqué*, que ce soit un port, une place
forte, une ville, un camp, une côte, etc , celui où, en vertu
des dispositions de la puissance qui l'attaque avec des troupes ou des vaisseaux stationnés et suffisamment proches,
l'on ne peut entrer d'aucune manière sans le consentement
de cette puissance, ou dans lequel on ne peut pénétrer qu'en
courant un danger évident (a). Un lieu pareil dans les limi-

(d) De MARTENS, Essai concernant les armateurs, ch. II, § 36, 37.

(a) SCHMIDLIN, l. c. cap. XLIV. Voyez la convention maritime, conclue
le 17 juin 1801, entre la Russie et la Grande-Bretagne, art. 3, n 4, dans
de MARTENS, Recueil, supplément, II, 478. Comparez aussi les conventions
de la Russie, relativement à la neutralité armée, conclues avec la Suède
et le Danemark le 16 déc. 1800, et avec la Prusse le 18 déc. 1800, dans
le même livre, II, 393, 402, 409, ainsi que la déclaration faite, en 1780,
par le gouvernement russe aux cours de Londres, de Versailles et de Madrid, dans de MARTENS, Recueil, II, 75. — Le traité de commerce, conclu
en 1742 entre la France et le Danemark, art 20, établit pour règle, que
nul port ne doit être considéré comme bloqué, si l'entrée n'en est fermée
au moins par deux vaisseaux ou par une batterie de canons placée sur la
cote, de manière que les navires n'y pourraient entrer sans un danger
manifeste. WENCK, Codex jur. gent. I, 613. Dans le traité de commerce,
conclu en 1753 entre la Hollande et le roi des Deux-Siciles, art. 22, il a été
convenu que nuls ports ou villes ne seraient tenus pour assiégés ou bloqués,
à moins qu'ils ne fussent investis, soit par mer, par six vaisseaux de guerre
au moins, à la distance d'un peu au delà de la portée du canon de la place,
soit du côté de terre, par des batteries élevées et autres ouvrages, tellement qu'on ne pourrait y entrer sans passer sous le canon des assiégeants. MOSER's Versuch, VII, 588 Le port doit être bloqué par deux
vaisseaux, d'après le traité entre la Prusse et le Danemark, de 1818,
art. 18.

tes où s'étend le blocus, p. e. un port, du côté de la mer, doit être regardé par les neutres comme étant au pouvoir de la puissance belligérante qui le tient bloqué. Cette puissance est donc en droit d'exclure à volonté les États neutres et leurs sujets de *tout commerce*, soit navigation, soit commerce proprement dit, avec ce même lieu. L'époque du commencement du blocus doit, en général, être fixée d'après la définition que nous venons de donner; cependant, pour les navires et les individus commerçants, le blocus ne commence réellement que quand ils en ont été suffisamment instruits (b). Ce qu'il y a de certain, c'est qu'une pure déclaration verbale de l'une des puissances belligérantes (blocus sur papier) ne peut établir un blocus dans le sens et avec les suites légales du droit des gens (c).

§ 298. — Mesures contre ce commerce.

La puissance qui tient le blocus peut user de force et se faire droit envers les neutres qui, contre sa déclaration expresse, ont sciemment fait ou tâché de faire le commerce

---

(b) Cette question est très-contestée, surtout dans l'application du principe. F.-F.-L. Pestel, Diss. selecta capita juris gentium maritimi, § 11. Les traités mentionnés note *a*, conclus par la Russie avec la Suède, le Danemark et la Prusse, stipulent expressément que les bâtiments naviguant vers un port bloqué ne seront considérés comme ayant contrevenu à la convention que lorsqu'après avoir été avertis par le commandant du blocus de l'état du port, ils auraient tâché d'y pénétrer en employant la force ou la ruse.

(c) Surtout dans les guerres maritimes qui ont eu lieu depuis 1792, quelques puissances ont établi un système de blocus très-étendu, d'après lequel des côtes et pays entiers ont été déclarés en état de blocus. Déjà, depuis 1775, où la France prit part à la guerre des colonies anglo-américaines contre la Grande-Bretagne, la cour d'amirauté britannique déclara que les ports de France étaient, par leur position, tenus naturellement en état de blocus par les ports d'Angleterre. Contre ce principe, voyez le Mémoire de 1812, allégué plus haut (§ 291), § 11 et suiv. — Au système de blocus des Anglais (voyez Jacobsen, 1, 556-665), fut opposé, depuis 1806, par Napoléon le système continental (§ 311 et suiv.)

avec le lieu bloqué. Ordinairement on se contente de la confiscation du navire et de la cargaison, mais quelquefois ceux
qui ont enfreint les droits du blocus sont aussi punis personnellement. La cargaison est souvent restituée, si le propriétaire ou son commissionnaire neutre prouve qu'il avait
donné l'ordre d'embarquer la marchandise avant que le
blocus fût connu, et qu'il n'avait pu révoquer cet ordre
avant l'époque fixée pour le départ (a).

§ 299. — Biens ennemis dans des navires neutres, et biens neutres dans
des navires ennemis.

Sur l'Océan, tout navire est censé être exterritorial, par
rapport à toutes les nations étrangères (§ 132 et 296). Un
navire marchand doit être considéré comme une colonie
flottante de son État. En conséquence, aucune puissance

(a) JACOBSEN, I, 260 et suiv. NAU, § 208.
Les traités et les auteurs sont partagés sur le *droit de prévention*
et le *droit de visite* que les navires des puissances belligérantes ont
souvent exercé contre les bâtiments neutres. Le droit de prévention consiste dans le pouvoir que s'attribuent les belligérants de
saisir, comme coupable de violation de blocus, tout navire qui a
mis à la voile pour un lieu déclaré bloqué, ou qui a continué à se
diriger vers ce lieu, quand il a eu connaissance du blocus. Le droit
de suite est celui qu'ils s'arrogent de poursuivre un navire sorti
d'un port déclaré bloqué et de le capturer jusqu'au port de sa
destination. V. HAUTEFEUILLE, Droits et devoirs des neutres, t. II,
p. 240 et suiv. (2ᵉ éd.) ORTOLAN, Règles intern. et diplom. de la
mer, t. II, ch. IX. Plusieurs auteurs soutiennent que la notification *spéciale* du blocus, faite à chaque navire qui se présente
dans le port fermé, est indispensable, indépendamment de la notification diplomatique, pour que le blocus produise ses effets à
l'égard des neutres. HAUTEFEUILLE l. c. p. 222 et s. La déclaration
du 15 avril 1856 exige que les blocus soient effectifs, ce qui constitue sans doute une grande concession de la part de l'Angleterre.
Mais elle ne défaille aucune des conditions auxquelles le blocus
doit être considéré comme effectif. [A. O.]

belligérante ne devrait se permettre sur l'Océan de visiter
un navire neutre, ni de confisquer les biens ennemis qui
pourraient y être chargés, et bien moins encore de s'approprier le navire par la raison que la cargaison appartient à
son ennemi. C'est ce qui est exprimé par le proverbe de
droit : *Le pavillon neutre couvre la cargaison* (a) (*die neutrale Flagge deckt die Waare*, ou *freies Schiff, freies Gut*),
c'est-à-dire le navire neutre rend la cargaison neutre. Il en
est de même des biens des neutres chargés sur des navires
ennemis, et la puissance belligérante n'est pas plus en droit
de les confisquer, que s'ils se trouvaient dans le territoire
continental de son ennemi (b).

(a) Hübner, De la saisie des bâtiments neutres, I, 198 et suiv. 211.
J.-F.-W. Schlegel, Ueber die Visitation der neutralen Schiffe, p. 53. —
La question a été discutée dans une contestation qui eut lieu, en 1752,
entre la Grande-Bretagne et la Prusse. Voyez Behmeri, jus nov. controv.
t. I, obs. 1, et de Martens, Erzählungen merkw. Fälle des europ. Völkerrechts, I, 236-284. — M. Jouffroy soutient que la propriété d'une
nation en guerre, chargée sur un navire neutre, doit être inviolable, au
seul cas près où le navire a été chargé dans un port de la nation belligérante, et est destiné pour un autre port quelconque de la même nation,
ou pour un port d'un de ses alliés faisant cause commune avec elle dans
la même guerre. Voyez son droit des gens maritime universel, cité plus
haut. — D'autres auteurs soutiennent que, d'après le droit des gens naturel, il est loisible, dans tous les cas, de prendre les biens de l'ennemi
dans les navires neutres. Grotius, lib. III, c. vi, § 6 et 26, n. 2. Locce-
nius, De jure maritimo, lib. II, c. iv, § 12. Voetius, De jure militari,
c. iii, § 21. Heineccius, Diss. cit. c. ii, § 9. Bynkershoek, Quæst. jur.
publ. lib. I, c. xiv. Azuni, t. II, p. 179. Lampredi, t. I, § 10, sq. Charles
Jenkinson, dans son Discourse on the conduct of the government of
Great-Britain in respect to neutral nations ; dans le Supplément to the
collection of treaties (Lond. 1781. 8), p. 101 et suiv., et à la tête de la
nouvelle édition de la Collection of treaties, qui a paru à Londres en
1785, en 3 vol. in-8°.

(b) Grotius, lib. III, c. vi, § 5. Heineccius, l. c. Bynkershoek, l. c
lib. I, c. xiii. Un proverbe allemand dit : « *verfallenes Schiff, nicht verfallenes Gut.* »

§ 300. — Principes actuellement observés à cet égard.

Cependant ces principes du droit des gens naturel n'ont pas toujours été suivis en Europe. Le *Consolato del mare* (caput 273), qui a été rédigé vers le milieu du treizième siècle, posa en principe la liberté absolue de la propriété des neutres ; en d'autres termes, il admit que la propriété ennemie, embarquée sur un navire neutre, serait confisquable, mais que la propriété neutre dans un navire ennemi ne le serait pas (*frei Schiff, unfrei Gut ; unfrei Schiff, frei Gut*). Ce principe a été reconnu presque dans tous les traités et par tous les tribunaux maritimes, jusqu'au milieu du dix-septième siècle (*a*).

301. — Continuation.

Mais depuis cette époque jusqu'à l'origine du système de la neutralité armée adopté en 1780, beaucoup de traités (*a*) ont sanctionné deux principes contraires (*b*) ; savoir, que le

(*a*) LAMPREDI, I, 122 JENKINSON, p. 110 NAU, § 175, 190. AZUNI, II, 198, sq. Traité de la France avec les villes anséatiques, de 1655, rec. de DUMONT, VI. FLASSAN, l. c. III, 194. Le contraire se trouve dans le traité conclu la même année par la France avec l'Angleterre, même ouvrage, III, 200. V. en outre cet ouvrage p 141, 273, 424, 451 IV, 415, VII, 183.

(*a*) Voyez sur ces traités les écrits suivants : BÜSCH, uber die durch den jetzigen Krieg veranlasste Zerrüttung des Seehandels. Hamb. 1793. 8. Du même, Bestreben der Völker, sich im Seehandel recht wehe zu thun (Hamb. 1800. 8), cap. II. KLUIT, l. c. II, 430-3, et la table verb. *Merx.* FLASSAN, l. c. III, 200, et SCHLEGEL uber die Visitation der neutralen Schiffe, p. 55 ff. De 1642 à 1780, trente-six traités ont adopté le principe que le pavillon ou le bâtiment couvre la cargaison, et quinze seulement ont suivi le contraire. Comparez aussi HÜBNER t. II, p 2, ch IV LAMPREDI, I, 125. La liberté de la navigation, § 97. 100. sqq. GALIANI, t. I, cap. X. SCHMIDLIN Diss. cit. § 59.

(*b*) Pour la première fois, un traité de l'Angleterre avec les villes commerçantes espagnoles, en 1351. DU MONT corps dipl t. 1, P 2, p. 265. Puis, une capitulation conclue entre la France et la Porte Ottomane, en 1604, et renouvelée en 1740. WENCK cod. jur. gent. I, 595. Ensuite,

pavillon ou le navire couvre la cargaison ou la marchandise
(ou pavillon ami sauve marchandise ennemie, ou *frei Schiff,
frei Gut*); et que le navire confisque la cargaison (*unfrei
Schiff, unfrei Gut*, ou *verfallenes Schiff, verfallenes Gut*);
c'est-à-dire qu'un bâtiment neutre a le droit de transporter
librement les propriétés ennemies, à l'exception de la contrebande de guerre, et que les propriétés neutres, embar-
quées sur un bâtiment ennemi, peuvent être confisquées
avec le bâtiment.

§ 302. — Conclusion.

Il y a eu cependant plusieurs traités dans lesquels on a
conservé les anciens principes, avec cette modification seulement, qu'il est défendu de fournir de la contrebande de
guerre à l'ennemi, et de faire le commerce avec les lieux
bloqués (a) Un petit nombre de traités permettent aussi à la

plusieurs traités conclus par la Grande-Bretagne, savoir avec le Portugal
en 1654, art. 23. (Du Mont, t VI, P. 2. p. 84); avec la France en 1655,
art. 15. (Léonard, t. V, p. 53), en 1667, art. 8, en 1713 à Utrecht, art. 17
et suiv. et art. 27 (Schmauss, II, 1344. Flassan, IV, 347, 354), en 1763,
art. 2, en 1783, art. 2, et en 1786, art. 2 et 29; avec les Provinces-Unies
des Pays-Bas en 1668, art. 10, en 1674, art. 8; avec l'Espagne en 1667,
art. 21 et suiv.; avec la Russie en 1766, art. 10. De même, les traités de
commerce conclus par les États-Unis d'Amérique, en 1778 avec la
France, art. 23, en 1783 avec la Suède, art. 7, et en 1785 avec la Prusse,
art. 12 et suiv , et enfin le traité d'alliance défensive, formé en 1785 entre
la France et la Hollande, art. 8, dans lequel, cependant, comme dans le
traité de paix d'Utrecht, et dans celui entre la Prusse et le Danemarck de
1818, art. 17, la question importante de savoir si la propriété neutre, embarquée sur un bâtiment ennemi, doit être sujette à confiscation, est restée
indécise. De Martens recueil, II, 571. Lettre de M. Jefferson, secrétaire
d'État des États-Unis d'Amérique, du 16 aout 1798, dans le Allgemein.
Anzeiger des kosmograph. Bureau (par M. de Liechtenstern, à Vienne
1814. 8.), p 168-170. — Comparez aussi les notes du Moniteur universel
(de Paris) du 8 mai 1812, sur la déclaration du gouvernement anglais du
21 avril de la même année.

(a) Traités conclus par la Grande-Bretagne avec la Suède en 1661,
art. 11 et 12, avec le Danemarck en 1670, art. 16 et 20 (Schmauss corp.

puissance belligérante de confisquer sur des navires neutres
non-seulement la propriété ennemie, mais aussi la contrebande de guerre destinée pour l'ennemi (b). Du reste, beaucoup de traités ne contiennent aucune disposition suffisamment claire et générale sur cet objet (c). Il y a même
plusieurs États entre lesquels il n'existe, à cet égard, aucune détermination conventionnelle (d). La France avait
établi, par une loi de 1681 (e), que la marchandise ennemie
à bord d'un bâtiment neutre devait rendre confiscable le
vaisseau et le reste de la cargaison. Mais aujourd'hui cette
puissance a reconnu publiquement le principe, que le pavil-

jur. gent. 1, 757. II, 2307. 1, 957), avec la Suède le 25 juillet 1803,
pour expliquer l'art. 11 du traité de commerce conclu le 21 octobre 1661
(Politisches Journal, 1803, septembre, p. 924 f.), et avec le Danemarck
en 1780, pour expliquer le traité de 1670, dans de MARTENS recueil,
II, 102.

(b) Traité entre la France et les villes anséatiques, de 1716, art. 13.
SCHMAUSS C. J. G. II, 1617. sq. (Dans un traité antérieur, conclu en 1655,
ces mêmes contractants avaient adopté un autre principe.) Traité de commerce entre la Grande-Bretagne et les États Unis d'Amérique, de 1795,
art. 17, dans de MARTENS recueil, VI, 369. — Dans un traité de commerce, conclu le 1er avril 1769 entre la France et les villes anséatiques,
art. 13, il fut stipulé que la France, si elle faisait la guerre, serait en
droit de confisquer non-seulement toutes les marchandises ennemies em-
barquées sur des bâtiments anséatiques, mais aussi les marchandises anséatiques qui se trouveraient sur des navires ennemis. MOSER's Versuch,
VII, 492.

(c) On peut citer pour exemple les traités de commerce conclus entre la
Russie et la Grande-Bretagne, en 1734, 1766, 1793 et 1797, dans de
MARTENS recueil, I, 141. V. 108. VI, 722.

(d) De MARTENS Erzählungen merkwürd. Fälle des neuern europ. Volkerr., I, 236 ff.

(e) Ordonnance de la marine de 1681, liv. III, tit. IX. art. 7. Comparez
plus haut § 290, note b. Aussi la France a t-elle souvent appliqué cette
loi, surtout après qu'elle eut été renouvelée le 18 janvier 1798. Voyez de
MARTENS recueil, VI, 774. Cependant elle a été abolie par un arrêté des
Consuls du 29 frimaire an 8 (20 déc. 1798), qui rétablit le reglement du
26 juillet 1778. De MARTENS, IV, 198 VII, 376.

lon couvre la marchandise (*f*), tandis que la Grande-Bretagne s'est déclarée pour l'avis opposé (§ 310 et suiv.).

§ 303. — Neutralité armée pour protéger le pavillon neutre. —
1. Depuis 1780.

Même les droits conventionnels du pavillon neutre ne furent pas toujours dûment respectés par les puissances belligérantes, surtout depuis que la France et l'Espagne (en 1778 et 1779) eurent pris part à la guerre entre la Grande Bretagne et ses colonies d'Amérique (*a*). La définition de la contrebande de guerre, et celle d'un port bloqué, furent souvent étendues outre mesure. Enfin ces procédés arbitraires, très-préjudiciables aux neutres, portèrent la *Russie* à établir, en 1780, en faveur de la *navigation* et du *commerce des neutres, un système de principes* appelé depuis *système de neutralité armée* (*b*). Les puissances belli-

(*f*) Ordonnance de 1779, concernant la navigation des neutres dans FLASSAN, VII, 183. Exposition complète du système français, dans un rapport du ministre des affaires étrangères, lu dans la séance du sénat-conservateur le 10 mars 1812. Moniteur du 16 mars 1812. Lettres de ce ministre d'État adressées au ministre des États-Unis d'Amérique, à Paris, en date du 22 aout 1809 (dans la Gazette de Manheim, 1809, n° 213), et du février 1810 (ibid. n° 62 et 65, et dans le Mémoire de 1812, allégué plus haut § 291)

(Voyez les principes adoptés à cet égard dans la déclaration de Paris du 16 avril 1856, § 36, note).

(*a*) BÜSCH Bestreben, etc., cap. v, p. 209-252.

(*b*) V. OMPTEDA's Lit. § 321, v. KAMPTZ Neue Lit., p 303 BÜSCH Welthandel (4 ausg), p. 441 ff. The History of England from the accession of King George the third to the conclusion of peace in the year 1783 (Lond. 1802. 8), vol. III, p. 350-354. KOCH, Abrégé de l'histoire des traités, t. II, p 201-217. Politisches Journal, v. 1801, april, p. 329 ff. The secret history of the armed neutrality together with memoirs, official letters and state-papers illustrative of that celebrated confederacy : never before published. Written originally in French by a German Nobleman. Translated. by A***** H****. London (Ratisbonne) 1792. 8. L'original de cet écrit parut, plus tard, sous le titre suivant : Mémoire ou Précis historique sur la neutralité armée et son origine, suivi de pièces justificatives (à Ratis-

gérantes qui se refuseraient à reconnaître ce système devaient y être contraintes par une force navale des nations neutres.

§ 304. — Principes de la neutralité armée.

Ce système de neutralité armée comprend les principes (a) suivants, concernant les rapports entre les neutres

bonne), 1795. 8. Il fut aussi imprimé à Bâle en 1801, in-8, avec cette addition sur le titre : « par M. le comte de GORTZ, ministre d'État de S. M. prussienne et son ministre à la diète de l'empire » (en 1780 ministre prussien à Saint-Pétersbourg). G.-F.-C. JUNGWIRTH, Diss. de jure sociorum neutralitatis armatæ, contra Anglos. Viteb. 1797. 4. Nouveau Mémoire ou Précis historique sur l'association des puissances neutres, connue sous le nom de Neutralité armée, avec des pièces justificatives ; dans le Recueil des mémoires et autres pièces authentiques, relatives aux affaires de l'Europe, et particulièrement celles du Nord, pendant la dernière partie du XVIII° siècle ; par le baron ALBEDYHL, t. 1 (à Stokholm 1798. 8), num. 1. Letters of SULPICIUS (lord GRENVILLE), on the northern confederacy. With an appendix, containing the treaty of armed neutrality, together with documents relative to the subject. London 1801. 8. Mart. Adph KOPETZ Kurze Darstellung des durch Russland im J. 1780, gegründeten Systems der bewaffneten Neutralität. Prag. 1801. 8. Du même, Vergleichung des Systems der bewaffneten Neutralität mit der nordischen Convention vom J. 1800, und der petersburger Convention vom J. 1801. Prag. 1804. 8. — Sur l'histoire secrète de l'origine de la neutralité armée, voyez Vie de Catherine II (par J. CASTÉRA), t. II (à Paris, 1797. 8), liv. IX, p. 231-240. J.-C. PETRI's Neuestes Gemalde v. Lief. u. Esthland, t. II (Leipz. 1809. 8).

Actes et *écrits officiels* y relatifs : A Collection of public acts and papers relating to the principles of armed neutrality. Lond. 1801. 8. C.-W. DOHM's Materialien für die Statistik und neure Staatengeschichte, IV. Lieferung, p. 175-296 (on y trouve des actes jusqu'au décembre 1781). Aug. HENNING's Sammlung von Staatsschriften, die während des Seekriegs von 1776 bis, 1783 bekannt gemacht worden sind, t. II (1785. 8). De MARTENS, Recueil, II, 74 et suiv IV, 345 et suiv. Voyez aussi les pièces justificatives, à la fin des Mémoires du baron d'ALBEDYHL et du comte de GORTZ, et à celle des Letters of SULPICIUS.

(a) Voyez la déclaration de la Russie aux puissances belligérantes (la Grande-Bretagne, la France et l'Espagne), datée du 28 février 1780, dans de MARTENS, Recueil, II, 75. Ces principes ont été adoptés, mot à mot,

et les puissances belligérantes, relativement au commerce maritime. 1° Les bâtiments neutres peuvent naviguer librement de port en port, et sur les côtes des nations en guerre. 2° Les effets appartenant à des sujets des puissances en guerre sont libres sur les navires neutres, à l'exception de la contrebande de guerre. 3° Sont considérées seulement comme contrebande de guerre les marchandises qui ont été expressément déclarées telles dans les traités (b). 4° Un port n'est bloqué que lorsque en vertu de la disposition de la puissance qui l'attaque avec des vaisseaux stationnés et suffisamment proches, il y a un danger évident d'y entrer. 5° Ces principes servent de règle dans les procédures sur la légalité des prises.

§ 305. — Suite de cette neutralité armée.

Ce système de neutralité armée fut formellement notifié

non-seulement dans les actes d'accession donnés peu de temps après par d'autres puissances neutres (§ suiv), mais aussi, vingt ans plus tard, avec quelques additions dans les traités conclus par la Russie avec la Suède, le Danemark et la Prusse, sur la seconde neutralité armée (§ 307) De Martens, Recueil, supplément, II, 393, 403, 409.

(b) La *Russie* s'en tint, à cet égard, aux art 10 et 11 de son traité de commerce avec la Grande-Bretagne, de 1766, en faisant valoir ces dispositions contre toutes les puissances alors en guerre, et par conséquent aussi contre la France et l'Espagne. Le traité de 1766 se trouve dans les loisirs du chevalier d'Éon, t V, p. 341 et suiv De Martens, Recueil, I, 145. — Le *Danemark* se rapporta à son traité de commerce avec la Grande-Bretagne, de 1670, y compris la convention additionnelle de 1780, et à son traité de commerce avec la France, de 1662, en étendant les obligations de ce dernier à l'Espagne. — La *Suède* s'en référa également à un ancien traité de commerce avec la Grande-Bretagne (auquel fut ajouté, en 1803, une convention additionnelle), et à son traité avec la France, de 1741, en étendant aussi les obligations du dernier à l'Espagne, « comme entièrement fondées dans le droit naturel. » — Les *Provinces-Unies des Pays-Bas* se référèrent à leurs traités avec la France, de 1739, et avec l'Espagne, de 1674. — L'*Autriche*, la *Prusse*, le *Portugal*, les *Deux-Siciles*, n'ayant point de traités avec les puissances belligérantes, déclarèrent qu'ils s'en tiendraient aux dispositions du traité entre la Russie et la Grande-Bretagne, de 1766, art. 10 et 11.

par la Russie, aux puissances belligérantes (a); et les puissances neutres ayant été invitées à y *accéder*, le *Danemark*, la *Suède*, la *Hollande*, la *Prusse*, l'*Autriche*, le *Portugal*, et les *Deux-Siciles* l'adoptèrent immédiatement (b). La plupart de ces puissances ne se bornèrent pas à faire connaître leur accession aux puissances belligérantes (c), mais se la notifièrent réciproquement, notification à laquelle plusieurs répondirent en envoyant des actes d'acceptation (d); de sorte qu'il se forma entre ces États une ligue conventionnelle, connue sous le nom de la *Neutralité armée*, véritable alliance défensive, ayant pour objet d'assurer les droits des neutres sur mer. La *France* et l'*Espagne*, alors en guerre avec la *Grande-Bretagne*, accueillirent ce système avec faveur (e). Mais l'Angleterre déclara qu'elle continuerait à s'en tenir aux principes les plus clairs et les plus généralement reconnus du droit des gens, et aux dispositions de ses traités de commerce (f). Son propre intérêt l'empêcha cependant dans la plupart des cas d'inquiéter la navigation et le com-

(a) Déclaration de la *Russie* aux cours (belligérantes) de Londres, de Versailles et de Madrid, du 28 février 1780, dans de MARTENS, Recueil, II, 74. Réponse de la cour de Londres, ibid. IV, 345.

(b) Ces puissances firent, sur cet objet, des *conventions particulières* avec la *Russie*; le Danemark le 9 juillet 1780 (de MARTENS, Recueil, II, 103), la Suède le 1er aout 1780 (ibid. 110), les Provinces-Unies des Pays-Bas le 5 janvier 1781 (ibid. 117), la Prusse le 8 mai 1780 (ibid. 130), l'Autriche le 9 octobre 1781 (ibid. I-17, IV, 404), le Portugal le 13 juillet 1782 (ibid. II, 208), les Deux-Siciles le 10 février 1783 (ibid. III, 274) — En outre, les puissances du Nord posèrent en principe que dans la *mer Baltique*, comme mer fermée, les hostilités ne seraient point permises De MARTENS, II, 84, 135 et suiv V, 276. La Grande-Bretagne protesta contre cette disposition, par une déclaration à la cour de Saint-Pétersbourg, du 18 déc 1807. Politisches Journal, Jan. 1808, p. 88.

(c) De MARTENS, Recueil, IV, 360, 365, 372, 381.

(d) De MARTENS, Recueil, IV, 369, 371, 379.

(e) Pour la France, voyez de MARTENS, IV, 346, 363, 366, 373. Pour l'Espagne, ibid. 348.

(f) De MARTENS, Recueil, IV, 345, 368. VI, 203.

merce des neutres (*g*), d'autant plus que ce commerce fut
bientôt protégé par des flottes de guerre et des frégates qui
convoyèrent souvent les navires marchands, et que les
puissances neutres s'étaient toutes déclaré disposées à défendre en commun leurs prétentions.

§ 306. — Continuation.

Ce système ayant été destiné en même temps à servir de
base à un code maritime universel (*a*), il fut bientôt inséré
complétement dans plusieurs traités de commerce (*b*). Si,
dans la suite, pendant la guerre de la révolution (1793), la
Russie et la *Prusse* s'en éloignèrent quelquefois (*c*), cette
inconstance ne fut que transitoire, et elle donna lieu à la
Suède et au *Danemark* de s'y attacher de nouveau (*d*).

(*g*) Les neutres furent souvent traités avec plus d'indulgence, et il fut
enjoint aux armateurs anglais d'agir avec moins de rigueur envers eux.
Collection citée de HENNINGS, II, 65. On leur permit même l'importation
des marchandises des échelles du Levant et de la Méditerranée, et le commerce avec les Antilles anglaises. Büsch Bestreben, etc., p. 274 f.

(*a*) Art. sép. 3 de la convention citée entre la Russie et la Prusse, du 8
mai 1781. De MARTENS, II, 136. Mémoire russe adressé aux puissances
neutres, du mois d'avril 1790, dans DOHM's Materialien, IV, Lieferung,
p. 180. — Presque simultanément les mêmes principes furent proposés
pour être insérés dans un code maritime universel, par l'auteur d'un ouvrage qui a paru en 1780 sous ce titre : La liberté de la navigation et du
commerce (v. § 291, note *a*).

(*b*) Traité de commerce entre la Russie et la France, du 11 janvier
1787, art. 27. Traité de commerce de la Russie avec les Deux-Siciles, du
17 janvier 1786, art. 18. De MARTENS, Recueil, III, 15, 44. — Sur les
suites de la neutralité armée, par rapport au commerce d'alors, voyez
BÜSCH Welthandel (4 ausg.), p. 418 ff.

(*c*) Convention entre la Russie et la Grande-Bretagne, du 24 mars 1793,
art. 4. Convention entre la Grande-Bretagne et la Prusse, du 14 juillet
1793, art. 4. De MARTENS, Recueil, V, 117, 169. Déclaration de la Russie
au Danemark, du 10 août 1793, ibid. V, 259.

(*d*) Convention entre la Suède et le Danemark du 27 mai 1794. De
MARTENS, Recueil, V, 274.

§ 307. — 2. Depuis 1800.

La longue durée de la guerre entre la Grande-Bretagne
et la France et ses alliés lit sentir de nouveau aux puissances du nord le besoin d'assurer, par des alliances défensives, les droits du pavillon neutre (a). Il en résulta, en
1800, la *seconde Neutralité armée*. La Russie conclut à cet
effet plusieurs traités, savoir : le 16 décembre 1800 avec la
Suède et le Danemark (b), et, le 18 du même mois, avec la
Prusse (c) Les principes de la première neutralité armée y
furent sanctionnés de nouveau, augmentés et interprétés en
ce qui parut nécessaire, notamment sur la contrebande de
guerre (§ 288), sur le blocus, sur la visite des navires marchands (§ 297, note b), sur la question de savoir si la déclaration de l'officier commandant le convoi devait en tenir
lieu (§ 293), enfin sur la procédure contre les navires neutres dans les causes de prise.

§ 308. — La neutralité armée cède à de nouvelles conventions.

Cependant cette nouvelle neutralité armée ne fut point
adoptée par autant de puissances que la première ; aussi
fut-elle de peu de durée. Six mois après sa conclusion (le
17 juin 1801), la *Grande-Bretagne* parvint à s'allier la
Russie, au moyen d'une *convention maritime* (a), à laquelle
le *Danemark* (en octobre 1801) et la *Suède* (le 30 mars
1802) se virent obligés d'accéder (b). Il est vrai que, dans
cette nouvelle convention, le commerce des neutres avec les

(a) Politisches Journal, 1801, April, p. 332 ff. Büsch Welthandel,
p. 885 ff.

(b) De MARTENS recueil, supplément, II, 389, 399. Polit. Journal, 1801,
p. 333 ff.

(c) De MARTENS, II, 406.

(a) De MARTENS recueil, supplément, II, 476. Busch Welthandel,
p. 891.

(b) De MARTENS recueil, supplément, III, 193, 196. BUSCH, p. 889.

ports et côtes des puissances en guerre fut également déclaré libre, à l'exception seulement du transport de la contrebande de guerre et de la propriété ennemie : mais d'autre part il fut permis aux vaisseaux de guerre (non pas aux
armateurs) de visiter les navires neutres, même ceux qui
naviguaient sous convoi, dès qu'ils donneraient lieu à quelque soupçon.

§ 309. — Elle est adoptée derechef, et une seconde fois abandonnée par
la Russie et par la Suède.

Cependant, le 16 octobre (7 novembre) 1807, la *Russie*
déclara à l'*Angleterre* qu'elle regardait la *convention maritime* comme *annulée;* elle confirma de nouveau en même
temps la base de la *Neutralité armée,* en s'engageant « à ne
jamais déroger à ce système » (a). A la même époque le
Danemark, et en 1809 (13 mars) la *Suède,* déclarèrent que
leurs relations amicales avec l'Angleterre étaient interrompues. Lorsque, dans la suite (le 18 juillet 1812), la paix
d'Oerebro fut conclue entre la *Russie* et l'*Angleterre,* on ne
renouvela ni la convention maritime de 1801, ni le système
de neutralité armée. L'on convint seulement que les relations de commerce entre les deux États seraient rétablies,
d'après les bases d'usage entre les nations disposées à s'accorder réciproquement les plus grands avantages, objet
sur lequel les deux puissances contractantes s'accorderaient
aussitôt que possible (b). La *Suède,* de son côté, rétablit,
dans son traité de paix conclu avec l'Angleterre le même
jour et au même lieu, ses rapports de commerce avec cet
État sur le même pied où ils se trouvaient au 1er janvier
1791, d'après les traités et conventions qui subsistaient à

(a) Politisches Journal, Dec. 1807, p. 1175. Journal politique de Mannheim. 1807, n° 338. Réponse de la Grande-Bretagne du 18 déc. 1807,
dans le Politisches Journal, Jan. 1808, p. 83, 90.

(b) De MARTENS recueil, supplém. t. VII, p. 227 et suiv.

cette époque entre les deux États, lesquels traités furent renouvelés et confirmés (c).

§ 310. — Nouvelles restrictions de la navigation et du commerce maritime.
Par la conduite de la Grande-Bretagne envers les neutres.

Dans la lutte aussi longue qu'opiniâtre entre la Grande-Bretagne et la France, qui se renouvela quatorze mois après la paix d'Amiens (mai 1803), le commerce maritime des neutres, et même toute communication par mer, et par cela aussi le commerce continental de toute l'Europe, furent réduits à un point tel qu'on ne l'avait jamais vu La nécessité d'un code maritime universel n'en fut que plus vivement sentie. La *Grande-Bretagne* chercha, surtout depuis 1806, dans le sentiment de sa prépondérance maritime (a), à faire prévaloir contre les neutres le principe qu'elle avait déjà établi précédemment dans plusieurs traités (§ 302, note *b*, et § 307), notamment dans ceux avec les États-Unis d'Amérique et avec les villes anséatiques, le principe que le pavillon *ne couvre point* la cargaison ou la marchandise. Elle

(c) De MARTENS l. c. t. V p. 432.
(a) JACOBSEN's pract. Seerecht, I, 556-665. Mémoire, etc. de 1812 (cité plus haut § 291), p 16 et suiv. v. FARNENBERG's Magazin für die Handlung, 1812, Heft 2, p. 137 ff. — Il faut avouer cependant que cette extension de la notion du blocus n'appartient pas exclusivement à la Grande-Bretagne Voyez Büsch Bestreben, etc. p. 316 — Écrits *pour* l'Angleterre : Lord LIVERPOOL's discourse on the conduct of the Gouvernement of Great-Britain in respect to neutral nations. (Cet écrit parut après la guerre de sept ans ; une seconde édition, revue et augmentée, fut imprimée à Londres 1801, in-8°.) STEPHENS war in disguise. (Cet écrit parut durant la guerre de sept ans.) JENKINSON's discourse (cité plus haut § 299.) — Écrits *contre* l'Angleterre : MORRIS answer to war in disguise. Un auteur anonyme a publié. Examination of the British doctrine, etc. Mémoire sur la conduite de la France et de l'Angleterre, à l'égard des neutres, à Paris 1810. 8. Mémoire, etc , à Paris 1812, cité plus haut § 291. GALIANI et de STECK dans leurs écrits cités. Il parut aussi à Boston un ouvrage relatif aux contestations entre la Grande Bretagne et les États-Unis d'Amérique, dont des extraits ont été insérés dans le Moniteur de 1810 ou 1811.

prétendait en même temps que même les navires marchands
naviguant sous convoi devaient se soumettre à la visite de
ses vaisseaux de guerre et de ses armateurs. Elle soutint que
des côtes et des provinces entières, dans le sens le plus
étendu, pouvaient être mises en état de blocus par une
simple déclaration (blocus fictif ou sur papier), qu'à cet
effet il devait suffire qu'elle donnât une notification publique quelconque (blocus *per notificationem*), ou envoyât
croiser sur les côtes en question des navires armés en
guerre (blocus *de facto*) ; qu'enfin tout bâtiment neutre naviguant vers les côtes ou ports désignés devait être considéré comme ayant rompu le blocus, du moment qu'il était
probable que la mise en état de blocus était parvenue à sa
connaissance avant ou durant sa course (*b*).

§ 311. — Par le système français continental, et le système britannique
de blocus.

A ces prétentions de la Grande-Bretagne, *Napoléon* op-
posa dans les années 1806 et 1807, par des décrets datés
de Berlin et de Milan, son *système continental*, qui défendit
non-seulement tout commerce, mais aussi toute autre communication avec l'Angleterre, et notamment le trafic de
marchandises d'origine anglaise, et des denrées coloniales
anglaises, tant pour la France que pour les États des souverains du continent alliés avec elle. La *Grande-Bretagne* répondit à ce système continental, depuis 1807, par un *système de blocus* encore plus rigoureux que celui qu'elle avait
suivi jusqu'alors (§ 310). Des ordres du conseil furent donnés (*a*), d'après lesquels non-seulement toutes les côtes, pla-

---

(*b*) Si la chose était douteuse, le premier croiseur anglais rencontrant
un bâtiment qui se trouvait dans ce cas, ajoutait ordinairement la déclaration de la mise en état de blocus sur les papiers de mer de ce bâtiment,
afin qu'il ne puisse plus alléguer son ignorance.

(*a*) *Ordres of council*. On a souvent mal traduit ce terme anglais par
ordre de *cabinet*. Ces ordres sont donnés par le conseil privé du roi,

ces et ports de la France et de ses alliés, et en général tous
ceux dont le pavillon britannique était exclu, devaient être
regardés, par rapport au commerce et à la navigation,
comme bloqués, mais aussi tout commerce des marchandises de production ou fabrique de ces pays ou de leurs colonies était interdit. — Au système continental français accédèrent la *Prusse*, le *Danemark* et la *Russie* en 1807, l'*Autriche* en 1809, la *Suède* en 1809 et 1810 (*b*). — Les *États-
Unis* d'*Amérique* défendirent à leurs sujets, par l'acte de
Non-intercourse du 1er mai 1810, tout commerce avec les
États en guerre, tant avec la France qu'avec la Grande-Bretagne (*c*). — En 1812, la *Russie* et la *Suède* abandonnèrent
le système continental français (§ 309) ; la *Prusse* y renonça
en 1813. La chute de Napoléon le renversa, même en
France. — Nous allons développer plus particulièrement
ces deux systèmes, d'après leur origine et leurs principes (*d*).

d'après la majorité des conseillers privés, qui sont responsables de leurs
actions, tandis que le roi ne l'est pas Comparez le Conversations-Lexicon
(2ᵉ édit. Leipzig 1812 et suiv. in-8°), t. III, p. 352 ff.

(*b*) Busch Welthandel, p. 1000, 1013 ff 1080. Mémoire, etc. de 1812,
cité plus haut, p. 24-29. Rapport adressé à Napoléon par son ministre
des relations extérieures, du 10 mars 1812, dans le recueil de M. de MAR-
TENS, Suppl V. 538. Paix de Tilsit entre la France et la Prusse, de 1807,
art. 27. Déclarations de la Prusse contre la Grande-Bretagne, en date du
1er dec 1807, et du 20 mars 1812. Décret danois du 30 octobre 1807,
dans le Journal de Francfort de 1807, n° 332. Déclaration de la Russie du
16 octobre (7 nov.) 1807, dans le Politisches Journal de 1807, p. 1169,
et dans SCHOELL pièces offic. t. IX, p. 84. Ukase de la Russie, dans le
Journal de Francfort de 1807, n° 332. Paix de Vienne entre la France et
l'Autriche du 14 octobre 1809, art. 16. Paix de Friedrichshamm du 17
sep. 1809 entre la Russie et la Suède, dans le recueil de M. de MARTENS,
Supplém. V. 22, 30. Paix de Paris entre la France et la Suède, du 6 janvier 1810; ibid. V. 233. Traité entre la France et la Hollande, du 16
mars 1810; ibid. V. 327.

(*c*) Cette défense fut déjà abolie en 1810, à l'égard de la France. Par
rapport à la Grande-Bretagne, au contraire, elle fut confirmée en 1811,
ce qui fit naître une guerre Comparez plus bas § 316, note d.

(*d*) Voyez Manuel diplomatique sur le dernier état de la controverse con-

§ 312. — Système continental français. — D'après le décret de Berlin
de 1806.

Le *système continental* de Napoléon, qui devait embrasser
tous les pays alors sous sa domination, tous les États alliés à
la France, et tous ceux placés sous son influence, prit son
origine dans un décret daté de *Berlin* le 21 novembre
1806 (*a*). En voici les dispositions principales :

Les îles Britanniques sont déclarées en état de blocus.
Tout commerce et toute correspondance avec ces îles sont
interdits. En conséquence, les lettres et paquets adressés ou
en Angleterre ou à un Anglais, ou écrits en langue anglaise,
n'auront pas cours aux postes et seront saisis. Tout individu sujet d'Angleterre, qui sera rencontré dans un pays
occupé par des troupes françaises ou par celles des alliés de
la France, sera fait prisonnier de guerre. Tous les magasins, marchandises, ou autres propriétés appartenant à des
Anglais, seront déclarés de bonne prise. Le commerce des
marchandises anglaises est défendu; et toute marchandise
provenant des fabriques ou des colonies anglaises est déclarée confisquée (*b*). Aucun bâtiment venant directement de
l'Angleterre ou des colonies anglaises, ou y ayant été depuis
la publication de ce décret, ne sera reçu dans aucun port.
Les bâtiments qui, au moyen d'une fausse déclaration, con-

cernant les droits des neutres sur mer Leipsic 1814. 8. Aussi sous ce titre :
Le traité d'Utrecht réclamé par la France, etc.

(*a*) Moniteur de 1806, n° 359. Ce décret mémorable se trouve aussi
dans le recueil de M. de MARTENS, supplément, V. 439, et dans le Recueil
de pièces officielles, etc., publié par Fréd. SCHOELL, t. IX, p. 344. — Le
message très-intéressant, par lequel ce décret fut transmis au sénat-conservateur, est inséré au Polit. Journal, Déc. 1806, p. 1227.

(*b*) Une disposition analogue se trouve déjà dans les Règlements de la
France pour les armateurs, de 1704, art. 3 et 4, dans LAMBERTY, t. XIII,
p. 435, et de 1744, art. 3 et 4, dans REAL, Science du gouvernement, t. V.
ch. II, Sect. VI. — V. une critique des règlements de cette espèce dans
SCHMIDLIN DISS. cit. § 45.

treviennent à cette disposition, seront saisis et confisqués avec leur cargaison, comme s'ils étaient propriétés anglaises.

§ 313. — D'après le décret de Milan de 1807.

Ce système fut encore poussé plus loin, par un décret que Napoléon rendit à *Milan* le 17 décembre 1807 (*a*), portant en substance, que tout bâtiment, de quelque nation qu'il fût, qui se serait laissé visiter par un vaisseau anglais, ou conduire en Angleterre, ou aurait payé une imposition quelconque au gouvernement anglais, serait par cela seul dénationalisé (*b*) ; qu'il devait être regardé comme propriété anglaise, et déclaré de bonne et valable prise, aussitôt qu'il serait saisi ; que tout bâtiment, de quelque nation qu'il fût et de quoi qu'il fût chargé, expédié des ports de l'Angleterre ou des colonies soit anglaises soit occupées par les troupes anglaises, ou allant en Angleterre ou dans les colonies anglaises, ou dans des pays occupés par les troupes anglaises, serait déclaré de bonne prise ; que capturé par des vaisseaux de guerre ou par des armateurs, il serait ad-

---

(*a*) Moniteur du 26 déc. 1807. De MARTENS Suppl. V. 452. Recueil de pièces officielles etc., publié par Fréd. SCHOELL, t. IX, p. 360. — Ces principes furent répétés dans une note ministérielle adressée au ministre des États-Unis d'Amérique à Paris, au mois de février 1810. Voyez Nouvelles littéraires et politiques de Manheim, 1810, n° 62 et suiv. — Napoléon rendit encore, le 11 janvier 1808, un décret supplémentaire relatif à la dénonciation et au recèlement des contrevenants aux décrets de Berlin et de Milan. MARTENS l. c. V. 457. — Postérieurement il fut ordonné que toutes les marchandises de fabrique anglaise seraient saisies et *brûlées*, tandis qu'il serait permis d'importer, sous certaines conditions et en payant des droits d'entrée déterminés, des denrées coloniales anglaises, sur des *licences* françaises, ainsi que des denrées coloniales et des marchandises non anglaises, sur des *certificats d'origine*. — De nouveaux droits d'entrée forts considérables pour les denrées coloniales, furent établis par un décret rendu à Trianon le 5 août 1810 (MARTENS l. c. Suppl. V. 513), et par un second décret daté du 12 septembre 1810.

(*b*) C'est-à-dire déchu des droits du pavillon neutre.

jugé au capteur; que du reste ces mesures, n'étant qu'une
pure rétorsion contre le système adopté par le gouvernement anglais, cesseraient aussitôt que ce gouvernement serait retourné aux justes principes du droit des gens.

§ 314. — Système de blocus encore plus sévère adopté par les Anglais.

Par l'exclusion du commerce anglais des ports de l'Allemagne méridionale, que la France avait effectuée dès le
mois de mars 1806, la *Grande-Bretagne* se crut provoquée
à prendre aussi de son côté des mesures plus rigoureuses.
Il parut, le 16 mai 1806, un *ordre de conseil* (a), par lequel
toutes les côtes, rivières et ports, depuis l'Elbe jusqu'au
port de Brest inclusivement, furent déclarés *en état de blocus*, avec cette modification « qu'il serait libre aux vaisseaux neutres, qui n'auraient à bord ni propriété ennemie
ni contrebande de guerre, d'approcher desdites côtes, d'entrer ou de faire voile desdites rivières et ports, excepté les
côtes, rivières et ports depuis Ostende jusqu'à la Seine,
pourvu que lesdits bâtiments qui approcheraient et qui en-
treraient ainsi, n'auraient pris leur cargaison dans aucun
port appartenant aux ennemis de la Grande-Bretagne, ou en
leur possession, et que lesdits bâtiments qui feraient voile
desdites rivières et ports, ne seraient destinés pour aucun
port appartenant aux ennemis de la Grande-Bretagne, ou
en leur possession, et n'auraient pas préalablement enfreint
le droit de blocus » — Un *second ordre de conseil* du 7 janvier 1807 (b), opposé au décret français de Berlin, déclara
« qu'aucun bâtiment ne pourrait faire le commerce d'un
port avec un autre, si ces ports appartenaient ou étaient en
la possession de la France ou de ses alliés, ou lui étaient

(a) London Gazette du 20 mai 1806. Recueil de pièces officielles, publié par F. Schoell, t. IX, p 350. Martens, Recueil, supplément, V, 436.
Mémoire, etc. de 1812 (cité plus haut), p. 144.
(b) London Gazette du 11 janvier 1807. Politisches Journal, Jan. 1807,
p. 81. Mémoire, etc., de 1812, p. 149. Martens, l c. V, 444.

assez soumis pour n'avoir aucun commerce avec l'Angleterre, et que tout vaisseau neutre, averti ou instruit de cet
ordre, que l'on trouverait faisant route pour un port semblable, serait capturé, amené et déclaré, ainsi que sa cargaison, de bonne et valable prise » (*lawful prize*).

§ 315. — Continuation.

Napoléon ayant alors déclaré les Iles Britanniques en état
de blocus par le décret de Berlin (§ 312), le gouvernement
anglais ordonna par un *troisième ordre de conseil*, en date
du 11 novembre 1807 (a), « que tout port et toutes les places de France et de ses alliés, ceux de tout autre pays en
guerre avec la Grande-Bretagne, ceux des pays d'Europe
dont le pavillon anglais était exclu, quoique ces pays ne
fussent point en guerre avec la Grande-Bretagne, qu'enfin
tous les ports et places des colonies appartenant aux ennemis de cette puissance, seraient désormais soumis aux
mêmes restrictions (b), relativement au commerce et à la

(a) Supplément à la Gazette de Londres du 14 novembre 1807. Journal
de Francfort, 1807, n° 347 et suiv. Recueil de pièces officielles, publié
par Fréd. Schoell, t. IX, p. 353. De Martens, l. c. Supplém. V, 346.
Mémoire, etc. de 1812, p. 151.

(b) Plusieurs *exceptions* furent admises dans le même ordre de conseil, et dans *trois autres*, datés du 25 nov. et 18 déc. 1807, et du 30 mars
1808 (Martens, l. c. V, 449), surtout en ce qu'il fut permis aux neutres
d'entrer dans les ports qui n'étaient pas effectivement anglais, à la charge
seulement de mouiller en Angleterre, d'y prendre des licences et d'y acquitter certains droits. — La Grande-Bretagne a donné en outre, comme
la France, un grand nombre de *licences* de commerce, dans une des premières années jusqu'à 16,000, en 1811 environ 8,000. Voyez les remon-
trances qui furent faites à cet égard dans la séance du parlement du 28 février 1812, dans la Gazette de Francfort de 1812, n° 79. — L'usage de
donner des licences prit beaucoup d'extension depuis 1808, surtout en Angleterre et en France. Il ne fut pas sans influence sur la moralité des
commerçants. Georgius Versuch einer Darstellung der Licenzen-Geschichte.
Nürnb. 1814. 8. V. Fahnenberg's Magazin für Handlung, Heft. I,
p. 73

navigation, que s'ils étaient réellement bloqués de la manière la plus rigoureuse ; que tout commerce dans les articles provenant du sol ou des manufactures des pays sus-
mentionnés, serait désormais regardé comme illégal (*unlaw-
ful*) ; que tout navire quelconque sortant de ces pays ou devant s'y rendre serait capturé légitimement, et la prise,
avec sa cargaison, adjugée au capteur ; que tout navire qui
porterait un certificat d'origine, d'après lequel les objets
embarqués ne provenaient ni des possessions ni des manufactures anglaises, serait déclaré, si le propriétaire avait eu
connaissance de l'ordre en question, de bonne prise et adjugé au capteur, avec toutes les marchandises appartenant
aux personnes par lesquelles ou pour lesquelles le certificat
aurait été pris (c).

§ 316. — Révocation des ordres du conseil britannique. Fin du système
continental.

L'ordre du conseil britannique du 11 novembre 1807 fut
révoqué et annulé par celui du 26 avril 1809 (a), par rapport à tous les ports autres que ceux de Hollande jusqu'à
l Ems inclusivement, de la France, des colonies, établissements et possessions dans la dépendance de ces deux puissances, et de la partie septentrionale de l Italie, depuis Pe-
saro et Orbitello, ces deux derniers endroits y compris.
Cette révocation se borna donc au nord de l'Europe et au

(c) *Deux autres ordres de conseil,* pareillement datés du 11 novembre
1807, contiennent des dispositions particulières, l'un sur quelques cas
spéciaux dans la navigation, l'autre déclarant illégale les ventes de navires faites par une puissance belligérante à des neutres. Journal de Francfort de 1807, n° 356. Politisches Journal, déc. 1807, p 1234. — Comparez d'ailleurs sur ce système de blocus : Effet du blocus continental sur
le commerce, les finances, le crédit et la prospérité des îles britanniques ;
par François d'IVERNOIS. Londres, 1810. 8.

(a) Journal de Francfort, 1809, n° 141 Recueil de pièces officielles,
publié par F. SCHOELL, t. IX, p. 363. MARTENS, l. c. Suppl. V, 483, v.
FAHNENBERG's Magazin für die Handlung, 1811, Heft. I, p. 50.

midi de l'Italie (*b*). — Les décrets français de Berlin et de Milan ayant été révoqués, par un autre décret du 28 avril 1811 (*c*), à l'égard des bâtiments des États-Unis d'Amérique, le gouvernement britannique révoqua aussi, de son côté, par un ordre de conseil du 23 juin 1812 (*d*), les ordres de conseil antérieurs du 7 janvier 1807 et du 26 avril 1809, en faveur de tous les navires américains et de leurs cargaisons, lorsqu'elles étaient propriétés américaines. Enfin la chute de Napoléon fit entièrement tomber le système continental.

(*b*) Ainsi fut expliquée cette révocation par un membre du parlement anglais, dans la séance du 28 février 1812. Gazette de Francfort de 1812, n° 79.

(*c*) L'ordre du conseil britannique du 23 juin 1812, et la cinquième note française, opposée à la déclaration du gouvernement anglais du 21 avril 1812 (MARTENS, l. c. Suppl. V, 542), citent expressément ce décret. Gazette de Francfort de 1812, n° 134

(*d*) Gazette de Francfort de 1812, n° 212. Recueil de pièces officielles, publié par SCHOELL, t. IX, p. 366. — Déclaration officielle de la *France*, dans la séance du sénat conservateur du 10 mars 1812. Moniteur du 16 mars 1812. Recueil, etc., publié par SCHOELL, t. IX, p. 370. v. FAHNEN-BERG's Magazin. 1812, Heft. II, p. 111. Réponse *britannique* du 21 avril 1812, dans le Recueil, etc. publié par SCHOELL, t. IX, p. 379, ainsi que dans v. FAHNENBERG's Magazin de 1812, Heft. V, p. 373 ff. Comparez ibid. Heft VI, p. 460 ff, 548 ff, an 1813, Heft I, p. 1 ff. Message du président des États-Unis d'Amérique, daté de Washington le 12 juillet 1813, dans le Moniteur universel de 1813, n° 287. Déclarations des *États-Unis d'Amérique* et de la *Grande-Bretagne*, dans MARTENS, Recueil, supplément, V, 455, 459, 475, 487, 508, 538, 540. Message du président des *États-Unis* au congrès, du 4 nov. 1812, Gaz. de Francfort, 1813, n° 26 et suiv. Réponse du gouvernement *britannique* du 9 janvier 1813, ibid. 1813, n° 27, 28, 35, 37. Ueber die Zurucknahme der englischen Cabinets-Ordres; in der Monatschrift MINERVA, sept 1812, p. 448-471.

La guerre qui a éclaté en 1854 entre la Russie d'un côté, la Turquie, la France et la Grande-Bretagne de l'autre, a fait faire un grand pas au droit international maritime. Dès le commencement de la guerre, la France et l'Angleterre accordèrent un délai de six semaines aux navires de commerce russes pour sortir des ports

français et anglais. Elles déclarèrent en même temps qu'on ne sai-
sirait sur les bâtiments neutres que la contrebande de guerre et
qu'on ne délivrerait pas de lettres de marque pour autoriser les armements en course. Enfin, après la conclusion de la paix, les
grands principes du droit des gens furent solennellement reconnus
par les puissances contractantes du traité du 30 mars 1856, savoir,
la France, l'Autriche, la Grande-Bretagne, la Prusse, la Russie, la
Sardaigne et la Turquie. Leurs plénipotentiaires signèrent le
16 avril 1856, la déclaration suivante :

« Considérant que le droit maritime en temps de guerre a été
pendant longtemps l'objet de contestations regrettables; — que
l'incertitude du droit et des devoirs, en pareille matière, donne
lieu, entre les neutres et les belligérants, à des divergences d'o-
pinion qui peuvent faire naître des difficultés sérieuses et même
des conflits ; qu'il y a avantage par conséquent à établir une doctrine uniforme sur un point aussi important ; — que les plénipotentiaires assemblés au congrès de Paris ne sauraient mieux répondre aux intentions dont leurs gouvernements sont animés, qu'en
cherchant à introduire dans les rapports internationaux des principes fixes à cet égard ;

» Dûment autorisés, les susdits plénipotentiaires sont convenus
de se concerter sur les moyens d'atteindre ce but, et étant tombés
d'accord, ont arrêté la déclaration solennelle ci-après :

» 1° La course est et demeure abolie ;

» 2° Le pavillon neutre couvre la marchandise ennemie, à l'exception de la contrebande de guerre ;

» 3° La marchandise neutre, à l'exception de la contrebande de
guerre, n'est pas saisissable sous pavillon ennemi ;

» 4° Les blocus, pour être obligatoires, doivent être effectifs,
c'est-à-dire maintenus par une force suffisante pour interdire réellement l'accès du littoral ennemi.

» Les gouvernements des plénipotentiaires soussignés s'engagent à porter cette déclaration à la connaissance des États qui
n'ont pas été appelés à participer au congrès de Paris et à les inviter à y accéder.

» Convaincus que les maximes qu'ils viennent de proclamer ne
sauraient être accueillies qu'avec gratitude par le monde entier,
les plénipotentiaires soussignés ne doutent pas que les efforts de

leurs gouvernements, pour en généraliser l'adoption, ne soient couronnés d'un plein succès.

» La présente déclaration n'est et ne sera obligatoire qu'entre les puissances qui y ont ou qui y auront adhéré. »

Dans un rapport adressé le 12 juin 1858 à l'empereur Napoléon et inséré au Bulletin des Lois, le ministre des affaires étrangères de France annonçait qu'il avait communiqué cette déclaration à tous les gouvernements qui n'avaient pas été représentés au congrès de Paris, et que la plupart l'avaient accueillie favorablement. « Adoptée et consacrée par les plénipotentiaires de l'Autriche, de la France, de la Grande-Bretagne, de la Prusse, de la Russie, de la Sardaigne, de la Turquie, la déclaration du 16 avril a obtenu l'entière adhésion des Etats dont les noms suivent : Bade, la Bavière, la Belgique, Brème, le Brésil, le duché de Brunswick, le Chili, la Confédération argentine, la Confédération germanique, le Danemark, les Deux-Siciles, la république de l'Equateur, les États Romains, la Grèce, Guatemala, Haïti, Hambourg, le Hanovre, les deux Hesses, Lubeck, Mecklembourg-Schwerin, Mecklembourg-Strélitz, Nassau, Oldenbourg, Parme, les Pays-Bas, le Pérou, le Portugal, la Saxe, Saxe-Altenbourg, Saxe-Cobourg-Gotha, Saxe-Meiningen, Saxe-Weimar, la Suède, la Suisse, la Toscane, le Wurtemberg... Le gouvernement d'Uruguay a donné également son entière adhésion à ces quatre principes, sauf ratification du pouvoir législatif. L'Espagne, sans adhérer à la déclaration du 16 avril à cause du premier point qui concerne l'abolition de la course, a répondu qu'elle s'appropriait les trois autres. Le Mexique a fait la même réponse. Les Etats-Unis seraient prêts, de leur côté, à accorder leur adhésion, s'il était ajouté à l'énoncé de l'abolition de la course, que la propriété privée des sujets ou citoyens des nations belligérantes serait exempte de saisie sur mer, de la part des marines militaires respectives. »

La dépêche du 28 juillet 1856 de M. de Marcy, ministre des Etats-Unis, à laquelle il est fait allusion à la fin de la citation précédente, soulevait une question très-importante qui avait été agitée déjà par quelques publicistes et que le droit des gens futur résoudra sans doute dans le sens où la déclaration du 16 avril a résolu les questions de la course, de la navigation neutre, du

blocus. L'usage s'étant introduit peu à peu dans les guerres ter-
restres de respecter les personnes et les propriétés privées, de ne
pas rendre responsables les particuliers et leurs biens des luttes
politiques des Etats, n'est-il pas juste et conforme à l'esprit de la
morale chrétienne d'étendre ce même principe aux guerres maritimes, et de respecter aussi bien les bâtiments marchands des
sujets ennemis et les envois de marchandises qu'ils font sur mer,
que les voitures de roulage ou les wagons des chemins de fer qui
transportent leurs produits par terre ? Le principe énoncé par le
ministre des Etats-Unis a été accueilli avec beaucoup de faveur par
les Etats commerçants qui ne possèdent pas de marine de guerre,
notamment par les villes anséatiques. Une motion a même été
présentée à la chambre des députés de Prusse dans la séance
du 20 février 1861, pour inviter le gouvernement à faire tous ses
efforts en faveur de l'adoption générale de ce principe. Mais les
grandes puissances maritimes paraissent moins disposées à le reconnaître. On l'a combattu d'ailleurs par des raisons qui ne
manquent pas de valeur. La continuation ininterrompue du commerce n'enlèverait-elle pas aux guerres leur caractère redoutable, et
ne serait-ce pas un motif pour les rendre plus longues et plus fréquentes ? V. HAUTEFEUILLE, Histoire du droit maritime international, p. 503 et suiv. [A. O.]

CHAPITRE III.

DROIT DE LA PAIX.

§ 317. — Moyens de terminer les différends. Preuve. Voie de fait et de violence.

Il y a plusieurs moyens et manières *(a)* de terminer les différends survenus entre des États *(b)*. Si ce sont des faits incertains qui ont donné lieu à la contestation, les deux parties, avant d'en venir à des actes d'inimitié, doivent essayer d'établir la *preuve* en leur faveur *(c)*. Ce n'est qu'alors, quand chacun croit être fondé en raison, ou qu'il s'agit d'une question de droit douteuse, qu'ils peuvent choisir librement les moyens qu'ils croient les plus avantageux, pour faire prévaloir leur opinion Quand ils choisissent la *violence*, ils peuvent recourir à différentes manieres de se faire droit à soi-même, que nous avons énoncées ci-dessus au § 234.

§ 318. — Voie de justice.

En raison de leur indépendance politique, les Etats-parties ne sont point obligés de reconnaître un juge commun,

(a) B. C. STRUV jurisprud. heroica, t. I, c I p. 6-95. A. G. S. HALDI-MAYD Diss. de modo componendi controversias inter aequales, et potissimum arbitris compromissariis Lugd Bat. 1738 4. J. G DARIES De modis in statu naturali componendi controversias, in specie de bello judi ciali ; in Ejus obss. jur. nat , soc. et gent., Vol II. (Jen. 1754. 4.) obs. 68, p. 344 sqq MOSER's Versuch, VIII, 391 ff, 449 ff. v. OMPTEDA's Literatur, II, 604.

(b) Voy. des écrits sur les *prétentions* dans la note b du § 25, et dans la Littérature de M. d'OMPTEDA, II, 605 ff.

(c) DARIES l. c. § 6. sqq.

pas plus que l'un d'eux né pourrait, sans le consentement
et l'acquiescement de l'autre, décider dans sa propre cause.
Un *jugement* n'est donc admissible que de l'accord des deux
parties, lorsqu'elles compromettent sur leurs prétentions réciproques, en choisissant pour *arbitre* (a) ou l'une d'entre
elles, ce qui cependant n'arrivera que rarement, ou bien un
ou plusieurs tiers. Non-seulement les membres de l'un ou
de l'autre État en contestation, mais aussi des tiers États ou
leurs sujets, peuvent être appelés à l'arbitrage. Si celui qui
a été élu accepte, il est en droit, après une discussion et
l'examen suffisant des raisons pour et contre, de prononcer
le *jugement arbitral* (*laudum*) qu'il croit conforme aux principes du droit des gens. La question de savoir si les parties

(a) HALDIMAND Diss cit De BIELFELD Institutions politiques, II. 152.
BYNKERSHOEK de foro legat c. XVIII. KLUIT, hist. fed. Belg., II, 500 et s.
Exemples de 1674 et de 1678, dans DU MONT, corps diplom. t. VII, p. 1,
p 253, 365; de 1263, 1491 et 1697, dans FLASSAN, Hist. de la diplom fr.
I, 124, 257. V 159. — Ce moyen a été presque entièrement négligé depuis plusieurs siècles. A en juger par les manifestes et les proclamations,
jamais souverain n'a fait la guerre que malgré lui, et après avoir tout
fait et essayé pour l'éviter. Pourquoi donc n'en revient-on jamais aux ar-
bitres ? Tout au plus, on accepte la médiation d'une tierce puissance, mais
qui reste presque toujours sans effet. Il n'y a donc plus, pour ainsi dire,
que la guerre qui puisse assurer l'inviolabilité des droits. — Il y a des
exemples de puissances qui ont remis la décision de leurs contestations au
jugement arbitral d'une cour de justice ou d'une commission de jurascon-
sultes. DU MONT, corps dipl., t. VI, P. 3. p 41 (1665), WESTPHAL, teutsches Staatsrecht, p. 444. Paix de Ryswich de 1697 entre l'Autriche et la
France, art. 8 et art. sép. ; le *laudum* de 1701 et la décision surarbitrale
du pape de 1702, DU MONT, t VIII, P. 1, p. 6 et 98 (V. plus haut § 50 6).
Acte final du congrès de Vienne, art. 69, et mes actes du congrès de
Vienne, VI, 470. Acte fédéral allemand de 1815, art. 11. V. aussi FLASSAN
l. c. t. I, 256, 161, III, 200. Lorsque des grandes puissances constituent
un tribunal arbitral, ce n'est ordinairement que pour les objets d'intérêt
secondaire. (Voir sur les règles de l'arbitrage HEFFTER, Droit international
§ 109. — Sur le tribunal austrégal de la Confédération germanique, voir
MEYER et ZOPFL Corpus juris Confeder. germ , 2ᵉ éd., 1859. 8. et ZACHA-
RIÆ, deutsches Staatsrecht, t. II).

peuvent recourir à des moyens suspensifs ou dévolutifs, p. e.
à l'appel devant un *arbitre supérieur* (*superarbiter*), et si
celui-ci, ou celui qui a jugé en première instance, peut
mettre son jugement à *exécution*, dépend de la teneur de
l'acte de compromis.

§ 319. — Conciliation.

Les différends entre les États ne peuvent être *conciliés*
que de l'aveu des deux parties; mais alors elles sont maî-
tresses des conditions, et rien ne les empêche p. e. de faire
décider même le *sort* (a); cependant on n'a eu recours que
très-rarement à ce dernier expédient dans les temps modernes, et bien plus rarement encore à celui dont l'histoire
ancienne nous donne quelques exemples, et qui consiste à
s'en remettre au résultat d'un *combat* entre des représentants choisis parmi les deux parties (b). On voit bien plus
souvent des *arrangements à l'amiable* (*amicæ litis composi-
tiones*), qui interviennent soit parce que l'une des parties
cède volontairement et gratuitement quelques-uns de ses
droits (*remissio gratuita*), ou par une *transaction* proprement dite, dans laquelle chaque partie donne ou promet,
ou retient certains objets ou certains droits (c). Si ces arrangements terminent une guerre, on les appelle *paix* (d).

(a) GROTIUS, lib. II, c. XXIII, § 9. F.-C. v. MOSER von dem Gebrauch des
Looses in Staatssachen; dans les wochentl. frankfurt. Abhandlungen,
1755, St. 8. et 11, et dans SCHOTT's jurist. Wocheblatt, III. Jahrgang,
p. 615-652. GONNE, dans SIEBENKEES jurist. Magazin, I, 26 ff. 34 J.-F.
LUDOVICI Diss. de judicio fortunae. Hal. 1702. Chr. WILDVOGEL progr. de
eod arg. Jen. 1708. 4. F.-A. JUNIUS de sorte remedio subsidiario causas
dubias dirimendi. Lips 1746. 4.

(b) Comparez ci-dessus § 234.

(c) MOSER's Versuch, VIII, 406.

(d) Voy. des écrits dans la littérature de M. d'OMPTEDA, II, 662-666, et
dans v KAMPTZ neue Lit., § 321. — VATTEL, liv. IV Sur les traités de
paix, par M. GÉRARD de RAYNEVAL. Dans les temps modernes, on n'a pas
vu souvent des guerres se terminer sans traité de paix, comme la guerre
entre la France et l'Espagne en 1720. FLASSAN, l. c. IV, 484.

§ 320. — Négociations préparatoires de la paix.

La conclusion de la paix est ordinairement précédée de certaines négociations préparatoires. La fortune de la guerre et la politique déterminent l'une des parties belligérantes à *proposer la paix* directement ou indirectement, ou à invoquer les *bons offices* de tierces puissances (a) (§ 160). Si les propositions sont acceptées, ce qui souvent n'a lieu que sous certaines conditions et réserves, p. e. qu'il sera formé une convention préliminaire (b), on en vient, avec ou sans armistice, directement ou sous la *médiation* d'une ou de plusieurs tierces puissances, aux *négociations de paix* (c).

§ 321 — Forme et lieu des négociations.

Il se présente deux modes de négocier la paix; celui des conférences où les négociateurs s'assemblent en séances réglées, et celui des négociations par écrit. Les négociations se font très-rarement entre les souverains eux-mêmes, et il n'arrive pas souvent non plus, ni avec beaucoup de succès, qu'elles aient lieu sous forme d'une simple correspondance entre les ministres d'État (a), de gouvernement à gouvernement. On envoie plutôt, et même ordinairement aujourd'hui, des plénipotentiaires (b), qui jouissent des prérogatives

(a) MOSER's Versuch, X, II, 203-223.

(b) Comme avant le congrès d'Utrecht, le 8 oct. 1711, et le 19 août 1712. BÜSH Welthandel, p. 266, 269.

(c) Voy. plus haut, § 160.

(a) C'est ainsi que commencèrent en 1761 les négociations entre la France et la Grande-Bretagne, mais on se convainquit bientôt de la nécessité d'envoyer des plénipotentiaires. MOSER's Versuch, X. II, 193 ff.

(b) Soit dans la résidence du souverain ennemi, soit dans quelque autre lieu. Voy. MOSER's Versuch, X, II, 198, 202. Négociations de paix à Versailles en 1783, à Londres en 1801, à Vienne en 1809, à Paris en 1810 (avec la Suède) et en 1814 et 1815, à Campo-Formio en 1797, à Preshourg en 1805, à Tilsit en 1807.

des ambassadeurs ou des autres ministres en mission en
temps de paix Ces plénipotentiaires communiquent entre
eux directement, ou par des médiateurs. Si dans le premier
cas il y a des conférences, il y assiste quelquefois des envoyés des puissances médiatrices, auxquels on accorde alors
les premières places, et les honneurs convenables. Si les négociations par écrit se font par l'entremise d'un médiateur,
comme au congrès du Teschen, chacune des cours belligérantes adresse ses projets et propositions, en forme de notes, au plénipotentiaire de la puissance médiatrice, qui les
communique à la partie adverse, et transmet de même, et
dans la même forme, la réponse à ces projets et propositions.—Le choix du lieu du *congrès* (c), la question si l'on
y admettra des tierces puissances et lesquelles (d), le cérémonial dans les conférences, la manière dont les affaires y
seront traitées, et le local où elles auront lieu (e), la neutra-

(c) DE RÉAL, Science du gouv., t. V, p. 616. S. MOSER's Grundsatze,
p 557-571. A -E. ROSSMANN von den Ausfluchten im Volkerrecht, § 14,
dans SIEBENKEES Jurist. Magazin, t. I, p. 50 — Sur les *congrès* de paix,
voyez BIELFELD institutions politiques, II, 150 et suiv MOSER's Versuch,
X, II, 233-309. Ueber politische Congresse; dans le journal allemand intitulé *Minerva*, juin 1813, p 395-422. Sur le congrès de Vienne, voyez
mon Uebersicht der diplomatischen Verhandlungen des wiener Congresses.
Frankfurt 1816. 8. — Des écrits sur les congrès dans v. KAMPTZ neue
Lit., § 145, 299 et 323.

(d) On a souvent fait des difficultés à cet égard, p. e. au congrès de
Westphalie, à celui de Bréda en 1747, à celui qui a eu lieu à Rastatt en
1797, pour l'admission des envoyés russes et suédois. Dans les congrès de
Lunéville en 1801, et d'Amiens en 1801 et 1802, il ne fut point admis de
ministre étranger.

(e) Jacques BERNARD, sur les diverses cérémonies qu'ont employées les
différentes nations dans les traités de paix et d'alliance; dans son Recueil
des traités de paix, etc.; aussi dans le Corps diplomatique de DU MONT.
Christ WEBER Diss. de paciscendi modo. Lips. 1649. 4.

Les congrès n'ont pas toujours eu pour but de mettre fin à des
guerres, et souvent des réunions de ce genre ont lieu soit entre
les souverains eux-mêmes, soit entre leurs plénipotentiaires pour

lité du lieu du congrès, s'il n'y a point d'armistice général, la sûreté et l'inviolabilité personnelles des plénipotentiaires, des personnes attachées aux légations et des courriers, ainsi que d'autres dispositions de cette espèce, font quelquefois l'objet d'une convention préliminaire et séparée.

§ 322. — Conclusion de la paix.

Si les tentatives pour amener la paix restent sans effet, ou si les négociations ne font pas espérer un heureux résul-

prendre des arrangements définitifs en vue de l'exécution d'un traité de paix précédent, ou pour concerter des mesures propres à conjurer des dangers à venir. Tel a été notamment le caractère des quatre congrès qui ont suivi de près le congrès de Vienne : celui d'Aix-la-Chappelle, en 1818, dont l'objet principal était de délivrer la France de l'occupation militaire qui lui avait été imposée en 1815, et de la recevoir dans le concert des cinq puissances ; ceux de Troppau et de Laibach, en 1820 et 1821, où les souverains d'Autriche, de Prusse et de Russie s'entendirent sur les moyens de comprimer la révolution italienne ; enfin, celui de Vérone, en 1822, où fut préparée la guerre d'Espagne de 1823 (v. les ouvrages relatifs à l'histoire de ces congrès au supplément § 35). Un seul congrès de paix a eu lieu depuis, celui de Paris qui termina la guerre de Crimée par le traité du 30 avril 1856. Mais, dans l'intervalle, diverses questions européennes ont été traitées dans des conférences entre les ambassadeurs des grandes puissances Les plus remarquables de ces conférences ont été celles de Londres de 1831-39, sur les affaires belges, et celles tenues à Vienne en 1853 et 1854, pour prévenir la guerre entre la Russie et la Turquie. Les *entrevues* des souverains qui ont été fréquentes dans les derniers temps ne peuvent être assimilées aux congrès que lorsque les princes sont accompagnés de leurs ministres des affaires extérieures ou d'autres plénipotentiaires, et qu'on y prend des délibérations dont il est dressé procès-verbal. La seule entrevue contemporaine qui ait peut-être présenté ce caractère a été celle du 20 octobre 1860, à Varsovie, entre les souverains d'Autriche, de Prusse et de Russie. Le terme de *protocole* adopté pour désigner les procès-verbaux des congrès et des conférences est d'un usage assez récent. [A. O.]

tat, on les abandonne, et les hostilités recommencent (a).
Si au contraire les affaires vont bien, on en vient à la *conclusion de la paix*, c'est-à-dire à former un traité qui termine la guerre. La paix diffère de l'armistice, principalement en ce qu'elle est stipulée pour toujours, et c'est dans
ce sens qu'on l'appelle un traité éternel (b) (*pactum æter-
num*). Ordinairement on fixe comme *base*, tant des négociations que de la paix même, une disposition fondamentale, ou un principe général. C'est tantôt l'état de possession
tel qu'il était ou avant la guerre (*Statu quo strict*), ou à
toute autre époque déterminée (*dies, mensis, vel annus de-
cretorius, normalis, criticus*) ; tantôt ce sont quelques com-
pensations, ou des concessions que fait l'une des parties
au profit de l'autre, ou qu'elles se font réciproquement,
sans égard à l'état de possession, ou à la question de
droit.

§ 323. — Paix préliminaire et définitive. Paix séparée.

Ordinairement les traités de paix sont *définitifs* (a). Cependant si l'on convient de certaines dispositions principales, et qu'on en ajourne d'autres pour les recevoir, avec
tous les détails nécessaires, dans un acte général qu'on se
dispose de rédiger dans la suite, cette convention s'appelle
préliminaires de paix ou traité de paix préliminaire (b). La

(*a*) Voy. MOSER's Versuch, X, n. 293-232. Dav. STAVINSKY Diss. de pacis rejectione. Regiom. 1717 4.

(*b*) La formule usitée chez les Romains, était : « ūt pax pia æterna
sit. » BRISSONIUS de formulis pop. rom. lib. IV. c. XLIX.

(*a*) Voy VATTEL, liv. IV, ch. n. MOSER's Versuch, X, n. 360 ff.

(*b*) MOSER's Versuch, X, n. 356 ff. Voyez des écrits dans v. OMPTEDA's
Lit., § 324, et dans v. KAMPTZ neue Lit., § 324. — Les négociations préliminaires qui ont eu lieu à Vienne en 1735, à Breslau en 1742, à Abo en
1743, à Fussen en 1745, à Aix-la-Chapelle en 1748, à Fontainebleau en
1762, à Paris en 1783, à Jassy en 1791, à Léoben en 1797, à Paris en
1800 (non ratifiées), à Londres en 1801, (à Villafranca en 1859), servent
d'exemples pour les deux derniers siècles

forme en est quelquefois moins solennelle que dans un instrument de paix définitive (c) ; mais elle est tout aussi obligatoire que le traité subséquent, à moins qu'on n'ait expressément suspendu son exécution, en la faisant dépendre de celui-ci S'il y a plusieurs alliés, ils doivent tous participer à la paix; et, en général, aucun d'eux ne peut négocier sans le consentement des autres ni faire une *paix séparée* (§ 270).

§ 324. — Amnistie.

Une clause essentielle dans tout traité de paix, et qui y est tacitement supposée lorsqu'elle n'est point exprimée et que le traité n'en dispose autrement, c'est l'*amnistie* (a) (*lex oblivionis*). On entend par là, la déclaration des deux parties de regarder leurs inimitiés comme entièrement terminées et abolies, et la promesse qu'elles se font réciproquement de ne plus s'en servir jamais comme cause ou prétexte d'une nouvelle guerre Ce qui n'a point été cause ni objet de la guerre, n'est point compris dans l'amnistie (b)

§ 325. — Validité des traités de paix

S'il fallait, pour qu'un traité de paix fût valable, que ses

(c) Voyez sur l'apposition des signatures, MOSER's Versuch, X, ii. 377 ff.

(a) VATTEL, liv. IV, ch ii, § 20 et suiv. De STECK obss. subseciv. n° 13. WESTPHAL's teutsches Staatsrecht, p 25 ff MOSERS Versuch, X, 522. (Matth HILLER's) System der Amnestie. Freyburg 1783. 8. WALDVER de FREUNDSTEIN Diss. de firmamentis conventionum publicarum, c. i. § 14. v. OMPTEDA's Lit. II, 669. v. KAMPTZ neue Lit. § 329. — Henr. COCCEJI, dans sa dissertation de postliminio in pace et amnestia (Francof ad. Viadr. 1691, et dans ses Exercit. curios. Vol. I, n° 78), § 8, prétend que cette clause doit être toujours stipulée expressément; mais voyez contre WEST PHAL l. c et SCHRODER elem. jur. nat , soc. et gent. § 1148.

(b) VATTEL l. c. § 22. SCHRÖDER l. c § 1149. WESTPHAL dans son ouvrage cité, p 27 et suiv. — De là le principe que ce qui n'a point été cause de la guerre ne peut pas non plus servir de cause à la paix Voy. A. E. ROSMANN von den Ausfluchten im Volkerrecht, § 11, dans SIEBENKEES jurist. Magazin, t. I, p. 48. 61

dispositions, eu égard aux causes de la guerre et au mal
qu'on s'est fait des deux côtés, répondissent en tout aux
principes de la justice, les négociations entre les parties belligérantes qui ne reconnaissent point de juge commun et
supérieur ne mèneraient jamais, ou du moins très-rarement, à la paix. Il faut donc absolument faire abstraction
du passé, et régler les points de discussion de manière à ce
que la convention seule tienne lieu de droit entre les parties. Or, chaque partie pouvant renoncer à ses droits, et
cette renouciation, si elle est acceptée par l'autre partie,
ayant force de traité, les traités enfin obligeant en tout les
États qui les ont conclus (§ 145), la paix doit être obligatoire pour la partie même qui a sacrifié des droits incontes-
tables ; elle est obligatoire jusqu'aux dispositions purement
arrachées par la force, si ces dispositions assurent à l'une
des parties une réparation qui lui est due (a) ; d'après le
principe que nous avons posé au § 143, portant que la contrainte employée pour la bonne cause ne vicie point les
traités.

§ 326. — Instrument de la paix.

Quelque simples et peu compliquées que soient les dispositions d'une paix (a), on n'a guère d'exemples dans l'histoire moderne qu'elle n'ait été conclue dans la forme d'un
traité solennel, rédigé *par écrit* (b) (instrument de la paix).

(a) Conférez les écrits dans v. OMPTEDA's Lit., § 307, et dans v. KAMPTZ
neue Lit., § 303.

(a) Voyez p. e. la paix conclue en 1800 entre la République française
et le comte d'Erbach, dans le recueil de M. de MARTENS, VII, 513.

(b) La paix de 1729, entre la Suède et la Pologne, fut conclue simplement par les déclarations contenues dans deux lettres des deux souverains. Mais en effet les hostilités avaient déjà cessé dix ans auparavant,
en 1719, moyennant un armistice, et les préliminaires de la paix avait été
arrêtés à la même époque, de manière que la paix elle-même n'était plus
qu'une pure formalité. Voyez de STECK. Essais sur divers sujets (1799 8),
n. 2, p 13 et suiv

Les différentes dispositions sont séparées par *articles*, qui se divisent en articles généraux et préliminaires, principaux, additionnels, accessoires et séparés et quelquefois aussi en articles patents et secrets, tellement que le traité comprend souvent deux parties, dont l'une forme le traité principal, et l'autre une convention additionnelle ou accessoire (c). Ordinairement on place à la fin de l'acte la clause de *ratification*, portant que les plénipotentiaires rechercheront et échangeront, à une époque et dans un lieu déterminé, l'approbation de leurs souverains respectifs (d). Les expéditions sont rédigées dans la forme solennelle, et en nombre suffisant. Les *signatures* et les *sceaux* et cachets y sont apposés avec plus ou moins de solennité; il en est de même de l'*échange* des ratifications (e).

§ 327. — Participation , adhésion, garantie, protestation de tierces puissances ; elles peuvent être comprises dans la paix; publication du traité.

Lorsque plus de deux puissances se sont fait la guerre, et qu'elles concluent la paix toutes en même temps et comme parties principales, il peut être fait pour elles toutes un *seul et même instrument*, ou bien il en est passé *séparément* un pour et par chacune d'elles (a); cependant, dans l'un et dans l'autre cas , il doit en être expédié un nombre suffisant d'exemplaires Une des puissances belligérantes peut même, si elle le juge convenable, *adhérer* seulement, en qualité de partie principale, à la paix conclue entre un de ses alliés et l'ennemi commun. Les puissances qui n'ont été qu'auxiliai-

(c) Voyez le § 147. Moser's Versuch, X, II, 362 ff.

(d) Moser's Versuch, X, II, 581 f.

(e) Moser's Versuch , X , II, 374 ff. Pour ces solennités les ministres plénipotentiaires sont souvent revêtus par leurs souverains de la dignité d'Ambassadeurs. — Voyez sur les expédients à prendre, lorsqu'il y a des discussions élevées sur le rang, les § 101 et suiv.

(a) Moser's Versuch, X, II, 382 ff. Vattel , liv. IV, ch III, § 25.

res, et celles qui ont quelque autre intérêt à la paix (§ 161),
y adhèrent comme parties secondaires. Souvent aussi elles
sont *comprises* dans la paix sans leur consentement préalable (§ 162) Le traité de paix peut être corroboré de plusieurs manières, particulièrement par la *garantie* de quelques tierces puissances (§ 157-159). Quelquefois il est attaqué par des *protestations* (§ 162) Chaque partie fait *publier*
les résultats de la paix, dans son pays et pour son armée,
de la manière qu'il lui convient le mieux.

§ 328. — Exécution et interprétation des traités de paix. *Jus postliminii.*
Violation de la paix

La ratification du traité de paix doit être suivie de son
exécution. Celle-ci doit être conforme à ce qui a été stipulé,
en tant qu'il faut pour cela des actes positifs (a). L'exécution
donne souvent lieu à des congrès et recès particuliers (b), à
des doutes et discussions sur le sens des stipulations, à des
interprétations (§ 163) et *explications*, quelquefois même à
des *suppléments* et à des *conventions explicatives* ou subsé-
quentes (c). L'état de paix rétabli, il y a lieu à l'exercice du
jus postliminii, s'il est d'ailleurs fondé (§ 254, 257 et 270).
Une *violation* de la *paix* en général, ou dans ses dispositions
particulières, affranchit la partie adverse de l'obligation de
l'accomplir de son côté, ou lui donne le droit de demander
dédommagement et réparation, ainsi que des garanties pour
l'avenir (d).

(a) VATTEL, liv. IV, ch III. MOSER's Versuch, X, 2, 451-521.

(b) MOSER's Versuch, X, 2, 456. Les négociations qui ont eu lieu pour
l'exécution de la paix de Westphalie, et surtout le congrès de Nuremberg
en 1649 et 1650, avec les deux recès d'exécution qui y ont été arrêtés,
sont très-célèbres. Voy. Jo.-Godofr de MEIERN Acta pacis executionis publica. Hannov. 1736, 1737. t I et II. in-fol.

(c) VATTEL, liv. IV, ch. III, § 32. MOSER's Versuch, X, 2, 521.

(d) VATTEL, liv. IV, ch. IV. MOSER's Versuch, X, 2, 534 ff. BURLAMAQUI,
Principes du droit politique, p. IV, c. XIV, § 8, p. 466.

§ 329. — Paix éternelle. Tribunal des nations.

Une *paix éternelle*, quoique commandée par la raison et
la morale, paraît une chose impossible dans ce bas monde.
Cependant il y aurait sûrement beaucoup de gagné, si la
plupart et les plus marquants des États de l'Europe, sinon
tous, renonçant à tous moyens violents de poursuivre leurs
droits, se réunissaient dans une *confédération générale*, et
qu'il fût établi un *tribunal des nations* bien organisé, qui,
en vertu d'un compromis consenti par toutes, aurait le droit
d'armer contre les injustices d'un État les forces de tous les
autres (a). Une telle institution assurerait non-seulement la

(a) Voy. J.-Th. Roth's Archiv für das Völkerrecht, Hef tl (1794. 8),
p. 38-43, 108. v. kamptz Neue Literatur des VR., p. 103 ff.— De Bielfeld, Institutions politiques, II, 95. Günther's Volkerrecht, 1, 187-195.
Sendschreiben des alten Weltburgers Syrach an Frankreichs National Con-
vent (par C.-G.-G. Glave, dit aussi de Kobjelski, 1798 8), p. 114 ff.,
Kant's Metaphysische Anfangsgründe der Rechtslehre (1797. 8), p. 217,
227, 233. Fichte's Grundlage des Naturrechts, II, 261. Schelling's
System des transcendentalem Idealismus, p. 411 ff. J.-H. Berg's Untersu-
chungen aus dem Natur-, Staats-und Volkerrecht (Leipz. 1796. 8), n. 22.
Abrégé du projet de paix perpétuelle, par M. l'abbé de Saint-Pierre; dans
le premier tome de ses OEuvres politiques, publiées à Rotterdam 1729-
1737, t. I et II. 8 Extrait du projet d'une paix perpétuelle de l'abbé de
Saint-Pierre, par J.-J. Rousseau, à Amsterd. 1761. 8 Projet d'un nouveau système de l'Europe, 1745 (v. Lilienfels) Neues Staatsgebäude.
Leipz. 1767. 4. Nouvel essai du projet sur la paix perpétuelle, à Lausanne,
1789. 8. Immau. Kant zum ewigen Frieden. Konigsberg, 1795 8, vermehrt ebend. 1796. 8. Aussi en français, 1796 8. Just.-Sincerus Veridi-
cus Von der europäischen Republik. Plan zu einem ewigen Frieden. Altona, 1796. 8 Du droit public ou du Droit des gens, ou Principes, etc.,
suivis d'un projet de paix générale et perpétuelle, par J.-J.-B. Gondon
d'Assom. Paris, 1808. 3 vol in-8°. Friedr. Guther, was ist das Wich-
tigste für die Menschheit? Kosmopolis, 1796. 8. De jure generis humani
vel divisi in gentes, etc. Stuttgard, 1811, 8. Perfectionnement du projet
de l'abbé de Saint Pierre; dans Le retour du siècle d'or, par N.-J. Sar-
razin (à Metz, 1816. 8), Sect III, p. 1-10. Projet d'une organisation politique pour l'Europe, ayant pour objet de procurer aux souverains et aux

tranquillité intérieure de la confédération et de ses membres, mais elle serait en même temps le meilleur garant contre les dangers venant du dehors. Elle serait la clef de la voûte formée par la *Sainte-Alliance* (§ 2, note *e*, et 140), dans laquelle les alliés ont manifesté à l'univers « leur détermination inébranlable de ne prendre pour règle de leur conduite, soit dans l'administration de leurs États respectifs, soit dans leurs *relations politiques* avec *tout* autre gouvernement, que les préceptes de cette religion sainte (du Dieu Sauveur), préceptes de justice, de charité et de paix; » engagement solennellement renouvelé et confirmé par la déclaration qu'ont publiée et portée à la connaissance de toutes les cours européennes les ministres plénipotentiaires de l'Autriche, de la France, de la Grande-Bretagne, de la Prusse et de la Russie, réunis en conférence à Aix-la-Chapelle en 1818 (*b*).

peuples une paix générale et perpétuelle; par M. le comte de PAOLI-CHAGNI, Paris, 1818. 8. H.-G. DEMME Von einem allgemeinen Friedensbund und Friedensgericht der christlichen Fürsten und Völker.; in dem Allgemeinen Anzeiger der Deutschen 1817, n. 26. G. EUCHELTil evic Fred. Kiöbenhavn, 1815. 8. — Voyez contre, OEuvres posthumes de Frédéric II, t. VI, p. 197. (EMDSER's) Abgotterey unsers philosophischen Jahrhunderts. Erster Abgott; ewiger Friede. Mannheim, 1779. 8. (BENTHAM Principles of international Law. Ed. Bowring. 8. SARTORIUS, Organe eines volkommenen Friedens. Zurich, 1837. MARCHAND, Nouveau projet de paix perpétuelle. 1842. 8.)

(*b*) Protocoles et déclarations signés à Aix-la-Chapelle, le 15 novembre 1818, par lesdits plénipotentiaires. MARTENS, Recueil, supplém. VIII, 554-560.

Les bienfaits de la paix ont été assez vivement sentis de notre temps, pour que des associations spéciales se soient fondées dans le but de propager l'idée de la paix. Ces associations prirent naissance aux États-Unis en 1814 et 1815, passèrent en Angleterre dès 1816, et en 1821 était instituée à Paris la société de la morale chrétienne; basée sur la même idée. Depuis lors il s'établit des associations semblables dans la plupart des États européens. Un premier congrès de la paix ou convention universelle des amis de la paix des deux mondes fut tenu à Londres en 1843. D'autres assemblées pareilles se réunirent postérieurement dans différentes capitales. Nous citerons notamment le congrès de la paix de Paris de 1849. V. le Dictionnaire d'Economie politique de Coquelin et Guillaumin, art. Paix, et les ouvrages cités par Rob. de Mohl, Liter. der Staatswissenschaften, t. I, p. 440.

SUPPLÉMENT

BIBLIOTHÈQUE CHOISIE

DU

DROIT DES GENS.

◄◦►

CHAPITRE PREMIER.

HISTOIRE DU DROIT DES GENS, LITTÉRATURE ET BIOGRAPHIE, SCIENCES CONNEXES ET SUBSIDIAIRES.

SECTION PREMIÈRE.

HISTOIRE DU DROIT DES GENS.

§ 1.

Préface de Jean BARBEYRAC, à la tête de sa traduction du droit de la nature et des gens de PUFENDORF, traduction qui a paru à Amsterdam
en 1706, et a été depuis plusieurs fois réimprimée.

A.-F. GLAFEY's, Vollstandige Geschichte des Rechts der Vernunft. Leipz.
1739, 4. 2ᵉ édit. Frankf. 1746, 2 vol. in-4°.

Essai sur l'histoire du droit naturel (par Mart. HÜBNER). A Londres. t. I,
1757. t. II, 1758. 8.

G.-C. GEBAUERI, Nova juris naturalis historia. Edidit E.-C. KLEVESAHL.
Wezlar, 1774. 8.

Robert WARD's, Enquiry into the foundation and history of the law of nations in Europe, from the time of the Greeks and Romans to the age
of Grotius. Lond. 1795. t. I et II. 8.

Historia del derecho natural y de gentes; por MARIN. Madrid 1807.
2 vol. in-8°.

C.-H.-L. Pölitz, Comment. de mutationibus, quas systema juris naturæ
ac gentium a Grotii temporibus huc usque expertum fuerit. Vitemb.
1805. 4.

Dugald-Stewart, Histoire abrégée des sciences métaphysiques, morales
et politiques. trad. par Buchon. Paris 1824 3 vol. 8.

F. de Raumer, Ueber die geschichtliche Entwickelung der Begriffe von
Recht, Staat und Politik. 1re édit. 1826. 3e édit. 1861.

J. Weitzel, Geschichte der Staatswissenschaft. Stuttg. t. I et II. 1832-33.

Isambert, Tableau historique des progrès du droit public et du droit des
gens, jusqu'au xixe siècle. Paris 1833.

Matter, Histoire des doctrines morales et politiques des trois derniers
siècles. 1836. 3 vol. in-8°.

H. Wheaton, Histoire des progrès du droit des gens en Europe et en
Amérique. 1re édit. 1841. 3e édit. Leipz. 1853.

Kaltenborn von Strachau, Kritik des Volkerrechts nach dem jetzigen
Standtpunkte der Wissenschaft. Leips. 1847.

Hinrichs, Geschichte des Natur- und Völkerrecht, t. I et III. Leips.
1848-52.

Paul Janet, Histoire des sciences morales et politiques depuis l'antiquité
Paris 1858. 2 vol. in-8°.

SECTION II.

LITTERATURE.

§ 2.

D.-H.-L. Frhrn. v. Ompteda's, Literatur des gesammten, sowohl naturlichen als positiven Volkerrechts. t. I et II. Regensb. 1785 8.

C.-A. v. Kamptz, Neue Literatur des Volkerrechts seit dem Jahre 1784,
als Ergänzung u. Fortsetzung des Werks des Gesandten v. Ompteda.
Berlin 1817. 8.

C.-F.-G. Meisteri, Bibliotheca juris naturæ et gentium. Goett. P. I, 1749.
P. II, 1756. P. III, 1757. 8.

*   *   *

Robert von Mohl, Die Geschichte und Literatur der Staatswissenchaften.
In Monographien dargestellt. Erlangen. 1855-58. 3 vol. gr. in-8°.

Mart. Lipenii, Bibliotheca realis juridica. Editio quarta. Lips. 1757.
2 vol. in fol.

Trois volumes de *Supplément* à cet ouvrage ont été publiés, l'un par
A.-F. Schott en 1775, le second par R.-C. lib. bar. de Senkenberg en
1789, le troisième (Fasc. 1, 2, 3), par L.-G. Madihn en 1817, in-fol.

J.-St. Pütter's, Literatur des teutschen Staatsrechts. Gœttingen 1776-1783 t. III. 8.

J.-L. Klüber's, Neue Literatur des teutschen Staatsrechts (als Fortsetzung und Ergänzung der Putterischen), Erlangen 1791. 8.

J.-T. Rotu's, Literatur des Staatsverhaltniss zwischen Tentschland und Frankreich. 1 Band. Weissenburg 1798. 8.

J.-W. Placidus (Petersen), Literatur der Staatslehre Strasb. (Stuttgard) I. Abth. 1798. 8.

C.-D. Voss, Einleitung in die Geschichte u. Literatur der allgemeinen Staatswissenschaft. Leipz. t. I, 1800 : t. II, 1802. 8. Aussi sous ce titre : Handbuch der allgemeinen Staatswissenschaft, von C.-D Voss, t. V, u VI.

J.-S. Ersch, Literatur der Jurisprudenz und Politik, seit der Mitte des 18. Jahrhunderts. Amsterd. u. Leipz. 1812. 8. Cet ouvrage porte aussi le titre suivant : Handbuch der teutschen Literatur, seit der Mitte des 18. Jahrhunderts. Bd. I. Abth. 3.

Examen des principaux ouvrages composés sur des matières de gouvernement, par Gasp. de Réal ; dans le 8ᵉ tome de la Science du gouvernement, publié par le même auteur à Paris 1754 ; 2ᵉ édit. 1764. 4.

Em Camus, profession d'avocat, et bibliothèque choisie des livres de droit, 5ᵉ édit., revue et augmentée d'un grand nombre d'articles et de notices bibliographiques, par M. Dupin ainé. Paris 1832. 2 vol. in-8°.

Enselin, Bibliotheca juridica oder Verzeichniss aller brauchbaren von 1750 bis 1839 in Deutschland erschienenen Werke in allen Theilen der Rechtswissenschaft. 2ᵉ édit Leips 1840. Suppl. 1839-48. Leips. 1849.

Fontaine de Resebecq, Répertoire des ouvrages de législation, de droit et de jurisprudence, publiés spécialement en France depuis 1789 jusqu'a la fin de décembre 1858. Paris 1859 in-8°.

* * *

J.-G. Meuselii, Bibliotheca historica. t. I-XI. Lips. 1782-1804. 8. Chaque volume est divisé en deux parties; la 22ᵉ partie contient la table des matières. Cet ouvrage est incomplet, sans la faute de l'auteur.

G.-W. Zapf's, Literatur der alten und neuen Geschichte. Lemgo 1781 8.

C.-G. Weber's, Literatur der (teutschen) Staatengeschichte. t. I. Leipz. 1800. 8.

K.-A.-L. Pölitz, Encyclopadisch-scientifische Literatur Zweites Heft, die encyclopadisch historische Literatur enthaltend. Leipz u Zullichau 1813. 8.

L. Wachler's, Geschichte der historischen Forschung und Kunst, seit der Wiederherstellung der literarischen Cultur. Gottingen, 1812-18. 2 vol 8.

J.-S. ERSCH, Literatur der Geschichte und deren Hulfswissenschaften, seit
der Mitte des 18. Jahrhunderts. Neue Ausgabe. Leipz. 1827. 8.

GRASSE, Lehrbuch einer allgemeinen Literatur geschichte aller bekannten
Volker. Leipz. 1837-59, 4 vol. en 12 parties in-8°.

*   *   *

Répertoire bibliographique universel, contenant la notice raisonnée des
Bibliographies spéciales publiées jusqu'à ce jour; par Gabriel PEIGNOT.
Paris 1812, gr. in-8°.

Manuel du libraire et de l'amateur de livres, contenant 1° un nouveau
dictionnaire bibliographique, 2° une table en forme de catalogue raisonné; par J.-Ch. BRUNET fils. 4ᵉ édit. Paris 1842-44. 5 vol. gr. in-8°,
5ᵉ édit. en 6 vol. t. 1. 1860.

FERDINAND DENYS, PINÇON et MARTONNE, Nouveau manuel de bibliographie universelle. Paris 1857 in-8°.

Voir aussi la France littéraire de GUÉRARD, la Bibliographie de la France
(1 vol. par an depuis 1814), l'Allgemeine Bibliographie publiée men-
suellement par la maison Brokhaus à Leipzig; le Bulletin international
de la librairie publié par la maison Hachette, à Paris, etc.

SECTION III.

BIOGRAPHIE.

§ 3.

Ouvrages biographiques servant à l'histoire de la littérature de la juris-
prudence, par JENICHEN, JUGLER, WEIDLICH et autres, indiqués dans
PÜTTER's Literatur des teutschen Staatsrechts, t. I, p. 20 f.; et dans
J.-G. HELBACH's auserles. Bibliothek fur Rechtsgelehrte, t. I, p. 13 ff.
— Notices, dans H.-J.-C. KÖNIG's Lehrbuch der allgem. juris. Li-
teratur, t. I, p. 59-195.

Ouvrages biographiques généraux, de NICERON, SCHRÖCKH, et autres.

Les ouvrages lexicographiques du même genre, p. e. ceux de JÖCHER,
ADELUNG, ROTERMUND, HENNICKE, HIRSCHING, BAUR, LADVOCAT.

Biographie universelle ancienne et moderne (publiée par MICHAUD). A
Paris, 32 vol Supplém. 1832-46. 79 vol. 8. Nouvelle édit. t. I-XXIX.
(A.-M) 1843-61.

Nouvelle biographie générale, publiée par FIRMIN DIDOT, frères, sous la
direction de M. HŒFER, t. I-XXXIV. (A.-Mér) 1852-61. Paris. 8.

Biographie des contemporains, par ARNAULT, JAY, JOUY, DE NORVINS, etc.
Paris 1828-25. 20 vol. in 8°.

Biographie universelle et portative des contemporains, publiée sous la di-

rcction d'ALPHONSE BARBE et de VIEILLE DE BOISJOLIN. Paris 1826-30
Supplém. 1834. 5 vol. in-8°.

Dictionnaire universel des contemporains, par VAPEREAU, 2° édit. 1861,
un fort vol. gr. in-8°.

Biographies ethnographiques, p. e. les Tablettes biographiques des écrivains français. 2° édit. Paris 1810. 8.

Les biographies particulières des souverains et celles des diplomates, des
généraux, et des amiraux célèbres, p e. celles de Gustave-Adolphe par
HARTE, MAUVILLON et NIC. VOGT; de Charles-Gustave, roi de Suède,
par Sam. baron de PUFENDORF; de Frédéric-Guillaume, électeur de
Brandebourg, par le même; de Louis XIV, par de la MARTINIÈRE, RE-
BOULET et DUCLOS; de Pierre I°°, par VOLTAIRE, GORDON, GOLLIKOW,
HARLEM, de Charles XII, par NORDBERG et VOLTAIRE, etc. Voyez aussi
Gallerie politischer Charaktere, dans v. ARCHENHOLZ Minerva de 1811,
December, p. 428-465.

Pour les biographies spéciales, voy. OETTINGER, Bibliographie biographique ou Dictionnaire des 26,000 ouvrages, anciens ou modernes,
relatifs à la vie publique et privée des hommes célèbres de tous les temps
et de toutes les nations. Leipz. et Paris 1850. Un fort vol. in-8°.

Les parties bibliographique et biographique sont aussi traitées dans
J.-G. MEUSEL's Lexicon der von 1750 bis 1800 verstorbenen teutschen
Schriftsteller. B. I-XV (A-Z.). Leipz. 1802-1816. 8, et dans le Manuel
du libraire de BRUNET (Paralipomènes historiques).

SECTION IV.

SCIENCES CONNEXES ET SUBSIDIAIRES.

§ 4.

Des ouvrages appartenant à cette classe, sont indiqués aux §§ 7 et 8 de
ce livre; de même dans PÜTTER's Literatur des teutschen Staatsrechts.
t. II, p. 370, 376 et 382 ff., et dans ma Neue Literatur des teutschen
Staatsrechts, § 660-669 et 673 ff. Voyez aussi :

J.-G. FESSMAIER's, Grundrifs der historischen Hulfswissenschaften. Landshut 1802. 8.

J.-E. FABRI's, Encyclopädie der historischen Haupwissenschaften und
ihrer Hulfs-Doctrinen. Erlang. 1808. 8.

F. RÜHS Propädeutik des historischen Studiums. Berlin 1811. 8.

Les ouvrages de PÖLITZ, de WACHLER et d'ERSCH indiqués ci-dessus, § 2.

CHAPITRE II.

SOURCES, C'EST-A-DIRE TRAITÉS ET AUTRES ACTES PUBLICS.

SECTION PREMIÈRE.

TRAITÉS PUBLICS.

TITRE PREMIER.

CATALOGUE ET CRITIQUE DES RECUEILS.

§ 5.

Un *catalogue* et une *critique* des différents Recueils de traités se trouve dans CHALMER's collection of maritime treaties (voyez ci-après § 13), p. 4, 11 de la préface, et dans le Supplément au Recueil des principaux traités de M. de MARTENS, t. Ier, Discours préliminaire, p. 1, 73.

Comparez aussi v. OMPTEDA's Literatur des Völkerrechts, t. I, p. 311 ff. u. 429 ff., et v. KAMPTZ neue Literatur des Völkerrechts, p. 68 ff. u. 281 ff. Fontes rerum nosse, multis in casibus dimidiam operis partem absolvit : KLUIT hist. fed. Belg. p. 1. præf. p. 9.

TITRE II.

RECUEILS GÉNÉRAUX, C'EST-A-DIRE CEUX QUI COMPRENNENT TOUS LES ÉTATS DE L'EUROPE.

§ 6. — *a*. Recueils.

Collectio præcipuorum tractatuum pacis ab a, 1647, ad ann. 1666 (auct. Cph. PELLER von und zu SCHEPPERSHOFF). 1667. 4, édit. 2, 1684. 8.

G.-W. LEIBNITZ, Codex juris gentium diplomaticus. Hannov. 1693, fol. rec., ibid. 1724, et Guelpherb. 1447. fol.

Ejusdem mantissa codicis juris gent. diplomatici. Hannov. 1700. fol. rec. ibid. 1724, et Guelpherb, 1727. fol,

(Jacques BERNARD), Recueil des traités de paix, de trève, de neutralité, de suspension d'armes, de confédération, d'alliance, de commerce, de garantie, etc. (depuis 536 jusqu'à 1700); à Amsterd. et à La Haye, 1700. t. I-IV. fol. — Ce recueil porte aussi le nom de MOETJENS, l'un des libraires aux frais desquels il a été imprimé.

MOETJENS publia un *Extrait* de ce recueil, fait par Jean Du MONT, qu'il intitula : Recueil des divers traités, etc. A La Haye, 1707. 2 vol. in-8°.

Jean DU MONT, Corps universel diplomatique du droit des gens, contenant un recueil des traités d'alliance, de paix, de trève, de neutralité, de commerce, d'échange, de protection, de garantie, etc., faits en Europe depuis Charlemagne jusqu'à présent (depuis 800 jusqu'à 1731). A Amsterd. et à La Haye, 1726-1731, t. I-VIII. fol Chaque tome contient 2 ou 3 parties. — Sur l'auteur voyez le Discours cité ci-dessus (§ 5), de M. de MARTENS, p. LXXIV-XCIV.

Du MONT avait publié déjà, en 1710, à Amsterdam, en 2 vol. in-8°, un Nouveau recueil de traités d'alliance, etc.

Supplément au Corps universel diplomatique, etc., de Du MONT. A Amsterd. et à La Haye. 1739. t. I-V, fol. Le premier tome contient l'histoire des anciens traités, depuis 1496 avant J.-C jusqu'à 813 de l'ère chrétienne, par Jean BARBEYRAC; le second et le troisième contiennent des suppléments au recueil de Du MONT, depuis l'an 315 jusqu'à 1738, par Jean ROUSSET; le quatrième et le cinquième comprennent le Cérémonial diplomatique des cours de l'Europe, par Jean ROUSSET, l'éditeur de tous ces suppléments.

Un autre *Supplément* au Corps universel dipl. de Du MONT, porte le titre suivant : Histoire des traités de paix et autres négociations du XVII° siecle (1597-1679), par Jean-Yves de SAINT-PRIEST. A Amsterd 1735. t. I et II. fol.

Jean-Jacques SCHMAUSS, Corpus juris gentium academicum (1096-1731). Lips. 1730. t. I et II. gr. in-8°.

F.-A. WENCK, Codex juris gentium recentissimi (135-1772). Lips. t. I, 1781. II, 1786. III, 1795. gr. in-8°.

G -F de MARTENS, Recueil des principaux traités d'alliance, de paix, de trève, de neutralité, de commerce, de limites, d'échange, etc., conclus par les puissances d'Europe depuis 1761 jusqu'à présent. Gœttingue, 1791 et suiv., in-8°.

Cette collection importante qui, malheureusement, est d'un usage difficile à cause de la confusion qu'elle présente, se compose aujourd'hui des parties suivantes.

Le *Recueil* publié d'abord par G.-F de MARTENS, de 1791 à 1801, en 7 vol, in-8°, et les 4 premiers volumes du supplément ont été refondus ensemble dans une 2° éd. et forment 8 vol., dont les premiers ont été ré-

édités par G.-F. de MARTENS lui-même, en 1817 et 1818, et les autres
par son neveu Ch. de MARTENS, de 1826 à 1835. Voici le contenu de
ces volumes, t. I, traités de 1761-1770; t. II, 1771-1779; t. III, 1780-
1784; t IV, 1785-1790; t. V, 1791-1795; t. VI, 1795-1799; t. VII,
1800-1803; t. VIII, 1803-1808.

La suite du supplément (t. V à XX), est plus connue sous le nom de *Nouveau Recueil* de traités, etc., t. I à XVI. 1817-42. Les 4 premiers volumes du *Nouveau Recueil*, comprenant les traités de 1808 à 1819,
ont été publiés par G -F. de MARTENS; le 5e (traités de 1820-22), par
Ch. de MARTENS; les t. VI à IX (traités de 1822 à 1831), par Fréd.
SAALFELD; les suivants (traités de 1832 à 1839), par Fréd. MURHARD.
M. MURHARD a, de plus, publié de *Nouveaux Suppléments* comprenant
toute la période antérieure. 3 vol. 1839.

A la même époque, M. Ch. de MARTENS a donné une *Table chronologique
et alphabétique du Recueil des traités,* en 2 vol., 1837-43, in-8°, comprenant tous les traités de 1761-1839.

Enfin, une nouvelle continuation a été commencée en 1843 sous le titre de
Nouveau Recueil général des traités, et elle comprend aujourd'hui
16 vol. Les 11 premiers, publiés par M. MURHARD, comprennent les
traités de 1840-1847; les suivants qui portent aussi le titre d'*Archives
diplomatiques générales des années* 1848 *et suiv.,* ont été publiés par
M. MURHARD et PINHAS; et les trois derniers, qui embrassent la période
de 1850 à 1860, par M. SAMWER. La 2e partie du 3e vol. qui a paru à la
fin de 1860, est terminée par un traité du 12 octobre 1860.

Ch. de MARTENS et de CUSSY, Recueil manuel et pratique des traités, conventions, etc., depuis l'année 1770 jusqu'à l'époque actuelle, t. I à VII.
Leipsig. 1846-57. in-8°.

GHILLANY, Manuel diplomatique, Recueil des traités européens les plus
importants depuis la paix de Westphalie jusque et y compris le traité
de Paris de 1856, trad. franç. et introduct. par J.-H. SCHNITZLER. Nordl.
1856. 2 vol. in 8°.

§ 7. — *b.* Extraits de traités publics

A general Collection of treatys, declarations of war, manifestes and other
public papers relating to peace and war among the Potentates of Europa
(1648-1731). Lond. 1710-1732. t. I-IV. 8.

Traktati miedzi mocartswami Europeyskiemi, etc. (1648-1731). à Varsovie, 1774. t. I-III 8.

Les extraits et quelques traités en entier y sont donnés en polonais.

Abrégé des principaux traités conclus depuis le commencement du xive
siècle jusqu'à présent, entre les différentes puissances de l'Europe,

disposés par ordre chronologique, par le vicomte (Charles-François) de
MAILLARDIÈRE. A Paris, 1778. t. I et II. 12. Seconde éd. ibid. 1783, et
dans la seconde partie de la Bibliothèque politique de l'auteur.

Des extraits de traités publics, depuis 1315 jusqu'à 1788, sont insérés dans
l'Encyclopédie méthodique : Économie politique et diplomatique (Paris,
1788. 4), p. 367-549.

§ 8. — c. Table des matières alphabétiques et chronologiques sur les
Recueils généraux ci-dessus indiqués et autres.

Chronologie des allgemeines Staatsarchivs, worin die Friedensschlusse —
sowohl in Europa als andern Theilen der Welt von 1536 bis 1703 ange-
zeigt werden. Hamburg, 1704. 8.

Jo.-Pet. GEORGISCH, Regesta chronologico-diplomatica (inde ab a. 314 usque ad a. 1730). Hal. 1740-1744. t. I-IV. fol.

C.-F. HEMPEL's, Allgemeines Staatsrechts-Lexicon, oder Repertorium
aller sonderlich in den 5 letzten Saeculis, bis auf den heutigen Tag
zwischen den hohen Machten in ganz Europa geschlossenen Friedens-,
Allianz-, Freundschafts-, Commercien- u. a. Haupt-Tractaten, auch der
eigenen Fundamental Gesetze eines Staats, so unter ihre gehörige Titel,
und id alphab. Ordnung gebracht worden Frankf. u. Lipz. 1751-1758.
t. I-IX. 4. (La préface de cet ouvrage contient une liste de 1878 traités
dont l'auteur a fait usage. Il finit avec l'article *Constantin-Orden*; il
s'en faut donc beaucoup que l'ouvrage soit complet).

Des tables chronologiques et alphabétiques sur les traités de 1731 jusqu'à
1801, se trouvent dans les Ve et VIIe tomes du Recueil de M. de MAR-
TENS.

Une table chronologique et alphabétique des traités et autres actes publics
renfermés dans le recueil de M. de MARTENS (t. I-VII, et supplément,
t. I-IV), dans la Collection de M. WENCK (t. I-III), et dans la Table des
traités entre la France, etc., par M. C.-G. KOCH (t. I et II. A Bâle,
1801 et 1802. 8), est placée à la fin du IVe tome du supplément au Recueil ci-dessus indiqué de M. de MARTENS.

La même Table, mais continuée jusqu'au mois de mai 1818, et enrichie
des traités qui se trouvent dans les tomes V, VI et VII du Supplément
de M. de MARTENS, dans l'Histoire des traités et dans le Recueil de
pièces officielles, publiés par M. SCHOELL, et dans les sept premiers volumes des Actes du congrès de Vienne que j'ai publiés, est imprimée
a la fin du t. VII de ce même supplément au Recueil de M. de MARTENS.

G.-F. de MARTENS, Guide diplomatique ou répertoire 1. des principales
lois des puissances de l'Europe et des Etats-Unis de l'Amérique relatives
au commerce et aux droits des étrangers en temps de paix et de guerre ;

et 2. des *traités* et autres *actes publics* qui ont eu lieu dans les relations particulières de ces puissances, etc., depuis le commencement de ces relations diplomatiques jusqu'à la fin du XVIII° siècle, t. I et II A Berlin, 1801 8. (Ce livre, joint au *Tableau diplomatique*, etc., du même auteur — voyez ci-après § 38, — porte aussi le titre suivant : *Cours diplomatique*, ou tableau des relations extérieures des puissances de l'Europe, dont il forme le I°r et le II° tome, le Tableau diplomatique en faisant le III°.)

TITRE III.

RECUEILS SPECIAUX, C'EST-A-DIRE DESTINÉS AUX TRAITÉS QU'UN MÊME ETAT A CONCLUS AVEC D'AUTRES ETATS.

§ 9. — *Allemagne.*

Jo.-Christian LÜNIG's Teutsches Reichs-Archiv. Leipz. 1710-1722 t. I-XXIV. fol.

Du même, Codex Germaniæ diplomaticus Lips , t. I, 1732; t. II, 1733, fol.

Jo.-Jac. SCHMAUSS, Corpus juris publici academicum. Lips. 1722. edit. nov. ibid. 1722, 1727, 1735, 1745, 1759, 1774, et, auct. a Rud. HOMMEL. 1794. gr. in-8°.

Ant. FABER's (Cph.-Leonh. LEUCHT's), Europäische Staats-Canzley. t. I-CXV. Nurnb 1697-1760. Register t. I-IX, 1761-1772. 8.

Ant. FABER's Neue europ. Staats-Canzley t. I-XXX, et 2 vol. de Registres. Ulm, 1761-1772. 8.

Ant. FABER's Fortgesetzte neue europ. Staats-Canzley, t. I-XXV. Ulm, 1772-1782. 8, avec une table de matières alphabétique pour les premiers 10 volumes. (Aussi sous le titre de *Neue* europ. Staats-Canzley, t. XXXI-LV.)

J.-A. REUSS Teutsche Staats-Canzley, t. XXXIX. Ulm, 1793-1800. 8. Sous le même titre ont paru les continuations suivantes : Jahrgang 1799, t. I-VIII. ibid , 1800-1801 ; Jahrgang. 1800, t. I-V. ibid.. 1802-1803. Jahrgang 1801, t. I-III ibid 1802-1803. 8.

Der rheinische Bund. herausgegeben von P -A WINKOPP, Frankf. 1806-1812. t. I-XX, ou Heft I-LX ; avec un cahier renfermant des tables de matières, gr. in-8°. Les premiers volumes de cette collection ont aussi paru en français à Paris, sous le titre suivant : Collection des actes, règlements, ordonnances et autres pièces officielles relatives à la confédération du Rhin. A Paris, 1808. t. I III. 8. — Cette collection a été continuée sous le titre de Allgemeine Correspondenz ; von P.-A. Winkopp. Offenbach 1812. u. 1813. t. 1, u. II (ou six cahiers), gr. in-8°.

Corpus juris confederationis Germanicæ oder Staatsacten fur Geschichte und offentliches Recht des deutschen Bundes; heransg. von Meyer fortgefuhrt von Zœpfl., t. I et II. 1859, gr. in-8°. Registre 1861.

Différentes collections officielles, les journaux officiels, les recueils de lois des divers *États allemands*, etc.

Voir les traités sur le Zollverein, § 151. Ajoutez ici :

Houth-Weber Der Zollverein seit seiner Erweiterung durch den Steuerverein. Eine Sammlung der betreffenden Zoll- und Steuer- Vertrage. Hann. 1861. in-8°.

§ 9 bis. — Autriche.

Leopold Neumann, Recueil des traités et conventions conclus par l'Autriche avec les puissances étrangères, depuis 1763 jusqu'à nos jours. Leips. 1855-59. 6 vol. in-8°.

Vesque von Puttlingen, Uebersich der Vertrage OEsterreichs mit auswurtigen Staaten von dem Regierungs-Antritt Maria Theresias bis aus die neueste Zeit in-8°.

Raccolta dei trattati concernenti il commercio e la navigazione dei sudditi Austriaci negli stati della Porta Ottomana. Vienna, 1844. in-8°.

§ 9 ter. — Bavière.

Klekke Die Staatsverträge des Konigsreichs Bayern von 1806 bis 1858. Liv. I-VII. Ratisb. 1859-61. in-8°

Frih von Aretin, Chronologisches Verzeichnisz der bayerischen Staatsvertrage von 1503-1819. Passau, 1839. in-8°.

§ 9 quater. — Belgique.

Garcia de la Vega, Recueil des traités et conventions concernant le royaume de Belgique. Bruxelles, 1850, in-8°.

§ 10. — Danemark.

Recueil de tous les traités, conventions, mémoires et notes, conclus et publiés par la couronne de Danemark, depuis l'année 1766 jusqu'en 1794 inclus. A Berlin, 1796, gr. in-8°.

M. H.-F.-C. Clausen, éditeur de ce recueil, avait l'avantage de pouvoir se servir des archives du département des affaires étrangères à Copenhague; voyez la préface.

Les recueils des ordonnances du roi qui paraissent chaque année depuis

1700, sous le titre de *Kong.....* *Allernaadigste Forordninger*, contiennent aussi des traités publics, surtout des traités de commerce.

Comme table des matières sur les traités de cet État, peut servir : Ivar. Quistgaardi Index chronologicus, sistens fœdera pacis, defensionis, navigationis, commerciorum, subsidiorum et alia regibus a Daniæ et Norvegiæ ac comitibus Holsatia inita cum gentibus intra et extra Europam; nec non capitulationes, litteras et·mercaturæ privilegia ab a. 1200 usque 1789. Gœtting. 1792. 8.

§ 11. — *Espagne.*

Recueil des traités de paix, de trève et de neutralité entre les couronnes d'Espagne et de France, depuis 1526 jusqu'à 1611. Anvers, 1645. 12. Imprimé, depuis, plusieurs fois avec des continuations.

Collection de los Tratados de paz, alianza, neutralidad, garantia, etc (1598-1700), par D. Jos. Ant. de Abreu y Bertodano. En Madrid, 1740-1752. t. I-XIII. fol. Les traités les plus importants contenus dans cette collection se trouvent aussi, en partie abrégés, dans le recueil suivant :

Prontuario de los Tratados de paz, etc. (depuis Philippe III jusqu'à Charles II inclusivement). En Madrid, 1749 et suiv. t. I-VIII. 8.

Collection de los Tratados de paz, alianza, commercio, etc. (depuis 1701 jusqu'à 1800). Madrid, t. I, 1796; t. II, 1800; t. III, 1801. fol.

Tratados de paces y alianzas entre varios reyes de Aragon y diferentes principes infieles de Asia y Africa desde el Siglo XIII hasta XV, 1 vol. in-4°.

Del Cantilo, Tratados de paz y de commercio que han hecho con las potemias estrangeras los monarcos espanolas desde el anno 1700 hasta el dia. Madr. 1843, in-4°.

Est. Ferrater, Codigo de Derecho Internacional. t. I et II. Barcel. 1846-47. in-8°.

Sur une collection manuscrite, faite par le marquis de Santa-Cruz, mais interrompue par son expédition pour Oran, voyez l'Histoire des États barbaresques, II, 236.

§ 12. — *France.*

Traités de paix et d'alliance entre Louis XII et autres princes, 1498-1508. Paris, 1622. 4.

Recueil, etc. Anvers, 1645. Voyez *Espagne.*

Recueil des traités de paix, de trève, de neutralité et confédération, d'alliance et de commerce, etc., faits par les rois de France depuis trois siècles; par Fréd. Léonard. A Paris, 1693. t. I-VI. 4.

Cette collection contient jusqu'à 900 traités tirés des dépôts publics de France; mais on peut s'en passer depuis celle de Du Mont.

Capitulations ou Traités anciens et nouveaux entre la cour de France et la Porte Ottomane, renouvelés et augmentés l'an de J.-C. 1740, et de l'Égire 1153: traduits à Constantinople par le sieur Deval, secrétaire interprète du roi, etc. A Paris, 1770. 4. (Comparez Wenck, Codex juris gent. 1, 538.)

Diplomata, chartæ, epistolæ et alia documenta ad res franciscas spectantia, etc., ediderunt L.-G.-O.-F. de Brequigny et F.-J.-G. la Porte du Theil (depuis 475-721). A Paris, 1791, t I-III, fol.

Recueil des traités de paix, d'amitié, d'alliance, de neutralité et autres, conclus entre la république française et les différentes puissances de l'Europe, depuis 1792 jusqu'à la paix générale (sept. 1792 jusqu'en 1802, par A.-G. Gebhart), t. I et II, à Gottingue, 1796 et 1797; t. III et IV, à Hambourg, 1803. (Les deux premiers tomes ont reçu alors un nouveau frontispice, comme s'ils avaient été réimprimés à Hambourg en 1803. On a même fait un autre frontispice avec le titre allemand de : Sammlung von Staatsvertragen — zwischen der französischen Regierung und den ubrigen kriegfuhrenden Machten. Hamb., 1803, t. I-IV, 8).

Recueil général des traités de paix, d'alliance, etc., conclus par la république française avec les différentes puissances continentales pendant la guerre de la révolution, depuis le traité conclu avec le grand-duc de Toscane jusqu'au traité d'alliance et de commerce avec la république cisalpine (1798). A Paris, 1798. 8.

Recueil des traités de paix, etc., relatifs à la pacification générale de l'Allemagne, conclus par la république française, depuis 1795 jusqu'à présent. A Berlin, 1801. 8.

Recueil des traités de paix, etc., relatifs à la pacification générale de l'Allemagne, conclus par la république française avec les différentes puissances belligérantes, etc. A Munich, 1802. 8. (Cette collection a paru en français et en allemand.)

Collection des traités de paix, etc., conclus par la république française pendant la guerre de la révolution (depuis le 9 février 1795 jusqu'au 5 nov. 1796); dans l'Abrégé de l'histoire des traités de paix, etc., par M. C.-Guil. Koch; t. IV (à Bâle, 1797. 8), p. 155-244.

Code diplomatique, contenant les traités de paix conclus avec la république française, depuis l'époque de sa fondation, jusqu'à la pacification générale terminée par le traité d'Amiens; par Portiez (de l'Oise), tribun. A Paris, vol. I, 1801; vol. II, 1802. Supplément, vol. I et II, 1803. gr. in-8°.

Recueil des traités de paix, de commerce et d'alliance...... 1 vol. in-4°.

Table des traités de paix, d'alliance, de commerce, de limites, de garantie, etc., entre la France et les puissances étrangères, depuis la paix de Westphalie jusqu'à nos jours ; suivie d'un *Recueil* de traités et d'actes diplomatiques qui n'ont pas encore vu le jour (depuis 1648 jusqu'à 1787); par M. C.-Guil. Koch. A Bâle et à Paris, vol. I, 1801 ; vol. II, 1802. 8.

Voir aussi le BULLETIN DES LOIS, les divers RECUEILS DE LOIS ET DÉCRETS et les Collections spéciales citées au § 158.

§ 13. — *Grande-Bretagne.*

THOMÆ RYMERI, Fœdera, conventiones, litteræ cujuscumque generis, acta publica, inter reges Angliæ et alios quosvis imperatores, reges, etc., habita aut tractata (depuis 1101 jusqu'à 1654). La première édition, très-rare, a paru à Londres, 1704, 1735, t. I-XX, fol. — Seconde édition des 17 premiers tomes, par Georges HOLMES, ibid., 1727 fol Troisième édition, un peu augmentée, à La Haye, 1739. t I-X, fol Ces dix volumes contiennent les 20 tomes de la première édition et en outre l'Abrégé historique des actes publics de l'Angleterre de Rapin THOYRAS. — Une nouvelle édition corrigée et augmentée a été publiée sous les auspices du gouvernement anglais, à partir de 1816, par Adam CLARKE et Fréd. HOLBROOKE.

A general Collection of treatys, declarations of war, manifestes and other publik papers , etc. (1648-1731). Lond. 1710-1732. t. I-IV. 8.

Collection of all the treaties of peace, alliance and commerce, between Great Britain and other Powers, from 1648 till 1771. Lond. 1772. t. I and II. 8.

Un supplément à cette collection, contenant quelques traités anciens, a paru sous le titre suivant : Supplément to the Collection of treaties. Lond. 1781. 8.

On a publié une édition nouvelle et augmentée de cette collection avec son supplément, dont voici le titre :

Collection of all the treaties (*ut supra*) — from the treaty signed at Munster en 1648, to the treaties signed at Paris in 1783; to which is prefixed a discourse on the conduct of the gouvernement of Great Britain in respect to neutral nations, by the right hon. Charles JENKINSON, in three volumes. Lond. 1785. 8 vol. I, from 1648 to 1713 ; vol. II, from 1713 to 1748; vol. III, from 1750 to 1784.

L'auteur fut élevé au rang de lord, d'abord sous le nom de HAWKESBURY, puis sous celui de comte LIVERPOOLE.

A complet Collection of maritime treaties of Great Britain. Lond. 1779. 8.

A collection of maritime treaties of Great-Britain and other Powers , by George Chalmers. Lond. 1690, t. I and II, 8.

Excellent recueil. Les traités conçus en langues étrangères y sont rendus en anglais. L'éditeur a ajouté de bonnes tables de matières.

Extracts form the several treaties subsisting between Great-Britain and other Kingdoms and States. Lond. 1741. 4. Seconde édit. avec des changements, ibid. 1758. 4.

§ 14. — *Italie.*

J.-C. Lünig, Codex Italiæ diplomaticus. Francof. et Lips. 1725-1735. t. I-IV, fol.

Johannis de Johanne, Codex diplomaticus Siciliæ. t. I , Panormi, 1743. fol.

Codice diplomatico del sacro militare Ordine Gerosolimitano... da Seb. Paolo in Lucca. vol. I, 1733 ; vol. II, 1734. fol.

Traités publics de la royale maison de Savoie avec les puissances étrangères, depuis la paix de Cateau-Cambrésis jusqu'à nos jours. t. I à VI. Turin, 1836-49. in-4°.

§ 15. — *Pays-Bas.*

(Royaume des Pays-Bas, ci-devant États-Unis des P -B , puis République batave, puis Royaume de Hollande, ensuite Principauté souveraine des Pays-Bas-Unis).

Groot Placeat-Bœk, etc. (depuis 1576 jusqu'à 1794). In s'Gravenhage, 1658-1796. t. I-IX. fol.

Recueil van de Tractaaten tusschen de H. M. S. G. ende verscheyde Koningen, etc. vol. I et II, in-4°.

La continuation de ce Recueil porte le titre suivant :

Vervolgh van het Recueil van de Tractaaten, etc., vol. I-IV, in-4°.

Sous ces deux titres, le libraire Jacques Scheltus , a réuni les traités qui jusqu'alors avaient été imprimés officiellement à part, aux époques où ils furent conclus

Comme table de matières peut servir : Adr. Kluit , Index chronologicus sistens fœdera pacis, defensionis, navigationis, commerciorum, subsidiorum, limitum, etc., ab ordinibus Belgii fœderati inita cum gentibus intra et extra Europam (1276-1789). Lugd. Bat. 1789. 8.

Des extraits de traités se trouvent dans Adr. Kluit , Historiæ fœderum Belgii fœderati primæ linæ. Lugd. Bat. p. i, 1790 ; p. ii, 1791. 8.

Recueil des traités politiques, territoriaux et de commerce concernant le royaume des Pays-Bas, de 1814-30. Bruxelles, 1843. gr. in-18.

Van Dyck, Répertoire historique et chronologique des traités conclus par la Hollande depuis 1789 jusqu'à nos jours. Utr. 1845.

§ 16. — *Pologne.*

Constitutiones Poloniæ seu Prawa, Konstytucye, etc. (1347-1780). Warsov. 1732-1790. t. I-VIII. fol.

(Matt. DOGIEL), Codex diplomaticus regni Poloniæ et magni ducatus Lithuaniæ. Vilnæ, t. I, 1758; t. IV, 1764; t. V, 1759. fol.

Les tomes 2, 3, 6, 7 et 8 n'ont pas été publiés; le père DOGIEL, piariste à Vilna, en a laissé deux exemplaires complets écrits de sa main, dont l'un a été transporté à Saint-Pétersbourg, l'autre est conservé au couvent des piaristes à Vilna. Voyez SCHEDIUS Zeitschrift von und für Ungern, 1804. p. 301.

Traktaty miedzy mocarstowami Europeyskiemi, etc. Warsov. 1774, t. I-III. 8.

Ce sont des extraits de traités, depuis 1648 jusqu'à 1763.

J.-W. JEZIENSKI, Traktaty Polskie, etc. Warsov. 1789. 8.

Ce sont des extraits de traités depuis 1618 jusqu'à 1775.

Traktaty, Konwencye handlowe i graniczne, wszelkie publiczne Umowy miedzy Rzecza pospolita Polska i obcemi panstwami od r. 1764 dotad, to jest do R. 1791 za Panowania Stanislawa Augusta Zawarte, w swych oryginalnych jezykach zebrane i dla wygody powszechney podane do drucku. Warsov. 1791. t. I et II. 8.

Ce recueil, qui embrasse l'époque de 1764 jusqu'à 1791, a été publié par M. Dan. GRALATH, professeur à Königsberg.

§ 17. — *Porte Ottomane.*

Capitulations ou traités anciens et nouveaux entre la cour de France et la Porte, etc. A Paris, 1770. 4. Voyez ci-dessus § 12, *France).*

§ 18. — *Portugal.*

Quelques traités se trouvent dans la collection de documents en six tomes, qui furent publiés à Lisbonne depuis 1739 jusqu'à 1748, et qui appartiennent comme Codex diplomaticus à l'Historia genealogica da Casa Real Portugueza; por Ant.-Cajetano de SOUSA. Lisb. 1735-1747. t. I-XII. gr, in-4°.

§ 19. — *Prusse.*

Recueil des déductions, manifestes, déclarations, traités et autres actes et écrits publics, qui ont été rédigés et publiés pour la cour de Prusse (depuis 1756 jusqu'à 1790), par le ministre d'État comte HERTZBERG.

A Berlin, t. I, 1788; t. II, 1789; t. III. (A Hambourg). 1795. gr.
in-8°.

W.-F. von ROHRSCHEID, Preussen's Staatsvertràge. Berl. 1852. gr. in-8°.

§ 20. — *Russie.*

Istoritscheskœ Opisanie Rosiiskoi Kommertzii, etc. (c.-à-d. Description
historique du commerce de la Russie), par Michajlo TSCHULKOW. Saint-
Pétersbourg et Moskwa 1781-1787. 21 tomes en 7 volumes gr. in-8°.

Dans cet ouvrage, surtout dans les tomes 1, 4 et 8, l'auteur a publié
beaucoup de traités et actes publics. Comparez H. STORCH's historisch-
statistisches Gemàlde des russischen Reichs, t. IV, Vorrede, p. XVII
XXIII.

(L'impératrice Catherine II avait chargé MM. G.-F. MÜLLER et Jean-
Gotthilf STRITTER de publier un Recueil de traités conclus par la Russie —
voyez v. DOHM's Materialien zur Statistik, V Lieferung, p. 328, — mais
jusqu'ici rien n'en a paru)

Sobranie gosoudartsvennikh gramot i dogoworof chranjaschtschuchsia w'
gosoudartsvennoi kolegii innostrannich del. Moskwa. Tome I⁻ʳ, 1813;
tome II, 1818. fol. (Collection des Actes publics et des traités qui
se trouvent dans les archives du Collége des affaires étrangères.)

Cette collection officielle a été publiée aux frais de M. le chancelier de
l'empire, comte RUMANZOF.

§ 21. — *Suède.*

(G.-R. MODÉE), Udrag af de emellan Hans Konglige Majestaet och Cronan
Suerige an ena och utrikes Magter a andre sidan sedan 1718 slutna
Alliance, Tractater och afhandlinger (1718-1753). Stockholm. 1761. 4.

Quelques traités se trouvent aussi dans la Collection que ce même
M. MODÉE a publiée sous ce titre : Utdrag utar alle ifrain den 6 dec.
1718 utkomme publique Handlingar, etc. (1718-1779). Stockh. 1741-
1783. t. I-XI. 4.

J.-C. DAEHHERT's, Sammlung pommerscher und rugischer Landesurkun-
den. Stralsund, 1765-1769. t. I-III. Supplemente, t. 1, 1782; t. II,
1786, fol.

Un Recueil ou Codex diplomaticus en 24 volumes, semblable à celui de
RYMER pour la Grande-Bretagne, destiné à recevoir les anciens traités
et rédigé par Jean PERINGSKIOLD, n'est pas encore imprimé. Conférez
Magni a CELSE apparatus ad historiam Sueco-Gothicam, Sect. I. (Hol-
miæ, 1782. 4), p. 3.

Voyez aussi : *a.* C.-F. GEORGII, Progr. historia fœderum Sueciam inter
et Russiam... — *b. Ejusd.* progr. I-VII. Historia fœderum, praecipue

recentiorum, Sueciam inter et Daniam... 1758-1762. 4. — c. E.-M.
Fant. Diss. de primis Sueciæ fœderibus extra septentrionem. Upsaliæ,
1782. 4.

Sur les traités de la *Norvége*, voyez ci-dessus, § 10, *Danemark.*

§ 22. — *Suisse.*

(Jo.-Rud. Holzer's), Sammlung der vornehmsten Bundnüssen, Verträgen,
Vereinigungen, etc., welche die Cron Frankreich mit loblicher Eydge-
nossenschaft und dero Zugewandten insgesamt und insbesondere aufge-
richtet. Bern. 1732. 8.

(Du même), Die Bundnüsse und Verträge der helvetischen Nation, welche
theils die unterschiedene Stadte und Republiquen mit einander, theils
alle irgesamt mit auswärtigen Potentaten haben. Bern. 1732. 4.

On trouve aussi quelques traités dans J.-H. Lau's Allgemeinem helvetisch-
eidgenossischen Lexicon Zurich, 1747-1765. t. I-XX. 4. Continué par
H. J. Holzhalb, ibid., 1786-1791 (R-S). t. I-V. 4.

Les capitulations qu'a conclues le canton de *Berne* avec des puissances
étrangères, ont été imprimées à Berne en 1764. 8.

Pundtnerische Tractate, etc., durch Andr. Pfeffer, Chur. 1728. 8.

(P. Usteri), Handbuch des schweizerischen Staatsrecht. 2ᵉ éd. Aarau,
1821, in-8°.

Les ouvrages suivants méritent aussi d'être consultés : *a.* Traité historique
et politique des alliances entre les 13 cantons, depuis Charles VII jusqu'à présent; par M. V. (Vogel), G.-J. des G. S. (c.-à-d. grand-juge
des gardes suisses). A Paris, 1733. 8. — *b.* Priviléges des Suisses accordés aux villes impériales et anséatiques et aux habitants de Genève
résidant en France, par M. V. (Vogel), G.-J. D. G. S. à Yverdun,
1770. 4. — *c.* C.-E. Rosselet's Versuch einer Abhandlung von den
schweizerischen Schutz- und Schirm-Bündnissen, 1757. 4. — *d.* J.-H.
Gleser, Specimen observationum circa Helvetiorum fœdera. Basil.
1760. 4.

§ 22 bis. — *Wurtemberg.*

S.-S. Oechsle. Verzeichnisz der von Würtemberg mit auswärtigen
Regierungen abgeschlossenen Verträgen, etc., von 1800-1840. Stuttg.
1842. in-8°.

§ 23. — *États-Unis d'Amérique.*

Des traités conclus par eux se trouvent dans les collections suivantes :

The Laws of the united States of America (1789-1799). Philadelphia,
1799. t. I-IV. 8.

Actes et Mémoires publiés par A.-G. GEBHARDT, indiqués ci-après, § 24.

J. ELLIOT, American diplomatic code, embracing the treaties and conventions between the united States ard foreign Powers from 1778-1834. Wash. 1834. 2 v. in-8°.

Indian treaties between united States and the several tribes from 1778-1837.

MINOT, Treatises concluded by the united States 1844 et suiv., publication annuelle.

On trouve aussi les traités des États-Unis dans le t. VII, des Publics Statutes of united States, par PETERS (Bost. 1848), et dans tous les Recueils de lois américaines.

SECTION II.

ACTES PUBLICS.

TITRE PREMIER.

COLLECTIONS DESTINÉES A EMBRASSER UNE PÉRIODE DETERMINEE.

§ 24.

Vittorio SIRI, Memorie recondite (1601-1640). Cette collection a été publiée d'abord à Ronco, ensuite à Paris, en dernier lieu à Lyon, depuis 1677 jusqu'en 1679, en 8 vol. in-4°.•

Du même, Mercurio (1635-1655). A Casale, Genève, Lyon, Paris, Florence, 1644-1682. t. I-XV, en 17 vol. in-4°.

Jo-Christ. LÜNIGII Literæ procerum Europæ, etc., ab a. 1552, usque ad ann. 1712, lingua latina exaratæ. Lips. 1712, t. I-III. 8.

Du même, Sylloge publicorum negotiorum — intra vicennium latina lingua tractatorum. Francof. 1694. 4 Supplementum et Continuatio Sylloges, etc., ab a. 1674-1702. ibid. 1702. 4.

De LAMBERTY, Mémoires pour servir à l'histoire du XVIII° siècle, contenant les négociations, traités, etc. (1700-1718). A La Haye. 1724-1734. t. I-XIV. 4. Seconde édit. 1731-1740. 4.

Jean ROUSSET, Recueil historique d'actes, négociations, mémoires et traités (1714-1748). A La Haye, que'ques tomes aussi à Amsterdam et à Leipzig, 1728-1755. t. I-XXI (ou XXII ?). 8.

C.-G. BUDER's, Sammlung verschiedener, meist ungedruckter Schriften, Berichte, Urkunden, etc., welche zu Erlauterung des Natur- und Vol kerrechts, etc., dienen. Frankf. 1735. 8.

Papiers d'État du cardinal de GRANVELLE, publ. sous la direct. de M. Ch.
    WEISS. 1841 et suiv., 9 vol. in-4°.

Négociations, lettres et pièces diverses relatives au règne de François II,
    tirées du portefeuille de Sébast. d'AUPESPINE, par Louis PARIS. 1841.
    in-4°.

Négociations diplomatiques entre la France et l'Autriche au XVI° siècle,
    publ. par LEGLAY. 1850. 2 vol. in-4°.

Négociations diplomatiques de la France avec la Toscane, documents
    réunis par Giuseppa CANESTRINI et publ. par Abel DESJARDINS, t. I.
    1859. in-4°.

Négociations de la France dans le Levant, publiées par CHARRIÈRE. 1852-
    1860. 4 vol. in-4°.

Relazioni degli ambassasciatori veneti al senato durante il secolo XVI, ed.
    dal Prof. ALBERI, t. I-XII. Firenze. 1839-60. in-8°.

Archives ou correspondance inédite de la maison d'Orange-Nassau, publ.
    par M GROEN von PRINSTERER. 1835 et suiv., 1re série 8 vol.; 2e série,
    t. I à V. in-4°.

Négociations relatives à la succession d'Espagne, sous Louis XIV, publ. par
    M. MIGNET. 1836-42. 4 vol. in-4°.

Sammlung einiger Staatsschriften nach Carls VI. Ableben (1741-1743). t.
    I-IV. 8; de même, unter Carl. VII (1744-1747), t I-III, 8, et unter
    Franz I. (1749-1754), t. I-VIII. 8.

Sammlung der neusten Staatsschriften, zum Behuf der Historie des jetzi-
    gen Kriegs, auf das Jahr 1756. Frankf. u. Leipz. 1757. 4. Cette collec-
    tion a été continuée sous le titre suivant :

Teutsche Kriegs-Canzley auf die Jahre 1757 bis 1763. Ibid. 1757-1763.
    t. I-XVIII. 4.

Mémoires et négociations entre la France et l'Angleterre, de 1761. 8.

La correspondance entre l'Autriche et la Prusse en 1778; dans les Œuvres
    posthumes de Frédéric II, t. V (à Berlin, 1789. 8), p. 209-288.

Actes relatifs au traité de paix entre la Russie et la Porte Ottomane;
    dans le Recueil des principaux traités, etc., de M. de MARTENS, t. V,
    p. 53-66.

Les collections publiées par Ant. FADER, REUSS et WINKOFF, sont indi-
    quées ci-dessus § 9.

A HENNING's, Sammlung von Staatsschriften, die während des Seekriegs
    von 1776 bis 1783, sowohl von den kriegführenden als auch von den
    neutralen Machten öffentlich bekannt gemacht worden sind, in so weit
    solche die Freiheit der Schiffahrt und des Handels betreffen. Hamb.
    t I, 1784; t. II, 1785. 8.

Recueil des déductions, etc., du comte de HERTZBERG (voyez ci-dessus
    § 19).

Sur la révolution en *Hollande*, en 1788, il a paru une collection de mémoires et écrits, en 50 cahiers in-8°.

A Collection of State Papers relating to the war against France now carrying on by Great-Britain and the several other european Powers. Lond. 1794-1796. t. I-IV, en cinq volumes in-8°.

Correspondance complète de lord MALMESBURY (ou Recueil de toutes les pièces officielles relatives à la négociation de Lille, en 1797). A Paris, 1797. 8.

Recueil des actes diplomatiques concernant la négociation de lord MALMESBURY avec le gouvernement de la Rép. française à Paris, du 22 oct. au 20 déc. 1796; par l'auteur de la Politique raisonnée, etc. A Hambourg, à La Haye, à Londres, à Paris, gr. in-8°. Sans indication de l'année où il a paru (La préface est datée d'U....t le 16 févr. 1797).

Négociation de lord MALMESBURY, à Lille, en 1797. (Traduction de « List of papers, presented by His Majesty's Command, » imprimé à l'usage du parlement, à Londres, 1777. fol.)

Recueil des principaux actes publics sur les relations politiques de la France avec les États de l'Italie, depuis l'année 1787 jusqu'au mois de mai 1796; on y a annexé une table des actes concernant les rapports entre l'Espagne et la France (par M. Joach. de SCHWARZKOFF). A Francfort-sur-le-Mein, 1796. 8.

Recueil de mémoires et autres pièces authentiques relatives aux affaires de l'Europe et particulièrement celles du Nord, pendant la dernière partie du XVIII° siècle; par le baron ALBEDYL. A Stockholm, t. 1, 1798. 8.

Originale Actenstucke uber die letzte Irrung zwischen Danemark und England, und die neueste nordische Convention. Mit Einleitung herausgeben von C. U. D v. EGGERS Copenhagen, 1801. 8.

Papiers relatifs à la rupture avec l'Espagne, présentés au parlement le 24 janvier, 2, 4 et 6 février 1805. Traduits de l'anglais, etc. Londres (1805). 8.

Recueil de pièces officielles, ainsi que des pièces fugitives les plus intéressantes publiées par les gouvernements respectifs, ou avec leur assentiment, à dater des dernières négociations en 1806, entre la France, l'Angleterre et la Prusse. Amsterd. 1807, n° I et II. 8.

Paul OESTERREICHER's, Kriegs-Archiv des rheinischen Bundes. Bamberg, 1806-1808. 4.

The diplomatic correspondence of the american Revolution, from 1776-1778, by Iared. SPARKS — Diplomatic correspondence from 1783-89, by SPARKS. Boston.

Actes et Mémoires concernant les négociations qui ont eu lieu entre la France et les États-Unis de l'Amérique depuis 1793 jusqu'à la conclusion

de la convention du 30 sept. 1800 (par A -G. GEBHARDT). A Londres,
1807, t. I-III. 8. Cette collection a reçu un nouveau frontispice avec le
titre suivant.

State-Papers relating to the diplomatick transactions between the American and French Governments, from the year 1793 to the Conclusion
of the Convention on the 30 september 1800. Collected. by A.-G.
GEBHARDT, formerly Secretary to the Saxon Legation in London. Vol.
I-III. Lond. 1816. 8.

Mémoires et actes authentiques relatifs aux négociations qui ont précédé
le partage de la Pologne. Tirés du portefeuille d'un ancien ministre du
xviii° siècle. 1810. 8.

C.-A. FISCHER's, Neues französisch-diplomatisches Lesebuch, oder Sammlung französischer Original-Aufsätze uber diplomatisch-politische Ge-
genstade der neuesten Zeit (1796-1807). Leipz. 1808, t. II (1808-1812),
1813. gr. in-8°. Cette collection porte aussi le titre suivant : Collection
générale et complète de lettres, proclamations, discours, messages, etc.,
de Napoléon le Grand.

Du même, Collection générale des pièces officielles qui servent à l'histoire diplomatique de la France, depuis 1792 jusqu'à 1812. A Tu-
bingue, 1815. 8.

Allgemeines diplomatisches Archiv fur die neueste Zeitgeschichte; enthaltend eine vollständige Sammlung aller... Actenstucke seit Entstehung
des gegenwärtigen europaischen Staatenbundes wider Frankreichs Ue-
bermacht. Herausgegeben von C.-G. DÜMGE. I Band (1812 et 1813).
Heidelb. 1814. 4.

Recueil de pièces officielles destinées à détromper les Français sur les événements qui se sont passés depuis quelques années; par Fréd. SCHOELL.
A Paris, 1814-1816. t. I-IX. 8.

Archives politiques et diplomatiques ou Recueil de pièces officielles, mémoires et autres morceaux historiques, inédits ou peu connus, relatifs à
l'histoire des xviii° et xix° siècles. Par F. SCHOELL. A Paris, t Iᵉʳ,
1818; t II et III, 1819.

Diplomatisches Archiv fur Zeit und Staaten Geschichte. Archives diplomatiques. Stuttg. et Tub. 1821-23. 36 parties, in-8°.

Le Portfolio ou Collection de documents relatifs à l'histoire contemporaine. Hamb. 1836 et 1837. 5 part. in-8°.

Le même ouvrage est plus complet dans l'édition anglaise publiée à Londres, et compte 6 volumes.

The Portfolio. Lond. 1843-44. 4 part. in-8°.

Portfolio. Actenstucke zur Geschichte und Caracteristik unserer Zeit. 1ᵉʳ
liv. Leipsig, 1848.

Des neue Portfolio. 1ᵉʳ liv. Berlin, 1858. in-8°.

Britisch and Foreign state Papers. Compiled by the librarian and keeper of the Papers, Foreign office. t. XXX, 1858. in-8°.

Sur les négociations diplomatiques contemporaines, on doit consulter les documents parlementaires que font imprimer la plupart des gouvernenements constitutionnels, notamment l'Angleterre, les États-Unis et la France. Il serait impossible, sans excéder les limites de cette bibliothèque choisie, de citer ici les nombreux recueils de pièces, ayant trait à presque toutes les questions politiques agitées depuis 1815, qui ont été publiées ainsi. On trouvera l'indication d'un certain nombre d'entre eux dans Rob. de MOHL, ouv. cité t. I, p. 464, et dans le Précis de MARTENS, éd. VERGÉ, t. II, p. 401 et suiv.

TITRE II.

COLLECTIONS SEULEMENT DESTINEES AUX AFFAIRES QUI ONT ETE TRAITÉES DANS UN CONGRÈS DE PAIX OU AUTRE.

§ 25.

A cette classe appartiennent les Collections destinées aux affaires qui ont été traitées dans un congrès de paix ou autre, tel que celui de Westphalie, des Pyrénées, d'Oliva, de Nimègue, de Ryswik, d'Utrecht, de Rastatt et de Baden (1714), de Belgrade, d'Aix-la-Chapelle (1668 et 1718), de Vienne (1735-1738), de Paris (1763), de Teschen, de Paris (1783), de Bâle, de Campo Formio, de Rastatt, de Lunéville, d'Amiens, de Presbourg, de Vienne (1809), de Paris (1814 et 1815), de Vienne 1814 et 1815), d'Aix-la-Chapelle (1818).

Des collections de cette espèce sont indiquées dans v. OMPTEDA's Literatur des Völkerrechts, t. II, p. 474-481, et dans v. KAMPTZ Neue Literatur des Volkerrechts, p. 79-93.

Joh.-Ludw. KLÜBER's, Acten des wiener Congresses in den Jahren 1814 und 1815. Erlangen, 1815-1819. t. I-VIII. gr. in-8°.

(Voyez les ouvrages indiqués au § 35.)

CHAPITRE III.

OUVRAGES ÉLÉMENTAIRES ET SYSTEMATIQUES SUR LE DROIT DES GENS.

SECTION PREMIÈRE.

OUVRAGES ELÉMENTAIRES.

§ 26.

Joh.-Jac. MOSER's, Anfangsgrunde der Wissenschaft von der heutigen Staatsverfassung von Europa, und dem unter den europaischen Potenzen ublichen Volker-und allgemeinen Staatsrecht. Tübingen, 1732. 8.

Du même, Entwurf einer Einleitung zu dem allerneuesten Völkerrecht in Kriegs- und Friedenszeiten ; dans ses Vermischten Schriften, t. II, 1736. 8.

Du même, Grundsatze des jetzt ublichen europaischen Völkerrechts in Friedenszeiten. Hanau, 1750. Neue Aufl. Frankf. 1763, u. Nurn. 1777. 8.

Du même, Grundsatze des jetzt ublichen europaischen Volkerrechts in Kriegszeiten, 1752. 8.

Du même, Erste Grundlehren des jetzigen europaischen Volkerrechts. Nurnb. 1778. 8.

Henr. KOHLER, Juris sociali et gentium ad jus naturæ revocati Specimina VII. Jen. 1736. 4.

Jo.-Ad. ICKSTATT, Elementa juris gentium. Wirceburgi, 1740. 4.

Chr-L.-B. de WOLF, Institutiones juris naturæ et gentium. Hal. 1750 8, traduit en français sous le titre suivant :

Institutions du droit de la nature et des gens. Traduit du latin de M. WOLFF, avec des notes par Élie LUZAC. A Leide 1772. t. I et II. 4. Réimprimé avec l'original latin ; ibid. eod., t. I-VI. 8.

J.-J. BURLAMAQUI, Principes du droit politique. Ouvrage posthume. A Genève, 1751. 4. Lausanne, 1784. 8.

Du même, Principes du droit de la nature et des gens. A Yverdon, 1766. 8.

Du même, Principes du droit naturel et politique. A Genève, 1764, t. I et II. 8. Nouv. éd. Paris, 1821.

Institutes of natural laws , being the substance of a course of lectures on GROTIUS, De jure belli et pacis; by T. RUTHERFORTH. London. 1754. 8.

(J.-F.-L. SCHRODT), Systema juris gentium, quod sub directoratu F.-W.-S. de CRONENFELS... publicæ disputationi submittit Adalb. S. R. J. comes CZERNIN de Chudenitz. Pragæ, 1768. 4. Nouvelle édition, revue et augmentée, avec le nom de l'auteur, M. SCHRODT, qui ne s'est point nommé dans la première, à Bamberg, 1780. 8.

Précis du droit des gens, de la guerre, de la paix et des ambassades ; par M. le vicomte de MAILLARDIÈRE. A Paris, 1775. 12. Aussi dans le Ier tome de la Bibliothèque politique de l'auteur.

Lud.-Conr. SCHROEDER, Elementa juris naturæ, socialis et gentium. Groningæ, 1775. gr. in-8°.

Godofr. ACHENWALL, Juris gentium europæarum practici primæ linæ. Fragmentum libelli ob b. auctoris mortem nunc tandem in lucem editum. Gœtting. 1775. 8.

Lauriz NORREGAARD, Folke Retts förste Grunde. Kiobenhavn, 1776. 8.

(C.-G. GÜNTHER's), Grundrifs eines europaischen Volkerrechts, nach Vernunft, Vertragen, Herkommen und Analogie. Regensburg, 1777. 8.

Principes du droit des gens européen conventionnel et coutumier; par P.-J NEYRON. A Brunswic, 1783. 8. La continuation de ce livre, qui devait traiter du droit des gens en temps de guerre, n'a point paru.

Éléments du droit politique; par COURVOISIER. Paris, 1792. 8.

G.-F. MARTENS , Primæ lineæ juris gentium europæarum practici. Gœtt. 1786. 8.

Précis du droit des gens moderne de l'Europe fondé sur les traités et l'usage; par M. MARTENS. A Gottingue, 1789, t. I et II. 8 ; 2° éd. 1801 ; 3° éd 1820; nouv. éd. avec notes de Pinheiro FERREIRA, 1831 Nouvelle édition, revue, accompagnée des notes de Pinheiro FERREIRA, précédée d'une introduction et complétée par l'exposition des doctrines des publicistes contemporains, et suivie d'une Bibliographie raisonnée du droit des gens, par M. Ch. VERGÉ, avocat, docteur en droit 1858, 2 vol. in-8°.

G. F. v. MARTENS, Einleitung in das positive europaische Volkerrecht, auf Vertrage und Herkommen gegrundet. Gœttingen, 1796. gr. in-8°. (Édition allemande du Précis.)

Erklarung der Lehrsatze des allgemeinen Staats-und Völkerrechtes , nach MARTENS. Wien. 1791. 8.

P.-T. KÖHLER's, Einleitung in das practische europaische Völkerrecht. Mainz. 1790. gr. in-8°.

An essay of the Laws of Nations as a Test of Manners. London, 1790. 8.

Elementos de Derecho publico de la paz y de la guerra illustr. con noticias historicas, leyes y doctrinas del derecho espagnol. Madrid, 1793. t. I et II. 8.

C.-U.-D. de EGGERS, Institutiones juris civitatis publici et gentium univer-salis. Hafniæ, 1796. 8.

Institutions du droit de la nature et des gens ; par Gérard de RAYNEVAL. A Paris. an XI (1803). gr. in-8°. Nouvelle éd. 1832, 2 vol. in-8°.

Table des matières contenues dans la science du droit des gens moderne de l'Europe ; par Chrét. de SCHLÖZER. A Dorpat, 1804. 8.

Friedr. SAALFELD's, Grundrifs eines Systems des europäischen Volker-recht. Gœtt. 1809. 8. Handbuch des positiven Volkerrechts. Tub. 1833.

De jure generis humani, vel divisi in gentes, vel in unam civitatem scilicet hunc orbem conjuncti, seu de jure gentium et cosmopolitico. Stuttgard, 1811. 8.

Theod. SCHMALZ, Europäisches Volkerrecht. Berlin, 1817. 8.

Jul. SCHMELZING's, Systematischer Grundrifs des europäischen [Völker-rechtes. Rudolstadt, t. I. 1818. 8.

J.-L. KLÜBER, Droit des gens moderne de l'Europe. Stuttg. 1819, 2 vol. in-8°.

PÖLITZ, Praktiches Volkerrecht, Diplomatie und Staats praxis. Leips. 1828. in-8°.

WINTER, Système de la diplomatie. Berl. 1830, in-8°.

KOLDERUP ROSENVINGE, Grundrids af den positiv Folkeret, 2° éd. Copenh. 1835.

H. WHEATON, Éléments de droit international, 1re éd., anglaise, 1836; 2° éd., française, Leips. 1852. 2 vol. in-8°.

Jer. BENTHAM, Principles of International Law. Dans ses œuvres publiés par BOWRING. Lond. 1839, t. VIII.

OKE MANNING, Commentaries of the Law of nations. Lond. 1839.

BELLO, Principios de derecho de gentes. Santiago de Chile et Paris, 1840.

PANDO, Elementos del Derecho internacional. Madr. 1843. in-4°.

OPPENHEIM, System des Volkerrechts. Francf. 1845. in-8°.

A.-W. HEFFTER, Das europäische Volkerrecht der Gegenwart. Berl. 1844. 4° éd. allm. 1861. — Trad. en franç. sur la 3° édit., par M. Jules BERGSON, sous le titre : Le droit international public de l'Europe. Ber-lin et Paris, 1857.

WILDMANN, Institutes of international law. Lond. 1850, 2 vol. in-8°.

PÖZL, Grundriss zu Vorlesungen uber Europaisches Volkerrecht. Munich, 1852.

POLSON, Principles of the law of the nations. To which is added Diploma-cy, by Th.-H. HORNE. 2° édit. Lond. 1854.

SECTION II.

OUVRAGES SYSTÉMATIQUES D'UNE PLUS GRANDE ÉTENDUE.

§ 27.

Hugo Grotius, De jure belli et pacis. Paris. 1625. 4. Editio emendata ab
auctore. Amstelod. 1632. 8. Repetita, ibid. 1642. 8.

Quarante-cinq, et cependant pas toutes les *éditions* de cet ouvrage qui
ont paru jusqu'en 1758, sont indiquées dans v. Ompteda's Literatur des
Volkerrechts, t. II, p. 392 ff. En voici les meilleures : Cum notis J.-F.
Gronovii. Amstelod. 1700, 1701, 1702 et 1712. gr. in-8°. Cum notis J.-F.
Gronovii et Jo. Barbeyracii. Amstelod. 1719 et 1720; corrigée ibid. 1735;
et Lips. 1753. t. I et II. 8. Cette édition a été réimprimée avec quelques changements et augmentations, et avec les remarques de Meynard Tydemann,
à Utrecht, 1772, gr. in-8°. La dernière est celle de W. Whewell, avec
notes de l'auteur, de Burlamaqui et d'autres, et une traduction abrégée en
anglais. Cambridge, 1854. 3 vol. in-8°.

Il a aussi paru des *traductions* allemande, anglaise, hollandaise, suédoise, danoise, et plusieurs françaises ; la meilleure de ces dernières est
celle de Jean Barbeyrac, imprimée en 1724 et en 1729, à Bâle, 1750; 4°
édit. à Amsterd. 1754, in-4°; 5° édit. ibid. 1759, in-4°; 6° édit, à Bâle,
1768, en 2 vol. in-8°; une nouvelle traduction française, par A. Jeudi
Dugour, a paru à Paris, 1792, en 2 volumes in-8°; voyez v. Ompteda's,
Literatur des Volkerrechts, t. II, p. 404 ff.

Sam. Pufendorf De jure naturæ et gentium libri VIII. Londini Scanor.
1672, in-4°, et augmentée par l'auteur de la valeur de plus du quart;
à Francfort, 1684. in-4°.

Cette dernière édition a été réimprimée six fois. Elle a ensuite paru cum
adnotationibus Jo.-Nic Hertii, Francof. 1706. Amstelod. 1715, et Francof.
1716. La meilleure édition est celle dont le titre porte les mots suivants :
« cum integris commentariis J.-N. Hertii atque Jo. Barbeyracii. Recen-
suit et animadversionibus illustravit Gottfr. Mascovius. » Francof. et
Lips. 1744. t. I et II. 4. rec. ibid. 1758. 4.

On en a publié des *traductions* en allemand, en anglais, en italien et
en français; la dernière par Jean Barbeyrac, avec des remarques, à
Amsterd. 1706. t. I et II. in-4°; corrigée, ibid. 1712. in-4°; réimprimée,
ibid. ou plutôt à Paris, 1713, 1715, et encore plusieurs fois, aussi à Bâle,
1732. in-4°; enfin, de nouveau revue et augmentée de deux discours par
le traducteur, à Amsterd. 1734. t. I et II. in-4°, et à Bâle, 1750 et

1771. in-4°. Voyez J.-G. Meusel's Historisch-literarisch-biographisches Magazin. St. II, p. 39 ff.

Ad. Frid. Glafey's, Vernunft-und Volkerrecht. Frankf. u. Leipz. 1723. 4. Nouv. édit. ibid. 1732 et 1746. 4. Dans la troisième édition, le droit des gens a été séparé du reste de l'ouvrage sous le titre suivant : A.-F. Glafey's, Völkerrecht. Nürnb., Frankf. und Leipz. 1752. 4.

Christian L.-B. de Wolff, Jus gentium methodo scientifica pertractatum. Hal. 1749. 4.

Un extrait français de ce livre a paru sous ce titre : Principes du droit de la nature et des gens; extrait du grand ouvrage latin de M. de Wolff, par M. Formey. A Amsterd. 1758. 4.

La science du gouvernement, par M. de Réal; t. V⁰ contenant le droit des gens. A Paris 1754. 8. Seconde édit. ibid. 1764. 4.

L'ouvrage entier comprend *huit* volumes; il a paru à Paris en 1754. Trad. en allemand par Schulin. Leips. 1762-67.

Le Droit des gens, ou principes de la loi naturelle appliqués à la conduite et aux affaires des nations et des souverains; par Emer. de Vattel. A Leide 1758. t. I et II. in-4°.

Seconde édit. ibid. 1758. t. I-III. in-12. Nouv. édit. augmentée, revue et corrigée à Neufchâtel 1773. t. I et II. in-4°. A Lyon 1802. t. I-III. gr. in-8°. Avec quelques remarques de l'éditeur, à Amsterd. 1775 t. I et II, in-4°. Avec quelques remarques, tirées en partie des manuscrits de l'éditeur, à Bâle 1777. t. I-III. in-12. Sans ces remarques, mais avec la biographie de l'auteur, à Neufchâtel 1777. t. I-III. in-8°, et à Nimes 1793. t. I-III, in-8°. Traduit en allemand, par J.-P. Schulin, à Francf. et Leips. 1760. t. I-III. in-8°. Sur le mérite des différentes éditions, voyez A.-F. Schott's Unpartheyische Critik. t. VI, p. 539; t. VII, p. 411; t. IX, p. 284.

Nouvelle édition augmentée de quelques remarques nouvelles et d'une bibliographie choisie du droit des gens, par M. de Hoffmanns, précédée d'un discours par Sir J. Macintosch, trad. par M. Royer-Collard. Paris, 1853. 2 vol. in-8°.

Nouvelle édition précédée d'un Essai de l'auteur sur le droit naturel; illustrée de questions et d'observations, par le baron de Chambrier d'Oleires; avec des annexes nouvelles de M. de Vattel et de M. Sulzer, et un compendium bibliographique par le comte d'Hauterive. Paris 1838, 2 vol. in-8°. Notes et table analytique de l'ouvrage de Vattel, par M. Pinheiro Ferreira. Paris 1838. — Nouv. édit revue par M. Royer-Collard, augm. des notes de M. Pinheiro Ferreira. 1856, 3 vol. in-8°.

Quelques passages de l'ouvrage de Vattel ont été attaqués dans l'écrit suivant : Essai sur le droit des gens (par M. de CHAMBRIER). (Sine loco) 1795. in-4°.

Principes du droit de la nature et des gens; par J.-J. BURLAMAQUI; avec la suite du droit de la nature, augmenté par M. de FELICE. A Yverdun 1766-1768. t. I-VIII. 8. Les trois derniers tomes contiennent le droit politique et des gens. Nouv. édit. revue par M. Dupin. Paris 1820-25. 5 vol. in-8°.

Joh. Jac. MOSER's, Versuch des neuesten europaischen Volkerrechts in Friedens-und Kriegszeiten, vornehmlich aus Staatshandlungen seit 1740. Frankf. 1777-1780. t. I-X, en 12 vol. gr. in-8°.

Du même, Beyträge, etc. (Voyez ci-après, § 30.) .

K.-J. GÜNTHER's, Europäisches Völkerrecht in Friedenszeiten, nach Vernunft, Verträgen und Herkommen. Altenburg. t. I. 1787; t. II. 1792. gr. in-8°. La continuation de cet ouvrage fort estimé paraît être interrompue.

Du droit public et du droit des gens, ou Principes d'association civile et politique , suivis d'un projet de paix générale et perpétuelle; par J.-J.-B. GONDON d'ASSONI. A Paris, 1808. t. I-III. 8.

C.-U.-D. von EGGERS naturliches Staats-und Völkerrecht. Wien. t. I. 1809. t. II. 1810. 8.

PINHEIRO FERREIRA, Cours de droit public interne et externe. Paris 1830. 2 vol. in-8°. — Précis de droit public interne et externe. 1841. in-8°.

BAROLI, Diritto naturale privato et pubblico. t. I-VI. Crémone 1837. in-8°.

K.-S. ZACHARIÆ, Vierzig Bücher vom Staate, 2ª édit. t. V. Heidelb. 1841. in-8°.

KENT, Commentaries of American Law t. I. Law of nations. New-York 1844. in-8°.

FERRATER, Codigo de derecho international. Barcel. 1846. 2 vol. in-8°.

TOLOMEI, Corso elementare di diritto naturale o razionale. Pad. 1848. 3 vol. in-8°.

RIQUELME, Elementos de derecho politico internacional con explicacion de todas las reglas que constituyen el derecho internacional español Madr. 1849. 2 vol. in-8°.

GARDEN (comte de), Code diplomatique de l'Europe ou Principes et maximes du droit des gens. t. I (1852).

DESTRIVEAUX, Traité du droit public. Bruxelles, 1853-55. 3 vol. in-8°.

PHILLIMORE, Commentaries upon international Law. t. I. Lond. 1854.

SECTION III.

OUVRAGES SUR LE DROIT DES GENS DES ETATS D'ALLEMAGNE.

§ 28.

J.-J. Moser's, Teutsches auswärtiges Staatsrecht. Frankf. u. Leipz. 1772. in-4°.

Des *Suppléments* à cet ouvrage ont été publiés par l'auteur, dans ses Abhandlungen verschiedener Rechtsmaterien, t. XIV, p. 323 ff.

Du même, Teutsches nachbarliches Staatsrecht. Frankf. u. Leipz. 1773. 4.

C.-H. V. Römer's, Völkerrecht der Teutschen. Halle, 1790. 8.

J.-L. Klüber's, Offentliches Recht des teutschen Bundes und der Bundesstaaten (Frankf. 1817, gr. in-8°). § 9, 66, 71, 105 ff., 460 ff., 464 ff., u. 468 ff.

H.-A. Zacharä, Deutsches Staats-und Bundesrecht. 2ᵉ édit. Gött. 1853 et suiv. 3 vol. in-8°

Zöpfl, Grandsatze des allgemeinen und deutschen Staatsrechtes. 4ᵉ édit. Heidelb. 1855. 2 vol. 8°.

CHAPITRE IV.

OUVRAGES SÉPARES SUR LES MATIÈRES PRINCIPALES DU DROIT DES GENS.

§ 29.

Les ouvrages de ce genre, sur le droit d'ambassade, sur celui du rang, de la mer, du commerce, de la neutralité et de la guerre, se trouvent indiqués dans le présent livre aux endroits mêmes où il a été traité de ces différentes matières.

CHAPITRE V.

COLLEÇTIONS D'OUVRACES SUR DIVERS OBJETS.

§ 30.

Observationes selectæ (Halenses). Hal. 1700-1705. t. I-X. 8.

Henr. de Cocceji exercitationes curiosæ. Lemgoviæ, 1722. 4.

Corn. van Bynkershoek, Quæstionum juris publici libri duo. Lugd. Bat. 1737. 4. Edit. 2. ibid. 1752 ; et dans ses Operibus omnibus, t. II (Lugd. Bat. 1767. fol.), p. 185-290.

Joh. Jac. Moser's, Vermischte Abhandlungen aus dem europaischen Volkerrecht. Hanau (Nurnberg) 1750. t. I-III. 8.

Du même, Beyträge zu dem neuesten europaischen Volkerrecht in Friedenszeiten. Stuttgart, 1778-1780. t. I-V. 8.

Du même, Beytrage zu dem neuesten europaischen Volkerrecht in Kriegszeiten. Tubingen, 1779-1781. t. I-III. 8.

Du même, Beyträge zu dem neuesten europaischen Gesandtschaftsrecht. Frankf. 1781. 8.

Ces trois collections, n° 5-7, se rapportent à l'ouvrage de M. Moser, intitulé *Versuch*, etc., cité ci-dessus, § 27.

Friedr. Christian V. Moser's, Kleine Schriften zur Erläuterung des Staats-und Volkerrechts. Frankf. 1751-1765. t. I-XII. 8.

Du même, Beyträge zu dem Staats-und Volkerrecht und der Geschichte. Frankf. 1764-1765. t. I IV. 8.

A.-F. Schott's, Juristisches Wochenblatt. Leipz. 1772-1775. t. I-IV. Jahrgang. 8.

Joh. Cph. Wilh. V. Steck's, Versuche uber einige erbebliche Gegenstande, etc. Frankf. u. Leipz 1772. 8.

Du même, Ausfuhrungen politischer und rechtlicher Materien. Berlin, 1776. 8.

Du même, Observationum subsecivarum Specimen. Hal. 1779. 8.

Du même, Essais sur divers sujets de politique et de jurisprudence. 1779. 8.

Du même, Versuche uber Handlungs-und Schiffahrts-Vertrage. Halle, 1782. 8.

Du même, Versuche über verschiedene Materien politischer und rechtlicher Kenntnisse. Berlin. u. Stralsund, 1783. 8.

Du même, Ausfuhrungen einiger gemeinnutzlichen Materien. Halle, 1784. 8.

Du même, Essais sur quelques sujets intéressants pour l'homme d'État et de lettres. (Halle), 1784. 8.

Du même, Eclaircissements sur quelques sujets intéressants pour l'homme d'État et de lettres. A Ingolstald (Berlin), 1785 8. Traduit en allemand sous ce titre : Erlauterungen verschiedener Gegenstande, etc.; aus dem Franzosischen des Hrn. Geh. Raths v. St. zu B., ins Deutsche übers. von F. A. J. (John). Schmalkalden, 1786. 4

Du même, Abmussigungen. Hall. 1787. 8.

Du même, Échantillon d'essais sur divers sujets intéressants pour l'homme d'État et de lettres. Halle, 1789. 8.

Du même, Essais sur plusieurs matières intéressantes pour l'homme d'État et de lettres. Halle, 1790. 8.

Du même, Essais sur divers sujets relatifs à la navigation et au commerce pendant la guerre. Berlin, 1794. 8.

Dan. Netteloladt's, Erörterungen einiger einzelnen Lehren des teutschen Staatsrechts. Halle, 1773. 8.

J.-C Siebenkees, Juristisches Magazin. Jena, 1782. Bd. I. 8.

Du même, Beyträge zum teutschen Recht. Nürnb. u. Altorf, 1786-1790. t. I-VI. 8.

E. F. Hagemeister's, Beyträge zu dem europäischen Volkerrecht, besonders bey Gelegenheit des gegenwärtigen nordischen Kriegs. Stralsund, 1790. St. I. 8.

C.-D. Erhardt's, Amalthea. Leipz. Bd. I, 1788; Bd. II, 1790. 8.

Bibliothèque de l'homme public, ou analyse raisonnée des principaux ouvrages français et étrangers, sur la politique en général..... et sur le droit naturel et public; par M. le marquis de Condorcet, M. de Peysonel, M. le Chapelier, à Paris, 1790, t. I-XII; 1791, t. I-XII; 1792, t. I-IV. gr. in-8°.

OEuvres complètes de l'abbé de Mably. Lyon, 1792. t. I-XII. in-8° et in-12.

OEuvres posthumes de M. l'abbé de Mably. Paris, 1790-1791. t. I-VI. 8.

Collection complète des œuvres de M. l'abbé de Mably. A Paris, an III de la rép. (1794 à 1795). t. I-XV. gr. in-8°.

J.-C.-L. Zechin's, Abhandlungen uber das europäische Volker-, Kriegs- und Friedensrecht Halle, 1793. 8.

J.-Theod. Roth's, Archiv fur das natürliche und positive Volkerrecht. Nürnb. u. Altorf, 1794. I. Heft. in-8°.

Joh.-Richard v. Roth's, Abhandlungen aus dem teutschen Staats-und Volkerrecht. Bamberg, 1804. 8.

C.-H.-K.-A. v. Kamptz, Beiträge zum Staats- und Völkerrecht. Berlin, Bd. I, 1815. 8.

Gagern (baron de), Kritik des Volkerrechts, mit praktischer Anwendung auf unsere Zeit. Leips. 1840. in-8°.

Reddie, Inquiries in international law public and private. 2 éd. Edimb. 1851.

CHAPITRE VI.

MONOGRAPHIES OU DISSERTATIONS ET BROCHURES.

§ 31.

Les traités de cette espèce sont indiqués dans les principaux ouvrages bibliographiques cités au § 2, et en grande partie dans le présent livre, chacun sous le § auquel il appartient.

CHAPITRE VII.

DÉDUCTIONS ET CONSULTATIONS DES JURISCONSULTES.

SECTION PREMIÈRE.

DÉDUCTIONS.

§ 32.

On a publié des *Catalogues* des Déductions imprimées sous les titres ci-dessous :

(a) Joh.-Chr. Lünig's, Bibliotheca deductionum ; vermehrt von G.-A. Jenichen. 1745. 8.

(b) Deductions Bibliotek von Deutschland (von C. S. v. Holzschuher). Nurnb. t. I, 1778. t. II, 1779. t. III, 1781. t. IV, 1783. gr. in-8°. Les deux derniers tomes ont été publiés, après la mort de M. de Holzschuher, par M. J.-C Silbenkees.

(c) M. Günther, dans la préface du premier tome de son europäisches Völkerrecht (voyez ci-dessus § 27), a fait espérer la publication d'un *Catalogue* des Déductions et autres écrits publics des puissances de l'Europe.

Jo.-Chr. Lünig's, Grundfeste europäischer Potentaten Gerechtsame, worinnen durch auserlesene Deductionen dargethan wird, wie es um aller Potentaten hohe Jura, Ansprüche und Präcedenz-Streitigkeiten beschaffen sey. Leipz 1716. fol.

Du même, Selecta scripta illustria. Leipz. 1723. fol.

Collectio nova actorum publ. I. R. G., oder Sammlung der in den J. 1750-1753 in Deutschland zum Vorschein gekommenen Deductionen. t. I-VIII. Nurnb. 1751-1753. 8.

Joh.-Jac. MOSER's, Sammlung der neuesten u. wichtigsten Deductionen in deutschen Staats- und Rechtssachen. t. I-IX. Frankf. u. Leipz. 1752-1764. 4.

Neueste Sammlung auserlesener Deductionen. t. I-III. Giessen, 1778. fol.

J.-A. REUSS, Deductions u. Urkunden-Sammlung. Bd. I-XV. Ulm, 1785-1799. 8

Le Récueil du comte de HERTZBERG, indiqué ci-dessus § 19.

Plusieurs des livres nommés ci-dessus § 24, appartiennent aussi à cette classe.

SECTION II.

CONSULTATIONS ET CAUSES CELEBRES.

§ 33.

Joh.Chr. LÜNIG's, Europäische Staats Consilia..., seit dem Anfang des 16. Saeculi bis 1715. Leipz. 1715. t. I u. II. fol.

G.-F. v. MARTENS, Erzahlungen merkwürdiger Falle des neuern europaischen Volkerrechts, nebst einem Anhang von Gesetzen und Verordnungen, welche in einzelnen europaischen Staaten uber die Vorrechte auswärtiger Gesandten ergangen sind. Gottingen, t. I, 1800. t. II, 1802. 4.

Ch. de MARTENS, Causes célèbres du Droit des gens. 2e édit. 1858-60, 5 v. in-8°.

De CUSSY, Phases et Causes célèbres du Droit maritime des nations. Leipz. 1856. 2 vol. in-8°.

CHAPITRE VIII.

OUVRAGES LEXICOGRAPHIQUES.

§ 34.

De CUSSY, Dictionnaire ou Manuel lexique du diplomate et du consul. Leipz. 1846. in-12.

C.-F. HEMPEL's, Allgemeines Staatsrechts-Lexicon (voyez ci-dessus § 8.)

F.-L.-Ant. HÖRSCHELSMANN's, Europäisches Staats-, Kriegs- und Friedens-

Lexicon (depuis le 15ᵉ siècle). Frankf. u. Leipz. t. I, 1765. t. II, 1766. gr. in-8°.

Encyclopédie méthodique; la section d'Économie politique et diplomatique. A Paris, 1784-1788. t. I-IV. gr. in-4°.

Robinet, Dictionnaire universel des sciences morale, économique, politique et diplomatique, ou Bibliothèque de l'homme d'État et du citoyen. A Paris, 1777-1787. XXXI vol. in-4°.

Repertorium reale pragmaticum juris publici et feudalis; mit C.-G. Buder's Vorrede. Jena, 1751. 4. Cet ouvrage a paru entièrement refondu sous le titre suivant :

Repertorium [des teutschen Staats-und Lehnrechtes, von H.-G. Scheidemantel. Leipz. t. I (A-E), 1782. t. II (F-R), 1783 ; von C.-P Hæderlin. t. III (L-O), 1793. t. IV (P-R), 1795, gr. in 4°.

Staats-Lexicon oder Encyclopadie des Staatswissenschaften, herausgegeben von C. von Rotteck, und C. Welcker. Altona, 1834 et suiv. 19 vol. in-8°. 3ᵉ édit. Leipz. 1858 et suiv.

Dictionnaire politique rédigé par une réunion de députés, etc., avec une introduction de Garnier-Pagès, publ. par E. Duclerc et Pagnerre. Paris, 1843. gr. in-8°.

Deutsches Staatsworterbuch; herausg. von Bluntschli und Brater. Stuttg. 1859 et suiv.

A cette classe appartiennent aussi les *Dictionnaires historiques universels*, tel que celui de Louis Moreri, d'après les plus nouvelles éditions, publiées à Paris 1742, en 8 tomes in-fol., et en 16 tomes in 4°, avec 2 tomes de suppléments, par C.-P. Goujet, à Paris, 1749. La 22ᵉ édition, par Drouet, parut à Paris, en 1799, 10 vol. in-fol. Ce dictionnaire est aussi traduit en anglais et en espagnol.

Joh.-Franz Buddeus, Allgemeines historiches Lexicon. Leipz. 1709-1714. t. I-III. fol ; 2ᵉ édit. 1722. fol.; 3ᵉ édit 1730-1732, avec deux volumes de Supplément qui ont paru 1740. fol.; édition de Bâle, par J -C. Iselin. 1729 (cependant le 4ᵉ volume porte l'année 1727). t. I-IV. fol.

Universal-Lexicon, von Zedler (nom du libraire). Leipzig, 1732-1754. t. I-LXVIII. fol.

Dictionnaire historique, par P. Bayle. t. I-IV. fol.

Chauffepié, Nouveau dictionnaire historique, et d'autres, surtout les différentes *Encyclopédies* ou Dictionnaires encyclopédiques qui ont paru en Allemagne, en France et en Angleterre. Nous citerons principalement l'*Encyclopédie du XIXᵉ siècle*, l'*Encyclopédie moderne*, le *Conversations-Lexicon*, l'*Universal-Lexicon* de Pierer, la grande Encyclopédie allemande d'Ersch et Gruber, etc.

CHAPITRE IX.

OUVRAGES SERVANT A L'HISTOIRE ET A L'INTERPRÉTATION
DES TRAITÉS PUBLICS.

§ 35.

Préliminaires des traités faits entre les rois de France et tous les princes de l'Europe, depuis le règne de Charles VII, par M. AMELOT de la HOUSSAYE. A Paris, 1992. 8 Se trouve aussi à la tête du Recueil des traités de LÉONARD, voyez ci-dessus § 12.

(Jean-Yves de SAINT-PRIEST), Histoire des traités de paix et autres négociations du XVIIIe siècle, depuis la paix de Vervins jusqu'à la paix de Nimègue (1597-1679). A Amsterd. 1735. t. I et II. fol.

Cet ouvrage fait aussi partie du Corps diplomatique de Du MONT, dont il comprend le 14e tome. Il parut sous le même titre, en 1725, à Amsterdam, en 2 vol. in-fol., une édition antérieure, peut-être moins complete. L'auteur ayant été secrétaire de M. de TORCY, quelques-uns ont attribué son livre à ce dernier.

Histoire des anciens traités (depuis 1496 avant J.-C. jusqu'en 813 de l'ère chrétienne), par M. BARBEYRAC. A Amsterdam, 1793. fol.

Cette histoire des traités fait aussi partie, comme tome premier, du Supplément de ROUSSET, au Corps universel diplomatique de Du MONT.

Joh.-Jac. SCHMAUSS, Einleitung zu der Staatswissenschaft und Erlauterung des von ihm herausgegebenen Corporis juris gentium academici und aller andern seit mehr als zwei Seculis geschlossenen Bundnisse, Friedens-und Commercien-Tractate. Leipz. t. I, 1741. t. II. 1747. 2e éd. 1760, gr. in-8°.

Cet ouvrage comprend la période de 1439-1740, et pour les États du Nord, celle de 1700-1743.

Droit public de l'Europe fondé sur les traités, par l'abbé de MABLY. A Paris, 1747 (ou plutôt au commencement de l'an 1748, où cette édition fut épuisée dans peu de mois) in-8°.

Deuxième édition, avec des remarques historiques, politiques et critiques, par M ROUSSET. A Amsterd. 1748. t. I et II in-8°. — Nouvelle édition, augmentée des principes des négociations, pour servir d'introduction à cet ouvrage (par M. de MABLY). A Amsterd. et à Leipsig, 1761. t. I et II. 8. — Troisième édition continuée par l'auteur jusqu'à 1763. A Genève (Paris), 1764. t. I-III, in-8°. — Quatrième édit., ibid. 1768. in-8°.

Les additions et corrections furent aussi publiées comme tome troisième
de l'édition d'Amsterdam, de 1761. — Cinquième édition continuée jusqu'en 1773, avec la plupart des remarques de ROUSSET, et avec les principes des négociations de MABLY. A Amsterd. et Leipsig, 1773. t. I III. in-
8°; de même à Genève, 1776. t. I-III, in-8° et 1792. in-8°; aussi dans les
OEuvres complètes de MABLY, édit. de Lyon, 1792. t. I et II, in-8°, et
dans l'édit. de Paris de 1794. t. VI-VIII.

Résultat des guerres, des négociations et des traités qui ont précédé et
suivi la coalition contre la France, pour servir de supplément au droit
public de l'Europe, de MABLY; par ARNOULD. A Paris, t. I. 1803. 8.

Ouvrage qui se répand sur la période de 1763 jusqu'à 1795; quant à
la manière de traiter les matières, il diffère beaucoup de celui de MABLY.

G.-P. HEMPEL's, Allgemeines Staatsrecht-Lexicon. Voy. ci-dessus § 8 et 34.

Kurze Untersuchung der vornehmsten im 17. Jahrundert geschlossenen
Allianzen, Bundnisse und Verträge. Berlin, 1758. 4.

Ce livre s'étend sur 105 traités publics, tant anciens que modernes.

Abrégé de l'histoire des traités de paix entre les puissances de l'Europe,
depuis la paix de Westphalie; par M. (Christophe-Guillaume) KOCH. A.
Bâle, t. I et II. 1796. t III et IV. 1797. gr. in-8°.

L'auteur, décédé le 25 mai 1813, avait promis de publier un cinquième
volume. Une nouvelle édition, dans laquelle l'histoire est continuée jusqu'en 1815, a paru sous le titre suivant:

Histoire abrégée des traités de paix entre les puissances de l'Europe, depuis la paix de Westphalie, par feu M. de Koch; ouvrage entièrement
refondu, augmenté et continué jusqu'au congrès de Vienne et aux traités
de Paris de 1815, par Fréd. SCHOELL. A Paris, 1817 et 1818. L. I-XV,
gr. in-8°. (Voir § 38).

Histoire générale des traités de paix et autres transactions principales
entre les puissances de l'Europe, depuis la paix de Westphalie, par le
comte de GARDEN, t. I-XIV. 1848-59 (n'est en grande partie que la re-
production de l'ouvrage précédent).

C. D. Voss Geist der merkwurdigsten Bundnisse und Friedensschlusse des
18. Jahrhunderts. Gera, 1801-1802. t. I-V. gr. in-8°.

Une continuation de cet ouvrage, pour le XIX° siècle, a paru en deux
volumes, sous le titre suivant:

C.-D. Voss, Geist der merkw. Bundnisse, etc. des 19. Jahrhunderts, t. I
u. II. Gera, 1803 et 1804, gr. in-8°.

GIRAUD, le Traité d'Utrecht. Paris, 1847, in-8°.

VAN DEN SPIEGEL, Résumé des négociations qui accompagnèrent la révolution des Pays-Bas autrichiens. Amst. 1841, in-8°.

J. L. KLÜBER, Uebersicht der diplomatischen Verhältnisse des Wiener
Congresses. Francfort 1816. 3 vol. in-8°.

FLASSAN, Histoire du congrès de Vienne, par l'auteur de l'Histoire de la diplomatie française. Paris, 1829. 3 vol. in-8°.

CRÉTINEAU-JOLY, Histoire des traités de 1815. Paris, 1842, in-8°.

GAGERN (baron de), Der zweite Pariser Frieden. Leips. 1845. 2 vol. in 8°.

SCHAUMANN, Geschichte des zweiten Pariser Friedens für Deutschland. Aus Actenstucken. Gott. 1844.

CHATEAUBRIAND, Congrès de Vérone. Paris, 1838. 2 vol. in-8°.

SCHAUMANN, Geschichte des Congresses von Verona (dans le Historisches Taschenbuch de RAUMER, année 1855).

Sur le congrès de Vienne voy. aussi l'Histoire du consulat et de l'empire de M. THIERS, et GERVINUS Geschichte des neunzehnten Iahrhunderts, t. I ; et sur les congrès de Troppau, de Laibach et de Vérone, le t. IV de ce dernier ouvrage.

CHAPITRE X.

MÉMOIRES HISTORIQUES, PARTICULIEREMENT SUR DES NÉGOCIATIONS.

On entend par ces Mémoires non-seulement les histoires des négociations, mais aussi les recueils d'écrits officiels des agens diplomatiques, tels que leurs notes, mémoires, rapports, lettres, etc. Hors ceux indiqués ci-dessus (§ 25), qui ont particulièrement pour objet des congrès de paix et autres, nous nous contentons de nommer les suivants :

SECTION PREMIÈRE.

MÉMOIRES HISTORIQUES RASSEMBLES DANS DES COLLECTIONS A CE EXCLUSIVEMENT DESTINÉES.

§ 36

Collection complète des mémoires relatifs à l'histoire de France, depuis le règne de Philippe-Auguste jusqu'au commencement du 17° siècle, par PETITOT (l'aîné), 1819-27. 53 vol. in-8°. — Id. depuis l'avénement de Henri IV jusqu'en 1763, par MM. PETITOT et MONMERQUÉ. Paris, 1820-29. 79 vol in-8°.

Collection de mémoires pour servir à l'histoire de France, depuis le XIII°

siecle jusqu'à la fin du xvIII°, par MM. MICHAUD et POUJOULAT. 1835
39. 32 vol. gr. in-8°.

Collection des mémoires relatifs à la Révolution française, par MM. BER-
VILLE et BARRIÈRE. Paris, 1820-26. 56 vol. in-8°.

Friedr. SCHILLER's, Allgemeine Sammlung historischer Memoiren, vem 12.
Jahrhundert bis auf die neuesten Zeiten, durch mehrere Verfasser uber-
setzt und jedesmal mit einer universal-historischen Uebersicht verse-
hen. Jena, 1790-1805. I. Abtheilung, t. I-IV. II. Abtheilung, t. I-XXVI
in-8° Cette collection s'étend jusqu'au temps du duc régent

SECTION II·

MÉMOIRES HISTORIQUES PUBLIÉS SÉPARÉMENT.

§ 37.

En laissant de côté une foule de Mémoires historiques, la plupart anony-
mes, dont il est souvent fait mention dans l'histoire des États de l'Europe, nous nous bornons à indiquer, par ordre alphabétique des auteurs
les suivants :

ADAIR (sir Robert), Historical memoir of the court of Vienna in 1806.
Lond. 1844. — The negociations of the peace of Dardanelles in 1808-
1809. Lond. 1845. 2 vol. in-8°.

AMELOT, voyez ci-après OSSAT.

ANGOULÊME (duc d', comte de Béthune et de Préaux-Chateauneuf), Ambas-
sade extraordinaire en 1620, avec les observations politiques de M. de
BÉTHUNE, employé à cette ambassade ; le tout publié par Henri de BÉ-
THUNE. Paris, 1667. fol.

ARLINGTON (comte d'), Lettres. A Utrecht, 1701. 8.

ARNAULD (Henry), Négociations à la cour de Rome. 1748. t. I-V. 8.

AVAUX (comte d'), Négociations en Hollande, depuis 1679-1688. A Paris,
t. I-III, 1752. t. IV-VI, 1753. 8

Du même, Mémoires touchant les négociations du traité de paix fait à
Munster en 1648. A Cologne, 1648. 12.

Lettres de MM. d'AVAUX et SERVIEN, ambassadeurs en Allemagne. 1650. 8.

BASSOMPIERRE (maréchal de), Ambassades (en Espagne l'an 1621, en Suisse
l'an 1625, en Angleterre l'an 1626). A Cologne, 1668. vol. I-IV, in-12.

Cet ouvrage est sorti des presses des Elzeviers. L'histoire de chaque
ambassade a aussi paru sous un titre particulier ; celle en Suisse en 2 vol.
in-12, et une nouvelle édition, a Cologne, 1744, en 2 vol. in-12.

Mémoires du maréchal de BASSOMPIERRE. Cologne, 1665. 3 vol. 12. Amsterdam, 1692. Cologne (Rouen), 1703 2 vol. 12

Nouveaux mémoires du maréchal de BASSOMPIERRE, recueillis par le président HÉNAULT. A Paris, 1802. 8

BEDFORD (John 4th Duke of), Correspondance with an introduction by lord J. RUSSELL. Lond. 1842 et suiv. 3 vol. 8.

BELLIÈVRE et SILLERY (MM. de), Mémoires sur la paix de Vervins. A Paris, 1360. Ibid. 1677, t. I et II. 8. A La Haye, 1696, t. I et II. 8. A Paris, 1700 A La Haye, 1725. 2 vol. 12.

BÉTHUNE, voyez ANGOULÊME et SULLY.

BODERIE (de la), Ambassades en Angleterre, sous le règne de Henry et la minorité de Louis XIII, depuis 1606 jusqu'en 1611 (publiées par Paul-Denis BURTIN). A Paris, 1750. t. I-V. 8

BOLINGBROKE (Henri, lord) Lettres and correspondance; by a H Parke. Lond. 1798. 4 v. 8.

BONAPARTE (Louis, ex-roi de Hollande), Documents historiques et réflexions sur le gouvernement de la Hollande. Lond. 1820. 3 v 8.

BRIENNE (comte de), Mémoires (depuis 1613-1661). A Amsterdam, 1719. t. I-III. 12.

CARLETON's (Sir Dudley), Letters during his ambassy in Holland (1616-1620). London, 1757 4. Une traduction française a paru sous le titre suivant :

CARLETON (chevalier de, ambassadeur de Jacques Ier, roi d'Angleterre), Lettres, mémoires et négociations. A Leyde, 1759. t. I-III. 12.

CASTLEREAGH (viscount), second marquis of Londonderry, Memoirs and correspondance, ed. by his brother. Lond. 1848-53, 12 vol. 8.

CHANUT (ambassadeur du roi de Suède en France), Mémoires. A Cologne, 1667 t. I-III 12.

CHATEAUBRIAND, Mémoires d'outre-tombe. 8 vol. 8.

CHATEAUNEUF, voyez ANGOULÊME.

CHESTERFIELD (Phil. D. Stanhope earl of), Letters ed. by lord Mahon. Lond. 1845. 4 vol. 8.

CHOUPPES (marquis de), Mémoires (1625-1663). A Paris, 1753. t. I et II. 12.

COLE, Memoirs of affairs of state, containing letters written by Ministers employed in foreign negociations (1697-1708), published by Chr. COLE. Lond. 1733. fol.

CORNWALLIS (marques of), Correspondence ed. by James Ross. 1858. 3 vol. 8.

DOHM's (Christian-Wilh. v), Denkwurdigkeiten meiner Zeit, oder Beyträge zur Geschichte vom letzten Viertel des 18., und vom Anfange des 19. Jahrhunderts. 1778-1806. Lemgo u. Hannover. Bd. I, 1814. Bd. II, 1815. Bd. III, 1818. 8.

Éon de Beaumont (chevalier de), Lettres, mémoires et négociations. A La Haye. 1764. 4. aussi in-8°.

Là-contre, voyez Examen des mémoires du chev. d'Éon de Beaumont. Ibid. eod Comparez Moser's Beytrage zu dem europ. Volkerrecht, t. IV. p. 282 ff

Estrades (comte d'), Ambassades et négociations en Italie, Angleterre et Hollande, depuis 1637 jusqu'en 1662. A Amsterd. 1718. 8.

Du même, Lettres, mémoires et négociations (1663-1668). A Bruxelles, 1709, t. I-V. 8. Amsterd. 1718. 12. Londres, 1743. t. I-IX. 12.

Eugène Beauharnais (prince), Mémoires et correspondance, publ. par M Ducasse. t. I-IX. 1858-60. 8.

Feuquières (marquis de), Lettres et négociations. A Amsterdam, 1753 t I-III. 8.

Franklin (Benj), Memoirs of his life and writings. Lond. 1818. 3 vol. in-8°. — Mémoires sur sa vie et ses écrits Paris, 1818 2 vol in-8°.

Gentz, Schriften von Fr. von Gentz. Ein Denkmal; von G. Schlesier Mannh. 1838-40. 5 vol. 8. — Mémoires et lettres inédites du chevalier de Gentz; publ. par G. Schlesier. Stutg. 1841. — Tagebucher von Fr von Gentz aus dem Nachlass Varnhagen's von Ense. Leipz. 1861 8.

Görtz (comte Eustache de), Mémoire historique de la négociation en 1778, pour la succession de la Bavière. A Francf. 1812. 12.

Gourville, Mémoires (de 1643-1698). Amsterd. 1782. 2 vol. in-12.

Grenville Papers (Correspondance de lord Temple et de son frère George Grenville, et mémoires des fils de George Grenville sur la cour de George IV). Lond. 1853. 6 vol. 8.

Harrach (comte de), Mémoires, par M. de la Torre A La Haye, 1720. 2. t. I et II ibid. 1735.

Henri IV, Recueil de lettres missives de Henri IV, publiées par Berger de Xivrey. 1843 et suiv. 5 v. in-4°.

Jeannin (président Pierre), Négociations. A Paris, 1661. fol. Ibid. 1653. fol Ibid. 1656. fol. A Amsterd 1695 t. I-IV. 8.

Jefferson's, Memoirs, correspondance and miscellanies, ed. J. Randolph. Bost. 1830. 4 vol 8

Joseph, Mémoires et correspondance politique du roi Joseph Ier, publiés par M. Ducasse. 1853-55. 6 vol, 8

Keith, Memoirs and correspondance from 1769 to 1792, ed. by mistriss Gillespie Smith. Lond. 1849. 2 vol 8.

The Memoirs of John Ker of Kersland, containing his secret Negociations in Scotland, England, the Courts of Vienna, Hannover, etc., published by himself. Lond 1726. 3 vol in-8°. Traduit en français. A Rotterdam, 1726-1728. 3 vol. in-8°.

MADISON, Papers purchased by order of congress. Wash. 1840. 3 vol. 8.

MAISTRE (Jos. de), Correspondance diplomatique (1811-17), rec. et publ. par Alb. BLANC. 1860. 2 vol. 8.

MALMESBURY (James-Harris first earl of), Diaries and correspondance, ed. by his Grandsons. ed. 1845. 4 vol. 8.

MARLBOROUGH (John-Churchill first duke of), Letters and Dispatches from 1702-1712, ed by Sir Murray. Lond. 1845, 5 vol. in-8. — Correspondance diplomatique et militaire du duc de MARLBOROUGH, de HEINSIUS et de J. HOP; publ. par G -G. VREEDE. Amsterd. 1850.

MAZARIN (cardinal), Lettres. Amsterd. 1690. 12. Nouv. édit. augmentée de plus de 50 lettres. ibid. 1745. t. I et II. 8.

MITCHEL (Sir Andrew), Memoirs and Papers. By A. BISSET. Lond. 1850. 2 vol. in-8°.

MONTGON (abbé de), Mémoires (1725-1731). A Lausanne, 1750 et suiv. t. I-VIII. 12.

NAPOLÉON I, Correspondance publ. par ordre de l'empereur Napoléon III, t. I-VI 1858-61. — Mémorial de Sainte-Hélène , par LAS CASES

NOAILLES (Antoine, François et Gilles de), Ambassades en Angleterre (sous les règnes de Henri II, de François II, de Charles IX et de Henri III) , rédigées par l'abbé de VERTOT (et publiées par Dom Antoine-Joseph PERNETY). Paris, 1765. vol. I-IV. 12.

OSSAT (Arnault cardinal d'}, Lettres (1594-1604). Paris, 1627. fol. Ibid. 1641. fol.. et avec des notes de M. AMELOT de la HOUSSAYE. Paris, 1697. t I et II. 4. Amsterd. 1708. t. I-V. 12. Ibid 1732. t. I-IV. 8.

PERRON (cardinal Jacques DAVY du), Ambassades et négociations, depuis 1590 jusqu'en 1618; recueillies par César de LIGNY Paris, 1623. fol. Ibid. 1629, 1633, 1645 et 1715. fol.

PHILIPPE II, Correspondance de Philippe II sur les affaires des Pays-Bas, publ. par M. GACHARD, t. I-III. Bruxelles, 1848-59 , in-4°.

PITT, Correspondance of William Pitt EARL OF CHATHAM, ed. by STANHOPE-TAYLOR and J -H. PRINGLE. Lond. 1838. 4 vol. in-8°.

RICHELIEU (cardinal, duc de), Lettres ou l'on a joint des Mémoires et instructions secrètes de ce ministre pour les ambassadeurs de France en diverses cours, à Paris, 1696. 2 vol. 12.

RICHELIEU (maréchal, duc de), Mémoires. Londres, Marseille et Paris. t. I-IV, gr. in-8°.

RUSDORF (Jo. a), Consilia et negotia politica. Francof. 1725. fol.

RUSDORF (de), Mémoires et négociations secrètes, rédigées par E.-G. CUHN. A Leipsig, 1789. t. I et II. 8. Et en allemand. ibid. 1789. 2 vol. gr. in-8°.

SILLERI, voyez Bellièvre.

SULLY (Maxim de BÉTHUNE, duc de), Mémoires (1590-1611). t. I et II

Amsterd. (avant 1649). t. III et IV. Paris, 1662. fol. Amsterd. (Trévoux), 1725 t. I et II. 12. Londres (Paris), avec des remarques par de l'Écluse, 1745 (et 1747?) t. I-III. 4, av. fig, aussi en 7 vol. in-12. (Cette dernière édition a été refaite et rangée dans un autre ordre, par l'abbé de l'Écluse des Loges.) Londres, 1778. t. I-X. gr. in-12. Liége, 1688. vol. I-X. in-8°.

Papiers d'État publiés par M Avenel, t. I et II. 1856 et suiv. in-4°.

Temple (chevalier de), Lettres. A La Haye, 1700. 12.

Torcy (de), Mémoires pour servir à l'histoire des négociations, depuis le traité de paix de Ryswik jusqu'à la paix d'Utrecht. A Londres, 1757. t. I-III. 8 A La Haye (Paris), 1758. t. I-III. 12. Londres, t. I-IV. 12. (Ces Mémoires avaient d'abord paru sans nom d'auteur en France.)

Torre (de la), Mémoires et négociations secrètes de diverses cours de l'Europe. A La Haye, 1721. t. I-V. 8.

Valori (marquis de), Mémoires des négociations, accompagnés d'un Recueil de lettres de Frédéric le Grand, etc. 1820. 2 vol. in-8°.

Walpole (Robert), Memoirs, by William Coxe. Lond. 1798 t. I-III. 4.

Walpole (Horatio), Memoirs, by W. Coxe, 3e éd. Lond. 1820. 2 vol. in-8°.

Walsingham, Mémoires et instructions pour les ambassadeurs ou lettres et négociations. Traduit de l'anglais par Louis Boulesteis de la Contie. Amsterd. 1700. 4. Seconde édit., ibid. 1717. t. I-IV. 12.

Washington, The writings of George Washington, being his correspondence, adresses, messages, etc., publ. by Iared Sparks. Boston, 1834-37. 12 vol. in 8°. — Vie, correspondance et écrits de Washington, publ. par M. Guizot, 1839-40. 6 vol. in-8°.

Wellesley (Marquis), Dispatches, minutes and correspondence during his administration in India. Lond. 1835. 5 vol. in-8°; ed. during his ambassady to Spain in 1809. Lond. 1838, ed. by Montgomery Martin.

Wellington, Dispatches during his various campaigns... collect. by lieut.-col. Gurwood. Lond. 1837-39. 13 vol. in-8°. — Suppl. Dispatches, publ. by his son. Lond t. I-VI. 1857-60.

Witt (Jean de), Lettres et négociations. Amsterd. 1725. t. I V. 8.

CHAPITRE XI.

OUVRAGES POUR SERVIR A L'HISTOIRE DES EVENEMENTS POLI-
TIQUES MODERNES, ET JOURNAUX POLITIQUES.

SECTION PREMIÈRE.

HISTOIRE POLITIQUE MODERNE.

§ 38.

L.-T. SPITTLER's, Entwurf der Geschishte der europaischen Staaten. Gœttingen, 1793. 8. Zweiter unveranderter Abdruck; mit einer Fortsetzung bis auf die neuesten Zeiten, von Ge. SARTORIUS. Berlin, 1802.
t. I u. II. gr. in-8°.

Mémoires pour servir à l'histoire de l'Europe, depuis 1740 jusqu'à la paix
d'Aix-la-Chapelle (par M. le baron de SPON?). Amsterd. 1749. t. I et
II. 8. Ibid. 1752. t. I-III. 8.

(MAUBERT), Histoire politique du siècle.... depuis la paix de Westphalie,
jusqu'à la dernière paix d'Aix-la-Chapelle inclusivement, avec le Précis
de tous les traités négociés entre les cours depuis cent ans. Londres, t. I.
1754. t. II. 1755. 8.

Gottfr. ACHENWALL's, Entwurf der allgemeinen europaischen Staatshandel
des 17. u. 18. Jahrhunderts. Gœttingen, 1756. 8. De nouvelles éditions
ont paru en 1761, 1767 et 1779, gr. in-8°.

Joh.-Ge BÜSCH, Grundriss der merkwürdigsten Welthandel neuer Zeit
(depuis 1440). Hamburg, 1781, in-8°.

De nouvelles éditions, continuées, ont paru en 1783 et 1796; la quatrième
édition, continuée depuis 1796 jusqu'en 1810 par G.·G. BREDOW, ibid.
en 1810. gr. in-8°.

Fréd ANCILLON, Tableau des révolutions du système politique de l'Europe
depuis la fin du xv° siècle. A Berlin, 1803-1805. t. I-IV. 8. Réimprimé
à Paris, 1806 en 7 vol. in-8°. Traduit en allemand, par Fréd. MANN.
I-III. Berlin, 1804-1806. 8.

Tableau des révolutions de l'Europe, depuis le bouleversement de l'empire
romain en Occident jusqu'à nos jours, etc.; par M Ch.-Guil. de KOCH.

Paris, 1807. t. I-III. in-8°. Nouv. édit corrigée et augmentée; ibid·
1814. t. I-IV. in-8°. Nouv. éd. Paris, 1823. 3 v. in-8°.

A.-H.-L. HEEREN's, Handbuch der Geschichte des europäischen Staaten-
Systems und seiner Colonien. Gœttingen, 1809. 2. Auflage, 1811. gr. 8.
Trad. en français sous le titre : Manuel historique du système politique des États de l'Europe et de leurs colonies. Paris, 1821. 2 vol.
in-8°. Nouv. éd. 1840.

G.-F. MARTENS, Grundriss einer diplomatischen Geschichte der europäischen Staatshandel und Friedensschlusse, seit dem Ende des 15.
Jahrhunderts bis zu dem Frieden von Amiens (1477-1802). Berlin,
1807. 8.

RAGON, Abrégé de l'histoire générale des temps modernes. 1834, 3 volumes in-8°.

A. OTT, Manuel d'histoire universelle. t. II, histoire moderne 1842.
gr. in-18.

GARDEN (comte de), Tableau historique de la diplomatie ou Exposé des
faits accomplis de la politique générale, depuis l'origine de l'équilibre
européen. 1846. Tabl. gr in-fol.

SCHŒLL, Cours d'histoire des États européens, depuis le bouleversement de l'empire romain d Occident jusqu'en 1789. Paris, 1830-34.
46 vol. in-8°.

FR VON RAUMER Geschichte Europas seit dem Ende des XV. Jahrhunderts. Leips. 1832-50. 8 vol. in-8°.

LÉOPOLD RANKE, Histoire des Osmanlis et de la monarchie espagnole,
pendant les XVI° et XVII° siècles, trad. de l'allem. par Haiber. 1839.
in-8°. — Histoire de la papauté, pendant les XVI° et XVII° siècles, trad.
par le même. 1838. 4 vol. in-8°. — Französische Geschichte vornehmlich im XVI u. XVII. Jahrhundert. 2° id. Berlin, 1856-58 4 vol. in-8°.
Les deux premiers volumes seulement de cet ouvrage ont été traduits
en français par M. PORCHAT, sous le titre : Histoire de France au
XVI° siècle. 1855. 2 vol. in-8°. — Deutsche Geschichte im Zeitalter
der Reformation, 3° édit. 1852. 5 vol. in-8°. — Englische Geschichte
vornehmlich im XVI u. XVII. Jahrh. t. I et II. 1859-60.

SCHLOSSER, Geschichte des XVIII. Jahrhunderts und des XIX., bis zum
Sturz des französischen Kaiserreichs, 4° édit. t. I-VI Heidelb 1854-58.

E. LENGLET, Histoire de l'Europe et des colonies européennes depuis la
guerre de sept ans. Douai, 1838-40. 5 vol. in-8°.

Cés. CANTU, Histoire de cent ans (1750-1850) 1852 et suiv. 4 vol. in-8°.

BUCHEZ ET ROUX, Histoire parlementaire de la révolution française.
1834-38. 40 vol. in-8°, 2° édit. publiée sous le titre : Histoire de la
constituante, par P.-J. B. BUCHEZ, en collaboration avec MM. JULES

Bastide, Bois-le-Comte et A. Ott. 1846, 5 vol in-18. — Histoire de l'Assemblée législative, t. I et II. 1847, n 18.

Thiers, Histoire de la Révolution française, 8 vol. in-8°. — Histoire du Consulat et de l'Empire, t. I-XVIII. 1843-1860.

Bignon, Histoire de France sous Napoléon. Paris, 1839-45. 14 vol. in-8°.

Sybel, Geschichte der Revolutionszeit von 1789 bis 1795. t. I-III. Dusseld 1853-58.

Archibald Alison, Histoire de l'Europe durant la révolution et les guerres de la République, de 1789 à 1797; trad. en français. Bruxelles, 1854 et suiv.

Gervinus, Geschichte des neunzehnten Jahrhunderts seit den Wiener Vertragen. t. I-IV. Leips 1855-60.

Vaulabelle, Histoire des Deux-Restaurations. 1844 et suiv. 8 vol. in-8°.

Duvergier de Hauranne, Histoire du gouvernement parlementaire en France. t. I-IV, 1858-60.

De Cussy, Précis historique des événements politiques les plus remarquables qui se sont passés depuis 1814 à 1859. Leipz. 1859. in-8°.

Bredow, Chronik des neunzehnten Jahrhunderts (continuée par Venturini). Altona, 1806 et suiv., 32 vol. — Neue Geschichtliche Werke von Venturini, als Fortsetzung der Chronick Brunsw. 1838. 4 vol.

Lesur, Annuaire historique universel, continué à partir de 1837, par M. Tencé. 1 vol. par an, de 1818-1853.

Annuaire des Deux-Mondes. 10 vol. gr. in-8°, comprenant les années 1850-60.

Annuaire encyclopédique. Années 1859-1860, 1860-61, 2 vol. gr in-8°.

Zeller. L'année historique, 1859 et 1860. 2 vol. gr. in-18.

* * *

F.-G. de Martens, Tableau diplomatique des relations des principales puissances de l'Europe, surtout par rapport aux possessions, au commerce, à la neutralité et aux alliances. Berlin, 1801. 8.

Ce tableau remplit aussi le troisième volume d'un ouvrage du même auteur, intitulé : *Cours diplomatique*, ou tableau des relations extérieures des puissances de l'Europe, tant entre elles qu'avec d'autres dans les diverses parties du globe. A Berlin, 1801. t. I-III 8.

Les deux premiers tomes de ce dernier livre portent également un titre séparé, celui de *Guide diplomatique*, etc. t. I et II. Voyez ci-dessus § 8.

Un abrégé de ce Cours diplomatique avait paru antérieurement, sous le titre suivant : G -F. de Martens, Ébauche d'un cours politique et diplomatique. Gottingue, 1796. 8.

Combes, Histoire générale de la diplomatie européenne. t. I. Paris, 1854. in-8°.

L.-P. Anquetil, Motif des guerres et des traités de paix de la France pendant le règne de Louis XIV, Louis XV et Louis XVI. Paris, 1798. 8.

Motifs des guerres et des traités de la France. Paris, an VI. 8.

Politique de tous les cabinets de l'Europe, pendant les règnes de Louis XV et de Louis XVI, par M. Favier. Paris, 1793. t. I et II 8. Seconde édition considérablement augmentée, etc., par L. P. Ségur l'aîné, ex-ambassadeur. A Paris, 1801. t. I-III. 8 3e édit 1802.

Tableau analytique de la diplomatie française, depuis la minorité de Louis XIII jusqu'à la paix d'Amiens; par Ferd. A. Bayard. Paris. t. I. 1804. t. II, 1805. 8.

Histoire générale et raisonnée de la diplomatie française, depuis la fondation de la monarchie française jusqu'à la fin du règne de Louis XVI (1792); avec des tables chronologiques de tous les traités conclus par la France; par M. de Flassan. Paris et Strasb. t I-VI. 8. Nouv. édition augmentée de la valeur d'un volume; ibid. 1811. t. I-VII, gr. in-8°.

Autorisé et encouragé par Napoléon, l'auteur a composé cet ouvrage avec des matériaux authentiques. Cependant il s'est trouvé dans le cas de faire *trente-deux* cartons aux six volumes de la première édition, pour remplacer au tome 1er les pages 1-12, 17-22, et 33-36, la quatrième feuille entière, les pages 87-88, 107-108, 217 et 218, au t. II les pages 281 et 282; au t. III les pages 95 et 96; au t. IV les pages 201-202, 297, 298, 343-346; au t. V les pages 307 et 308; au t. VI les pages 89, 90, 145-146, 263 et 264.

Il faut joindre à ce livre l'écrit suivant du même auteur : Apologie de la diplomatie française, etc., par l'auteur de la dipl. fr. Paris, 1812. 8.

Histoire de la politique des puissances de l'Europe, depuis le commencement de la révolution française jusqu'au congrès de Vienne; par M. le comte de Paoli-Chagny. Paris, 1817. t. I IV, gr. in-8°.

M. Leckie, irlandais, a publié, en anglais, à Londres, 1812, un aperçu historique des relations extérieures de la Grande-Bretagne.

Lefèvre, Histoire des cabinets de l'Europe, pendant le Consulat et l'Empire. 1845. 3 vol. in-8°.

Capefigue, Diplomatie de la France et de l'Espagne, depuis l'avénement de la maison de Bourbon. Paris, 1846.

D'Haussonville, Histoire de la politique extérieure du gouvernement français, de 1830-40. Paris, 1850. 2 vol. in 8°.

Zellweger, Geschichte der diplomatischen Verhältnisse der Schweiz mit Frankreich von 1698-1784. t. I et II. Saint-Gallen u. Bern. 1848-49.

Goñi, Tratado de las relaciones internationales de España. Madr 1848.

Santarem, Quadro elementar das relaciones políticas e diplomaticas de Portugal. Paris, 1842-54. 15 vol. in-8°.

(LYMAN SPALDING), The diplomacy of the united states. Boston, 1826.

A cette classe appartiennent aussi les ouvrages de SCHMAUSS, MABLY, ARNOULD, HEMPEL, KOCH, SCHOELL et VOSS, indiqués ci-dessus, § 35.

SECTION II.

JOURNAUX POLITIQUES.

§ 39.

Theatrum europæum, oder Beschreibung aller denkwürdigen Geschichten (1717-1718). Frankf. 1635-1738 t I-XXI. fol.

Diarium europæum, oder kurze Beschreibung denkwürdigster Sachen (1657-1681). Frankf. 1659-1683. t. I-XLV. 4.

Monatlicher Staatsspiegel. Augsburg 1698-1700. t. I-XXI. 8.

Neu eroffneter Staatsspiegel. Haag (Leipz. 1710-1716. t. I-VIII). 8.

Allgemeine Schaubuhne der Welt (1601-1688). Frankf. 1699-1731. fol.

Die europäische Fama Leipz. 1702-1734 t. I-CCCLX, ou 30 vol. 8.

Die neue europäische Fama. Leipz. 1735-1756. t. I CXCII, ou 12 vol. 8.

Europäischer Staats-Secretarius. Leipz. 1734-1748. t. I-CXLIV, ou XII vol. 8.

Neuer europäischer Staats-Secretarius. Leipz. 1749 1755. t. I-LX, ou 5 vol. 8.

Der genealogische Archivarius (von Mich. RANFT). Leipz. 1732-1738. t. I-L, ou VIII vol. 8.

L'ouvrage précédent a été continué sous les titres suivants :

Genealogisch-historische Nachrichten. Leipz. 1739-1750. t. I-CXLV, ou 12 vol. 8.

Neue genealogische Nachrichten. Leipz. 1750-1762. t. I-CLX, ou 13 v. 8.

Fortgesetzte neue genealogische Nachrichten. Leipz. 1762-77. t. I-CLVIII, ou 14 vol. 8.

A. L. SCHLÖZER's Briefwechsel. Göttingen, 1772 u. ff t. I-X. gr. in-8°. Vierte Aufl. 1780 ff

Du même, Staatsanzeigen. Gottingen, 1781-1794. t. I-XVIII. gr. in-8°.

Die neuesten Staatsbegebenheiten (von H.-M.-G. KÖSTER). Frankf. 1776-1782. t. I-VII. 8.

Politisches Journal (von G.-B von SCHIRACH, und nach dessen Tode, seit 1804 oder 1805, von seinem Sohn). Ce journal a été publié à Hambourg depuis 1781, chaque mois un cahier, dont six font un volume in-8°.

Niederelbisches Magazin (von A. WITTENBERG). Hamburg, 1787-1795;

chaque mois un cahier, dont six font un volume in-8°. Depuis 1789, le
titre de ce journal a été changé en « Historisches Magazin »

Politische Nummern. Frankf. 1785-. . . . 8.

E -L. Posselt's, Europaische Annalen. Tubingen, depuis 1795, un cahier
par mois, gr in-8°. Continué aussi depuis la mort de M. Posselt, décédé en 1804, par un autre rédacteur.

C.-F. Haeberlin's, Staatsarchiv. Helmst. 1796-1808. Heft I-LXII. gr.
in-8°.

J.-W. v. Archenholz, Minerva. Publié depuis 1792, une cahier par mois,
d'abord à Berlin, puis à Hambourg, ensuite à Altona, in-8°. Il a été continué après la mort de M. d'Archenholz, décédé en 1812. Le tome CI
parut au mois de mars 1817.

Magazin der europäischen Staatsverhaltnisse. 1797-. . . . 8.

Nic. Vogt's, Staats Relationem. Frankf. 1803 ff. 8.

C.-D. Voss, Die Zeiten, oder Archiv fur die neueste Staatengeschichte
und Politik Leipz. 1805 ff. 8. Ce journal a été continué jusqu'en
1821; un cahier par mois 8.

Kronos, eine Zeitschrift polit , histor u. literar. Inhalts. Jena, 1812; un
cahier par mois.

H. Luden's, Nemesis, Zeitschrift fur Politik u. Geschichte. Weimar,
1814-1818. 12 vol. 8

F. Buchholz, Journal fur Teutschland, historisch-polit. Inhalts. Berlin,
1815 ff. 8.

Ad. Müller's, Deutche Staatsanzeigen. Leipz. t. I. 1816. t. II. 1817. 8.

Der teutsche Bund; herausg. v. K.-E. Schmid. Hildburgh. 1816. t. I. 8.

Allgemeines Staatsverfassungs-Archiv. Weimar, 1816 ff. 8.

J.-L. Klüber's, Staatsarchiv des teutschen Bundes. Erlang. 1816 u. 1817.
Heft I-VI. 8.

* * *

*Le Mercure français (1603-1644). Paris, 1611-1648. Vol. I-XXV 8.

L'espion dans les cours des princes chrétiens (1637-1682). Cologne, 1696-
1699 vol I-VI. 8. édit. G. A la Haye, 1742. gr. in-12.

Mercure historique et politique (novembre 1786-1682) Parme, puis à La
Haye, 1686 et suiv. in-12. En 1787, il avait paru plus de 200 volumes.
En 1818, le Mercure de France a cessé de paraître, après une durée
de 139 ans. La Minerve, journal qui s'est imprimé à Paris, devait le
remplacer.

Lettres historiques contenant ce qui s'est passé de plus important en Europe (depuis 1692-1745). A La Haye, 1692-1745. in-12.

La clef du cabinet des princes de l'Europe. Luxembourg, puis à Verdun,
ensuite à Paris, 1704. 8 (En 1782, ce journal paraissait encore)

Supplément de la clef du cabinet, etc. Verdun, 1713. vol. I et II. 8.
Nouvelles, ou mémoires historiques, politiques et littéraires. A La Haye et
à Amsterd. 1728-1731. vol. I-XII. 12.
État politique de l'Europe. A La Haye, 1738-1749. vol I-XIII. 8. Traduit
en allemand. Dresde et Leipsic. 1740-1751. 13 vol. in-8°.
Le journal universel. A La Haye, 1743 et suiv. Vol. I-XVIII. in-12

* * *

The moderate intelligencer. Lond. 1645-1749. 4.
Historical Register. Lond. 1714-1738. 8.
The Annual Register, or a View of the History, Politic and Literatur.
Lond , depuis 1758, chaque année, in-8°.

* * *

Storia dell' anno. Amsterdam, puis à Venise, depuis 1731, chaque année
un volume. in-8°.

* * *

Europaischer Mercurius. Amsterd. 1690-1756. t. I-LXVII. 4.
Nederlansche Jaarboeken. Amsterd , 1747-1766. 8.
Nieuwe nederlandsche Jaarboeken. Amsterd., depuis 1767. 8.
Jaarboeken der bataischen Republiek. Amsterd , depuis 1793. 8.

* * *

Les *Gazettes politiques* qui paraissent dans les différents pays de l'Eu
rope. Voyez :
Jonch. v. SCHWARZKOPP uber Zeitungen. Frankf. 1795. 8.
Du même, Ueber politische Zeitungen in mehrerern Staaten ; dans le
journal littéraire intitulé : Allgemeiner literarischer Anzeiger, 1800-
1801.

TABLE ALPHABÉTIQUE

DES AUTEURS

---

1. Les chiffres désignent les *paragraphes ;* les lettres *a, b, c,* etc., sont relatives aux *notes* du paragraphe. — 2. Précédés d'un S, les chiffres indiquent les paragraphes du *Supplément* — 3 Les mêmes chiffres répétés, indiquent que dans le même paragraphe il est fait mention de *plusieurs* ouvrages du même auteur. (On a mis en *italique* les noms ajoutés dans cette édition. — La lettre *n* italique indique les notes de l'éditeur)

TABLE ALPHABÉTIQUE

DES MATIÈRES.

1. Les chiffres désignent les *paragraphes* ; les lettres *a, b, c,* etc., sont relatives aux *notes* qui se trouvent au bas du paragraphe indiqué. — 2. Précédés d'un S, les chiffres désignent les paragraphes du *Supplément*.